Piccola Biblioteca Einaudi   227
Nuova serie
Arte. Architettura. Teatro. Cinema. Musica

© 2003 Giulio Einaudi editore s.p.a., Torino
www.einaudi.it

ISBN 978-88-06-16485-0

Gian Piero Brunetta
Guida alla storia del cinema italiano
1905-2003

Piccola Biblioteca Einaudi
Arte. Architettura. Teatro. Cinema. Musica

Indice

p. IX Una storia *grande*

Guida alla storia del cinema italiano

I. L'era del muto

- 3   1. In principio era *La presa di Roma*...
- 5   2. L'epopea del cinema ambulante
- 8   3. La carrozza di tutti
- 13   4. Da Torino alla Sicilia: le fasi di sviluppo e di crisi
- 22   5. La grande migrazione: dalla biblioteca alla filmoteca universale
- 27   6. I film storici alla conquista del mondo
- 34   7. Cretinetti & C. nel salotto di Nonna Speranza
- 39   8. Eve fatali
- 40   9. Cantami o diva...
- 49   10. Divismo al maschile: le maschere e i corpi
- 52   11. L'eredità verista
- 55   12. «Scomponiamo e ricomponiamo l'universo cinematografico»: il verbo futurista e la sua diffusione
- 60   13. Il cinema degli anni venti tra catastrofe annunciata e fascistizzazione
- 67   14. Paesaggio di rovine con figure
- 70   15. Il sole della rinascita

II. Dal sonoro a Salò

- 73   1. Rinascita, caratteri e mitologie
- 78   2. Il paesaggio produttivo dalla Cines a Cinecittà
- 84   3. Il Luce, monumento cinematografico a Mussolini
- 87   4. Parabola del mito mussoliniano
- 89   5. I padri del nuovo cinema italiano

p. 105	6. Tappe e temi della propaganda cinematografica
110	7. Uno schermo carico di sogni
115	8. La bella forma
117	9. Accostamenti progressivi alla realtà
120	10. Il cinema di Salò

III. Dal neorealismo alla dolce vita

127	1. Ricostruire il cinema partendo da zero
141	2. Il neorealismo, stella cometa del cinema del dopoguerra
160	3. Il viaggio di Rossellini: il reale, la fede, la modernità
164	4. Le favole morali di De Sica e Zavattini
167	5. Le regie di Visconti, tra ideologia e storia
170	6. Il racconto corale di Giuseppe De Santis
171	7. Compagni di strada del neorealismo
178	8. Bellissime
183	9. La rinascita dei generi
188	10. Oltre la superficie del visibile: Fellini e Antonioni
193	11. La generazione degli anni cinquanta
198	12. I generi alla conquista dei pubblici internazionali
202	13. Verso la commedia maggiorenne

IV. Dal boom agli anni di piombo

205	1. Anni di crescita e di crisi
209	2. Gli anni sessanta: memorabili annate e prodigiosi raccolti
214	3. Storia come monumento e memoria rivisitata
221	4. Epopea eroicomica del boom...
229	5. I mostri: padri e figli
237	6. Dalle stelle alle lucciole
245	7. Horror, western, film politico, eros...: le grandi stagioni dei generi
262	8. Padri, figli, nipoti
275	9. La famiglia rosselliniana
302	10. La perdita del presente

V. Dagli anni settanta a oggi

305	1. Metamorfosi del paesaggio
319	2. Sotto i segni della perdita e della speranza
324	3. Due pontefici: Fellini e Bertolucci
328	4. La perdita del Centro (Sperimentale)

p. 332	5.	Dagli anni di piombo agli anni della fuga
334	6.	Il cinema di Moretti come diario generazionale
338	7.	Autori degli anni settanta
345	8.	Dal trash al cult
349	9.	Il ritorno della scrittura e del racconto
355	10.	La generazione degli anni ottanta
378	11.	Gli anni novanta: la crisi tra continuità della tradizione e rinnovamento

399	*Il cinema italiano in cifre* a cura di Barbara Corsi
407	*Guida bibliografica*
423	*Cronologia del cinema italiano* a cura di Gian Piero Brunetta, Barbara Corsi e Alessandro Faccioli
449	*Indice dei film*
479	*Indice dei nomi*

Una storia *grande*

I.

La storia del cinema italiano è una storia *grande*. Una storia che, in piú momenti, ha orientato e modificato il corso del cinema mondiale, da studiare nella sua individualità, ma anche da osservare subito all'interno di un campo di forze internazionali con cui si confronta dai primi passi.

Una storia che si sviluppa secondo processi ora lenti, ora rapidi, ora molto espansivi, ora difensivi e regressivi. Una storia che racchiude molte storie, che, in qualche modo, influenzano, agiscono, interagiscono, modificano il testo e ne formano il contesto.

Grazie a una serie di fattori favorevoli questa storia si può studiare oggi in maniera nuova rispetto al passato: si può scomporre e analizzare nei suoi aspetti microcellulari e osservare con ottiche ad ampio spettro che consentono di mettere a fuoco piú piani nello stesso tempo. Ottiche che possono collocarla entro contesti piú ampi e, grazie a una visibilità e un'accessibilità delle fonti inimmaginabile solo pochi decenni fa, tener conto degli sviluppi in parallelo e dei contatti con storie di altri paesi. Le fonti filmiche, un tempo pressoché invisibili, dopo il normale sfruttamento commerciale – almeno per quanto riguarda il cinema muto e il primo decennio del sonoro – oggi sono disponibili in videocassetta, in dvd, o registrabili dai canali televisivi pubblici e privati e, in molti casi, hanno potuto rivivere per merito di restauri che le hanno, se non restituite alla loro integrità originaria, almeno riportate al loro primitivo fascino.

Le possibilità di costituire videoteche private, nelle quali studiare in modo approfondito qualsiasi film e confrontarlo con altri, ha fatto sí che migliaia di titoli del cinema condannati alla sparizione siano diventati patrimonio comune e possano essere studiati dagli storici del cinema, dagli storici del mondo contemporaneo, dai sociologi, dagli storici della lingua...

Le cassette surrogano la visione cinematografica, privandola di tutto quel fondamentale valore aggiunto di emozioni che la visione in una sala a contatto con un vero pubblico produce, ma hanno dato un contributo fondamentale alle ricerche piú recenti sul cinema italiano e hanno fornito agli studiosi possibilità di lettura delle fonti filmiche analoghe a quelle che le riproduzioni fotografiche dei quadri hanno fornito nell'ultimo secolo agli storici dell'arte. Hanno anche creato ottiche distorte, portando a valorizzare e a sottoporre ad analisi microcellulari opere di modesto o nessun valore e rappresentatività nel contesto in cui erano state realizzate, ma hanno anche prodotto risultati importanti.

Quanto ai film delle origini, oggi un film ben restaurato, proiettato alla giusta velocità, con i mascherini adatti e accompagnato da una colonna sonora corretta, può restituirci in maniera significativa parte dell'atmosfera storica e culturale in cui è stato realizzato e godere di una vera seconda vita e di una unità e plurimità di rapporti che ci aiutano a comprenderlo e collocarlo in una prospettiva piú ampia rispetto al passato. Qualsiasi film, anche il piú modesto, agli occhi di una critica che non ne cerchi soltanto i valori estetici, può racchiudere se non tesori almeno quantità di informazioni e di elementi significativi per la comprensione di tutte quelle storie e di quei complessi sistemi di significazione che il cinema trascina con sé.

La storia del cinema ha, poco a poco, ottenuto una legittimazione come disciplina dotata di caratteristiche specifiche e, nel medesimo tempo, come spazio topologico privilegiato per differenti tipi di ricercatori e come area disciplinare nuova, dai confini incerti e comunque tendenti a espandersi e a fagocitare diversi territori contigui e distinti.

Il campo si è dilatato anche grazie a una nuova politica delle cineteche, che hanno varato ambiziosi e pluriennali progetti di ricerca e di recupero del patrimonio, alla meritoria azione di rassegne e retrospettive e al lavoro di studiosi con competenze diverse, che hanno saputo effettuare censimenti e ricognizioni sistematiche di tipo filmografico e indicare nuove strade alla ricerca, che potessero contribuire a ridisegnare il paesaggio con i suoi monumenti e le sue rovine.

I risultati piú sorprendenti, in non pochi casi, sono venuti da lavori pubblicati negli Stati Uniti, in Francia, Spagna e Inghilterra, o da ricerche di giovani studiosi condotte in Belgio, Austria o Olanda... In seguito all'apertura agli studiosi degli archivi pubblici e privati, gruppi sempre piú folti di ricercatori hanno risposto ai richiami provenienti da fondi pressoché inesplorati: il fatto che materiali filmici, documentari, di finzione e cartacei, documenti governativi, di organismi e istituzioni religiose, delle case di produzione, archivi di registi, sceneggiatori, critici, fotografi di scena e scenografi, abbiano trovato una sistemazione in fondazioni culturali e siano divenuti di dominio pubblico, consente di lavorare su terreni piú consistenti e meno legati agli umori e ai giudizi piú o meno effimeri ed evanescenti della critica, o piú segnati da pregiudizi moralistici o preclusioni ideologiche.

In via preliminare, bisogna ancora dire che a questa profonda ridefinizione del campo hanno apportato contributi decisivi al lavoro storico le retrospettive dei festival specializzati, o i restauri condotti alla luce delle conoscenze e dei protocolli adottati negli ultimi anni, ma anche i saggi e i contributi di ricercatori isolati e operanti al di fuori delle strutture istituzionali. L'entusiasmo con cui mi accadeva di registrare un mutamento dei modi d'approccio negli anni ottanta mi ha portato in piú occasioni a parlare, sia pure in modo provocatorio e con ampie spruzzature di ironia, di «rivoluzione copernicana» nei modi e nelle forme del lavoro storico.

Fino a qualche decennio fa qualsiasi lavoro si volesse avviare sul cinema italiano, anche con minime ambizioni storiche, urtava contro una serie di ostacoli non superabili: l'inaccessibilità delle fonti filmiche, l'inesistenza di archivi delle case produttrici e l'indisponibilità di qualsiasi altro tipo di archivio, la mancanza di modelli storiografici di riferimento, la difficoltà di trasformare il critico, anche intelligente e colto, in uno storico capace di sviluppare un progetto organico di ricerca, di reperire le fonti, confrontare e interrogarle con strumenti adeguati.

Non c'è stata una naturale vocazione alla storia nelle generazioni di critici che hanno accostato il cinema dagli anni trenta e neppure nelle generazioni del dopoguerra. Pochi i testi in cui si potessero riconoscere i geni e la mentalità dello storico. Pochissimi i lavori (piú articoli e saggi che monografie) frutto di ricerca rigorosa, sistematica, su fonti di prima mano e non su fonti reperibili negli scaffali della biblioteca di casa. Quasi inesistenti i lavori capaci di far avanzare le conoscenze e di indicare strade inedite possibili per la ricerca, o in grado di fissare dei punti fermi per attendibilità di dati e novità conoscitive. Dagli anni sessanta in poi l'affermazione degli studi, strutturalisti e semiotici prima e psicanalitici poi, ha molto condizionato le possibilità di sviluppo delle ricerche di tipo storico, che apparivano meno gratificanti e in realtà non trovavano alcun sostegno e legittimazione nell'area della storia contemporanea ideologizzata e prevenuta nei confronti delle fonti iconografiche in generale e filmiche in particolare.

Oggi i rapporti di forza sono molto mutati: la storia s'è desta, si potrebbe dire, o almeno in parte si sono risvegliate le richieste di accostare la storia del cinema italiano come giacimento e luogo privilegiato della memoria con un bagaglio di strumenti assai eterogenei, che vanno dalla storia sociale alla sociolinguistica, dall'iconologia e iconografia all'estetica, dalla storia economica a quella delle mentalità e dell'immaginario, servendosi di fonti tradizionali e mescolandole con altre assemblate in modo nuovo grazie alla creatività e intelligenza del ricercatore. Si è risvegliata – grazie anche alla diffusione degli insegnamenti del cinema all'università – una nuova consapevolezza che spinge sempre piú i ricercatori delle ultime generazioni a impolverarsi le mani negli archivi pubblici e privati, nelle cineteche, nelle fondazioni e nelle emeroteche e a far riaffiorare un'enorme massa di materiali che, lavorati e interpretati, consentono di ridisegnare del tutto il paesaggio del cinema e a collocare i fenomeni entro prospettive piú giuste, studiandone le relazioni, le luci e le ombre, gli alto e bassorilievi, le figure a tutto tondo, e tentando di riempire, con congetture motivate, le zone mutile o lacunose.

Mentre il critico è portato a separare, a distinguere, a emettere giudizi di condanna e a creare gerarchie di valori, spesso di durata effimera, lo storico ha tra i suoi compiti primari quello di saper stabilire e mettere in luce relazioni tra elementi difformi e di diversa qualità all'interno d'un quadro in cui i dati di superficie non impediscano la visione in prospettiva e in profondità. Il suo lavoro dovrebbe essere di tipo connettivo e puntare il piú possibile a una visione integrata dei vari elementi e fonti di cui dispone e temi di cui intende occuparsi nella redazione della sua storia.

II.

Quali sono le fonti a cui lo storico può attingere e deve considerare utili al suo lavoro? Quelle filmiche, certo, hanno un ruolo privilegiato, sono il punto prospettico e il cuore della ricerca, ma non sono certo le sole. Nell'*Apologia della storia o Mestiere di storico*, Marc Bloch, nell'indicare l'infinitezza della varietà di testimonianze storiche, diceva: «Tutto ciò che l'uomo dice o scrive, tutto ciò che costruisce e tocca, può e deve dare informazioni su di lui». Oggi, ogni documento utile a informare su aspetti anche minimi della civiltà o dell'*homo cinematographicus* ha il diritto al riconoscimento e alla dignità di fonte: sia esso documento filmico o cartaceo, manoscritto, atto amministrativo, ma sia anche qualsiasi materiale che contribuisca alla realizzazione di un film, dalle lettere dei produttori ai primi progetti di sceneggiatura, ai bozzetti per i costumi e le scenografie; o ne accompagni la vita, dalle foto di scena al corredo pubblicitario, ai manifesti, ai gadget, alle strategie pubblicitarie, agli atti censori, alle critiche giornalistiche, a tutto quel materiale che serve alla costruzione e consolidamento dei fenomeni di culto, agli effetti sociali d'un film e cosí via. Senza dimenticare la storia orale, a cui hanno dato un importante contributo Jean Gili, Aldo Tassone, Lorenzo Codelli e, prima di tutti, Francesco Savio, a cui si deve anche il primo monumento filmografico al cinema sonoro dagli anni trenta alla guerra, *Ma l'amore no...*, del 1975, lavoro che ha aperto la strada ai progetti filmografici successivi.

In questa fase di nuova ricognizione sistematica dell'intero territorio partendo dalle origini, non si tratta solo di definire l'esistente, ma di ipotizzare anche nuovi lavori di risarcimento e ricomposizione di tutte le aree, di guardare oltre l'orizzonte immediato dell'esistente, di segnalare l'ampiezza e varietà delle fonti finora trascurate. Grazie a Aldo Bernardini e Vittorio Martinelli, le «terre incognite» del muto ci sono oggi assai familiari, almeno per quanto riguarda i dati e le informazioni relative a ogni film, e soprattutto si ha la fortuna di poter studiare questa grande storia nella sua identità, unità e molteplicità con possibilità d'accesso e controlli incrociati e comparazioni che possono portare a scoperte che modificano mitografie di lungo periodo. Il lavoro da compiere è ancora quello di vera rivisitazione del materiale filmico e di ridefinizione dei quadri complessivi a mano a mano che riemergono i testi.

Il cinema del passato, riaffiorato dai luoghi piú disparati e distanti del mondo, appare oggi come un patrimonio insostituibile della storia e della cultura italiana del XX secolo. Il nostro compito è quello di saperlo accostare e riconsiderare oggi non con la sindrome del collezionista che manovra dei materiali inerti, ma cercando di ritrovare nella sua materia l'odore del sangue e l'energia delle passioni e sentire il soffio della poesia e il passaggio dello spirito artistico.

III.

Chiunque s'accinga a progettare un nuovo lavoro d'insieme, individuale o collettivo, può dunque passare in rassegna le sue fonti filmiche con uno sguardo panoramico e misurarne l'ampiezza come non era mai successo ad alcuno studioso in passato. I sentimenti di fiducia ed entusiasmo che la visione gli comunica dovrebbero essere assai simili a quelli del re persiano Ciro di fronte alle sue truppe alla vigilia della battaglia contro Creso, cosí come li descrive Senofonte nella *Ciropedia*.

Il patrimonio filmico del cinema muto, dato per scomparso, è riemerso in progressione nei luoghi piú diversi, imprevisti ma anche prevedibili e una gigantesca quantità di materiali filmici ed extrafilmici è oggi ben individuata, in parte restaurata e conservata nelle cineteche, archivi e collezioni private di tutto il mondo. Le cineteche hanno reso pubblici gli elenchi delle collezioni, sistemabili in insiemi ordinati e omogenei, analizzabili nella loro specificità e nelle relazioni e dinamiche rispetto all'intero sistema. Oggi conosciamo molti titoli di film muti italiani conservati nelle cineteche aderenti alla Fiaf e molte lacune considerate irreparabili sono state in parte ricomposte. Sta anche nascendo una buona filologia che trova in Italia e a Bologna in particolare la sua capitale internazionale.

Alla storiografia della memoria e all'azione della critica, in piú occasioni miope e poco attrezzata ad accogliere il nuovo, alla benemerita azione di *bricolage* storiografico di ricercatori sparsi in tutta Italia, la cui passione ha mimetizzato e sopperito alla mancanza di sostegni economici e di progetto organici di media e lunga durata sorretti da qualche istituzione accademica e non, si può sostituire un lavoro piú sistematico e distaccato, condotto sulla revisione diretta di tutte le fonti, sul confronto con le fonti cinematografiche coeve degli altri paesi. Un lavoro impostato su tempi medi e lunghi, sorretto da adeguate sovvenzioni e capace di ridisegnare del tutto le mappe e cogliere nessi inediti, o finora mai messi in luce, fra testo, contesto e peritesto ed elementi comuni in figure e opere in apparenza poco assimilabili tra loro.

Cosí, partendo da una posizione elevata per poter osservare tutto il territorio, facendo roteare lo sguardo di trecentosessanta gradi, si potrebbe veder subito sistemato sulla sinistra, in primo luogo, il gruppo di corto e mediometraggi salvato agli inizi degli anni settanta da Davide Turconi (proiettato in una memorabile rassegna a Grado nel 1970, poi diventato in parte il nucleo costitutivo della cineteca dell'Associazione italiana per le ricerche di storia del cinema, e il primo punto d'orientamento per gli studiosi che intendevano avventurarsi nelle terre incognite del muto italiano e non). A fianco, i film storici e mitologici del primo cinema muto conservati nel consistente fondo George Kleine della Library of Congress di Washington (*Quo Vadis?*, *Spartacus*, *Marcantonio e Cleopatra*, *Scuola d'eroi*, *Gli ultimi giorni di Pompei*), o il gruppetto di altre opere degli archivi americani – dalla John Allen Collection al Pacific Film Archive – tra cui spicca una splendida copia a colori di *Cenere* con Eleonora Duse della Eastman House di Rochester. Negli ultimi anni si sono dischiusi gli archivi di Città del Messico e sono riemersi molti titoli degli anni venti in archivi del Centro e Sud America. In Giappone, grazie alla donazione della collezione di Tomijro Komiya (fine 1988) al National Film Center del Museo d'arte moderna di Tokio, sono stati salvati e restaurati alcuni film dell'Ambrosio dei primi anni dieci. O, sempre per quanto riguarda il muto, ecco rispondere all'appello la pattuglia di lungometraggi e documentari del fondo della Collection Desmet, conservato ad Amsterdam, che consente di mettere a fuoco in maniera significativa i film delle dive e di veder riaccendere sullo schermo il fuoco delle passioni fatali, o il consistente fondo della Film d'Arte Italiana conservato a Parigi. Al centro, se vogliamo riferirci agli archivi italiani, ecco il piccolo ma importante fondo Pastrone, conservato al Museo nazionale del cinema di Torino, il cui titolo piú prestigioso è *Cabiria*, che ha goduto di un'importante azione di restauro, o l'insieme dei serials di Emilio Ghione, o dei film dei forzuti della Cineteca italiana di Milano, o l'archivio di Luca Comerio salvato da due filmakers indipendenti milanesi, Yervant Gianikian e Angela Ricci Lucchi, che lo hanno fatto diventare parte integrante del loro patrimonio creativo. Purtroppo, non lo hanno amato abbastanza da volerlo anche salvare dall'agonia, restituendolo alle piú giuste cure cinetecarie e di eventuali restauri filologici.

Rispetto a tutti questi insiemi in posizione di guida ideale, il cospicuo numero di film muti restaurati nel proprio laboratorio da parte della Cineteca di Bologna, nonché i preziosi fondi della Titanus, della Lux, della Vides acquisiti di recente sempre dalla Cineteca di Bologna. A Bologna si trovano le copie restaurate di *Assunta Spina* e *Rapsodia satanica*, di *Carnevalesca*, di *Kiff Tebbi* e *Maciste all'inferno*, ma anche le copie di *Totò e Carolina*, del *Bidone* di Fellini e della *Spiaggia* di Lattuada, restituite alle loro condizioni originali anteriori agli interventi della censura.

I film del passato – pur condannati da vari fattori concorrenti alla distruzione entro un preciso arco di tempo –

hanno avuto una vitalità straordinaria, superiore a ogni previsione, che ha consentito loro di superare questi limiti e le proibitive condizioni di conservazione. Il cinema muto, considerato a lungo come un continente scomparso e in pratica uscito dalla memoria, ha goduto nell'ultimo ventennio delle maggiori cure archivistiche, filologiche e storiografiche ed è, poco per volta, riemerso in tutto il suo splendore da quegli antri misteriosi e inaccessibili che sono stati a lungo gli archivi pubblici e privati di tutto il mondo.

Se, per quanto riguarda il cinema muto, l'azione di recupero e salvataggio ha fatto riemergere una parte ancora modesta, in percentuale, rispetto alle migliaia di titoli documentati dalle citate filmografie di Bernardini e Martinelli, per quanto riguarda il sonoro le perdite sono piú modeste e di fatto non mutano l'interpretazione generale. Mentre la quasi totalità dei documentari prodotti dall'Istituto Luce è oggi praticamente salvata e consultabile via internet, dei settecento e piú film prodotti tra il 1930 e la guerra sono oggi disponibili piú di quattrocentocinquanta titoli presso l'archivio della Cineteca nazionale di Roma, oltre a gran parte della produzione del dopoguerra in quanto, dal 1948, è obbligatorio per legge depositarvi una copia.

Soltanto negli ultimi anni a Roma si sono incrementati i piani di ristampa, lavaggio e salvataggio e si è iniziato a porsi i problemi dei restauri filologici, di una politica cinetecaria all'altezza del prestigio e della storia dell'istituzione. Anche in direzione del cinema muto sono stati fatti alcuni importanti passi: da ultimo, il reperimento e restauro di un film di Lucio D'Ambra, *Le mogli e le arance* del 1917. Ma, rispetto alle sue potenzialità e alle urgenze del patrimonio, il lavoro è sembrato ancora ben al di sotto delle esigenze reali. Certo, i piani di restauro del patrimonio cinematografico non hanno ancora assunto l'aspetto di un progetto organico e coordinato tra le varie cineteche di media e lunga durata ma, in ogni caso, sono stati avviati dei processi di recupero e salvataggio i cui effetti hanno cominciato a essere visibili nella piú recente saggistica.

All'Università, agli studiosi non solo italiani delle nuove generazioni, su cui ci si augura possa scendere – come una luce pentecostale – uno spirito storiografico nuovo, è affidato il compito di ridefinire il territorio e, con l'aiuto di strumenti presi in prestito da diverse discipline, rimisurare i rapporti interni, le grandezze, esplorare in profondità alcuni percorsi di una cinematografia che, in vari momenti della sua storia, ha esercitato una importante influenza sul cinema mondiale, modificandone il corso in direzione di una forte affermazione autoriale e stilistica e di una capacità straordinaria di leggere le storie reali e immaginarie della società raccontata.

IV.

Anche a un semplice confronto con le storie contigue del continente europeo, quella del cinema italiano, nella sua struttura poliedrica e complessa, nei suoi sviluppi disomogenei e nelle sue discontinuità, si presenta, in ultima analisi, con un aspetto molto unitario. E con uno spirito che guida e determina a lungo e in egual modo i molteplici processi inventivi ed espressivi, li riporta a matrici, modi, forme, miti, anime comuni. Questa percezione è tanto piú forte quanto piú ci si muove nel cinquantennio piú vicino a noi. Cosí, a una prima visione d'insieme, la continuità sembra prevalere sulla discontinuità, i periodi piú o meno lunghi di crisi, salvo il caso del neorealismo, non significano mai azzeramento di tutti i paradigmi di riferimento e di tutti i modelli, né disgregazione di un tessuto sottostante che, fino almeno agli anni settanta, ha mantenuto uno straordinario livello d'interazione fra la produzione d'autore e quella a carattere piú commerciale. Un cinema che ha sempre manifestato un forte senso d'indipendenza e insofferenza rispetto a ogni tipo di condizionamento esterno, che ha rivendicato da subito le sue discendenze culturali alte, i suoi geni artistici e letterari, che ha cercato di stabilire dei ponti con le tradizioni letterarie, teatrali, pittoriche.

Nei primi decenni di vita, questo cinema ha respirato e metabolizzato le atmosfere culturali circostanti e anteriori, poi si è alimentato degli umori politici coevi senza dimenticare di spingere lo sguardo oltre confine, anche in tempi di cultura autarchica: questo cinema è stato a lungo condizionato piú da sindromi etico-pedagogizzanti che ideologiche e, anche nei momenti di maggiore pressione politica e minore creatività, e quando si è piú stretto e riconosciuto nelle parole d'ordine e nelle bandiere progressiste, ha sempre mantenuto una propria autonomia ed è stato percorso da venti e correnti che spiravano in piú direzioni.

1. Il primo punto è di certo quello di non essersi mai dato un vero assetto né d'aver mai metabolizzata e fatta propria una cultura industriale. Si potrebbe parlare, per quanto riguarda l'ultimo settantennio in particolare, di «industria senza industriali» per vari decenni, o di permanenza lunga in mezzo al guado, in una dimensione sospesa fra artigianato e industria. Sono di fatto piú vicini alla mentalità industriale i primi imprenditori torinesi delle «fabbriche delle films» che alcuni dei massimi e geniali *tycoons* del dopoguerra.

2. Il secondo punto di forza è di aver identificato, nella fase in cui si trattava di rimettere in moto una macchina produttiva paralizzata da almeno un quindicennio, nel modello della bottega rinascimentale sviluppata e adeguata alle esigenze industriali, la fucina, il luogo e il modello ideale della creatività.

Se riconsideriamo la storia del cinema italiano alla luce non di teorie estetiche autoriali che valorizzino per lo piú i risultati delle opere, o di giudizi critici precari e spesso condizionati da fattori extrafilmici, ma teniamo conto dell'intero processo creativo e del campo di forze che vi concorrono e ne accompagnano la storia, il territorio appare molto piú articolato, abitato e percorso da forze creative a lungo poco considerate e riconosciute per il loro apporto specifico. Basti pensare per un momento al ruolo fondamentale di quella fucina di saperi artigianali che è stata Cinecittà fin dall'indomani della sua fondazione. Un mondo che ha saputo esaltare le eredità dei modelli delle botteghe rinascimentali e tuttavia si è sempre proiettata nel futuro e piú volte ha assunto un ruolo d'avanguardia nella capacità di adattarsi a nuove tecnologie. Negli studi e nei laboratori dei costumi e scenografici si vestono molti sogni a cavallo degli anni di guerra: meno di tutto si vestono i sogni mussoliniani di conquista del mondo, mentre gli abiti sfornati da sarti e costumisti sembrano adattarsi ai piccoli e grandi sogni di benessere e pace della borghesia.

Di fatto, non c'è nessun'altra cinematografia in cui possa capitare di trovare, dal primo decennio del Novecento a oggi, uniti nell'anonimato di film senza storia e confusi nel lavoro di bassa cucina di invenzione di dialoghi e situazioni, personalità artistiche e culturali di notevole caratura, pittori, architetti, scultori, critici, scrittori, poeti. Proprio dagli anni trenta, grazie ad architetti, costumisti e scenografi come Antonio Valente, Gino Sensani, Gastone Medin, Maria De Matteis, Virgilio Marchi, vengono messe in atto una teoria e una pratica della ricostruzione degli ambienti e dei costumi adattata ai comportamenti e alle psicologie dei personaggi e al tempo stesso rispettose delle caratteristiche dell'epoca.

Uno «stile italiano» destinato a fare scuola anche nel dopoguerra e a trasmettersi e a dare i suoi frutti nel cinema di Visconti, Lattuada, Soldati, Castellani, Bolognini, Rosi, Scola, dei fratelli Taviani, della Cavani, di Bertolucci, Pasolini, e a fecondare nei decenni successivi il cinema internazionale di Scorsese, Coppola, Ivory, Campion... Basti ricordare le presenze nel cinema internazionale di Danilo Donati, Piero Tosi, Dante Ferretti, Gabriella Pescucci, Milena Canonero... Ferretti è stato consacrato di recente all'Academy of Motion Pictures di Los Angeles con una grandiosa mostra retrospettiva. Ma, accanto agli architetti e inventori degli spazi cinematografici, ai sarti dei sogni, vi sono i «maestri della luce», come Ubaldo Arata, Aldo Tonti, Otello Martelli, Massimo Terzano, Giuseppe Rotunno, G. R. Aldo (Aldo Graziati) e, dagli anni sessanta, personalità come Vittorio Storaro, Carlo Di Palma, Luciano Tovoli, Dante Spinotti. E ancora vanno studiati, per il loro apporto e valore aggiunto «autoriale», i *musicisti*, come Renzo Rossellini, Nino Rota, Giovanni Fusco, Ennio Morricone, Pino Donaggio, i *montatori*, come Eraldo da Roma, Ruggero Mastroianni, Kim Arcalli, Roberto Perpignani, gli *inventori di effetti speciali*, come Carlo Rambaldi, il padre di *E.T.*, che hanno lasciato tracce sensibili e diffuse della loro creatività e spesso agito da modificatori di alcuni elementi linguistici ed espressivi del cinema internazionale. Per non parlare del ruolo dei grandi *sceneggiatori*, da Cesare Zavattini a Tonino Guerra, Sergio Amidei, Ennio Flaiano, Suso Cecchi d'Amico, Piero Tellini, Age e Scarpelli, Leo Benvenuti, Piero De Bernardi, Bernardino Zapponi, Stefano Rulli e Sandro Petraglia che, film dopo film, hanno contribuito a creare un modello di lingua parlata e d'uso, cercando di conservare il piú possibile il contributo dialettale anche in periodo autarchico...

Sono queste figure che la critica e il lavoro storiografico condotto fino a qualche anno fa hanno sempre tenuto sullo sfondo, e che invece richiedono oggi piú attenzioni e il giusto riconoscimento del loro apporto. Questo riconoscimento non è solo un atto dovuto ma un modo corretto di praticare un lavoro storiografico capace di moltiplicare i punti di vista, di mettere a fuoco i processi e i vari piani di produzione delle opere e valorizzare i caratteri specifici del cinema italiano. Questi sono i capitoli che vanno scritti, in pratica ex novo, da qualsiasi nuova storia del cinema italiano si voglia intraprendere in futuro. Cosí come va del tutto scritta ancora la storia del documentario italiano in tutte le sue forme, perché si tratta di una storia tutt'altro che indipendente e staccata dalla storia del cinema di finzione. In molti casi ne costituisce un fondamentale laboratorio di formazione e di sperimentazione.

3. Il terzo punto notevole è dato dal fatto che al suo sviluppo, alla definizione e modificazione e al mantenimento in vita di alcuni tratti identitari hanno contribuito, in misura non registrabile in altri paesi, forze esterne allo spazio topologico naturale: i critici, le riviste, gli organizzatori culturali, le istituzioni, gli interventi governativi, le associazioni di categoria e quelle cattoliche e laiche, i festival, le rassegne.

Molto a lungo, piú che in qualsiasi altro paese, la critica non si è limitata a esercitare il proprio mestiere: ha tentato in piú occasioni di far corpo con l'attività registica, di guidarla e sostituirla indicandole gli errori e la giusta via da compiere. Ha cercato di esercitare un ruolo maieutico, pedagogico e dirigistico, di levatrice e grillo parlante. È il ruolo che hanno avuto alcune riviste degli anni cinquanta, in primis

«Cinema Nuovo», diretta da Guido Aristarco, le cui battaglie per il neorealismo, la revisione critica, il passaggio dal neorealismo al realismo, il chiarimento dei rapporti tra critica militante e dirigismo partitico, lo hanno promosso sul campo al ruolo di leader indiscusso per almeno un decennio.

La storia di questa critica va considerata in positivo per il suo ruolo e la sua influenza nel dibattito culturale e politico e nella battaglia delle idee del dopoguerra, anche studiata in negativo per le sue frequenti ottusità, per le incapacità di cogliere il nuovo, per aver anteposto le ragioni ideologiche e le scelte di campo alle ragioni dell'intelligenza e della capacità di interrogare e percepire nel modo piú corretto i testi esaminati. Vale la pena di ricomporre la storia della critica anche per il suo ruolo di plotone d'esecuzione di molti autori e film che magari all'estero hanno ottenuto giudizi entusiastici.

v.

Dopo i punti di forza veniamo agli elementi che definiscono i caratteri e l'identità della cinematografia nazionale.

Anzitutto, legando quello che si è finora detto a una visione d'insieme, abbiamo l'impressione di trovarci di fronte a un gigantesco spazio topologico dominato dalle leggi del caso e del caos. E poi, osservandone sempre le strutture portanti, oltre a riaffermare e riconoscere le caratteristiche d'alto artigianato delle sue maestranze è necessario valorizzarne sempre piú il fatto di poter costituire il luogo privilegiato della memoria storica novecentesca, della micro e macro storia, della storia materiale e vissuta e della storia desiderata e sognata del paese. Lo schermo diventa un'occasione straordinaria per ricomporre geografia e storia di una nazione che ha riconquistato unità politica e geografica da pochi decenni. I film sono da subito un forte punto di costituzione di simboli e mitologie di un'identità nazionale artificiale, non trasmissibile con eguali risultati mediante altro mezzo culturale ed educativo.

Inoltre, sempre considerandone gli aspetti strutturali, è bene riconoscere, accanto all'indubbia grandezza visiva, a un'iconosfera che si è alimentata a lungo dell'eredità pittorica, e che in certi momenti si è sintonizzata con le ricerche coeve e piú avanzate dell'arte novecentesca, il fatto che si tratta di un cinema che s'appoggia moltissimo lungo tutta la sua storia sulla parola. Forse è l'eredità teatrale, che pesa ed è presente in molte cellule drammaturgiche, ma forse è anche qualcosa di nuovo, che cerca e trova la propria specificità nella «settima arte». È la parola e non l'azione interna al racconto, a determinare nel cinema muto – salvo qualche eccezione – prosodia, sintassi, ritmo e scansione narrativa.

Il cinema italiano si dichiara, di fatto, erede e figlio della letteratura e delle arti visive, costruisce le fondamenta delle sue strutture e immagina gli sviluppi delle sue campate attingendo senza alcun complesso d'inferiorità al piú ampio patrimonio artistico e letterario non solo nazionale. Da un certo momento in poi saprà anche usare lo schermo come aiutante magico per piccoli sogni collettivi, come specchio e diario accuratissimo della vita quotidiana, lente anamorfica capace di esaltare i vizi che formano la spina dorsale del carattere degli italiani.

Un altro dei caratteri forti è dato dalla capacità di attingere al patrimonio della commedia dell'arte e costruire una morfologia e tipologia dell'italiano che poco a poco si sposta dalla civiltà contadina verso quella industriale e la modernità moltiplicando in maniera iperbolica e caleidoscopica il gioco delle maschere. La lezione pirandelliana e quella che possiamo veder affondare nella commedia all'improvviso cinquecentesca si fondono per dar vita alle mille e una maschera dell'italiano che si muove tra vecchio e nuovo.

Poi, tra il 1945 e il 1948, le opere di Rossellini, De Sica, De Santis, Visconti, sprigioneranno una forza di novità, un'energia e una potenza tali da cambiare, nel medio e lungo periodo, le coordinate, i sistemi di riferimento, i paradigmi culturali e le poetiche di tutto il cinema mondiale. Nel caso di *Roma città aperta* e *Paisà* ritengo che si debba prendere atto di trovarsi di fronte a un «evento» capace di raccogliere un'eredità, ma soprattutto «fondatore» d'una nuova «misura» della storia del cinema italiano e internazionale.

Il neorealismo, al di là d'ogni monumentalizzazione delle sue caratteristiche, segna anzitutto una piena riappropriazione dei poteri visivi non tanto nel senso d'una pura registrazione dell'esistente, quanto nel senso di riconquista d'un sentire comune, d'una capacità di condivisione delle esperienze e volontà di divenire artefici della propria storia e del proprio destino da parte di anonimi protagonisti presi dalla vita di tutti i giorni, e punto di partenza per un nuovo modo di vedere. Il cinema riesce a fare un uso pubblico della storia d'un paese uscito distrutto in senso materiale e morale da una guerra non voluta e priva di motivazioni e ad assumere il ruolo naturale di ambasciatore d'un paese animato da una fortissima volontà di rinascita.

In qualche modo, anche la prevalenza della logica autoriale sembra lasciare il posto a un'opera che valorizza il suo essere frutto di una volontà e una forza collettiva.

Già a cavallo degli anni cinquanta, prima dell'avvento della televisione, la sala cinematografica si pone al crocevia d'una gigantesca metamorfosi della visione popolare che sarà accelerata dal piccolo schermo. Il declino del neorealismo non avviene a scapito dell'intero sistema produttivo, che anzi trova modo di espandersi, di aprirsi alle coproduzioni internazionali, di varare nuovi ambiziosi progetti che puntano a far circolare i prodotti cinematografici e non solo quelli d'autore, oltre i confini, in Europa e in altri continenti. Ma la vera forza viene dalla capacità di metabolizzare, da parte di tutto il sistema, alcuni elementi e geni della lezione neorealista e di distribuirli a tutti i livelli riuscendo a fare in modo che, anche nel meno riuscito melodramma o commedia, si possano comunque riconoscere elementi significativi della storia sociale, dei mutamenti nella vita collettiva e nell'immaginario popolare.

VI.

Questo vasto insieme di linee, temi, modelli culturali, strutture contraddittorie trova il punto di confluenza, congruenza e perfetto equilibrio, massima visibilità e ottimalizzazione negli anni sessanta.

È questa la fase in cui Fellini e Antonioni creano le loro «opere mondo» – per dirla con Franco Moretti – e in cui continuità e rinnovamento aumentano le potenzialità creative, tutte le dinamiche e le forze di cui ci siamo occupati si alimentano a vicenda, contribuiscono alla crescita collettiva del sistema. La crisi del '68, unita all'avvento degli anni di piombo, la crisi progressiva dell'esercizio prodotta dall'era delle televisioni private e dell'utilizzazione selvaggia del cinema da parte di queste ultime sono solo alcune delle concause di una dispersione progressiva di forze e di perdita del policentrismo creativo e di piani comuni di riferimento.

Un cinema, quello degli ultimi decenni, ancora per molti aspetti interessante, e comunque quasi completamente rinnovato, illuminato da piccoli fuochi e lampi di creatività diffusa su tutto il territorio nazionale ma non piú sorretto da capacità e volontà costruttive ben percepibili.

Come è avvenuto altre volte in passato, nonostante tutte le forze sembrino operare in senso avverso e la congiuntura negativa duri ormai da tempo, ci piace sperare e augurarci che questo cinema abbia ancora in serbo una quantità di energia vitale, in attesa che il caso, o una nuova serie di fattori favorevoli, affidi a qualche rappresentante delle nuove generazioni il compito di raccogliere le sfide tecnologiche, produttive e artistiche del millennio entro cui si sono mossi i primi passi.

GUIDA ALLA STORIA
DEL CINEMA ITALIANO

a Momo

Capitolo primo
L'era del muto

1. *In principio era «La presa di Roma»*...

Improvvisamente, non so per quale collettivo impulso, si fa un sepolcrale silenzio, poi un gran buio: il bottone elettrico che toglie la luce, ha funzionato. E sul gran quadro, nel vasto campo della tela di *calicot*, appare vivamente illuminata dal proiettore della cabina e a lettere cubitali rossicce la scritta seguente: *La presa di Roma* (...) Poi la scritta scompare, e al suo posto, emerge nitidissimamente, con una grande vivezza di realtà e con pochi o punto tremolii, la marziale figura del generale Carchidio, conte di Malavolta, quegli che il 18 settembre 1870 è stato inviato dal generale Cadorna agli avamposti. Accanto gli è l'ufficiale di Stato Maggiore pontificio, Carlo Bartolini, e il tenente dei dragoni Cesare Visconti (...) A quel punto il Carchidio, come è già stato fatto ad un suo predecessore, il colonnello Caccialupi, viene bendato (...) Questo è il primo quadro, sparito il quale fattasi la luce e poi tornate le tenebre[1].

Con l'aiuto del racconto di Gualtiero Fabbri, è possibile ricostruire la struttura del primo film italiano, *La presa di Roma* di Filoteo Alberini, il testo delle didascalie, il colore dei viraggi, il contenuto e l'ordine dei sei quadri d'azione – dal tentativo di ottenere una resa senza spargimento di sangue al rifiuto del generale Ermanno Kanzler, capo dell'armata pontificia, all'attacco dei bersaglieri, alla disperata difesa, all'apertura della breccia a Porta Pia, alla resa ordinata da Pio IX – e del settimo con l'apoteosi simbolica.

Anche se oggi è pensabile che vi siano stati altri esperimenti nel decennio che passa tra l'invenzione dei Lumière e *La presa di Roma* è opportuno, per il riconoscimento dei caratteri costitutivi del cinema italiano, confermare la leggenda sul prototipo e sul punto di partenza dell'intera storia.

---

[1] G. FABBRI, *Al cinematografo* (1907), a cura di Sergio Raffaelli, Associazione italiana per le ricerche di storia del cinema, Roma 1993, p. 18.

Di questo film oggi conosciamo una cospicua serie di dati[2]: dal luogo della prima proiezione pubblica a Roma (all'inizio della via Nomentana, in corrispondenza della breccia di Porta Pia)[3], alla data del battesimo ufficiale (il 20 settembre 1905, nel XXXV anniversario dell'attacco vittorioso da parte del XII battaglione bersaglieri della Brigata Modena), alla lunghezza (250 m), alla collaborazione da parte del ministero della Guerra, alle concordanze con i quadri della *Gran battaglia e presa di Magenta* rappresentata al Circo Olimpico Africano a Reggio Emilia l'11 marzo 1860[4], alle fonti iconografiche e fotografiche (i dipinti di Michele Cammarano, o le fotografie coeve del Fuminello), all'autore delle scenografie (il prof. Cicognani), alle testimonianze di applausi a scena aperta documentate dalla «Tribuna»... E siamo in grado di riconoscere nell'evento alcuni caratteri fondanti di una cinematografia che avrà presto uno sviluppo prepotente. «Il cinema italiano sembra nascere sotto il segno del Risorgimento», come ha osservato Guido Cincotti[5].

Se l'incremento di informazioni ci spinge a rendere omaggio al buon lavoro d'esplorazione del territorio delle origini, ciò che colpisce di piú è lo spirito laico e unitario che anima l'opera, il suo porsi come atto fondativo di una cinematografia, monumento e memoria di un evento che ha portato, dopo secoli di divisioni e dominazione straniera, alla nascita della nazione. Questo si vede soprattutto nell'ultimo quadro in cui risplende una luce potente sulla figura femminile che personifica l'Italia – con stendardo

---

[2] Fondamentale, per la quantità di informazioni inedite, il saggio di A. BERNARDINI, *La presa di Roma, prototipo del cinema italiano*, in A. COSTA (a cura di), *La meccanica del visibile*, La casa Usher, Firenze 1983.

[3] L'anteprima nazionale vera e propria sembra essere, stando a documenti ritrovati di recente, quella del Cinematografo Artistico di Livorno, avvenuta il 16 settembre: R. BOVANI e R. DEL PORRO BOVANI, *La presa di Roma. XX settembre 1870: contributi alla storia di un film*, Livorno 1998.

[4] Vedi F. DE LUCIS (a cura di), *La Fiera delle meraviglie. Lo spettacolo popolare a Reggio Emilia nell'Ottocento*, Comune di Reggio Emilia 1981, p. 25.

[5] G. CINCOTTI, *Il risorgimento nel cinema*, in D. MECCOLI, G. CINCOTTI e G. CALENDOLI, *Il risorgimento italiano nel teatro e nel cinema*, Editalia, Roma 1961, p. 129.

tricolore in pugno, e ai cui lati sono disposti Cavour e Vittorio Emanuele II, Garibaldi e Mazzini – nel pieno rispetto della tradizione oleografica risorgimentale.

Nel lanciare la sfida alla cinematografia francese, Alberini realizza un prodotto spettacolare, accurato nella ricostruzione, celebrativo e didattico e un evento che rende reale e verosimile la finzione, quasi ricordandosi della lezione manzoniana sulle caratteristiche del romanzo storico. Il film attua un taglio netto nei confronti del cinema ambulante e va subito alla conquista del pubblico urbano.

2. *L'epopea del cinema ambulante*.

Già l'avvento del cinematografo ha fatto sparire, in pochi anni, una quantità di spettacoli ottici che, nel corso di due secoli, avevano alimentato l'immaginazione di milioni di spettatori europei nelle fiere e piazze, favorendo la circolazione di un comune lessico visivo e la costituzione di un mercato comune delle immagini[6].

I baracconi costituiscono il punto di contatto tra le meraviglie della visione che precedono l'avvento della civiltà cinematografica e creano nei pubblici una forma in continua crescita di ibridazione e integrazione tra diverse classi sociali, una comune alfabetizzazione visiva e le prime forme elementari della nuova lingua universale.

I baracconi ambulanti invadono l'Italia nel primo decennio del Novecento e sono da considerare i primi messaggeri del verbo dei Lumière. La loro predicazione è simile a quella praticata in tutti i paesi d'Europa e, in molti casi, i percorsi sono transnazionali. Di questi piccoli impresari, grazie a una serie di ricerche locali – per l'Italia esiste un recente, accurato lavoro di censimento di Bernardini[7] – conosciamo con una certa precisione gli itinerari, i guadagni, le caratteristiche dei baracconi, la superficie, il tipo di organi (Gavioli, o Marenghi, o Limonaire) che fanno bella mo-

---

[6] G. P. BRUNETTA, *Il viaggio dell'Icononauta*, Marsilio, Venezia 1997.
[7] A. BERNARDINI, *Cinema italiano delle origini. Gli ambulanti*, Cineteca del Friuli, Gemona 2001.

stra di sé, i volti degli impresari. Sappiamo che quel tipo di spettacolo s'innesta in un tronco dello spettacolo popolare dotato di radici profonde, contribuendo a formare un tessuto d'emozioni condivise, di aspettative e desideri comuni, di riti e fenomeni di culto parareligiosi che congiunge i Paesi Bassi e l'Ucraina, l'Inghilterra e la Spagna. Ha scritto Robert Mùsil: «Chiese e luoghi di culto non sono riusciti in svariati millenni a coprire il mondo di una rete così stretta come quella creata dal cinema in trent'anni»[8].

Con qualche variazione minima è possibile osservare che i problemi sono analoghi per tutti i proprietari dei baracconi ambulanti che operano sia in territorio europeo che italiano. Le autorità pongono identici vincoli, gli spettatori accorrono attratti da identici richiami che agiscono sui sensi, ma anche in profondità sul piano dell'immaginazione e dell'inconscio, le locandine hanno gli stessi caratteri, gli imbonitori si servono dei medesimi richiami, i padri di famiglia e le istituzioni religiose ostacolano le proiezioni con identiche armi nei paesi di religione cattolica o protestante.

In ogni caso il cammino, le gesta, i segni lasciati da questi spettacoli hanno qualcosa di epico: gli spettacoli hanno a che fare con il senso della vista, ma sembrano soprattutto una traduzione sul piano visivo della poesia orale: la luce che esce dall'apparecchio dei Lumière non è altro che la voce della Musa e il proiettore sostituisce la cetra dell'aedo dilatando a dismisura il suo potere comunicativo.

Si rischia di naufragare in un mare di fonti simili esplorando gli archivi comunali o le biblioteche per ricostruire quest'epopea se non si chiarisce in via preliminare che il loro comun denominatore è dato dal coraggio con cui questi piccoli imprenditori sfidano, come i loro predecessori, le leggi e la morale corrente e dalla carica d'energia sociale ed emotiva che si sprigiona dal pubblico prima, durante e dopo le proiezioni. E non solo quando i titoli sono allusivi e a doppio senso, come *La pulce in camera da letto*, *Il bagno*, *Flagrante delitto d'adulterio*, *Il membro del comitato*, o *Le*

---

[8] R. MUSIL, *Eindrücke eines Naiven*, in «Die Muskete», XXXVI (1923), n. 14, trad. it. in L. QUARESIMA (a cura di), *Sogno viennese*, La casa Usher, Firenze 1984, p. 76.

coucher d'Yvette, *La nascita di Venere*, *Le due modelle*, *La visita dello zio nello studio di uno scultore*, ecc.

Le microstorie che si possono ricostruire interessano soprattutto per la capacità di rappresentare in senso metonimico l'intero sistema, per l'interscambiabilità degli accadimenti: ricostruire la parabola anche di una sola di queste imprese può voler dire riuscire a comprendere in parte la storia di un'avventura collettiva che sembra riprodursi per clonazione. I baracconi degli impresari ambulanti italiani, o che operano in Italia – e si chiamano Teobaldo Baroli, Luigi Alessandro, Domenico e Almerico Roatto, Alessandro Buchovich, Johann Bläser, Karl Böcher, Antonio e Giovanni Cini, Gino Protti, Salvatore Spina, Giovanni Zamperla, ecc. –, alla vista sono simili: si assomigliano oltre che per gli organi, le cariatidi che rappresentano per lo piú corpi di prosperose ragazze nude dalla cintola in giú, le scritte multicolori, gli abiti degli impresari, i richiami degli imbonitori, che possono addirittura venire multati (è il caso di un cinema a Treviso per gli «schiamazzi ad alta voce»)[9]. André Gaudreault, che ha studiato la figura degli imbonitori in vari paesi, dopo una rapida inchiesta presso alcuni studiosi italiani ha concluso che l'Italia faceva eccezione rispetto agli altri paesi in quanto non sembrava documentata la figura dell'imbonitore[10]. Se avesse letto con attenzione il lavoro seminale di Sergio Raffaelli sul cinema ambulante, dove vi sono svariati nomi, da Gennaro Attanasio a Giovanni Sardini «el Coco» a Fureghin al Ponte della Piavola che grida: «O che belo, oh che bel drama, oh che magnifico! (...) O solamente che otocentoventicinque metri de drama, gnente altro che squasi mile metri de drama», avrebbe avuto idee meno generiche[11]. La tradizione dello spettacolo ambulante che affonda le radici nella commedia dell'arte fa sí che per quanto riguarda il cinema delle origini in Italia ci si adegui subito agli stan-

---

[9] L. FANTINA, *Tempo e passatempo. Pubblico e spettacolo a Treviso tra Otto e Novecento*, Il Poligrafo, Padova 1988, p. 188.

[10] A. GAUDREAULT, *Mais où est le bonimenteur italien*, in M. CANOSA (a cura di), *A nuova luce. Cinema muto italiano*, vol. I, Clueb, Bologna 2001.

[11] S. RAFFAELLI, *Quando il cinema era mobile*, in «La Ricerca Folclorica», X (1988), n. 19, pp. 103-12, ora in *La lingua filmata*, Le Lettere, Firenze 1991, p. 27.

dard degli altri paesi europei. In una piazza importante come quella di Porta Genova a Milano, nel 1901 – ricorda ancora Raffaelli –, su 56 imprese vi sono 2 cinematografi, ma già l'anno successivo sono 5 e nel 1907 sono 12 (c'è anche un «Cine e bersaglio») e tra questi si notano i cinematografi di Giovanni Zamperla, il «Cinematografo e pista» di Arnaldo Dell'Acqua, quello di Annetta Zena e Rosa Santoli, ecc. Cinque anni dopo, tra 53 baracconi «sopravviveva isolato» solo quello di Taddeo Kühlmann.

Nel primo decennio del secolo, utilizzando la piazza, le fiere e le feste e mescolando tra loro vari generi di spettacolo popolare, il cinema conquista il suo spazio nell'immaginazione popolare e, grazie ai programmi dei cinematografi ambulanti, si forma un primo consistente orizzonte d'attese fatto di vedute e viaggi in diversi luoghi del mondo, dai giardini delle Tuileries a Parigi alle sorgenti dello Zambesi, alle vedute piú ravvicinate del bagno della parigina o di una danza serpentina, alle riprese di una via di Oporto o di una catastrofe come il terremoto di Messina, per passare attraverso il *Viaggio dalla terra alla luna* proposto dal Cinematografo Gentili nel 1904.

La crisi degli spettacoli ambulanti s'avverte già alla fine del primo decennio: molti impresari corrono ai ripari divenendo proprietari di sale urbane (una sala Splendor nasce a Ivrea nel 1910 grazie a Giuseppe Boaro)[12]; solo pochi decidono di continuare ma le loro storie entrano in una zona d'ombra e le loro grida, i loro suoni appaiono ancora per qualche tempo come i segnali e le tracce residuali di una civiltà scomparsa che oggi abbiamo l'impressione di studiare con strumenti analoghi a quelli degli archeologi.

3. *La carrozza di tutti*.

L'aver saltato la prima fase di messa a punto tecnica favorisce il cinema italiano che muove i primi passi pensando in grande e puntando, senza alcun complesso d'inferiorità al mercato internazionale.

[12] BERNARDINI, *Cinema italiano delle origini* cit., p. 53.

L'atto di nascita del cinema italiano coincide con un passaggio di fase fondamentale per la produzione e l'esercizio: abbandonato lo spettacolo ambulante il cinema si diffonde nelle città con la rapidità di un'epidemia. Ecco come, nel febbraio del 1907, un giornalista racconta questa incontenibile proliferazione:

> Cinematografo... Cinematografo! Dove non è ormai stampata questa magica parola? Non possiamo fare un passo, svoltare una grande e affollata arteria cittadina, o un buio viottolo di sobborgo, senza vedercela, lí dinnanzi, stampata e riprodotta in tutti i modi, in tutte le misure, in tutti i caratteri, in tutte le forme, sugli affissi, nei quadri della pubblicità ufficiale, sulle imposte dei negozi chiusi, sui muri, sul lastrico della via, sui tetti, a lettere di scatola, a lettere di fuoco, in alto, in basso, dovunque.
>
> E dove non si installa, non si annida, non si rannicchia il Cinematografo? Nei grandi teatri, nei caffè, nelle birrerie (...) In basso, in alto della scala sociale, dovunque[13].

Non si è ancora lasciato alle spalle i baracconi ambulanti, che offrivano oltre ai divertimenti di cui abbiamo parlato anche «Museo e Cinematografo», o «Altalena, Fotografia e Cinematografo», e già il cinema punta al cuore della città: le nuove sale urbane fanno subito corpo con l'habitat, diventano punti di riferimento luminoso del paesaggio quotidiano. Le prime sale cittadine di cui si ha notizia si chiamano Iride, Lux, Radium, Cristallo, Smeraldo, Astra, Cinematografo Solare, ecc. Il primo Cinematografo Splendor è torinese e viene aperto in via Roma da Michele Sala nel 1898. I nomi sono esche e le radiazioni che emettono agiscono come fluidi galvanici e magnetici per pubblici proletari e borghesi.

Oltre che per la loro radianza e il disporsi nel tessuto urbano come piccole costellazioni, le sale sembrano simili alla deamicisiana «carrozza di tutti» in quanto nelle loro platee o gallerie trovano posto, fianco a fianco, rappresentanti di tutte le classi sociali e di tutte le età. In prevalenza e con l'eccezione dei programmi pruriginosi delle «serate nere», il pubblico è composto da donne, ragazzi e bambini.

La proliferazione delle sale nelle città (a Livorno si con-

---

[13] O. FASOLO, *Il cinematografo svelato*, in «Natura e arte», febbraio 1907, p. 331.

tano ben 15 sale stabili nel 1907, a Milano sono 70 nel 1908) e nei piccoli centri è tanto rapida e prepotente che già nel 1913 l'onorevole Luzzatti, in un intervento su «Il Corriere della sera», ipotizza un grandioso scenario possibile sulla base dei dati a disposizione e di ragionevoli previsioni di sviluppo:

> Nelle piccole e grandi città il cinematografo è divenuto l'onesto passatempo di tutte le classi sociali. E si avanza persino nei piccoli centri, nei villaggi (...) In piú che ottomila comuni non è presuntuosa l'ipotesi secondo la quale non meno della metà abbia il cinematografo. Né sarebbe eccessiva la presunzione di una media di tre cinematografi per duemila comuni riducendo per somma prudenza i comuni utilizzabili; il che darebbe seimila cinematografi, né parrebbe indiscreta la congettura che li frequentino in media duecento persone al giorno: il che darebbe il prodotto di un milione e duecentomila spettatori al giorno e nei trecento giorni dell'anno si avrebbe un totale di trecentosessanta milioni circa.

In effetti il cinema, in pochi anni, è divenuto lo spettacolo popolare per eccellenza, un bene di prima necessità, uno spazio di culto laico, dove su robuste panche di pioppo si ritrova un pubblico sempre piú composito:

> In mezzo al pubblico del cinematografo vi sono dei tipi cosí diversi dall'ordinario, cosí nuovi e ameni da divertire piú dello spettacolo in se stesso. A parte gli innamorati, che della film spesso non vedono e non capiscono nulla, c'è il militare anziano (...) c'è l'habitué che conosce gli artisti di tutte le case, c'è il meccanico che dà ad alta voce consigli all'operatore (...) la signorina aristocratica che fa appunti sulle mode e sulla etichetta da salotto (...) e infine il fotografo, il pittore, l'architetto, la sarta, la modista, tutte le posizioni sociali[14].

Grazie agli studi di Bernardini[15], oggi siamo in grado di ricostruire tutte le tappe dell'arrivo del Cinématographe in Italia: il 13 marzo c'è una proiezione a Roma presso lo studio Le Lieure in vicolo del Mortaro; il 29, l'apparecchio dei Lumière arriva a Milano; il 30 a Napoli e poi, via via, a Genova, Venezia, Torino... La luce dei Lumière – e di

---

[14] *Il giudizio del pubblico*, in «La Vita cinematografica», 28 febbraio 1913.
[15] In particolare A. BERNARDINI, *Cinema muto italiano*, 3 voll., Laterza, Bari 1980-81, pionieristico lavoro di ricognizione del ventennio 1985-1914.

Edison – si diffonde seguendo itinerari che prevedono, nel giro di alcuni mesi, la copertura quasi totale del territorio nazionale.

Definita come «l'ultimo capolavoro nel campo del meraviglioso», l'invenzione dei Lumière è subito accolta con un misto di meraviglia, curiosità, attrazione e ammirazione:

> Abbiamo usato la parola ammirare non per l'abuso tanto detestabile che se ne fa, ma perché è quella che veramente esprime il sentimento che si prova assistendo a quella riproduzione animata di scene di vita»[16].

All'inizio, pur mescolata alle molte invenzioni scientifiche o parascientifiche che si succedono e confondono a ritmo incessante nei baracconi da fiera, o nei padiglioni delle meraviglie dei luna park, il cinema riesce a richiamare folle di curiosi per la sua capacità di riprodurre la vita, ma appare anche, s'è visto, come un'occasione inedita per consegnare all'eternità il ricordo e la *petite histoire* di persone senza storia, o da sempre ignorate dalla storia. I cronisti del tempo se, da una parte, offrono resoconti dettagliati del contenuto degli spettacoli, non mancano di registrare l'ingrossarsi delle file di spettatori alle porte dei cinema ambulanti prima e di quelli urbani poi. Richiamati dalle voci degli imbonitori[17], i pubblici confluiscono in massa a Torino come a Trieste, a Milano come a Venezia, a Rimini come a Este, a Messina come a Livorno[18].

---

[16] *Il cinematografo*, in «La perseveranza», n. 14, 30 marzo 1896.

[17] Qualcuno condanna «il vociare rumoroso e molesto che ricorda, anche nel bel mezzo di Milano, il sistema primitivo dei banditori delle fiere rurali» su «Il Sole», 18 novembre 1906, e ripresa in «L'Aurora», n. 16, 1906, p. 6.

[18] Ormai la bibliografia sulle prime proiezioni copre in pratica tutto il territorio nazionale: citiamo, senza un ordine d'importanza, alcuni testi usciti in questi anni, includendo anche una monografia sul cinema del Tirolo: G. RONDOLINO, *Torino come Hollywood*, Quaderni piemontesi, Cappelli, Torino 1980; V. ANGELINI e F. PUCCI (a cura di), *Materiali per una storia del cinema delle origini*, Studio Forme, Torino 1981; A. BERNARDINI (a cura di), *Cinema e storiografia in Europa*, Comune di Reggio Emilia 1984 (la terza sezione in particolare); F. DE LUCIS, *C'era il cinema, Reggio Emilia, 1896-1915*, Panini, Modena 1985; S. SALVAGNINI e altri, *La scena e la memoria: Teatri a Este 1521-1778*, Biblioteca Comunale, Este 1985; FANTINA, *Tempo e passatempo* cit.; M. QUARGNOLO, *Quando i friulani andavano al cinema*, La Cineteca del Friuli, Gemona 1989; G. CALZOLARI, *I cinematografi di Parma*, Parma 1989; D. KOZANOVIČ, *Trieste al cinema*, La Cineteca del Friuli, Gemona 1995; R. DE BERTI, *Un*

Una nutrita serie di lavori di microstoria locale, di articoli frutto di ricerche analitiche in archivi ed emeroteche, ci consente di disporre d'una mappatura articolata e affidabile dell'arrivo e circolazione del proto-spettacolo cinematografico lungo la penisola. Le storie di questo tipo si sviluppano, con poche eccezioni, sulla base di caratteri comuni, spesso sembrano riprodursi per gemmazione: una sana disposizione bulimica, un orgoglio campanilistico e un'elementare metodologia post-positivistica muovono in genere i ricercatori da Trieste a Catania, da Bressanone a Rimini. Queste storie interessano per le caratteristiche morfogenetiche, che consentono a notizie locali, quasi invisibili, di trovare piani e legami comuni in un piú vasto quadro non solo italiano.

La capacità di ricostruire la storia delle sale, degli spettatori, dei modi e delle dinamiche con cui si forma e sviluppa una cultura cinematografica in una data località, consente di ottenere, dall'insieme di queste ricerche erudite, significativi spaccati socioculturali di società agricole o industriali, di capitali e piccoli centri di provincia. Quasi tutti questi lavori hanno i loro punti di forza nella quantità considerevole di dati inediti, di polveri informative che riescono a riportare alla luce e nel riuscire a far riemergere una memoria perduta, a rendere familiari territori fino a qualche anno fa dimenticati. Mentre la debolezza è data, quasi sempre, dalla mancanza di una mentalità e attitudine storiografica che consenta anche di interrogare i materiali, di farli vivere in contesti piú ampi. Ma questo è anche un limite del tipo di lavoro storico che ha caratterizzato e condizionato, nonostante i suoi meriti e il valore aggiunto della passione dei ricercatori, la maggior parte dei lavori pubblicati negli ultimi anni.

secolo di cinema a Milano, Il Castoro, Milano 1996; P. CANEPPELE, *Il Tirolo in pellicola*, Provincia Autonoma di Bolzano 1996; L. JACOB e C. GABERSCEK, *Il Friuli e il cinema*, La Cineteca del Friuli, Gemona 1996; L. CUCCU (a cura di), *Il cinema nelle città, Livorno e Pisa nei 100 anni del Cinematografo*, ETS, Livorno 1996; L. MORBIATO, *Cinema ordinario*, Il Poligrafo, Padova 1998; S. SCANDOLARA, *Nostro cine quotidiano. Le Gorizie al cinema*, Kinoatelje, Goriza 2001; M. BONETTO e P. CANEPPELE, *Inizi lo spettacolo! Storia del cinematografo a Trento (1896-1918)*, Museo storico di Trento, Trento 2001; R. BOVANI e R. DEL PORRO, *La fotografia animata a Lucca*, Edizioni ETS, Pisa 2001.

4. *Da Torino alla Sicilia: le fasi di sviluppo e di crisi.*

Tra il 1905 e il 1912 la produzione nazionale presenta prima uno sviluppo rapido, poi attraversa una crisi che risente della congiuntura negativa internazionale e, infine, entra in una fase piú matura, innovativa e competitiva che le schiude, per qualche tempo, i mercati europei e americani. Ovunque, l'esempio di Filoteo Alberini ha un effetto trainante: nascono sigle produttive alle cui spalle stanno ora capitali minimi, ora piú consistenti, di nobili, industriali, banchieri, agenti di cambio, proprietari terrieri, attirati dal nuovo tipo d'investimento. La febbre produttiva che dilaga nella Torino che si sta industrializzando, o nella Napoli dell'economia dei vicoli, o nella Roma dei nobili e dei banchieri, è paragonabile, per molti aspetti, alla corsa all'oro del Klondike. Nel 1905 i titoli in circolazione, stando alla filmografia di Bernardini[19], sono sette, l'anno successivo oltre una decina di volte di piú. Anche se lo sviluppo ipertrofico si verifica nel periodo che precede la guerra, il numero di prodotti e la spinta all'esportazione fanno dell'industria cinematografica un punto notevole dello sviluppo industriale. Non sarà mai comunque il puro spirito del capitalismo a discendere sulle teste dei primi produttori, almeno fino alla comparsa sulla scena di Stefano Pittaluga, la prima e unica vera figura di imprenditore moderno, lungimirante, in grado di elaborare un progetto di concentrazione verticale, paragonabile ai *tycoons* americani[20]. Pittaluga sarà soprattutto il primo produttore capace di ottenere un forte sostegno governativo all'industria del cinema.

La storia economica del primo cinema italiano, a cui accenniamo appena in queste pagine, presenta tratti disomogenei, per lo piú preindustriali, precapitalistici, in certe zone e invece rappresentativi della potente spinta alla mo-

---

[19] A. BERNARDINI, *Il cinema muto italiano. 1905-1909. I film dei primi anni*, in «Bianco e Nero», 1996.

[20] Su Stefano Pittaluga, vedi il lavoro *in progress* di Tatti Sanguineti, i cui primi risultati sono raccolti in *L'anonimo Pittaluga*, in «Cinegrafie», n. speciale, 1998.

dernizzazione e assimilabili a quelli dell'industria automobilistica in altre. Torino, laboratorio della nuova Italia, per esempio, «giunse a far da battistrada alla diffusione del cinema, a impegnarsi in un'avventura che, come quella dell'automobile, avrebbe segnato il XX secolo»[21].

Dopo alcuni anni, sarà possibile fissare dei denominatori significativi e comuni, quali il policentrismo, il mecenatismo, il gusto del rischio e dell'avventura, l'oscillazione tra l'impresa a conduzione familiare e il modello dell'industria meccanica e automobilistica, di cui assume caratteristiche strutturali e di sviluppo.

Le capitali del cinema all'inizio sono quattro: Torino, Roma, Milano e Napoli. A queste si possono aggiungere, in sottordine, Genova, Palermo, Catania, Venezia, dove pure si tentano operazioni produttive che spesso durano lo spazio di un film. Alla produzione si arriva con una decina d'anni di ritardo rispetto ad altri paesi, anche perché nel periodo successivo all'invenzione dei Lumière è indispensabile esplorare, mediante la distribuzione e l'esercizio, la potenzialità del mercato e le caratteristiche della domanda.

Il policentrismo produttivo si spiega con facilità in una Italia ancora divisa da barriere linguistiche, culturali, di sviluppo socioeconomico, e da subito la fisionomia delle prime case di produzione appare legata all'economia del territorio, al caso, al gusto del rischio e dell'avventura, alla fortuna e anche all'intelligenza di singoli imprenditori. Anche se ancora non ci si è interrogati sui rapporti tra economia cinematografica e territorio, basterà offrire pochi dati per capire il diverso grado di sviluppo e concentrazione nell'arco dell'intero periodo del cinema muto: a Roma, l'anagrafe produttiva registra – tra il 1905 e il 1930 – ben 245 sigle, mentre a Torino sono 103, a Milano e Napoli poco piú della metà. Poi 24 a Genova, 9 a Firenze e, in ordine sparso, si possono trovare sigle vissute lo spazio di un film a Treviso, Foligno, Viareggio, Montecatini, Cefalú... Molte case nascono – come nel caso delle torinesi Alpina, Ars, Biblia, Fenix, Elium... – e non riescono neppure a

---

[21] V. CASTRONOVO, *Una borghesia illuminata*, in *Le fabbriche della fantasticheria*, Testo & Immagine, Torino 1997, p. 13.

portare a termine o a commercializzare il primo film. È evidente che, nel primo decennio, lo sviluppo produttivo è piú equilibrato, mentre la guerra mondiale opera una sorta di spartiacque favorendo la concentrazione delle attività a Roma. Le diverse capitali del cinema danno vita a produzioni che ora tendono a differenziarsi e ora si imitano: la produzione torinese intende confrontarsi con quella d'oltralpe, mette in scena testi letterari e teatrali del repertorio internazionale; quella romana punta in primis alla celebrazione dei propri fasti imperiali, mentre quella napoletana ambisce al controllo quasi egemonico del territorio e, in pari tempo, recupera temi della letteratura e del teatro naturalista[22]. Non è peccare d'eccessivo orgoglio nazionalistico se si sostiene oggi che, per qualche anno, Torino, «città della fantasticheria», come l'aveva definita Pavese nel *Mestiere di vivere*, assume il ruolo di capitale mondiale del cinema, con le sue centinaia di titoli, migliaia di persone impiegate e con il consistente afflusso di capitali provenienti dall'aristocrazia industriale cittadina[23]. C'è un momento in cui anche Giovanni Agnelli entra, all'inizio del 1914, come socio della Cenisio Film, ma il progetto non va avanti per lo scoppio della guerra mondiale.

A Roma nasce per prima, nel 1905, l'Alberini & Santoni che, già nell'aprile 1906, si trasforma in Società Anonima per azioni Cines, con capitale sociale di 250 000 lire[24]. La nascita della Cines vede l'ingresso nel consiglio d'amministrazione dell'ingegner Adolfo Pouchain, proveniente da una solida famiglia di industriali. Questa società non nasconde le sue ambizioni di conquista del mercato internazionale – grazie anche al sostegno di capitali provenienti dal Banco di Roma – e, già dal 1907, apre una propria succursale di vendita a New York e pochi anni dopo – grazie

---

[22] A questo proposito, vedi A. BERNARDINI, *Neapolitan Cinema. The First Years*, e V. MARTINELLI, *The Evolution of Neapolitan Cinema to 1930*, in A. APRÀ (a cura di), *Napoletana. Images of a City*, Fabbri, Milano 1993, e G. BRUNO, *Rovine con vista*, La Tartaruga, Milano 1995.

[23] Vedi il pionieristico RONDOLINO, *Torino come Hollywood* cit., e il recente D. BRACCO, S. DELLA CASA, P. MANERA e F. PRONO (a cura di), *Torino città del cinema*, Il Castoro, Milano 2001.

[24] R. REDI, *La Cines. Storia di una casa di produzione italiana*, Di Giacomo, Roma 1991.

a George Kleine – invade con i suoi colossi storici il mercato statunitense. Nello stesso anno, in Italia risultano operanti nove manifatture, tre torinesi (l'Ambrosio, la Carlo Rossi e L'Aquila), due romane (la Cines e la Fratelli Pineschi), due milanesi (la Luca Comerio e la Baratti), e due napoletane (la Manifatture cinematografiche riunite e la Fratelli Troncone).

La storia di queste case impone di riconoscere che la produzione cinematografica non assume caratteristiche d'una vera e propria industria avanzata, anche se il tipo di lavorazione, le strategie pubblicitarie e di vendita fanno del film una merce esemplare della profonda trasformazione industriale italiana a cavallo del secolo. In ogni caso – proprio per la compresenza di imprese con capitali e caratteristiche assai differenti – non ci si può limitare a studiare il contributo delle maggiori case, ma si deve tener conto anche delle vicende delle manifatture municipali, delle avventure isolate di persone che riescono a produrre un solo film, di iniziative sparse a macchia di leopardo, o a puntini pressoché invisibili sul territorio nazionale.

Da poco tempo sono iniziate ricerche sistematiche sulle caratteristiche delle prime case di produzione (è ancora Bernardini ad aver avviato lavori d'esplorazione in profondità del territorio) e l'avanzamento delle conoscenze in certe aree si deve ad alcune tesi di laurea che hanno cominciato a setacciare gli Archivi di Stato, delle Camere di commercio, degli Archivi notarili distrettuali, ecc.[25].

La Cineteca di Bologna, in collaborazione con la locale Università, ha da qualche anno avviato un lavoro di salvataggio, restauro e studio della Film d'Arte Italiana, nata

[25] Mi limito a segnalare, tra i molti lavori discussi in università italiane registrabili fin dall'indomani dei primi insegnamenti di cinema agli inizi degli anni settanta, A. TRINCH, *Il contributo di Ambrosio alla nascita e allo sviluppo del cinema italiano*, Università di Torino, a.a. 1972; A. GESUALDI, *Le origini del cinema nel Veneto*, Università di Padova, a.a. 1984; A. TREVISAN, *L'altro teatro a Venezia*, Università di Bologna, a.a. 1985; C. ZILIO, *Dalla Fiera al Cinematografo: lo spettacolo viaggiante in Italia (1889-1911)*, Università di Padova, a.a. 1989; P. T. PONCINO, *Torino e il cinema: 1900-1930. Le società del muto nei documenti d'archivio*, Università di Torino, a.a. 1995; M. LIBERTI, *La nascita del cinema a Torino e il suo contesto culturale*, Università di Torino, a.a. 1996; P. BRAGAGLIO, *Il cinema a Brescia dalle origini all'avvento del sonoro*, Università di Brescia, a.a. 1998.

nel 1909 da una costola della Film d'Art francese: questo progetto ha portato al recupero di alcune decine di titoli nell'arco di quasi un decennio e alla messa a fuoco delle dinamiche tematiche, stilistiche, narrative di una casa di produzione nata con lo scopo di trasferire sullo schermo alcuni capolavori del teatro e della letteratura, utilizzando il piú possibile il *plein air* e i veri luoghi in cui le storie erano ambientate. La Film d'Arte Italiana dal 1912 decide di affrontare storie moderne, drammi di catastrofi economiche e sentimentali, di rovine familiari, di adulteri o passioni distruttive, come *Dall'amore al disonore* (1912) di Falena o *Usuraio e padre* (1914) o *Effetti di luce* (1916) di Ercole Luigi Morselli e Ugo Falena[26]. La sua è una morale e una visione del mondo ancora ottocentesca, ma l'insieme dei film mostra in maniera significativa l'azione di piú forze disgregatrici nei confronti dell'istituto familiare.

Nel primo decennio, la produzione torinese supera in modo netto quella romana e milanese: nel 1907, a Torino sono prodotti 107 film contro i 40 di Roma e i 6 di Milano. L'anno successivo i titoli sono rispettivamente 289, 107 e 81. Nel 1909 si comincia a parlare di crisi. Le cause dipendono anche dal mutamento delle strategie della produzione internazionale, americana in particolare, che inizia a reagire all'opera di colonizzazione di Pathé e Gaumont, dai primi pesanti interventi di gruppi di pressione e delle autorità civili e religiose per denunciare i pericoli di questa nuova forma di spettacolo per le masse popolari. Raggiunti determinati livelli, identificati i pubblici e le caratteristiche piú generali della domanda, l'ideale supremo è dato dalla riproduzione quasi automatica dei modelli di successo. Si scatena la corsa all'imitazione e la concorrenza avviene sui medesimi terreni e sugli stessi soggetti. Il fenomeno è evidente nella produzione delle case torinesi e milanesi dove, in svariati casi, si realizzano nello stesso periodo gli stessi soggetti e si cerca, in tutti i modi, di battere la concorrenza sottraendo le idee e il personale e creando prodotti simili tra loro. Il problema esiste anche sul piano in-

---

[26] Ha tracciato un buon profilo di questa casa di produzione A. NAVANTIERI, *Film d'Arte, ma Italiana*, in «Cinegrafie», n. 15, 2002, pp. 205, 217.

ternazionale, come dimostrano gli archivi americani dove si trovano molti documenti in cui i produttori della Cines dichiarano che il *Quo Vadis?* diretto da Guazzoni non copia da prodotti americani e dove si vede che ben due case di produzione cercano di contendersi il mercato americano con un *Gli ultimi giorni di Pompei*. Questa tensione interna tra le maggiori case di produzione avrà effetti positivi nel breve periodo e giocherà un ruolo determinante nello sviluppo linguistico, spettacolare ed espressivo. La durata dei film comincia a mutare in Italia fin dal 1909, e già quando si comincia a lavorare alla produzione dell'*Inferno* si dichiara che potrà avere una durata inferiore ai mille metri, nonostante la lunghezza media sia assestata ancora sui 250-300 m.

In questa fase di ristrutturazione e d'espansione entrano in modo massiccio figure di nobili, che investono capitali stornandoli dagli investimenti immobiliari e fondiari. Sono i Pacelli, i Fassini, i Visconti di Modrone, i Colonna, i Capece Minutolo... Nella ditta milanese Luca Comerio, presto trasformatasi in Saffi-Comerio, entra nel 1909 il barone Airoldi di Robbiate che, nel giro di qualche mese, la trasforma in Milano Film dopo aver estromesso il fondatore: pensando proprio alla Milano Film e al ruolo del conte Giuseppe de Liguoro, possiamo dire che, oltre al consistente aumento dei capitali, la presenza degli aristocratici ha un peso determinante nello sforzo di qualificazione culturale e artistica del film. Nel consiglio d'amministrazione figurano, nel 1911, il conte Pier Carlo Venino, presidente, e tra i consiglieri il conte Giovanni Visconti di Modrone, il conte Carlo Porro, il principe Urbano del Drago, il conte Mario Miniscalchi Erizzo.

Nella fase espansiva, la nascente industria vive di fatto un'avventura in cui il gusto del rischio e le prospettive di enormi profitti non nascondono l'incapacità di previsione, la precarietà delle strutture, l'assenza di solide coperture. Proprio la speranza di trasformare in oro i frutti d'ombre evanescenti spinge una folla eterogenea di personaggi a sfidare la sorte al tavolo verde della nuova attività industriale. Il torinese Arturo Ambrosio è titolare d'un negozio fotografico, Ernesto Maria Pasquali è un giornalista, Giuseppe

Tempo è farmacista, Carlo Sciamengo, direttore dell'Itala, è ingegnere, e poi, nella folla di persone, si notano attori, agenti di cambio, commercianti, pittori, ecc. Basta ricorrere ai ricordi di un qualsiasi testimone per toccare con mano la modestia dei mezzi delle prime case produttrici torinesi e capire le difficoltà di crescere e affermarsi sul mercato:

> La prima sede della Pasquali e Tempo – ricorda l'avvocato Mario Donn – disponeva soltanto di tre o quattro piccoli locali e di una tettoia sotto la quale erano riposti scene, attrezzi, costumi e svolgeva il suo lavoro uno scenografo. Il teatro di posa consisteva di un semplice palchetto esterno, sul quale, all'altezza di tre o quattro metri dal suolo si faceva scorrere a mezzo di apposite corde una grande tela bianca[27].

Nel 1912, anno della massima espansione numerica, sono raggiunti a Torino i 569 titoli contro i 420 di Roma e i 120 di Milano, di cui 88 prodotti dalla sola Milano film.

In questa fase, i cataloghi delle maggiori case di produzione hanno ormai fissato le caratteristiche dei propri prodotti, li hanno divisi per genere, lunghezza e hanno cominciato a pubblicizzare in maniera differente le diverse tipologie. È in questo periodo, tra prima crisi profonda e guerra mondiale, che s'assiste a un primo sviluppo poderoso del sistema, alle dinamiche espressive, alla capacità di giocare su piú piani puntando all'ottimalizzazione di alcuni generi e all'espansione di alcuni procedimenti e delle durate del racconto. La messa a punto di una prima vera serie di strategie produttive, distributive e merceologiche, favorisce le dinamiche stilistiche e narrative e la consapevolezza delle possibilità spettacolari del mezzo, che passano prima di tutto per il dominio e l'espansione delle coordinate spazio-temporali.

Il triennio che precede la guerra segna la fase di maggior espansione e consolidamento delle strutture: l'industria italiana gode del suo massimo splendore e successo negli Stati Uniti[28], ma conquista, sia con le dive che con gli eserciti

---

[27] Questi ricordi sono conservati al Museo del cinema di Torino. Citato in A. FRIEDEMANN, *Appunti per la storia dell'industria cinematografica a Torino. Stabilimenti e teatri di posa*, Associazione Fert, Torino 1999, p. 45.

[28] Rinvio per questo aspetto a G. BERTELLINI, *Epica spettacolare e splendore del vero. L'influenza del cinema storico italiano in America (1908-15)*, in *Sto-*

di Marcantonio e Cesare e con quelli dei comici, i mercati della Russia, dell'Argentina, di Francia, Spagna e Gran Bretagna...[29].

Si tratta d'una serie di storie correlate di cui oggi sono state fissate le coordinate sempre per merito di Bernardini. Manca ancora un riflessione d'insieme che sappia mettere a punto in maniera autorevole e convincente le relazioni tra l'economia cinematografica, le sue caratteristiche e i suoi rapporti con gli sviluppi contemporanei dell'economia del paese. Grazie a una ricerca capillare e sistematica sui luoghi di lavoro dell'industria del cinema a Torino nel periodo del muto e sulla storia architettonica delle diverse imprese – condotta da Alberto Friedemann[30] – oggi conosciamo l'ubicazione di tutte le industrie torinesi, le caratteristiche degli impianti, i progetti esecutivi, le misure e le distribuzioni dei teatri di posa e degli stabilimenti di sviluppo e stampa ecc. Possiamo capire bene, dalla semplice distribuzione di queste imprese nel territorio, come la loro ubicazione sia abbastanza casuale e non si raggiunga alcun tipo di concentrazione paragonabile a quella di altri settori industriali sorti, ad esempio, in prossimità della Dora Riparia e concentratisi tutti in una zona della città. È forse proprio la disseminazione e l'isolamento dei singoli stabilimenti a segnalare l'estrema fragilità delle imprese, l'incapacità a creare un sistema, a muoversi alla conquista dei mercati mettendo in opera tecniche proprie d'un gioco di squadra. La debolezza dell'industria italiana è costituzionale ed è subito visibile, anche a un semplice contatto superficiale, nonostante gli archivi aziendali non esistano e sia difficile comporre un quadro d'insieme riunendo i frammenti sparsi di vicende cancellate o sepolte.

Nella fase espansiva e di conquista del mercato internazionale, è vero che i contratti stipulati con i distributori stranieri, americani in primis, prevedono acquisti massicci

---

ria del cinema mondiale, II/1. *Gli Stati Uniti*, Einaudi, Torino 1999, pp. 127-266. Vedi anche *Cinema italiano nel mondo*, Associazione Flaiano, Pescara 2002.

[29] V. MARTINELLI (a cura di), *Cinema italiano in Europa*, Associazione italiana per le ricerche di storia del cinema, Roma 1992.

[30] FRIEDEMANN, *Appunti per la storia dell'industria cinematografica* cit.

di prodotti, non solo di tipo storico-mitologico. Dopo il successo del *Quo Vadis?*, tra la Cines di Roma e la società diretta da George Kleine di Chicago viene siglato un accordo mediante il quale il distributore americano acquista i diritti esclusivi per il territorio americano (incluse le Filippine, il Canada e l'Alaska) di vendere, esibire, affittare, stampare, ristampare, pubblicare e utilizzare tutti i prodotti della Cines. La Compagnia italiana s'impegna a sottoporre a Kleine una copia di ogni titolo prodotto e Kleine a sua volta s'impegna a versare per ogni film una somma di 75 centesimi di dollaro per metro. Per molto tempo si è parlato d'acquisti a scatola chiusa dei prodotti italiani: questo contratto chiarisce i termini della questione e si aggiunge ad altri in cui Kleine versa sostanziosi anticipi per produzioni piú impegnative sul modello di *Quo Vadis?*[31]. Per alcuni anni i prodotti italiani travolgono la concorrenza.

Le prime avvisaglie di crisi si hanno alla vigilia della guerra e già da quel momento i mercati internazionali cominciano a chiudersi uno dopo l'altro. Con la guerra e l'avvento, dal 1913, del lungometraggio, i titoli realizzati a Torino sono 268, a Roma 184 e a Milano 64. Nel 1917 i poteri risultano rovesciati e Roma diventa capitale produttiva con i suoi 159 titoli contro i 59 di Torino e i 40 di Milano. Nel 1923, quando ormai la crisi è galoppante, a Torino si producono 26 film, contro i 74 di Roma e gli 8 di Milano. A Napoli, dove quattro case producono 30 titoli nel 1912, ci si assesta su questi numeri, riuscendo a reggere anche alla crisi degli anni venti e a realizzare, tra il 1923 e il 1925, 57 titoli contro i 47 prodotti a Torino (che però nel 1925 ne produce appena 4).

Accanto alle sigle piú note – Cines, Milano Film, Aquila, Itala, Caesar, Ambrosio, Pasquali – troviamo nomi di società mai analizzate per la loro fragilità e il passaggio meteorico sulla scena produttiva e per la difficoltà a districarsi

[31] Esiste, presso la Library of Congress di Washington, un fondo che conserva tutti gli archivi cartacei e filmici di Kleine che costituisce una vera miniera d'oro per gli studiosi del cinema muto italiano e che personalmente ho molto utilizzato per il I volume della *Storia del cinema italiano*, 3 voll., Editori Riuniti, Roma 1979. Vedi R. HORWITZ e H. HARRISON (a cura di), *The George Kleine Collection, A Catalog*, Library of Congress, Washington 1980.

in una selva di nomi affini, se non identici. Tra il 1913 e il 1914, per esempio, esistono ben tre società che si chiamano Superfilm, una a Napoli, una a Genova e una a Torino. A Torino, nel periodo del muto, vengono create oltre centoventi case. Tra queste, si possono ricordare, a titolo di pura curiosità, la Photo-Emporium, società con capitale di 60 000 lire, che aveva come scopo sociale «l'industria e il commercio in ogni ramo della fotografia, ottica, cinematografia e produzioni ed applicazioni inerenti», o la Società Italiana Films e affini, nata nel 1908 e poi convertita in Unitas, nata con lo scopo di produrre film cattolici, la De Giglio, in un primo tempo società di noleggio, o la Giano Film, che produce quattro pellicole nel 1914. Tra il 1907 e il 1910 appaiono, sempre a Torino, sigle come la Films Italia, poi trasformata in Navone Films, la Roma Film e negli anni successivi i tentativi di dar vita a un'impresa cinematografica si moltiplicano in proporzione geometrica.

5. *La grande migrazione: dalla biblioteca alla filmoteca universale.*

Il denominatore comune che unisce i primi produttori e i «direttori artistici», figure dai poteri limitati, è dato dal senso d'onnipotenza, dalla sindrome di titanismo culturale che caratterizza le mosse iniziali. La storia del mondo, la tradizione artistica, la letteratura universale, il repertorio teatrale di tutti i tempi, si presentano come un patrimonio inesauribile e di facile accesso, un bene di natura alla portata di tutti.

Il cinema intende spezzettare il pane della scienza, dell'arte e della cultura per le masse e la borghesia in ascesa e trasformarlo, quasi per transustanziazione, in materia viva, fatta di corpi e sangue per un nuovo tipo di rito periodico. E intende anche innescare micce di spirito patriottico con i suoi *Garibaldi* (1907) o *Pietro Micca* (1908), o *Il piccolo garibaldino* (1909), piantando bene in vista simboli ed elementi forti per la formazione d'una coscienza nazionale. In Italia, piú che in altri paesi, il cinema, prima che chiave d'accesso alla modernità, è strumento di restaurazione non solo culturale, mezzo magico di locomozione per viaggi d'ogni tipo nel passato storico, artistico e letterario.

L'iconosfera cinematografica assume le caratteristiche d'una specie di ipersistema o iperlinguaggio entro cui trovano posto, in forma concentrata, letteratura, storia, teatro, scultura, melodramma, musica, ecc. In una decina di *tableaux vivants*, i direttori artistici della Cines, Ambrosio, Pasquali e Film d'Arte, riescono a spremere i succhi dei poemi omerici, o dei capolavori shakespeariani, ad animare le figure dei cicli pittorici medievali e rinascimentali, senza escludere le traduzioni delle immagini contigue dell'industria oleografica o dell'illustrazione popolare.

Già nel 1906 la Cines produce un *Otello*, nel 1907 una *Giuditta e Oloferne*, mentre la Rossi & C. di Torino offre un *Napoleone I*, l'Ambrosio un *Pagliacci*. Negli anni successivi, una teoria di celeberrime figure storiche e letterarie esce dalle illustrazioni dei libri, dagli affreschi neoclassici e preraffaelliti, dalle litografie, dalle incisioni, dalle fotografie, dai monumenti e va a costituire l'iconosfera cinematografica italiana, a formare sullo schermo una sorta di catena ininterrotta di personaggi e a stabilire rapporti nuovi con enormi masse di spettatori: *Amleto, Giordano Bruno, Romeo e Giulietta, Giuditta e Oloferne, Lorenzino de' Medici, Lucia di Lammermoor, Pia De' Tolomei*, sono alcuni dei titoli del 1908 di cui è possibile riconoscere il lavoro di traduzione di un'iconografia popolare.

Fin dai primi cataloghi le maggiori case di produzione accettano la suddivisione merceologica dei generi, potenziando quelli con maggiori ambizioni. Il cinema, in un primo tempo, viene salutato con entusiasmo da intellettuali e pedagogisti di scuola positivista come ideale università per il popolo. Di fatto, i produttori italiani sembrano piú interessati a conquistare il pubblico borghese, poco attratto dalla popolarità del cinema oltre che dall'eccessiva promiscuità sociale delle proto-sale cittadine.

Fin dal primo cinema italiano si ha l'impressione d'assistere alla conversione sullo schermo della neocostituita o neocostituenda «biblioteca dell'italiano», una biblioteca ideale in cui, accanto ai classici poetici, narrativi e teatrali, si mescolano i feuilletons, le riduzioni dei libretti d'opera, le biografie degli uomini illustri, ecc. Omero, Dante e Boccaccio convivono in buona compagnia con Eugène Sue, Zévaco e Alexandre Dumas, Lucio D'Ambra, Pietro Cossa, Gabriele D'Annunzio e Raffaello Giovagnoli. Questa filmoteca ideale può apparire come un *opus cementicium* di un'identità nazionale ancora incerta, alla costruzione della quale concorrono piú forze e piú opere. La sensazione, comunque, è che il primo cinema sia a forte componente laica, in cui è pure dissolta una percentuale di temi religiosi che non pesano sull'identità complessiva. Sull'esistenza anteriore di una serie di testi chiave di un'ideale biblioteca dell'italiano, sulla sua circolazione anche all'estero si fonda dunque la scelta degli argomenti e il travaso dei titoli. Il *Pietro Micca* del 1908 può essersi ispirato a un'opera di Bencivenni, il *Fornaretto di Venezia* (1907) della Cines è il primo film esportato negli Stati Uniti dalla casa romana, e il dramma di Dall'Ongaro è uno dei testi capitali della letteratura popolare, ripreso con successo pure dal teatro dei burattini.

Questo processo di trascodificazione di tipo prenarrativo corrisponde al tentativo di riduzione dei testi letterari ai loro corrispondenti stereotipi visivi, secondo processi di serializzazione già collaudati e regole artigianali di tradizione millenaria delle copie e varianti delle forme alte che si riallacciano alla tradizione dei sommari e centoni medievali, alle tecniche dell'*abbreviatio* medievale e di tutte le sue variazioni successive, fino alle forme piú recenti della vasta e sconosciuta produzione delle oleografie, del lavoro delle scenografie teatrali e dei *tableaux vivants* a cui, fin dall'uso del termine «quadro», ci si ispira. Shakespeare, in particolare, sarà autore che agirà da «dux» per la conquista dei mercati internazionali. Nel 1909 la Saffi, oltre al contratto con D'Annunzio per la realizzazione di sei film, realizza la prima versione dei *Promessi sposi*, mentre Comerio gira *Sepolta viva* (1908), tratto dal romanzo di Mastriani. L'anno successivo sarà la volta di Xavier de Montépin (*Il ventriloquo* di Arrigo Frusta) dell'Ambrosio, mentre anche la Cines si muove con decisione al saccheggio di autori popolari. La Film d'Arte Italiana di Roma ha, tra i suoi titoli, un *Otello*, una *Signora dalle camelie* e una *Carmen*.

Nell'impostare una propria politica produttiva ed editoriale, le case molto presto suddividono i titoli secondo una rigida gerarchia di livelli e stili, cercando di fissare subito gli stereotipi e le strutture formali piú pertinenti. Anzitutto c'è un livello alto, che, in qualche modo, qualifica lo stile della casa di produzione, in cui si collocano le trascrizioni dei classici o di film del filone storico: sia che questi classici siano portati sullo schermo per l'accrescimento della cultura nazionale che per l'esportazione della cultura italiana nel mondo, il fenomeno è connesso con la prima fase dell'organizzazione della cultura di massa moderna (di cui si è occupato Fausto Colombo in *La cultura sottile*)[32], con l'inizio di un'esportazione regolare di prodotti connessa con l'emigrazione di massa dello stesso periodo. La vocazione pedagogico-didascalica (definita da Colombo come «la strategia del grillo») serve spesso da copertura per una serie di scelte tematiche entro cui si riversano precisi transfert delle classi al potere. La biblioteca-filmoteca dell'italiano non è ricchissima di titoli ma abbastanza articolata: certe variazioni, o il ritorno di determinate trascrizioni, ci permettono di identificare, con maggior forza, alcune tendenze emergenti che porteranno allo sviluppo del film storico-mitologico, del melodramma, o del cinema che mette in orbita il fenomeno divistico.

In nessun'altra cinematografia europea s'assiste a un tale sforzo di travaso e traduzione intertestuale: la sensazione è quella di essere di fronte a un sistema che sceglie come unità di misura iconografica la «maniera grande», secondo una definizione usata poco tempo prima da Heinrich Wölfflin a proposito del Rinascimento. Non c'è proporzione tra la relativa modestia degli investimenti e l'ampiezza delle ambizioni e degli obiettivi culturali. Ma è certo che la scelta dei modelli alti ha un ruolo decisivo almeno all'inizio, nel far decollare tutto il sistema e renderlo subito visibile ai pubblici di tutto il mondo. Crocevia e crogiolo alchemico dei grandi flussi della letteratura e delle arti figurative, la cinematografia italiana cresce e si sviluppa con rapidità e con caratteristiche subito ben individuate, grazie alla fidu-

---

[32] F. COLOMBO, *La cultura sottile*, Bompiani, Milano 1998.

cia nella convertibilità sullo schermo di tutte le scritture artistiche e letterarie anteriori e contigue. Letteratura e arti diventano – agli occhi dei produttori e proto-direttori artistici – gli aiutanti magici per accedere a una piena legittimazione artistica del cinema.

> Vedevo – scriverà Enrico Guazzoni, sulla rivista «In Penombra» nel 1918 – altri e piú vasti orizzonti per la cinematografia (...) passavo per un utopista, un poeta (...) io che nella cinematografia vedevo la fusione di tutte le arti, dei colori, della plastica, della mimica (...) Pensavo il cinematografo, a differenza del teatro consentirà di dare visioni di campi vastissimi, potrà non avere quasi limitazioni (...) Potrà ricostruire figure e l'ambiente in cui si mossero, insomma tutto il mondo.

Assieme alla letteratura si muovono verso il cinema anche i letterati che, nel corso del tempo, assumeranno vari ruoli, ma che da subito accettano con entusiasmo, o senso di colpa, di portare il contributo di costruzione del nuovo edificio spettacolare mediante la parola, la materia e il mezzo di cui già si servono per fabbricare i loro romanzi o poemi. Il fenomeno non è solo italiano: per vere e proprie schiere di intellettuali italiani, tedeschi e francesi anzitutto, e poi spagnoli, inglesi, austriaci, russi, svedesi e danesi, il cinema esercita un'«attrazione fatale» e diventa una sorta di piazza e mercato piú allargato e redditizio in cui poter esporre le proprie mercanzie e tentar di venderle nel modo migliore. In Francia nasce, nel 1908, la Societé Cinématographique des Auteurs et Gens de Lettres e, di lí a poco, si possono veder apparire in tutta Europa, sulla soglia delle società di produzione, le figure di scrittori e poeti attratti dai bagliori di guadagni non comparabili con quelli della loro attività: in ordine sparso vediamo Apollinaire e Artaud, Antoine e Colette, Karl Kraus, Hofmannsthal, Blasco Ibáñez, Jacinto Benavente, Arthur Schnitzler, Majakovskij... In Italia Verga, Capuana, Bracco, Martoglio, Gozzano, Serao, Deledda, Di Giacomo, Pirandello, Nino Oxilia, Lucio D'Ambra, Yambo (Enrico Novelli), Federico De Roberto, Marco Praga, Giannino Antona Traversi, Enrico Buti, Domenico Tumiati, Umberto Fracchia, tutti scrittori o uomini di teatro di successo, che si fanno sorprendere, con il cinema bambino, fin dal 1909, o negli anni appena successivi, in scandalose prestazioni a pagamento di cui si sforzano di cancellare con cura ogni traccia. In genere, quasi tutti si accostano al cinema in ordine sparso per offrire al miglior offerente i propri prodotti e partecipare, a tutti gli effetti, alla creazione di un'opera a cui riconoscere al piú presto una dignità non inferiore rispetto a quella letteraria. Romanzieri, poeti, uomini di teatro vengono reclutati dal cinema alla ricerca di un'immediata nobilitazione culturale.

6. *I film storici alla conquista del mondo*.

Già a cavallo del primo decennio si chiede dunque ai letterati di effettuare azioni di riduzione cercando di mantenere intatto lo spirito del poema classico o dell'opera di successo dell'autore contemporaneo: nasce una nuova figura di salariato intellettuale che sintetizza e spreme il succo di un intero poema, romanzo o melodramma in poche didascalie.

Un'accurata indagine sulle fonti iconografiche dei film in cui si gioca con la macchina del tempo – da *Nerone* e *Il granatiere Roland* a *Nozze d'oro* di Maggi, da *Marin Faliero, Doge di Venezia* di Giuseppe De Liguoro all'*Otello* diretto da Yambo nel 1909 (prod. Pineschi), all'*Inferno* di Bertolini e Padovan e a *L'Odissea* di De Liguoro, a *Il piccolo garibaldino* della Cines, ai successivi grandi film storici degli anni d'oro che precedono la prima guerra mondiale – rivela la volontà e l'ambizione di porsi alla stessa altezza delle grandi scuole figurative del passato, di metabolizzare la lezione del Rinascimento come quella neoclassica o simbolista, ma di non escludere le influenze della piú recente industria dell'illustrazione popolare.

Un ruolo importante nell'ideare una serie di film di carattere storico, artistico è dato dalla figura di Enrico Guazzoni, primo vero autore del cinema italiano capace di porsi problemi di orchestrazione delle masse, di costruzione dell'immagine, di organizzazione dello spazio, di sintassi narrativa, di valorizzazione degli elementi scenografici...

La scoperta delle possibilità spettacolari dello spazio che, via via, si libera dei fondali di cartapesta e consente a migliaia di comparse di muoversi, scontrarsi, sfilare, decretare la vita e la morte dei gladiatori e dei cristiani nei circhi e nelle arene romane e, piú di tutto, di dar vita a una politica di potenza virtuale, ha il merito di trasmettere energia ed esemplare vitalità a una concezione del tempo statica, monumentale, ripetitiva. In parallelo alla dilatazione dello spazio dell'azione sullo schermo si espandono lo spazio della sala e quello immaginativo degli spettatori.

La produzione delle case romane e torinesi, che si orienta verso il film storico, segna sempre di piú la volontà di partire alla conquista dello spettatore universale. Prima che Hollywood diventi capitale mondiale del cinema, la produzione storica italiana, e quella torinese, assaporano – sia pure per brevissimo tempo – l'entusiasmante e irripetibile sensazione del dominio e dell'imperialismo cinematografico. Il genere storico assume presto un ruolo centrale nella produzione e, in qualche modo, impone una specie di stile, o di marchio d'identità nazionale a tutti gli altri prodotti. Nato con intenti divulgativi e pedagogici – destinato a diventare una zavorra rispetto alle spinte dinamizzanti di altri generi – assume per qualche tempo il ruolo di genere-guida e il punto in cui si travasano, nella maniera piú evidente, le ambizioni di conquista dell'Italia giolittiana. Oltre a trasmettere un'immagine vincente della cultura e della storia italiana nel mondo, i film storici servono da supporto all'ideologia nazionalista e si vengono caricando di significati legati al clima politico italiano negli anni che precedono l'entrata in guerra.

Grazie al genere, il cinema italiano affronta il mito e in particolare ritrova i miti di fondazione sia della nazione che dell'intera civiltà occidentale, oltre che quelli della potenza e del dominio perduti da secoli. La guerra italo-turca porta l'Italia in Libia, imprime una spinta decisiva all'incontro tra produzione cinematografica, ideologia nazionalista e volontà di potenza del piccolo stato italiano, che ha raggiunto la sua unità e indipendenza da pochi decenni.

Il quinquennio che intercorre tra *Nerone* e *Cabiria* si presenta come un'era della storia del cinema, al cui interno, accanto al potente sviluppo linguistico, sintattico ed espressivo, si può rilevare una vera e propria scalata dello spirito nazionalista e una serie di spostamenti semantici dei significati della romanità in funzione dei mutamenti della politica interna e internazionale. Ben prima che «lo spirito di Roma rinasca nel fascismo» – secondo l'auspicio di Mussolini del 21 aprile 1922 sul «Popolo d'Italia» –, le immagini delle sfilate dei trionfi romani con tanto di saluto, dei fasci littori, divulgate da film come *Quo Vadis?*, *Cajus Julius Caesar*, *Spartaco*, *Salambò*, *Marcantonio e Cleopatra*, *Nerone e Agrippina*, *In hoc signo vinces*, *Cabiria*, ecc., tutti realizzati tra il 1912 e il 1914, contribuiscono a riportare con forza alla luce il rimosso d'una storia lontana di cui si rivendica la discendenza e da cui si vuole trarre esempio per i sogni dell'oggi[33]. Un compatto insieme di film storici contribuisce a fissare alcuni simboli guida, destinati a trasferirsi nei rituali politici del fascismo a pochi anni di distanza e interpreta lo spirito di conquista che sembra giungere da lontano e trova, come in vari altri casi, la sua levatrice e il suo apostolo in Gabriele D'Annunzio[34].

Nerone (Maggi, 1909) può essere considerato l'archetipo del genere, il film che agisce da acceleratore di tutto il sistema. Ispirato all'opera di Pietro Cossa, ha come riferimenti iconografici diretti sia le acquaforti di Bartolomeo Pinelli che la pittura neoclassica, trasformati in *tableaux vivants*, o il grandioso spettacolo del circo Barnum *Nero, or the Destruction of Rome* del 1889[35]. Tuttavia, anche se i codici dominanti sono quelli teatrali, gli effetti spettacolari valorizzano in modo originale i movimenti di massa (le scene di panico popolare, l'incendio di Roma) e la drammaturgia tiene conto dei gesti individuali e dei movimenti nello spazio di consistenti gruppi di comparse. Dopo *Nerone*

[33] Per questi aspetti rinvio a G. P. BRUNETTA, *No Place Like Rome*, in «Artforum», XXVIII (estate 1990), pp. 122-25, a G. DE VINCENTI, *Il kolossal storico-romano nell'immaginario del primo Novecento*, in «Bianco e Nero», IX (1988), n. 1, pp. 7-26, e alla monografia di M. WYKE, *Projecting the Past*, Routledge, London 1997.
[34] G. P. BRUNETTA, *La conquista dell'impero dei sogni*, in C. CATANIA (a cura di), *Pirandello e D'Annunzio nel cinema*, Centro di ricerca per la narrativa e il cinema, Catania 1988, pp. 9-30. Nella vasta bibliografia, il saggio piú nuovo condotto su molti materiali di prima mano è I. CIANI, *Fotogrammi dannunziani*, Ediars, Pescara 1999.
[35] M. VERDONE, *Spettacolo romano*, Golem, Roma 1970, pp. 141-47.

si possono considerare come tappe fondamentali dell'evoluzione del sistema *La caduta di Troia*, *L'Odissea*, *L'Inferno*, opere che vengono diffuse in tutto il mondo. Nel caso di questi film, la ricchezza e originalità dei trucchi che s'intersecano bene e in modo credibile con le scene dal vero, la fiducia nella traducibilità e trascodificazione dei codici (*L'Inferno* vuole essere una fedele traduzione visiva delle illustrazioni di Doré al testo dantesco), li pongono al crocevia tra molti codici e modelli e le tensioni verso forme di spettacolo dalle possibilità illimitate.

I film realizzati tra il 1912 e il 1914 dalle grandi sigle romane, torinesi e milanesi, sono affetti da una megalomania scenografica inedita, piú vicina alle soluzioni architettoniche di Antonelli che a quelle degli spettacoli circensi o di alcune pur grandiose regie teatrali e d'opera lirica della Scala: l'intero atlante storico-geografico è perlustrato in lungo e in largo e tutti gli stili, tutte le epoche rientrano, prima o poi, nell'occhio della macchina da presa. Se nel decennio precedente la spinta che guidava lo sguardo degli operatori era di conquistare e registrare la superficie del visibile, con i film storici la cinepresa diventa una vera e propria macchina del tempo orientata in senso antiorario. La storia è frantumata, compressa, miniaturizzata, dilatata e, attraverso visibili trasformazioni, si giunge a dar vita a un'invenzione autonoma, capace di ricreare luoghi reali e fantastici nella libertà piú totale. Lo spazio bloccato dalle scenografie di tipo teatrale viene sfondato per lasciar irrompere in primo piano migliaia di comparse. *Il quarto stato*, che Pellizza da Volpedo ha visto marciare compatto nel 1897 alla conquista del nuovo secolo, viene inquadrato negli eserciti di Napoleone o di Giulio Cesare, si scatena nei circhi o si espande con forza incontenibile fra terremoti, eruzioni vulcaniche e catastrofi di ogni tipo. Il genere sembra la realizzazione piú perfetta di quanto nel 1913 auspica Giuseppe Prezzolini: «Non un attore! Tutta la nazione per scenario!»

Quo Vadis? è anche un film che mette in moto delle strategie di lancio da parte della Cines che possono essere considerate un modello avanzato per la produzione internazionale: si va dalla cessione dei diritti delle fotografie incorporate in edizioni apposite del romanzo con la scritta sulla copertina «Illustrazioni dal film prodotto dalla Cines», alla redazione di vere e proprie veline per la stampa, in cui si mettono in luce i seguenti elementi: «Il lavoro è durato sei mesi, la rappresentazione delle masse ha impegnato da 1500 a 2000 comparse, 25 leoni sono stati affittati per mesi per essere usati in scene magnifiche (...) Per rendere il film ancora piú interessante la Cines ha scelto i luoghi autentici in cui si sono svolte le scene principali, cioè Anzio, il lago d'Agrippa, Cuma, vicino a Napoli e la meravigliosa Via Appia in cui avviene l'apparizione di Cristo» (lettera inviata ai rappresentanti francesi di Kleine, 21 febbraio 1913).

Con la scoperta della prospettiva rinascimentale della *Caduta di Troia*, con i trucchi dell'*Inferno*, le scene di combattimenti di massa di *Giulio Cesare*, le eruzioni degli *Ultimi giorni di Pompei*, le scene di circo in *Quo Vadis?*, all'occhio onnivoro dell'operatore non sembrano piú esserci limiti. Anche se, fino a *Cabiria*, l'analisi dei film rivela una dinamica della macchina da presa e del montaggio tutto sommato limitate, non si può non osservare che il genere storico offre enormi possibilità espressive per ciò che concerne l'uso della luce, la mobilitazione delle masse e la scoperta della funzione drammatica e della pluralità significante dello spazio.

L'immaginazione figurativa, l'utilizzazione cosciente dello spazio come soggetto e parte centrale della storia, non sono di sicuro conquiste facili o immediate. Non è semplice liberarsi del peso della tradizione scenografica teatrale e dell'opera lirica: ma spesso è proprio a causa del carattere convenzionale e del riconoscimento immediato dell'iconografia che lo schermo diventa quel lucernario dell'infinito di cui aveva parlato Baudelaire, che suscita presso il pubblico il desiderio e l'aspirazione a spingersi piú lontano, a vibrare su registri culturali e ideali piú elevati.

Quanto agli aspetti cinematografici si può dire che il livello professionale raggiunto dagli operatori consente di pensare alla luce come a una tavolozza cromatica e rivela una consapevolezza progressiva della possibilità di passare dallo spazio bidimensionale tipico della pittura medievale a quella prospettiva unica e tridimensionale che caratterizza la pittura del Rinascimento. È proprio grazie al film storico e alla necessità di far muovere al suo interno folle di comparse che il cinema comincia a utilizzare le leggi della prospettiva.

Anche se Pastrone, fin dalla *Caduta di Troia*, ha cercato soluzioni scenografiche – e se è giusto riconoscergli il ruolo di personalità complessa, completa, di autore-imprenditore, capace di reggere il confronto con registi come Griffith, Ince, Gance[36], l'autore piú colto dal punto di vista figurativo e che si è posto in modo piú consapevole il problema della scenografia cinematografica e delle regole di costruzione dello spazio è, come si è detto, Guazzoni, pittore e scenografo, passato alla direzione artistica della Cines dopo il 1910.

Il suo *Quo Vadis?* – proprio per la quantità di elementi inediti – consente a tutto il sistema narrativo e spettacolare di compiere un deciso balzo in avanti. I personaggi si muovono nello spazio con una libertà finora sconosciuta e viene esaltata la dialettica individuo/folla secondo moduli che per decenni saranno adottati e riproposti senza variazioni sostanziali anche dal cinema americano.

Questo tipo di film, che consente all'immaginario popolare di proiettarvi i suoi desideri per il futuro e di riconoscervi le sue paure, manipola le vicende sentimentali, gli intrighi politici, appoggiandosi ai modelli del melodramma, in modo da dimostrare come anche i piú celebri personaggi storici possano avere segreti, debolezze sentimentali, vicende mai rivelate, d'interesse non inferiore per i grandi pubblici delle imprese registrate dalla storia.

La storia rimane come sottotraccia, mentre in primo piano si scontrano passioni, gelosie, odi e vendette e le ragioni del cuore prevalgono su quelle di stato. Nel finale, un eroe della forza, Ursus, prototipo di un consistente battaglione di discendenti di Ercole che ritroveremo sotto la guida di Maciste fino alla fine degli anni venti, si esibisce in uno spettacolo da circo, atterrando con la forza delle mani

---

[36] P. CHERCHI USAI, *Pastrone*, La Nuova Italia, Firenze 1985, e ID. (a cura di), *Giovanni Pastrone. Gli anni d'oro del cinema a Torino*, Utet, Torino 1986.

un toro, e rivelando le possibilità della dialettica tra l'uomo forte e la folla.

Estrema mobilità sociale e ideale possibilità di rovesciamento dei ruoli (la schiava che s'innamora del nobile, il liberto che diventa il protagonista e il deus ex machina della vicenda, come avviene con Maciste in *Cabiria*) sono inoltre tra i motivi non secondari del successo.

Il genere raggiunge la maturità e il pieno sviluppo tra il 1913 e il 1914 e si impone a livello mondiale. Grazie anche ai documenti dell'archivio di Kleine, oggi sappiamo che *Quo Vadis?* rimane ben 22 settimane in cartellone all'Astor di New York, 14 al Garrick di Philadelphia, 13 al Tremont di Boston, 8 a Chicago al Mc Vichers, e 5 settimane in altre tre sale cittadine. Osservando la distribuzione di questo film negli Stati Uniti nel corso del 1913, si può dire che non vi sia importante città americana o canadese che non lo accolga almeno per sei giorni (solo a Butte nel Montana il film terrà il cartellone per 5 giorni).

Lo standard spettacolare è ormai molto alto, anche se il vertice della parabola è raggiunto con *Cabiria*, girato da Piero Fosco (Giovanni Pastrone) ma la cui paternità, con geniale mossa pubblicitaria, è per intero attribuita a D'Annunzio.

In realtà D'Annunzio, che scrive le didascalie del film accettando la paternità completa dell'opera, già dal 1910 ha ceduto in Francia i diritti della *Nave* e di cinque altre opere, di cui Ricciotto Canudo curerà la riduzione per lo schermo. Con la sua mossa, lo scrittore oltre a offrirsi come *testimonial* (diremmo oggi) sul piano internazionale della qualità del prodotto dell'Itala e di Pastrone, le conferisce un marchio di legittimità artistica e culturale che modifica in modo sostanzioso l'equilibrio dei rapporti tra cinema e letteratura in Italia e in altri paesi.

Vera e propria stella polare della storia del cinema delle origini, *Cabiria* colpisce tanto per la quantità delle innovazioni – che non sono solo, come per anni si è sottolineato, un uso significativo del carrello e del primo piano – quanto per la complessità dell'intreccio, l'investimento ideologico e significante oltre che materiale, la genialità dei trucchi di Segundo de Chomón e delle sue soluzioni spettacolari, lo sfarzo dei costumi, la grandiosità scenografica, l'uso drammatico degli effetti luministici, la valorizzazione del ruolo delle didascalie e della loro funzione ritmica, prosodica e drammaturgica.

In quanto «autore» del film, il poeta intende far assumere alla parola scritta, su un piano di stile alto, un ruolo analogo a quello di un cantare epico: una sorta di funzione para-omerica, come quella che vediamo quando lui stesso, nel finale di *Cabiria*, fa in modo che voce implicita e parola scritta entrino come voce d'autore, motivo-firma. Fino alla didascalia finale il testo letterario riesce a creare un mondo parallelo rispetto all'iconosfera pastroniana.

Negli anni di guerra, i produttori sono costretti dalle circostanze e dal mutamento dei gusti del pubblico a imboccare altre strade. Pastrone non riesce a realizzare una *Bibbia* in cui prevedeva l'impiego di migliaia di comparse, mentre il *Christus* (1916) di Giulio Antamoro o *La Gerusalemme liberata* (1918) di Guazzoni, pur facendosi ammirare per la cura figurativa e i risultati spettacolari nelle scene di massa, sembrano non tenere il passo della produzione internazionale coeva.

Vi saranno ancora, nel decennio successivo, film che richiamano la *grandeur* del passato, ma saranno opere in controtendenza rispetto alle dinamiche espressive e narrative del cinema coevo, prigioniere di un'idea monumentale dello spettacolo che ai grandi pubblici internazionali non interessa piú.

7. *Cretinetti & C. nel salotto di Nonna Speranza.*

Le comiche, pur avendo goduto di un forte successo nel quinquennio che precede la guerra, non sono mai riuscite a divenire il piatto forte e centrale di un programma italiano. Sono state concepite come un dessert, l'elemento che serviva da dolcificante rispetto al dramma passionale, ma nei confronti del cinema americano non hanno goduto d'interpreti capaci di nobilitare al punto tale il genere da fargli assumere una posizione centrale. Posto al livello piú basso nel cinema come in letteratura, il film comico raccoglie le scorie di tutti gli altri generi e stili e non desidera affatto affermare, in un primo tempo, la propria autonomia narrativa ed espressiva.

Mentre, per i film americani di Chaplin, il fenomeno della metamorfosi di determinati elementi del comico e di conquista delle dimensioni del dramma e della tragedia è irreversibile, il comico italiano mantiene il suo rapporto e le sue caratteristiche di discendenza dalle forme dello spettacolo popolare anteriore. Il comico americano ha una libertà totale nei confronti della scena sociale, il suo habitat è la piccola comunità e la località balneare, il centro di Manhattan e la frontiera del West; al contrario, il comico del cinema muto italiano si muove quasi all'interno dello spazio urbano. La sua mascheratura è modellata su quella del mondo borghese e piccolo borghese e cosí i suoi gesti, che parodizzano la cerimonialità borghese. Nella produzione di tutte le case italiane, anziché parodiare i meccanismi imperfetti di un tipo di civiltà industrializzata, si racconta e parodizza il fenomeno della resistibile ascesa sociale del dandy, si esibiscono e colpiscono, in stretta consequenzialità logica e ideologica, i simboli di prestigio, le trasformazioni dell'assetto urbano e dei sistemi di trasporti, i tabu e le piú vistose trasformazioni di comportamenti, i riti vecchi e nuovi, le maschere vecchie e nuove, le istituzioni, ecc.

Una microsocietà di personaggi in divisa, tuta, camice, smoking, frack viene poco a poco invischiata nell'azione e sono proprio gli abiti gli elementi di trasformazione e rappresentatività rispetto a regole teatrali di cui si conservano i moduli piú significativi. Oltre ai personaggi in carne e ossa, ai vestiti, ai cappelli delle signore, alle *toilettes*, alla moda, ai cappelli a cilindro, alle pagliette, ai bastoncini, vi sono anche i manichini, le statue, i ritratti negli studi degli artisti che diventano l'alter ego, il transfert dei desideri dei personaggi. La parodia si confonde in maniera vistosa con la divertita osservazione del desiderio. Lo schermo attraverso le forme della commedia e del comico diventerà un luogo privilegiato del desiderio, ora di modesta gittata sentimentale, ora di piú ampi e ambiziosi obiettivi economici e d'ascesa sociale. Nel primo cinema comico, a stimolare i desideri in misura inferiore, ma non antagonistica rispetto a quello melodrammatico, che celebra i corpi delle dive, e a favorire i processi di identificazione tra i desideri dei protagonisti e quelli del pubblico, si succedono, film dopo film, negozi d'abbigliamento, di cappelli, di moda femminile alla francese, ecc. Dei paradisi a portata di mano e quasi sempre negati, cosí come avverrà, dagli anni settanta, al ragionier Fantozzi, eroe eponimo d'una vera e propria saga cinematografica collegata ai gesti e ai modi del primo cinema comico, nobilitata e illuminata da uno spirito kafkiano ben visibile.

I film comici, dalle comiche di Cretinetti alla galleria di mostri degli anni sessanta e settanta, fanno toccare con mano il senso di una società in rapida trasformazione, sottoposta a nuove regole e codici di comportamento esteriore, a nuove forme di mascheratura urbana e a forme inedite di travestimento. Le dinamiche sociali in atto vengono misurate nel film comico in maniera superiore a tutti gli altri generi proprio per la continua collisione tra comportamenti di soggetti appartenenti a categorie e classi sociali diverse. Poco importa che l'eroe debba incrociare la propria spada con la scopa del portinaio e che le misure dei vestiti e scarpe, secondo le buone regole del clown del circo, siano esagerate. Il lessico gestuale di riferimento è quello del dandy, adattato ai ritmi e alle parodie del circo e del cafè-chantant. Nella misura piú ricca e sofisticata il trait-d'union tra spettacoli teatrali e cinema è costituito da Fregoli, il primo comico della scena cinematografica...

Il cinema comico italiano, assieme a quello francese con cui si confonde in modo consapevole – almeno all'inizio quando Pastrone assume André Deed –, ha il merito d'aver mostrato quanto fossero sottili i confini tra cinema e forme di spettacolo popolare anteriori e di aver fatto ricorso a una tradizione dello spettacolo da piazza ben mescolata con altre forme d'intrattenimento piú recenti, come il cafè-chantant o il vaudeville.

Nei cataloghi di tutte le case, la comica occupa presto un posto di rilievo dal punto di vista quantitativo e, se è difficile distinguere le singole caratteristiche in un gruppo d'attori composto da una cinquantina di nomi, è possibile isolare almeno alcune figure che, per il successo ottenuto, si possono considerare i divi del genere. Si pensi a Marcel Fabre, meglio conosciuto come Robinet, che lavora all'Ambrosio, a André Deed (Cretinetti), in forza all'Itala, a Ernesto Vaser (Fricot), secondo comico dell'Ambrosio, a Lea Giunchi, che lavora per la Cines, e poi a Pacifico Aquilanti, a Emile Vardannes, a Giuseppe Gambardella...

I titoli sono una miriade e costituiscono, per quasi tutte le maggiori case, uno dei punti di forza per alcuni anni: si possono ricordare, pescando a caso, o citando titoli ritrovati in questi decenni, *Cretinetti paga i debiti*, *Cretinetti cerca un duello*, *Cretinetti che bello!*, *Cretinetti ha rubato un tappeto*, *Come fu che l'ingordigia rovinò il Natale di Cretinetti*, *Cretinetti al ballo*, *Cretinetti al cinematografo*, *Cretinetti piú del solito*, *La paura degli aeromobili nemici*, *Il duello di Fricot*, *Kri Kri detective*, *Lea e il gomitolo*, *Kri Kri e la suocera*, *Kri Kri fuma l'oppio*, *Il calvario di Polidor*, *Polidor ha rubato l'oca*, *Polidor statua*, *Il pranzo di Polidor*, *Polidor cambia sesso*, *Robinet ama il ballo*, *L'abito bianco di Robinet*, *Robinet aviatore*, *La prima bicicletta di Robinet*, *Robinet ha rubato cento lire*, *Tontolini cerca denaro*, *Tontolini ai bagni di mare*, ecc. Posto al livello stilistico inferiore, al cinema come in letteratura, il film comico raccoglie le scorie degli altri generi e stili e non pare voler affermare, almeno per qualche tempo, la propria autonomia narrativa ed espressiva.

Uno dei tratti piú significativi del comico italiano è dato dalla sua capacità di essere un'alternativa ai documentari, di registrare i comportamenti di una società piccolo e medio borghese percorsa da nuove spinte sociali e modernistiche e, al tempo stesso, non ancora capace di tagliare i legami con la società ottocentesca.

Concepita come corrispettivo di uno schizzo umoristico, di un numero da clown da circo, tutta costruita su un'unica azione, che presenta un carattere catastrofico, la comica deve buona parte del suo successo alla capacità di parodiare e ridicolizzare l'imperfezione dei riti, delle convenzioni, la difficoltà per il catecumeno di apprendere presto le regole della società borghese, ecc.

Rispetto alle comiche americane, i comici italiani – con poche eccezioni (*Pinocchio* di Antamoro, 1911, con Ferdinand Guillaume, il Marcel Fabre interprete e regista di *Le avventure straordinarissime di Saturnino Farandola*, 1913, che traduce sullo schermo l'invenzione grafica di Robida[37], il Deed di *La paura degli aeromobili nemici*, 1915, regista e protagonista di *L'uomo meccanico*, 1921, film post-futurista) – pur fermandosi alle soglie della modernità, e intendendo al massimo sovvertire l'ordine delle cose di pessimo gusto del gozzaniano salotto di Nonna Speranza, offrono una quantità di informazioni preziose e spesso illuminanti sui comportamenti di una società proiettata verso gradini piú alti della scalata sociale proprio nel momento in cui sta subendo una visibile trasformazione nei comportamenti socio-antropologici. Messe tutte in fila, le comiche appaiono come un manuale rovesciato del galateo del nuovo arrampicatore della società Liberty. Fabre, Deed, Vaser, Guillaume, mostrano come, in una fase di turbolenza sociale, non sia sufficiente comprare un cappello o un vestito da sera nuovo, o dedicarsi a uno sport per entrare a far parte d'un livello piú alto della società. I quattro film che costituiscono un'eccezione di cui abbiamo parlato, sia per la durata che per le invenzioni fantastiche, la contaminazione dei generi, la libertà con cui si muovono rispetto ai testi letterari d'origine (vedi *Pinocchio*) mostrano come lo spirito futurista sia sceso anche sul genere piú basso e cerchi d'influenzare una riflessione fantastica e fantascientifica su modi e forme di metamorfosi della specie umana.

Cosí come mostrano le difficoltà della scalata sociale, i comici italiani non esibiscono mai il loro senso di ribellione sociale come farà sempre Chaplin. Il riso e il dramma in Deed nasceranno dalla sua incapacità di raggiungere un livello di competenza utile a garantirgli l'integrazione in un mondo parodiato, ma assai desiderato.

Già alla vigilia della prima guerra mondiale il cinema comico sembra perdere qualsiasi bussola d'orientamento per capire le dinamiche sociali in misura tale da adottare il pro-

---

[37] A. COSTA, *Il mondo rigirato: Saturnino versus Phileas Fogg*, in P. BERTETTO e G. RONDOLINO, *Cabiria e il suo tempo*, Museo Nazionale del Cinema, Torino-Milano 1998, pp. 295-310, ora in A. COSTA, *I leoni di Schneider*, Bulzoni, Roma 2002.

prio gesto alle esigenze di nuovi possibili scenari. La guerra prima e il fascismo poi riducono le possibilità d'accesso a questi nuovi scenari. In una situazione di crisi catastrofica i corpi dei comici saranno i primi a venir sacrificati.

8. *Eve fatali*.

In un famoso quadro del 1893-94, Edvard Munch rappresenta la donna in tre fasi, sintetizzando e anticipando in maniera esemplare il fantasma trinitario della donna sognatrice, della donna avida di vita e della donna monacale, destinato a dominare l'immaginario cinematografico italiano nel secondo decennio del Novecento. Partiamo da un piccolo insieme di titoli significativi: *Amore di Apache*, *Amore di madre*, *Amore di sirena*, *Amore d'oltretomba*, *Amore e astuzia*, *Amore... voluttà... morte...*, titoli del 1912 che offrono una fenomenologia abbastanza ampia del tema dell'amore. A ben guardare, nel cinema italiano degli anni a cavallo della guerra si assiste alla rapida affermazione e sostituzione, grazie soprattutto al supporto dei corpi delle dive, del potere dei sentimenti e delle passioni a quello degli eserciti e della forza militare. La dolce Ofelia e Mélisende, Carmen e Salomè, Nanà e Lulú, Ibsen, le creature di Wedekind, Zola e Barbey d'Aurevilly, e ancora di D'Annunzio, Puccini e Strindberg sembrano collaborare alla realizzazione d'un genere discendente dal melodramma, dalla letteratura e dal teatro che celebra il potere assoluto dei sentimenti e la loro priorità: «L'amò fino alla morte e piú in là» è la didascalia finale di *Ma l'amor mio non muore!*, opera che rappresenta il punto di aggregazione e metamorfosi sullo schermo delle spinte centripete provenienti dal teatro, dall'opera lirica, dalla narrativa popolare, dalla pittura, dalla poesia, dalla grafica pubblicitaria. Le «passioni fatali», le passioni selvagge, la passione torbida, la passione tzigana e la passione slava, le «colpe» delle madri, dei padri, dei figli, del droghiere e degli altri, trovano nel canto silenzioso dello schermo il punto di massima condensazione e manifestazione: titoli come *Amore e strategia*, *Amore e sacrificio*, *Amore e raggiro*, si mescolano ad altri del tipo

Amore e libertà, *Amore e patria*, *Amore e guerra*, ecc. La rappresentazione della potenza dei sentimenti, dell'amore come sacrificio di sé, della multipla morfologia femminile, ora «belle dame sans merci», spietata dominatrice dei destini, dei malcapitati che si innamorano di lei, ora essere demoniaco che emerge quasi dalle paure dell'inconscio collettivo dell'uomo europeo, ora rappresentante al femminile del mito di don Giovanni, ora esponente della modernità, donna che con i pochi mezzi a disposizione ha dato la scalata alla società, spesso pagando molto per questa sua *hybris*.

9. *Cantami o diva...*

Sono circa gli anni in cui Cesare Lombroso pubblica un libro sulla donna delinquente e un altro saggio parascientifico sull'inferiorità mentale della donna diventa un *best seller* internazionale, anni in cui la libido maschile – come osserverà Freud – sembra riversarsi in sostanza nei riti di guerra: proprio in questi anni il divismo cinematografico italiano impone l'immagine della donna come quintessenza delle forze di natura e nuova protagonista sulla scena sociale e dei sentimenti. Una donna che non riesce ancora a emanciparsi attraverso il lavoro, ma che impone il suo corpo come valore e intende decidere del suo destino sentimentale e dell'intera sua vita. Una donna ipersessuata, capace però di rivestire molte maschere e di compiere itinerari salvifici e di beatificazione.

Il divismo cinematografico, che trova in Italia un habitat ideale in cui svilupparsi, affonda le radici e riceve il suo codice genetico dalla cultura europea.

Com'è noto, il fenomeno divistico non è mai stato al centro degli interessi della critica e della storiografia. Bisogna attendere gli anni cinquanta, con i saggi di Edgar Morin (e, in Italia, di Giulio Cesare Castello), per imbattersi nei primi timidi tentativi di osservare il fenomeno nella sua vastità e specificità. Per fortuna, negli ultimi anni le cose sono molto cambiate ed è facile imbattersi in studi sempre piú interessanti, condotti su fonti di prima mano, e sviluppati verso interpretazioni nuove e intenzionate a osservare il fenomeno per la sua rete complessa di legami e influenze[38]. La genesi del divismo, grazie agli apporti di studiosi di differenti discipline, appare oggi come il frutto piú completo e maturo d'una manipolazione genetica, d'una metamorfosi o una contaminazione d'elementi sparsi nella cultura figurativa, letteraria, teatrale e musicale a cavallo del Novecento.

Finora se ne sono accentuati i caratteri di dipendenza e filiazione diretta dalla recitazione teatrale ottocentesca, ma sempre piú s'avverte l'esigenza di riconoscere la specificità e i modi in cui il fenomeno si è emancipato dalla scena teatrale e del melodramma.

A noi interessa qui affrontare il divismo italiano che nel giro di poco tempo diventa fenomeno-guida sul piano internazionale: nell'arco di poco piú d'un quinquennio, a cavallo della grande guerra, si assiste al battesimo, all'ascesa rapidissima e trionfale e al suo declino catastrofico e irreversibile. Almeno nel suo aspetto iniziale, appare sempre piú come una dimostrazione da manuale delle Teorie del Caso: un fenomeno non previsto, che si diffonde con grandissima velocità e diventa decisivo nel conferire al cinema il ruolo di spettacolo-guida, di modificatore di comportamenti, immaginazione e mentalità collettiva. Il proto-divismo appare all'improvviso nel firmamento cinematografico del secondo decennio del secolo (la scintilla è quasi da tutti individuata al di fuori del cinema italiano, nella danza di Asta Nielsen nel film danese *L'abisso*, 1910) e lo accende con l'intensità e lo splendore d'una supernova, esplodendo presto in una miriade di frammenti destinati a ricadere, in un arco di tempo brevissimo, su tutto il cinema mondiale.

Il fenomeno divistico italiano, che ha la sua fase di nascita e sviluppo negli anni a cavallo della guerra mondiale,

---

[38] Il tentativo piú recente di osservare il divismo nel suo aspetto sovranazionale ha portato alla realizzazione d'una ricca retrospettiva, *Star al femminile*, coprodotta dalla Cineteca di Bologna e dal Centre Pompidou, accompagnata da un catalogo, simile ma non identico nelle due edizioni italiana e francese, a cura di Gian Luca Farinelli, Bologna 1999, e Jean-Loup Passek, Paris 2000.

gode di un'importante fase preliminare. Il caso piú clamoroso, è quello di Leopoldo Fregoli che, già dal 1897, ha modo di conoscere Louis Lumière, di esplorare, come lui stesso racconta nelle memorie, i segreti della sua fabbrica.

Fregoli ottiene dai Lumière, assieme alla concessione del loro apparecchio, una serie di film e decide di riprendere (o di far riprendere, al giovanissimo Luca Comerio, apprendista cineoperatore) alcuni numeri del suo spettacolo (*Una burla di Fregoli*, *Fregoli al ristorante*, *Il sogno di Fregoli*) e, piú di tutto, regala e rivela al pubblico i segreti del suo trasformismo con *Fregoli dietro le quinte*, primo esempio assoluto di «backstage». Il cinema gli offre la possibilità di officiare il primo rito divistico: l'apparecchio inventato dai Lumière è un veicolo pubblicitario, uno strumento per consolidare ed espandere il suo successo e stabilire un solido ponte tra il popolare cafè-chantant e la neonata forma di spettacolo.

Bisogna però aspettare fino al periodo compreso tra il 1913 e il 1920 per assistere alla vera nascita, allo sbocciare prepotente, all'ascesa trionfale e al declino inarrestabile del divismo cinematografico italiano. Il divismo muove i primi passi proprio in Italia con *Ma l'amor mio non muore!* (Caserini) che produce, già all'indomani della sua uscita, fenomeni diffusi di culto laico, fissa gli archetipi visivi, la morfologia gestuale, il lessico e una sintassi dei sentimenti destinati a divenire punto di riferimento per molte future sovrane della scena italiana e internazionale. L'influenza di Lyda Borelli nella recitazione cinematografica successiva è paragonabile a quella dell'ottocentesco *Prontuario delle pose sceniche* d'Alamanno Morelli. Con, in piú, il valore aggiunto d'aver attizzato sullo schermo insieme i fuochi dell'immaginazione romantica, melodrammatica, decadente e simbolista. La Borelli entra in scena, invoca su di sé gli sguardi degli spettatori e con un solo gesto accende la scintilla del desiderio collettivo: ed è subito Diva.

Oggi non solo è possibile godere di copie ritrovate e restituite a condizioni assai vicine a quelle originali, ma anche ridefinire e rimisurare, con discreta approssimazione, caratteristiche di peso culturale, potenza radiante e gittata internazionale del fenomeno. Si possono inoltre scoprire concordanze tra la parola del melodramma, gesto pittorico e grafico, canto e gesto divistico. Il cinema diventa, proprio grazie ai primi piani e ai gesti delle dive, «canto silenzioso»: al cinema sembra avvenire l'attesa realizzazione dell'Opera d'Arte totale, teorizzata da Wagner e Nietzsche. Il cinema divistico fa nascere e legittima l'estetica del silenzio.

Servendosi dei «corpi gloriosi» delle dive, da Francesca Bertini a Lyda Borelli, da Pina Menichelli a Hesperia, da Leda Gys a Eleonora Duse, in film come *Ma l'amor mio non muore!*, *Rapsodia satanica*, *La memoria dell'altro*, *Tigre reale*, *Odette*, *Maddalena Férat*, *Il fuoco*, *Thaïs*, *Perfido incanto*, *La dama delle camelie*, *Malombra*, *Cenere*, *Assunta Spina*, *La serpe*, *Storia di una donna*, *La donna nuda*, *Il fauno*, *Fior di male*, e in decine di altri titoli, il cinema costruisce un monumento alla cultura contemporanea e agisce da modificatore dei comportamenti collettivi.

Le dive irradiano una luce che trascende lo spazio del cinema: appaiono come corpi o strutture prismatiche da cui s'irradiano luci provenienti da fonti eterogenee: ora sacerdotesse della cultura Liberty, simbolista, dannunziana e pucciniana, ora eredi delle sovrane della scena ottocentesca, ora figlie delle protagoniste della pittura preraffaellita o sorelle delle donne create da pittori come Burne-Jones, o Arthur Hacker, illustratori come Mucha, Dudovich, Cappiello o scultori come Rutelli e Canonica.

La Diva afferma nuovi diritti, travolge valori e modelli secolari, rivela nuove dimensioni dell'animo umano, rivitalizza l'immaginazione romantica messa in crisi dalla cultura positivistica e ne riafferma la contemporaneità in un'epoca che trova nella guerra la piú alta manifestazione dei modelli di virilità.

Il divismo apre a folle di spettatori, sparsi nel mondo, rispetto al sogno della terra promessa vissuto da milioni di emigranti, una catena di nuovi sogni di conquista, di nuovi orizzonti del desiderio, consente di affacciarsi su territori considerati tabu, di rendere visibili le zone oscure dell'inconscio.

Dirette eredi delle primedonne teatrali, le Dive attivano però una serie di fenomeni nuovi: la loro icona si sostituisce nell'immaginazione popolare a quelle piú distanti e indistinte di coloro che, agli occhi delle grandi masse, appaiono come uomini-simbolo.

Vate di questo passaggio è ancora una volta D'Annunzio, uno dei primi intellettuali europei, a comprendere il potere mitopoietico dei mass-media e inventore di una serie di eventi pubblici spettacolari e di ruoli destinati a diffondersi, anche nel cinema, come modelli riproducibili e imitabili di una «vita inimitabile». Oltre all'esempio dannunziano, il fatto che assai presto alcuni dei protagonisti assoluti della scena teatrale – Giovanni Grasso, Ermete Novelli, Ermete Zacconi, Giacinta Pezzana, Eleonora Duse e Lyda Borelli – accettino di avviarsi verso la nuova terra promessa dello spettacolo agisce da modificatore pressoché immediato dei modi linguistici e recitativi.

Accanto a D'Annunzio e ai modelli offerti da personaggi come Andrea Sperelli ed Elena Nuti (i protagonisti di *Il piacere*, scritto nel 1889), i referenti privilegiati possono essere Alphonse Mucha (per *Ma l'amor mio non muore!*, *Il fuoco*, *La serpe*, ecc.), Arnold Böcklin (*Rapsodia satanica*), Maurice Maeterlinck, von Hofmannsthal, Whistler, Moreau, Alberto Martini o Augusto Majani, i tessuti di Mariano Fortuny, le opere di Fogazzaro, e di Dumas figlio, la poesia simbolista e crepuscolare di Fausto Maria Martini, le sculture di Rodin o le tele storiche dei preraffaelliti. I frammenti, i lacerti del corpo di decine d'artisti, gli atomi fluttuanti di un'iconografia mistico-erotica, alimentano o fanno da sfondo alle apparizioni divistiche.

Un Olimpo cinematografico abitato, in pratica, solo da donne. Gli uomini sono figure sfocate, secondarie. Le poche eccezioni (Bartolomeo Pagano, il Maciste che, dal III secolo avanti Cristo, viene catapultato nel presente per risolvere a suon di calci e pugni i problemi della guerra o del cattivo funzionamento della società, e il piccolo manipolo di forzuti, che si muove assieme a lui, oltre a Emilio Ghione, André Deed e il gruppetto di comici) non sono sufficienti a costituire una forza antagonista.

Un esercito di Eve tentatrici, di Sirene, di Ofelie, di Circi, di Diane, di Salomè, di figure flessuose, dalle labbra prensili come petali d'un fiore carnivoro, e dagli occhi capaci di uccidere e paralizzare come Medusa, giunge a cavallo della luce, converge verso gli spazi dello schermo e prende possesso del cuore della produzione e degli spettatori. Da *Ma l'amor mio non muore!* a *Storia di una donna* a *Fior di male*, il cinema distilla gli umori, restituisce i profumi, lo spirito di superficie e profondo del proprio habitat culturale e artistico: le lunghe chiome della Borelli sembrano ritagliate dalla *Beata Beatrix* di Dante Gabriel Rossetti, mentre certi primi piani della Bertini appaiono come riproduzioni di quadri di Klimt (la *Salomè*, ad esempio). Se i movimenti borelliani in *Rapsodia satanica* (1917) richiamano gioielli o composizioni di Lalique e Tiffany, immagini ricorrenti di donna tigre o donna leopardo sono citazioni di quadri di Fernand Khnopff (come *La Sfinge*, per esempio). Altre apparizioni della Borelli, in film come *Carnevalesca*, trasportano di peso sullo schermo le protagoniste di quadri di Boldini, De Nittis, e ancora la morte di Francesca Bertini in *Odette*, i gesti di passione di Pina Menichelli nel *Fuoco* o in *Tigre reale*, o di Soava Gallone e Maria Jacobini e delle altre dive possono richiamare l'*Ofelia* di John Everett Millais, le *Salomè* di Beardsley o *La toeletta* di John William Goodward, i manifesti di Chéret o Mucha, o le forme dei rappresentanti piú significativi dell'Art Nouveau, da Hoffmann a Guimard a Horta.

Se tutto il fenomeno si riducesse però a un puro travaso di forme, o a un processo di metamorfosi da un sistema iconografico o poetico, non ne capiremmo la portata e l'influenza internazionale. Di fatto, a scatenare la macchina desiderante collettiva è la serie di celebrazioni della forza dei sensi, del sesso e delle leggi di natura che la donna riesce a interpretare, diventando sacerdotessa e consapevole vittima di tutti i riti in onore di Eros. Da ultimo, la possibilità di imitare anche parti minime del corpo divistico: un gesto, un modo di vestire, brindare, abbracciare, baciare.

Quanto alle fondamentali tipologie e morfologie di derivazione letteraria, artistica e teatrale, si possono individuare almeno le seguenti, che rispondono anche a esseri rappresentativi dei quattro elementi, terra, aria, acqua e fuoco:

1) La *belle dame sans merci*, la *femme fatale* parodiata da Colette in una pagina memorabile, quella che verrà

definita poi come donna vampira (la Vamp, che troverà in Theda Bara la propria rappresentante ideale), la crudele e spietata dominatrice dei destini degli uomini che entrano nel raggio del suo sguardo di essere rapace e spietato (Pina Menichelli rifulge in questi ruoli, come vediamo benissimo nel *Fuoco* o in *Tigre reale*, ma sa anche trasformarsi, come Turandot, in un'amante dolcissima e sottomessa).
2) La *femme de nulle part*, la bella sconosciuta, la donna priva di radici e di un'identità sicura (oltre ai personaggi interpretati da Musidora, Lil Dagover mi sembra l'attrice che ha amato rivestire ruoli di questo tipo, ruoli che nel cinema italiano ha assunto Elena Makowska).
3) La donna demoniaca, la *Carmen* di Mérimée e Bizet interpretata da Pola Negri, *La lupa* di Verga, l'Alba d'Almaviva di *Rapsodia satanica*, la falsa Maria di *Metropolis*, la donna serpe del film omonimo con la Bertini, che conduce alla perdizione secondo i buoni principî della morale cattolica.
4) La donna che fa tesoro del proprio corpo e lo gestisce come una fabbrica o una piccola impresa, la Lulú di Wedekind e Pabst, la Nanà di Zola, la donna perduta, ma anche gli angeli caduti, le virtuose sventurate discendenti della stirpe delle eroine sadiane, come le protagoniste della *Via senza gioia* e di *Diario di una donna perduta*, e il personaggio interpretato da Lya de Putti in *Varietè*.
5) La donna madre, depositaria e garante a ogni costo dei valori della famiglia e addirittura della Patria (la galleria, qui, è consistente: si va dalla Duse di *Cenere* a Soava Gallone di *Maman Poupée* a Henny Porten in decine di ruoli, alla grande Bernhardt di *Mères françaises*).
6) La dolce discendente di Ofelia o di Cenerentola, l'innamorata che soffre nell'ombra ed è pronta a sacrificare il suo amore sull'altare delle leggi sociali e che, in alcuni casi, può anche essere premiata (nel cinema italiano, basta ricordare da una parte *Addio giovinezza!* e dall'altra *Scampolo*).
7) La donna farfalla o libellula, o fiore o fiamma, la don-

na vestale, la donna libera di esprimersi attraverso il linguaggio del corpo, un corpo tutto dedicato alla religione della danza e dell'arte la cui massima rappresentante sarà Loie Fuller (le cui danze serpentine sono immortalate dal cinema già nel primo decennio del Novecento): grazie al suo esempio, si passerà poi ai movimenti delle braccia come ali di farfalla di Lyda Borelli vista in *Rapsodia satanica* e alle danze di Mistinguett, di Paulette Paulaire o di Joséphine Baker negli anni venti.

Il cinema ha modo, esplorando i primi piani e cercando il contatto ravvicinato, di intravedere l'«oltre» di cui parla Serafino Gubbio, l'operatore dei *Quaderni* di Pirandello del 1916, di percepire elementi significativi del paesaggio interiore, ha il privilegio, unico tra le arti, di cogliere quelle caratteristiche di «fotogenia» messe in luce da Louis Delluc all'indomani della guerra mondiale proprio parlando delle dive italiane.

Il ricordo della recitazione di Lyda Borelli è legato, sí, a scene e momenti in cui l'immagine in movimento sembra quasi fermarsi, divenire quadro, scultura, canto, ma anche ai tentativi d'interiorizzazione del gesto e alla fisicità della sua comunicazione. In non pochi casi, alla potenza del suo messaggio erotico messa in luce da Gramsci fin dal 1916. Oggi, di fatto, non possiamo non ammirarne lo sforzo di rendere visibili, attraverso il linguaggio del corpo, movimenti della psiche, dissociazioni della personalità, tempeste dell'anima. La Borelli esegue, sin dal film d'esordio, una serie di movimenti delle braccia e del corpo che ne modulano sinfonicamente la gamma dei sentimenti, dall'innamoramento all'amore alla passione travolgente. In *Rapsodia satanica*, quando le sue braccia si allargano quasi a liberare il corpo dai veli e a imitare i gesti della farfalla, si può dire che raggiunga un grado di stilizzazione imprevisto – che richiama Loie Fuller e Isadora Duncan – fino a quel momento, soprattutto espresso dalla grafica, dalle arti applicate e dalla poesia e dalla danza. Nella parte centrale, quando la protagonista sente che «il desiderio batte alle porte del cuore» e si abbandona al «delirio di giovinezza», i gesti e il corpo riescono a produrre, nella maniera piú solenne, una comunione rituale con il pubblico. La Borelli è la Diva che meglio riesce a condurre gli spettatori nei labirinti e nelle zone oscure dei sentimenti e del desiderio. *Malombra*, tratto dal romanzo omonimo di Antonio Fogazzaro, è in questo senso[39] uno dei pochi film gotici di tutto il cinema italiano, rispondendo alle voci interiori, giocandosi sempre tutto, anche la vita, per un attimo d'amore. Nella maggior parte dei suoi film, l'eroina è una Superdonna degna di competere con il Superuomo dannunziano (e di Nietzsche, Lombroso, Nordau, Wagner), cosí affetta da bulimia vitale, pur nei languori e crisi esistenziali, da non temere faùstianamente, come avviene in *Rapsodia satanica*, di stringere un patto con il diavolo per riconquistare l'eterna giovinezza.

Mentre la Borelli – è detto sopra – nasce, come Minerva, già Diva nel momento stesso in cui appare sullo schermo, Francesca Bertini ha bisogno d'una fase di formazione. Il cinema ne esalta la microfisionomia, l'estrema duttilità e capacità camaleontica di rivestire piú ruoli sociali, d'esprimere la piú ampia gamma possibile di sentimenti, di mutare registri e stili passando, con estrema naturalezza, dalla commedia al dramma realista al melodramma alla tragedia[40]. Tra i personaggi degni di figurare in un'ideale antologia interpretativa di tutti i tempi c'è Assunta Spina, protagonista del film omonimo di Gustavo Serena, il cui dramma viene interpretato con tale forza da trasmettersi a tutti gli oggetti che la circondano. Se la Borelli è l'interprete piú significativa della cultura Liberty e simbolista, la Bertini, prima che Diva, è attrice a tutto campo e piú moderna: il suo esempio continuerà a vivere a lungo e a trovare ideali eredi in Greta Garbo o in Anna Magnani.

L'innegabile effetto della sindrome pucciniana appare come uno dei denominatori comuni nella filmografia divi-

[39] Vedi il saggio di A. COSTA, *Malombra sullo schermo*, in ID., *I leoni di Schneider* cit., pp. 71-100.

[40] Nel 1916, il critico francese Paul Féval cosí scrive di Francesca Bertini: «È strana, è unica, e si può dire senza paura di sbagliarsi che se qualcuno l'eguaglierà un giorno, nella molteplicità delle sue metamorfosi sembra impossibile che potrà superarla».

stica, un modo per legare la tradizione melodrammatica ai problemi della modernità, cercando di arginare insieme le teorie evoluzionistiche e quelle psicanalitiche[41].

In conclusione, l'immaginazione dei pubblici si nutre di eroine per le quali «amor vincit omnia», per lo piú sorelle delle «ammirabili belve» dannunziane, e delle eroine della «vie de Bohème» pucciniana. Al massimo, potranno trovar credito le teorie di Remy De Gourmont sulle similitudini tra comportamenti sessuali del mondo animale e quelli del genere umano, che valorizzavano solo il richiamo sessuale, o quelle di Cesare Lombroso del 1893 sulla «donna delinquente» con l'equazione tra bellezza femminile e sua permanenza allo stadio preevolutivo, quasi bestiale. Anzi, si può dire che le eroine di tipo pucciniano – ora innocenti e pure, ora deliranti e in preda al «dérèglement de tous les sens», ora madri dolcissime a cui viene negata la maternità, ora donne capaci di amare «fino alla morte e piú in là» – prevalgano in una schiera affollata di donne in preda a istinti primitivi e distruttivi, che non accettano il destino di vittime e imboccano piuttosto la strada della follia.

Sarà necessaria l'ecatombe divistica – non importa se in una tomba d'acqua, coperta di fiori, come l'*Ofelia* di Millais, o in un giaciglio, o in un letto d'ospedale o su un canapè – e del mondo che rappresentano per consentire negli anni venti la nascita della «donna nuova», per permettere alle Karenne, alle Jacobini, alle Vergani, alle Boni, alle Gys, insomma alle ragazze della porta accanto, prive di aura, di aprire nuove strade e indicare nuovi orizzonti (piú modesti ma accessibili) al desiderio collettivo.

10. *Divismo al maschile: le maschere e i corpi.*

Emilio Ghione è uno dei due attori (l'altro è Bartolomeo Pagano, il Maciste di *Cabiria*) che riesce a raggiungere nel

---

[41] La sindrome pucciniana è stata felicemente definita da D. MARTINO, *Catastrofi sentimentali*, Edt, Torino 1993, come «quell'intreccio perfetto e perverso di sentimenti, di conflitti, di sofferenze e di catarsi, che preesiste alla drammaturgia pucciniana, sopravvive in forma nuova anche dopo Puccini e viene travasato nel cinema ed è uno straordinario elemento propulsivo».

periodo della guerra fama e successo non inferiore a quello delle massime dive. E, al tempo stesso, i suoi film colpiscono ancor oggi per la forza dell'ambientazione e della definizione del paesaggio. «C'è piú Italia – scriveva Umberto Barbaro – nei *Topi grigi* di Emilio Ghione e Kally Sambucini che non negli altri film italiani del periodo»[42]. Non è comunque solo l'aspetto realistico a colpirci oggi ne *I topi grigi*. C'è anche una regia di tutto rispetto e una recitazione che conferma l'originalità della sua tecnica fondata sulla stilizzazione e sulla sottrazione. Le sue apparizioni, come sarà poi per la recitazione espressionista, hanno una carica simbolica che prevale su quella realistica e la maschera del volto scheletrico di Za-la-Mort fa tutt'uno con il vestito e il berretto, ma anche si mimetizza con il paesaggio divenendo pietra o corteccia d'albero.

Ghione passa alla regia dal 1913: il suo primo film di rilievo è *Idolo infranto* con Francesca Bertini. Alla Caesar di Roma, dove lavora per tutto il 1914, ha modo di mostrare le sue preferenze per un tipo di racconto che ha come gloriosi antecedenti le opere della letteratura popolare ottocentesca e del feuilleton, e come modelli contigui i film polizieschi e drammatici francesi. Al pubblico popolare di L'Aquila Film cercherà di offrire, negli anni successivi, in sintonia con le esigenze belliche, titoli come *Ciceruacchio* o *Oberdan*, accanto a film d'avventura, costruiti tenendo d'occhio il successo di alcuni serials francesi, in particolare i film di Fantomas, Judex.

A partire da alcuni titoli – *Nelly la gigolette ovvero La danzatrice della Taverna Nera*, in cui crea il personaggio di Za-la-Mort, le *Anime buie* (1915) o *La banda delle cifre*, in tre episodi –, il successo economico e di pubblico di Ghione sembrano crescere con prepotente progressione geometrica. Za-la-Mort sarà presto affiancato da un'inseparabile compagna, Za-la-Vie, cioè Kally Sambucini, sulla quale varrebbe la pena di riportare l'attenzione per l'ottima capacità di combinare femminilità e forza, doti che non la fanno certo sfigurare di fronte alle eroine dei serials americani.

---

[42] U. BARBARO, *Neorealismo* (1943), in *Neorealismo e realismo*, Editori Riuniti, Roma 1975.

La serie piú nota, che colloca Ghione nell'Olimpo divistico del primo cinema italiano, è proprio quella de *I topi grigi*, realizzata nel 1918 per la Tiber e suddivisa in otto episodi. I modelli di riferimento sono Rocambole e Fantomas: Ghione tiene fede alle tipologie del giustiziere, del delinquente che rispetta i codici d'onore, che riesce a imporre una sua giustizia senza sovvertire l'ordine costituito ma solo per riparare alle piú clamorose ingiustizie. Pur rappresentando azioni delittuose di ogni genere, i film di Ghione contengono un nucleo di moralità, un rispetto di valori e sentimenti come la fedeltà, l'amicizia, l'amore, l'aiuto ai piú deboli, una condanna del mondo dei ricchi, del tutto assenti nella produzione coeva che esalta le passioni fatali e celebra le donne tigri o le Eve fatali. Piú volte il pensiero del protagonista, nei momenti di maggiore drammaticità, torna con nostalgia all'idillio agreste («Silente e bianca casetta amica, minestra fumante, scodellata ogni dí come vi allontanate», dice una didascalia nel secondo episodio, *La tortura*).

Mentre gli operatori, in genere, cercano d'avvolgere i personaggi negli interni con le luci morbide, modulando i chiaroscuri, facendo vibrare le atmosfere, aureolando le teste bionde delle dive e immergendo i drammi nel tepore accogliente di luci che sanno mantenere la sensualità al giusto grado di temperatura, Ghione ambienta le sue storie contro squallidi paesaggi di periferia, mutando però di continuo sfondo e passando con assoluta naturalezza dalla campagna, dalla dolcezza dei profili delle colline ai bassifondi della metropoli, al *demi-monde* degli interni dei palazzi nobiliari. E piú di tutto si serve della macchina da presa ricorrendo spesso a una luce dura, violenta, priva di chiaroscuri, tutta contrasti netti, capaci di valorizzare la spigolosità degli zigomi e di rendere ancora piú cruda e dolorosa la miseria di certi ambienti.

C'è chi ha visto, in particolare, nei *Topi grigi* una immediatezza e una obiettività cronistica mancante nel romantico pittoricismo di *Assunta Spina*. La categoria del realismo appare oggi meno produttiva nei confronti dell'opera di Ghione, mentre quella dell'invenzione fantastica è piú ricca di prospettive, in quanto permette di interrogarsi sulla contrapposizione di Ghione, bandito dal portamento elegante e nobile, rispetto agli ambienti che costituiscono lo spazio privilegiato delle sue gesta. Lo spazio è spesso promosso a personaggio, nel senso di vera e propria autonomia narrativa. Il valore coloristico e plastico degli ambienti è cosí marcato da non lasciare pressoché spazio alla denuncia sociale. Ma un'Italia cosí misera forse non si vede in nessun altro tipo di produzione contemporanea, neppure in quella napoletana.

Il successo renderà Ghione prigioniero del suo personaggio e legato a Za-la-Mort come un povero Cristo alla Croce, per usare un'espressione dello stesso attore. «Il suo – dirà Curzio Malaparte nel 1937 – era diventato un vero dramma pirandelliano»; e non a caso a Petrolini, che con il suo Gastone diceva di esser stato rovinato dalla guerra e dalle donne, Ghione rispondeva di esser stato rovinato da Za-la-Mort.

11. *L'eredità verista*.

I film storici hanno il merito di costruire, per l'immaginazione italiana e internazionale, dei mondi grandiosi di cui è celebrata la potenza e di cui si riafferma il ruolo di faro della civiltà. La strada aperta da questi film, pur non contribuendo a gettar luce sull'Italia reale, diventa un punto di passaggio e di edificazione fondamentale per la costruzione delle pratiche e dei riti del fascismo e per offrirgli, su un piatto d'argento, una tradizione e delle radici ideologiche profonde.

Nella fase di pieno sviluppo del cinema italiano, si può riconoscere la compresenza di piú caratteri e lo sviluppo narrativo e stilistico in piú direzioni. Ma la componente realistica è al momento marginale e perdente e acquisterà peso e visibilità solo nella lunga distanza.

Altri generi, su cui non intendo soffermarmi ma che sono stati messi in luce negli ultimi anni dalle ricerche di Antonio Costa (ora raccolte nel citato *I leoni di Schneider*) in particolare, pur non rivestendo un ruolo portante meritano piú approfonditi studi in quanto contribuiscono a ridisegnare nella loro ricchezza e varietà le mappe dei generi: parlo del fantastico e del gotico, ben rappresentati dal citato film sulle avventure di Saturnino Farandola e da *Malombra* di Gallone. Nella fase di pieno sviluppo del cinema italiano si può riconoscere la compresenza di piú caratteri e lo sviluppo narrativo e stilistico in piú direzioni. Ma la componente realistica è al momento marginale e perdente e acquisterà peso e visibilità solo nella lunga distanza.

In effetti, è solo dalla seconda metà degli anni trenta, prima per merito di Umberto Barbaro[43] e poi di alcuni critici riuniti attorno alla rivista «Cinema», che *Sperduti nel buio* di Nino Martoglio, tratto dal dramma omonimo di Roberto Bracco, diventa una sorta di «luogo mitico», un punto di pellegrinaggio obbligato critico, teorico e poetico, il film che, in modo significativo, raccoglie l'eredità della tradizione letteraria e pittorica nazionale e indica la strada da percorrere al nuovo cinema italiano. L'unica copia di *Sperduti nel buio* di cui si conosceva l'esistenza si è persa dopo il 1943 in un vagone ferroviario, assieme ad altri film e macchinari sequestrati dall'esercito tedesco al Centro Sperimentale di Roma.

Il film, che fa parte di una trilogia di opere prodotte dalla Morgana Film (le altre sono *Capitan Blanco* e *Teresa Raquin*) è diretto da Martoglio. Gli interpreti principali sono Giovanni Grasso, Virginia Balistrieri e Maria Carmi, mentre in *Teresa Raquin* recita la grande Giacinta Pezzana, che aveva già interpretato con successo a teatro la stessa parte nel dramma una quarantina d'anni prima. Tutti e tre i film sono perduti, eppure, anche in assenza dei testi, se ne può confermare il ruolo centrale nella valorizzazione dei geni destinati a uno sviluppo significativo nel futuro cinema italiano[44].

Del piccolo insieme di titoli della corrente naturalista si è salvato per intero il solo *Assunta Spina*, con la Bertini, il

---

[43] U. BARBARO, *Un film italiano di un quarto di secolo fa*, in «Scenario», n. 10, ottobre 1936, ora in *Servitú e grandezza del cinema*, Editori Riuniti, Roma 1961.
[44] Vedi S. ZAPPULLA MUSCARÀ e E. ZAPPULLA, *Martoglio cineasta*, Editalia, Roma 1995, e, degli stessi, il documentatissimo capitolo *Martoglio e il cinema*, in *Nino Martoglio*, Sciascia, Caltanissetta 1985, pp. 347-93.

cui recente restauro consente di ammirarne i risultati stilistici, recitativi, la capacità di uscire all'aria aperta, cercando di soddisfare la naturale fame di realtà della macchina da presa e mostrare come drammi e tragedie passionali si possano ritrovare anche nel mondo proletario.

Questi film rappresentano un microinsieme anacronistico e centrifugo rispetto alle tendenze vincenti d'un cinema figlio della letteratura dannunziana e della cultura Liberty e simbolista. È evidente, nell'atteggiamento dei produttori, ma anche in quello dei critici e della censura, che questo tipo di prodotti, oltre che meno redditizi e non abbastanza sintonizzati con l'aria dell'epoca, sono visti con sospetto e in tutti i modi osteggiati, per la loro pericolosità sociale. Bastano i titoli che si contano sulle dita di una mano e che si muovono controcorrente a far pendere dalla loro parte, sia pure per l'*éspace d'un matin*, la bilancia espressiva del primo cinema italiano.

La naturale vocazione realistica del cinema, la spinta a lavorare *en plein air* e il bisogno di servirsi della macchina da presa per leggere i drammi scritti sui volti della gente comune, in cose e ambienti circostanti, senza essere condizioni necessarie e nobilitanti, possiedono una forza naturale che manca alle opere frutto di complesse costruzioni drammaturgiche, scenografiche e recitative. Mentre la produzione che celebra le passioni fatali o le glorie romane aspira ai livelli piú elevati, con i film a carattere realistico si scende verso livelli basso-mimetici, che sembrano quasi confondersi con le comiche o con il documentario, si recuperano i modelli affabulativi dei cantacronache e cantastorie, per poi ritrovare, grazie alla mescolanza degli stili, tragedia e pathos.

A dispetto di molti fattori sfavorevoli, bisogna comunque riconoscere che, grazie al solo film superstite, *Assunta Spina*, si stabilisce un ponte con la tradizione della pittura dei macchiaioli toscani, si riesce a fissare un punto notevole di quella che si rivelerà una delle vocazioni piú forti del cinema italiano.

12. «*Scomponiamo e ricomponiamo l'universo cinematografico*»: *il verbo futurista e la sua diffusione*.

Può sembrare paradossale ma il futurismo, cantore della modernità, pur riuscendo a percepire e a intuire sul piano teorico/poetico le potenzialità del cinema, sia pure con ritardo rispetto all'atto di fondazione, non riesce a far proprio questo nuovo mezzo di espressione e a servirsene sia come nuova arma che come arte di tutte le arti[45]. Ne è piuttosto influenzato, come ha osservato Giovanni Lista, mettendo in evidenza soprattutto «le assimilazioni multiple del cinema e dei suoi procedimenti» da parte dei futuristi, dall'utilizzazione dei primi piani, alle sovraimpressioni, dal montaggio interno al quadro, alla dinamizzazione dei movimenti, al taglio eccentrico dell'immagine[46].

Tutta la ricerca sulle influenze del cinema sulla letteratura e sulle arti figurative del Novecento parte dal nodo futurista e dall'apparente sua incapacità di tradurre subito in pratica e in modo eclatante le indicazioni di poetica. I futuristi affermano con forza l'autonomia artistica del cinema:

> Il cinematografo è un'arte a sé. Il cinematografo non deve dunque mai copiare il palcoscenico. Il cinematografo, essendo essenzialmente visivo, deve compiere anzitutto l'evoluzione della pittura: distaccarsi dalla realtà, dalla fotografia...[47].

---

[45] Sui rapporti tra cinema e futurismo esiste una cospicua letteratura, ma i testi di riferimento piú significativi sono M. VERDONE, *Cinema e letteratura del futurismo*, Edizioni di Bianco e Nero, Roma 1968 (Manfrini, Trento 1990); *Poemi e scenari cinematografici d'avanguardia*, Officina, Roma 1975; fino al recente *Futurismo e cinema*, in *La città del cinema*, Skira, Roma 1985, e una serie di contributi di G. LISTA, tra cui *I futuristi e la fotografia*, Museo Civico d'Arte Contemporanea, Modena 1985; *La scène futuriste*, Paris 1989; *La ricerca cinematografica futurista*, in G. P. BRUNETTA e A. COSTA (a cura di), *La città che sale*, Manfrini, Trento 1990, pp. 30-37; *La Scène Futuriste*, Cnrs, Paris 1989; *Un inedito marinettiano: «Velocità», film futurista*, in «Fotogenia», n. 2, 1995, pp. 6-25, e il piú importante e complessivo *Cinema e fotografia futurista*, Skira, Milano 2001.

[46] G. LISTA, *Futurisme et cinéma*, in G. VIATTE (a cura di), *Peinture, Cinéma, peinture*, Hazan, Paris 1989, p. 59.

[47] F. T. MARINETTI e altri, *Cinematografia futurista. Manifesto*, in «L'Italia futurista», I (15 novembre 1916), n. 10, ora in F. T. MARINETTI, *Teoria e invenzione futurista*, a cura di Luciano De Maria, Mondadori, Milano 1968, p. 104.

Lo schermo appare dunque come il transfert del desiderio collettivo di interi gruppi di artisti e intellettuali che intendono, con le loro opere, creare un corrispettivo dei ritmi e tempi della modernità e soprattutto vogliono lanciarsi in avanti, sopprimere le tradizionali coordinate spazio-temporali e abitare il futuro. Dai futuristi ai surrealisti ai costruttivisti i discorsi sul cinema e sulle sue potenzialità paiono anzitutto riconoscere al film le risposte alla lunga ricerca sull'opera d'arte totale (la *Gesamtkunstwerk*) e il potere di fondere, in misura superiore a qualsiasi altra espressione artistica, sensazioni tattili, visive, sonore, olfattive. In principio di tutto questo c'è il futurismo: ha in parte ragione pertanto Marinetti quando, su «La testa di Ferro» (26 dicembre 1920) e poi su «L'Impero» (1926), rivendica il primato della cinematografia futurista sul cinema d'avanguardia contemporaneo sostenendo, rispetto a *Entr'acte*, *La roue*, ecc.:

> Il film di Marinetti e il Manifesto sono del 1916: anticipano di molto tutte le indicazioni teoriche e pratiche della «trovata» francese. Dove si vede che se noi abbiamo tenuto il primato della cinematografia per cosí dire borghese, possiamo a buon diritto vantare anche quello della cinematografia d'avanguardia. Quei diavoli avevano inventato degli effetti per l'epoca stupefacenti: raggiunto risultati di una comicità assurda che non sembrano essere stati vinti neppure dagli americani (...) Il *Manifesto* stesso, pur fatto conto delle sue intemperanze e contraddizioni, era ricco di alcune intuizioni cosí esatte che i teorici stranieri non han potuto se non ripeterle senza aggiungervi nulla di nuovo[48].

Già in un numero de «L'Italia futurista» Emilio Settimelli, nel commentare l'anteprima mondiale di *Vita futurista* a Firenze, proclama con tono esultante:

> Per quanto si dica o non si dica, le rappresentazioni che abbiamo dato al Nicolini segnano una data nello svolgersi dell'arte mondiale (...) Il nostro non è che un tentativo. Sia pure un modesto tentativo. Ma il valore del primo volo in questo senso rimane ed è del futurismo (...) Il tempo di coloro che non sanno fare dell'arte che con le rose, il «bianco marmo», l'inclito bronzo è per nostra fortuna scomparso[49].

---

[48] F. T. MARINETTI, *La cinematografia astratta è un'invenzione italiana*, in «L'Impero», 1° dicembre 1926.
[49] E. SETTIMELLI, *La prima nel mondo della Cinematografia Futurista*, in «L'Italia futurista», II (10 febbraio 1916), n. 1.

Perduto *Vita futurista*, l'unico film realizzato nel 1916 alle Cascine di Firenze da un gruppo di futuristi, diretto da Emilio Settimelli e Bruno Corra – ne restano solo alcuni manifesti, delle cronache dettagliate delle serate e alcuni fotogrammi –, il primo vero atto cinematografico si può dunque considerare il *Manifesto della cinematografia futurista* dello stesso anno. Anche se i fratelli Ginanni Corradini, piú conosciuti come Ginna e Corra, cominciano a effettuare esperimenti di «musica dei colori» che portano (1911) alla realizzazione di quattro film astratti in cui si tenta di realizzare accordi cromatici e musica visiva: *Accordo di colore*, *Canto di primavera*, *Les Fleurs*, *Studio di effetti tra quattro colori*. Lo stesso Corra, nel 1912, parla comunque del cinema come della «vera sinfonia cromatica»[50] e nell'anno precedente Anton Giulio Bragaglia effettua con la fotografia dei tentativi di scomposizione del movimento inventando la parola *Fotodinamismo*[51]. A ben guardare i fratelli Corradini non hanno ancora compiuto il passaggio definitivo al futurismo e le loro esperienze appaiono piú impregnate di spirito wagneriano che del verbo marinettiano. Gli esperimenti abortiscono sul nascere in quanto vengono subito sconfessati e accusati con disprezzo di «cerebralità» da Umberto Boccioni. Sono poi state osservate delle concordanze tra film come *Amore pedestre* di Fabre (1914) e *Le basi* di Marinetti (1915), ed è proprio l'osservazione cronologica che ci spinge a considerare sempre piú il cinema come un vero e proprio oggetto d'ispirazione per i futuristi.

Un tentativo «non autorizzato» di interpretare lo spirito futurista è quello di Aldo Molinari con *Mondo baldoria*, un film uscito nel 1914 e subito condannato da Marinetti che, forse in seguito a questo episodio, viene spinto a fis-

[50] L'importante testo di Corra è pubblicato assieme al *Manifesto del futurismo* e all'articolo *La cinematografia astratta è un'invenzione italiana*, in G. RONDOLINO, *Il cinema astratto. Testi e documenti*, Tirrenia Stampatori, Torino 1977, pp. 131-44.

[51] Il saggio *Fotodinamismo futurista*, nonché le fotografie, dopo un'uscita clandestina in opuscolo nel 1911, appaiono in una seconda edizione nel 1913. La ristampa, accompagnata da tre saggi, poco illuminanti peraltro, sui rapporti con il cinema di Maurizio Calvesi, Maurizio Fagiolo e Filiberto Menna, è del 1970 (Einaudi, Torino).

sare la propria concezione dei rapporti tra cinema e futurismo in un apposito *Manifesto*. Ci sembra di poter concordare con le osservazioni degli studiosi del futurismo secondo cui il *Manifesto* rimane il primo atto di fondazione d'una poetica che servirà da punto di riferimento per tutto il successivo cinema d'avanguardia. Ciò che affascina nelle dichiarazioni programmatiche del *Manifesto* è il fatto che il cinema appare come lo strumento magico capace di creare cosmogonie e aprire prospettive negate alle altre arti:

> Occorre liberare il cinematografo per farne lo strumento ideale di una nuova arte immensamente piú vasta e agile di quelle esistenti (...) Nel film futurista entreranno come mezzi d'espressione gli elementi piú svariati: dal brano di vita reale alla chiazza di colore, dalla linea alle parole in libertà, dalla musica cromatica e plastica alla musica di oggetti (...) Scomponiamo e ricomponiamo l'universo secondo i nostri meravigliosi capricci.

Se rimaniamo nel territorio italiano, si può sottolineare il fatto che il futurismo trova i suoi ideali interpreti e interlocutori in operatori come Luca Comerio che, fin dal 1911, vanno a registrare le immagini della guerra di Libia o installano la loro macchina da presa su un aeroplano e si librano, con il loro occhio meccanico – come ha indicato Paul Virilio[52] – con l'intenzione di rimisurare il mondo, scoprire nuovi metri e nuovi ritmi visivi e di rappresentazione. Vi sono sicure affinità elettive tra i poemi di Marinetti come il *Monoplano del papa* del 1910 e *Il bombardamento di Adrianopoli* e le prime riprese aeree di Comerio. Prima di cantare le luci e i ritmi delle città, il cinema scopre, grazie ai suoi operatori, la bellezza dello spettacolo notturno dei fuochi delle mitragliatrici o dei lampi dei colpi di cannone e, con ogni probabilità, quando Marinetti effettua il suo primo volo sul fronte della Libia nel 1912 le sue emozioni e la sua immaginazione trovano una perfetta concordanza con il gesto dell'operatore Comerio che aziona la manovella nello stesso periodo nell'alto degli stessi cieli.

L'unico film italiano che si può far rientrare, non senza considerevoli sforzi, nell'area futurista è *Thaïs* (1917) di

---

[52] P. VIRILIO, *Guerre et cinéma: logistique de la perception*, L'Etoile, Paris 1984.

Anton Giulio Bragaglia, che s'avvale nella parte finale delle scenografie astratte e geometriche di Enrico Prampolini. Il rigore delle linee curve e rette, i simboli e le immagini che vogliono materializzare i sogni della protagonista non significano però adeguamento alla poetica futurista. Il film di Bragaglia si trova in mezzo al guado e le soluzioni scenografiche di fatto non sono che variazioni stilizzate di lavori eseguiti in parallelo da Camillo Innocenti, Duilio Cambellotti, Aristide Sartorio. Lo stesso Bragaglia, con notevole senso di *understatement*, cosí giudica la sua esperienza:

> Gli incerti tentativi da me fatti al cinematografo e con assoluta scarsità di mezzi non vollero, né poterono essere nulla di veramente notevole. Le moderne strade scenografiche dello schermo sono tanto multiformi da ridurre quasi all'aspetto di un grandioso scherzo quella che fu la mia prima opera cinematografica[53].

Il fallimento del progetto futurista nasce sia dalla mancanza di competenze tecniche che dall'impossibilità di conciliare le ragioni industriali, produttive e distributive, con quelle della poetica del gruppo. *Vita futurista* costituisce un modello seminale non solo di poetica ma anche di modalità produttive indipendenti.

Pur ponendosi in fase terminale rispetto ai manifesti futuristi, quello cinematografico ne costituisce il punto di massima dilatazione e quasi il fulcro ideale da cui partire per la ricostruzione dell'universo cinematografico. In pratica, il *Manifesto* innesca quasi un processo di fissione atomica e, senza produrre effetti comparabili a quelli ottenuti in altri settori della produzione artistica, contribuirà a modificare l'intero successivo paesaggio cinematografico internazionale.

Se si prendono i diversi punti programmatici e li si confrontano con le pratiche registiche degli autori d'avanguardia si ha l'impressione che tutto sia stato enunciato e previsto e che dalla pagina futurista si sia irradiata una luce capace di illuminare, nello stesso modo, Hans Richter e Dziga Vertov, Man Ray e Viking Eggeling, Germaine Dulac e Louis Delluc, René Clair e Luis Buñuel.

[53] A. G. BRAGAGLIA, *L'arcoscenico del mio cinematografo*, in «In Penombra», II, gennaio 1919, p. 24.

13. *Il cinema degli anni venti tra catastrofe annunciata e fascistizzazione*.

Il 9 gennaio 1919, con il sostegno della Banca italiana di sconto e della Banca commerciale italiana, viene firmato un compromesso per la costituzione del primo trust cinematografico italiano, la Società anonima Unione cinematografica italiana (Uci), con sede a Roma, capitale sociale di 30 milioni, raddoppiato di lí a poco. L'Uci unisce i piú prestigiosi marchi italiani, gode di cospicue risorse finanziarie, grazie alla liquidità di cui dispongono le banche alla fine della guerra e di vasti sostegni da parte del mondo economico[54]. Manca, purtroppo, di un progetto che non sia quello di produrre titoli che vadano a formare un magazzino gigantesco di merci invendute e invisibili.

Osservando nell'insieme la filmografia di Martinelli sul cinema italiano degli anni successivi alla fine della prima guerra mondiale[55], si nota che, a eccezione delle comiche e dei colossi storico-mitologici, tutti i generi sembrano aver superato la prova del fuoco del conflitto. Si continua a produrre a pieno ritmo, incuranti dei segnali di perdita irreversibile dei pubblici stranieri e italiani.

Affidandosi ai film delle dive, la produzione degli anni che si svolgono sotto il segno dell'Uci punta la rotta verso lo sfruttamento dei filoni della letteratura popolare, del feuilleton, dei serials, dei repertori teatrali... Con un ruolo sempre piú strutturale, acquista evidenza dai primi anni venti il filone dei forzuti a cui andrà il merito di tentare di tamponare le falle della nave che affonda[56].

Tra le molte cause della crisi, da me piú volte elencate in

---

[54] R. REDI, *L'Italia: l'Uci e la grande depressione*, in G. P. BRUNETTA e D. TURCONI (a cura di), *Cinema & Film. La meravigliosa storia dell'arte cinematografica*, Curcio, Roma 1987, pp. 345-53. Dello stesso Redi, vedi l'accurata ricostruzione delle vicende produttive degli anni venti, in *Ti parlerò... d'amor. Cinema italiano fra muto e sonoro*, Nuova Eri, Roma 1986.

[55] V. MARTINELLI, *Il cinema muto italiano. I film del dopoguerra*, 4 voll., Edizioni di Bianco e Nero, Roma 1980-81.

[56] Per un'analisi approfondita di questo aspetto, cfr. A. FARASSINO e T. SANGUINETI (a cura di), *Gli uomini forti*, Mazzotta, Milano 1983, e M. DALL'ASTA, *Un cinéma musclé*, Yellow Now, Crisnée 1992.

passato (disorganizzazione, improvvisazione, aumenti dei costi a causa delle pretese divistiche sempre piú alte, arresto dello sviluppo tecnico, perdita dei mercati esteri, incapacità di fronteggiare la concorrenza straniera, ecc.)[57], una di quelle che incidono di piú è data dal mancato ricambio generazionale, tematico e narrativo, dal rimanere prigionieri di produttori e registi d'un cinema letterario e teatrale, un cinema troppo condizionato dalla parola. Gli uomini che qualche anno prima hanno dominato i mercati mondiali non sembrano piú in grado di percorrere nuove strade, di concepire prodotti per il mercato internazionale. Lo nota anche Kleine – il distributore americano – in un memorandum a Guido Pedrazzini, direttore della Cines: «A mio parere una società che desidera conquistare il mercato americano deve essere consapevole che lo stile italiano di recitazione, cosí come il tipo di storia che attrae i pubblici latini non avrà alcun interesse per il pubblico americano»[58]. In pratica Kleine spiega a Pedrazzini che il successo mondiale dei *Tre moschettieri* non è dovuto ad Alexandre Dumas, ma a Douglas Fairbanks.

Da un certo momento in poi si ha l'impressione che i diversi soggetti in campo – produttori, registi, attori, critici e pubblico – siano incapaci di comunicare tra loro. La critica italiana dichiara il proprio disprezzo per il *feuilleton*, i *serials* e i film tratti dalla letteratura popolare e non perde occasione per effettuare impietosi confronti con il cinema degli altri paesi. Il disorientamento cresce anche a causa della politica ipertrofica di accumulazione di titoli perseguita dall'Uci e dall'emorragia di tecnici e maestranze attirati da altri paesi europei. La situazione politica, che porterà alla marcia su Roma e alla conquista del potere da parte del fascismo, è un elemento d'ulteriore turbativa nel fragile organismo cinematografico minato da vari mali.

Letteratura e teatro, dunque, sono ancora i giacimenti cui si continua ad attingere a piene mani e, salvo poche eccezioni, trionfa nell'immediato dopoguerra, sulla spinta del-

[57] Vedi, in particolare, G. P. BRUNETTA, *Storia del cinema italiano*, 4 voll., Editori Riuniti, Roma 1993, vol. I, p. 245.
[58] G. KLEINE, *Memorandum for Dr. Pedrazzini* (12 novembre 1923), in *Kleine Papers*, Motion Picture Division, Library of Congress, Washington.

l'ultima ondata divistica, un cinema al femminile, che dispiega una galleria di figure ai margini della società che, anziché lottare, come nel cinema americano per la propria emancipazione sociale, si battono a oltranza in difesa della propria virtú, invocando l'aiuto della provvidenza piú che quella della società. Un cinema di trasgressioni verbali e visive, ma non di mutamento dei ruoli, un cinema in cui trionfa la sindrome pucciniana («Tutto è suo, me compresa», dice la protagonista della *Biondina*, di Amleto Palermi, 1923, tratto da un dramma di Marco Praga), accettando le regole d'un gioco sociale scomparso ovunque, o in via di sparizione definitiva nella società europea. Esemplare la *Storia di una donna* (Eugenio Perego, 1919), con Pina Menichelli, che pur ricorrendo a una struttura narrativa nuova – il diario della protagonista, letto dopo la sua morte, in modo da dar vista a una serie di capitoli costruiti come vere e proprie tappe d'una Via Crucis – contamina i moduli di vari tipi di racconto e ripropone una morale ottocentesca e melodrammatica.

Dopo interminabili calvari in cui le eroine vengono maltrattate, picchiate, torturate, violentate, umiliate, accusate senza colpa, abbandonate assieme al neonato, o costrette ad abbandonare il figlio della colpa, come premio alle loro disavventure vedono o la morte (magari proprio per mano dello stesso figlio abbandonato, come accade nel film di Perego) o la clausura in convento. La loro forza nel sopportare ogni sorta di dolore fisico e spirituale viene ricompensata al massimo dal riconoscimento del loro ruolo di madre o sposa. Non è prevista la protesta o la ribellione. Il pensiero reazionario – quello per intendersi di Paul Moebius, l'autore del popolarissimo *L'inferiorità mentale della donna*, del 1900 – si trova ben rappresentato in questo tipo di produzione, che s'affianca a quella di derivazione pucciniana in cui le protagoniste, prese dal vortice della passione sono pronte a tutto, in primis al sacrificio di sé per amore dell'amato.

Quest'immensa folla di donne non ha la forza sufficiente per attirare il pubblico, galvanizzarlo, sedurlo con i gesti e la luce degli sguardi e soprattutto soggiogarlo ai propri poteri. Fa eccezione Leda Gys e quella produzione d'ambiente napoletano che – a partire da *Miracolo* (1920) passa per *Vedi Napule e po' mori!* (1924) e *Napule... e niente cchiú* (1928) – Gustavo Lombardo svilupperà per valorizzare insieme la tradizione del film napoletano e le doti di immediatezza, freschezza, energia vitale e simpatia della sua prima attrice non piú assimilabile con i modelli ormai abbandonati delle dive/divine Bertini e Borelli[59].

Quasi spinte da un fortissimo senso del *cupio dissolvi*, le diverse case aumentano la posta in gioco proprio in questo periodo di vistosa contrazione del mercato e raddoppiano il numero di film, triplicano, decuplicano i compensi ai divi e cosí via.

La rivalità tra i due uomini alla direzione dell'Uci, gli avvocati Giuseppe Mecheri e Giuseppe Barattolo, accelera la disfatta: la prematura scomparsa del primo e le manie di grandezza del secondo, mal sostenute da una adeguata competenza e comprensione delle leggi del mercato, accelerano la corsa verso la catastrofe. Un colpo definitivo verrà dato dal fallimento, nel 1921, della Banca italiana di sconto. Ancora nel 1921 i film che ottengono il visto di censura sono oltre 350, mentre nel 1924 raggiungono a malapena la sessantina e all'inizio del sonoro il totale è compreso nelle dita di una mano.

Mentre calano i titoli italiani, si assiste a una crescita malthusiana dei film americani e aumentano in proporzione sia la spesa che il numero di spettatori. Nel 1924, i dati della Società italiana autori editori (Siae) dicono che il cinema, con il suo 39 per cento della spesa complessiva, è diventato lo spettacolo popolare piú seguito. Cinque anni dopo conquisterà il 62 per cento della spesa nazionale per lo spettacolo (cfr. qui *Il cinema italiano in cifre*, tab. 1).

In effetti, senza che vi sia alcun programma o strategia particolare, la marcia su Roma del cinema americano presenta una storia quasi sincronica rispetto a quella delle camicie nere. Nell'estate del 1923, l'United Artists apre una succursale a Roma e, in ordine sparso, seguono a breve distanza le altre Majors. Per un quindicennio, la storia del ci-

---

[59] A. BERNARDINI e V. MARTINELLI, *Leda Gys, attrice*, Coliseum, Milano 1987.

nema italiano, intesa soprattutto come storia dell'immaginario cinematografico, memoria, fuga e coltivazione di desideri, sogni, passioni e attese di milioni di spettatori è storia della ricezione e consumo del cinema americano[60].

L'unica figura di *tycoon* italiano capace di adeguarsi alla nuova situazione, e tentare di creare una sorta di monopolio verticale di fatto, grazie all'attività di produzione, distribuzione ed esercizio è Stefano Pittaluga, personaggio che giganteggia negli anni venti e dalla cui lungimiranza e azione nei confronti del governo dipenderanno le sorti del cinema italiano nei decenni a venire. Non va sottovalutata comunque la figura di Gustavo Lombardo, che non solo riesce a far fronte alla crisi ma contribuisce, senza interrompere mai la produzione, a tenere in vita un tipo di cinema popolare, radicato in profondità nella realtà locale napoletana, nei modelli del teatro e della cultura popolare e naturalista e sensibile ai mutamenti in atto della domanda del pubblico.

Anno dopo anno, sia gli ultimi film colossali (da *Teodora*, Leopoldo Carlucci, 1922, a *Frate Sole*, Mario Corsi e Ugo Falena, 1918, alla *Nave*, diretto da Gabriellino D'Annunzio nel 1921 nel rispetto del testo paterno, a *Quo Vadis?*, Georg Jacoby e Gabriellino D'Annunzio, 1924, a *Gli ultimi giorni di Pompei*, Carmine Gallone, 1926) che quelli tratti dalla letteratura popolare (da *Il ponte dei sospiri*, Domenico Gaido, ai film tratti dai romanzi di Emilio Salgari, a quelli ispirati a Eugène Sue o a Ponson du Terrail) che i drammi di Tolstoj, Daudet, Ibsen o Pirandello, perdono contatto con il pubblico, vengono sempre più rifiutati.

Anche nei prodotti più spettacolari, ciò che colpisce lo spettatore moderno – spesso disposto alla meraviglia e all'accettazione acritica nei confronti di qualsiasi film salvato e restaurato del periodo del muto – è la pressoché assoluta mancanza di evoluzione linguistica ed espressiva rispetto ai prodotti di alcuni anni prima: le didascalie spezzano il

---

[60] V. MARTINELLI, *L'eterna invasione. Il cinema italiano degli anni venti e la critica italiana*, La Cineteca del Friuli, Sacile 2002, identifica e scheda tutti i film americani giunti in Italia negli anni venti, e correda la sua ricerca filmografica di un'imponente raccolta di brani tratti dalle recensioni d'epoca.

ritmo e le scene di massa non sembrano tener conto che di mezzo c'è stato il montaggio dei film di Griffith e non solo.

Per quanto negli ultimi decenni si sia cercato di studiare gli anni venti e molti film siano stati riportati alla luce e rivisti in condizioni ottimali, bisogna tuttora riconoscere che quest'enorme insieme di titoli del cinema italiano – ben piú di millecinquecento – è pressoché uscito dalla memoria storica quasi senza lasciare tracce. E che qualsiasi volonteroso e benemerito lavoro di ricostruzione, auspicabile e da incoraggiare, non potrà di fatto portare a un sostanziale mutamento del giudizio comparato della cinematografia italiana rispetto alle altre.

Anche gli studi dei processi di fascistizzazione, dei filoni che in vario modo tentano di sintonizzarsi con la politica del fascismo, o di celebrarne le imprese o di trovargli un blasone e un albero genealogico, magari nelle gesta garibaldine, con largo anticipo rispetto allo sforzo storiografico di Gioacchino Volpe di vedere tutta la storia d'Italia teleologicamente orientata verso il fascismo, hanno confermato la fragilità e la pochezza culturale e inventiva delle opere fiancheggiatrici, come *Il grido dell'aquila* (Mario Volpe, 1923), o i film del filone garibaldino e risorgimentale (come *Garibaldi e i suoi tempi*, Silvio Laurenti Rosa, 1926) o di quello coloniale (*Kiff Tebbi*, Mario Camerini, 1928). Per la verità *Il grido dell'aquila*, primo film di propaganda, è una sorta di *instant film* realizzato all'indomani della marcia su Roma, mescolando insieme materiali documentari e resti d'un film non terminato sulla prima guerra mondiale e sulle delusioni del dopoguerra per i reduci. Il film di Volpe, pur di qualità modestissima, è attraversato da un forte spirito unitario e fissa quegli elementi di continuità tra Risorgimento, prima guerra mondiale e fascismo che verranno ripresi, negli anni trenta, da *Camicia nera* (Giovacchino Forzano, 1933) e *Vecchia guardia* (Alessandro Blasetti, 1935). Fin dall'indomani della marcia su Roma, si comincia ad attribuire a Mussolini il potere taumaturgico di risollevare le sorti del cinema italiano («Evviva Mussolini! Perché, com'è risorta l'Italia, non dovrebbe risorgere anche l'industria cinematografica italiana?») e assai presto si percepiscono le possibilità propagandistiche e didattiche del mezzo cinematografico. Nel 1924, con la nascita dell'Unione cinematografica educativa - Luce, si registra una svolta politico-culturale importante e di gittata internazionale[61]: il regime si assicura il controllo totale dell'informazione cinematografica e Mussolini stesso si attribuisce la paternità dell'iniziativa.

La storiografia tradizionale non ha finora preso in considerazione, nello studio dell'immaginario degli italiani sotto il fascismo, o delle forme di rappresentazione di Mussolini, i materiali cinematografici del Luce, né li ha mai considerati degni d'essere promossi a fonti di interesse primario. Il monumento per immagini però costituisce solo una parte – quella finora piú visibile e conosciuta – dell'enorme patrimonio del Luce. L'altra, non meno significativa, racconta molte altre storie di rappresentazione dell'Italia, degli italiani e del mondo al di fuori dell'Italia. Ci sono, in pratica, due anime nella prima fase della storia del Luce: una «naturale», che si distingue da subito per la forte presenza di geni didattici ed educativi; e l'altra, acquisita in un primo momento per ragioni opportunistiche, che si pone al servizio del regime e del suo capo con il ruolo di annalista e cantore visivo delle sue imprese. All'inizio, l'organismo di produzione si chiama Sindacato istruzione cinematografica - Sic, ed è nato per produrre e diffondere film educativi: è una piccola società anonima, costituita nel 1924 per iniziativa di Luciano De Feo, avvocato e giornalista, con una notevole esperienza di politica economica internazionale. Già nel settembre dello stesso anno, per intervento diretto di Mussolini, assai impressionato da un documentario sulla sua attività di governo (*Dove si lavora per la grandezza d'Italia*), la piccola impresa si trasforma in un organismo sostenuto da vari enti e battezzato dallo stesso Mussolini L'Unione cinematografia educativa; da qui l'acrostico Luce.

Mentre ci vorranno ancora alcuni anni perché il fascismo si occupi in modo serio dell'industria cinematografica e vari una legge che ne favorisca la ripresa, dopo che la produzione è scesa a zero, è sufficiente la visione di pochi mi-

---

[61] Vedi il lavoro piú recente e documentato sul Luce, E. G. LAURA, *Le stagioni dell'aquila*, Ente dello Spettacolo, Roma 1999.

nuti di documentari per convincere Mussolini delle enormi possibilità propagandistiche e educative del nuovo mezzo. A pochi mesi di distanza dalla nascita di questo organismo, Mussolini, con una lettera ufficiale del 14 luglio 1925, indirizzata ai ministri dell'Interno, delle Colonie, dell'Economia Nazionale e della Pubblica Istruzione, li invita a «riconoscere ufficialmente la Luce e ad utilizzare la sua organizzazione tecnica ed i suoi film per fini di educazione, istruzione e propaganda». Il 5 novembre, con un decreto legge, il Luce è trasformato in ente parastatale (l'Istituto Nazionale Luce) alle dipendenze del governo.

Grazie al Luce, il fascismo è il primo governo al mondo a esercitare un controllo diretto sulla cronaca cinegiornalistica e Mussolini il primo capo di stato capace di costruirsi, grazie ai cinegiornali, quasi giorno per giorno, un gigantesco arco di trionfo per le proprie imprese. Per legge, i cinegiornali vengono proiettati obbligatoriamente in tutte le sale italiane dal 1926. La propaganda politica sarà l'obiettivo principale, ma assieme a essa verranno sperimentati nuovi modi di comunicazione e informazione giornalistica, legati alla narrazione quasi diaristica della piccola storia quotidiana dell'Italia e degli italiani.

Il r.d.l. 24 gennaio 1929 dichiara il Luce unico organo tecnico cinematografico al servizio dello stato e, dall'indomani della creazione del ministero della Cultura Popolare, l'organismo passerà alle dipendenze del ministero.

14. *Paesaggio di rovine con figure.*

Intanto, l'arresto espressivo, la mancanza d'una vera sperimentazione e il mancato rinnovamento tematico condannano l'ultima produzione italiana muta a entrare in una zona d'ombra e in una posizione non comparabile con quella delle cinematografie concorrenti (cfr. tab. 2).

Anche se di titoli interessanti – nella produzione napoletana, tra i film dei forzuti, le opere di Mari[62], Palermi,

---

[62] Si deve a N. GENOVESE, *Febo Mari*, Papageno, Palermo 1998, la restituzione del ruolo tutt'altro che secondario della figura di Mari nel cinema muto italiano.

Aldo De Benedetti, Brignone, Roberto Roberti, ecc. – se ne possono individuare diversi, molte opere sono ancora straordinari documenti antropologici della condizione di vita dell'Italia negli anni venti (i film di Perego con Leda Gys, *Vedi Napule e po' mori!*, *Napoli è una canzone*, *Napule... e niente cchiú*, per esempio), gli unici autori che tentino di costruire opere capaci di misurarsi e competere con lo standard americano e francese sono Lucio D'Ambra, Augusto Genina, Carmine Gallone, Mario Camerini.

D'Ambra, giornalista e scrittore di successo, è stato uno degli autori meno classificabili per diretta conoscenza in quanto la sua produzione era completamente scomparsa fino a qualche anno fa. Oltre ad aver giocato un ruolo importante nella costruzione di soggetti per Genina, Righelli, Perego, Palermi, ha ideato per primo delle commedie brillanti, pensando a storie originali per il cinema, ponendosi tra i primi i problemi del ritmo, delle possibilità del cinema di esplorare i territori non realistici, della costruzione di storie assurde e strampalate costruite tenendo presenti i ritmi del balletto, della ricerca di valori formali legati alla specificità del linguaggio cinematografico[63].

D'Ambra ha fissato in tre volumi e in vari scritti, in maniera molto viva, il ricordo della fase pionieristica del cinema muto[64]. Negli anni trenta, nel tentativo nazionalistico di attribuire ai pionieri del cinema italiano i meriti d'aver inventato tutti i modi narrativi e aver indicato molte strade dei generi si faceva di D'Ambra l'inventore dei caratteri della commedia borghese dello schermo. D'Ambra respira le atmosfere del teatro grottesco di Rosso di San Secondo e le mescola con il balletto e qualche suggestione che gli viene dal futurismo. Oggi, grazie a una serie di ritrovamenti importanti, i discorsi su D'Ambra possono essere finalmente condotti su materiali di prima mano e si può comunque riconoscergli un ruolo importante, sia nella legittimazione della figura del soggettista che in

---

[63] G. CALENDOLI, *Il grottesco roseo di Lucio D'Ambra*, in *Materiali per una storia del cinema italiano*, Maccari, Parma 1967, pp. 125-33, è il primo vero importante saggio critico su D'Ambra.

[64] Vedi L. D'AMBRA, *Trent'anni di vita italiana*, 3 voll., Mondadori, Milano 1928-29; in particolare vol. II, cap. XII.

quella del regista e anche di pioniere della riflessione teorica[65].

Prima che il sonoro spinga soprattutto Camerini a cercare una via italiana, la commedia negli anni venti è l'unico genere che tenti di respirare un'atmosfera internazionale e di confrontarsi con le opere di Ernst Lubitsch e Cecil B. DeMille.

Piú attento di tutti al pubblico è Genina che, nel suo eclettismo, riesce a passare, con disinvoltura, duttilità e sicurezza professionale, dal film d'avventura al melodramma al grottesco (sua è la versione di *La maschera e il volto*, del 1919, dal dramma omonimo di Chiarelli, recentemente ritrovato e restaurato) alla commedia brillante, e a ottenere – per esempio, con *Cyrano de Bergerac* (1922) – un enorme successo di pubblico[66]. Di Genina, negli anni venti, va ricordata una delle piú intense trascrizioni di *Addio giovinezza!* (1927) e la capacità di guardare al mercato internazionale, anche negli anni di maggior crisi. Sarà lui, comunque, con *Miss Europa* (1929; girato in Francia), ad agire da *pontifex* del cinema europeo, sia legando il muto al sonoro, il divismo americano a quello europeo, a interpretare le nuove forme del divismo e a effettuare un innesto del melodramma in una storia realistica, ripresa quasi con gusto documentario. Nonostante il successo di molti film di Genina, il cinema italiano si inabissa anno dopo anno. Né, a salvarlo, basteranno (anche se pochi titoli registreranno delle perdite al botteghino) le imprese dei forzuti, Galaor, Maciste, Sansone, Saetta, Astrea, ecc., a cui prestano volti e corpi Bartolomeno Pagano, Luciano Albertini, Giovanni Raicevich, Aurèle Sidney, Domenico Gambino, Bruto Castellani, Carlo Aldini[67].

La filmografia di Maciste è molto ricca negli anni venti, e di fatto si può attribuire anche a lui il merito che la società di Stefano Pittaluga, la Fert, riesca a sopravvivere alla

---

[65] Vedi A. APRÀ e L. MAZZEI (a cura di), *Lucio D'Ambra. Il cinema*, in «Bianco e Nero», n. 5, 2002.

[66] S. G. GERMANI e V. MARTINELLI, *Il cinema di Augusto Genina*, Biblioteca dell'Immagine, Pordenone 1989.

[67] Per le filmografie, vedi FARASSINO e SANGUINETI (a cura di), *Gli uomini forti* cit., e DALL'ASTA, *Un cinéma musclé* cit.

crisi successiva al fallimento dell'Uci. I titoli piú significativi del decennio sono *Maciste in vacanza* (L. R. Borgnetto, 1921), *Maciste contro lo sceicco* (Camerini, 1926), *Maciste all'inferno*[68], *Maciste nella gabbia dei leoni* e *Il gigante delle dolomiti*, tutti e tre diretti da Guido Brignone nel 1926.

Camerini va a bottega da Genina e dalla sua lezione apprende il senso del ritmo interno del racconto, la cura per i dettagli, la valorizzazione di una recitazione spontanea... Rispetto a Genina, scopre molto presto quali siano le sue capacità e le affina negli anni venti, riuscendo ad assumere, con perfetto tempismo, un ruolo di primo piano nel momento del mutamento tecnologico introdotto dal sonoro.

15. *Il sole della rinascita*.

Quando, alla vigilia del sonoro, un gruppo di intellettuali capitanato da Blasetti decide di recidere ogni legame con il cinema del passato, il mondo contadino si presenta come il punto d'appoggio piú efficace su cui far leva per risollevare le sorti dell'intera cinematografia e collocarla all'altezza delle aspettative e degli obiettivi contemporanei del regime. Nonostante la parola d'ordine del gruppo – riunito attorno alla rivista «Cinematografo» che, pur non essendo il promotore materiale del film, ne è certo il motore morale – sia: «Ruralizzare l'Italia!», non è sufficiente che Blasetti indossi gli stivali per rappresentare e interpretare una realtà e un mondo sconosciuti al cinema italiano.

Le poche sequenze di *Sole* (Blasetti, 1929) giunte sino a noi e la sceneggiatura che possediamo nella sua integrità[69] mostrano tutto lo sforzo di rinnovamento dell'iconografia e fanno vedere come il cinema voglia documentare la risposta fascista ai piani quinquennali sovietici e celebrare la «linea generale» d'un processo di modernizzazione, che ha scelto come epicentro la bonifica di paludi emerse come invincibili dall'epoca dell'impero romano.

[68] Di questo film, vedi l'analisi di A. COSTA, *Maciste aux enfers*, in «Cinémémoire», Paris 1993, pp. 76-80.

[69] A. BLASETTI, *Sole*, a cura di Adriano Aprà e Riccardo Redi, Di Giacomo, Roma 1985.

Accanto a *Sole* viene collocato un altro film che stabilisce il punto di partenza della cosidetta «rinascita», auspicata e attesa, verso la fine degli anni venti, da molte parti: *Rotaie* (Camerini, 1929). *Rotaie* è in senso emblematico – e di fatto – un'opera di confine tra due momenti della storia del cinema italiano. Perfetto esempio di budget ridotto al minimo, il film sa mettere a frutto la lezione del *Kammerspiel*, della commedia brillante e dell'opera d'ispirazione sociale e realistica. Camerini mette in luce le sue doti d'osservatore attento sia dei comportamenti degli individui senza storia che dei tic della società medio e alto borghese, sa dirigere gli attori e raccontare con tocco leggero passando dal dramma alla commedia.

I risultati ottenuti da *Rotaie* e *Sole* non possono essere certo comparati con quelli della contemporanea produzione internazionale. I due film escono quando, in Germania, Fritz Lang ha già raggiunto la maturità espressiva con *Metropolis* (1926) e *La donna sulla luna* (1929) e sta per imbarcarsi per gli Stati Uniti, o Pudovkin, Ejzenštejn e Vertov hanno realizzato i loro capolavori, le avanguardie hanno giocato le loro carte migliori... Tuttavia, i lavori di Blasetti e Camerini sono rappresentativi d'un ricambio generazionale in atto e d'una diversa cultura cinematografica piú vicina alla realtà del suo pubblico che, sia pure immersa nel clima politico e impregnata (nel caso di Blasetti) di spirito fascista, non ha nulla di strapaesano, né denuncia i limiti dell'isolamento e dell'autarchia culturale, peraltro in questi anni ancora non sollecitata dal regime.

Rispetto ai primi anni venti, emerge una volontà di trovare nuove vie italiane per un cinema che, grazie all'invenzione del sonoro, costringe all'improvviso tutte le cinematografie – in crisi o in piena salute – e tutti gli autori a reinventare le regole del gioco.

Capitolo secondo
Dal sonoro a Salò

1. *Rinascita, caratteri e mitologie.*

Il 5 novembre 1928, alla presenza del re d'Italia, Mussolini inaugura l'Istituto internazionale del cinema educatore, organo della Società delle Nazioni, che ha voluto a Roma[1]. Il dittatore parla delle tre scoperte fondamentali nella storia dell'umanità, e della superiorità del cinema rispetto alla stampa, e alla camera oscura:

> La cinematografia, che è ancora nella prima fase del suo sviluppo, presenta questo grande vantaggio sul giornale e sul libro: parla agli occhi, parla dunque un linguaggio comprensibile a tutti i popoli della terra; da qui il suo carattere d'universalità e le innumerevoli possibilità che offre per una collaborazione educativa d'ordine internazionale.

Finora, non era mai stata ben valutata l'importanza strategica dell'Istituto diretto da Luciano De Feo, già direttore dell'Istituto Luce dal 1924 al 1928. Ma è con la nascita di questa istituzione internazionale e con questa pubblica dichiarazione del capo del governo che la cinematografia italiana riceve una prima scossa utile alla ripresa. De Feo agisce da *deus ex machina* di molte situazioni, non ultima la nascita futura della Mostra del cinema di Venezia: la sua capacità di guardare alla natura internazionale del cinema e la sua influenza su Mussolini concorrono in misura significativa a quella che, di lí a poco, verrà da tutti salutata come la «rinascita» del cinema italiano. Grazie anche a lui, il regime investe nella settima arte anzitutto perché è la forma di cultura e divertimento piú popolare. E poi perché capisce che si tratta dell'aiu-

---

[1] Vedi C. TAILLEBERT, *L'Institut international du cinématographe éducatif*, L'Harmattan, Paris 1999.

tante magico e privilegiato per ottenere visibilità e attenzione internazionale.

Un decisivo e concreto segno della ripresa è dato, a un anno e mezzo di distanza, dall'inaugurazione dei nuovi Stabilimenti della Cines - Pittaluga in Via Vejo, inaugurazione battezzata dal ministro Giuseppe Bottai. Il regime assume, nell'occasione, attraverso il ministro, un impegno formale («Commendatòr Pittaluga, l'attività cinematografica attiene all'ordine artistico, all'ordine economico, all'ordine politico di una nazione») che si tradurrà nella legge n. 918 del 1931, in cui, per la prima volta, uno stato europeo impegna capitali a fondo perduto a favore di un'industria dello spettacolo[2].

Nel primo anno di vita, la Pittaluga porta a termine 10 film su una complessiva produzione nazionale di 12 titoli (contro piú di 350 film stranieri distribuiti) e promette al governo la realizzazione di tre film di propaganda in cambio d'un intervento sostanziale. L'intelligenza di Pittaluga, unita al sostegno del regime, che diventa il maggior produttore e azionista del cinema italiano, e all'affacciarsi di una nuova generazione di aspiranti registi, creano una serie di condizioni favorevoli alla ripresa su basi nuove[3].

Grazie ad alcune forti personalità – Blasetti e Camerini – e alla spinta del dibattito in direzione teorica, l'autore, rispetto al cinema muto, acquista un peso specifico e una legittimazione destinati ad agire e influenzare i modi della produzione successiva. Gli anni trenta sono un periodo straordinario d'incubazione, gestazione e prime manifestazioni di quei caratteri e identità del cinema italiano che si sviluppano poi nel dopoguerra. I padri fondatori e l'*humus* culturale vanno tutt'oggi riconosciuti in quel clima caotico di entusiasmo e confluenza di intelligenze, passioni, speranze verso il terreno cinematografico, in quell'insieme di contraddizioni tipiche della realtà italiana che si determinano negli anni dell'avvento del sonoro[4] e consentono

---

[2] J. A. GILI, *Stato fascista e cinematografia*, Bulzoni, Roma 1981; ID., *L'Italie de Mussolini et son cinéma*, Veyrier, Paris 1985, e ID., *Le cinéma italien à l'ombre des faisceux*, Institut Jean Vigo, Perpignan 1990.

[3] SANGUINETI, *L'anonimo Pittaluga* cit.

[4] Ho sviluppato questa tesi in molte occasioni fin da *Umberto Barbaro e*

feconde coabitazioni tra anime del fascismo e dell'antifascismo e trovano nel cinema una sorta di porto franco ideologico e creativo. Il fascismo è una dittatura imperfetta ma, tra tutte le zone su cui esercita la sua influenza, quella del cinema appare tra le piú aperte a contaminazioni e influenze di agenti esterni, che possono giungere insieme da realtà antitetiche come quelle del mondo sovietico e americano. Gli anni trenta sono anni di formazione professionale, di sfida consapevole a raggiungere gli standard narrativi e spettacolari del cinema europeo e americano, e d'affermazione dell'io registico, di nuovo tentativo di dar vita, da un certo momento in poi, a un modesto star system autarchico. I legami con il passato sono spezzati per sempre, mentre, fin dai primi passi del sonoro, è possibile individuare geni e caratteri destinati a trasmettersi nella media e lunga durata[5].

Fra il 1930 e il 1943 vengono realizzati in Italia oltre settecento film[6]: si parte da poche unità e si assiste a una crescita costante, fino ad assestarsi nel 1939 a quota 100. Ancora nel 1934, in percentuale, il cinema italiano occupa il 10 per cento del mercato. Nel momento in cui lo stato diventa imprenditore e fornisce un capitale reale, i produttori, vecchi e nuovi, si sentono esonerati dall'obbligo di sottostare alle leggi del mercato. A un saggio minimo di crescita dei capitali corrisponderà un aumento molto forte del saggio di crescita del prodotto, dovuto all'intervento di sostegno dello stato. Da un certo momento in poi – da quando nasce Cinecittà, nel 1937 –, non si realizzano piú opere all'insegna del risparmio ma si investe una quantità di la-

---

l'idea di neorealismo, Liviana, Padova 1979, e *Intellettuali cinema e propaganda tra le due guerre*, Patron, Bologna 1972. Per una visione organica del cinema degli anni trenta, rinvio alla nuova edizione della mia *Storia del cinema italiano* cit., vol. II.

[5] Segnalo due interessanti monografie americane degli anni ottanta: E. MANCINI, *Struggles of the Italian Film Industry during Fascism, 1930-1935*, University of Michigan, Ann Arbor 1985, e M. LANDY, *Fascism in Film. The Italian Commercial Cinema*, Princeton University Press, Princeton 1986.

[6] È tuttora fondamentale la filmografia di F. SAVIO, *Ma l'amore no. Formalismo, propaganda e telefoni bianchi nel cinema italiano di regime. 1930-1943*, Sonzogno, Milano 1975, e le sue interviste in *Cinecittà anni trenta*, 3 voll., Bulzoni, Roma 1979.

voro per ogni film prodotto superiore a quella hollywoodiana. La condizione di privilegio dei neoproduttori è che, grazie all'intervento dello stato, la quantità di capitale impegnato è invece inferiore a quello hollywoodiano: lo stato si accolla le perdite e non partecipa degli eventuali profitti.

Nel 1934, è istituita la Direzione generale per la Cinematografia, con a capo Luigi Freddi, una personalità forte – che ha avuto modo di studiare da vicino il funzionamento della produzione americana – e che intende guidare il cinema italiano verso nuovi, gloriosi destini, in cui le ragioni del regime non entrino in contrasto con quelle del mercato. La funzione di questo organismo è dirigistica e tuttavia non esclude l'assenso dato ad alcune forze di modellarsi non secondo criteri autarchici ma sul prodotto medio internazionale.

Tendenza e atteggiamento – mantenuto fino alla caduta – del regime è di non volersi servire del cinema come d'un mezzo privilegiato di propaganda. Se i cinegiornali Luce, come vedremo, avranno un ruolo preciso in questo senso e subiranno un controllo molto attento[7], il film di finzione gode d'una specie di condizione di extraterritorialità e i film di propaganda, che pure accompagnano tutte le fasi del regime, sono frutto di scelte produttive e registiche, non, in genere, di pressioni e condizionamenti politici. L'estetica idealistica crociana, in qualche modo, sembra guidare le prime affermazioni pubbliche di intellettuali militanti e figure istituzionali che intervengono a favore del cinema. Se arte deve essere, il cinema non può essere un'arte ancella del potere. Il ministro Bottai, figura di spicco fin dalla marcia su Roma, per esempio, nel suo intervento a favore della legge del 1931 dice, tra l'altro, di non essere un frequentatore del cinema, ma di aver constatato che «il pubblico invariabilmente si annoia quando il cinematografo lo vuole educare»[8].

Ben consapevoli che la propaganda non premia sul piano commerciale, produttori e registi si cimentano con te-

---

[7] Della ricca bibliografia – già ricordata in G. P. BRUNETTA, *Divismo, misticismo e spettacolo della politica*, in *Storia del cinema mondiale*, vol. I, Einaudi, Torino 1999 – segnalo il recente LAURA, *Le stagioni dell'aquila* cit.

[8] G. BOTTAI, *Dichiarazioni a favore della legge*, in «Lo spettacolo italiano», II (luglio-agosto 1931), n. 7.

mi propagandistici solo in occasione di nuovi eventi storici che coinvolgono tutto il paese[9]. Ci si accorge, anche presto, che il regime non ama la rievocazione delle proprie gesta squadristiche[10]; si cerca piuttosto di riorganizzare la rappresentazione a partire dall'esigenza di osservare quell'Italia rurale verso cui il fascismo indirizza, nella fase post-squadristica, i primi sforzi di modernizzazione. Sul finire degli anni venti, la parola d'ordine del gruppo di giovani capitanato da Alessandro Blasetti è «Ruralizzare l'Italia»: andare alla scoperta di un'Italia popolare e rurale sconosciuta e mai apparsa sullo schermo[11].

Di tutto il gioco delle maschere e metamorfosi che il fascismo presenta, l'aspetto ruralista è il piú funzionale all'esigenza di autorappresentarsi come movimento rivoluzionario, radicato nella realtà popolare italiana. Con un occhio di riguardo al cinema rivoluzionario sovietico, il fascismo cerca di indicare, nella prima fase della propria autorappresentazione, che la sua anima piú autentica va cercata nel mondo contadino. Per qualche tempo il fascismo incoraggia questa rappresentazione, come si vede in due film di Blasetti, *Sole* (1929)[12] e *Terra madre* (1931), in *Camicia nera* (Forzano, 1933), *Terra di nessuno* (Mario Baffico, 1937), fino a *Redenzione* (Marcello Albani, 1942), monumento tardivo, già tutto avvolto in un'atmosfera di morte, allo squadrismo nascente.

A una celebrazione del fascismo, nato quasi per partenogenesi nella mente del fondatore, si preferisce la costruzione d'un ritratto collettivo, animato da molti soggetti e articolato su piú piani prospettici[13]. La campagna è il fron-

---

[9] Vedi la buona puntualizzazione di P. IACCIO, *Sotto l'elmo di Scipio. La storia nel cinema fascista*, in «Rivista calabrese di storia contemporanea», I (dicembre 1998), n. 2, pp. 63-87.

[10] M. ISNENGHI, *La marcia su Roma*, in ID. (a cura di), *I luoghi della memoria*, Laterza, Roma-Bari 1997, pp. 313-29. Vedi anche, per un'analisi della rappresentazione dei «fascisti in azione», G. MIRO GORI, *Patria diva*, La casa Usher, Firenze 1988, pp. 73-77.

[11] G. P. BRUNETTA, *Autoritratto rurale del fascismo*, in *Incontri di Orbetello*, Agrifilmfestival, Orbetello 1985, pp. 19-23.

[12] Vedi BLASETTI, *Sole* cit.

[13] Vedi V. ZAGARRIO, *Ideology Elsewhere: Contradictory Models of Italian Fascist Cinema*, in R. SKLAR e C. MUSSER (a cura di), *Resisting Images, Essays on Cinema and History*, Temple, Philadelphia 1990, pp. 149-72.

te interno in cui la fiamma dello spirito combattentistico continua a essere alimentata. La scelta di mostrare le camicie nere ben inserite nella foto di gruppo della famiglia contadina non è altro che un modo assai ovvio di continuare a esibire le proprie ascendenze popolari da parte del regime. E, soprattutto, di rendere familiari, quasi varianti di numi protettori della sacralità del focolare profanato dai «rossi», le figure degli squadristi. La violenza, gli scontri armati, le spedizioni punitive sono di nuovo mostrate, dopo anni di rimozione.

I film ruralisti degli anni trenta mescolano vari registri: dalle bonifiche delle paludi pontine alla redenzione delle terre aride, dalla costruzione dal nulla di città contadine alla battaglia del grano, alle battaglie contro i sovversivi, i socialisti e tutte quelle forze che non hanno partecipato alla guerra mondiale. Il fascismo intende rispondere ai piani quinquennali sovietici con una propria «linea generale».

> Questo film deve superare con fascistica volontà i capolavori sovietici di Pudovkin ed Ejzenštejn e quelli tedeschi di Walter Ruttmann in cui traspare la fiacca costruzione letteraria...

è detto nelle didascalie del soggetto inedito di Ezra Pound e Ferruccio Cerio, che, nel 1932, partecipa al concorso per un film sul decennale[14]. Inoltre, il regime intende dialogare, in una fase successiva, con il New Deal[15]. Il mondo contadino lasciato alle spalle, agli inizi degli anni trenta, verrà recuperato nel momento in cui si tratterà di far rivivere lo spirito combattentistico per andare a redimere e colonizzare nuove terre e costruire le fondamenta del progetto imperiale.

2. *Il paesaggio produttivo dalla Cines a Cinecittà*.

Fino a quasi tutto il 1938 il fascismo non s'oppone alla coltivazione dell'immaginario italiano da parte del cinema di Hollywood, in quanto ritiene che nella produzione ame-

---

[14] G. P. BRUNETTA, *Il sogno a stelle e striscie di Mussolini*, in M. VAUDAGNA (a cura di), *L'estetica della politica. L'Europa e l'America negli anni trenta*, Laterza, Bari 1989.
[15] *Ibid*.

ricana siano assenti del tutto, o quasi, i germi capaci di aumentare la conflittualità sociale. Da Freddi a Vittorio Mussolini a registi come Alessandrini, l'America appare un modello di giovinezza, vitalità, spirito d'avventura a cui guardare con simpatia. E d'altra parte, ancora nel 1938, alla vigilia della legge protezionistica, il 73 per cento degli incassi va alla produzione americana e il regime sembra ancora credere piú utile importare film piuttosto che sostenere un'industria in affanno e incapace di reggersi con le sue sole forze[16].

Se sul terreno dell'esercizio non viene attivato alcun anticorpo nei confronti dell'invasione americana, la difesa della produzione a cavallo del sonoro si organizza attorno alla cittadella della Cines a vantaggio pressoché esclusivo di Pittaluga, che non fa a tempo a raccogliere i primi frutti del suo lavoro in quanto muore nel marzo 1931.

In ogni caso, per alcuni anni la Cines «è» il cinema italiano, lo rappresenta nella sua totalità. A dirigerla sono chiamati, prima, Ludovico Toeplitz, figlio dell'amministratore delegato della Banca commerciale italiana[17] e, poi, un intellettuale come Emilio Cecchi in veste di direttore artistico. Grazie a lui è varato un piano produttivo, si cerca di rinnovare il connubio tra letterati e cinema (vengono chiamati a collaborare Pirandello e Alvaro) e di modificare gli stereotipi rappresentativi dell'Italia e degli italiani, potenziando l'attività documentaria e chiedendo ai registi di ambientare le proprie storie in luoghi differenti della penisola.

All'indomani dell'approvazione della legge, le iniziative produttive rifioriscono e, nel giro di qualche anno, appaiono anche altre sigle e personalità di produttori. Se la Titanus di Gustavo Lombardo consolida la sua posizione, senza mai

[16] La ricerca finora piú ampia su questo problema è in L. QUAGLIETTI, *Ecco i nostri*, Eri, Torino 1991. Ottimo il lavoro di M. BEYNET, *L'image de l'Amerique dans la culture italienne de l'entre deux guerres*, 3 voll., tesi di dottorato, Università di Aix en Provence, a.a. 1990. Importante il capitolo sul cinema americano in J. HAY, *Popular Film Culture in Fascist Italy*, Indiana University Press, Bloomington 1987.

[17] Utili ancora le sue memorie: L. TOEPLITZ, *Ciak a chi tocca*, Edizioni Milano Nuova, Milano 1964.

tradire le proprie caratteristiche di casa con una netta fisionomia popolare, il sogno produttivo piú ambizioso, dopo quello della Cines, è di Giovacchino Forzano. Commediografo, librettista di Mascagni e Puccini, regista di successo, amico e collaboratore di Mussolini (insieme realizzano *Campo di maggio*, 1935)[18], Forzano rappresenta l'anima dotata di maggiori ambizioni culturali del fascismo cinematografico e sa unire spirito d'impresa a fiuto commerciale a buone dosi di creatività. I suoi stabilimenti di Tirrenia, nati nei primi anni trenta a metà strada fra Pisa e Livorno (di qui il nome Pisorno), costituiscono un modello esemplare di speculazione, clientelismo politico e spirito imprenditoriale. Tirrenia è la prima città del cinema in Italia in grado di offrire un ciclo completo del prodotto cinematografico e dispone di un paesaggio naturale grazie a cui riprodurre qualsiasi realtà geografica[19].

In ordine sparso nascono altre case cinematografiche: nel febbraio del 1934 è fondata a Torino, per iniziativa di Riccardo Gualino, uno dei massimi e piú illuminati industriali italiani (in quel periodo al confino per ragioni politiche), la Lux[20].

Per alcuni anni, nell'attività produttiva della Lux si registra il solo *Don Bosco*, diretto nel 1935 da Goffredo Alessandrini. Poi, dal 1939 al 1944, la filmografia cresce e presenta titoli di rilievo come *La corona di ferro* (Blasetti, 1941), *I promessi sposi* (Camerini, 1941), *Un colpo di pistola* e *Zazà* (Castellani, 1942), *Malombra* (Soldati, 1942), *Quelli della montagna* (Vergano, 1943), *Il biricchino di papà* (Matarazzo, 1943), *La donna della montagna* (Castellani, 1943). In questi anni Gualino, tornato dal confino, assume la presidenza della società, privilegiando quel tipo di produzione, legata ai classici della letteratura, che verrà continuata anche nel dopoguerra.

---

[18] Per questo film, vedi P. MINGHETTI, *Mussolini e/o Forzano nel segno delle sconfitte «momentanee» di Napoleone e Cavour*, in R. RENZI (a cura di), *Il cinema dei dittatori*, Cappelli, Bologna 1992, pp. 53-59.
[19] S. DELLA CROCE, *Tirrenia, la prima città del cinema*, in CUCCU (a cura di), *Il cinema nelle città* cit., pp. 161-223.
[20] A. FARASSINO e T. SANGUINETI, *Lux Film. Esthètique et système d'un studio italien*, Editions du Festival du film de Locarno, 1984.

Se Gualino è la figura piú complessa e ricca di questi anni, non bisogna dimenticare i fratelli Michele e Salvatore Scalera, imprenditori e costruttori, Carlo Roncoroni, Giulio Manenti, direttore della casa omonima. I fratelli Scalera hanno realizzato grandi opere in Libia; Roncoroni, prima di essere chiamato a progettare la nuova Cines e a dirigere Cinecittà, è stato direttore di imprese e lavori pubblici. E, nel 1934, scende in campo l'editore Angelo Rizzoli, con la Novella Film, affidando a un regista straniero, Max Ophüls, la *Signora di tutti* con Isa Miranda, tentando di rinnovare il successo popolare ottenuto con rotocalchi e riviste. Ultimo, lo stato stesso che, attraverso Freddi, vorrà intervenire nel campo della produzione, distribuzione ed esercizio[21]. Lo stato investe, in modo sempre piú massiccio, in servizi e beni strumentali, mette a disposizione capitali al piú basso tasso d'interesse e, poco alla volta, decide di costituire una propria società di distribuzione e una propria catena di sale (l'Enic).

Il momento fondamentale di spinta al sistema è dato dalla legge del 5 febbraio 1934, nella quale si crea la corporazione dello spettacolo, destinata a esercitare una pressione costante sul governo e a trasmettere l'eredità e la consapevolezza del proprio potere anche nei decenni successivi. Nel settore cinematografico, il fascismo è spinto da una volontà d'essere guida illuminata di una serie di iniziative volte a fare del cinema uno dei fiori all'occhiello della propria politica economica e culturale piú aperta alle contaminazioni e influenze straniere.

Nel 1935, nasce il Centro Sperimentale, affidato a un intellettuale militante, Luigi Chiarini: grazie a lui e a Umberto Barbaro, noto antifascista, che lo affiancherà nelle iniziative culturali e didattiche, il Centro è destinato a divenire uno dei luoghi di formazione di piú alto livello culturale e professionale e una scuola, o un'oasi, di libertà capace di formare l'anima, lo spirito e l'etica del dover essere del futuro cinema italiano[22]. Il Centro è forse il luogo piú

---

[21] A un anno dal suo insediamento, Freddi redige un bilancio tutto in positivo, *Per il cinema italiano*, in «Intercine», n. speciale, agosto 1935, pp. 26-29.
[22] Per una storia del Centro, vedi in particolare la relazione di F. M. DE

esemplare delle contraddizioni ma anche della politica dei confini e delle zone franche che si possono individuare in seno alle istituzioni culturali fasciste. Zone franche che il fascismo pensa comunque di poter controllare e di cui non avverte comunque la pericolosità sociale.

Poco dopo è inaugurata Cinecittà: costruita su un'area di 16 000 mq, appare come il complesso produttivo piú moderno e attrezzato sul piano europeo, e sfida gli studi americani[23]. Se, nell'anno della sua nascita, si girano 20 film, nel 1940 ben metà della produzione italiana vi è realizzata nei cinque grandi studi.

Cinecittà sorge dalle ceneri della Cines, distrutta dal fuoco, per cause misteriose, nel 1935: Roncoroni, che ne ha curato la nascita e il decollo, muore alla fine del 1938. Un anno dopo, l'intero complesso viene ceduto dagli eredi allo stato e, nel gennaio 1940, Freddi ne è nominato direttore. Nel giro di pochi anni s'assiste a un notevole sviluppo della produzione italiana, che raggiunge, per qualità, modernità d'impianti e potenzialità produttive, uno dei primi posti al mondo riuscendo a sfornare prodotti avanzati dal punto di vista tecnologico e competitivi anche rispetto a quelli di Hollywood.

Punto di forza è aver identificato nella bottega rinascimentale, sviluppata e adeguata alle esigenze industriali, la fucina, il nuovo luogo e modello ideale della creatività italiana. Cinecittà è l'esempio piú significativo della reincarnazione di saperi artigianali, in via d'estinzione nella società italiana a causa dell'industrializzazione: concepita come un'arma difensiva e offensiva nei confronti della colonizzazione hollywoodiana, in realtà è una specie di isola in cui si possono ancora osservare gesti e comportamenti trasmessi nel tempo attraverso piú generazioni

---

SANCTIS, in *Vivere il cinema. Cinquant'anni del Centro Sperimentale di Cinematografia*, Presidenza del Consiglio dei Ministri - Dipartimento per l'Informazione e l'Editoria, Roma 1985, atti del convegno del cinquantesimo anniversario, pp. 18-27, e quella di E. G. LAURA, in *Vivere il cinema. Sessant'anni del Centro Sperimentale di Cinematografia*, Presidenza del Consiglio dei Ministri - Dipartimento per l'Informazione e l'Editoria, Roma 1995, pp. 26-37.

[23] L. CODELLI e F. LIFFRAN, *Cinecittà ou l'utopie fasciste*, in F. LIFFRAN (a cura di), *Rome, 1920-1945*, in «Autrement», 1991, pp. 195-210.

e spariti pressoché ovunque. Un mondo autosufficiente e perfetto, come dal Medioevo per secoli è stato l'Arsenale veneziano.

Un mondo abitato da un esercito di fabbri, falegnami, elettricisti, muratori, stuccatori, carpentieri, lattonieri, idraulici, disegnatori, sarti, pittori, truccatori, parrucchieri, ha dato forma e qualità inconfondibile ai sogni e all'immaginazione di centinaia di registi e scenografi. Cinecittà è elemento necessario a far prendere coscienza delle proprie capacità di creazione di mondi a un cinema che voleva solo raggiungere visibilità e competitività internazionale, ma non sufficiente a determinare la grandezza d'una cinematografia e a valorizzarne i caratteri.

Grazie alla legge Alfieri del 6 giugno 1938 e a quella successiva del 20 settembre dello stesso anno, la produzione straniera che domina il mercato è bloccata alle frontiere e, sul piano interno, si scatena quella che è stata definita una vera e propria «baldoria produttiva». Nel 1939 si realizzano 50 film, 83 nel 1940, nel 1942 si raggiunge quota 119. Gli incassi della produzione nazionale passano, nello stesso periodo, dal 13 al 50 per cento. Questo stato d'euforia durerà fino a tutto il 1943.

Il pubblico, negli anni di guerra, affolla le sale in misura superiore che in passato. Nel 1941 si inaugurano 258 nuove sale (cfr. tab. 4) e si assiste a un proliferare di sigle per lo piú incapaci di andare oltre la produzione di un solo film (sempre nel 1941, 59 case di produzione realizzano 89 titoli; cfr. tab. 3).

Il cinema, in questi anni, sembra dover servire soprattutto a dimenticare gli orrori del conflitto. Documentari e lungometraggi di propaganda evitano – di comune accordo – di servirsi di toni trionfalistici e puntano alla celebrazione dei valori umani. In questo periodo, nonostante la crescita, la produzione continua a mostrare la propria fragilità: un film, in media, per raggiungere un pareggio ha bisogno del sostegno statale. Il fascismo ha messo in moto un meccanismo che, come l'araba fenice, è destinato a risorgere nel dopoguerra dalle ceneri dei vecchi organismi corporativi.

3. *Il Luce, monumento cinematografico a Mussolini*.

Se il fascismo non vuole esercitare un controllo e una pressione sul cinema di finzione ciò si deve anche al fatto che, dall'indomani della nascita, ha preso sotto controllo tutta l'attività cinegiornalistica e educativa dell'Istituto Nazionale Luce. Questa istituzione riceve il sostegno politico ed economico per una rapida crescita e alcuni caratteri che ne formano l'identità. In cambio, ne celebra subito i fasti e ne registra le trasformazioni esterne, lo spirito di conquista, la costruzione dei riti e dei miti, lo sforzo e i processi di identificazione della nazione con la figura d'un dittatore desideroso da subito di acquisire visibilità e peso internazionali. Per mezzo dei cinegiornali, il fascismo e il suo capo riescono a costruire, quasi giorno per giorno, un equivalente del *monumentum ancyranum* augusteo. Un monumento per immagini del duce e delle sue imprese pacifiche e guerresche che segna, sul piano internazionale, il primo intervento in prima persona da parte d'un regime politico sul sistema dell'informazione cinematografica.

Il primo numero del cinegiornale è del giugno 1927: in quell'anno ne sono prodotti 44, mentre 900 sono i numeri di tutta la produzione muta, che si spinge fino al gennaio 1931. Dal 1931 al 1943 vengono realizzate due serie di cinegiornali: la prima si conclude nel gennaio-marzo 1940 e comprende 1693 numeri, la seconda ne conta 379. Ogni settimana vengono prodotti quattro cinegiornali di 250 m circa, con servizi riguardanti l'attualità italiana e straniera. La proiezione dei cinegiornali sarà, come si è detto, obbligatoria per ogni proiezione in tutte le sale italiane e, da un certo momento, anche nelle sale dell'impero. Dagli anni trenta saranno realizzati dei numeri speciali dei giornali Luce per l'estero in varie lingue. Ma il Luce realizza, accanto ai cinegiornali, un'imponente massa di documentari, corto, medio e lungometraggi e, in una seconda fase, entra anche nel campo della finzione[24]. Titoli che oggi costitui-

---

[24] Un'accurata filmografia in LAURA, *Le stagioni dell'aquila* cit., che costituisce anche la storia piú documentata e completa dell'Ente.

scono, assieme ai cinegiornali, una fonte insostituibile e straordinaria di documentazione antropologica dell'Italia. Se l'Italia povera e sottosviluppata è in pratica invisibile e resta il piú possibile al di fuori dell'obiettivo della macchina da presa, i cinegiornali e i documentari vogliono raccontare la spinta dell'Italia in cammino verso la modernizzazione, senza mai dimenticare le radici nella tradizione. Possiamo considerare quest'enorme massa di materiali come un testo unico, che si snoda in maniera ininterrotta, fondandosi su strutture ripetitive formalizzate dall'inizio, che si modificano con un andamento lento, quasi inavvertibile. E possiamo parlare di un sistema unitario di elaborazione e trasmissione di un modello comunicativo moderno che, in pari tempo, serve alla costruzione della mitologia mussoliniana e alla costruzione di un'iconologia e un'iconografia divistica a misura delle diverse tappe della politica interna e internazionale di Mussolini. E, da ultimo, alla rappresentazione positiva, euforica ed euforizzante dell'Italia in cammino, per usare il titolo di un famoso libro dello storico Gioacchino Volpe.

Negli anni che vanno dal 1931 al 1940 è possibile distinguere almeno quattro periodi che corrispondono a quattro diverse fasi della politica mussoliniana, e vanno dalle battaglie per il ruralismo alla borghesizzazione del fascismo, alla marcia verso la conquista dell'Impero e alla mobilitazione per la conquista del mondo: la modifica dei linguaggi, la diversa disposizione delle notizie, l'aumento delle rubriche, la creazione di nuove rubriche fisse (per tutte, la rubrica «Notizie dall'Impero», creata dopo il 1936) vanno studiate proprio in quanto trasmettono i mutamenti dell'ideologia del regime e ne registrano tutte le fasi.

La violenza e l'aggressività dello squadrismo viene, in qualche modo, sublimata da subito e convogliata nelle imprese sportive nei grandi exploit (come la traversata dell'Atlantico da parte di Italo Balbo, raccontata da Mario Craveri nel primo documentario sonoro del 1931, *Lo stormo atlantico*).

Nel 1938 nasce – con il sostegno di Luigi Freddi, che non aveva mai apprezzato lo spirito non del tutto allineato del Luce – l'Industria Documentari (Incom) con il compito di sottrarre al Luce il monopolio documentaristico e ricondurlo sotto un piú rigido controllo del ministero della Cultura Popolare.

Su un piano parallelo, rispetto al Centro Sperimentale di Cinematografia, il Luce contribuisce a formare operatori e registi che, in alcuni casi, passeranno alla regia dei film di finzione, mantenendo intatte alcune caratteristiche e distinguendosi rispetto ai registi formati dalla scuola proprio per la capacità di far parlare tutti gli elementi, cose, paesaggio, architettura, storia dei luoghi e delle persone.

Tra i documentari prodotti dal Luce, si possono ricordare almeno quelli di Pasinetti (*Sulle orme di Giacomo Leopardi*, 1941, *Città bianca*, 1942, *I piccioni di Venezia*, 1942, *La gondola*, 1942), di Giorgio Ferroni (*Vertigine bianca*, 1941, *All'aria aperta*, 1942, *Passo d'addio*, 1942), di Fernando Cerchio (*Ali fasciste*, 1941, *Ritorno al Vittoriale*, 1942, *La scuola del cinema*, 1942) e di Giacomo Pozzi Bellini, Roberto Rossellini (*Fantasia sottomarina*, 1940), Pietro Francisci, Romolo Marcellini, Roberto Omegna, ecc. Per i lungometraggi di finzione, se vogliamo limitarci solo a ricordare le produzioni piú impegnative, doppiamo includere almeno il film realizzato da Forzano per il decennale, *Camicia nera* (1933), *Il cammino degli eroi* (1936) di D'Errico, *Scipione l'Africano* (1937) di Gallone, opera che il Luce produce come socio maggioritario del consorzio con l'Enic, *Grano fra due battaglie* (1941) di Marcellini, fino a *I trecento della settima* (1942) di Baffico, film che racconta, con intensità, l'eroica resistenza d'un battaglione alpino in Albania, realizzato alla vigilia della caduta del fascismo. Giorgio Ferroni, Romolo Marcellini, Fernando Cerchio, Mario Baffico, Basilio Franchina, Corrado D'Errico sono solo alcuni dei nomi di operatori e registi che compiono il loro apprendistato grazie ai corto e mediometraggi realizzati per il Luce prima di approdare alla regia dei film di finzione.

Gli anni di guerra mostrano i limiti del Luce come strumento di propaganda e il suo procedere non in sintonia con il regime: anche se viene creato un reparto speciale e si cerca di rendere piú narrato il racconto bellico con un arricchimento dell'enfasi visiva, di montaggio e verbale, di fatto il Luce sembra girare a vuoto come macchina di propaganda, quasi avesse di colpo perso le sue capacità di comunicare al pubblico degli italiani.

4. *Parabola del mito mussoliniano.*

Mussolini, grazie all'esperienza giornalistica, gode d'una competenza personale e d'una capacità di utilizzare i mass media assai piú articolata rispetto ai dittatori e agli altri protagonisti dello spettacolo politico europeo. È il primo uomo politico a non limitarsi a un generico apprezzamento sul potere del cinema come arma di persuasione e manipolazione della realtà, ed è anche il primo a servirsene cercando di tenere sotto controllo il documentario e il cinema di finzione.

Per vent'anni sarà il Divo capace di dominare l'immaginazione degli italiani, il sovrano della scena politica e spettacolare nazionale, una sorta di mattatore onnipresente e onnipotente, una figura capace di rivestire tutti i ruoli, in un lunghissimo assolo che lo vede esibirsi nei luoghi piú diversi e indossare prima gli abiti borghesi, fino alla tuba e al frack, i costumi da bagno, la tuta da aviatore e la divisa da cavallerizzo, i caschi da motociclista o l'abbigliamento sportivo da tennista, e poi tutti i tipi di divise militari.

Negli anni venti e primi anni trenta il duce è, comunque, molto attento a mostrare di essere un uomo emerso del popolo, al cui servizio intende porsi in modo disinteressato e totale. Col tempo, i rapporti verranno capovolti. Da una parte, mette a frutto l'esperienza di maestro e uomo politico, che ha militato nelle file dei socialisti, ha praticato l'oratoria di piazza e conosce i modi di far breccia nelle masse popolari; dall'altra, s'appropria del gesto futurista; dall'altra, ancora, assimila i rituali ideati da D'Annunzio a Fiume, che gli sembrano adattabili in pieno alle sue esigenze.

Scomposto e incontrollato nella fase iniziale, ma comunque sempre narcisisticamente compiaciuto e ben intenzionato a incarnare prima di tutto l'ideale fascista di virilità, il gesto mussoliniano subisce nel tempo una serie d'aggiustamenti e viene sottoposto a un piú rigoroso controllo. Nel passaggio dal muto al sonoro il gesto, rispetto al parossismo motorio degli anni venti, subisce quasi un processo di *ralenti*. La parola, invece, è scandita e isolata in modo piú netto. Appaiono in forma piú massiccia e consapevole i primi piani e l'iconografia cinematografica imita quella elaborata dalle diverse arti figurative. Il fascismo italiano non ha, come il nazismo, un coordinatore generale della propaganda e, come si è detto, lo stesso Mussolini interpreta insieme il ruolo di regista, sceneggiatore e sovrano della scena cinematografica.

Lo studio delle dinamiche evolutive del gesto mussoliniano consente di capire come l'idea della sacralità del rito pubblico della comunione della folla con il corpo e la parola del capo avvenga progressivamente e faccia registrare una vera e propria accelerazione – che culmina nel 1936, nelle trionfali giornate del maggio radioso della conquista dell'Impero – dall'indomani del confronto tra le immagini dei cinegiornali con quelle (1935) de *Il trionfo della volontà* (Leni Riefenstahl), o dei cinegiornali nazisti che riprendono le adunate oceaniche del partito. L'abbandono d'un possibile modello di tipo sovietico e l'opzione per tecniche piú sofisticate dal punto di vista dello spettacolo, e soprattutto fondate su rigidi rituali, quali quelli nazisti, vuole anche dire abbandono dell'ideologia del ruralismo e di quella dello squadrismo a favore di un'Italia del tutto fascistizzata, pronta a mettersi compatta come un sol uomo al servizio della volontà di Mussolini.

Forse, soltanto in due momenti – quando viene annunciata, di notte, la fine vittoriosa della guerra d'Etiopia, con i riflettori che circondano d'un alone di luce l'immagine del duce, e quando Mussolini torna da Monaco nel 1938, e viene accolto da una folla plaudente lungo tutto il percorso e che la sera va a piazza Venezia, accendendo fiaccole votive per manifestare la propria riconoscenza e la propria fede – si può prendere atto d'una metabolizzazione completa dei rituali presi a prestito dal nazismo e d'una comunione altrove mai riuscita del tutto. L'attore, in questi momenti, è fisicamente assunto in cielo in una luce divina e rimane solo il suono della sua voce.

Con la dichiarazione di guerra inizia la parabola discendente: negli anni di guerra, l'immagine e il mito mussoliniano cominciano a subire le prime vistose crepe: il duce è appiedato e in molte delle sue apparizioni, al fronte o nelle cerimonie pubbliche, comincia a sembrare una comparsa, fino a quando durante tutto il periodo di Salò, dalla liberazione di Campo Imperatore, le sue apparizioni si diraderanno e mostreranno solo un uomo vecchio e malato, una sorta di fantasma irriconoscibile, privo di forza e di quel consenso di massa che aveva accompagnato per un ventennio la sua parabola.

5. *I padri del nuovo cinema italiano.*

Il primo film italiano sonoro è *La canzone dell'amore* di Gennaro Righelli, tratto da una novella di Pirandello e presentato a Roma il 6 ottobre 1930[25]. Le circostanze che consentono a Righelli, regista con un'esperienza quasi ventennale alle spalle, di battere Blasetti allo sprint sono casuali. Lo stesso successo del film è dato piú dal leitmotiv d'una canzone che dal prestigio del grande drammaturgo. Tutto, in questo film, risente della modestia degli investimenti produttivi, dalla recitazione ai dialoghi, dalla regia al sonoro, ma la qualità fotografica è alta soprattutto nelle riprese in esterni e la storia affronta un tema importante per quella parte del pubblico femminile che s'affaccia sulla scena sociale con nuovi ruoli e nuove ambizioni: stampa e pubblico lo accolgono con toni entusiastici e con quel senso di meraviglia che accompagna sempre la nascita d'un nuovo miracolo tecnologico e riconoscendo che il film tocca corde profonde del cuore.

Nonostante il successo Pittaluga preferisce, da subito, puntare le carte sul ben piú aggressivo e vulcanico Blasetti, affidandogli, fra il 1930 e il 1931, ben tre regie (*Nerone*, con Ettore Petrolini, *Resurrectio*, che in realtà avrebbe dovuto essere il primo film sonoro, e *Terra madre*) e in questo modo lo consacra autore di punta della Cines. Il cinema italiano, che riprende la sua strada, lo fa nel nome dell'autore, e Blasetti viene promosso sul campo a guida e conduttore dell'intero sistema[26].

---

[25] REDI, *Ti parlerò... d'amor* cit., pp. 11-15.
[26] Vedi A. APRÀ, *Introduzione* a A. BLASETTI, *Scritti sul cinema*, Marsilio, Venezia 1982.

Blasetti è un autodidatta, dotato d'una passione contagiosa che lo porta a superare di slancio ogni tipo di ostacolo. Ha diretto riviste e scritto articoli a favore della «rinascita»: a un certo momento si pone dietro la macchina da presa ed è come se non avesse mai fatto altro[27]. Al secondo film è già acclamato come un maestro. Per tutti gli anni trenta lavora con la stessa vena torrentizia, passando da un'opera drammatica a una commedia, dal film storico al tentativo di celebrare l'epica fascista... I risultati sono alterni ma, via via, si ammira la duttilità e il dominio di tutti gli aspetti produttivi e realizzativi, l'abilità narrativa, il senso del ritmo, la capacità di dirigere gli attori, professionisti o presi dalla strada, l'attenzione al potere significante della luce, la costruzione dell'immagine, in cui mostra d'aver assimilato, in modo creativo, la lezione del cinema sovietico (anche se forse non conosce in maniera diretta i film sovietici, se non per le mitizzazioni che ne fanno amici e collaboratori) e di tener ben presente la tradizione pittorica e figurativa italiana.

Il cinema a cavallo del sonoro è anche un porto franco in cui circolano idee, modelli culturali, forme, suggestioni provenienti dalle fonti piú diverse e distanti: l'Italia autarchica – proprio grazie al cinema – è tutt'altro che isolata dalla contemporanea cultura cinematografica internazionale ed è aperta ad avvertirne, anche indirettamente, le suggestioni[28].

Nei film di Blasetti, in particolare quelli petroliniani e poi anche nella produzione di genere dei film di Carlo Ludovico Bragaglia (*O la borsa o la vita*, 1933) o in *Camicia nera* (1933) o in *Acciaio* di Ruttmann, sempre dello stesso anno, o in seguito nell'*Ultima nemica* di Barbaro o nei primi film di Totò e Macario, scorrono e vengono assimilati e disciolti all'interno di tutto il sistema i frammenti e i lacerti dei corpi delle avanguardie – dal futurismo al surrealismo – ormai schiacciati e marginalizzati dalle spinte e invo-

---

[27] S. MASI (a cura di), *A. Blasetti*, Comitato Blasetti per il centenario della nascita, Roma 2001.
[28] Vedi R. BEN-GHIAT, *La cultura fascista*, Il Mulino, Bologna 2000, in particolare pp. 121-55, che analizza la complessità dei rapporti tra il cinema e la cultura fascista.

cazioni del ritorno all'ordine. È questa una ricerca ancora tutta da compiere sia sul piano delle interazioni e interferenze mediatiche, che sul piano del lessico e della presenza del nonsenso e della frantumazione delle catene logiche, che della sintassi visiva e della presenza di spinte formali centrifughe all'interno di un linguaggio cinematografico sempre piú tendente alla normalizzazione e all'immediata comprensibilità. La presenza della lezione delle avanguardie non viene mai meno lungo tutti gli anni trenta. Questo aspetto non è mai stato sottolineato come meriterebbe e oggi studiarlo consente di collegare non pochi fili della cultura cinematografica autarchica alla cultura del cinema internazionale. Blasetti possiede carisma e naturale vocazione al comando e sa con umiltà accogliere la lezione di persone che stima – da Petrolini a Barbaro a Zavattini – senza troppo preoccuparsi della loro ortodossia politica. Il suo fascismo è figlio dell'anima socialista e si nutre di utopie egualitaristiche e di rispetto per l'intelligenza e la professionalità.

Fin dai primi passi il suo percorso è tutt'altro che lineare e coerente. Il tema di *Resurrectio* è il sentimento di panico sociale causato da un temporale durante un concerto al Conservatorio di Santa Cecilia. L'uomo che si assume il compito di ristabilire l'ordine è il direttore d'orchestra. Grazie alla sua determinazione, ciascuno torna al suo posto. Il film si chiude con una visione di ciminiere di fabbrica dall'interno d'un piccolo bar, un'inquadratura che evoca i quadri di Sironi di quegli stessi anni. In questo film Blasetti si esibisce in piú pezzi di bravura, rendendo omaggio all'avanguardia, a Ruttmann e alla pittura italiana contemporanea.

Il dominio delle forme, della sintassi e del linguaggio cinematografico da parte del primo Blasetti non cessa di stupire ancora oggi ed è evidente che, se con l'avvento del sonoro si aprono piú strade al cinema italiano, è anche per merito della sua capacità di sperimentare, di esplorare le possibilità linguistiche ed espressive del mezzo. *La tavola dei poveri* (1932), tratto da un dramma di Raffaele Viviani, che è anche l'interprete principale del film, dà un'idea ormai precisa delle sue capacità e potenzialità. Blasetti fa sentire la sua presenza registica con movimenti di macchina impegnativi, un montaggio che sembra tener conto delle lezioni dei sovietici e al tempo stesso porta con immediatezza la macchina da presa a contatto con gli esterni, sa rendere il paesaggio partecipe della storia. Alla sceneggiatura collabora anche Cecchi e, grazie a lui, Blasetti trova lo spunto nelle *Noterelle da Quarto al Volturno* di Giuseppe Cesare Abba per la successiva realizzazione, *1860* (1933). Opera popolare e colta, sorretta da un forte spirito unitario, da un coraggioso uso dei dialetti, da riferimenti pittorici costanti, Blasetti decide di offrire dell'epopea garibaldina un punto di vista interno ai suoi personaggi di pastori siciliani e rimane coerente con questa scelta antiretorica e anticelebrativa per tutta la durata del film. Il racconto per immagini lo porta, soprattutto nella prima parte, alla scoperta della forza del paesaggio siciliano, della sua bellezza primitiva che sembra quasi riflettere la bellezza della sua gente. Se già questo era un motivo stilistico significativo delle opere precedenti, in questo film c'è una precisa volontà di veder fondersi nel paesaggio la storia individuale e corale dei personaggi.

Nei primi film di Blasetti la Sicilia, le paludi pontine, Napoli e Siena, la campagna toscana, Roma, Civitavecchia e Genova, diventano i luoghi di un'azione cinematografica che vuole abbracciare, nel modo piú ampio e inclusivo, il territorio nazionale e coglierne la nuova anima, spingersi oltre il visibile e registrarne la volontà di palingenesi d'un popolo e d'una nazione. Il vedere comunque non è mai del tutto immediato: è invece mediato da filtri letterari e pittorici, che in qualche modo sembrano determinare la forma delle inquadrature e i dialoghi. L'influenza di pittori ottocenteschi e in particolare dei macchiaioli toscani, da Fattori a Borrani a Abbati a Sernesi, sono abbastanza ben identificabili da un'accurata indagine iconografica comparata[29]. Perfino il Veneto, oggi al centro di tensioni e spinte separatiste, appare a Blasetti piú che come un luogo reale come un luogo ideale a cui affidare un messaggio unita-

---

[29] Vedi S. HILL, *The Art of History: Picturing the Risorgimento in Blasetti's 1860*, in R. WEST (a cura di), *Pagina pellicola pratica*, Longo, Ravenna 2000, pp. 69-83.

rio: «Ostia! Vegní avanti che xe ora de baldoria, picioti! Xe l'ora de l'unità d'Italia».

Nel 1935 dirige *Vecchia guardia*, una delle poche opere celebrative del fascismo nascente, che non piace ai vertici fascisti, forse perché lo spirito epicizzante è immerso in un'atmosfera livida e mortifera, forse perché il fascismo ha indossato nuovi abiti e nuove maschere[30].

I film successivi, da *Aldebaran* (1935) a *Ettore Fieramosca* (1938), da *Un'avventura di Salvator Rosa* (1940) a *La cena delle beffe* (1941), a *La corona di ferro* (1941) e *Quattro passi tra le nuvole* (1942), mostrano, accanto a un crescente piacere di raccontare, il suo adattarsi con straordinaria duttilità a modi e forme diverse e il suo progressivo distacco dall'ideologia di regime. Film dopo film, Blasetti si rivela un talento espressivo capace di esprimersi ai livelli piú diversi e di confrontarsi con tutti i modelli cinematografici coevi del cinema internazionale, un grande direttore d'attori che sa anche rilanciare il divismo, adattare la macchina da presa a tutte le esigenze drammaturgiche e stilistiche, e dimostra di sapersi muovere con assoluta sicurezza sia nel film di costume, o nella trascrizione cinematografica di un'opera teatrale, che nel film legato al presente. Il piú rappresentativo in questo senso è *La corona di ferro*, centone di miti e racconti popolari e fantastici, felice contaminazione d'epica mediterranea e saghe nordiche. Sostenuto da una delirante invenzione scenografica di Virgilio Marchi, che sembra immaginare Kandahar quasi in controparte rispetto alla Metropolis futurista del film omonimo di Fritz Lang, il film propone, all'indomani dell'entrata in guerra dell'Italia, una morale pacifista centrifuga e controcorrente[31].

L'incontro con Zavattini, in *Quattro passi tra le nuvole*, gli consente di inserirsi nel rinnovamento in atto perseguito dalla nuova generazione di registi e di far sentire un senso d'insufficienza, di bisogno d'evasione che implica la richiesta d'un rinnovamento profondo, morale e ideologico.

---

[30] L. FREDDI, *Il cinema*, 2 voll., L'Arnia, Roma 1949, vol. I, pp. 156-57.
[31] Vedi V. ZAGARRIO e C. SALIZZATO (a cura di), *La corona di ferro*, Di Giacomo, Roma 1985.

I punti di contatto tra Blasetti e Camerini sono pochi, ma, grazie al loro procedere parallelo, il cinema italiano trova una strada che lo porta alla scoperta della propria identità, del proprio lessico, dei temi dominanti e fecondanti...

Il film che dà fama e successo a Mario Camerini è *Gli uomini che mascalzoni...*, dove raggiunge un livello stilistico e narrativo, una leggerezza di tocco, una capacità di raccontare storie di personaggi e del rapporto con il loro ambiente che lo accompagneranno a lungo e gli faranno assumere il ruolo di padre della futura commedia italiana[32].

La novità nel racconto è anche data dal fatto che riesce, in modo naturale, a promuovere a un livello di narrazione alta vicende di persone comuni, colte da una macchina da presa che sembra inserirsi quasi per caso nel flusso dell'esistenza di personaggi anonimi e proletari. In un periodo di marce trionfali, parate, gagliardetti spiegati, Camerini sa ritagliare uno spazio d'osservazione e costruzione del ritratto dell'italiano popolare non antagonistico, ma del tutto in antitesi rispetto a quello voluto da Mussolini. Il film, del 1932, inaugura quella che verrà definita come la pentalogia piccolo-borghese del regista: *Darò un milione* (1935), *Ma non è una cosa seria* (1936), *Il signor Max* (1937), *Grandi magazzini* (1939). Negli ultimi due della serie, De Sica in coppia con Assia Noris raggiunge l'apice del successo divistico.

Rispetto al temperamento sanguigno di Blasetti, che usa la macchina da presa come arma, come mezzo di scoperta, scomposizione e ricomposizione della realtà e anche come mezzo educativo, edificante, sociale e politico, e fa sempre sentire la sua presenza autoriale, Camerini tende con leggerezza a cancellarsi. Usa la cinepresa in maniera costante e coerente, come un organo aggiunto ma del tutto naturale, una sorta di protesi visiva posta ad altezza dello sguardo d'una persona qualsiasi. Non ha messaggi precostituiti da comunicare al suo pubblico, né lo vuole convincere della superiorità di un'idea: l'occhio della macchina si adatta alle storie dei personaggi, le segue con rispetto a una distanza ravvicinata, mostrando il forte coinvolgimento affettivo, la simpatia e l'attenzione con cui il regista segue le

---

[32] A. FARASSINO (a cura di), *Mario Camerini*, Yellow Now, Locarno 1992.

piccole schermaglie amorose dei suoi personaggi e ne condivide i drammi e i problemi quotidiani.

Camerini ha ben metabolizzato le lezioni cinematografiche anteriori e le rende quasi invisibili, mentre Blasetti le esibisce e si confronta con esse. Pur non dovendo dichiarare ascendenze e paternità, in quanto entra nel cinema dal 1913, per leggerezza di tocco, capacità di costruire meccanismi narrativi perfetti nei loro equilibri interni e felicità nel raccontare le peripezie sentimentali e professionali di personaggi presi a caso nella folla proletaria e piccolo-borghese, Camerini a buon diritto può essere assimilato a Frank Capra e Ernst Lubitsch. Comunque si voglia considerare lo sviluppo del cinema italiano degli anni trenta, Camerini e Blasetti segnano due linee direttrici distinte, forti e parallele, che giungeranno a incontrarsi, forse anche grazie alla magica presenza zavattiniana, nei primi anni quaranta.

Negli anni trenta la filmografia cameriniana si è arricchita di altri titoli che dimostrano la sua notevole disponibilità anche verso il racconto drammatico (*Giallo*, 1933, *T'amerò sempre*, 1933, *Come le foglie*, 1934) e il film d'avventura coloniale, come *Il grande appello* (1935), unico film in cui il regista sembra respirare – sia pure rifacendosi ai modelli del cinema coloniale francese – l'euforia e il clima che precede la conquista dell'Impero.

I film degli anni quaranta confermano le sue indubbie doti e capacità di dominare tutte le forme del racconto (si va da *Una romantica avventura*, 1940, a *I promessi sposi*, 1941, al remake di *T'amerò sempre*, 1943), ma segnano anche il passaggio di consegne sul piano della commedia al suo erede naturale, Vittorio De Sica. Il corpus cameriniano è comunque il ponte obbligato di passaggio per tutta la commedia italiana del dopoguerra e un modello di rigore e semplicità ottenuta per eliminazione di elementi.

Anche Gênnaro Righelli – regista tuttofare, nella cui ricca filmografia si segnalano almeno *L'aria del continente* (1935) e *Pensaci, Giacomino!* (1936) – prende a protagonisti i personaggi della piccola e media-borghesia e condanna, con un moralismo bonario, le forme di sopravvivenza di società aristocratiche, per lo piú spiantate e al di fuori dei processi produttivi. Negli anni trenta la situazione politica in Italia è ormai normalizzata e la borghesia, che ha visto immettere nel suo corpo elementi presi dalle classi popolari, torna a essere la protagonista sociale d'una realtà che si modernizza e un modello positivo. La modesta morale, che le commedie di Camerini, Righelli, Mario Mattoli e poi Camillo Mastrocinque, Max Neufeld e in parte dello stesso De Sica accreditano, sceglie un itinerario divergente rispetto alle ambizioni del fascismo e alla rappresentazione dell'italiano di Mussolini. E si collega ai modelli di racconto del cinema americano, da una parte, e alle commedie dialettali italiane o a quelle ungheresi, dall'altra.

Gli anni trenta, ancor piú che gli anni della Repubblica e dei governi democratici, mostrano come Cinecittà e il mondo del cinema riescano a costituirsi come zona franca e città aperta e siano capaci di dare asilo, proteggere e valorizzare il lavoro di registi e intellettuali ebrei italiani o emigrati dalla Germania e dall'Austria dopo l'avvento del nazismo. Rudolf Arnheim, Max Ophüls, Max Neufeld, Hans Hinrich producono nel sangue dell'invenzione autarchica una sorta di fleboclisi di cultura e atmosfere mitteleuropee o risciacquano i panni delle Cenerentole nostrane nelle acque del Reno o del Danubio, favorendo se non il riso degli spettatori almeno un modo di sorridere e di inventare piccoli mondi paralleli anche in momenti drammatici, ricevendo in cambio protezione e svariate occasioni di lavoro e di valorizzazione delle loro capacità. Dall'avvento dell'era Freddi, in ogni caso, anno dopo anno vengono invitati registi e attori stranieri a lavorare in Italia: da registi noti per le loro opere d'avanguardia come Walter Ruttmann, a registi come Jean Renoir che, proprio alla vigilia della guerra, viene scritturato grazie all'interessamento di Visconti per girare a Roma una *Tosca*.

Tra chi giunge in Italia, si possono ricordare registi come Abel Gance, Gustav Machatý, Jean Epstein, Jean-Paul Paulin (che sostituisce, nel 1936, addirittura Dreyer in *Jungla nera*) Pierre Chenal, Luis Trenker, Marcel L'Herbier, Jean Choux, Edgar Neville, Ernst Marischka, Ladislao Vajda, Akos Rathonÿ, Wladimir Striževskij, Christian-Jaque e attrici come Edwige Feuillère, Martha Eggerth, Gaby Morlay, Anneliese Uhlig, Carola Höhn, Clara Tabody, scenografi come Boris Bilinskij o Liuv Christoff... Questo margine di tolleranza nei confronti del cinema è possibile grazie alla natura dell'ambiente che cerca di far coesistere le proprie contraddizioni valorizzando le professionalità e le capacità operative. È questo un titolo non piccolo di merito che va riconosciuto e va a onore al cinema italiano: un titolo che non incide sulla qualità del prodotto finale ma ne determina alcuni caratteri che gli consentiranno d'avere lo stesso atteggiamento tollerante quando la bilancia dei poteri si rovescia del tutto.

Vittorio De Sica esordisce nella regia nel 1940 con *Rose scarlatte*, prosegue subito con due commedie, *Un garibaldino al convento* e *Maddalena... zero in condotta*, e nel 1941 dirige *Teresa Venerdí*. In queste prime opere sembra che abbia assorbito molto bene la lezione cameriniana e sia riuscito a riprodurne – non da perfetto clone ma da allievo capace di differenziarsi a poco a poco – ambienti, situazioni, battute e tratti stilistici, riuscendo a sdoppiarsi e a essere con eguale efficacia soggetto dell'azione e soggetto dell'emissione del messaggio[33].

Con *I bambini ci guardano* non ci si preoccupa piú di dimostrare d'avere ben appreso un mestiere, si perde la magica atmosfera cameriniana e tutta l'esperienza del reale è vissuta attraverso gli occhi d'un bambino. La forte carica affettiva, la capacità di mettere per la prima volta la macchina da presa ad altezza di bambino, assumendone punto di vista e giudizio, segnano anche il primo vero momento di individuazione della personalità registica di De Sica e di genesi della sua poetica, che prende una nuova forma grazie al sodalizio con Zavattini.

Il minimo comune denominatore per gli autori di cui si è parlato comincia a diventare lo sceneggiatore, e uno in particolare, Cesare Zavattini, sarà destinato ad assumere il ruolo di padre e guida angelica del cinema italiano verso nuovi orizzonti[34]. Alle sue spalle lavorano, con ritmi taylo-

---

[33] L. MICCICHÉ (a cura di), *De Sica. Autore, regista, attore*, Marsilio, Venezia 1992.
[34] Della vasta letteratura su Zavattini, mi limito a segnalare A. BERNARDI-

ristici, Aldo De Benedetti e Alessandro de Stefani, che confezionano le trame e i dialoghi di almeno un quarto della produzione italiana del periodo, servendo sia i film storici e d'avventure, le commedie e i «telefoni bianchi», sia i film di propaganda e musicali. De Benedetti scrive le sceneggiature delle prime commedie di Camerini e De Sica nello stesso momento in cui lavora per Neufeld o Bragaglia, magari senza essere accreditato in quanto sono scattate dal 1938 le leggi razziali.

I vari autori, che cominciano a scrivere per il cinema dagli anni trenta, si dimostrano subito consapevoli della varietà dei dialetti e delle parlate regionali, della pressione su una lingua nazionale in via di formazione di parole che vengono dall'estero e consentono di respirare atmosfere o della modernità in generale o della cultura cosmopolita. A ben guardare, proprio nella produzione media, priva di intenzioni propagandistiche, si manifestano una quantità di fenomeni che pongono il problema della lingua cinematografica al centro delle tensioni e della ricerca d'una vera identità linguistica nazionale.

Cosí, in maniera del tutto naturale, gli sceneggiatori che lavorano fin dai primi anni trenta, da Ivo Perilli a Alessandro de Stefani, dal commediografo Aldo De Benedetti al letterato Giacomo Debenedetti, da Aldo Vergano a Eduardo De Filippo a Zavattini e Amidei, a Metz e Marchesi, riescono a raggiungere un livello di stabilizzazione comunicativa, a creare una lingua della comunicazione quotidiana che, nel giro di poco tempo, diventa un modello per la società in cui i rapporti interpersonali e lavorativi sono assai dinamici, una lingua che tenga conto anche del nuovo mezzo di comunicazione, il telefono, nonché della radio. Negli anni trenta si assiste a una vera e propria tensione verso una lingua del cinema capace anche di dar ragione delle caratteristiche locali, dell'aspirazione unitaria e del bisogno di non escludere i rapporti con il resto d'Italia e del mondo.

NI e J. A. GILI (a cura di), *Cesare Zavattini*, Centre Pompidou, Paris 1990, e il saggio che dà il titolo a O. CALDIRON, *Il paradosso dell'autore*, Bulzoni, Roma 1999.

Il merito degli sceneggiatori nel decennio che precede la guerra è duplice: da una parte hanno saputo mostrare la ricchezza delle possibilità linguistiche, trasgredendo di continuo le prescrizioni dell'autarchia; dall'altra quella di aver dato soprattutto forma popolare e possibilità di circolazione al linguaggio dei sentimenti. In pratica, i primi sceneggiatori sono anche gli architetti e i progettisti d'un sistema narrativo e linguistico strutturato dalle caratteristiche fragili e quanto di piú distanti dalle aspettative di regime, in cui ancora grava il peso di modelli anteriori e premono tuttavia dall'interno forze centrifughe che spingono in piú direzioni.

Al contatto, per cosí dire, piú continuativo con il presente e con la realtà, si arriva già negli anni trenta, grazie a una modificazione profonda delle scritture e all'emergere di una diversa consapevolezza dei poteri della parola e della rappresentazione del paesaggio, inteso come percezione unitaria dell'Italia. I primi film di Blasetti, se risentono delle influenze esterne teoriche e stilistiche del cinema sovietico, sono soprattutto allineati con le poetiche e le parole d'ordine dei pittori del gruppo del «Selvaggio» – Maccari e Soffici – e vogliono essere i cantori visivi di volti e luoghi autentici dove l'italiano popolare affonda le sue radici. Potenzialmente, la scena italiana si apre nella sua totalità; di fatto, gli spazi poco alla volta si restringeranno. All'interno della scoperta della geografia e storia del paese e del tentativo di determinarne una nuova identità a misura delle caratteristiche e della natura del nuovo regime, acquisterà un ruolo importante la Sicilia, che diverrà anche luogo ideale per gli autori del neorealismo – a partire dal gruppo di critici e aspiranti registi raccolti attorno a Visconti e facenti parte della redazione di «Cinema». Come per l'America di Pavese e Vittorini, la Sicilia di Verga, sognata e immaginata da Visconti, Giuseppe De Santis, Mario Alicata e Antonio Pietrangeli, si presenta come un ponte e un luogo che agisce da tessuto connettivo con la tradizione artistica e letteraria. Nel cinema, come in letteratura, viene accolta sul finire degli anni trenta la parola d'ordine del ritorno a Verga, e il verismo verrà assunto come parola magica per accostarsi ben attrezzati alla realtà. In Visconti e De Santis dell'*Amante di Gramigna* e della prima idea della trascrizione dei *Malavoglia*, dei primi anni quaranta, andare verso la Sicilia significherà andare verso una realtà in cui qualsiasi gesto, qualsiasi dramma possono sprigionare il massimo della loro energia primitiva e acquistare quasi il valore sacrale della tragedia greca. Il pendolo non oscilla verso la storia quanto verso una rappresentazione mitica della Sicilia che in parte confluirà nell'iconografia e nella ridefinizione territoriale dell'Italia del dopoguerra. La parola d'ordine, per un'intera generazione di intellettuali che muoverà verso il Sud – da Levi a Guttuso, da Visconti a Germi –, diventa un viaggio di ritorno alle madri e di riscoperta delle radici perdute d'un mondo primitivo al cui tempo circolare s'intende sottrarsi con la consapevolezza di poter costruire in modo nuovo il proprio destino.

L'avvento del sonoro contribuisce a rimettere in moto la macchina produttiva ed esercita un irresistibile richiamo su quelle truppe sparse del teatro dialettale che hanno da tempo conquistato le piazze e che emigreranno in massa verso il cinema andando a costituire una sottosezione importante dello star system. Facendo un accurato censimento delle provenienze regionali degli attori degli anni trenta, non si può non constatare come dalla Sicilia con Angelo Musco, alla Campania con i fratelli De Filippo e Totò, al Lazio con Magnani e Fabrizi, alla Liguria con Gilberto Govi, al Veneto con Cesco Baseggio, alla Lombardia con Armando Falconi e Dina Galli, al Piemonte con Erminio Macario, quasi ogni regione italiana porti sulla scena cinematografica i propri attori piú rappresentativi.

Il primo a effettuare il passaggio è Ettore Petrolini. In un numero di «Scenario» del luglio 1934, vi sono ben novantaquattro foto di primi piani di Petrolini in cui l'attore assume altrettante pose e trasmette impressioni e sentimenti differenti. È stato osservato che il suo volto è un'ideale maschera per la maschera: una maschera tragica, prima che comica, capace di repentini passaggi da una fissità e immobilità assoluta a un'animazione totale, a un'articolazione e disarticolazione d'ogni singola parte, come avverrà poi con la maschera e l'intero corpo di Totò. Grazie a questa maschera, Petrolini è in grado di penetrare nella cittadella fortificata dei classici e assumere le sembianze di Otello e Amleto, rovesciandone l'immagine e portando i loro drammi sul piano della piú grigia quotidianità e in pari tempo può adattarsi sia al palcoscenico teatrale che alle esigenze della macchina da presa. Se Blasetti, in *Nerone*, non fa altro che riprendere il suo spettacolo teatrale, Campogalliani, in *Il medico per forza* e *Cortile*, lo fa recitare e ci consente di ammirarne la duttilità e il dominio sia della voce che del corpo, oltre che l'assoluta imprevedibilità dei gesti e delle parole.

Petrolini, che paragona il suo lavoro a quello del rapinatore che ruba con destrezza le caratteristiche e i tic a personaggi presi dalla strada, incontrati nei bar, nelle sale cinematografiche, nei teatri di posa, sugli schermi, attinge buona parte dei materiali dei suoi spettacoli alla maniera aurea del divismo e del cinema liberty e dannunziano degli anni dieci. Sia che gli strali della sua satira siano puntati contro il «lidaborellismo» e la svenevolezza sentimentale di film come *Ma l'amor mio non muore!*, o contro Gastone il viveur, l'artista fotogenico al cento per cento (il cui modello è rappresentato da Mario Bonnard e dai suoi gesti effeminati), sia che tratteggi figure come quella di Giggi er bullo, quasi rifacendosi alle incisioni di Bartolomeo Pinelli, Petrolini riesce a fare dei suoi spettacoli un campo di forze, un crogiolo alchemico in cui si compongono e trasformano elementi di derivazione teatrale, cinematografica, nati dall'osservazione quotidiana della realtà. Petrolini diventerà un punto di riferimento assoluto per la tradizione dei comici dei decenni successivi, da Sordi a Verdone fino a Gigi Proietti.

Se in lui il molteplice si ricompone con i comici degli anni trenta che mostrano la perfetta permeabilità tra scena teatrale e scena cinematografica, si torna alla settorialità, alla specializzazione linguistica, alla varietà e alle differenze tipologiche, di gesto, di maschera, con Totò, Govi, Macario, Sergio Tofano, si compie una nuova massiccia operazione d'innesto e trasformazione di elementi teatrali nel cinema. E grazie a sceneggiatori come Metz e Marchesi, Zavattini, Tofano stesso, e a gagman presi dai giornali umoristici che prestano la loro opera di «negri», come Giovanni Guareschi, Federico Fellini, Steno, Carlo Manzoni, ma anche Achille Campanile, irrompono sulla scena cinematografica battute tratte dalle barzellette, ma anche giochi di parole surreali, nonsense, situazioni paradossali, che contribuiscono a ridisegnare le funzioni dialogiche e comunicative all'interno di un consistente spazio del sistema.

Totò è il secondo caso di comico-mattatore che scompagina i modelli recitativi degli anni trenta portandovi gesti e battute di suoi spettacoli di rivista, ma piú di tutto portando in scena un corpo che sembra la perfetta dimostrazione delle teorie della supermarionetta di Gordon Craig: un corpo del tutto snodabile le cui parti singole possono muoversi in perfetta autonomia e asincronia violando quasi le leggi fisiologiche. Fra tutti i comici, Totò è quello che all'anagrafe sembra presentare un albero genealogico che si spinge fino alla notte dei tempi e include la fame atavica di Pulcinella e di Sciosciammocca, le furbizie degli Zanni, l'aggressività delle maschere plautine e dei Capitan Fracassa della commedia dell'arte.

I registi che pescano nel vivaio teatrale non si pongono particolari problemi espressivi: il loro lavoro è subordinato alle esigenze dell'interprete e ne valorizza le capacità vocali e gestuali, senza sovrapporsi. Esemplare, in questo senso, il lavoro di Mattoli che porta sul set tutta la sua esperienza anteriore di regista teatrale, raggiungendo molto presto il suo standard ideale e riuscendo a mescolare i codici teatrali, cinematografici e dell'avanspettacolo e a raggiungere a ogni film i grandi pubblici, giocando sulle corde comiche o sentimentali. Bisognerà però aspettare i primi anni quaranta perché proprio Mattoli porti due attori già affermati della rivista, Fabrizi e Magnani, fuori dallo spazio convenzionale e li faccia respirare con *L'ultima carrozzella* un'aria nuova, illumini i loro volti con fonti di luce naturali e chieda loro di rinnovarsi, abbandonando tutti i ferri del mestiere teatrale. Mattoli partecipa al mutamento in atto nel sistema, opera a sua volta un mutamento nel proprio modo di lavorare ponendosi in modo naturale in sintonia con quei giovani che vogliono rinnovare il cinema italiano e che considerano il suo cinema il modello negativo da evitare. Su «Cinema», Fabrizi e film come *L'ultima carrozzella* sono stroncati da Gianni Puccini con violenza e con argomentazioni che troveremo nel dopoguerra nelle critiche rivolte al primo Fellini.

Determinante, in questo mutamento di stato, l'apporto di Fabrizi che interviene non solo come mattatore davanti alla macchina da presa ma lungo tutto il processo creativo del film fornendo lui stesso il soggetto ed elaborando la sceneggiatura con il regista (suoi sono anche *Avanti c'è posto...*, 1942, e *Campo de' Fiori*, Bonnard, 1943, che respirano la medesima atmosfera). Con Rossellini (in *Roma città aperta*) Fabrizi imparerà a servirsi, oltre che del suo corpo e della parola, anche dei silenzi e degli sguardi per comunicare messaggi che vogliono spingersi lontano.

Il caso di Fabrizi è la prima e piú macroscopica testimonianza d'un sistema che si frantuma e si ricompone consentendo ad altri personaggi di portare nuovi patrimoni di sapere e competenze e di metterli del tutto a disposizione dell'esigenza di costruire, senza ricorrere a repertori preesistenti dei ritratti dell'italiano fondati su codici del tutto nuovi.

Quando, in un famoso dépliant pubblicitario del 1926-27, la Metro Goldwyn Mayer lancia lo slogan «More Stars Than in Heaven», e afferma che le stelle MGM sono i diamanti nel cielo di Cinelandia, della cometa divistica del cinema italiano, che ha attraversato lo stesso cielo dieci anni prima disintegrandosi verso gli inizi degli anni venti, non sembra piú esserci alcuna traccia visibile.

Negli anni venti, il glorioso corpo divistico a contatto con la nuova atmosfera postbellica è esploso in una miriade di frammenti non piú ricomponibili e in breve tempo destinati a uscire dalla memoria collettiva. Il vuoto divistico sarà presto colmato dai divi americani che – come diranno sempre gli slogan trionfalistici della MGM – marciano su Roma già all'indomani della conquista del potere da parte di Mussolini, con il loro esercito guidato da Douglas Fairbanks, John Gilbert, Norma Shearer e Joan Crawford.

Se l'apparizione di Vittorio De Sica che canta «Parlami d'amore Mariú!» ne *Gli uomini che mascalzoni...* (1932) e di Elsa Merlini che cammina in *La segretaria privata* cantando a squarciagola «Oh, come sono felice, felice, felice...» ha il merito di cancellare per sempre il *demi-monde* dagli orizzonti immaginativi dei pubblici nostrani e di avvicinare questi nuovi attori italiani alle platee, mostrando la perfetta specularità tra spazi dello schermo e spazi della vita, non si può per questo parlare ancora di palingenesi e di metamorfosi del sistema divistico. Con i loro gesti comuni, il loro modo di sorridere, ballare, battere sui tasti d'una macchina da scrivere, i nuovi interpreti del cinema italiano alle soglie del sonoro fanno dello schermo uno specchio fedele e complice dei nuovi sogni dell'italiano che s'affaccia timidamente alle soglie d'un paese che sta industrializzandosi. Soprattutto De Sica eserciterà un ruolo determinante per la ripresa del sistema divistico nazionale degli anni trenta. Sulla sua scia possiamo scorgere Assia Noris, Isa Pola, Gino Cervi, Maurizio D'Ancora, Fosco Giachetti, Roldano Lupi... Con Isa Miranda e Amedeo Nazzari[35] qualche tempo dopo si tenta invece in modo piú ambizioso – ma con modesti risultati – di mettere in orbita divi capaci di brillare anche nel firmamento internazionale.

Due fattori concomitanti, verso la fine degli anni trenta, contribuiranno a respingere verso l'alto e a illuminare di nuovo il sistema divistico: la nascita di Cinecittà e la legge Alfieri del 1938, che protegge e incoraggia la produzione nazionale e spinge i produttori americani a ritirarsi dal mercato italiano. Per quanto ci si sforzi di creare un sistema divistico in grado di surrogare la sparizione improvvisa delle divinità americane, ci si accorge molto presto del vuoto lasciato dalla loro scomparsa e che i prodotti in similhollywood brillano come l'oro di princisbecco.

Nel 1936, il 65 per cento degli italiani dichiara di preferire il cinema americano contro il 16 per cento che si esprime a favore del cinema nazionale. Le cose cambiano di poco nel 1938: il 63 per cento è ancora favorevole a Hollywood. Anche lo spettatore piú accecato dall'ideologia autarchica e il critico piú ottuso non possono non rendersi conto che Irasema Dilian e Lilia Silvi non sono unità com-

---

[35] Un buon profilo storico-biografico, che lega Nazzari alla storia del periodo, è G. GUBITOSI, *Amedeo Nazzari*, Il Mulino, Bologna 1998.

parabili con Deanna Durbin e Shirley Temple, e Sandro Ruffini non è William Powell. Gary Cooper o Greta Garbo e una miriade di numi tutelari ed eroi familiari non possono essere cancellati per decreto dall'immaginario collettivo e assumere i connotati ostili del nemico, anche se è giocoforza adottare come angeli del focolare domestico Maria Mercader, Doris Duranti, Leda Gloria, Maria Denis...[36]. La gente, che si è adattata a indossare lana di coniglio e a bere karkadé, accetta di ricevere nuova luce dai divi nostrani e poco alla volta giunge ad affezionarsi e ad amare Alida Valli, Massimo Girotti, Gino Cervi, Rossano Brazzi, Andrea Checchi, Doris Duranti, Elisa Cegani, Luisa Ferida, Paola Barbara, Clara Calamai...

Del tutto anomalo, come si è visto, in quanto reclutate sui palcoscenici del teatro del varietà, le personalità di Anna Magnani e Aldo Fabrizi rivestiranno il ruolo di traghettatori dell'attore professionista verso una dimensione nuova e sconosciuta, verso la rappresentazione di figure in cui non sembri piú esserci distinzione tra arte e vita, rappresentazione e realtà, e nei cui volti siano iscritti i segni del dolore e le luci delle speranze e delle attese collettive.

6. *Tappe e temi della propaganda cinematografica*.

Agli inizi degli anni trenta si registra una svolta nella politica del regime: si abbandona l'ideologia ruralista e ogni riferimento allo squadrismo, si tenta di dare un'immagine dell'Italia pacificata e concorde, dominata da un'ideologia piccolo-borghese, e si potenzia la politica celebrativa e monumentale cercando di saldare passato e presente.

Blasetti, con il suo populismo e la sua utopica aspirazione a forme di eguaglianza, si trova in posizione decentrata e asincrona rispetto alle nuove tendenze del regime, sia con la sua interpretazione del Risorgimento in *1860* che con *Vecchia guardia*.

---

[36] Per un accostamento generale, vedi S. MASI e E. LANCIA (a cura di), *Stelle d'Italia: piccole e grandi dive del cinema italiano dal 1930 al 1945*, Gremese, Roma 1994.

Freddi, e con lui il vertice fascista, da quando viene varata una politica di forte sostegno alla produzione nazionale, non vogliono che si tenti di celebrare l'epica della rivoluzione in quella forma strapaesana: «Il Regime non aveva certo bisogno di quelle riesumazioni e di quei lenocini che invece potevano suscitare e provocare reazioni dannose»[37]. *Vecchia guardia* ottiene, come racconta lo stesso Freddi, e nonostante il suo non celato dissenso, un considerevole successo in Germania: «Il regista Blasetti e il piccolo protagonista vennero addirittura ricevuti da Hitler con un altisonante contorno di festeggiamenti e di comunicati»[38]. Prima di Blasetti, Giovacchino Forzano con *Camicia nera* (1933) aveva tentato di abbracciare con un ampio affresco, misto di finzione e documentario e ricco d'influenze futuriste, la storia nazionale dalla guerra mondiale all'indomani della conquista del potere.

Dal 1935 il fascismo sembra chiedere anche al cinema la realizzazione di racconti che aiutino a costruire un monumento al presente come somma della millenaria storia d'Italia. In questo senso vanno interpretati *Condottieri* (Luis Trenker, 1937) e *Scipione l'Africano* (Carmine Gallone, 1937), unico film sulla romanità in cui si concentra il massimo sforzo produttivo e spettacolare di tutto il periodo «imperiale» di Mussolini. In *Condottieri* la figura del capo è costruita facendo ricorso a mitologie di derivazione nordica, a un'iconografia di montagna estranea al fascismo, ma in ogni momento è possibile leggere la storia dell'eroico capitano di ventura Giovanni dalle Bande Nere come prefigurazione di quella di Mussolini e del fascismo nascente. Quanto a *Scipione l'Africano*, opera in cui il regime si impegna nel suo maggiore sforzo produttivo, i risultati sono assai inferiori alle attese. La mobilità delle masse, il linguaggio degli attori, la gestualità, l'uso della macchina da presa, tutto dimostra parentele piú vicine alla storia dell'opera lirica, alla Grande Opéra, che a quella del cinema. E tutto quell'eccessivo uso di comparse schierate come materiale plastico, di tuniche, di braccia alzate nel saluto ro-

[37] FREDDI, *Il cinema*, vol. I cit., p. 157.
[38] *Ibid.*

mano, di musiche a tutta orchestra, di recitazione enfatica e teatrale, può divenire a piú riprese causa di riso per il pubblico.

A partire dalla guerra d'Etiopia riprende da piú parti la richiesta di opere di propaganda diretta: lo stesso Freddi cerca di attuare una politica piú dirigistica in base alla parola d'ordine «l'interesse della cinematografia inquadrato nell'interesse della Nazione»[39] e si assiste a una nuova mobilitazione degli intellettuali militanti[40]. Romolo Marcellini, dopo aver girato in Africa *Sentinelle di bronzo* (1937), va in Spagna per realizzare, con il giornalista Gian Gaspare Napolitano, *Los novios de la muerte* (1937). Africa e Spagna liberano, agli occhi degli intellettuali fascisti, orizzonti da sempre negati agli operatori di guerra e consentono loro di rivendicare il ruolo di legittimi cantori delle imprese del fascismo.

Nei film a soggetto, realizzati a partire dal 1935 (da *Passaporto rosso* a *Il grande appello* di Camerini), l'ideologia ruralista è recuperata come miraggio di lavoro e redenzione per migliaia di contadini senza terra. In *Squadrone bianco* (Genina, 1936), il film piú colto e sofisticato dal punto di vista formale, vicino ai grandi film francesi sulla legione[41], la polemica antiborghese porta all'esaltazione della vita eroica e del sacrificio militare. Accanto alle opere di finzione trova posto il documentario che, nel caso del *Cammino degli eroi* (Corrado D'Errico, 1936), tenta di mostrare come la guerra d'Etiopia sia una grande opera di civiltà.

Dopo l'Etiopia, il cinema italiano corre all'appuntamento con la guerra di Spagna: qui bisogna ricordare oltre al film di Marcellini (che realizzerà in seguito anche *L'uomo della legione*, 1940) i documentari *Arriba España, España Una, Grande, Libre!* (Giorgio Ferroni, 1939) e *L'assedio dell'Alcazar* (Genina, 1940), che costituisce il culmine spet-

[39] FREDDI, *Il cinema* cit., vol. II, p. 127.
[40] Per un quadro analitico di questo aspetto, vedi G. P. BRUNETTA e J. A. GILI, *L'ora d'Africa del cinema italiano. 1911-1989*, Materiali di lavoro, Trento 1990.
[41] Vedi il capitolo *L'Afrique de l'autre*, in M. LAGNY, M.-C. ROPARS e P. SORLIN (a cura di), *Génériques des année 30*, Presses Universitaires de Vincennes, Paris 1986.

tacolare e produttivo di questa esperienza. Ferroni, di ritorno dalla Spagna, racconta nell'*Ebbrezza del cielo* (1939) una storia di passione per il volo a vela d'un gruppo di giovani dell'altopiano di Asiago, che li porterà, dopo una serie di tentativi, a realizzare un aliante in grado di librarsi in volo. Il loro trionfale ritorno dalla Spagna consente di rievocare le loro gesta con una serie di flash-back. Nel finale, viene tentato il primo esperimento italiano del colore nelle riprese aeree dell'altipiano.

In questi stessi anni, Alessandrini realizza film a soggetto come *Cavalleria* (1936) e *Luciano Serra pilota* (1938), che propongono un diverso modello d'eroe fascista o prefascista, assai piú legato alla tradizione dell'eroe romantico e capace di produrre fenomeni d'identificazione mai raggiunti in precedenza. In *Cavalleria* si vuole considerare – con qualche forzatura – il militarismo sabaudo come ideale antecedente di quello squadrista.

Con l'entrata in guerra si chiede, per la prima volta in modo esplicito, un potenziamento della produzione di propaganda, ma proprio in questa fase vengono a mancare – con qualche eccezione – quegli intellettuali e quelle strutture che il fascismo aveva pensato di chiamare a raccolta[42]. *Uomini sul fondo*, del comandante di Marina Francesco De Robertis (1941) – nonostante le sue dichiarate intenzioni propagandistiche – è stato considerato con rispetto anche dagli uomini del cinema neorealista per il suo stile asciutto, la capacità di far parlare le cose, l'immediatezza e la verisimiglianza[43]. Accanto a questo film e alle successive opere del regista, si possono ricordare anche titoli come *Bengasi* (Genina, 1942), *Gente dell'aria* (Esodo Pratelli, 1942), *I tre aquilotti* (Mattoli, 1942), scritto da Vittorio Mussolini, *I trecento della settima* (Baffico, 1943) e *Quelli della montagna* (Vergano, 1943), spesso sorprendenti per la qualità delle riprese quasi documentarie e la capacità di raccontare storie eroiche in un'atmosfera che lascia poco spazio allo spirito trionfalistico e bellicista.

---

[42] Vedi M. ARGENTIERI (a cura di), *Schermi di guerra*, Bulzoni, Roma 1995, e ID., *Cinema in guerra*, Editori Riuniti, Roma 1998.

[43] Unica raccolta di saggi sul regista è F. PRENCIPE (a cura di), *In fondo al mare... Il cinema di Francesco De Robertis*, Edizioni del Sud, Bari 1996.

Ultimo, ma non minore, il contributo alla propaganda di guerra di Roberto Rossellini con tre film, *La nave bianca* (1941), *Un pilota ritorna* (1942) e *L'uomo della croce* (1943), dedicati alla celebrazione della marina militare, dell'aviazione e della fanteria[44].

Rossellini, che già aveva collaborato alla sceneggiatura di *Luciano Serra pilota*, mette subito in luce le sue capacità di raccontare cercando di aggirare con tutti i mezzi il ricorso a figure retoriche forti. Il suo cattolicesimo lo fa porre al di là di un'ottica coinvolta nella contingente ideologia bellicista, cosí come le sue scelte antispettacolari sono forse scelte di etica registica a cui resterà per sempre legato. Lo stile dimesso, l'immediatezza nella scelta dell'inquadratura, il senso del dramma che si costruisce accostando i personaggi con uno stile quasi documentario, non risultano affatto centrifughi rispetto alle direttive del regime, ma neppure ne esaltano la *vis* guerresca. Respirano piuttosto l'atmosfera d'una guerra subita in cui l'eroismo è una forma di testimonianza individuale, una guerra a cui si partecipa per senso del dovere ma di cui sfuggono le motivazioni ideali. In questa fase, comunque, Rossellini è uno dei registi piú disponibili a girare, sia pure a suo modo, opere di propaganda, su soggetti prima di Tito Silvio Mursino, pseudonimo di Vittorio Mussolini (*Un pilota ritorna*), e poi di Asvero Gravelli. Gravelli non è un fascista qualunque: gerarca, direttore della rivista «Antieuropa» scrive il soggetto di *L'uomo della croce* per celebrare padre Reginaldo Giuliani, medaglia d'oro ed eroe della propaganda fascista. Rossellini lo termina nel 1942 ma solo un anno dopo, alla vigilia della caduta del fascismo, il film entrerà in circolazione: nei mesi che seguono – anche perché oggetto d'un vero e proprio ostracismo, non tanto per le sue posizioni

---

[44] La letteratura su Rossellini è enorme e per lo piú sfuggente e ambigua sulla sua prima fase registica. Non sfugge a questo la pur documentata monografia di T. GALLAGHER, *The Adventures of Roberto Rossellini. His Life and Films*, Da Capo Press, New York 1998. Il lavoro piú recente che cerca di esaminare il tipo di partecipazione e progaganda rosselliniana è E. SEKNADJE-ASKENAZI, *Il realismo di Rossellini. La prima trilogia*, in «Il nuovo spettatore», n.s., 1997, n. 1, pp. 11-116. Vedi anche ID., *Roberto Rossellini et la Seconde Guerre mondiale*, L'Harmattan, Paris 2000, come sviluppo di questo saggio.

quanto per la poca affidabilità nel rispettare i piani produttivi – Rossellini avrà modo di riflettere e fare delle scelte alla luce d'una coscienza diretta della guerra e imboccare una strada comune a milioni d'italiani. Sarà difficile, comunque, rimuovere subito il ricordo di questi tre film e acclamare Rossellini come padre del nuovo cinema subito dopo la realizzazione di *Roma città aperta*.

Tra i film ancora di propaganda, va ricordato il nostalgico e anacronistico *Redenzione* (Albani, 1942; soggetto di Roberto Farinacci), che esalta le gesta dello squadrismo a Cremona nei primi anni venti.

Sul versante del melodramma, un esaltante successo di pubblico è raggiunto dal dittico diretto nel 1942 da Alessandrini, *Noi vivi* e *Addio Kira!*, tratto da un romanzo di Ayn Rand, tradotto in Italia da Baldini e Castoldi nel 1938, in cui, sullo sfondo di un'Unione Sovietica di cartapesta, di cui si denunciano gli orrori, le torture, le degenerazioni del potere e le purghe staliniane, si proiettano non pochi segni inquietanti di paure e percezioni di catastrofi imminenti per la realtà nazionale. I due film raggiungono il vertice degli incassi grazie all'interpretazione di Alida Valli e Rossano Brazzi. Ancora Alessandrini gira *Lettere al sottotenente* (1943; sceneggiatura di Alba De Cèspedes), un melodramma che, come molti altri titoli coevi, racconta soprattutto la percezione della fine imminente.

In effetti, il momento della resa dei conti per il fascismo e Mussolini s'avvicina e con esso quello delle scelte decisive per tutti. Sono già in molti ad aver aperto gli occhi, anche se la maggior parte degli uomini di cinema prenderà posizione solo all'indomani della caduta del fascismo: la notte da passare è lunga ma gli avvenimenti premono in modo sempre piú forte sulle coscienze, anche su quelle di chi vive in mondi fittizi come gli uomini del cinema.

7. *Uno schermo carico di sogni*.

Mentre un gruppo di giovani intellettuali antifascisti, riunito nella rivista «Cinema», tenta di fissare i punti di riferimento per una nuova poetica cinematografica, l'esercito di stanza a Cinecittà sceglie la fuga dal presente e il rifugio in mondi dove si possano trasferire le speranze, le attese e i desideri di un paese che non è spinto verso il futuro da alcuna intenzione bellicista. Il tema della fuga diventa sugli schermi motivo sinfonico che unisce la produzione media e interpreta il bisogno collettivo di sottrarsi alle nuove parole d'ordine del fascismo e di rifiutare una guerra priva di profonde motivazioni ideali. Un'Italia piccolo-borghese, povera, costretta a indossare tessuti sintetici come il Lanital, il Lunesil, il Filital, il Cocafil, la Cisnivea o la Cisalfa, ma che non rinuncia ai sogni e al desiderare di coprirsi di banconote e di debiti, marcia, dal 1938 in poi, dietro i gagliardetti che esibiscono i volti di Alida Valli, Amedeo Nazzari, Lilia Silvi, Rossano Brazzi, Fosco Giachetti, Assia Noris, Luisa Ferida, Massimo Girotti, Maria Denis... Un'Italia insoddisfatta e tradita nelle attese che, nel momento in cui iniziano le restrizioni e il futuro appare sempre piú oscuro, non rinuncia a sognare di vivere altrove (magari in Ungheria), a ritagliarsi piccoli spazi in cui desiderare pellicce e abiti sartoriali, calze di seta, ambienti di lusso, grand hotel dove trionfi il superfluo[45].

Proprio se si ristudiano nell'insieme questi titoli, raggruppandoli in insiemi omogenei, ci si può interrogare sullo scarto tra i sogni prospettati dallo schermo e accarezzati da milioni d'occhi femminili e la realtà materiale della vita nazionale, ma non si può eludere il fatto che questi sogni poi sostituiscano, surrogandoli, quelli offerti da Hollywood. Proprio in questi insiemi si realizzano quelle condizioni di fusione tra desideri dello spettatore e corpi sullo schermo che Roland Barthes ha esaminato in *Frammenti di un discorso amoroso*:

> Io desidero essere un altro, desidero che lui sia me, come se noi fossimo uniti, chiusi nello stesso sacco di pelle, dal momento che il vestito non è altro che il semplice rivestimento di quella materia coalescente di cui è fatto il mio immaginario amoroso.

Vediamo soltanto le brochures dell'Enic o dell'ICI, o i fascicoli dei «Grandi Cine-Romanzi illustrati» o quelli di

---

[45] HAY, *Popular Film Culture in Fascist Italy* cit., pp. 37-63.

«Cinevita», e solo a scorrere alcune trame colpisce il senso di ricchezza, spreco, opulenza che si può notare ovunque: «Jole Voleri, l'attrice piú elegante del nostro schermo nel film piú elegante della stagione» dice una frase pubblicitaria di *La danza dei milioni* (1940). E di seguito vediamo come sono presentate le protagoniste in *Un marito per il mese d'aprile* («Mara, una giovane e bella milionaria conosce sul piroscafo un bollente sud-americano»), in *Pierpin* («Le sete e i velluti gareggiavano per allettare le signore con le loro tinte policrome, con la loro lucentezza e morbidezza») o in *L'ultimo ballo* («La signora Marcus, conosciuta confidenzialmente con l'appellativo di "la bella Titta", giunta secondo i registri anagrafici sulla quarantina, non vive che di cose futili: balli, ricevimenti, gare di tennis, sempre circondata da una schiera di corteggiatori»).

Quest'Italia, alle soglie della guerra, accoglie con entusiasmo la parola dei nuovi profeti del rito cinematografico che, capovolgendo Nostradamus, prospettano mondi possibili di mille e ben piú di mille lire al mese (*Due milioni per un sorriso*, Carlo Borghesio e Mario Soldati, 1939; *Vento di milioni*, Dino Falconi, 1940; *Centomila dollari*, Camerini, 1940; *Miliardi, che follia!*, Guido Brignone, 1942). Nel giro di pochi anni Cinecittà riesce a creare, grazie alle invenzioni scenografiche di Guido Fiorini, Gino Sensani, Antonio Valente, Virgilio Marchi, Vinicio Paladini, ambienti scenografici piú reali del reale. Milioni di spettatori e spettatrici accarezzano con gli occhi i corpi, le pellicce, gli ambienti in cui vivono le protagoniste dei film di Mattoli, Neufeld, Bonnard, D'Errico, Camerini, Mastrocinque, Gallone... Non si può nascondere il fatto che certi sogni alimentano a lungo l'immaginazione collettiva creando un effetto placebo momentaneo assai utile per molti nei momenti piú duri.

Oggi, questo tipo di produzione appare come fonte privilegiata e può servire a misurare il livello dei desideri dell'italiano medio e piccolo-borghese dagli inizi del sonoro alla guerra. Vestiti, canzoni, oggetti, arredi, comportamenti, piccole esercitazioni di scalata sociale, parlano d'una realtà dell'immaginazione collettiva molto attiva e in piena espansione centrifuga rispetto ai mondi e agli orizzonti prospettati dal fascismo. Una realtà fragile ma in qualche modo assai importante per creare mondi illusori in cui rifugiarsi e trovare momentaneo sollievo.

Se, perfino nei film di propaganda, è difficile scovare individui o gruppi in camicia nera e se è arduo cogliere nella comunicazione linguistica anche la semplice interferenza d'un lessico o l'adozione di semplici metafore di guerra, nella commedia degli anni di guerra le situazioni, lo scambio comunicativo, il *bon ton* non consentono a nessun titolo in scena la presenza d'un italiano in camicia nera. Per una specie di legge del contrappasso – rispetto all'applicazione delle leggi razziali – questi film, dal 1938 al 1943, creano un cordone sanitario, una barriera doganale che impedisce qualsiasi infiltrazione o contaminazione degli ambienti da parte dei germi fascisti.

Il cinema dei cosiddetti «telefoni bianchi», che preferisco chiamare «cinema déco», è già stato esaminato in questi ultimi anni (Alberto Farassino, Valentina Ruffin, Pier Marco De Santi)[46]: mi limiterò ad aggiungere quanto ho cercato di mostrare in miei lavori precedenti, che questo cinema sembra rispondere, negli anni a cavallo della guerra, alle vere grandi attese di massa degli italiani, che puntano non tanto alla conquista del mondo ma a un lavoro stabile, una paga sicura, una casa ben arredata e moderna... Il filone raggiunge l'apoteosi negli anni di guerra: fra i titoli di maggior successo, *Mille lire al mese* (Neufeld, 1939), *Ore 9 lezione di chimica* (Mattoli, 1941), *Apparizione* (Jean de Limur, 1943).

In questi film vengono ignorate le prescrizioni linguistiche e si ricorre con assoluta disinvoltura a centinaia di parole straniere spesso mescolate ad altre dialettali[47]. Quando hai vissuto per alcune ore in ambienti che potrebbero esser progettati da Gio Ponti, o hai avuto modo di vedere

[46] P. M. DE SANTI, ...*e l'Italia sogna. Architettura e design nel cinema déco del fascismo*, in *Storia del cinema mondiale*, vol. I cit., pp. 429-83; A. FARASSINO, *Cosmopolitismo ed esotismo nel cinema europeo fra le due guerre*, ibid., pp. 485-508; V. RUFFIN, *L'Europa nel cinema italiano degli anni trenta*, ibid., pp. 619-59.

[47] Vedi la ricerca di V. RUFFIN e P. D'AGOSTINO, *Dialoghi di regime*, Bulzoni, Roma 1997.

la tua eroina salire su una cabriolet Viotti gran turismo, o sedere su sedie tubolari in simil-Van der Rohe, o aggirarsi in salotti arredati con vetri creati a Murano da Archimede Seguso, Ercole Barovier o Napoleone Martinuzzi o Carlo Scarpa per Venini, quando soprattutto – in barba a chi bandisce le parole straniere – hai desiderato indossare un *tailleur*, offrire un *drink* a una *miss* molto *chic*, entrare in un *taxi* guidato da uno *chauffeur*, sorseggiare un *vermouth*, pagare con uno *chèque*, giocare a *golf*, fare esplodere il tuo *sex appeal* ballando il *foxtrot*, è difficile rientrare negli ambienti reali, fare i conti con le restrizioni alimentari, la paura, i traumi, le catastrofi militari su tutti i fronti, i lutti che colpiscono tutto il paese.

Lo schermo ci offre un quadro assai dettagliato di pulsioni e mutamenti nei comportamenti, speranze, sogni e bisogni, attese e forme di vita dell'italiano medio, pacifista.

Una certa ideologia dello spreco – in cui non viene fatto quasi nessun accenno all'Italia reale di quel tempo – tocca molti titoli: in *Lo vedi come sei... lo vedi come sei?!* (Mattoli, 1939) si mostra come due cugini tentino di dilapidare un'eredità milionaria mettendo all'asta un milione di banconote per due lire. In *Centomila dollari* l'orgogliosa e autarchica ungherese Lily rifiuta l'assegno di centomila dollari che le offre un ricco americano in cambio d'una cena a lume di candela (e in questo caso è evidente l'allusione alle scelte governative dei primi del 1940 di richiedere al paese sacrifici in vista del prossimo conflitto). Questa produzione avverte la bufera che incombe, ma cerca in tutti i modi di tenerla al di fuori del proprio spazio e piuttosto continua a confrontarsi con le forme contemporanee dello spettacolo americano ed europeo.

Anche se ambientate in un altrove convenzionale (per lo piú Budapest), queste commedie fanno sí che lo spettatore si ritrovi sempre in un ambiente familiare e contiguo, in una sorta di spazio amico e ospitale capace di lasciare i drammi al di fuori della porta. Cosí, per esempio, è facile per molti spettatori riconoscere, nell'enciclopedia universale che la protagonista di *L'amante segreta* (Alida Valli) tenta di vendere, i volumi rilegati dell'*Enciclopedia Treccani* diretta da Giovanni Gentile. Per quasi cinque anni l'Ungheria resta una sorta di luogo magico, un rifugio ideale per i sogni degli italiani, perché la sua realtà è cosí familiare da far pensare di poterla incontrare anche soltanto girando l'angolo di casa propria.

8. *La bella forma*.

Agli inizi degli anni quaranta emerge con forza – nonostante gli attacchi di cui è fatto oggetto dalla critica che si muove sotto le bandiere del realismo – un gruppo di opere che vengono subito definite e bollate come «calligrafiche». Un giudizio riduttivo e negativo che ha pesato a lungo e in modo ingiusto su opere e autori, quasi un marchio d'infamia[48]. Un giudizio che sembra anche diretto verso i frutti del lavoro e delle competenze raggiunte al Centro Sperimentale e a Cinecittà.

Le opere di un gruppo di registi all'esordio – Mario Soldati, Luigi Chiarini, Renato Castellani, Alberto Lattuada, Ferdinando Maria Poggioli, Luigi Zampa – esibiscono la loro cultura letteraria, figurativa e cinematografica; non hanno, almeno in apparenza, intenzioni ideologiche forti, né fini pedagogizzanti. Sono però sostenute da una forte tensione etica, dalla volontà di affermare a ogni costo l'autonomia espressiva del cinema, il primato delle funzioni estetiche e, al tempo stesso, il legame del cinema con tutte le arti[49]. Se i riferimenti letterari comuni sono quelli dell'area della letteratura ottocentesca, che va da Fogazzaro a De Marchi, dalla narrativa russa alla francese, ciò che interessa questi autori è il raggiungimento d'uno stile in cui sia possibile vedere la perfetta fusione e contaminazione dei diversi linguaggi artistici ed espressivi e in cui l'intenzione artistica assoggetti tutte le altre funzioni possibili.

Cinema che non ha paura di esibire le fonti cinematografiche e sostenere l'importanza del rapporto ombelicale con la letteratura e la tradizione figurativa; cinema di intellet-

---

[48] A. MARTINI (a cura di), *La bella forma*, Marsilio, Venezia 1992.

[49] R. CAMPARI, *Il fantasma del bello. Iconologia del cinema italiano*, Marsilio, Venezia 1994, in particolare cap. II.

tuali (di cui peraltro non si riconoscono atti significativi di adesione o sottomissione o consenso al regime e che pensano a una cinematografia in grado di confrontarsi da pari a pari con quelle degli altri paesi): questo insieme valorizza il lavoro di bottega, i legami con la tradizione artigianale che Cinecittà ha ereditato. A questi film collaborano, in maniera spesso decisiva, letterati come Corrado Alvaro, Emilio Cecchi, Francesco Pasinetti, Vitaliano Brancati, Mario Bonfantini, Umberto Barbaro, Ennio Flaiano, Ettore M. Margadonna, Leo Longanesi. Ultimo e non minore, Giacomo Debenedetti, non accreditato per motivi razziali...

Opere che dal punto di vista morale oscillano tra gli odori d'incenso e l'acqua santa, i richiami dell'inferno e della carne, dal punto di vista figurativo attingono a piene mani dal cinema francese di Renoir, Carné, Feyder, Duvivier, da quello tedesco e americano e, grazie alla presenza di operatori come Massimo Terzano, Ubaldo Arata o Carlo Montuori, di scenografi e costumisti del calibro di Virgilio Marchi, Gino Sensani, Antonio Valente, mescolano la lezione dei macchiaioli toscani[50], dei preraffaelliti e dei simbolisti con quella del miglior cinema europeo.

Il primo a porsi con forza al centro della luce dei riflettori è Mario Soldati (*Dora Nelson*, 1939; *Piccolo mondo antico*, 1941; *Malombra* e *Tragica notte*, 1942; *Quartieri alti*, 1943): oltre ai meriti linguistici e figurativi, il suo cinema ha quello di porre al centro della scena cinematografica personaggi femminili dotati d'uno spessore psicologico e drammatico sconosciuto alla produzione anteriore[51]. Lo stesso si può dire dei film di Chiarini (*La bella addormentata* e *Via delle cinque lune*, 1942; *La locandiera*, 1943), il teorico dell'«assoluta forma», in cui se si ammira la buona capacità di ricostruzione d'ambiente, l'ottimo uso degli elementi scenografici e dei costumi e fotografia, la forte carica di sensualità che avvolge ambiente e cose, sembra anche di notare quasi uno stile che è subito divenuto accademico e non qualifica le doti dell'autore.

---

[50] R. MONTI, *Les Macchiaioli et le cinéma*, Editions Vilo, Paris 1979.
[51] G. BARBERI SQUAROTTI, P. BERTETTO e M. GUGLIELMINETTI (a cura di), *Mario Soldati. La scrittura e lo sguardo*, Lindau, Torino 1991.

DAL SONORO A SALÒ

Anche i film di Lattuada (*Giacomo l'idealista*, 1942, *La freccia nel fianco*, 1943), Poggioli (*Addio giovinezza!*, 1940, *Il cappello da prete*, 1943) e Castellani (*Un colpo di pistola* e *Zazà*, 1942) rivelano personalità dotate di un mondo già ben delineato, che si servono di scenografie e realtà ricostruite in studio per esplorare conflitti interiori, mostrare sintomi e segni del crollo d'un mondo e il senso di attesa di eventi purificatori.

L'orizzonte umanistico, la mancanza di qualsiasi vocazione populistica isolano questo gruppo di autori dal resto del cinema italiano e l'etichetta di «calligrafici» agisce nei loro confronti come una sorta di cordone sanitario. Anche grazie a loro – e nonostante questo ostracismo critico che si perpetuerà anche nel dopoguerra – il regista afferma il suo ruolo di autore e orchestratore d'un insieme altamente professionale in cui tutte le competenze e i saperi vengono esaltati.

9. *Accostamenti progressivi alla realtà*.

Nel 1933 Leo Longanesi scrive su «L'Italiano» un articolo che potrebbe essere sottoscritto per intero dai padri fondatori del neorealismo:

> Bisogna gettarsi nella strada, portare la macchina da presa nelle vie, nei cortili, nelle caserme, nelle stazioni. Basterebbe uscire in strada, fermarsi in un punto qualsiasi e osservare quel che accade durante mezz'ora per fare un film italiano logico e naturale[52].

Nel corso degli anni trenta sarà soprattutto il paesaggio, lo sfondo naturale a indicare le scelte ideologiche e stilistiche del regista e a segnalarne l'area di appartenenza. Oggi si può riconoscere che alla scoperta – non solo turistica – delle mille e una Italia ci si era mossi, sia pure fra stereotipi e condizionamenti di ogni tipo, fin dai primi anni trenta.

Non bisogna comunque pensare che lo scenario vincente sia quello dell'Italia strapaesana, contadina rurale e proletaria. L'Italia piú rappresentata nel cinema degli anni

[52] L. LONGANESI, *L'occhio di vetro*, in «L'Italiano», VIII (gennaio-febbraio 1933), n. 17-18, p. 35.

trenta è quella che si ispira ai modelli cameriniani, è popolata da impiegati, piccolo-borghesi, dattilografe, segretarie, e mostra i modelli di benessere e pacificazione sociale voluti dal regime nel periodo.

La strada verso il realismo imboccata da Camerini si divarica rispetto a quella di Blasetti. Anzi, si può dire che agli inizi degli anni trenta chi vuol percorrere i sentieri del realismo ha di fronte a sé un trivio: da una parte si dirigono i giovani guidati da Barbaro, che hanno studiato al Centro Sperimentale o collaborano come critici o redattori alla rivista «Cinema»[53], che forti delle indicazioni di Pudovkin attendono l'avvento dell'individuo messianico; dall'altra va Blasetti che si sente investito del compito di celebrare l'anima popolare del fascismo, e lungo la terza via si muove Camerini, che esplora gli spazi urbani, le periferie ma anche studia la geografia dei piccoli desideri collettivi.

A poco a poco gli orizzonti del visibile sembrano dilatarsi. Con alcuni anni d'anticipo rispetto a *I bambini ci guardano* (1943), Francesco Pasinetti ne *Il canale degli angeli* (1934) racconta una storia ambientata nei sestieri popolari di Venezia, un adulterio visto dagli occhi d'un bambino, testimone silenzioso e comprensivo del dramma familiare. Nel 1933 il regista tedesco Walter Ruttmann tenta di fondere in *Acciaio* (su soggetto di Pirandello) l'esperienza visiva dell'avanguardia tedesca con l'esigenza del regime di celebrare in termini epici l'avvio dei processi di industrializzazione del paese[54]. Sulla stessa linea si colloca *La fossa degli angeli* (1937), girato sulle Alpi Apuane e definito da Giacomo Debenedetti come una «sinfonia delle cave».

Volendo, si possono considerare uniti, lungo la medesima catena rappresentativa, *Treno popolare* (Matarazzo, 1933), *Ragazzo* (Ivo Perilli, 1933), *Passaporto rosso* (Brignone, 1935) *Le scarpe al sole* (Marco Elter, 1935; dal romanzo di Paolo Monelli), *Porto* (Amleto Palermi, 1935), *Terra di nessuno* (Baffico, 1938), *Montevergine* (Carlo Campogalliani, 1939)...

[53] Lo studio più recente e ben documentato sulla rivista è L. SCOTTO D'ARDINO, *La revue Cinema et le néorealisme italien*, Presses Universitaires de Vincennes, Paris 1999.

[54] C. CAMERINI (a cura di), *Acciaio*, Nuova Eri, Torino 1990.

Agli inizi degli anni quaranta, il gruppo di film a lungo considerato come anticipatore del neorealismo ci appare come il vero momento di confluenza e maturazione d'esperienze fin qui delineate. È giusto oggi considerare come opere facenti parte di un medesimo processo, anche se sorrette da una diversa cultura, etica e poetica, *Quattro passi tra le nuvole* (Blasetti); *Avanti c'è posto...* e *Campo de' Fiori*, diretti nel 1943 da Mario Bonnard; *I bambini ci guardano*, *La peccatrice* (Palermi, 1940), *Fari nella nebbia* (Gianni Franciolini, 1942); *L'ultima carrozzella* (Mattoli, 1943)... E, com'è ovvio, *Ossessione* di Visconti, punto d'arrivo di una poetica e una elaborazione teorica di gruppo e cometa del cinema futuro[55].

Il gruppo che circonda Visconti – composto da Gianni Puccini, Mario Alicata, Giuseppe De Santis, Massimo Mida, Antonio Pietrangeli – e lo stesso regista da una parte subiscono l'influenza diretta del cinema francese (Visconti ha lavorato con Renoir), dall'altra guardano alla letteratura e al cinema americano come a un modello forte a cui ispirarsi e dall'altra ancora decidono di assumere l'eredità della letteratura verista e di Giovanni Verga in particolare come patrimonio ed elemento fecondante.

Ossessione è il prodotto felice e maturo di un insieme di forze congruenti e di una volontà diffusa di creare una nuova cinematografia. Con la sua forte costruzione delle immagini, con un uso drammatico e costantemente connotativo dei contrasti e delle sfumature del bianco e nero, con i suoi squarci di paesaggio, che respirano e fanno da complici e testimoni della passione dei protagonisti Gino e Giovanna, sembra segnare, agli occhi di molta critica, l'avvento di una nuova era. Con due articoli pubblicati su «Film» (*Neorealismo* e *Realismo e moralità*), Barbaro battezza la nascita dell'individuo che ha atteso da quindici anni:

> È un pezzo d'Italia quale non si era mai visto (...) e questo finalmente ci ha dato *Ossessione*, la rappresentazione artistica di una realtà angosciata contro le archeologie e i divertimenti a formula fissa[56].

[55] Di tutta la vasta letteratura su *Ossessione*, mi piace ricordare la rievocazione di G. ARISTARCO, *Il neorealismo cinematografico*, inserto a «L'Europeo», 4 giugno 1976.
[56] U. BARBARO, *Realismo e moralità*, in «Film», VI (31 luglio 1943), n. 31.

La fase dell'attesa è terminata: *Ossessione*, dalle prime proiezioni pubbliche, diventa una bandiera ideale e un ordigno ad alto potenziale esplosivo capace di accelerare i processi di disgregazione e trasformazione e a spingere molti autori a scelte di campo che ne riscattano l'operato fino a quel momento.

Il vero rinnovamento del repertorio iconografico e la vera costruzione d'una nuova struttura capace di collegare una tradizione pittorica e culturale nazionale con il presente passa in ogni caso per *Ossessione*: come ha osservato in poche righe Federico Zeri, ultimo in ordine di tempo ma non minore tra le tante voci che hanno voluto riconoscere il ruolo di stella cometa del nuovo cinema al film di Visconti,

> ... in quell'archetipo il repertorio di personaggi, inquadrature, scelte topografiche, spunti visivi è radicato in un terreno di vastissima cultura figurativa, dove la Francia cinematografica di Jean Renoir e quella pittorica degli impressionisti si alterna e si mescola all'Italia dei pittori naturalisti dell'Ottocento nostrano (...) Questa è però un'indagine che la critica d'arte deve ancora condurre e la vicenda successiva che ha origine nel Visconti e nella sua percezione dell'Italia in chiave cinematografica si sta svolgendo sotto i nostri occhi, con ricchezza e varietà tali da far riconoscere nel cinema l'odierna arte guida.

10. *Il cinema di Salò*.

Piú che di un capitolo, quello di Salò si può considerare un sottocapitolo della storia del cinema italiano in cui non è possibile, dal punto di vista della produzione, rintracciare alcun segno o sintomo di ciò che avverrà di lí a poco nel nuovo cinema nato tra le macerie e alimentato dallo spirito dell'Italia che vuole rinascere e riscattarsi.

Benché gli studi sulla Repubblica di Salò abbiano in quest'ultimo decennio contribuito a offrire una visione d'insieme piú complessa ed equilibrata[57], per quanto riguarda il cinema non si è giunti a risultati nuovi. A chiamare per primo a raccolta le forze artistiche è Freddi che, dopo l'8

---

[57] Testo chiave è C. PAVONE, *Una guerra civile*, Bollati Boringhieri, Torino 1991.

settembre, decide di spostare la capitale del cinema a Venezia e riprendere la produzione. Il fascismo di Salò tenta di creare un surrogato di Cinecittà con mezzi finanziari inesistenti e quadri rimasti per anni in secondo piano. È un periodo di compromesso, di doppio gioco, di politica di alleanze strette in previsione di qualsiasi esito del conflitto.

Uno straordinario documento sull'attività cinematografica di Salò che ancora oggi fornisce dati di prima mano sui macchinari a disposizione e sui fondi investiti nella produzione cinematografica, sugli incassi e sui sogni di dar vita a una nuova capitale del cinema a Venezia, è la relazione (tuttora inedita) redatta dal dott. Rosario Errigo a fine giugno 1945, inviato in missione dal sottosegretario per la Stampa e l'informazione, onorevole Franco Libonati:

> La ripresa produttiva nel settore cinematografico ha avuto inizio a Venezia nei primi mesi dello scorso anno col contemporaneo approntamento, nella stessa città, dei nuovi teatri di posa installati dalla Cines ai Giardini col macchinario di proprietà di Cinecittà e dalla Scalera film alla Giudecca (...) Pressoché nello stesso periodo l'Istituto Luce ha installato a Venezia un piccolo stabilimento di sviluppo e stampa, ma il suo funzionamento non è stato regolare.
> Tale nuova attività produttiva ha trovato appoggio finanziario nella ripresa liquidazione, da parte del ministero della Cultura Popolare, dei rami previsti dalla legge 16 giugno 1938 n. 1061 a favore dei film già in sfruttamento, nonché e soprattutto dalle nuove provvidenze istituite con decreto legislativo del 20 marzo 1944 (...)
> Con tale decreto è stato costituito presso la Sezione Autonoma per il Credito Cinematografico della Banca Nazionale del Lavoro un fondo speciale di 52 500 000 lire affidato alla gestione della società stessa con la concessione di anticipazioni alla produzione cinematografica del limite massimo del 50 per cento del costo di ciascun film.

A capo del ministero della Cultura Popolare della Repubblica sociale è nominato Fernando Mezzasoma, che cercherà subito di rifondare a Venezia, in scala ridotta, l'industria del cinema smantellata qualche mese prima dalla guerra e dai tedeschi, ma che, come si capisce dai pochi documenti a nostra disposizione, non nutre fiducia nei poteri propagandistici del cinema e fa ben poco per considerare nell'insieme il problema della produzione e distribuzione, concede pochissime sovvenzioni e nulla osta per la produzione di film a soggetto Può essere significativa una nota di suo pugno in calce alla richiesta di sovvenzione da parte della Vittoria film per un film dal titolo *Diritto alla vita* appoggiata da Giorgio Venturini, direttore generale dello Spettacolo, con una lettera in data 9 gennaio 1945 («Tale film riveste quelle caratteristiche d'ordine morale e offre le sufficienti garanzie d'ordine artistico per potere a mio giudizio rientrare nel numero dei sette film che saranno finanziati con i fondi ancora residui»): «Non si può finanziare perché non è di propaganda. Se lo finanzi da sé»[58]. D'altra parte, neppure Venturini, uomo di teatro, ha competenza in campo cinematografico e cerca piuttosto di navigare a vista come può con mezzi modestissimi e fortissime opposizioni, che gli vengono sia da parte di Luigi Freddi che dei fascisti piú duri e puri. I film messi in effetti in lavorazione sono 19, tutti finanziati con somme variabili da 1 700 000 (*Fatto di cronaca*, Piero Ballerini) a 4 750 000 lire (*Senza famiglia*, Giorgio Ferroni).

La prima preoccupazione di Mezzasoma è comunque quella di ridar vita al Cinegiornale Luce, creatura amata a controllata da Mussolini fin dalla nascita alla fine degli anni venti. Dopo un breve commissariato provvisorio di Giuseppe Croce, Nino D'Aroma, ex direttore, è nominato presidente. Vale la pena di analizzare questo piccolo insieme un po' piú attentamente perché questa è la vera produzione del periodo di Salò, quella che occulta la realtà ma anche aiuta a capire il clima del periodo.

La sede viene stabilita nell'albergo Bonvecchiati, nei pressi di Piazza San Marco. In attesa di utilizzare alcuni padiglioni nei Giardini della Biennale per lo sviluppo e la stampa, si continua a portare il materiale negativo a Torino, con rischi di bombardamenti e costi molto alti. Settantun persone, fra tecnici, giornalisti, fotografi e operatori producono ogni settimana il «Giornale Luce» a Venezia. Gli operatori – allettati da una paga mensile di 10 000

---

[58] Devo alla gentilezza di Monica Venturini, figlia di Giorgio Venturini, e all'Anica la possibilità di esaminare i documenti dell'archivio del padre raccolti in alcune cartelle depositate presso la sede dell'Anica a Roma.

lire – non sono tutti di fede fascista. E qualcuno – come Rino Filippini – viene reclutato tra gli operatori con la promessa di non dover realizzare alcun servizio di propaganda. I servizi dei cinquantacinque «Giornali Luce» realizzati dall'11 ottobre 1943 al 18 marzo 1945 (dal n. 374 al 428) lasciano spesso la guerra sullo sfondo e puntano piuttosto su una serie di cronache sportive o mondane, o curiosità varie sui diversi tipi di artigianato, da come vengono incise in Svizzera le fibbie metalliche che adornano le bretelle dei costumi dei vari cantoni, a come viene intagliato il legno in Val Gardena, a come nascono i manichini da vetrina in Danimarca...

I servizi piú legati alla guerra e alla nuova realtà politica iniziano, in pratica, dalla registrazione della prima assemblea del Partito fascista repubblicano a Castelvecchio (Verona) del n. 380 del dicembre 1943. Un numero unico del giornale n. 386 ha per titolo *L'Italia s'è desta. 9 febbraio XXII: cronache del giuramento dell'esercito repubblicano in tutta Italia*. Da questo momento, anche se non abbondano i servizi dal fronte, vi saranno cronache sui bombardamenti alle opere d'arte e ai monumenti e chiese di Roma e del Nord, dalla distruzione del Tempio malatestiano di Rimini al bombardamento della chiesa degli Eremitani di Padova, o su Mestre e Treviso, sui giuramenti delle reclute, sulle consegne della bandiera di combattimento, o sulle partenze di vari battaglioni di bersaglieri, marinai, fanti e alpini, dal Barbarigo all'Aosta per il fronte, sulle onoranze ai caduti, sulle visite ai mutilati e feriti. Qualche volta si vedranno azioni dei bersaglieri contro i partigiani titini in Slovenia, facendo attenzione di occultare la ferocia degli scontri e di sottolineare come, dopo aver conquistato un villaggio grazie al valore dei bersaglieri e averlo «epurato dall'insidia dei partigiani», sarebbero presto tornate «tranquillità e lavoro» («Giornale» n. 395). Un servizio del cinegiornale n. 400 s'intitola *Presentazione degli sbandati* e racconta, adottando la forma della parabola del figliol prodigo, come «circa cinquantamila sbandati desiderosi di tornare a lavorare e a combattere hanno risposto al richiamo della Patria affluendo ai Comandi Militari Provinciali e alle caserme».

Pochi numeri dopo, nel cinegiornale n. 410, si parla dei partigiani. Questo servizio colpisce sia per il fatto che si tratta dell'unico accenno alla guerra civile in atto di tutti i servizi dei cinegiornali di Salò, sia per la violenza del tono. I partigiani non vengono assimilati agli sbandati, ma definiti «autentici sicari al soldo nemico (...) bastardi che per viltà hanno tradito la Patria e per denaro servono lo straniero». Questo servizio è anche uno dei pochi (sono due in tutto) in cui si parla della Brigate Nere su cui, visti gli esiti inferiori alle attese, si preferisce calare subito un opportuno velo di silenzio.

In generale i cinegiornali, soprattutto negli ultimi mesi di guerra, evitano le notizie dal fronte e concentrano la loro attenzione sul fronte interno, sui discorsi di padre Eusebio a Milano e Venezia, sulla visita di Alessandro Pavolini in Piemonte alla I Brigata Nera mobile, sui momenti significativi d'una giornata tipo di un battaglione della X Mas, sui festeggiamenti del primo annuale della fondazione dei Fasci repubblicani. Sporadicamente, quasi in dosi omeopatiche, compare il duce, ora a consegnare la bandiera di combattimento a una legione della guardia, o a passare in rassegna un battaglione della X Mas, o a celebrare al Vittoriale il settimo annuale della morte di D'Annunzio. Il clou dell'epifania mussoliniana, in questi diciotto mesi, è dato dal cinegiornale n. 418, che racconta le giornate milanesi di Mussolini, con il discorso al teatro lirico, la manifestazione a Piazza San Sepolcro, la visita alla legione Muti... Per il resto, la pratica dominante nei cinegiornali realizzati a Venezia è quella del silenzio: non si parla del processo di Verona, non si parla della socializzazione, non si parla della Linea gotica, né dell'avanzata anglo-americana.

Nel febbraio del 1944 – giusto in tempo per l'inaugurazione dei tre teatri di posa ricavati dai padiglioni della Biennale ai Giardini – rientrano a Venezia da Praga, dove sono state per caso ritrovate in un magazzino, le apparecchiature cinematografiche requisite dai nazisti a Cinecittà e negli stabilimenti privati della capitale con la scusa di salvaguardarle da eventuali bombardamenti.

Con molto *understatement* e lucida consapevolezza delle difficoltà reali da affrontare, nel discorso inaugurale del 22 febbraio Venturini battezza il modesto complesso cinematografico: «Quel che vedete non è certo Cinecittà, chiamiamolo pure un cinevillaggio: ma il piano urbanistico ne è stato cosí ben tracciato da consentire domani ogni piú ampio sviluppo. Anche Roma, che è grande, nacque dal piccolo solco quadrato. E valga l'augurio»[59].

Piú difficile, anzi in pratica fallimentare, il tentativo di reclutamento da parte di Venturini di attori, tecnici, registi e maestranze: i soli Osvaldo Valenti e Luisa Ferida partono volontariamente per il Nord, e i nomi di Doris Duranti, Emma Gramatica, Elena Zareschi, Nada Fiorelli, Olga Solbelli, non bastano a mettere in orbita sul cielo veneziano una piccola, luminosa, costellazione divistica. Tra gli sceneggiatori partono Corrado Pavolini e Alessandro de Stefani, mentre Francesco Pasinetti collaborerà come sceneggiatore alla *Buona fortuna* di Fernando Cerchio. Tra i registi, solo nomi di secondo piano rispondono all'appello, tra cui Piero Ballerini, Mario Baffico, Francesco De Robertis, Carlo Borghesio, Fernando Cerchio, Ferruccio Cerio, Flavio Calzavara... «Inutile nasconderselo – scriverà Mino Doletti –, mancano i registi»[60].

I film messi in cantiere a Venezia nel 1944 sono, come s'è detto, quasi una ventina e per lo piú evitano con cura la propaganda, affrontando piuttosto temi sentimentali o di commedia o melodrammatici: *Un fatto di cronaca* (Ballerini), *Senza famiglia* (Ferroni) in due episodi, *La buona fortuna* (Cerchio), *Peccatori* (Calzavara), *Ogni giorno è Domenica* (Baffico). Quelli iniziati nei primi mesi del 1945: *Rosalba* (Cerio), *L'angelo del miracolo* (Ballerini), *Posto di blocco* (Cerio), *Trent'anni di servizio* (Baffico), *Fiori d'arancio* (Dino Hobbes Cecchini), *I figli della laguna* (De Robertis).

Pochi mesi dopo l'inaugurazione del cinevillaggio veneziano, è già possibile trarre dei bilanci da parte della critica fascista tutt'altro che favorevoli alla gestione di Venturini. L'attacco piú violento verrà portato attraverso un rapporto a Mussolini (*La cinematografia italiana a Venezia*) da

---

[59] Discorso riportato nella cronaca della cerimonia d'inaugurazione, in «Film», VII (4 marzo 1944), n. 6, p. 1.

[60] *Dissolvenze*, in «Film», VII (18 marzo 1944), n. 8.

Asvero Gravelli verso la fine del 1944[61]. Francesco Pasinetti e il giovane Glauco Pellegrini nei mesi di Salò elaborano un disegno strategico, tenendo i contatti con le forze avverse, che punta a fare di Venezia fin dall'immediato dopoguerra un polo produttivo in grado di rimettersi in movimento quasi senza soluzione di continuità e di acquisire un ruolo trainante per la produzione nazionale, smantellata nel frattempo. Del tutto condivisibili in questo senso gli interrogativi sui rapporti con Venturini di Pasinetti e Pellegrini e sul rapporto scritto (maggio 1945), in quanto rappresentanti d'un Ufficio tecnico per il cinema del Comitato di liberazione nazionale, allo Psychological Warfare Branch[62], e le risposte di Ernesto Guido Laura[63]. Questo spiega perché Pasinetti e Pellegrini assolvano Venturini nel rapporto[64] e spiega anche le forti prese di posizione da parte della stampa locale (giugno 1945) contro il trasferimento dei macchinari cinematografici di nuovo a Roma.

L'assoluzione di Venturini precederà di poco le decisioni governative di ricomporre al piú presto dissidi e ferite in nome della concordia nazionale e della ricostruzione del paese ma il sogno di Pellegrini e Pasinetti naufraga all'indomani della Liberazione: Venezia continuerà a essere il set ideale vero o immaginario di film e documentari, ma non si svilupperà mai piú come capitale produttiva.

[61] Promemoria per Mussolini, in Archivio di Stato, ora ampiamente riportato in LAURA, *L'immagine bugiarda*, Annci, Roma 1986, pp. 347-35.

[62] «Su richiesta dell'interessato questo Ufficio tecnico (...) ha accertato nei confronti del dottor Giorgio Venturini (...) che il dottor Venturini ha svolto la sua attività allo scopo di ricuperare i materiali cinematografici che erano stati trasferiti in Germania (...) che durante lo svolgimento del suo ufficio non sono stati prodotti film di propaganda, il solo film di tendenza propagandistica, *Aeroporto*, è stato prodotto con nulla osta germanico. Che il dott. Venturini si è prodigato affinché i materiali cinematografici non fossero successivamente asportati da Venezia per la Germania (...) e di ciò durante il periodo cospiratorio il dott. Venturini dava indirettamente notizia e garanzia a elementi del Comitato di Liberazione»: riportato in FREDDI, *Il cinema*, vol. II cit., pp. 475-76. Questo rapporto, in qualche modo, consentirà al direttore generale dello Spettacolo di non subire alcuna epurazione.

[63] LAURA, *L'immagine bugiarda* cit. p. 333.

[64] «Ma perché interessavano a Pasinetti e a Pellegrini i contatti con Venturini? (...) Perché ai cineasti veneziani premeva che l'industria cinematografica italiana restasse, almeno in parte, dopo la Liberazione a Venezia e quindi che l'esperimento riuscisse»: *ibid*.

Capitolo terzo
Dal neorealismo alla dolce vita

1. *Ricostruire il cinema partendo da zero.*

Un articolo di «Mondo Nuovo», primo rotocalco americano in lingua italiana dell'Italia liberata, sintetizza e fotografa, come meglio non si potrebbe, gli elementi fondamentali di una scena di morte e resurrezione:

> Produrre film in Italia è come costruire una casa cominciando dal tetto (...) Eppure nei teatri di posa italiani si continua a girare film. Meraviglia come soltanto ora, che non si hanno piú i mezzi di una volta, la cinematografia italiana corrisponda a quello che è l'animo del paese (...)
> Cinecittà, ieri cosí lussuosa, oggi è diventata un campo di concentramento di profughi. Come se non bastasse la maggior parte degli impianti sono stati portati al Nord. Restano solo quelle macchine da presa e quei riflettori che alcuni cineasti di buona volontà seppero nascondere. E la luce? Ad ogni momento la corrente manca. Il materiale fotografico e scenico, gli abiti, i cosmetici sono diventati un problema. Trovarli è difficilissimo. E invece si continuano a girare film[1].

L'articolo parla delle riprese di *Roma città aperta* e in una didascalia offre informazioni che servono a considerare la reinvenzione dei modi produttivi del primo neorealismo:

> *Città aperta* è il film delle difficoltà superate. Il teatro di posa è stato improvvisato in un vecchio padiglione che un tempo serviva per le corse dei cani. Mancando l'impianto per la colonna sonora le voci vengono registrate a parte.

Il primo articolo che parla della nascita materiale del neorealismo ci immette in uno spazio surreale e ancora convenzionale, con tanto di teatro di posa e ricostruzione d'ambienti: la realtà produttiva anteriore è rovesciata, il vuoto

---

[1] *Cinema italiano. Manca tutto ma si lavora lo stesso*, in «Mondo Nuovo», I (19 marzo 1945), n. 1, p. 24.

prevale sul pieno, l'assenza sulla presenza. La scena è vuota, la produzione, che aveva raggiunto e superato «quota cento» ora di colpo è azzerata[2]. In pochi mesi, uno dei piú efficienti e avanzati sistemi produttivi europei si è dissolto. Eppure, quanto piú il sistema appare collassato, tanto piú si moltiplicano i sintomi e i segni di ripresa. E si manifesta, in punti diversi d'uno stesso spazio distrutto, la volontà di vivere, il ricorso a una riserva estrema di forze che trovano, quasi per forza e volontà delle cose, un piano e un obiettivo comune.

Queste manifestazioni di vitalità, questa diffusa volontà di rinascita, confluiscono e trovano l'elemento capace di trasformarle in pratiche concrete, prima ancora che in un singolo film, nella nascita dell'Associazione nazionale industrie cinematografiche ed affini - Anica. Che si costituisce il 10 luglio 1944 per iniziativa d'una decina di persone e nomina suo primo presidente Alfredo Proia[3].

L'Anica sorge dalle ceneri della Federazione nazionale fascista industriali dello spettacolo - Fnfis, nata nel 1926, che rappresentava gli interessi di produttori, distributori ed esercenti. Non va sottovalutato questo elemento di continuità perché è proprio durante il fascismo che la prima associazione degli industriali dello spettacolo muove i primi passi, inizia a prendere coscienza della propria identità e vara una serie di iniziative che mirano al consolidamento della produzione, alla creazione di quadri tecnico-artistici qualificati e competitivi, alla separazione delle ragioni industriali da quelle politiche. E alla regolamentazione dell'intero sistema commerciale in maniera da arginare la colonizzazione a opera del cinema americano[4].

All'indomani della nascita dell'Anica, i produttori tentano di stabilire un rapporto con le forze politiche e diplomatiche. Un anno dopo Riccardo Gualino, presidente della

[2] La piú accurata ricostruzione della lavorazione di *Roma città aperta* è in G. RONDOLINO, *Rossellini*, Utet, Torino 1989.

[3] Ho cercato di tracciare le linee fondamentali della storia di questa istituzione in occasione del suo cinquantenario, in *I cinquant'anni dell'Anica. Appunti per una storia dell'Anica*, supplemento a «Cinema d'oggi», 20 ottobre 1994, n. 18-19, pp. 3-32.

[4] Vedi B. CORSI, *Con qualche dollaro in meno*, Editori Riuniti, Roma 2001.

Lux, chiede al governo la detassazione e un diretto contributo all'industria cinematografica. I produttori ritengono di dover rientrare di diritto nei piani di ricostruzione e cercano, come possono, di opporsi all'azione congiunta di Hollywood, dello Psychological Warfare Branch - PWB, e della diplomazia americana, che puntano a impedire la ripresa dell'industria cinematografica[5]. Nonostante le forze avverse e la mancanza di tutto, il cinema italiano riprende il cammino. Rinasce come campo di contraddizioni che gli consentono di diventare la carta diplomatica vincente di riabilitazione dell'Italia (a fine guerra, immagine «dell'impotenza fatta persona»)[6] e di suo rapido reinserimento nel consesso internazionale. Agli occhi del mondo il cinema diventa simbolo della volontà di riscatto d'un popolo sconosciuto e modo diretto di familiarizzare con lui.

È questo cinema, che non nasconde nulla, che vuole riappropriarsi dei poteri dello sguardo di vedere e testimoniare, a ridare dignità morale e visibilità a un paese povero e vitale che il fascismo aveva cercato di occultare. Da subito, per la verità, si registrano sulla stampa preoccupazioni moralistiche sugli effetti all'estero di certe scene forti di *Roma città aperta* e *Paisà* («Perché mandare all'estero simili ritratti delle donne italiane? Non basta quello che diranno i soldati che tornano?» si chiede il giovane critico Gian Luigi Rondi sul «Tempo» parlando dell'episodio romano di *Paisà*[7] dando in qualche modo il La a un coro sempre piú vasto di voci critiche e preoccupate).

Cinecittà è inagibile, in quanto è stata adibita dagli americani a campo profughi e gli uomini del cinema scendono per le strade, costruiscono nuovi set dove capita, girano con

---

[5] Vedi E. DI NOLFO, *La diplomazia del cinema americano*, in D. W. ELLWOOD e G. P. BRUNETTA, *Hollywood in Europa*, La casa Usher, Firenze 1991, pp. 29-40, e G. P. BRUNETTA, *La lunga marcia del cinema americano in Italia tra fascismo e guerra fredda*, ibid., pp. 75-87. Vedi anche E. DI NOLFO, *Documenti del cinema americano in Italia nell'immediato dopoguerra*, in S. CHEMOTTI (a cura di), *Gli intellettuali in trincea*, Cleup, Padova 1977, pp. 133-44.

[6] B. VIGEZZI, *De Gasperi, Sforza, la diplomazia italiana e la politica di potenza dal trattato di pace al patto atlantico*, in E. DI NOLFO, R. H. RAINERO e B. VIGEZZI, *L'Italia e la politica di potenza in Europa (1945-1950)*, Marzorati, Milano 1988, p. 3.

[7] G. L. RONDI, *Paisà di Roberto Rossellini*, in «Il Tempo», 9 marzo 1947.

pellicola di fortuna, dimostrando che l'Italia, pur ferita e dilaniata, è uno straordinario set naturale e il suo popolo può essere il soggetto d'infinite storie cinematografiche. Il cinema riesce a fare dello schermo lo specchio e il punto di permeabilità assoluta rispetto alla platea e il collettore delle speranze collettive di un'Italia che vuole rimettersi in cammino. In nessun altro momento della storia del cinema, se non forse all'epoca della sua nascita, lo schermo è il punto di fusione piú perfetto tra il mondo della finzione e quello della realtà. Tutte le teorizzazioni che si erano sviluppate nel ventennio precedente sul montaggio, sull'autonomia del linguaggio cinematografico, sulla recitazione vengono spazzate da questa situazione inedita in cui la catastrofe diventa elemento di palingenesi. La macchina da presa scopre la penetrazione del tempo dello schermo nel tempo reale della vita della gente. In pratica, grazie a Rossellini e De Sica - Zavattini, viene del tutto ridefinito il patto comunicativo con lo spettatore, invitato non piú a guardare ma a «vedere», nel senso etimologico di ιδειν, con gli occhi della mente, a testimoniare e a condividere.

Il cinema che rinasce è figlio d'un doppio spirito laico e cattolico, che, sia pure per poco tempo, si danno la mano per procedere lungo una strada comune.

«L'Italia attende oggi i suoi Balzac, i suoi Tolstoj, i suoi Gor´kij»[8] dice Carlo Lizzani sul «Politecnico» di Vittorini, e di fatto è proprio il cinema a dare al paese cantori delle sue tragedie collettive e del nuovo *ethos*, nato dalle sofferenze della guerra e dallo spirito della lotta di Liberazione. Il cinema italiano del dopoguerra trova i suoi cantori, e alcune delle personalità piú rappresentative della cultura italiana di tutto il secolo, nel momento in cui si cerca di annullare l'individualità autoriale o, al massimo, di considerare il regista neorealista come una figura anonima, che prende voce – al pari del narratore omerico – da una musa che lo ispira, in questo caso la voce di un'intera collettività.

Inoltre, è da sottolineare subito il dato che dal 1945 i capolavori del neorealismo, ma anche le personalità di Ros-

---

[8] C. LIZZANI, *L'Italia deve avere il suo cinema*, in «Il Politecnico», I (13 ottobre 1945), n. 3.

sellini e De Sica prima e Antonioni e Fellini poi, agiranno da *testimonials* e garanti della creatività del made in Italy e il cinema sarà il primo prodotto italiano a qualità totale e certificata a operare da traino e da apripista per i successivi trionfi della moda, del design, della gastronomia, dell'architettura... Senza questa lunga coltivazione dell'immaginario collettivo, senza questa nuova conquista della fiducia mondiale nella bontà e qualità estetica, artistica, culturale e umana di tutto ciò che è legato all'Italia non si sarebbero creati quei fenomeni di adorazione dei prodotti italiani che hanno accompagnato lo sviluppo di molti settori industriali dagli anni sessanta in poi.

Alla fine degli anni quaranta e lungo tutti gli anni cinquanta-sessanta, centinaia di film d'autore e di genere hanno avuto la funzione di trasmettere – tra gli altri – una serie di insiemi di modelli e valori culturali e ideali che hanno aiutato l'Italia, anche nei momenti piú difficili della sua storia, a fare del cinema il luogo e lo strumento privilegiato di confluenza di elementi identitari forti, capaci d'ottenere un immediato riconoscimento all'estero in misura maggiore di qualsiasi azione diplomatica.

E ancora può avvenire che la sua massima gittata internazionale e la sua massima radianza e influenza si manifestino quando le energie economiche politiche e produttive sono ridotte al lumicino. E la volontà da parte delle forze liberatrici americane sia quella di assestare il colpo di grazia definitivo all'industria agonizzante in cui le attese nella rinascita sono pressoché nulle:

> Il cosiddetto cinema italiano – dirà all'incirca l'ammiraglio Stone responsabile del PWB in Italia nel 1945 – è stato inventato dai fascisti. Dunque deve essere soppresso. E devono essere soppressi anche gli strumenti che hanno dato corpo a questa invenzione. Tutti, Cinecittà compresa. Non c'è mai stata un'industria del cinema in Italia e non ci sono mai stati degli industriali del cinema.

I film prodotti nel 1945 sono 28, nel 1946 il numero sale a 62 e dal 1947 in poi la tendenza è quella d'una lenta riconquista del mercato, favorita dall'approvazione, nel 1949, d'una legge che riattiva i meccanismi d'incentivazione di premi, concessioni di credito e controlli dell'importazione. Nel 1945 si rimettono al lavoro Righelli con *Abbasso la mi-*

seria!, Gallone con *Avanti a lui tremava tutta Roma*, Brignone con *Canto, ma sottovoce...*, Bonnard con *Addio, mia bella Napoli!*, e ancora Ferroni, che ha lavorato a Salò, De Robertis, Carlo Ludovico Bragaglia, ecc., registi con una lunga carriera alle spalle, che vogliono continuare a raccontare ispirandosi ai modelli narrativi che hanno sempre usato ma che respirano il mutamento in atto e immergono le storie nei problemi del presente. Ripartono alla grande anche i film-opera, o storie costruite attorno alla figura d'un cantante (Tito Gobbi è il protagonista tra il '45 e '46 di *Avanti a lui tremava tutta Roma* e *Il barbiere di Siviglia* di Mario Costa, e *O sole mio!* di Giacomo Gentilomo).

Non c'è epurazione per i registi che hanno aderito a Salò o sono stati fascisti: come già durante il fascismo, anche in questo importante momento di passaggio – e in seguito, durante la guerra fredda – il cinema italiano è tenuto insieme da uno spirito unitario, da un forte senso di tolleranza, da un voler guardare avanti e assolvere al piú presto dalle colpe ideologiche registi, attori e tecnici che possono essere utili per la ripresa.

Anno dopo anno si comincia a notare come i prodotti nazionali recuperino rispetto ai film hollywoodiani, che si sono abbattuti a centinaia sul mercato dall'indomani della fine della guerra[9]. In effetti, se dal punto di vista strategico e diplomatico l'Italia non ha un ruolo centrale nella strategia americana, da quello cinematografico rimane un obiettivo primario. Gli Stati Uniti sono disposti a dimenticare, fin dal 1943, come l'Italia nei decenni precedenti abbia costituito un pericolo costante per la pace e la stabilità in Europa e in una lettera personale di Percy Winner, direttore delle operazioni in Italia a Wesley Jones del Dipartimento di Sta-

---

[9] I primi tentativi di offrire un profilo di storia economica del cinema italiano sono in L. QUAGLIETTI, *Storia economico-politica del cinema italiano 1945-1980*, Editori Riuniti, Roma 1980, e AA.VV., *La città del cinema*, Napoleone, Roma 1979. Piú di recente, oltre al citato *Con qualche dollaro in meno*, vedi, per l'apertura internazionale dei contributi, B. CORSI, *Le coproduzioni europee del primo dopoguerra: l'utopia del fronte unico di cinematografia*, in ELLWOOD e BRUNETTA, *Hollywood in Europa* cit.; ID., *Eutanasia di un'unione*, in G. P. BRUNETTA (a cura di), *Identità italiana e identità europea nel cinema italiano dal 1945 al miracolo economico*, Fondazione Agnelli, Torino 1996, e ID., *L'utopia dell'unione cinematografica europea*, in *Storia del cinema mondiale*, vol. I cit.

to del novembre 1943 si pone l'attenzione su un'identità italiana ben riconoscibile nelle tradizioni culturali e nella storia del paese che il fascismo ha distrutto:

> Benché l'Italia sia un paese relativamente giovane è una vecchia nazione ricca di tradizione e d'esperienza storica: la generazione del fascismo non era in grado di distruggere il vigore e la validità delle forze permanenti dell'ordine e non lo distrusse. Una di queste è la religione (...) È giusto per noi, amici degli italiani, aiutarli a ritornare alle proprie origini politiche e morali – i loro valori permanenti – aiutarli a ritrovare nel loro passato solide basi per il futuro. Ma non abbiamo il diritto di scegliere per loro.

Il paese – secondo gli americani – va aiutato in tutti i modi e in tutti i settori, meno che in quello cinematografico perché qui la contaminazione fascista è stata piú forte. Se di rinascita si deve parlare, secondo gli americani questa deve essere affidata al libero mercato. Le Majors in questo settore vorrebbero addirittura scavalcare le direttive del Dipartimento di Stato tentando di approfittare dell'azzeramento produttivo, del favore concesso dai distributori ed esercenti (almeno di quei 500 esercenti e gestori di sale ancora in funzione) per scongiurare per sempre l'eventualità di una ripresa dell'industria cinematografica e recuperare i profitti perduti riversando sul mercato italiano centinaia di fondi di magazzino.

Gli italiani sono allo stremo delle forze, mancano i beni di prima necessità, ma non per questo appaiono disposti ad accettare tutto ciò che venga loro propinato: anzi, la ripresa dell'industria nazionale sembra anche stimolata dalla «delusione nei confronti dei film americani».

A uno sguardo ravvicinato e a un'analisi comparata di quanto è avvenuto fin dalla ripresa della distribuzione dei film americani nelle diverse regioni liberate, ci si accorge di come sia possibile registrare reazioni differenziate per aree geografiche e categorie sociali e culturali. L'appoggio delle forze cattoliche sarà determinante e necessario, anche se non incondizionato. In ogni caso la Chiesa, nel quadro delle nuove politiche di alleanze, con il suo enorme apparato organizzativo, effettua un'opzione decisa a favore del cinema americano, allentando, in varie occasioni, le cinghie del giudizio morale su molti film e inasprendo invece l'attacco con ogni mezzo contro i film italiani, a cui, per molto tempo, è in pratica inibito l'accesso nei circuiti delle sale parrocchiali.

Anche i produttori che si sono rimessi al lavoro oscillano tra l'accettazione delle leggi del libero mercato e la richiesta corporativa di interventi legislativo-protezionistici, di limitazione delle importazioni e sostegno dell'industria nazionale. I produttori che hanno preso coscienza della propria identità negli ultimi anni del regime capiscono di poter giocare, nella nuova fase storica e politica, un ruolo importante nella rappresentazione della cultura e del lavoro. La loro forza viene accresciuta dal successo internazionale dei film di Rossellini e De Sica. Nonostante l'opposizione americana, i produttori sentono di possedere rappresentatività e forza sufficienti a consentire il rapido rilancio di un'attività importante anche per lo Stato.

Nel dopoguerra, lo Stato repubblicano deve affrontare subito il problema di come garantire, sia pure in forma diversa, la continuità delle istituzioni. Mentre tutto il cinema, nelle sue figure piú rappresentative degli autori, dei tecnici e delle maestranze, non subisce alcuna epurazione, il Luce – il cui patrimonio è stato in buona parte requisito dall'esercito americano, che lo restituirà solo alla fine degli anni sessanta – viene messo in liquidazione nel 1947 in quanto lo si identifica come il piú rappresentativo detentore della memoria del regime e del consenso degli italiani di cui si vuole con tutti i mezzi rimuovere il ricordo. Di fatto, il commissario liquidatore, Tommaso Fattorossi, che resta in carica una dozzina d'anni, e i membri dell'Istituto di vigilanza non sembrano voler procedere con particolare urgenza alla liquidazione dell'Ente. Già dalla fine degli anni quaranta – in un quadro d'interventi a sostegno della ripresa della produzione cinematografica – si concederà al Luce, mediante un'apposita legge, la possibilità di tornare a produrre dei cinegiornali e dei documentari e a rimettere in funzione i propri laboratori di sviluppo e stampa.

Nel maggio del 1958 un decreto presidenziale istituisce l'Ente autonomo gestione cinema, che assorbirà al suo interno Cinecittà e l'Istituto Luce, avviando una nuova fase nella storia dell'Ente che si spinge fino ai giorni nostri e che poco per volta ha restituito all'Ente stesso una varietà di funzioni sul piano produttivo, della distribuzione, dell'esercizio e della conservazione e valorizzazione con tutti i mezzi possibili del patrimonio di immagini cinematografiche e fotografiche.

Dopo il successo dei primi film neorealisti, già dal 1947 si vedono presto i primi segni concreti della riscossa interna: il mercato premia i film con Macario di Carlo Borghesio (*Come persi la guerra*, 1947, e *L'eroe della strada*, 1948) e i film musicali. Il prodotto nazionale saprà riorganizzarsi e rafforzarsi, grazie al regime delle coproduzioni, individuare precise caratteristiche nella domanda del pubblico e offrirsi come modello culturale competitivo anche sul piano dello spettacolo e dello star system[10].

L'Anica chiede, fin dal 1946, al governo di impegnarsi per inserire il cinema nei trattati commerciali europei e si prodiga per varare progetti di costituzione di un «fronte latino» che possa subito contrastare l'invasione dei prodotti hollywoodiani, per poi iniziare una politica di coproduzioni europee; tale politica porterà, verso la fine degli anni cinquanta, a realizzare in regime di coproduzione almeno il 50 per cento di tutti i film prodotti[11]. Nel 1947 sono avviati da parte dell'Anica contatti con la Motion Pictures Export Association e, dall'aprile 1951, è stipulato un accordo con le case americane che regola il numero massimo di film statunitensi immessi sul mercato italiano. E soprattutto prevede che una parte dei guadagni venga reinvestita o vada a costituire un fondo per il finanziamento di film italiani. Tra il '48 e il '49 vengono conclusi accordi di coproduzione con la Francia, la Germania occidentale, la Spagna e dal 1954 con l'Unione Sovietica. Questi accordi avrebbero dovuto condurre, entro breve tempo, alla creazione d'un mercato comune europeo del cinema, che avrebbe facilitato l'incremento della produzione tra i paesi aderenti e la libera cir-

---

[10] Per questi aspetti, vedi M. LIVOLSI (a cura di), *Schermi ed ombre. Gli italiani e il cinema del dopoguerra*, La Nuova Italia, Firenze 1988.

[11] Vedi J. GILI e A. TASSONE (a cura di), *Parigi-Roma le coproduzioni italofrancesi (1945-1995)*, Milano 1995.

colazione delle pellicole. L'enorme successo internazionale di *Riso amaro* (De Santis), con l'affermazione di Silvana Mangano, aprirà la strada al divismo delle maggiorate degli anni cinquanta.

Nel 1949 si realizzano 76 lungometraggi, nel 1950 si passa a 104, a 201 nel 1954, a 167 nel 1959. Inoltre, va tenuto presente che se, nel 1946, gli incassi dei film italiani riescono a malapena a conquistare il 13 per cento, nel 1954 sono già il 34 per cento. Il pubblico accorso a festeggiare il ritorno del cinema dei vincitori decreta dagli anni cinquanta il successo dei prodotti nazionali.

Il rientro nel mercato da parte dei produttori italiani è favorito da una serie d'interventi governativi che mirano a pilotare la produzione verso obiettivi differenti rispetto a quelli neorealisti. Non esiste, fino alla fine degli anni cinquanta, un ministero dello spettacolo: nell'era in cui Giulio Andreotti è sottosegretario alla Presidenza del Consiglio con delega allo spettacolo (dal maggio 1947 all'agosto 1953), s'assiste a una convergenza operativa tra le forze di governo, i produttori e gli esercenti e lo sforzo congiunto mira a ottenere un minimo d'assetto industriale in grado di consentire ai prodotti italiani competitività sul mercato interno rispetto a quelli hollywoodiani. In cambio, si chiede un raffreddamento ideologico, una rimozione dei temi scomodi, che d'altra parte non riscuotono piú alcun consenso di pubblico. Bisogna riconoscere – consultando bene i documenti, soprattutto quelli degli archivi americani, come mi è già accaduto di fare agli inizi degli anni ottanta nella prima edizione della mia *Storia del cinema italiano* – che Andreotti cerca di difendere una sua idea di cinema italiano e di varare leggi per proteggerlo e rimetterlo in moto incoraggiando anche le coproduzioni, muovendosi tra queste forze avverse: gli americani che vogliono un controllo completo del mercato, il governo che considera non importanti e prioritari, in tempi di ricostruzione, gli interventi a favore del cinema, e i distributori che sono ben contenti dei guadagni che ottengono con il cinema americano. Andreotti è oggetto di molte polemiche soprattutto per le sue dichiarazioni alla Camera e per un articolo – su «Libertas», 1952 – in cui chiede ai registi italiani e soprattutto a De Sica di ricordarsi delle piú nobili figure nazionali, ma l'immagine dell'orco che si mangia il neorealismo con il tempo lascia il posto a una figura piú salvifica e benefica che contribuisce in maniera significativa e decisiva alla difesa e alla ricostruzione anche del comparto produttivo.

La crescita numerica, voluta e favorita dal governo e la riaffermazione d'un cinema di generi come condizione primaria di riconquista del pubblico e di creazione d'un mercato maturo e in crescita sia sul piano della domanda che dell'offerta, non c'impediscono di sostenere che la politica produttiva ha successo e centra i suoi obiettivi grazie piú alla congiuntura fortunata di determinati fattori che all'esistenza d'un lungimirante piano politico-economico.

Accanto a qualche effimero successo delle opere neorealiste (ma *La terra trema* di Visconti è una catastrofe al botteghino, cosí come lo saranno i film di Rossellini, da *L'amore* in poi), dunque, i primi anni del dopoguerra vedono l'affermazione al vertice degli incassi di alcuni film musicali, drammatici, avventurosi e comici. Mentre, all'inizio del nuovo decennio, s'assiste al clamoroso exploit dei film di Raffaello Matarazzo (*Catene* incassa quasi seicento milioni, *I figli di nessuno* sfiora il miliardo). Il successo di questi e altri prodotti consimili, la fortuna di film comici che inanellano una serie di sketch dell'avanspettacolo, mescolando con successo barzellette, leggera satira sulle condizioni del presente e belle ragazze a gambe nude, fa volgere i piatti della bilancia a favore delle ragioni del mercato. E contribuisce all'affondamento definitivo sul piano commerciale del progetto neorealista, che ha una sua durata fisiologica all'interno del cinema italiano e peraltro è avversato e ostacolato con varie tecniche sul piano delle sovvenzioni governative.

Al di là del lutto e delle battaglie sostenute per tenere in vita, in modo piú o meno artificiale, quel modello di cinema, oggi, a uno sguardo piú ampio che si spinga oltre i confini del cinema nazionale, non può sfuggire come quel nucleo di film dell'immediato dopoguerra abbia costituito un modello produttivo ed etico insieme del tutto rivoluzionario e abbia molto a lungo agito da modificatore su tutto il cinema internazionale, da quello americano a quello europeo a quello dei paesi del Terzo Mondo. Non c'è in pratica alcun paese del mondo nel dopoguerra la cui cinematografia non sia stata in qualche modo influenzata dai capolavori di Rossellini e De Sica...

Anche il genere comico, partito in sordina, senza ambizioni, come sostituto del varietà e dell'avanspettacolo in crisi, riesce ad assumere un ruolo sempre piú nevralgico e «necessario» nella produzione. E questo grazie ai successi di film con Macario e di Totò, come *I due orfanelli* (Mattoli, 1947) o *Fifa e arena* o *Totò al giro d'Italia* (ancora Mattoli, 1948) o a *I pompieri di Viggiú* (sempre Mattoli, 1949), e qualche anno dopo alla serie inaugurata da *Pane, amore e fantasia* (Luigi Comencini, 1953) e a *Poveri ma belli* (Dino Risi, 1956).

Il riso, o anche il semplice sorriso, ottenuti con mezzi facili e sicuri, ricorrendo ai doppi sensi e alla parodia di figure e situazioni note, pur snobbati dalla critica per il qualunquismo delle battute e la ripetitività delle situazioni, toccano da subito aspetti importanti del vissuto collettivo, ponendo l'accento su comportamenti e contraddizioni diffuse e immettendo sempre delle pillole di fiducia nel difficile cammino dell'uomo comune nel dopoguerra.

Il cinema popolare e di genere, dalla cineopera al melodramma, dal film comico al film mitologico, hanno un ruolo centrale nella storia del cinema italiano per oltre un ventennio, ne costituiscono una struttura portante destinata a crescere e ad assumere un ruolo sempre piú importante: in questo tipo di produzione, tale cinematografia riesce a darsi un assetto industriale, a varare progetti di coproduzione, a pensare a prodotti che creano una domanda e in seguito sono in grado di soddisfarla. E puntano a un innalzamento degli standard attraverso l'ottimalizzazione del lavoro registico e di quello recitativo, di quello scenografico e costumistico, musicale, degli operatori e sceneggiatori.

I comici, Totò, Eduardo e Peppino De Filippo, Aldo Fabrizi, Macario, Carlo Campanini, Nino Taranto, in questa fase hanno successo perché non sembrano aver bisogno della maschera per entrare nei loro personaggi: le figure a cui danno vita sono ben riconoscibili e le loro peripezie del tutto condivisibili dall'italiano comune.

Anche se la qualità media s'innalza, verso la metà degli anni cinquanta si manifestano comunque i primi segni di crisi di modelli legati a un mondo e a una cultura destinati a essere spazzati via dall'avanzare della civiltà dei consumi e dell'industrializzazione. Tra le cause contingenti piú immediate: la concorrenza televisiva, che inizia già dall'indomani della nascita del nuovo mezzo nel 1954[12], la mancata approvazione d'una nuova legge, l'imperversare della censura diretta e indiretta[13] a causa della quale molti soggetti restano nel cassetto e altri, come per esempio *Totò e Carolina*, subiscono decine di tagli[14], oltre allo spostamento della spesa nazionale verso altri consumi.

Tuttavia, in questo periodo, per uno di quei ciclici arresti della ruota della fortuna che da sempre premiano i produttori italiani, un film a basso costo, *Le fatiche di Ercole* (Pietro Francisci, 1958), compensa il produttore (la Galatea Film, che produrrà altri *peplum* importanti) con incassi dieci volte superiori ai costi[15]. Grazie a Ercole, Maciste, Ursus, vengono spezzate, alla fine degli anni cinquanta, le catene del colonialismo cinematografico e mutano i rapporti di potere con Hollywood facendo, per la prima volta, volgere la bilancia degli incassi a favore del cinema italiano.

All'interno del lavoro dell'Anica, che nel 1950 registra 180 società consorziate, non è possibile isolare le varie linee di tendenza o riconoscere e distinguere le politiche dei differenti produttori[16]. Eppure, in una situazione in cui tutte le forze concorrono in diversa misura allo sviluppo, il gruppo di sopravvissuti acquista in poco tempo la fisionomia d'un esercito regolare e competitivo.

Da quando i produttori americani vanno in Italia a girare *Quo Vadis?* (Mervyn LeRoy, 1951), Cinecittà riprende

---

[12] Il lavoro piú completo e documentato è A. GRASSO, *Storia della televisione italiana*, Garzanti, Milano 1992.

[13] Vedi T. SANGUINETI (a cura di), *Italia taglia*, Transeuropa, Bologna 1999.

[14] ID. (a cura di), *Totò e Carolina*, Transeuropa, Bologna 1999.

[15] Un'accurata e documentata storia della Galatea Film è S. VENTURINI, *Galatea S.p.A. (1952-1965). Storia di una casa di produzione cinematografica*, Associazione per le ricerche di storia del cinema, Roma 2001.

[16] Un censimento completo e come sempre accuratissimo in A. BERNARDINI, *Cinema italiano 1930-1995. Le imprese di produzione*, Anica, Roma 2000.

a pieno ritmo la sua attività e inaugura una delle fasi lunghe più felici e creative della sua storia[17]. Se è vero che non esistono nel cinema italiano figure di *tycoons* paragonabili a quelli di Hollywood, è anche vero che vi sono personaggi della statura di Gualino, Angelo Rizzoli, dei Lombardo, di Carlo Ponti, Dino de Laurentiis, Luigi Rovere, Salvo D'Angelo, Peppino Amato, Ruggero Guarini, a cui si possono aggiungere i nomi di Turi Vasile, Sandro Ghenzi, dei napoletani Natale Montillo, Fortunato Misiano, Roberto Amoroso... che consentono di formare nuovi quadri e produrre spinte interagenti con vari settori della vita sociale, politica, culturale, economica.

Il produttore che per primo decide di tentare di riconquistare il pubblico popolare è Gustavo Lombardo (dal 1949 affiancato dal figlio, Goffredo), che rivitalizza la tradizione della sua casa grazie ai film di Matarazzo[18]. I Lombardo puntano ai prodotti popolari, sofisticati dal punto di vista delle soluzioni tecniche e drammaturgiche, ma producono anche film di Lattuada, Fellini, De Santis.

La Lux tenta di perseguire una politica di bassi costi e rischi controllati, confezionando prodotti d'autore e d'alta qualità formale e culturale. Nel dopoguerra, alla presidenza rimane Gualino, che stimola ancora la realizzazione di opere tratte da testi letterari o teatrali. Alcuni soggetti di film di Germi, Castellani, Zampa, Soldati, sono improntati a una forte carica di impegno civile, i cui padrini ideali si possono considerare don Luigi Sturzo, Antonio Gramsci o Gaetano Salvemini. Sotto il segno della Lux muovono i primi passi Carlo Ponti e Dino De Laurentiis, che mirano a uno standard capace di sostenere il confronto con Hollywood. Il loro ruolo nella crescita del cinema italiano, dal punto di vista produttivo e spettacolare, è fondamentale: consente di superare la crisi di metà anni cinquanta e raggiunge, nel decennio successivo, il momento più alto e maturo di tutta la storia della produzione italiana dalle origini a oggi.

---

[17] H. KAUFMAN e G. LERNER, *Hollywood sul Tevere*, Sperling & Kupfer, Milano 1982.

[18] V. ZAGARRIO (a cura di), *Dietro lo schermo*, Marsilio, Venezia 1988. Vedi anche A. BERNARDINI e V. MARTINELLI, *Titanus*, Coliseum, Milano 1986.

2. *Il neorealismo, stella cometa del cinema del dopoguerra.*

«Il n'y a pas de doute qu'à l'heure actuelle en Europe, sinon dans le monde, c'est à Rome que le cinéma a sa tête». Cosí scrive Jean-Georges Auriol nel 1948[19]. E ancora dieci anni dopo Jean-Luc Godard scriverà: «Tous les chemins mènent à *Rome ville ouverte*»[20].

In effetti, per qualche anno, il tempo del cinema mondiale si è fermato e sintonizzato con quello del meridiano che passa per *Roma città aperta, Sciuscià, Paisà...* Grazie a un pugno di film, il cinema italiano è diventato di colpo arte guida[21], nonché autorevole rappresentante politico e diplomatico dell'Italia che si riaffaccia sulla scena internazionale.

Roma città aperta è accolto in patria, dopo la proiezione del Festival del Quirino (Roma, settembre 1945)[22], con giudizi contrastanti: accanto alle riserve morali, avanzate da Luigi Comencini sulla rivista «Lettura», ideologiche, di Alberto Vecchietti su «l'Avanti!», a quelle tecnico-stilistiche, di Antonio Pietrangeli su «Star», estetiche, di Pasquale Prunas su «Sud», ambizioso neoquindicinale napoletano[23], alle affermazioni di Mino Caudana su «Quarta Parete» (Rossellini dovrà «un giorno rendere conto in sede di Giudizio Universale» per aver perduto il senso di atmosfera allucinata e terrorizzante che c'era a Roma), c'è il plauso di Umberto Barbaro su «l'Unità», di Alberto Moravia su «La Nuova Europa», di Indro Montanelli su «Il Corriere d'Informazione»... E inoltre si può registrare un «Siamo di fronte ad un film di eccezionale valore artistico» di Ermanno Contini su «Il Giornale del Mattino», 23 settembre 1945, e degli entusiastici «Finalmente!» ad apertura di alcuni articoli di

---

[19] J.-G. AURIOL, *Entretiens romains*, in «La revue du cinéma», III (maggio 1948), n. 13, p. 54.

[20] J.-L. GODARD, *L'Afrique vous parle de la fin et des moyens*, in «Cahiers du cinéma», n. 94, aprile 1959, p. 22.

[21] F. ZERI, *La percezione visiva dell'Italia e degli italiani*, Einaudi, Torino 1976, pp. 63-64.

[22] Vedi l'accurata ricostruzione del Festival del Quirino in C. COSULICH (a cura di), *Roma '45 il risveglio delle arti*, catalogo, Editalia, Roma 1995.

[23] Vedi «Sud», ed. anastatica a cura di Giuseppe Di Costanzo, Palomar, Bari 1994.

Carlo Lizzani e Mario Gromo[24]. Al momento dell'uscita del film, anche tra i giudizi piú positivi pochi riescono comunque a vedere nel regista l'atteso messia e a rimuovere il ricordo del suo contributo attivo alla propaganda di guerra.

Roma città aperta – ben accolto dal pubblico – ha all'estero un percorso trionfale, a partire dalla serata a New York del febbraio 1946 a favore dell'associazione Italian Warfare League – che gli consentirà di rimanere in cartellone per ben due anni – per poi passare alle recensioni esaltanti del Festival di Cannes. Georges Sadoul, sul numero 72 delle «Lettres françaises» del 15 novembre 1946, cosí scrive: «Mi sembra certo che se mantiene le sue attuali promesse il cinema italiano è destinato a occupare in questo dopoguerra il ruolo tenuto negli anni venti dal cinema espressionista»[25]. E cosí si esprime Jean Desternes: «La grande qualità di questi film è di agganciare al supporto dell'intreccio il massimo di verità, di sorprendere la vita in azione, di rendere autentica la minima immagine proiettata. Le città si aprono veramente davanti a noi»[26].

Rievocando (nel 1949) su «Ciné-club» le emozioni della visione de *Il bandito* a Cannes e dell'apparizione improvvisa della Magnani, «aux cheveaux depergnés, aux grands yeux noirs», ancora Sadoul parla di vera e propria rivelazione: «Il neorealismo e la Magnani facevano irruzione nel nostro dopoguerra». Se esaminiamo invece le critiche italiane a *Paisà* ci accorgiamo che, da una parte, Rossellini gode sí d'una maggiore legittimazione, ma che il suo sguardo e il messaggio unificante urtano contro una disgregazione delle forze antifa-

---

[24] «Finalmente abbiamo visto un film italiano! Intendiamo per film italiano un film che racconti cose nostre, esperienze del nostro paese, fatti che ci riguardino»: C. LIZZANI, *Roma città aperta*, in «Film d'Oggi», I (3 novembre 1945), n. 20. «Finalmente. Un nostro film che è nostro, sentito e sincero, meditato e sofferto. Un film che affonda le sue radici nel nostro piú recente passato e sa esprimerlo con una semplicità pensosa, immune d'incrostazioni retoriche»: M. GROMO, *Roma città aperta*, in «La Nuova Stampa», 18 novembre 1945. Una ricca e significativa antologia di giudizi, in N. IVALDI (a cura di), *La Resistenza e il cinema del dopoguerra. Quello che scrissero allora*, La Biennale, Venezia 1970.

[25] Per un quadro internazionale della critica a Rossellini, vedi A. APRÀ (a cura di), *Rosselliniana*, Di Giacomo, Roma 1987.

[26] J. DESTERNES, *Rome ville ouverte et Paisà*, in «La revue du cinéma», n.s., I (1º dicembre 1946), n. 3, p. 64.

sciste ormai in atto a pochi mesi dalla fine della guerra. Saranno comunque i critici francesi e americani a riconoscere e celebrare, nei film di Rossellini e De Sica e di Blasetti, Vergano, De Santis, Lattuada, la nascita d'un fenomeno nuovo sul piano internazionale e a riconoscervi una possibilità di riscatto per il popolo italiano delle colpe passate:

> Sí, vedendo *Paisà* abbiamo ritrovato l'Italia autentica, quella che amiamo, non quella dei fanfaroni isterici (...) di Mussolini, dell'olio di ricino (...) ma quella del popolo, dei braccianti, delle avanguardie operaie, l'Italia della bellezza e della miseria (...) l'Italia di Garibaldi, degli antifascisti e dei partigiani. *Paisà* è il film della liberazione d'Italia, ma è altresí una rivelazione cinematografica. Ecco il cinema che attendiamo e che auspichiamo ed è una clamorosa sorpresa che quest'arte rivoluzionaria ci venga dal paese dove è nato il fascismo, che venga dal paese piú povero, piú sprovvisto di risorse tecniche[27].

La critica francese adotta all'unanimità il cinema italiano, non rinfacciando mai alcuna colpa politica all'Italia. Louis Chauvet, recensendo su «Le Figaro» (11 aprile 1947) *Quattro passi tra le nuvole*, dice che con film come quello e come *Roma città aperta*, *Paisà* e *Sciuscià* il cinema italiano «è sul punto di prendere la testa del cinema europeo». E André Bazin, al quale si devono alcune tra le pagine piú illuminanti e le difese piú appassionate di Rossellini e De Sica[28], di fronte a *Quattro passi tra le nuvole* vede confermata la sua «ammirazione per la nuova scuola italiana»[29]. Fra tutte le testate, la «Revue du cinéma», diretta da Jean-Georges Auriol, avrà un ruolo fondamentale. Oltre a una serie di entusiastiche recensioni sui singoli film di De Sica, De Santis, Lattuada, dedicherà al cinema italiano un intero mitico numero speciale (n. 13, maggio 1948), il cui saggio portante è affidato a Antonio Pietrangeli[30].

---

[27] S. TERY, *La revoilà l'Italie de Garibaldi*, in «L'Humanité», 30 novembre 1946.

[28] Tutti gli articoli piú importanti di Bazin sul cinema italiano, da *Le réalisme cinématographique et l'école italienne de la Libération* a *Difesa di Rossellini*, uscito su «Cinema Nuovo», sono raccolti in *Qu'est ce que le cinéma. Une esthétique de la réalité: le néoréalisme*, 4 voll., Editions du Cerf, Paris 1962. In Italia è uscita l'ampia antologia degli scritti di Bazin, tra cui quelli sul neorealismo, *Che cos'è il cinema*, a cura di Adriano Aprà, Garzanti, Milano 1999³.

[29] A. BAZIN, in «Esprit», 24 aprile 1947.

[30] Vedi A. COSTA, *Aimons l'Amérique... aimons l'Italie! Il cinema italiano*

Per molto tempo il neorealismo sarà il solo cinema a circolare – punto unico di riferimento – nei paesi dell'Est europeo, o a costituire, dopo il cinema sovietico degli anni venti di Ejzenštejn e Pudovkin, il modello per le cinematografie sudamericane. È evidente, dirà ancora Auriol nel suo discorso sul cinema italiano, che «ci sono oggi nascoste nello spirito dei cineasti e visibile nel loro lavoro in America e in Europa, delle intenzioni e delle preoccupazioni o dei risultati che ne erano assenti prima che questi artisti avessero scoperto i film italiani». In un saggio sulla percezione dell'Italia fuori d'Italia, Robert Paris sottolinea che per lo spettatore europeo, che ignorava tutto del cinema italiano e dell'Italia, la visione di *Roma città aperta*,

> Ha avuto il significato di una rivelazione, finalmente una serie di cose avevano trovato la sua espressione in un linguaggio vicino a quello europeo (...) Lo spettatore europeo trovava finalmente ciò che non aveva potuto dargli, escluso Joyce – ma chi lo leggeva! –, nessuno dei grandi romanzieri: un modo di dire e di esprimere la messa a fuoco se non l'invenzione di uno stile di racconto che si trova a essere – involontaria forse e in mezzo ad altre qualità – il solo valido equivalente della letteratura americana cosiddetta di comportamento stile Faulkner e Dos Passos.

Anche se la manifestazione del massimo della potenza del neorealismo sembra già esaurirsi alla fine degli anni quaranta, gli effetti continuano a manifestarsi come un'onda lunga, sia all'interno della produzione nazionale sia nei confronti del cinema americano che di quello del Terzo Mondo di cui costituisce la stella polare, il modello produttivo e la guida morale. Anche in piccoli paesi, come la Finlandia, dove il primo film neorealista, *Ladri di biciclette*, viene mostrato solo nel 1952, la critica (già dal 1950) riconosce l'importanza delle opere di Rossellini e De Sica come modelli fondativi e, al tempo stesso, riconosce a questo cinema i caratteri dell'identità nazionale (è il caso di una serie di articoli del 1950 di Eugen Terttula, che ha vissuto in Italia per un mese e che lamenta l'assenza del nuovo cinema italiano dagli schermi finlandesi).

---

e una «certa tendenza» della critica francese 1945-1965, in BRUNETTA (a cura di), *Identità italiana e identità europea* cit., pp. 408-39.

Nel 1953, Gabriel García Màrquez, sulle pagine del settimanale «La semana del cine» di Bogotà, lancia un violento grido di amante deluso e ferito definendo ormai il cinema italiano, una volta finita la spinta neorealista, come «il peggiore del mondo».

Dalla fine degli anni quaranta i film neorealisti fanno da traino in molti paesi anche a buona parte della restante produzione popolare: nell'America Latina rimarrà a lungo il ricordo, in Manuel Puig o in Edoardo Kazarinskj, di film comici con Walter Chiari e Silvana Pampanini, come *Lo sai che i papaveri...*, e lo stesso si può dire per le comunità di emigrati dell'America del Nord che si raccolgono attorno a un televisore – come ha raccontato Martin Scorsese – per ritrovare i profumi dell'aria di casa. Non bisogna dunque fermarsi solo sul ruolo dei capolavori neorealisti per capire il fenomeno del cinema italiano nel mondo. Per qualche tempo, alla coltivazione dell'immaginazione popolare contribuiranno i film di genere in misura non inferiore a quella dei capolavori d'autore.

Mentre, da una parte, si diffonde un'immagine dell'Italia povera ma piena di vita e capace di trasmettere proprio grazie allo schermo al di là dei confini questo eccesso di energia vitale, dall'altra, le immagini si depositano nel fondo dello sguardo di registi e operatori del cinema di tutto il mondo: gli effetti non tarderanno a manifestarsi ovunque.

Già negli anni cinquanta Giulio Cesare Castello, nel suo volumetto sul *Cinema neorealistico italiano*, frutto d'una serie di trasmissioni radiofoniche, indicava in maniera assai pertinente l'influenza evidente del neorealismo italiano su *La bataille du rail* (René Clement, 1946), *The Naked City* (Jules Dassin), *The Quiet One* (Sidney Mayers), *The Little Fugitive* (Ray Ashley, Morris Engel e Ruth Orkin), *Marty* (Delbert Mann), *Bienvenido, Mr. Marshall!* (Luis G. Berlanga), *Muerte de un ciclista* (Juan A. Bardem), *Raices* del messicano Alazraki, *Do bigha Zamin* dell'indiano Bimal Roy, e inoltre i film di Cacoyannis, Käutner, Kaneto Shindo, Jacques Becker, Louis Daquin, Jean-Paul Le Chanois...[31].

---

[31] Vedi G. C. CASTELLO, *Il cinema neorealistico italiano*, Eri, Torino 1962, pp. 59-61.

Per quasi cinquant'anni, ieri come oggi, tutti i maggiori registi delle generazioni successive a quelle che esordiscono negli anni quaranta, da Godard e Truffaut da Glauber Rocha e Wim Wenders, dai fratelli Taviani a Bertolucci, da Nelson Pereira Dos Santos a Wajda a Coppola a Scorsese, hanno riconosciuto il loro debito nei confronti di Rossellini e Zavattini - De Sica, Visconti, ma anche verso De Santis, Lattuada, Germi, Zampa. Mentre George Lucas riconoscerà il ruolo fondamentale sul suo immaginario dei film di Cottafavi e Francisci e ci permetterà di stabilire un contatto tra le avventure stellari di Han Solo e Obi wan Kenobi e le imprese di Ercole e Maciste.

Per merito di alcuni capolavori e di decine di titoli della produzione media e popolare, possiamo ancora oggi capire e percepire insieme i diversi tempi e modi dello sviluppo del cinema e della società italiana, disporre d'una sorta di lessico del viaggio dell'italiano lungo tutta la storia repubblicana e riconoscere la presenza di autori capaci di farsi interpreti dell'anima del paese[32].

Con il tempo, le parole, i gesti piú comuni, lo sguardo verso il futuro di personaggi come Francesco in *Roma città aperta* («Noi lottiamo per una cosa che deve venire, che non può non venire [...] Forse la strada sarà lunga e difficile, ma arriveremo e lo vedremo un mondo migliore. E soprattutto lo vedranno i nostri figli!»), o il disperato grido di Anna Magnani / Pina («Francesco!! Francesco!!») assumono un valore emblematico, rappresentano i primi monumenti a caldo alla resistenza da parte delle popolazioni civili europee. Il film di Rossellini è un'«opera mondo» che, in modo drammatico e contradditorio, unisce e divide, agisce da *trait-d'union*, spartiacque ed elemento di rottura con il passato.

Quando Rossellini termina le riprese, l'Italia è ancora divisa in due: oltre a cogliere in forma embrionale un processo irreversibile, Rossellini rivoluziona i codici della rappre-

---

[32] Rinvio per questi aspetti ai miei *Il cinema legge la società italiana*, in *Storia dell'Italia repubblicana*, II.2, Einaudi, Torino 1995, pp. 781-844, e *La ricerca dell'identità nel cinema italiano del dopoguerra*, in BRUNETTA (a cura di), *Identità italiana e identità europea nel cinema italiano* cit., pp. 11-67.

sentazione, riporta la macchina da presa ad altezza d'uomo, ridona visibilità a ogni aspetto del reale e dignità e consapevolezza a tutti i personaggi, reinventa e riscopre le forme piú elementari della comunicazione, restituisce al cinema il ruolo di strumento di conoscenza umana e di presa di coscienza collettiva. Nei suoi film si sente per la prima volta nel cinema italiano, come ha detto Cocteau, «lo sguardo di un uomo farsi popolo e quello di un popolo identificarsi con lo sguardo di un uomo».

In una recente pagina di ricostruzione autobiografica della memoria dell'infanzia, Alberto Asor Rosa rievoca con forza ed emozione ancora intatta il senso di perfetta integrazione fra spettatori e schermo, di eccezionale e inedita sensazione di fusione e permeabilità tra vita reale e vita ricreata dal cinema:

> Ma l'esperienza cinematografica piú straordinaria di quello strano inverno di transizione fu un'altra. In quella valanga di film provenienti d'Oltreoceano, se ne infilava ogni tanto qualcuno girato qua e là, non si sa come, nelle strade di casa nostra. Cosí, un pomeriggio, non mi rammento da cosa richiamati, andammo a vedere, in una sala affollatissima di periferia, nel cuore del mio quartiere, fra Piazza San Giovanni e Piazza dei Re di Roma, un film che già nel titolo richiamava la nostra città e la nostra esperienza dei mesi passati. Era una storia su Roma occupata dai tedeschi. Credo che questa sia un'esperienza unica nella storia del cinema.
>
> Il codice dei film americani vi era radicalmente rovesciato. Il pubblico in sala non era invitato a sognare che cosa gli sarebbe potuto accadere in una situazione analoga a quella che vedeva raccontata, ma gli si faceva vedere quel che lui era o quel che era stato fino a pochi mesi prima. In giro per la sala c'era la stessa gente umile, poveramente vestita, smunta, con i buchi della fame sotto gli zigomi, gli zatteroni di sughero consunti, gli abitucci di cotone leggero, le giacche lise, insomma le stesse povere cose di quei personaggi che, a poca distanza da loro, recitavano la loro modesta storia sullo schermo: e questa storia era piú o meno la stessa che gli spettatori in sala, o i loro amici piú stretti, o i parenti, o i vicini di casa, avevano anche loro recitato fino a poco tempo prima per le strade di Roma, nei giardinetti polverosi di periferia, negli squallidi palazzoni popolari, nei bar e baretti sparsi da ogni parte, con i tedeschi e i fascisti armati e ringhiosi ovunque, il dominio dell'oppressione e della paura, i sotterranei fremiti di rivolta, le persecuzioni e i rastrellamenti, il terrore della tortura e della morte.
>
> Questa sí: quando mai s'era vista e si sarebbe mai piú vista una

cosa del genere? Un conto è – immagino – essersi imbattuti in quel film mesi e mesi dopo in una qualsiasi sala di Los Angeles o di Soho; altro conto è averlo incontrato per caso in una sala della periferia romana nel grigio inverno che seguiva allo svolgimento reale degli avvenimenti descritti: il pubblico in sala, cioè noi, cioè io, mia madre, la nostra vicina del piano di sopra, il droghiere del negozio all'angolo, la vecchia signora della portineria, l'elettricista che ci accomodava la luce, il manovale delle Ferrovie con una gamba piú corta, il pensionato che viveva in una delle cantine del sottoscala, stavamo lí tutti, a occhi spalancati e a bocca aperta, a vedere che cosa diavolo ci era capitato in quei cosí vicini mesi terribili[33].

Senza aver ricevuto alcuna investitura, o legittimazione, Rossellini si trova – agli occhi della critica e del pubblico internazionale – alla testa di un piccolo gruppo di uomini di cinema, privi di mezzi, programmi e coesione ideologica e, pur tra le incertezze e i sensi di colpa, che condivide con la maggioranza degli italiani, riesce a cogliere insieme il senso della tragedia e la volontà di palingenesi. È un momento magico e unico – ben osservato anche da Italo Calvino – in cui i destini, i percorsi e le voci d'un popolo s'incrociano e mescolano in modo spontaneo con quelli della cultura: «... carichi ciascuno di storie da raccontare. Ognuno aveva avuto la sua, ognuno aveva vissuto vite irregolari, drammatiche, avventurose. Ci si strappava la parola di bocca»[34].

Ciò che Calvino dice di sé («... scrivendo mi trovai a trattare la medesima materia dell'anonimo narratore orale»), per una sorta di proprietà transitiva si applica agli sceneggiatori e ai registi, che appaiono come gli eredi naturali d'una tradizione orale che qualcuno, come ancora Cocteau, paragona alle *Mille e una notte*:

I film etichettati col nome di Neo-realismo altro non erano che racconti di narratori orientali. Come l'Oriente, l'Italia vive nella strada. Il califfo, anziché travestirsi da uomo del popolo, si traveste da macchina da presa (...) In *Miracolo a Milano* De Sica spinge il racconto orientale all'estremo[35].

[33] A. ASOR ROSA, *L'alba di un mondo nuovo*, Einaudi, Torino 2002.
[34] I. CALVINO, *Presentazione* a *Il sentiero dei nidi di ragno*, Einaudi, Torino 1964, p. 7.
[35] J. COCTEAU, *Le passé defini*, Gallimard, Paris 1983, p. 351.

Il cinema italiano che riprende il cammino afferma il bisogno di riappropriarsi dei poteri dello sguardo per muovere alla scoperta del visibile e inventare una parola adatta a raccontarlo, e piú di tutto per trovare i punti di confluenza tra *pathos* e *ethos*. È uno sguardo che aspira presto a divenire ecumenico. Lo sforzo è quello di innestare la *petite histoire evénementielle* nell'alveo della Storia. Protagonisti assoluti diventano quelli che Pierre Sansot chiama *gens de peu*[36], un'umanità da sempre invisibile i cui gesti, la cui voce, i cui mondi vengono forse per la prima volta illuminati e osservati nella loro specificità e rappresentatività.

Con il neorealismo gli sceneggiatori sembrano voler rinunciare alla loro presenza forte, alla scrittura, al filtro della propria cultura per attingere alla realtà, ai fatti di cronaca, spingendo lo sguardo al massimo in direzioni di mondi e realtà sociali finora mai considerate. Nel dopoguerra si registrano le voci d'una polifonia linguistica che mescola la Sicilia e il Piemonte, la Campania e il Veneto, si valorizzano, senza piú censure, le varietà dialettali, l'italiano regionale. E, soprattutto, le voci di figure rimaste sempre ai margini della scena e della storia a cui non era mai stata concessa la dignità della parola. Grazie a Zavattini e Amidei, ma anche a Tellini, Fellini, Sonego e a tutti gli altri cantori che sembrano attingere le loro storie alla cultura orale, le figure tradizionali dei protagonisti perdono le loro funzioni e la loro centralità e il racconto diventa una sorta di affabulazione libera priva di direzioni e intenzioni. Gli stessi confini della realtà e del visibile assai presto si fanno indistinti.

Sceneggiatori e registi, sia pure per breve tempo, si sentono investiti del ruolo di interpreti della storia di tutti e della missione di documentare la ricostruzione del paese. Accanto ai nomi già segnalati, vanno ricordati Ivo Perilli, Maccari, Piero Tellini, Flaiano, Margadonna, Suso Cecchi d'Amico... In ogni caso, se vogliamo dare a Cesare (inteso come Zavattini) quello che gli spetta, bisogna dire che Zavattini è pervaso, già prima della fine della guerra, dalla percezione della palingenesi e da un bisogno di suscitare energie che appare quasi raddoppiato rispetto agli anni d'anteguer-

---

[36] P. SANSOT, *Les gens de peu*, Puf, Paris 1991.

ra. Il cinema gli appare come il mezzo d'avanguardia del cambiamento.

Il neorealismo scopre che non esiste distinzione tra pubblico e privato. Nell'andare alla scoperta d'un intero popolo, di un paese sconosciuto, gli autori registrano, soprattutto nella loro varietà e poliedricità, forme inedite di comunicazione verbale e gestuale e di interazione dell'uomo con il proprio ambiente. Riescono a far parlare gli sguardi, i silenzi, gli oggetti.

Nella fase di maggior messa a fuoco della progettualità e di maggior fiducia nelle possibilità di sforzo unanimistico della nuova poetica, Zavattini giunge a prevedere che chiunque, partendo dalla piú semplice realtà microcellulare, possa raggiungere i piú liberi e autonomi universi di racconto. La fiducia nelle possibilità del cinema di raccontare tutte le storie, di celebrare la grandezza della quotidianità, di cantare l'epopea dei gesti e dei sentimenti comuni, di poter imitare tutti i linguaggi, fa esplodere i sistemi narrativi e linguistici e offre agli sceneggiatori l'esaltante sensazione di poter raccontare tutto, di poter dare libero corso a un'invenzione capace di perlustrare tutte le realtà visibili e di spingersi oltre, a esplorare il sogno, i territori dell'immaginazione a percepire gli spazi che stanno al di là dei confini posti dalla ragione e dall'esperienza dei sensi. Ci si spinge in modo circospetto, e con molte forze contrarie, a esplorare quell'«oltre» già indicato da Pirandello fin dal 1915 nei *Quaderni di Serafino Gubbio operatore*. In questa direzione, il ruolo di Federico Fellini e Tullio Pinelli ed Ennio Flaiano, ma anche di Michelangelo Antonioni, si rivelerà fondamentale. Ma è soprattutto sul piano della percezione dei mutamenti della mentalità, e nel costituirsi come luogo privilegiato in cui confluiscono e si sedimentano i segni di molte storie, che il cinema del dopoguerra libera il massimo delle sue possibilità. Al di là dalla volontà e intenzioni degli autori, è proprio il cinema che esce dagli studi e percorre in modo disordinato e per caso gli spazi di socializzazione e di vita collettiva, e incontra, altrettanto per caso, aspetti finora mai visti della realtà, a favorire la libera e involontaria circolazione di segni della storia collettiva.

Autori come Rossellini, Visconti, Germi, Blasetti, Camerini, Castellani, Zampa, Soldati, per qualche anno coabitano in un medesimo campo di tensioni, ma per quanto si pongano di fronte alle cose e chiedano loro di autorappresentarsi, il peso della letteratura, sia pure distribuito in modo diverso, non è cancellato per nessuno. Anzi, va a toccare – nel caso di Visconti – le strutture profonde, sceglie come punto di riferimento non la parola scritta quanto il racconto orale nelle sue forme epicizzanti e la sua traducibilità immediata.

A partire da *Roma città aperta* nasce – in ogni caso – un modo di guardare all'uomo e ai suoi rapporti con quelle che Longhi avrebbe chiamato «le sue circostanze», destinato a orientare presto, quasi come l'ago d'una bussola, le scelte tematiche e narrative comuni di molti autori delle generazioni nate tra le due guerre.

Ma il problema è anche quello di individuare i caratteri d'una *koiné* stilistica, porsi dal punto di vista di un'indagine iconografica e iconologica. Il cinema che riprende il cammino con Rossellini e *Roma città aperta* ha il carattere fondativo d'un nuovo modo di vedere, di rapportare lo sguardo al visibile, di fissare dei moduli prospettici e riconcepire la rappresentazione di uomini e cose a partire da una macchina da presa posta ad altezza d'uomo, portata alla visione di immagini fisse e alla percezione netta e ravvicinata dei rapporti tra l'individuo e tutti gli elementi del suo ambiente. Lo sguardo di Rossellini e il suo stile dimesso, non imposto dalle condizioni produttive, non intendono trasmettere o imporre saperi e imperativi ideologici: il punto di vista dell'autore non coincide mai con quello dei suoi personaggi, in nessun momento il regista si pone come *deus ex machina* del loro destino drammatico e narrativo. La tradizione dell'epopea popolare, trasmessa per via orale dai cantastorie e cantafavole cui abbiamo accennato, trova nella macchina da presa il suo nuovo mezzo privilegiato. Rossellini adotta una sorta di *sermo humilis* grazie a cui ogni immagine restituisce con immediatezza e semplicità la complessità del flusso dell'esistenza, spingendo lo sguardo oltre ciò che finora era consentito. Tutto il sapere, le regole, i paradigmi spettacolari e rappresentativi sono azzerati. L'occhio della macchina da presa è un organo aggiunto di cui il regista si serve per vedere nel senso di testimoniare (ιστορειν).

Rossellini insegna e mostra come chiunque possa filmare inserendosi nel flusso della storia collettiva, isolandone dei momenti senza particolari costruzioni preliminari, obbligandoti a vedere anche immagini che finora erano rimaste al di fuori della scena.

Sulla stessa via sembrerebbe muoversi la coppia Zavattini - De Sica, ma il loro cinema, pur teorizzando la spontaneità e l'immediatezza, reintroduce dal primo film del dopoguerra le regole della recitazione, del lavoro in studio, della preparazione accurata della scena e della costruzione dell'immagine. C'è, rispetto a Rossellini, da parte del regista e dello sceneggiatore co-autore, la volontà e la capacità non solo di porsi dal punto di vista dei loro personaggi ma di far sentire le vibrazioni emotive dello sguardo in soggettiva d'un bambino, d'un pensionato, trasmetterci la loro capacità di vedere con uno sguardo vergine, di stupirsi. Lo sguardo rosselliniano sembra star stretto a De Sica che vuole far sentire e caricare le sue immagini di pathos, pur senza ricorrere a particolari modelli costruttivi. Piuttosto, saranno l'immagine di Visconti – e per altri aspetti, simili e distinti, quelle di De Santis, Lattuada, Castellani, Germi – a recuperare il senso della costruzione visiva, dell'organizzazione e distribuzione delle figure nello spazio, della cura estrema per la disposizione di tutti gli elementi. Con Visconti nulla mai è spontaneo e naturale. Tutto è frutto della sua cultura visiva e figurativa: anche quando va alla scoperta della Sicilia e dei pescatori di Aci Trezza, ogni elemento risponde a una *ratio* preesistente, all'esigenza di creare concordanze tra i cromatismi visivi e l'andamento musicale delle diverse partiture del racconto. Lo sguardo di Visconti si riallaccia alla tradizione pittorica: lui vede attraverso i filtri della sua cultura visiva e musicale e i personaggi ricevono vita grazie al suo sguardo. Mentre gli altri compagni di strada agiscono per riduzione e sottrazione, Visconti lavora per aggiunte e sovrapposizioni di elementi. Nulla in lui è affidato al caso.

La fiducia nelle possibilità del cinema di raccontare le storie di tutti, di celebrare la grandezza della quotidianità, di cantare l'epopea dei gesti e dei sentimenti comuni, di poter imitare tutti i linguaggi, fa esplodere i sistemi narrativi e linguistici e offre agli sceneggiatori l'esaltante sensazione di poter raccontare tutto, di dar libero corso a un'invenzione capace di perlustrare le realtà visibili e di spingersi oltre a esplorare il sogno, i territori dell'immaginazione, a percepire gli spazi che stanno al di là dei confini posti dalla ragione e dall'esperienza dei sensi.

Il cinema neorealista, da subito, per le persone che operano nello spazio che lo definisce, non vuole essere semplice registrazione e mimesi dell'esistente, questo oggi è ben piú chiaro che in passato. Scompone e decostruisce il racconto tradizionale ma intende raccontare ed esplorare le dimensioni plurime del reale, ivi comprese quelle fantastiche, del sogno, dell'immaginazione. Registi e sceneggiatori inventano una nuova etica del vedere, riaffermano o affermano il primato dell'etica sulla politica e vanno alla scoperta di valori comuni, di elementi difformi e di dimensioni sconosciute del paese.

Il cinema del dopoguerra racconta, in forma corale, le dinamiche e le trasformazioni nella vita degli italiani, nei comportamenti e nella mentalità collettiva in forma di «diario pubblico». Un diario scritto da un io collettivo, un registro o libro dei conti dove vengono annotati profitti e perdite, inutili dissipazioni di energie, difficoltà e durezze degli ostacoli da superare, dolore e rassegnazione assieme all'ottimismo e alla volontà di ripresa[37].

Si può tuttora riconoscere come, rispetto a tutte le altre cinematografie del dopoguerra, americana compresa, il cinema italiano abbia avuto il merito e la capacità di andare alla scoperta d'un paese e della sua storia partendo dal basso, tentando di soffermarsi di preferenza su fenomeni di proletarizzazione della piccola borghesia e di borghesizzazione del proletariato e seguirle entrambe nel processo intrecciato di progressiva ascesa economica e sociale e progressiva dissoluzione.

Certo esistono opere-chiave nelle quali lo spirito di un'epoca o d'un momento storico sono piú concentrati (dai film

---

[37] M. SESTI, *La vita quotidiana nell'età neorealista*, in A. FARASSINO (a cura di), *Neorealismo. Cinema italiano 1945-1949*, Edt, Torino 1989, pp. 115-20.

di Rossellini a *La dolce vita*), entrate a far parte della geografia e dell'arredo immaginativo dell'uomo del dopoguerra, e altre che hanno assunto il valore testamentario d'un evento o d'un periodo, capaci di surrogare o addirittura di sostituire le fonti storiche tradizionali. Nel caso di *Roma città aperta* e *Germania anno zero* alcune sequenze consentiranno alle future generazioni di entrare a contatto diretto con lo spirito profondo della resistenza europea.

Presi come macrosistema, i grandi e piccoli film del dopoguerra accompagnano e aiutano a definire caratteristiche e trasformazioni della vita e della mentalità dell'italiano, che passa dalla ricostruzione alla guerra fredda al miracolo economico agli anni di piombo, dalla fase di ricerca e scoperta delle mille e una Italia agli anni in cui la percezione della nazione, il senso d'identità, la rappresentazione di valori comuni sembrano svaniti per sempre. Un percorso che ha l'andamento d'una parabola il cui punto piú alto è proprio agli inizi degli anni sessanta.

Di tutto questo macroinsieme, le opere di Luciano Emmer agiscono da ponte tra la prima fase – in cui domina lo stile alto e tragico – e quella in cui si punta a una maggior leggerezza nella rappresentazione. Si potrebbe riconoscere ai film di Emmer – da *Una domenica d'agosto* (1950) a *Parigi è sempre Parigi* (1951) a *Le ragazze di Piazza di Spagna* (1952) fino a *La ragazza in vetrina* (1960; cosí massacrato dalla censura da spingerlo ad abbandonare il cinema), opere che puntano alla completa dissoluzione del racconto, alla moltiplicazione delle storie e al loro fluire e mescolarsi in modo da rendere indistinguibili le diverse vicende – un ruolo di registrazione dei modi di vivere, degli orizzonti di attese, dei comportamenti, della percezione del futuro, delle disponibilità economiche e delle attitudini consumistiche delle persone comuni, una sorta di anticipazione sullo schermo delle future indagini sociologiche Doxa, Istat o Censis.

Il cinema italiano del dopoguerra è stato ben conosciuto per i suoi capolavori e per molti film di genere, da quelli di Totò ai melodrammi di Matarazzo, dal film musicale ai mitologici: è un terreno di continuo riesplorato di cui, nel corso degli anni, sono stati disegnati meglio alcuni legami e intrecci, e si è allargato sempre piú lo sguardo dai pochi film monumento all'insieme dello spazio e del sistema. Molte figure rimaste in ombra e molti film di genere hanno goduto di giuste rivalutazioni. Curiosamente – e questo è un dato incoraggiante per chi si accinge a lavorare nel terreno del dopoguerra – esistono ancora vaste terre incognite, o appena esplorate, o in pratica uscite dalla memoria come era accaduto al cinema muto fino a qualche decennio fa.

Una di queste è il vastissimo e pressoché sconosciuto e dimenticato territorio del documentario, disperso e solo di recente riaffiorato grazie a piccole e isolate iniziative. L'Istituto Luce ha da poco avviato la ristampa dei documentari di Pasinetti. Il risultato è stato quello della riscoperta d'un maestro del racconto visivo, della capacità di trasferire e metabolizzare con la macchina da presa le lezioni della pittura vedutista. Riconosco d'avere piú volte tentato l'esplorazione sporadica di questo territorio, grazie alla possibilità di vedere insiemi importanti di documentari di autori come Francesco Pasinetti o Michelangelo Antonioni, Vittorio De Seta, Florestano Vancini e Luciano Emmer, Francesco Maselli e Valerio Zurlini, Ermanno Olmi e i fratelli Taviani, Franco Piavoli e Gianfranco Mingozzi. E tuttavia mi sono sempre arrestato di fronte a un'impresa che va affrontata, ma che richiede degli sguardi a largo spettro che sappiano mettere nella giusta prospettiva il documentario e il cinema di finzione cogliendone i legami e gli sviluppi nel quadro della storia del documentario europeo[38]. Se dovessi dunque indicare strade ancora fruttuose per la ricerca e zone vergini non avrei dubbi a suggerire di studiare il documentario italiano in tutte le sue forme, piuttosto che puntare l'attenzione su qualche zona ancora poco conosciuta del cinema muto di cui il materiale emerso mi sembra fornire sufficienti elementi per la comprensione degli insiemi piú vasti.

Negli anni quaranta e cinquanta, il periodo d'oro del documentario, compiono un loro fondamentale apprendistato, fissando alcune caratteristiche destinate a ritrovarsi in

---

[38] Un primo importante risultato di progetto di studio del documentario europeo, è R. ODIN (a cura di), *L'âge d'or du documentaire*, L'Harmattan, Paris 1998.

tutta la loro attività successiva, gli autori appena nominati e, assieme a loro, Dino Risi, Luigi Comencini, Giulio Questi, Carlo Lizzani, Gillo Pontecorvo, Renzo Renzi, Michele Gandin, Giuseppe Ferrara, Virgilio Sabel, Giorgio Trentin, Carlo Di Carlo, Silvano Agosti... Il documentario insegna a guardare e a impadronirsi di tutti gli aspetti del processo creativo e realizzativo, a conoscere e padroneggiare il linguaggio visivo, invita a esplorare nelle realtà vicine mestieri che scompaiono e gesti quotidiani che caratterizzano la storia d'un luogo o di un'economia, insegna a viaggiare nello spazio e nel tempo, a varcare zone considerate tabu, a portarti a contatto con realtà arcaiche e riti magici o con zone di sottosviluppo – seguendo, ad esempio, le orme e gli studi d'Ernesto De Martino come *Sud e magia* – che residuano a un passo dalle aree piú avanzate del paese[39]. I primi veri contatti con le realtà profonde e sconosciute di Sicilia, Sardegna, Puglia, Basilicata, avvengono grazie ad alcuni memorabili documentari di Luigi Di Gianni o di Vittorio De Seta, mentre il primo vero ingresso a contatto con la realtà quotidiana, con i gesti del lavoro operaio, oltre al documentario di Pontecorvo, *Giovanna* (1954), ci viene dai documentari di Ermanno Olmi nei cui credits possiamo trovare anche Pier Paolo Pasolini o Tullio Kezich (*La diga sul ghiacciaio*, 1953; *Michelino I B*, 1956; *Tre fili fino a Milano*, 1958; *Un metro lungo cinque*, 1961). Vi sono poi i documentari d'arte realizzati da Luciano Emmer, Roberto Longhi e Umberto Barbaro e Carlo Ludovico Ragghianti, su cui si è lavorato con risultati soddisfacenti[40]. Il documentario raccoglie il testimone del neorealismo e della lezione zavattiniana – oltre alle lezioni dei grandi maestri del documentario, da Joris Ivens a Robert Flaherty – e ha la possibilità

---

[39] D. CARPITELLA, *Film etnografico e mondo contadino in Italia*, in P. SPARTI (a cura di), *Cinema e mondo contadino*, Marsilio, Venezia 1982.

[40] P. SCREMIN (a cura di), *Carpaccio, vita di un documentario d'arte*, Allemandi, Torino 1991; AA.VV., *Cinema e arte. Documentari d'arte dal 1940 al 1960*, Cineteca di Bologna, Bologna 1962; A. COSTA (a cura di), *Carlo Ludovico Ragghianti. I critofilm d'arte*, Campanotto, Udine 1995, e ID., *Il cinema e le arti visive*, Einaudi, Torino 2002, in cui i documentari d'arte italiani vengono piú volte esaminati; P. SCREMIN, *Viatico sui documentari sull'arte*, in AA.VV., *Carlo Ludovico Ragghianti e il carattere cinematografico della visione*, Charta 2000, Milano 2000, pp. 150-61.

di entrare a contatto con temi che il cinema ha rimosso dal suo orizzonte visivo ma anche può accedere alle realtà industriali assai prima di quanto non farà il cinema di finzione. Non pochi registi sperimentano la sintassi, la metrica, la ritmica ed esplorano alcuni argomenti che poi svilupperanno nei film di finzione successivi. È il caso di Olmi, De Seta, Vancini... Una storia del documentario italiano è ancora tutta da scrivere. I pochi tentativi che finora sono stati fatti sono per lo piú deludenti perché solo descrittivi[41]. Un semplice tentativo di restaurarne alcuni – effettuato nell'ambito del progetto della Philip Morris – ha mostrato l'altissima qualità dei risultati raggiunti da Antonioni, Comencini, Maselli, Petri, Risi, Vancini, Questi, Zurlini, Visconti...[42]. I risultati migliori sono venuti da ricerche mirate, per esempio quella condotta su un insieme omogeneo come il corpo dei documentari governativi sovvenzionati dalla Presidenza del Consiglio negli anni cinquanta[43]. Tutti da esplorare sono i documentari realizzati per la pubblicità interna delle grandi aziende, dalla Fiat all'Olivetti, dalla Montedison alle Ferrovie dello Stato[44]. Qui possiamo trovare lavori firmati da Risi e Emmer, Rossellini e Pontecorvo, Folco Quilici e Massimo Mida, Bruno Munari, Virgilio Tosi e Michele Gandin...

Basta ricordare alcuni titoli dai primi anni quaranta, tra quelli che ritengo fare corpo a tutti gli effetti con le dinamiche, la ricerca stilistica, sociale e culturale del cinema italiano dei decenni successivi: *Gente del Po* (1943), *N.U.* (1948) di Visconti, *Barboni* (1946) e *Buio in sala* (1949) di Risi; *Isole nella laguna* (1949) di Emmer e Gras; *Bagnaia paese italiano* (1949) e *Bambini* (1951) di Maselli; *Nel Mezzogiorno qualcosa è cambiato* (1950) di Lizzani; *Le fidanzate di carta* (1951) di Renzo Renzi; *Delta padano* (1952) e *Tre canne un*

---

[41] Mi riferisco in particolare al primo tentativo di G. BERNAGOZZI, *Il cinema corto. Il documentario nella vita italiana, 1945-1980*, La casa Usher, Firenze 1980.

[42] L. MICCICHÉ (a cura di), *Studi su dodici sguardi d'autore*, Lindau, Torino 1995.

[43] Vedi M. A. FRABOTTA, *Il governo filma l'Italia*, Bulzoni, Roma 2002.

[44] *La macchina e il cinema*, Fondazione Micheletti, Brescia 1995, e A. MEDICI, *Filmare il lavoro*, Archivio audiovisivo del movimento operaio, Roma 2000.

soldo (1953) di Florestano Vancini; *Pugilatori* (1951) e *Mercato delle facce* (1952) di Valerio Zurlini; *Donne di servizio* (1953) di Giulio Questi; *Porta Portese* (1954) di Pontecorvo; *San Miniato luglio '44* (1954) dei Taviani e Valentino Orsini; *Isole di fuoco* (1955) di Vittorio De Seta...

Fra tutti questi autori, va isolato e studiato Folco Quilici, per la sua capacità di concepire il documentario come parte integrante del cinema di finzione, luogo di avventura planetaria in cui il racconto visivo sostituisce perfettamente in termini epici il racconto orale, l'immagine sprigiona una forte potenza mitica e l'habitat e l'orizzonte visivo sono dati da tutto il globo terrestre. *Sesto continente* (1954), il suo primo lungometraggio, inaugura un'attività che si snoda ininterrotta da un cinquantennio e sa unire senso dell'avventura e della scoperta nel vicino e lontano, curiosità e rigore scientifico, capacità di alta divulgazione e fuoco poetico, che accompagna ogni passo della sua eccezionale carriera[45].

Le poetiche delle *nouvelles vagues*, assieme allo sviluppo della televisione, alle nuove possibilità di lavoro nella pubblicità televisiva, renderanno dai primi anni sessanta meno importante il documentario agli effetti della formazione registica. Anche se si possono trovare documentari che fissano dei punti fermi nella carriera di alcuni registi e li segnalano per il loro stile e il tipo di interessi, il fenomeno è più disgregato e casuale, più legato a committenze specifiche e più meritevole d'essere studiato nel quadro più generale dell'industria culturale e delle trasformazioni dell'universo mediatico.

Fra tutti i territori inesplorati quello più sconosciuto e ghettizzato in quanto considerato a destinazione infantile, ma anche perché il suo periodo di massimo splendore si è verificato all'interno della storia della televisione, è quello dell'animazione. A parte gli studi di Gianni Rondolino[46] e Giannalberto Bendazzi[47], che vi si è dedicato negli ultimi

---

[45] Vedi I. CAPUTI, *Il cinema di Folco Quilici*, Edizioni di Bianco e Nero, Roma 2000.

[46] G. RONDOLINO, *Storia del cinema d'animazione*, Einaudi, Torino 1974.

[47] G. BENDAZZI, *Cartoons. Cent'anni di cinema d'animazione*, Marsilio, Venezia 1992.

anni con maggiore continuità, e qualche altro saggio[48] e articolo sparso in riviste specializzate (per esempio, «L'Ufficio Moderno», «Sipra», «Il Fotogramma»), l'animazione non ha mai goduto di «buona stampa» e dell'attenzione che si merita. La vera data di nascita dell'animazione italiana è il 1949, con *La rosa di Bagdad* (Anton Gino Domeneghini) e *I fratelli Dinamite* (Nino e Toni Pagot), entrambi a colori. Il primo vede la luce dopo una vicenda quasi decennale e il secondo è in pratica l'unico esperimento cinematografico dei fratelli Pagot al cinema perché l'esito commerciale è disastroso.

La vera storia dell'animazione italiana è legata – come si è detto – soprattutto al ventennio di presenza trionfale di Carosello in televisione[49]. In questo periodo crescono e raggiungono livelli tecnologici e di creatività competitivi a livello mondiale alcune case di produzione: la Gamma Film dei fratelli Gavioli[50], la Paul Film, la Bruno Bozzetto Film, la Pagot Film... Carosello è per vari autori un laboratorio e un trampolino di lancio per ritentare l'avventura sul grande schermo.

I fratelli Gavioli realizzano nel 1961, su soggetto di Zavattini, *La lunga calza verde*, un film celebrativo che racconta le vicende che portano all'Unità d'Italia, ma è Bruno Bozzetto a ottenere per primo un successo di pubblico in Italia e all'estero con *West and Soda* (1965) per la novità nel taglio delle immagini, nel ritmo, nella quantità di invenzioni figurative e sonore che tengono conto dei western di Sergio Leone. Anche il suo secondo lungometraggio, *Mio fratello superuomo* (1968), riscuote un buon successo. Bozzetto è l'autore che piú cerca di aprire nuove strade all'animazione cercando di trovare e indicare una via italiana. Il suo personaggio piú noto è il signor Rossi, del quale ha raccontato in decine di cortometraggi le avventure quotidiane alle prese con la modernità. La fine di Carosello produce una catastrofe nell'animazione italiana e ne spegne di colpo tutte le energie.

[48] P. ZANOTTO e F. ZANGRANDO, *L'Italia di cartone*, Liviana, Padova 1973.
[49] La bibliografia su Carosello è abbastanza ricca; cito solo M. GIUSTI, *Il grande libro di Carosello*, Sperling & Kupfer, Milano 1995.
[50] M. ZANE, *Scatola a sorpresa*, Jaca Book, Milano 1998.

L'unica vera personalità emersa con forza poetica e creativa negli ultimi anni è quella di Enzo d'Alò, che gira un primo lungometraggio, *La freccia azzurra*, nel 1996 e raggiunge un lusinghiero successo di pubblico (quasi otto milioni di euro) con *La gabbianella e il gatto*, dal romanzo di Luis Sepulveda, un'opera che ha tutte le qualità per sfidare la produzione americana di Walt Disney.

3. *Il viaggio di Rossellini: il reale, la fede, la modernità.*

Teoria e poetica del neorealismo non nascono da un progetto comune ideato a tavolino: il neorealismo appare sempre piú come una «corrente involontaria» e un «campo di tensioni»[51], piú dilatato che in passato, in cui coabitano figure che si muovono in piú direzioni, o una fase di «crisi vitale» come l'ha definito Pasolini[52]. Ai registi sembra che il visibile dispieghi al loro sguardo sia la superficie che la profondità, e a loro spetti il compito di assecondare la volontà delle cose e registrarne il pianto. Autori molto diversi condividono lo stesso spazio, scendono nelle strade per vedere e raccontare storie intercambiabili di personaggi senza storia che la guerra ha promosso a rappresentanti della storia di tutti, attingono a un'identica fonte per poi dar forme diverse al racconto per immagini. Il contenitore neorealista si modifica di continuo come un caleidoscopio, dando vita a una serie di film le cui caratteristiche non coincidono con le proprietà e i limiti del contenitore stesso.

Grazie a Rossellini, il cinema si libera anche di quella tradizione letteraria, teatrale, figurativa, che ne aveva in parte condizionato il cammino. Per il critico francese Serge Daney, grazie a una sequenza di *Roma città aperta*, quella della tortura, si può riconoscere la nascita del cinema moderno, quello in cui l'occhio dello spettatore è costretto a vedere realtà finora occultate e tabu e per lo piú intollerabili. Inol-

---

[51] M. CORTI, *Il viaggio testuale*, Einaudi, Torino 1978, p. 66.
[52] P. P. PASOLINI, in F. FELLINI, *Le notti di Cabiria*, Cappelli, Bologna 1965, p. 231. La definizione di «crisi vitale» dà il titolo a una delle piú recenti e originali riletture del cinema italiano: P. A. SITNEY, *Vital Crises in Italian Cinema*, Texas University Press, Austin 1995.

tre, non è piú il cinema ad attingere alle arti maggiori, ma la scrittura cinematografica a modificare e influenzare le diverse forme di scrittura artistica. I registi scoprono forme inedite di comunicazione: riescono a far parlare i silenzi, il vuoto, il paesaggio, gli oggetti, riscoprono significati e funzioni in elementi insignificanti, nobilitano ogni minimo gesto[53].

Lo sguardo neorealista è uno sguardo inclusivo e totalizzante che punta a dar voce a tutte le forme dialettali e ad abbracciare il territorio italiano nella massima estensione: *Paisà* e *Il cammino della speranza* raccontano di viaggi che dalla Sicilia conducono fino al Nord del paese[54]. Si tratta di spostarsi senza piani prefissati e di entrare a caso nelle abitazioni per lasciare che la macchina da presa incontri in modo naturale la realtà. Zavattini pensa a un viaggio in Italia fin dal 1944; per lui la culla della civiltà italiana è la Padania, fecondata dal fiume che l'attraversa: «Il Po è il padre e la madre, è la vita, è la terra»[55]. Il Meridione è visto invece nella fissità e rappresentatività dei suoi riti[56]. Visconti va ad Aci Trezza in Sicilia per girare tra e con autentici pescatori *La terra trema*, ispirato ai *Malavoglia* di Verga[57]. Concepito come *ouverture* d'una trilogia popolare, e in parte realizzato sotto il segno della pittura di Renato Guttuso e del cinema di Ivens e Flaherty, *La terra trema* è un viaggio di ritorno alle madri, di discesa alle radici della cultura popolare nazionale e mediterranea.

Il caso, l'improvvisazione, la costruzione quotidiana della sceneggiatura, il largo margine di imprevisto, gli elementi su cui a posteriori si sono costruite la poetica neorealista e la sua mitologia, sono, in realtà, fattori collegati alle condizioni materiali di partenza, dati di fatto che impongono al regista di impostare il lavoro secondo un certo arco di pos-

[53] F. BOLZONI, *Il paesaggio nel cinema e nella narrativa italiana del Novecento*, in «Bianco e Nero», XVII (febbraio 1956), n. 2.

[54] Vedi A. FARASSINO, *Neorealismo storia e geografia*, in ID. (a cura di), *Neorealismo* cit., pp. 21-36.

[55] C. ZAVATTINI, *Neorealismo ecc.*, a cura di Mino Argentieri, Bompiani, Milano 1979, p. 323.

[56] P. IACCIO, *Cinema e Mezzogiorno*, in AA.VV., *Storia del Mezzogiorno*, Edizione del Sole, Napoli 1995, vol. XIV, pp. 324-55.

[57] S. MARTELLI, *Letteratura, cinema e mondo contadino*, in *Il crepuscolo dell'identità*, Salerno 1988, pp. 137-76.

sibilità. Mancanza di pellicola e precarietà di finanziamenti costringono, di fatto, Rossellini a inventare un determinato modo di lavorare. Quanto al suo sistema ideologico contradditorio e alla conversione dal fascismo all'antifascismo, bisogna riconoscere che la sua è la trasformazione tipica dell'italiano medio, di formazione cattolica, che avversa la violenza e passa dal consenso alla cosiddetta «zona grigia», all'opposizione al regime grazie al senso comune manovrato come bussola d'orientamento morale, e alla diretta esperienza della guerra sulla propria pelle. C'è poi da spiegare il valore aggiunto che fa di *Roma città aperta* una pietra miliare della storia del cinema, un'opera che continua a parlarci a decenni di distanza senza perdere la sua forza.

Con *Roma città aperta*, regista e sceneggiatori (Amidei, Fellini, Alberto Consiglio) cercano di dimostrare come vi sia stato un diffuso antifascismo nella popolazione romana. Il senso d'un obiettivo comune guida le azioni di don Pietro, della Pina e dell'ingegner Manfredi. L'unico collaborazionista sembrerebbe il prefetto di Roma, servo della volontà nazista. Non esiste nel film un'ideologia dominante, ma il pieno rispetto delle diverse forze. A Rossellini interessa la gente comune, i luoghi della lotta per lui sono le strade, le chiese, i tetti, le case popolari, quegli spazi vitali che l'uomo è chiamato a difendere. La maturazione della coscienza dell'uomo comune avviene nel momento in cui la violenza fascista e nazista entrano nel suo orizzonte vitale, lo toccano in una dignità che pareva addormentata.

Il successo internazionale del film agirà come un boomerang sulla critica italiana, portandola a consacrare il regista, maestro e alfiere del nuovo cinema.

Paisà, realizzato nel 1946 e concepito come opera destinata agli americani e ideata, tra gli altri, da Klaus Mann[58], pur costruito riunendo insieme sei episodi differenti, riesce a comporre un equilibrio perfetto fra tutte le sue parti. La psicologia individuale vi è sacrificata in funzione della costruzione d'un quadro d'insieme, nel tentativo d'offrire il

---

[58] Per questo apetto, vedi T. MEDER, *Vom Sichtbarmachen der Geschichte. Der Italienische «Neorealismus». Rossellinis Paisà und Klaus Mann*, Trikster, Munchen 1993, e GALLAGHER, *The Adventures of Roberto Rossellini* cit., pp. 180-84.

senso di un itinerario geografico che diventa anche risalita morale, testimonianza di un riscatto collettivo.

In *Paisà* la pluralità degli episodi e degli sguardi è pluralità di giudizi, messa a fuoco progressiva d'una realtà sconosciuta. Episodio dopo episodio, questa realtà è avvicinata, compresa, e si assiste a un processo di vera e propria integrazione tra i rappresentanti dei due popoli, fino alla morte comune.

Lo sguardo di Rossellini sembra procedere all'interno d'un imbuto che si viene restringendo e trova nel 1947, con la realizzazione di *Germania anno zero*, il senso di chiusura di tutte le speranze. Sulle macerie è impossibile ricostruire, tra le macerie non nasce piú alcuna forma di solidarietà e vigono le leggi della jungla. La macchina da presa segue il protagonista, Edmund, nel girovagare senza senso alla ricerca d'una comprensione e un conforto da parte d'un mondo che lo ha spinto a uccidere il padre. Senza appigli, aiuti o risposte, decide di buttarsi nel vuoto. Il finale trasmette un messaggio forte di crisi personale e ideologica dell'autore: in un momento d'estrema pressione ideologica, Rossellini decide di collocarsi in una sorta di porto franco in cui continuare la sua ricerca. Nel 1948 gira due episodi di *L'amore* (*La voce umana*, da Jean Cocteau, e *Il miracolo*). C'è, in questi episodi, qualcosa di nuovo rispetto all'intera ricerca espressiva e tematica condotta finora, un bisogno di trovare nuove risposte al senso del vivere, una componente eucaristica presto rilevata dalla critica internazionale cattolica[59].

Sceneggiato con Fellini e con la controversa figura di padre Felix Morlion, *Francesco giullare di Dio*, oltre a essere una delle massime catastrofi produttive del dopoguerra, assieme a *La terra trema*, segna il ritorno all'uso piú semplice e armonico della macchina da presa. Ciò che colpisce è la perfetta simmetria tra le parti, il *cursus* armonico, la ripetizione e variazione di gesti e motivi.

Da questo momento si apre, nel cinema di Rossellini, una fase segnata dalla presenza di Ingrid Bergman – *Stromboli* (1950), *Europa '51* (1951) e *Viaggio in Italia* (1952) – in cui

---

[59] Vedi A. DALLE VACCHE, *The Body in the Mirror*, Princeton University Press, Princeton 1992, pp. 180-90.

la macchina da presa sembra non accontentarsi piú dei dati del visibile e l'autore s'interroga sulla solitudine individuale, sul vuoto esistenziale, sul silenzio di Dio. Il visibile è allegoria e metafora d'uno spazio ulteriore in cui l'individuo cerca risposte al senso della propria esistenza e del proprio destino. Rossellini, con questi film, addita delle strade lungo cui si muoveranno in seguito molti autori del cinema europeo, dimostrando di sapersi sempre porre come guida ed esploratore, sia dal punto di vista produttivo, che stilistico che tematico ed espressivo. C'è in Rossellini un'ammirevole ricerca costante, un ossessivo bisogno di guardare in avanti che lo spinge a non vivere di rendita e ad avventurarsi per primo in strade e terreni sconosciuti.

Alla fine del suo sodalizio con Ingrid Bergman, in *La paura* (1954) il regista sembrerebbe rinunciare addirittura a far sentire la propria presenza. Andando in India, di lí a poco, recupera la piena fiducia nelle proprie possibilità espressive e una verginità di visione che gli consente di ritrovare in quell'altrove non poche risposte che si era posto in modo ossessivo negli anni precedenti. Tuttavia, il ritorno in Italia e la realizzazione de *Il generale della Rovere* (1959), premiato a Venezia, gli consentono di recuperare i crediti perduti di pubblico e critica e di essere di nuovo acclamato come un maestro. Temi rimossi da un decennio – la lotta di Liberazione e la guerra civile – tornano al centro dell'ispirazione degli autori italiani in un momento d'importante trasformazione e crescita, in senso democratico, del paese.

4. *Le favole morali di De Sica e Zavattini.*

De Sica e Zavattini, due personalità diverse, nei momenti piú felici del loro sodalizio danno vita a una entità creativa e riescono a sondare il visibile nell'animo umano fino a profondità mai raggiunte: sanno raccontare storia quotidiana e storia profonda. La fine della guerra dà a entrambi la sensazione di vedersi aprire davanti agli occhi il mondo. «La realtà era enormemente ricca. Bastava saperla guardare», dirà poi Zavattini, grazie al quale il neorealismo gode, dopo qualche tempo, del valore aggiunto d'una poetica a posteriori.

Zavattini assume senza alcuna nomina ufficiale il ruolo di leader ed è cosí pervaso dal bisogno di dire e fare, di suscitare energie negli altri e trasformare le energie presenti nella realtà circostante, che la sua spinta si comunica a tutti i livelli del sistema. Riesce ad agire a tutto campo, a creare una trama e un ordito di rapporti tra tutti gli autori e i livelli del cinema italiano, offrendosi come guida e levatrice, umile gregario e uomo dei fili, motore e cinghia di trasmissione di migliaia d'iniziative in Italia prima e in tutto il mondo dagli anni cinquanta in poi[60].

A partire dal 1946 (*Sciuscià*) il sodalizio con De Sica entra nella fase creativa piú alta e feconda anche al di fuori del cinema italiano[61]. Mentre sforna soggetti a catena, Zavattini cerca di inserirli in un quadro di poetica individuale e di gruppo. La guerra lo spinge a imbrigliare la fantasia, la componente surreale e fantastica della sua personalità, anche se una forte componente simbolica è già presente in *Sciuscià*. Il film è costruito in parte in studio ricorrendo alla ricostruzione degli interni, ai trasparenti, eppure la macchina da presa sembra riuscire a registrare l'autentica vita profonda, i desideri, i sogni, l'immaginazione del futuro dei due protagonisti, Pasquale e Giuseppe.

Sciuscià ottiene subito un successo internazionale. De Sica sa porre la macchina da presa all'altezza dei suoi personaggi, riesce a caricare di forte intensità emotiva ogni immagine, non mantenendo mai l'atteggiamento equidistante di Rossellini, cercando anzi di far sentire il proprio coinvolgimento emotivo, la propria indignazione di uomo e cittadino. Sarà comunque *Ladri di biciclette* (1948) a ottenere il maggior successo mondiale, grazie anche a un Oscar. Il racconto procede per associazioni di microeventi che si caricano di senso e pathos perché lo spettatore è da subito coinvolto nella storia dell'operaio Ricci, alla ricerca della bicicletta che gli è stata rubata. La narrazione è chiusa nel lin-

---

[60] BERNARDINI E GILI (a cura di), *Cesare Zavattini* cit.
[61] L'Associazione Philip Morris, in collaborazione con l'Associazione Amici di Vittorio De Sica, ha curato il restauro di *Sciuscià* (il catalogo è a cura di Lino Micciché, Roma 1994) e di tutti i capolavori del dopoguerra di De Sica. Negli ultimi anni si sono moltiplicati i progetti di restauro del cinema italiano e dei contributi di analisi filologica e testuale.

guaggio di gesti e sguardi che Ricci scambia con il figlio Bruno ed è tenuta in tensione dalla sproporzione tra causa ed effetti del dramma sociale che si sviluppa a partire dal furto d'una semplice bicicletta, aiutante magico, strumento necessario alla sopravvivenza. Oggi si ammirano, fra tutti i registi neorealisti, le doti maieutiche di De Sica, che riesce a ottenere da tutti i suoi attori presi dalla strada memorabili e irripetibili interpretazioni, ma forse ci si entusiasma anche per la capacità di rendere avventurosa e drammatica una storia all'apparenza insignificante.

Nell'opera successiva, *Miracolo a Milano* (1951), l'obiettivo si sposta a Milano e decide di entrare nel territorio della favola lasciando maggiore spazio all'invenzione zavattiniana e alla ricerca d'una via d'uscita dalle strettoie della realtà. L'apologo, ricco di riferimenti al cinema di René Clair e alla pittura di Grosz e Chagall, mostra l'impossibilità per i poveri, ma anche per le grandi masse popolari italiane, di veder realizzati, nel breve periodo, i sogni d'una piú equa distribuzione delle ricchezze e lo fa con una scrittura visiva, un ritmo e una leggerezza inediti. «Ci basta un po' di terra per vivere e morir...» è il *refrain* dell'inno dei barboni, ma neppure questo è concesso loro, tanto da costringere l'intera comunità a partire, a cavallo d'un manico di scopa, verso paesi in cui «Buongiorno voglia dire veramente buongiorno». Il finale del film è la denuncia d'una sconfitta storica, ma anche un atto di speranza.

Con *Miracolo a Milano* Zavattini, in particolare, rivendica il potere dell'immaginazione e dell'utopia con un'affabulazione che non è in alcun modo riconducibile ai canoni realistici e, in questi anni in cui sul realismo gravano sempre piú canoni e modelli ideologici, il suo è un esempio eccezionale e centrifugo condannato e in gran parte rifiutato.

Nel film successivo, *Umberto D.* (1952), De Sica e Zavattini tornano all'esplorazione del reale e del quotidiano. La vicenda del pensionato Umberto D. Ferrari – interpretata da un luminare della glottologia italiana, arruolato per caso, il professor Carlo Battisti –, costretto a vivere con 18 000 lire al mese, per la sua capacità di caricare di continuo del dramma e della tragedia i gesti quotidiani, provoca reazioni violente e indignate da parte governativa (Andreotti prende pubblicamente posizione), ma anche da parte dello spettatore comune, che preferisce rimuovere questo tipo di problemi dalla propria coscienza. Il dramma si consuma attraverso una narrazione lineare, che segue e scompone le azioni piú comuni. Lo sguardo giunge fino a una soglia di percezione della realtà umana e a una profondità d'esplorazione della solitudine e della disperata rivendicazione del diritto a vivere con dignità, con ogni probabilità mai raggiunte finora dal cinema di tutti i tempi.

Il cammino successivo della coppia è fatto di alti e bassi: se da una parte si registra il tentativo zavattiniano di dar vita al film-saggio e al film-inchiesta con *Siamo donne* e *Amore in città* (1953), dall'altra il risultato di *Stazione Termini* (1953), coproduzione italo-americana, voluta da David O. Selznick, porta alla realizzazione d'un film in cui la presenza creativa di Zavattini - De Sica è quasi inavvertibile.

Dopo un felice ritorno al piacere di raccontare, con *L'oro di Napoli* (1954), e la regia d'una storia che sembra nata nel primo neorealismo, *Il tetto* (1956), sarà la *Ciociara* (1960) – premiato con l'Oscar, esalta le doti interpretative di Sophia Loren –, assieme a *Il giudizio universale* (1961), l'opera che dà l'impressione che la coppia voglia esplorare nuove strade, muoversi nella dimensione della favola morale, ritrovando insieme il piacere dell'affabulazione, della denuncia, dell'umor nero e dell'indignazione.

5. *Le regie di Visconti, tra ideologia e storia.*

Rossellini, De Sica e Visconti sono stati visti cavalcare insieme dalla critica del dopoguerra, protagonisti di un'oleografia post-risorgimentale. Poi si è deciso che ognuno doveva andare per conto suo e che, prima o poi, alcuni autori avrebbero tradito gli ideali del neorealismo che, per quanto condivisi, non sono stati mai sottoscritti in atti ufficiali comuni.

Visconti – ultimo a entrare in gioco (anche se nel 1945 sono sue alcune riprese di *Giorni di gloria*, diretto da Mario Serandrei) – si muove per conto suo ed è osservato con piú rispetto dalla critica anche quando riesce difficile farlo rientrare nei canoni delle teorie e poetiche del neorealismo e del realismo[62]. È l'autore piú rispettato per ragioni stilistiche e culturali, verso cui viene meno esercitato il gioco della stroncatura e quello su cui si registra un maggior investimento di attese ideologiche ed espressive.

Dopo alcuni anni in cui lavora solo per il teatro, realizzando memorabili messe in scena e contribuendo in modo decisivo al rinnovamento del repertorio e delle modalità di regia, gira *La terra trema* (1948), *ouverture* di una trilogia ispirata al mondo del Sud, già immaginata fin dal 1941[63].

Il suo sviluppo – secondo un ordito figurativo in cui ogni immagine è costruita dal punto di vista formale come un insieme di rapporti plastici, cromatici, sonori, musicali – è sinfonico, con un alternarsi di movimenti ora lirici, ora drammatici. Nulla è casuale, nulla è spontaneo: siamo agli antipodi di Rossellini. Visconti ha la capacità, rispetto al fatalismo verghiano, di dare ai suoi protagonisti la coscienza dello sfruttamento e la forza di maturare la ribellione e il voler mutare lo stato delle cose. Il montaggio è in funzione del ritmo, l'immagine è sempre riempita di segni sonori, come se il regista avesse orrore del vuoto e si preoccupasse di raccordare ogni gesto individuale al senso della sofferenza collettiva. Devono passare altri tre anni perché realizzi *Bellissima* (1951). In questo film si esalta la professionalità, la valorizzazione dei personaggi, l'osservazione dei rapporti tra personaggi e ambiente. Neorealista è il tema e l'ambientazione, non la struttura narrativa, né le scelte stilistiche e formali, che puntano a ricomporre la storia entro moduli tradizionali. Il sogno di Maddalena Cecconi (Anna Magnani) è il punto di fuga piú alto verso cui sembra indirizzarsi il desiderio dell'italiano popolare agli inizi degli anni cinquanta. Maddalena lancia una sfida per veder realizzarsi nella figlia i propri desideri frustrati. Giunta però in vista del traguardo, quando la ruota della fortuna volge a suo favore, rinuncia all'offerta.

---

[62] La sua piú documentata biografia è G. RONDOLINO, *Luchino Visconti*, Utet, Torino 1982. Tra la vastissima letteratura internazionale, mi limito a segnalare Y. ISHAGHPOUR, *Visconti. Le sens et l'image*, La différence, Paris 1984.

[63] L. MICCICHÉ, *Visconti e il neorealismo*, Marsilio, Venezia 1990; ID. (a cura di), *La terra trema. Analisi di un capolavoro*, Lindau, Torino 1993.

In quegli anni, all'italiano povero, appena uscito dalla ricostruzione e già proiettato oltre l'orizzonte del soddisfacimento dei bisogni immediati, il cinema, il foto e cineromanzo si offrono come fabbriche di sogni (come racconteranno Fellini con *Lo sceicco bianco*, 1952, o Antonioni con *La signora senza camelie*, 1953), luoghi ideali di passaggio verso possibili mutamenti di status sociale. Visconti smonta con crudeltà e forte senso moralistico la macchina dei sogni cinematografica.

La memorabile scena d'apertura di *Senso* (1954), nel Teatro La Fenice, segna una svolta decisiva nei confronti del neorealismo e riannoda i fili con il melodramma e la letteratura e cultura visiva ottocentesca. *Senso* è un tentativo di collegare la lettura del Risorgimento all'interpretazione gramsciana, con il nucleo centrale del proprio mondo, con l'opera lirica e il melodramma verdiano tuttora rimasto quasi ai margini della scena. Questo film è diventato il passaggio obbligato per piú generazioni di critici dagli anni cinquanta, a partire dal saggio di Guido Aristarco su «Cinema Nuovo», che costituisce forse uno dei momenti piú alti di tutta la sua attività[64]. Di fatto, però, l'analisi di Aristarco se restituisce Visconti alla letteratura ottocentesca non lo riappaesa con il teatro e l'opera lirica di cui Visconti stesso in quegli anni è uno dei piú innovativi interpreti italiani.

Senso rappresenta per il regista una sorta di sutura tra fili d'una trama e ordito culturale che l'esperienza neorealista aveva tenuto separati[65] e di scoperta proiezione autobiografica: colpisce ancora oggi il senso di coscienza della fine d'un mondo a cui entrambi i personaggi appartengono e che Visconti svilupperà dal *Gattopardo* (1963) in poi.

A partire da *Senso*, dopo aver esplorato le possibilità del colore e della contaminazione dei codici, Visconti libera d'ora in poi anche il proprio gusto scenografico, cominciando a orientare lo sguardo in modo sempre piú deciso verso la letteratura ottocentesca e il decadentismo. Dostoevskij gli offre il soggetto de *Le notti bianche* (1957). Del tutto gira-

---

[64] G. ARISTARCO, *Senso*, in «Cinema Nuovo», IV (10 febbraio 1955), n. 52.
[65] Su questo film esiste una ricca letteratura internazionale: segnalo almeno M. LAGNY, *Senso, Luchino Visconti, Synopsis*, Editions Nathan, Paris 1992.

to in teatro di prosa e immerso in una dimensione onirica, il film – proprio per le sue scelte formali di tipo teatrale – delude gran parte della critica che lo aveva seguito finora, ma conferma le magistrali doti viscontiane di dominio assoluto di tutti gli elementi della scena.

6. *Il racconto corale di Giuseppe De Santis*.

Della generazione di critici di «Cinema» prima serie, Giuseppe De Santis è la personalità piú rappresentativa, quella da cui ci si attendono subito i capolavori[66]. Esordisce nel 1947 con *Caccia tragica*, opera in cui mette in luce il gusto per le visioni d'insieme, il racconto corale, i movimenti di macchina ariosi, la tensione verso una narrazione epicizzante. Maggior regista corale del dopoguerra, è soprattutto l'autore che piú crede al cinema come fonte di ispirazione e linguaggio autonomo, ma anche come mezzo di comprensione e trasformazione della realtà e cerca di assimilare o trovare una via italiana che concilî la lezione del cinema sovietico con quella della cultura americana.

Il secondo film, *Riso amaro* (1949), segna il massimo successo sul piano nazionale e internazionale[67]. E appare come un punto di perfetta ibridazione tra i grandi modelli cinematografici, i codici del foto e cineromanzo e della cultura popolare. Cultura alta e cultura popolare si mescolano nella ricerca d'un pubblico di massa, con il quale comunicare servendosi di tutti i mezzi espressivi e drammaturgici del linguaggio cinematografico. Uno degli elementi caratterizzanti è l'attenzione al linguaggio del corpo e al suo rapporto con il paesaggio, alla presenza in questo corpo di segni della storia e della società uniti alla potenza, quasi fiammeggiante, della natura[68] che De Santis valorizza promuovendo l'esordiente Silvana Mangano a prima diva italiana del dopoguerra. De Santis sa muovere lo sguardo e sa do-

---

[66] S. TOFFETTI (a cura di), *Rosso fuoco. Il cinema di Giuseppe De Santis*, Lindau, Torino 1996.

[67] C. LIZZANI, *Riso amaro*, Officina, Roma 1978.

[68] G. GRIGNAFFINI, *Racconti di nascita*, in *La scena madre*, Bononia University Press, Bologna 2002, pp. 275-76.

minare con la macchina da presa lo spazio come pochi altri registi della sua generazione: neorealismo per lui vuol dire anche far sentire la macchina da presa, i suoi movimenti, il montaggio, esaltare tutti gli elementi dello spettacolo cinematografico rendendo il piú possibile probabile e verosimile una storia. La sua è una strada del tutto divergente rispetto a quella di Rossellini, una strada che esalta il cinema come luogo di emozioni e macchina influenzante, e come racconto di racconti.

Anche nei film successivi, da *Giorni d'amore* (1955) a *Non c'è pace tra gli ulivi*, *Uomini e lupi* (1957) e *La strada lunga un anno* (1958), il suo sguardo punta a stabilire perfette integrazioni tra ambiente e corpo femminile: è uno dei registi che dimostra con la macchina da presa d'amare di piú le donne[69]. In *Non c'è pace tra gli ulivi* compare la sua terra natale, la Ciociaria e vi si trovano quasi in compendio tutti i suoi temi: le condizioni di vita dei pastori, le concordanze tra asprezza della terra e durezza dei comportamenti... Con *Roma ore 11* (1952) abbandona la descrizione del mondo rurale e, partendo da un fatto di cronaca avvenuto nella capitale, racconta alcune storie di donne rappresentanti d'un massiccio fenomeno di urbanizzazione in atto. Tra *Roma ore 11* e *Un marito per Anna Zaccheo* (1953) si apre, nella filmografia di De Santis, una frattura che non verrà piú rinchiusa[70]. Nessuno dei film successivi gli consente di recuperare i crediti perduti ed egli viene scelto, quasi all'unanimità, dai critici, dalla produzione e dal pubblico, come capro espiatorio delle colpe del neorealismo, reo di eccessiva ideologia. Nei suoi confronti viene decretato un ostracismo che lo condannerà a una prematura uscita di scena.

7. *Compagni di strada del neorealismo.*

Il neorealismo per qualche tempo è la carrozza di tutti: basta la condivisione d'alcuni caratteri, anche solo tematici, perché un film possa essere assimilato nel territorio neo-

---

[69] Vedi TOFFETTI (a cura di), *Rosso fuoco* cit.
[70] Vedi A. FARASSINO, *Giuseppe De Santis*, Moizzi, Milano 1978.

realista. Poi si cercherà di disciplinarne le proprietà e le caratteristiche, ma in quel momento ognuno avrà preso strade diverse da quelle iniziali[71].

Guerra e Resistenza entrano come oggetto comune di racconto in diversi altri film realizzati tra il 1945 e il 1946: *Il sole sorge ancora* (Vergano, 1946) ha una forte carica ideologica e vuole rappresentare il punto di vista di chi la guerra l'ha combattuta e prospettare i pericoli di una rapida caduta delle speranze di trasformazione della società. Il passaggio dal fascismo all'antifascismo avviene, per la maggior parte dei registi, senza traumi e senza dover dichiarare particolari colpe, o espiare particolari pene[72]. Il non aver aderito a Salò produce un'assoluzione di massa nel cinema italiano. Per tutti viene applicata una sorta d'indulgenza plenaria che, di fatto, salva anche i pochi che sono andati al Nord nel 1943: Giorgio Ferroni, per esempio, che ha aderito a Salò e fatto film di propaganda fascista, dirige nel 1946 *Pian delle stelle* (sulla lotta partigiana), prodotto da un'associazione di partigiani di Padova.

Anche Alessandro Blasetti affronta un tema legato agli eventi bellici, in *Un giorno nella vita* (1946), adeguando il suo stile e il suo racconto a modi che stanno cambiando senza rinunciare alla direzione degli attori, alla ricostruzione scenografica e alla sua accurata regia. Gli uomini nuovi del cinema italiano guardano ancora a lui come a un padre con estremo rispetto, riconoscenza e ammirazione. Negli anni successivi gira il primo kolossal della risorta Cinecittà, *Fabiola* (1949), e *Prima comunione* (1950), nuovo felice incontro con Zavattini, che gli offre la possibilità di inserirsi con estrema naturalezza nel gioco di squadra del neorealismo. Con *Altri tempi* (1952) e *Tempi nostri* (1953) inaugura il filone del film a episodi, con *Peccato che sia una canaglia*

---

[71] R. RENZI, *La bella stagione. Scontri e incontri negli anni d'oro del cinema italiano*, Bulzoni, Roma 2001, raccoglie una serie di saggi sul cinema italiano degli anni quaranta e cinquanta scritti in un ampio arco di tempo, e aiuta a cogliere molto bene il senso delle battaglie critiche, delle fratture e delle bandiere ideali dietro cui muoversi, che la critica delle generazioni successive non ha piú avuto il privilegio di possedere.

[72] Sull'ideologia di Rossellini, vedi il polemico articolo di M. OMS, *Du fascisme à la démocratie chretienne*, in «Positif», n. 28, aprile 1958, pp. 9-18.

(1954) e *La fortuna di essere donna* (1955) esplora nuove strade della commedia, parallele a quelle di Comencini e, sul finire del decennio, con *Europa di notte* (1959), inizia un nuovo trionfale filone di montaggio di numeri di spettacoli ripresi dal vivo nei piú famosi locali notturni d'Europa.

Piú accidentato il cammino di Camerini, che sembra costretto a subire le nuove regole e a chiedere ospitalità al cinema del dopoguerra. Nel 1946 dirige *Due lettere anonime*, melodramma assai impregnato dell'atmosfera del tempo. Negli anni cinquanta dirige ancora due opere di notevole impegno spettacolare, come *Ulisse* (1954) e *La bella mugnaia* (1955), rifacimento del *Cappello a tre punte* (1935), ma qualcosa si è perso e il suo cinema sembra voler vivere di rendita del passato, piuttosto che tentare di esplorare nuove strade come farà Blasetti.

Gli autori di cui ci occupiamo nelle pagine che seguono facevano parte del gruppetto già condannato nei primi anni quaranta come affetto da preoccupazioni eccessive per la scrittura visiva e poco incline a considerare il cinema come strumento di mutamento del mondo. Le straordinarie qualità formali, la perfetta metabolizzazione del linguaggio cinematografico, la ricerca cromatica sul bianco e nero in funzione espressiva e drammatica, diventano, agli occhi di molti critici militanti, elementi negativi da bollare e condannare per la loro azione distruttiva all'interno del tessuto neorealista. C'è una discreta continuità di giudizio tra anteguerra e dopoguerra e c'è soprattutto un prevalere assoluto delle ragioni ideologiche su quelle estetiche, stilistiche... Molti di questi registi, che non hanno una netta collocazione ideologica, diventeranno bersagli costanti negli anni quaranta e nel periodo della guerra fredda. Se la critica non dimostrerà di apprezzarne le qualità autoriali, la capacità di tradurre la cultura letteraria in linguaggio cinematografico, l'assimilazione creativa delle lezioni del cinema tedesco, francese, russo e americano, il pubblico premierà invece in svariate occasioni questi film proprio per la loro capacità di ottimalizzare tutti gli elementi cinematografici.

Tra i registi che hanno esordito nei primi anni quaranta, Alberto Lattuada sente il bisogno di guardare con ottimismo la realtà dell'Italia distrutta senza rinunciare a far sentire la sua cultura letteraria e i suoi amori per il cinema francese, di Carné e Renoir ed espressionista. Quando fa dire al reduce de *Il bandito* (1946), interpretato da Amedeo Nazzari, «Ci sarà da lavorare fino al 3000», è evidente che vede dischiudersi sull'Italia libera un nuovo cinema tutto da inventare e ricostruire. Dopo aver diretto un film tratto da D'Annunzio (*Il delitto di Giovanni Episcopo*, 1947) Lattuada realizza uno dei suoi capolavori, *Il mulino del Po* (1949), tratto dal romanzo di Riccardo Bacchelli, film di grande afflato narrativo ed epico e di felice incontro tra i modi del neorealismo e il tentativo di inventare una nuova iconografia che tenga conto dei saperi e delle forme del linguaggio cinematografico. Negli anni cinquanta, dopo *Luci del varietà*, diretto nel 1950 con Fellini, deve fare i conti con le leggi del mercato e, al tempo stesso, far emergere quella componente del suo sguardo affamata di immagini – al limite della bulimia – capace di osservare ogni minimo elemento della realtà con un occhio d'amore, di godere dei doni della giovinezza e bellezza, distribuiti dalla natura spesso con generosità. A questo tipo di sguardo ne affianca un altro per le figure di «umiliati e offesi», che lo porterà a realizzare *Il cappotto* (1952), altro punto alto del suo percorso registico e straordinaria performance drammatica d'attore offerta da Renato Rascel. Il furto del cappotto – a quattro anni di distanza dal furto della bicicletta nel film di De Sica – diventa, come ha osservato Miccichè, «metafora di un incubo sociale che investe in tempi e modi diversi tutto il paese»[73]. Grazie alla componente erotica, che i produttori incoraggiano avvertendo la rapida evoluzione del costume, Lattuada realizza *La lupa* (1953), *La spiaggia* (1954)[74], che raccontano dell'amore-passione, storie dei pregiudizi sociali duri a morire anche nell'Italia che sta correndo verso la modernizzazione dei costumi e modi di vita, e poi *Guendalina* (1957) e *I dolci inganni* (1960), sulla scoperta dell'amore e della sessualità negli adolescenti. Non si è mai forse valorizzata a sufficienza la qualità della scrittura visiva di Lattuada, il suo rigore compositivo, il dominio di tutti gli ele-

[73] L. MICCICHÉ (a cura di), *Il cappotto*, Ass. Philip Morris, Torino 1992, p. 35.
[74] T. SANGUINETI (a cura di), *La spiaggia*, Le Mani, Genova 2001.

menti, la capacità di stabilire un rapporto quasi fisico tra lo sguardo della macchina da presa e i suoi interpreti. L'autore a cui oggi mi sembra piú paragonabile per eleganza narrativa e capacità di valorizzare la recitazione e tutti gli elementi della scena è Max Ophüls.

Mario Soldati presenta un percorso piú disomogeneo e in parte discendente rispetto a Lattuada: tra *Le miserie del signor Travet* (1946) e *Policarpo ufficiale di scrittura* (1959), Soldati ha modo di confermare le sue doti registiche e la sua cultura letteraria, ma è come se da un certo momento il richiamo della letteratura si fosse fatto piú forte e fosse venuta meno la fede nel cinema come espressione della sua creatività[75].

La discontinuità è anche un segno distintivo del percorso di Luigi Zampa, autore di ragguardevole coerenza stilistica e tematica, purtroppo dimenticato – per il suo situarsi nell'area della commedia, genere poco amato e stimato dalla critica – e del tutto degno d'essere assimilato ai grandi maestri del dopoguerra. Zampa subordina la ricerca stilistica e formale alla trasmissione di un contenuto e da una protesta che spesso nasce dall'indignazione civile.

Vivere in pace (1946) cerca di porre una netta distanza emotiva e ideologica rispetto alla guerra e di avanzare un messaggio di pacificazione universale. Anche in *L'onorevole Angelina* (1947) Zampa sembra volersi tuffare in modo deciso nelle acque del neorealismo. Di fatto, non rinuncia a far sentire la propria presenza registica e a dar voce al senso di sbandamento e di sfiducia nello stato e nelle istituzioni da parte dell'uomo qualunque. Da *Anni difficili* (1949) a *L'arte di arrangiarsi* (1953), i motivi di protesta, indignazione civile e amara comicità – provenienti soprattutto dal sodalizio in sei film con Vitaliano Brancati – si mescolano con l'intenzione di tracciare un ampio affresco di vizi e virtú degli italiani in una società dominata da malcostume, corruzione, trasformismo, clientelismo, opportunismo, da varie forme di malavita piú o meno esibite e dal crescente sguardo nostalgico all'Italia in camicia nera. *La romana* (1954),

---

[75] BARBERI SQUAROTTI, BERTETTO e GUGLIELMINETTI, *Mario Soldati. La scrittura e lo sguardo* cit.

tratto dal romanzo di Alberto Moravia, risulta meno felice e graffiante. La morte prematura di Brancati, nel 1954, apre una sorta di vuoto creativo e di crisi profonda nel cinema di Zampa.

Anche Renato Castellani compie il passaggio verso il neorealismo senza rinunciare alla propria forte idea di regia e racconto. *Mio figlio professore* (1946) respira lo stesso clima delle opere di Lattuada e Soldati, mentre in *Sotto il sole di Roma* (1948) e *È primavera* (1950) si nota una netta evoluzione dei moduli in direzione realistica. Centrale, agli effetti dello sviluppo registico, è *Due soldi di speranza* (1951), considerato a torto – dalla critica di sinistra, e poi per estensione dalla critica e storiografia successive, troppo gravate da pregiudizi e necessità di prendere posizione – come capostipite della dissoluzione ideologica e iniziatore del cosiddetto neorealismo rosa. L'unico patrimonio dei suoi personaggi (anche nelle opere successive, *Giulietta e Romeo*, 1954, o *I sogni nel cassetto*, 1956) è quello di tenere «il cuore in petto», di essere mossi dalla forza della natura, l'uno verso l'altro, senza interrogarsi sul futuro. La loro colpa è dunque quella di non avere una consapevolezza ideologica, né una volontà e una tensione teleologica per la costruzione del proprio destino.

Se la tensione ideologica subisce un abbassamento (in maniera peraltro pertinente alla realtà e al contesto sociale in cui si muovono i personaggi), rimane immutata la tensione emotiva e visiva che fa della sua opera una delle piú caratterizzate e capaci di parlare al pubblico degli anni cinquanta.

Tra gli esordienti, Pietro Germi è quello che guarda di piú ai modelli del cinema americano e vuole trapiantarli nel contesto italiano. Anche di Germi si lamenta l'ingiusta dimenticanza: di fatto, è uno degli autori che ha piú goduto negli ultimi anni di ottimi lavori analitici e d'insieme e la cui bibliografia rischia di soverchiare quella per la verità tuttora modesta dedicata al cinema di De Sica[76]. Germi è un regista che ama partire dalle strutture consolidate dei generi per far emergere la sua impronta d'autore, che si basa su

---

[76] Il lavoro d'insieme piú recente e documentato è M. SESTI, *Tutto il cinema di Pietro Germi*, Baldini & Castoldi, Milano 1997.

una forte capacità di costruire le atmosfere e far sentire i rapporti tra persone e spazio. È un autore anticonformista e non assimilabile né tra i militanti della sinistra né tra gli uomini di destra. Dopo *Il testimone* (1945), film d'esordio, passa alla squadra della Lux e usa gli stessi tecnici di Castellani, Zampa, Lattuada. Fra tutti i compagni di viaggio, è il narratore piú naturale e capace di conferire al racconto toni epicizzanti e di attingere ai giacimenti del mito. Dal secondo film, *Gioventú perduta* (1947), adatta i moduli del noir americano a una storia che mostra i disastri provocati dalla guerra sulle ultime generazioni. *In nome della legge* (1949) è già opera d'un autore capace di dominare il linguaggio e di caratterizzare personaggi e ambienti nel segno di John Ford. Con *Il cammino della speranza* (1950), sceneggiato da Fellini e Tullio Pinelli, si percorre l'Italia da sud a nord, mostrando le barriere dialettali e seguendo il viaggio d'un gruppo di siciliani che emigrano clandestinamente lasciandosi alle spalle l'inferno delle miniere siciliane e puntando verso la terra promessa francese. Il protagonista, Saro (una sorta di reincarnazione del padre Enea), e i suoi compagni in nessun momento del loro viaggio scoprono il senso di appartenenza al paese che hanno attraversato. Le uniche radici che riconoscono, l'unica identità possibile per loro, è quella siciliana. A Napoli, Ciccio (la loro guida) cerca di abbandonarli, a Roma sono arrestati dai carabinieri, al Nord sono accolti come stranieri. L'Italia per loro è una terra ostile, abitata da popolazioni feroci (vedi le grida delle donne contro Barbara nel paesetto dell'Emilia: «Cosa dice? Terrona! Parla abissino! Crumira!») La Francia invece è vista come il paradiso terrestre.

Germi (come del resto Lattuada, Soldati e poi Fellini), pur manifestando all'inizio della guerra fredda una forte crisi di identità, rifiuta la logica dei fronti contrapposti e tenta, anche nelle opere degli anni cinquanta – da *Il brigante di Tacca del Lupo* (1952) a *Il ferroviere* (1955), *L'uomo di paglia* (1957) e la trascrizione del *Pasticciaccio brutto de' via Merulana* di Gadda (*Un maledetto imbroglio*, 1959) – un controllo stilistico e ideologico sulle sue opere, di volta in volta adattato all'etica delle situazioni e dei personaggi.

8. Bellissime.

«In fondo che è recità? Eh? Se io mò me credessi d'esse n'altra... Se facessi finta d'esse n'altra... Ecco che recito...» Se dovessi indicare in tutto il cinema del dopoguerra la scena piú rappresentativa della nuova condizione recitativa creata dal neorealismo, teorizzata da Zavattini e praticata da De Sica e Rossellini, di assoluta convinzione della possibilità di chiunque di diventare soggetto di storie e di poter entrare nel firmamento divistico senza pagare costi troppo alti, non avrei dubbi (come ho già fatto nei miei scritti precedenti) nell'indicare questo momento di *Bellissima* in cui la Margherita Cecconi, guardandosi allo specchio mentre s'infila gli orecchini e ravvia i capelli, fa una riflessione sulla facilità di indossare i panni altrui. In realtà, nel neorealismo si afferma anche il diritto e la possibilità di chiunque di interpretare se stessi, di recitare vivendo la propria vita. Ma con *Bellissima* siamo nel momento di passaggio e di tentativo di far fruttare, anche in termini industriali, questo filone aureo divistico nato per caso e divenuto un punto di riferimento per tutto il cinema[77]. Ma siamo anche nel momento della rinascita, della ricerca d'una nuova identità femminile, come ben ha messo in luce Giovanna Grignaffini nel citato *Racconti di nascita*.

L'eventuale studio del fenomeno divistico del dopoguerra presenta due aspetti contigui ma distinti. Mentre nel primo puoi lavorare sulla mimesi e sulla perfetta permeabilità e specularità tra schermo e platea, con il secondo puoi lavorare certo sui testi filmici, ma diventano assai produttivi i peritesti e il contesto in cui puoi studiare, attraverso la stampa di categoria, gli articoli nei giornali illustrati (come «Hollywood», «Festival», «Novelle Film»), le fotografie, le lettere, i mutamenti dei processi di identificazione, il variare dei flussi del desiderio, i diversi modi di rappresentazione del corpo.

---

[77] Un ottimo lavoro sul fenomeno italiano, nel quadro del divismo europeo del dopoguerra, è S. GUNDLE, *Il divismo nel cinema europeo, 1945-60*, in *Storia del cinema mondiale*, vol. I cit., pp. 759-86.

Per alcuni anni, il fenomeno divistico non ha diritto di cittadinanza nella poetica e pratica neorealista. Per molti attori il passaggio dal cinema in studio, fondato sulle convenzioni recitative, a quello della realtà avviene comunque in modo spontaneo, mentre per altri costituisce uno spartiacque che implica modificazioni profonde ed esaltazione e scoperta improvvisa di doti e potenzialità mai evidenziate in precedenza. Se Visconti, su soggetto di Zavattini, affronta in termini moralistici, ma anche pirandelliani, molto credibili e possibili, il tema della macchina dei sogni, del suo potere distruttivo, dell'apparire e dell'essere, coglie anche le dinamiche in atto d'un processo irreversibile.

Fino a quel momento, uno dei maggiori meriti del dopoguerra era legato alla capacità di porre al centro dello schermo personaggi incontrati per strada e fare in modo che le loro storie anonime diventassero specchio d'una condizione collettiva: grazie a questo tipo di cinema «si faceva il mondo soggetto | non piú di mistero, ma di storia» (Pasolini). La scoperta della perfetta permeabilità tra schermo e platea in alcuni film di Rossellini, De Sica e Visconti ha prodotto illusioni sulla possibilità d'aver imboccato una strada vincente.

Quello che, di fatto, dal punto di vista dei processi espressivi, si potrà considerare come un punto alto della storia del cinema mondiale, dal punto di vista della macchina recitativa appare invece una tappa obbligata ma non vincente, da abbandonare al piú presto per consentire al cinema italiano di riacquistare un'effettiva competitività sul mercato. Fallisce nel giro di pochi anni – nonostante gli esiti memorabili delle interpretazioni di Rinaldo Smordoni, Franco Interlenghi, Lamberto Maggiorani, Enzo Stajola, Francesco Golisano, Carlo Battisti, Maria Pia Casilio – il tentativo di negare la figura professionale dell'attore in nome dell'immediatezza e dell'identificazione perfetta e naturale, e il sistema divistico si rimette in moto, cercando di assimilare la lezione neorealistica nel senso di credere di poter trovare e reclutare ovunque – nei negozi ed esercizi commerciali, come nei concorsi di bellezza, nei locali pubblici e per le strade – volti nuovi per il cinema, tentando con tutti i mezzi disponibili di confrontarsi e opporsi ai modelli americani. Di tutti questi, solo Franco Interlenghi, dopo l'esordio in

Sciuscià, avrà una lunga carriera, che troverà i suoi momenti piú significativi in alcuni film di Emmer, Duvivier, Antonioni, per trovare nella figura del giovane Fellini dei *Vitelloni* (1953) il ruolo destinato a rimanere nella memoria del cinema. Con ogni probabilità, è la prepotente apparizione della Venere botticelliana delle risaie – Silvana Mangano, calze nere e pantaloncini corti (*Riso amaro*) – a costituire il punto di partenza della via italiana a Hollywood, ad aprire la strada maestra al divismo delle maggiorate.

Grazie alla scoperta e commerciabilità all'estero d'una diva italiana che non trasmette solo l'immagine di sottosviluppo, dolore e miseria, i produttori italiani puntano da questo momento sulla bellezza come bene nazionale e tentano di ripetere l'operazione scoprendo e valorizzando nuovi volti e nuovi corpi, da Lucia Bosé a Eleonora Rossi Drago, da Silvana Pampanini a Yvonne Sanson, Gina Lollobrigida e Sophia Loren. Questi volti e questi corpi, e molti altri, saranno destinati a far breccia nei cuori e nella testa dei grandi pubblici popolari nazionali.

Per tutti gli anni cinquanta s'assiste a una vera e propria fioritura d'un divismo che riesce a modificare in modo sensibile il rapporto di forze con il cinema americano, e consente ad alcune dive di soppiantare a pieno titolo le star americane nell'immaginazione nazionale e a diventare le nuove ambasciatrici del cinema italiano nel mondo. Su tutte svetteranno, verso la metà del decennio, Gina Lollobrigida (per lei Blasetti inventa la definizione di «maggiorata») e Sophia Loren, alla quale resterà per qualche tempo affiancata Silvana Mangano, la piú restia a rimanere al centro dei riflettori, l'unica diva del dopoguerra che farà sempre capire d'essere capitata per caso e per pure ragioni di sopravvivenza nell'Olimpo divistico. Un fenomeno simile e di tale ampiezza, in ogni caso, non si era verificato dai tempi del muto.

Se Anna Magnani è assimilabile al fenomeno divistico – ma andrebbe analizzata in sé come esempio di sovrana della scena cinematografica novecentesca e per il fuoco che sembra alimentare le passioni dei suoi personaggi –, il vero fenomeno divistico decolla anche grazie a lei ma si fonderà anzitutto sull'esibizione di attributi fisici che, pure per ragioni anagrafiche, la Magnani non possiede.

Le dive del dopoguerra propongono canoni di bellezza fondati sull'eccesso dei doni di natura, sul trionfo della «naturalità» (icona assoluta ed esemplare è Gina Lollobrigida, con il suo abituccio sbrindellato che cavalca il somaro in *Pane, amore e gelosia*, 1954), su nuove misure auree che valorizzano la prosperità del seno e l'ampiezza dei fianchi e soprattutto l'aggressività nell'esibizione del corpo. Che resterà ancora ben coperto rispetto al decennio successivo in cui trionferà il bikini. Le donne sono ancora preda nella maggior parte del cinema degli anni cinquanta: sono proprio alcune interpretazioni di Anna Magnani prima, di Gina Lollobrigida, Sophia Loren, Lucia Bosé, Silvana Pampanini e poi di Marisa Allasio nella serie di film di Risi inaugurati da *Poveri ma belli*, ecc., ad avviare un primo tentativo di capovolgimento dei rapporti di forza nei confronti del mondo maschile, che detiene ancora tutti i poteri, nella famiglia e nel mondo del lavoro. Ma a queste attrici, delle quali si ammira soprattutto la bellezza fisica, si aggiungono altre interpreti, come Giulietta Masina e Franca Valeri.

La Lollo e la Loren, dopo una serie di prove in Italia in cui ottengono il diritto alla piena certificazione divistica (la Lollobrigida anche in Francia, accanto a Gérard Philipe in due affascinanti interpretazioni: *Les Belles-de-nuit*, René Clair, e *Fanfan la Tulipe*, Christian-Jaque, 1952), partono per gli Stati Uniti per tentare un'ulteriore ascesa nel firmamento internazionale. Per Sophia Loren sarà l'occasione per maturare e raggiungere una piena coscienza delle proprie possibilità. Per la Lollobrigida sarà invece una trasferta quasi fallimentare perché non riuscirà a trovare una parte capace di rivelare inedite dimensioni della sua personalità recitativa. Del resto, la trasferta americana nel dopoguerra non aveva molto giovato neppure ad Alida Valli, nonostante l'occasione di recitare per Hitchcock e al fianco di Orson Welles (né ad attori come Vittorio Gassman). Al suo ritorno avrebbe sí trovato ad attenderla l'importante ruolo della contessa Serpieri in *Senso*, ma dopo quella parte, con poche eccezioni, il cinema italiano non avrebbe piú avuto bisogno del suo carisma divistico e non ne avrebbe cercato e valorizzato le qualità di attrice.

Sul versante maschile si assiste alla parabola di Nazzari

– che viene subito reintegrato nel cinema del dopoguerra e che pure gode d'un quinquennio trionfale a fianco di Yvonne Sanson nei melodrammi di Matarazzo –, all'ascesa d'un gruppo di comici capitanato da Totò, alla progressiva affermazione di Alberto Sordi e Marcello Mastroianni. Per qualche tempo si cerca anche una valorizzazione e contrapposizione di giovani attori dal fisico modellato nelle palestre, come Maurizio Arena e Renato Salvatori, i protagonisti «poveri ma belli» della serie di film di Risi, cosí come avverrà – grazie alle coproduzioni – un processo di ibridazione tra divi americani, europei e nuovo divismo made in Italy che contribuirà in maniera significativa alla riconquista dei mercati internazionali. Sarà un'occasione di crescita professionale per tutte le nuove generazioni.

Verso la fine degli anni cinquanta appaiono sulla scena i culturisti d'importazione americana – Gordon Scott e Gordon Mitchell, Ed Fury e Brad Harris, Mickey Hargitay e Mark Forest – che per un attimo sembrano insidiare le fortune delle dive. Per qualche anno l'Italia, che negli anni del muto ha esportato i forzuti, è costretta a reclutarli nelle palestre d'oltreoceano, o nei concorsi di bellezza maschile. Figure inespressive e del tutto incapaci di recitare, questi personaggi mettevano a disposizione della macchina da presa dei fasci di muscoli «turgidi di proteine, burro e miele, che non avevano nessuna forza» dichiarerà Duccio Tessari (Steve Reeves si era dimostrato incapace di sollevare Virna Lisi). Non saranno comunque loro ad attirare l'attenzione del pubblico, quanto piuttosto gli eroi che rappresentano, capaci di abbattere qualsiasi ostacolo solo con l'uso della forza.

Gli anni cinquanta si chiudono con l'emergere di nuove forme divistiche maschili date dagli antieroi della commedia, i futuri mostri degli anni sessanta: Mastroianni, Sordi, Gassman, Tognazzi e Manfredi esibiscono una potenza recitativa che consente loro, nel giro di pochi anni, di rivestire qualsiasi ruolo, di passare con estrema disinvoltura da una maschera all'altra, di indossare mille abiti diversi per incarnare i mille volti vecchi e nuovi dell'italiano che cambia sotto la spinta del miracolo economico.

9. *La rinascita dei generi.*

Nel corso dei decenni vi sono state oscillazioni sensibili nei confronti del cinema italiano da parte delle diverse generazioni. Se oggi – inizio del nuovo millennio – ci si accorge che le generazioni piú giovani hanno in pratica perso quasi del tutto il contatto con il cinema nazionale del presente, e a maggior ragione con la sua storia e memoria anteriore, negli anni quaranta e cinquanta le battaglie e il fuoco della critica era concentrato soprattutto sul cinema d'autore. È dagli anni sessanta, in parte per merito della critica francese in parte grazie alla diffusione di nuove forme d'attività associativa, che si comincia a spostare l'attenzione dai piani alti a quelli piú bassi della produzione, avviando un'opera di rivisitazione in cui spesso l'investimento affettivo, il tentativo di capovolgere il sistema dei rapporti e dei valori, se non nasce dall'esigenza di offrire un'equilibrata riconsiderazione complessiva del paesaggio, contribuisce a riportare alla luce zone, film e autori lasciati in ombra[78]. Accanto a un doveroso risarcimento nei confronti di autori misconosciuti, o mai di fatto presi in considerazione, è importante considerare oggi l'apporto creativo offerto dalle diverse personalità che contribuiscono alla realizzazione del film, dai costumisti agli operatori, dai caratteristi agli scenografi. È nei generi che di fatto rifulgono quegli elementi e vengono ottimalizzati quei saperi artigianali che vanno a costituire un nucleo forte del cinema italiano, capace di durare nel tempo e superare anche le crisi piú dure. La scomparsa nell'ultimo ventennio di tutti i generi costituisce un impoverimento grave del patrimonio creativo e di saperi specializzati del cinema italiano.

Bisogna comunque dire che negli anni in cui il cinema era considerato anche un'arma importante nella battaglia delle idee la critica, che pure aveva letto le splendide pagine di Antonio Gramsci sulla letteratura popolare, si guardava bene dal battersi a favore dei film di Gentilomo, Mattoli, Ma-

---

[78] Vedi S. DELLA CASA, *Cinema popolare italiano del dopoguerra*, in *Storia del cinema mondiale*, Einaudi, Torino 2000, vol. III.1, pp. 779-823.

tarazzo, Freda, Mastrocinque..., e a riconoscere che proprio questa produzione aveva il merito di ristabilire una fitta rete di legami mediatici con il fotoromanzo, la rivista, il melodramma verdiano e pucciniano, il fumetto, l'avanspettacolo, la commedia dell'arte e cosí via, e di stabilire rapporti inediti con il pubblico popolare delle campagne, dei piccoli centri e delle sale di seconda e terza visione delle periferie urbane.

Il legame ombelicale forse piú forte e rappresentativo della cultura italiana è quello con il melodramma che Carmine Gallone rilancia fin dall'indomani della liberazione di Roma con un film interpretato da Anna Magnani, *Avanti a lui tremava tutta Roma* (1946), in cui la vicenda mescola arie d'opera e rappresentazioni di spettacoli lirici a vicende resistenziali e di lotta antifascista[79]. Sposando questi temi, Gallone tenta – riuscendovi – di ottenere una rapida riabilitazione dopo la breve e formale epurazione che lo ha colpito per qualche mese. Dopo questo film diventerà il regista per eccellenza delle cineopere, l'autore che si porrà il problema di come portare sullo schermo, adattandola al diverso linguaggio, un'intera opera lirica valorizzando al massimo sia musica che interpretazione. Di fatto, accanto alla Magnani e a Fabrizi, i primi veri divi di successo del dopoguerra sono Tito Gobbi (interprete nel 1945 di *Torna a Sorrento*, di Carlo Ludovico Bragaglia, in cui si esibisce nell'interpretazione di *Rigoletto*, e nel 1946 di *O sole mio!*, di Gentilomo), Gino Bechi, Beniamino Gigli, Nelly Corradi, Ferruccio Tagliavini, Gino Sinimberghi... che ottengono ottimi successi di pubblico favorendo la trasposizione negli anni successivi di buona parte del repertorio operistico.

Nel biennio 1946-47 vengono girati ben cinque film tratti da opere liriche, dal *Barbiere di Siviglia* di Rossini a *L'eli-*

---

[79] Segnalo alcuni lavori significativi sul melodramma cinematografico del dopoguerra: P. PISTAGNESI, A. APRÀ e G. MENON (a cura di), *Il melodramma nel cinema italiano*, Incontri cinematografici di Monticelli Terme, 1977; D. TURCONI e A. SACCHI, *Un bel dí vedemmo*, Amministrazione provinciale di Pavia, Pavia 1984; C. BRAGAGLIA e F. DI GIAMMATTEO, *Italia 1900-1990. L'opera al cinema*, La Nuova Italia, Firenze 1990; G. CASADIO, *Opera e cinema*, Longo, Ravenna 1995; M. MARCHELLI e R. VENTURELLI, *Se quello schermo io fossi. Verdi e il cinema*, Le Mani, Genova 2002.

sir d'amore di Donizetti, al *Rigoletto* di Verdi, nonché altri titoli che attingono al repertorio operistico in modo piú o meno diretto, come *Il tiranno di Padova* (Max Neufeld, 1946), *Addio Mimí!* (Gallone, 1947), o che affrontano biografie di celebri musicisti, come *Il cavaliere del sogno* (Camillo Mastrocinque, 1946) che mette in scena una biografia romanzata di Gaetano Donizetti. Di tutte le biografie, è da ricordare il *Giuseppe Verdi* (1953) di Matarazzo, in cui il regista risale, attraverso la figura del compositore, all'archetipo ideale dei personaggi interpretati da Amedeo Nazzari nei melodrammi inaugurati da *Catene*.

Salvo qualche eccezione, la critica respinge il «filmelodramma», non ne accetta all'inizio neppure le buone intenzioni divulgative. Poi, quando la qualità delle registrazioni, delle interpretazioni e delle regie raggiunge risultati spettacolari piú convincenti, comincia a osservare il fenomeno con piú attenzione. Il merito va soprattutto al critico Beniamino del Fabbro. In effetti, negli anni cinquanta, grazie all'adozione delle nuove tecnologie, dal colore al Cinemascope, si cominciano a costruire degli spettacoli di qualità musicale, registica e interpretativa che, in alcune occasioni, non faranno rimpiangere le regie teatrali e cosí si può assistere a una serie di opere che affrontano in modo diretto o indiretto il melodramma, da *Aida* (Clemente Fracassi, 1953) a *Casa Ricordi* (Gallone, 1954) a *Rigoletto e la sua tragedia* (Flavio Calzavara, 1956) e che, pur di buona se non ottima qualità, non ottengono il successo sperato e segnano il rapido declino del genere.

Di tutti i generi musicali che tentano, in parallelo al melodramma, di aprire una strada alla musica leggera, e che nel giro di pochi anni si vedranno costretti a mostrare l'ibridazione tra la tradizione nazionale e i ritmi stranieri del boogie-woogie, del rock, del mambo, del cha-cha-cha, vale la pena di citare, perché svetta come un monumento al centro degli anni cinquanta, quello che in pratica si può considerare l'*unicum* registico di Ettore Giannini con *Carosello napoletano* (1953). Giannini riprende un suo spettacolo già portato in tournée in tutta Europa e, pur attingendo al repertorio della canzone napoletana, realizza l'opera musicale piú significativa e originale, piú ricca di riferimenti iconografici e di cultura spettacolare di tutto il primo dopoguerra, coprendo un arco storico di alcuni secoli e cercando di cogliere l'anima profonda della sua città attraverso lo spirito delle canzoni. La critica straniera – che lo vede al Festival di Cannes del 1954 – ne riconosce alcuni caratteri nazionali attraverso gli attributi locali e gli tributa un'accoglienza trionfale e pressoché unanime[80].

Verso la metà degli anni trenta, in un illuminante articolo sui rapporti tra cinema e intellettuali, Giacomo Debenedetti compie una prima analisi comparata tra le funzioni del cinema e quelle del melodramma ottocentesco e ne sottolinea discendenze, concordanze e caratteri in comune:

> Come spettacolo, fenomeno sociale, o diciamo pure, servizio pubblico, il cinema compie una funzione molto analoga a quella che ebbe nell'Ottocento, e segnatamente in Italia, il melodramma (...) L'analogia tra la funzione del cinema e quella del melodramma, come spettacolo, consiste nell'offrire, rinnovato, di anno in anno, un repertorio abbastanza fisso e canonico di emozioni, sentimenti ecc., di certi contenuti insomma[81].

Se veniamo all'evoluzione in chiave moderna del melodramma, dobbiamo soffermarci sul ruolo di Raffaello Matarazzo e sulla sua capacità di trasferire e adattare temi, situazioni, ideologia, morale, a un mondo che vuole conservare le leggi del passato e subisce l'urto del mutamento e della modernizzazione. Tutta l'opera di Matarazzo – e in particolare la sua trilogia (*Catene* e *Tormento*, 1950, e *I figli di nessuno*, 1951), che traina tutto il genere raggiungendo un risultato superiore a ogni immaginazione, ma rappresentativo del grado di dipendenza dei pubblici popolari dai modelli della letteratura e dal feuilleton ottocentesco – si svolge nel segno del melodramma. Sulla sua scia si muoveranno per alcuni anni Gentilomo, Bonnard, Mario Costa, Genina, realizzando titoli degni di un'attenta riconsiderazione, come *Una donna ha ucciso*

---

[80] V. CAPRARA (a cura di), *Spettabile pubblico. Carosello napoletano di Ettore Giannini*, Guida, Napoli 1998.

[81] G. DEBENEDETTI, *Il cinema e gli intellettuali*, in «Intercine», n. 8, agosto 1935, p. 59.

(Cottafavi, 1952), *Maddalena* (Genina, 1954), *Traviata '53* (ancora Cottafavi), che costituisce forse il piú alto esempio di evoluzione e perfetta metabolizzazione del melodramma musicale nel dramma moderno della incomunicabilità e solitudine esistenziale, di cui Antonioni ha già offerto alcuni esempi significativi.

Può suonare ancora oggi quasi blasfemo accostare il melodramma di Matarazzo con quello viscontiano ma, fatti salvi gli esiti stilistici, vanno riconosciute spinte e radici comuni a cui entrambi attingono: l'uno puntando allo spettatore colto della platea e del palco, l'altro a quelli del loggione. Luchino Visconti, mettendo in scena *La vestale* di Gaspare Spontini per l'apertura della Scala il 7 dicembre 1954, dichiara, riferendosi alla sua interpretazione di *Senso*:

> *Senso* è un film romantico e vi traspare la vena dell'opera italiana (...) I suoi personaggi fanno dichiarazioni melodrammatiche. Ci tengo molto. Anche nella vita esistono personaggi melodrammatici, come esistono in Sicilia pescatori analfabeti (...) Ho trasferito i sentimenti espressi da *Il trovatore* di Verdi dalla ribalta in una storia di guerra e di ribellione.

Lo spettatore popolare, che affluisce nelle sale di campagna o di periferia urbana, al Nord e al Sud, per almeno cinque decenni, è ben in grado di valutare e interpretare e cogliere le relazioni tra il melodramma e gli altri generi cinematografici e troverà, negli anni a cavallo tra il quaranta e il cinquanta, il momento di massima integrazione tra i vari livelli del melodramma. Renzo Renzi, agli inizi degli anni cinquanta, in un articolo sugli ultimi esempi di cantastorie, pone l'accento sul fatto che questi ultimi cantastorie abbiano alle spalle una tradizione millenaria di narratori popolari e sui rapporti tra i pubblici dei cantastorie e quelli del cinema popolare:

> Il pubblico piange sul serio. Piange lacrime vere. È lo stesso pubblico che al cinema applaude i film di Matarazzo, *Catene*, *Tormento*, *Torna!*: le storie avventurose e incredibili delle ingiustizie della vita, con la fiducia nel trionfo dell'onestà e dei sentimenti elementari[82].

---

[82] R. RENZI, *Omero ha cominciato cosí*, in «Cinema Nuovo», III (1° maggio 1954), n. 34, p. 239.

Non pochi nodi uniscono il destino della protagonista di *Catene* (Matarazzo) con quello delle eroine della *Cieca di Sorrento* o di *Genoveffa di Brabante*, e molti fili dell'intreccio narrativo sembrano dispersi lungo medesimi percorsi stabiliti da una stessa trama e uno stesso ordito che ci riporta insieme al *grand opéra* ottocentesco e al feuilleton. Proprio grazie all'azione di riconoscimento il pubblico popolare decreta, per alcuni anni, il proprio consenso a un tipo di cinema che subisce trasformazioni lente e che poi non morirà mai del tutto, riuscendo a rivivere in tempi piú recenti nel piccolo schermo televisivo.

10. *Oltre la superficie del visibile: Fellini e Antonioni.*

Se, con il neorealismo, il peso e l'influenza della letteratura rallentano, la cultura, il senso della tradizione figurativa, lo scambio con i modelli iconografici contigui tornano a esercitare la loro influenza assieme al pensiero esistenziale. Alle certezze dei dati del reale si sostituiscono elementi sfuggenti, unità non comparabili. I registi s'accorgono che i dati della percezione non esauriscono le dimensioni del visibile. Si comincia a capire che, in molti casi, l'essenziale è l'invisibile che sta dietro il visibile. Gli oggetti e le forme dello spazio, poco a poco, cominciano ad assumere caratteristiche inquietanti, enigmatiche. Il visibile, grazie soprattutto agli sguardi di Antonioni e Fellini, si comincia a presentare come una realtà a «n» dimensioni, si decompone poco alla volta, non offre piú certezze. Con poche eccezioni, le realtà si offrono ancora allo sguardo nella povertà e ricchezza del bianco e nero.

Già nei suoi primi film Fellini sembra attingere a un repertorio accumulato nella sua memoria e dare forma a figure ectoplasmatiche che fluttuano in una dimensione sospesa tra realtà e sogno. Fellini e Antonioni scardinano le griglie e i condizionamenti che delimitano lo spazio inventivo e la costruzione del senso e dei significanti del cinema dell'immediato dopoguerra e cercano di costruire opere non piú misurabili con i metri delle teoriche e poetiche del neorealismo e del realismo.

Antonioni vede con la mente e la ragione ma il suo sguardo, rispetto a quello di Visconti che metabolizza bene tutte le arti, si ferma sulla soglia delle avanguardie, si colloca già oltre, le ha fatte proprie e vuole spingersi verso direzioni in cui il mondo si misura con altri metri: la sua immagine è in un certo senso collocabile in una visione in controparte, rispetto a quella viscontiana: quanto piú Visconti è ossessionato dall'*horror vacui* e tende a immettere nell'immagine il massimo di elementi di qualificazione storica e psicologica, tanto piú Antonioni riesce a creare una sorta di vuoto nello spazio che circonda i suoi personaggi, a far in modo che vi siano corrispondenze tra il vuoto interiore o il male di vivere e la mancanza di legami possibili con l'ambiente o le persone che ti circondano. Fellini vede con il terzo occhio, con un occhio interiore che pesca il suo repertorio d'immagini nell'inconscio, nel sogno, nella memoria. Anche quando osserva il presente, Fellini è sempre un regista della soglia tra mondi e la sua immagine appare sospesa tra realtà vissuta o realtà immaginata e sognata. Basterebbe riflettere su queste modalità del vedere cosí differenti e sui diversi percorsi che additano e che verranno seguiti per capire la complessità dell'iconosfera del cinema italiano e la difficoltà a valorizzarne solo una direzione considerandola vincente.

Fellini si accosta al set con la semplicità dell'autodidatta e una biblioteca di riferimento alle spalle piuttosto anomala – s'avverte la presenza dell'esistenzialismo e di letture psicanalitiche, benché uno dei motivi ricorrenti nella critica è la constatazione della pochezza delle letture felliniane – rispetto a quella della cultura neorealista[83]. Il suo contributo alle sceneggiature di Rossellini va individuato in tutte quelle situazioni in cui la ragione e il visibile sembrano insufficienti a spiegare la realtà.

Dopo dieci anni di lavoro come sceneggiatore, Lattuada lo promuove a coregista di *Luci del varietà* (1950). In que-

---

[83] La piú autorevole, affidabile e documentata biografia di Fellini è T. KEZICH, *Fellini*, Camunia, Milano 1987. La monografia piú originale è P. BONDANELLA, *The Cinema of Federico Fellini*, Princeton University Press, Princeton 1992; trad. it. *Il cinema di Federico Fellini*, Guaraldi, Rimini 1994.

sto film e dal successivo, *Lo sceicco bianco* (1952), prima opera tutta sua, Fellini trova la sua fonte d'ispirazione nelle forme basse dello spettacolo da piazza e popolare.

L'operatore Ubaldo Arata raccontava indignato di Fellini, aiuto regista di Rossellini, che metteva «la macchina da presa all'altezza del gobbo», ossia che spostava di continuo il punto di vista classico. Per Fellini, il vedere è stato legato al senso etimologico del «mirare» e «monstrare», qualcosa che mantiene di fronte alle cose una sorta di stupore primitivo. Ogni volta che gli accade di vedere qualcosa che non ha mai visto la visione ha per lui il valore d'un «miracolo».

Da subito Fellini, come un prestigiatore, fa nascere ogni storia dal vissuto personale. Ogni tema, figura, personaggio, motivo comincia a lievitare e a far la spola tra memoria autobiografica e memoria collettiva. Nei primi film, *Lo sceicco bianco* e *I vitelloni*, inizia a ritagliare le figure con il gusto della costruzione d'un teatrino casalingo, identificando e circoscrivendo ruoli e funzioni d'ogni persona. Fellini si dimostra regista capace di costruire una vera e propria cosmogonia a partire da esperienze e realtà circoscritte che si espandono in maniera indefinita.

Nei *Vitelloni*, prima rimpatriata a Rimini, sua città natale, in una realtà placentare ben conosciuta, la struttura narrativa subisce una scomposizione importante: la singola storia è frantumata in cinque vicende minimali, distinte e intercambiabili. A partire da *La strada* (1954) cominciano a muoversi, sulla scia di Gelsomina e Zampanò, esseri che paiono il frutto d'uno scavo nell'inconscio. Fellini assume in questo film il punto di vista della sua protagonista, ottenendo un'immagine del mondo e del reale in forma di spettacolo magico, misterioso e affascinante e riuscendo a fare in modo che lo spettacolo del mondo giunga a confondersi con il mondo dello spettacolo. Gelsomina parla tutti i linguaggi meno che quelli normali: parla i linguaggi dei matti, sente le cose, sente il linguaggio della natura, mentre la comunicazione con le persone è piú difficile. Le musiche dei film di Fellini sono di Nino Rota che, pur avendo una carriera di musicista per film ultraventennale, inventa soprattutto da questo momento dei motivi da cui le immagini sembrano sgorgare e che sono destinati a divenire gli elementi di immediata evocazione di tutto lo spirito del film. I motivi di *La strada* e *Il bidone* (1955) – opera da ricollocare oggi in posizione chiave nell'universo felliniano, in quanto già prefigura tutta la struttura e i modi narrativi e stilistici di *La dolce vita* – confluiscono in *Le notti di Cabiria* (1957), a dimostrazione che questo universo si allarga, libera un'energia creativa crescente senza mai perdere l'esperienza anteriore.

La dolce vita, terminato a fine 1959, è il punto di svolta nella sua opera. Da questo momento comincia a compiere, nei confronti delle sue immagini, un'operazione molto simile a quella dei maestri dell'*action painting* americana: senza distruggere il proprio oggetto, il regista vi si immette in senso quasi fisico, lascia che le proprie energie vitali confluiscano nelle immagini. Nell'immaginario cinematografico mondiale, alcune immagini – per tutte, il bagno di Anita Ekberg e Mastroianni nella Fontana di Trevi – sono diventate patrimonio e luogo comune. Grandioso affresco sociale e cinematografico, *La dolce vita* è un'opera ponte: chiude una fase del cinema italiano e inaugura una nuova era, precorrendo non poche tensioni e spinte del cinema internazionale.

In una fase in cui il neorealismo si trova a dover amministrare il patrimonio appena costituito e a tentare di aggregare piú voci in un amalgama ideologico ed espressivo tutt'altro che omogeneo, Michelangelo Antonioni può apparire come una voce del coro dissonante. Anche se il terreno di partenza è identico, egli rivendica con orgoglio le proprie differenze fin dal primo documentario, *Gente del Po* (1943):

> Questa è la mia sola presunzione. D'aver imboccato da solo la strada del neorealismo. Visconti girava *Ossessione* e io, a pochi metri giravo il mio primo documentario (...) Tutto quello che ho fatto, buono o cattivo parte da lí[84].

Quanto piú Fellini cerca di liberare la propria energia visionaria, tanto piú Antonioni si dimostra architetto della

---

[84] M. ANTONIONI, *Prefazione* a *Sei film*, Einaudi, Torino 1964, p. XVI. All'opera critica di e su Antonioni, al suo cinema, alle sue interviste, è stato dedicato un monumentale omaggio: C. DI CARLO (a cura di), *L'oeuvre de Michelangelo Antonioni*, 6 voll., Cinecittà International - Ente autonomo gestione cinema, Roma 1987-92.

visione, costruttore di rapporti nello spazio tra elementi difformi, cose e persone.

Degli autori neorealisti non lo interessano i temi quanto le scelte lessicali, la forza visiva. Il suo esordio registico – come del resto quello di Fellini – appare alla critica come un ulteriore segno della diaspora, dispersione e decomposizione del corpo neorealista. Fin dalle immagini introduttive di *Cronaca di un amore* (1950) ci troviamo immersi in una dimensione sfuggente, spettrale, in uno spazio urbano simbolico in cui le cose proiettano in maniera inquietante come totem le loro ombre sulle persone[85].

Nei film d'esordio cerca di stabilire una distanza rispetto ai personaggi e all'ambiente che gli consenta di raccogliere con un solo sguardo d'insieme segni, sintomi, indizi sufficienti a emettere una diagnosi o un referto – sia pure precari – sullo stato interiore dei personaggi stessi. Nel cinema di Antonioni sono trasferiti e metabolizzati lo spirito e la lezione dello *Straniero* di Camus e la stessa geografia italiana acquista un valore diversamente significante.

Già nel 1952, quando gli altri registi cominciano a muoversi in maniera piú articolata lungo le coordinate spaziotemporali della storia e della realtà italiana, Antonioni inizia a trasgredire il loro spazio ideale andando a girare due dei tre episodi de *I vinti* in Francia e in Inghilterra. Con questo film, dichiara di voler andare alla scoperta delle molteplici sfaccettature dell'individuo, del caleidoscopio delle apparenze, delle illusioni, della fragilità delle sensazioni e dell'ingannevolezza dei dati logici o percettivi. Antonioni non ha mai cercato di far tornare i conti e scoprire tutti i legami logici e concatenati tra una serie di fatti e di indizi: alla misurazione degli spazi reali ha tentato di sostituire quelle delle distanze interiori.

La signora senza camelie (1953) si muove nello spazio dell'illusorietà del sogno cinematografico e soprattutto fa rein-

---

[85] Della vastissima letteratura su Antonioni segnalo, oltre DI CARLO (a cura di), *L'oeuvre de Michelangelo Antonioni* cit., vol. I, L. CUCCU, *La visione come problema*, Bulzoni, Roma 1973; G. TINAZZI, *Antonioni*, La Nuova Italia, Firenze 1975; S. CHATMAN, *Antonioni or The Surface of the World*, University of California Press, Berkeley - Los Angeles 1985; J. MAYET GIAUME, *Michelangelo Antonioni, le fil interieur*, Yellow Now, Crisnée 1990.

carnare nella parabola di Lucia Bosé, commessa scoperta per caso dal cinema, l'icona di Louise Brooks di *Prix de beauté* (Genina, 1930). *Le amiche* (1955), tratto da *Tra donne sole* di Pavese, pare un passaggio obbligato: nella conversione dalla pagina allo schermo si perdono le mitologie pavesiane e si privilegia l'attenzione nei confronti dei riti delle nevrosi, del vuoto ideale e affettivo della borghesia torinese. *Il grido* (1957) è invece una sorta di prologo al suo cinema degli anni sessanta e opera di rottura. È difficile per la critica del tempo accettare un proletario incapace di stabilire un giusto rapporto con la vita, sopraffatto dai sentimenti e senza alcun tipo di integrazione sociale.

Fin dagli anni cinquanta, Antonioni ha esposto i principî della sua poetica e ha continuato a ribadirli in modo pacato ai critici e agli autori neorealisti evitando scontri frontali. Lo strappo è avvenuto in modo progressivo e forse non è mai stato ben valutato nelle sue conseguenze.

11. *La generazione degli anni cinquanta.*

Il neorealismo ha uno sviluppo e un percorso in piú fasi: la prima – decollo e ingresso nell'orbita internazionale – dura poco, sia per esaurimento della spinta iniziale che per l'attrito e la resistenza esercitate da piú forze contrarie. Una volta entrati nell'atmosfera della guerra fredda e del lungo trionfale potere democristiano successivo alle elezioni del 1948, il corpo neorealista – dopo una seconda fase di assestamento e allargamento del proprio spazio – esplode e i suoi frammenti hanno una ricaduta su tutta la superficie del cinema internazionale. Non verranno mai meno i legami, che possiamo definire ombelicali, tra il modo di vedere e di narrare dei padri neorealisti e quello delle generazioni successive[86]. L'energia si disperde, ma tocca personalità molto diverse tra loro. Il merito è anche da attribuirsi alla pattuglia di sceneggiatori, veri perlustratori a tutto campo della geografia e storia evenemenziale del paese, autentici apparec-

---

[86] Vedi M. MARCUS, *Italian Film in the Light of Neorealism*, Princeton University Press, Princeton 1986.

chi di registrazione delle condizioni d'ogni minima particella del corpo sociale. Grazie al loro umile lavoro di gregari che non ricevono mai, salvo l'eccezione di Zavattini, la luce dei riflettori, si verifica un inedito rapporto di comunicazione ininterrotta tra il piano della realtà e quello della finzione cinematografica.

Grazie a Zavattini, Amidei, Flaiano, Ennio De Concini, Suso Cecchi d'Amico, Ruggero Maccari, Age e Furio Scarpelli, Piero De Bernardi e Leo Benvenuti, Ettore Scola, Tullio Pinelli, Rodolfo Sonego, Ettore Margadonna, ecc., si crea una trama e un tessuto che tiene uniti i diversi livelli della produzione e consente un continuo travaso, assimilazione, metabolizzazione e circolazione di idee e modi narrativi.

La luce del neorealismo è un riferimento importante – ma superficiale – per alcuni operatori e registi (vedi *Cielo sulla palude*, Genina, 1949, o *Cristo proibito*, Curzio Malaparte, 1950), ma lo spirito neorealista guida l'esordio di Carlo Lizzani che, grazie a una formula produttiva di tipo cooperativo, realizza *Achtung! Banditi!* (1951). Dall'esordio, Lizzani si dimostra regista d'azione e non di psicologie e di atmosfere. Il suo è un coraggioso tentativo controcorrente di non affossare la memoria della Resistenza e della lotta partigiana evitandone la rapida monumentalizzazione retorica. La sua produzione successiva – da *Cronache di poveri amanti* (1954) a *Lo svitato* (1956) a *Esterina* (1959) –, se non gli offre la possibilità di realizzare storie che gli stanno a cuore, ne mette in evidenza le doti professionali, la duttilità e capacità di porsi al servizio della piccola storia evenemenziale e della Storia. La forte competenza registica e la sua duttilità gli consentono di mettersi al servizio degli attori, delle storie e di raccordare con un filo rosso molto compatto i temi che in genere si muovono con andamento pendolare tra cronaca e storia.

Sono, in ogni caso, tempi duri per tutti coloro che si sono formati nella rivista «Cinema» prima serie: paradossalmente, piú duri che negli anni di guerra, anche se, di fatto, grazie alla forte ripresa produttiva, nessuno è ridotto al silenzio dalla volontà politica. La realtà e le possibilità sono però ben al di sotto delle attese e delle promesse.

Analoga sorte tocca ai piú rappresentativi e brillanti ex critici di «Cinema»: Gianni Puccini e Antonio Pietrangeli.

Dei due, Puccini riesce a ritagliarsi uno spazio registico con piú fatica. L'esordio è con un film in costume (*Il capitano di Venezia*, 1952) e poi, dalla fine degli anni cinquanta, realizza una serie di commedie, *Parola di ladro* (diretto con Nanni Loy, 1957), *Il marito* (1958), *Carmela è una bambola* (1958), *L'impiegato* (1959), che, in una certa misura, partecipano della trasformazione del genere e osservano i primi significativi mutamenti di costume degli italiani.

Antonio Pietrangeli, tra i critici della sua generazione esordisce per ultimo, ma fin da *Il sole negli occhi* (1953) fissa temi e tratti stilistici che accompagneranno la sua attività fino alla morte prematura, a meno di cinquant'anni, nel 1968. Pietrangeli è stato uno dei registi che con piú sensibilità e intelligenza hanno esplorato il mondo femminile, raccontandone l'integrità, la generosità, i costi da pagare per raggiungere una qualche emancipazione rispetto alla tutela e al potere maschile[87].

Anche Mauro Bolognini esordisce in quegli anni, sfornando nove titoli, in prevalenza commedie, tra il 1953 (*Ci troviamo in galleria*) e il 1959 (*La notte brava*). Partendo da un soggetto di Pier Paolo Pasolini, trova a partire da questo film la strada che lo porterà a esprimere al meglio le sue doti di narratore e le sue capacità di ricreare sullo schermo testi letterari, di ricostruire atmosfere con l'aiuto della tradizione pittorica ed esplorare psicologie e ambienti diversi della società italiana post-unitaria[88].

Con *Gli sbandati* (1955) esordisce a venticinque anni Francesco Maselli tentando di adattare la lezione neorealista a un modo diverso di riflettere sulla storia individuale e

[87] A cura di Antonio Maraldi e del Centro Cinema Città di Cesena sono stati pubblicati A. PIETRANGELI, *Verso il realismo*, prefazione di Fernaldo Di Giammatteo, Il Ponte Vecchio, Cesena 1994; ID., *Sala di proiezione*, prefazione di Gian Piero Brunetta, ivi 1994; ID., *Neorealismo e dintorni*, prefazione di Antonio Costa, ivi 1995; ID., *Panoramica sul cinema italiano*, prefazione di Carlo Lizzani, ivi 1995; U. BARBARO e A. PIETRANGELI, *Appunti sulla regia cinematografica*, prefazione di Giorgio Cremonini, ivi 1995; S. CECCHI D'AMICO e A. PIETRANGELI, *Soggetti inediti*, prefazione di Suso Cecchi d'Amico, ivi 1997; A. PIETRANGELI, *Lampi d'estate e altri soggetti*, prefazione di Ugo Pirro, ivi 1997; A. PIETRANGELI, D. FO, P. P. PASOLINI e T. PINELLI, *Serajevo. Trattamento per un film*, prefazione di Dario Fo, ivi, giugno 1998.

[88] G. P. BRUNETTA (a cura di), *Bolognini*, Ministero degli Affari Esteri, Roma 1978.

collettiva. Servendosi di una storia d'amore, cerca di radiografare il comportamento della borghesia nell'ultima fase della guerra e della lotta di Liberazione. Il tema in quegli anni è considerato tabu, ma ciò che colpisce è la maturità stilistica, la messa a frutto di piú lezioni non solo del cinema italiano: a Venezia buona parte della critica celebra la nascita di un nuovo autore.

Assai simile per tematica e conclusioni, ma non per tipo di sguardo sui personaggi e di giudizio, è *Estate violenta* (1959) di Valerio Zurlini, che aveva esordito alcuni anni prima con l'adattamento cinematografico di un romanzo di Pratolini, *Le ragazze di San Frediano* (1954). La storia di iniziazione sessuale, una sorta di adattamento italiano di *Le diable au corps* (Claude Autant-Lara, 1947), di un ragazzo con una donna matura, accentra l'attenzione, mentre sullo sfondo rimane la storia, gli eventi dell'estate del 1943 tra il 25 luglio e l'8 settembre.

Sul finire del decennio, si segnalano gli esordi di Gillo Pontecorvo e Francesco Rosi. *La grande strada azzurra* (1959), primo lungometraggio a soggetto di Pontecorvo, tratto dal romanzo *Squarciò* di Franco Solinas, non suscita, rispetto a ciò che si è detto per Maselli, particolari reazioni entusiastiche da parte della critica, che lo classifica in genere come un epigono di De Santis.

Assai piú caratterizzato e forte invece l'esordio di Francesco Rosi, già assistente di Visconti per *La terra trema*. Il soggetto di *La sfida* (1958) è tratto da un fatto di cronaca napoletana del presente. Rosi riesce a conferire all'episodio una dimensione tragica e a mettere a frutto la lezione neorealista con quella del noir americano, a saldare vicenda individuale e contesto sociologico, a far sentire in ogni momento la propria presenza. Due doti che ne caratterizzeranno tutto il percorso successivo. *I magliari* (1959) ne conferma le capacità di arricchire la lezione neorealista, ben assimilata, d'un valore aggiunto di approfondimento sociologico, di una passione civile e di fiducia nel potere del cinema come arma, che il cinema italiano sembra aver perduto nel corso degli anni cinquanta. Rosi è uno dei pochi registi che ha lavorato sulla temporalità e sulla pluridimensionalità del film, che ha fatto delle categorie spazio-temporali strutture portanti della sua ricerca. La rappresentazione del tempo in lui non è mai lineare ed è sempre un rapporto di coesistenza fra temporalità multiple. Non esiste il tempo del Sud, ma esiste una temporalità in cui reversibilità e irreversibilità, circolarità e linearità, dinamiche della modernità e fissità del mito coabitano e si confondono. Le forze di cui si occupa attingono buona parte della loro energia dal tempo del mito, da quello circolare di una società agricola e le proiettano verso le frontiere piú avanzate della società moderna, tentando di assoggettarla alle loro regole.

Rosi percepisce e rappresenta una temporalità propria del mondo meridionale e ne analizza, film dopo film, la vocazione a scandire, secondo questi metri e ritmi, il tempo dell'intera società italiana e a proiettarsi verso scenari mondiali.

Nel firmamento dei generi del dopoguerra, che emettono radiazioni luminose piú o meno forti e di lunga gittata, Totò sembra risplendere come una stella dotata di luce propria, capace da sola di illuminare tutto un genere, a dispetto della modestia dei molti *instant film* ai quali ha prestato comunque orgogliosamente la sua maschera:

> Molti critici – ha dichiarato – rimproverano ai miei registi di usarmi sempre con la stessa maschera (...) Perché si dovrebbe cambiare ogni volta? Perché ci si dovrebbe spersonalizzare? Con questa maschera qua ho lavorato nelle farse della commedia dell'arte, nel varietà, nel café chantant, nella rivista, nelle operette, nella prosa dialettale e nel cinema: le sono affezionato come alla mia cosa piú cara.

Fellini – che è stato un ammiratore di Totò – si è dichiarato convinto, come ricorda Roberto Escobar nella piú intelligente e originale monografia su Totò uscita negli ultimi anni, «che la sua maschera sia tanto tanto grande», tanto «meravigliosa» che nessun film sia in grado di contenerla, e che tutt'al piú la macchina da presa possa *dar conto*. Totò è Totò, come Pulcinella è Pulcinella[89].

Totò ha interpretato oltre cento film nel dopoguerra, per lo piú con registi che hanno soltanto azionato la macchina da presa, ma anche autori come Rossellini, De Sica, Blasetti,

---

[89] R. ESCOBAR, *Totò*, Il Mulino, Bologna 1998, p. 110.

Zampa, Fabrizi, Steno e Monicelli, Pasolini, Bolognini. Il suo regista privilegiato è stato Mattoli con cui ha girato sedici titoli, seguito da Mastrocinque, Sergio Corbucci, Bragaglia.

Totò, come si è già detto, è la piú perfetta realizzazione della supermarionetta teorizzata da Gordon Craig, non solo il corpo e il volto sono del tutto snodabili e si muovono come se le parti fossero indipendenti tra loro, ma in molti casi non sembra esservi connessione tra le forme sintattiche elementari del discorso che spesso faticano a costruire un senso ordinato tra loro. Totò indossa una maschera che si adatta a fatica a ruoli ben determinati: la sua forza e la sua genialità sono date dall'imprevedibilità di gesti e di lessico che gli consentono di spezzare le regole, di mettere in luce le storture burocratiche, l'assurdità di leggi e regolamenti, le forme d'ingiustizia e prevaricazione ottenute soltanto attraverso il dominio linguistico, o l'uso di una divisa o di un titolo. Anche se guidato da uno spirito anarchico che lo spinge a opporsi con i mezzi a sua disposizione ad ogni sopruso nella vita quotidiana Totò, senza rinunciare alla sua maschera, interpreta una galleria di figure di italiani, poveri in canna e sempre affamati, spesso imbroglioni, ma al fondo onesti, travolti sempre dalla storia a cui pagano un pesante tributo personale (*Il ratto delle Sabine*, 1945, *Napoli milionaria*, 1950, *Guardie e ladri*, 1951, *Siamo uomini o caporali?*, 1955, *Destinazione Piovarolo*, 1955, ...) Film dopo film lo spettatore compie con Totò una sorta di viaggio, sia all'interno dell'Italia che sta cambiando, sia entro un contenitore linguistico che accoglie deforma e parodizza tutti i linguaggi[90], sia dentro una serie di popolazioni che abitano lungo la penisola e hanno modi di vivere e comunicare del tutto diversi, a cui Totò si adegua con opportunismo e astuzia, mettendo a frutto le sue eccezionali capacità di sopravvivenza.

12. *I generi alla conquista dei pubblici internazionali*.

La fortunata serie di Don Camillo, tratta dai romanzi di Giovanni Guareschi e diretta dal regista francese Julien Du-

---

[90] F. ROSSI, *La lingua in gioco*, Bulzoni, Roma 2002.

vivier, è forse l'esempio piú significativo di un microcosmo che partecipa della vita di sistemi piú vasti, ma deve il suo equilibrio al fatto che le forze in conflitto al suo interno non manifestano tendenze centrifughe. Questo filone negli anni piú «bollenti» della guerra fredda, con il suo sguardo tollerante e in perfetto equilibrio tra le due forze avverse, ha avuto il merito di ridurre la complessità della realtà politico-antropologico-sociale italiana alla dialettica cattolicesimo-comunismo visti non in un'ottica manichea ma come facce complementari e necessarie della stessa realtà, all'ombra del campanile d'un paesino sperduto dell'Emilia. Luogo periferico che ha assunto, per l'immaginario cinematografico, un valore centrale ed esemplare di un'idea dell'Italia toccata dalla modernità ma capace di non perdere i suoi caratteri originari. I film di Don Camillo costituiscono una sorta di microgenere e un primo tentativo di distensione e rappresentazione dei contrasti e delle contraddizioni che animano e formano l'insieme di vecchio e nuovo del nuovo regime democratico, ma anche il segno d'un bisogno diffuso in tutta Europa di riappaesamento, di recupero di coordinate di vita semplice e di valori stabili e ben riconoscibili.

Dopo i discreti successi di *Teodora, imperatrice di Bisanzio* (Riccardo Freda) e *La regina di Saba* (Pietro Francisci), entrambi del 1953, bisognerà attendere quasi cinque anni perché *Le fatiche di Ercole* (ancora Francisci; soggetto di Ennio De Concini e Francisci), riapra in maniera prepotente la strada dei film storico-mitologici conferendo per qualche anno una nuova spinta propulsiva alla produzione popolare. «L'avvento di questo genere – come ha osservato Vittorio Spinazzola – sancisce in modo definitivo la sparizione dei film dedicati alle drammatiche pene d'amore di personaggi indossanti panni moderni»[91].

Questo filone continuerà a svilupparsi senza temere concorrenza e a ottenere esaltanti risultati commerciali, rastrellando centinaia di milioni da milioni di spettatori delle seconde e terze visioni, che continueranno a sborsare 100 o 200 lire a biglietto. *Le fatiche di Ercole*, con un costo in-

---

[91] V. SPINAZZOLA, *Cinema e pubblico*, Bompiani, Milano 1974, p. 120.

feriore ai trecento milioni, ne incassa, dalla sola distribuzione interna quasi novecento, ma all'estero la vendita negli Stati Uniti frutterà quasi 130 000 dollari. Si apre dunque, dalla fine del decennio, una sorta di corsa allo sfruttamento intensivo del filone: nel 1960, di 15 film storico-mitologici realizzati, ben 11 superano i quattrocento milioni d'incasso, mentre alcuni titoli, come *Ercole e la regina di Lidia* (Francisci), *Maciste nella valle dei re* (Carlo Campogalliani), *La vendetta di Ercole* (Cottafavi) superano gli ottocento milioni d'incasso.

Il successo di questi film è dovuto anche al fatto che con poche centinaia di lire si favorisce il mantenimento d'una visione del mondo in cui le forze del bene e del male sono divise e facilitano una identificazione immediata con eroi che difendono gli ideali del buon governo, di giustizia e libertà e soprattutto si provoca la liberazione di impulsi e pulsioni nascoste nell'inconscio popolare praticando, come dichiara Domenico Paolella, una meritevole e a basso costo «psicanalisi del povero»[92].

In un articolo dal tono esaltante (*Prélude à Cottafavi*), nel numero di settembre 1959 dei «Cahiers du cinéma», Michel Mourlet accusa in modo esplicito i critici italiani («persi nelle brume neorealiste») di cecità critica nei confronti della genialità di Vittorio Cottafavi, definito qualche anno dopo «il solo a trionfare nel genere del film storico, cosí difficile in cui hanno fallito Kubrick, Ray, Mann e ultimamente Minnelli»[93]. Le risposte che giungono dalla critica italiana non lasciano dubbi sulla renitenza a promuovere i generi popolari a livello di cinema d'autore:

> Abbiamo accuratamente cercato ne *La vendetta di Ercole* il cesellatore, il poeta, il repubblicano, l'esteta, il tecnico, il grande direttore d'attori... Invano. Tutto abbiamo seguito con attenzione estrema. Sciaguratamente non abbiamo scoperto tracce né di cesello né di poesia, né di tecnica[94].

---

[92] D. PAOLELLA, *La psichanalyse du pauvre*, in «Midi-Minuit Fantastique», n. 12, maggio 1965.
[93] L. MOULLET, *La victoire d'Ercole*, in «Cahiers du cinéma», n. 131, maggio 1962, p. 40.
[94] Vedi F.D.G. (Fernaldo Di Giammatteo), *Prélude à Cottafavi*, in «Bianco e Nero», n. 10-11, ottobre-novembre 1960.

Il non aver apprezzato i film popolari e non aver saputo cogliere nel pastone di prodotti ripetitivi e poveri le perle e le pepite d'oro della genialità non è certo la colpa peggiore della critica italiana di quegli anni, perché la serie di articoli sul cinema popolare di Vittorio Spinazzola, apparsi su «Cinema Nuovo» e poi confluiti nel volume *Cinema e pubblico*, costituiscono ancora oggi un punto di riferimento indispensabile: in effetti le miopie piú gravi e l'inadeguatezza degli strumenti critici si rivelano prima che nei confronti dei generi popolari nei confronti di autori come Antonioni e Fellini che, osannati in tutto il mondo, non verranno certo considerati profeti delle nuove forme del cinema in patria.

Registi colti come Cottafavi non nascondono il primato del divertimento e del piacere di praticare le loro *full immersion* nel mito senza preoccuparsi troppo di rispettarlo. Cottafavi cerca anche di esplorare le psicologie femminili, o di interrogarsi sulle forme del buon governo, sulle applicazioni della democrazia, sulle paure del presente, in primis di quelle atomiche. Con *La rivolta dei gladiatori* (1958), *Messalina, Venere imperatrice* (1959), *Le legioni di Cleopatra* (1959) il regista – paradossalmente – sembra piú interessato all'esplorazione dell'animo femminile che dei corpi dei forzuti[95].

Ironia, spirito dissacratorio, divertimento assoluto nell'affabulazione, parsimonia esemplare nel rispettare i budget assai risicati e nel ridurre di conseguenza abiti e costumi, accurato studio cromatico che riesce a conferire a molti titoli una vera e propria dimensione pittorica, fanno di alcuni di questi film, da *La vendetta di Ercole* (Cottafavi, 1960), con il cerbero a tre teste, il centauro e il pipistrello gigante ideati da Carlo Rambaldi, a *Ercole alla conquista di Atlantide* (ancora Cottafavi, 1961) a *Arrivano i Titani* (Tessari, 1962) a *Maciste contro il vampiro* (Gentilomo, 1961), dei veri gioielli di bricolage, azione e invenzione cinematografica, e spettacolare. La polenta in ebollizione serve a rendere gli effetti del vulcano in attività, alcune secchiate d'acqua simulano la tempesta, e battute come «È stata davvero un'impresa titanica!» (nel finale di *Arrivano i Titani*) suggellano

---

[95] G. RONDOLINO, *Vittorio Cottafavi. Cinema e televisione*, Cappelli, Bologna 1980.

in modo felice lo spirito che anima la maggior parte di questi film, concepiti, lo ha ricordato Ennio De Concini, facendo per lo piú un sacco di risate.

Sono questi film a ottenere, anche da parte della critica internazionale, riconoscimenti e certificazioni di qualità che in Italia giungono solo da parte dei pubblici popolari. Della produzione storico-mitologica possiamo ancora ricordare *Il terrore dei barbari* (Campogalliani, 1959), *Il colosso di Rodi* (Sergio Leone, 1959), *La battaglia di Maratona* (Jacques Tourneur e Bruno Vailati, 1959), *La guerra di Troia* (Ferroni, 1962), *Maciste all'inferno* (Freda, 1962), *Totò e Cleopatra* (Fernando Cerchio, 1963).

Nel 1961, una delle annate piú feconde, vengono realizzati ben 33 titoli, nel 1964 sono addirittura 40, ma solo due anni dopo gli eroi della forza sono del tutto spariti dagli schermi: tuniche e gladi lasciano il posto a pistole, alle mitragliatrici e ai ponchos indossati dai taciturni nuovi eroi dei western girati in Spagna o in Ciociaria.

13. *Verso la commedia maggiorenne.*

Proprio il fatto che una serie di esordi felici siano avvenuti nell'ambito della commedia lungo tutti gli anni cinquanta, obbliga a sottolinearne l'irresistibile e progressiva ascesa, dai livelli inferiori della produzione a un vero e proprio ruolo guida per oltre un quindicennio. Anzi, vera e propria riforma di tipo goldoniano, che la porta dai canovacci dei primi anni cinquanta alla scrittura piú elaborata dei testi per gli autori alla realizzazione di opere – dalla serie di *Pane, amore e...* di Comencini a quella dei *Poveri ma belli* di Risi – il cui successo sembra anche da attribuirsi al merito di operare una vera e propria riforma di tipo goldoniano all'interno delle forme del comico e della commedia di quel periodo, e alla perfetta metabolizzazione e adattamento ai costumi degli italiani in via di rapido mutamento[96].

---

[96] J. A. GILI, *La comédie italienne*, Henri Veyrier, Paris 1983; M. SERCEAU (a cura di), *La comédie italienne de Don Camillo à Berlusconi*, in «CinémAction», n. 42, marzo 1987.

Questi film raccontano storie, andando a cercarsi in Beaumarchais e Goldoni uno stemma nobiliare e dei padri, ma il loro successo è dato dalla capacità di porsi in perfetta sintonia con i mutamenti in atto nel paese, con lo spirito della ricostruzione, l'emergere del mondo giovanile, la richiesta di nuovi modelli di comportamento e di rapporti all'interno della società e di individuare nel mondo dei giovani la molla del cambiamento. I problemi della miseria e del sottosviluppo, per quanto addolciti dalle grazie e dai doni di natura di Gina Lollobrigida o Sophia Loren, non sono rimossi del tutto, ma insieme avanzano i modelli consumistici e l'attenzione al mutamento dei ruoli e dei rapporti interindividuali nella società, mentre *La grande guerra* (Monicelli, 1959) segna la svolta piú importante della commedia verso l'acquisizione di una nuova identità e il raggiungimento di un livello piú elevato. E l'anno prima, *I soliti ignoti*, sempre di Monicelli, propone un tipo di racconto eroicomico, costruito come parodia del romanzo cavalleresco, o via italiana alla grande rapina, in cui alla fine non si mettono le mani né sul Santo Graal e neppure su un modesto *grisbi*, ma su una semplice porzione di pasta e fagioli.

Grazie a Amidei, Sonego, Age e Scarpelli, Scola e Maccari, in pratica grazie a tutta l'officina romana degli sceneggiatori, la comicità diventa il nucleo forte per raccontare la coesistenza tra vecchio e nuovo dell'identità dell'italiano e mostrare come questa comicità possa vantare anche un albero genealogico illustre che può risalire alla letteratura boccaccesca, al teatro del Cinquecento, a Ruzante, alla letteratura galante settecentesca e al teatro dialettale.

All'attore e al comico, a partire da *La grande guerra*, si chiede una modulazione nuova del proprio ruolo, una piú esatta e al tempo stesso piú ampia ed elastica capacità di mimesi, un'espansione della competenza che gli consenta di attivare una serie di registri che, dal piano della comicità del gesto e della parola, possano giungere fino a note di piú alta drammaticità. In ogni caso, i due eroi di *La grande guerra* sono le avanguardie d'un esercito di discendenti del Ruzante che si muovono in tutte le direzioni della storia, spingendosi avanti e indietro tra le due guerre alla ricerca d'un momento di riscatto, di dignità, capace di attenuare il senso storico della loro sconfitta. Il processo di conquista d'una coscienza morale, visto come spina dorsale del genere negli anni successivi, diventa una delle manifestazioni piú evidenti della crescita ideologica e delle ambizioni del genere stesso: «Mi sono sbagliato, li credevo piú di fegato», dice il tenente tedesco nel finale del film; e il capitano gli risponde: «La guerra non è il loro forte. Unico fegato che hanno è quello che fanno con le cipolle alla veneziana. Presto mangeremo anche quello». È un momento di svolta decisivo non solo del film ma di tutta la commedia successiva. Di fronte a quest'offesa, i soldati Busacca e Giacovazzi sentono che non è piú possibile difendere a ogni costo la vita se poi se ne perde il senso e il gesto che compiono li dissocia dall'esercito di vili e imboscati entro cui si erano mimetizzati fino allora. Di colpo, i travestimenti secolari, accettati per opportunismo, per consuetudine, per viltà e pigrizia vengono spezzati. E sono proprio queste figure, figlie delle maschere della commedia dell'arte, che contribuiranno a fissare i nuovi ritratti dell'italiano, a interrogarsi e ad agire sulle trasformazioni della sua identità, sulla scia aperta dalle opere di Zampa-Brancati, e sulle trasformazioni profonde indotte dall'improvviso benessere. Perché questi italiani, che s'avviano a passi da gigante verso livelli sconosciuti di ricchezza, buttano lungo la strada assieme agli stracci anche il senso di altruismo, di rispetto per gli altri e per le leggi, di solidarietà, di onestà, di sacrificio...

Il genere – nonostante il perdurare dell'atteggiamento stroncatorio della critica piú autorevole e rappresentativa sia nella stampa quotidiana che nelle riviste specializzate – ha acquistato coscienza delle proprie possibilità lungo tutti gli anni cinquanta, e grazie a Monicelli, Comencini, Risi, Bolognini, Pietrangeli, Puccini, Steno – che film dopo film rivelano la loro personalità autoriale – si affaccia alle soglie del nuovo decennio in modo aggressivo, con una differente e piú matura consapevolezza, senza nascondere le proprie ambizioni di conquistare un ruolo sempre piú essenziale e strategico all'interno delle strutture produttive lanciate verso il sorpasso del cinema hollywoodiano.

Capitolo quarto

Dal boom agli anni di piombo

1. *Anni di crescita e di crisi.*

Nel 1960 la produzione esulta per attivi di bilancio mai raggiunti: 160 sono i film realizzati di cui 66 coproduzioni (61 con la Francia; cfr. tab. 10), l'esportazione ha superato i 20 milioni di dollari, gli incassi sono aumentati e il numero di spettatori, dopo aver superato gli 800 milioni, decresce meno del resto d'Europa[1]. Di colpo siamo entrati nella fase di massimo splendore della parabola del cinema italiano. Tra i maggiori motivi di soddisfazione per l'associazione degli industriali va posto il successo internazionale di coproduzioni come *La dolce vita*, *La grande guerra* e *Il generale della Rovere*[2]. Si capisce che per valorizzare i prodotti nazionali è necessario tener sempre piú conto delle connessioni del singolo elemento con il quadro mondiale, mentre per ora lo stato euforico porta a sottovalutare i non pochi segnali negativi[3]. La ripresa dell'industria cinematografica, alle soglie degli anni sessanta, sembra compensare i danni provocati dalla crisi di quella edilizia. Anche la creazione del Bureau International du Cinéma consente al cinema italiano di assumere una posizione di guida rispetto alle cinematografie europee.

Quanto piú lo sguardo s'allarga e il livello della sfida si eleva, tanto piú però si entra in un nuovo ciclo recessivo e di mutamento strutturale. Nei primi anni sessanta ci si rende

---

[1] Per un'analisi piú approfondita rinvio alla nuova edizione della mia *Storia del cinema italiano* cit., vol. IV, e a *Cent'anni di cinema italiano*, 2 voll., Laterza, Roma 1998².

[2] E. MONACO, *Cinema italiano 1960*, Anica, Roma 1960.

[3] QUAGLIETTI, *Storia economico-politica del cinema italiano* cit., p. 222. Vedi anche C. BIARESE, *Les structures économiques du cinéma italien 1959-1974*, in «Cinéma '74», n. 190-91, settembre-ottobre 1974, pp. 75-90.

conto da parte dei produttori che, per sostenere i nuovi livelli di sfida, il prodotto deve adeguarsi agli standard tecnici raggiunti dai concorrenti americani, e si devono perdere i requisiti campanilistici, acquisendo qualità che lo rendano accettabile sul piano internazionale[4]. Vincente, ad esempio, risulterà l'idea di andare a sfidare il cinema americano sul suo stesso terreno reinventando il western nei modi narrativi, nei ritmi, nella composizione, nelle mitologie, nell'etica e nella geografia.

Dagli anni sessanta alla seconda metà dei settanta, ci si trova di fronte a un quadro del sistema che valorizza tutti i tipi di prodotti nazionali – d'autore e di genere – e gode di una potente spinta sui mercati di tutto il mondo per merito del western ma che subisce una caduta a picco poco dopo[5]. Le fasi iniziali della recessione vanno correlate alla sfavorevole congiuntura economica, alla concorrenza del mercato musicale e televisivo e alla mancata approvazione di una nuova legge che ridefinisca la materia. Nel giro di un anno, dal 1964 al 1965, in attesa della legge, il numero di film prodotti è dimezzato: si passa dai 214 ai 121 titoli. D'altro canto, anno dopo anno, si comincia ad assistere a una moria crescente di spettatori[6]. In dieci anni sono venduti oltre 200 milioni di biglietti in meno. E la tendenza continuerà anche negli anni successivi.

Il decollo industriale porta gli italiani ad abbandonare il mondo contadino, proprio nel momento in cui il cinema è riuscito a mettere radici nei piccoli paesi. Non morirà il cinema ma sparirà un tipo di visione collettiva all'interno di comunità omogenee. La situazione italiana resta privilegiata rispetto a quella europea, dove si registra un'emorragia nel pubblico con riduzioni anche dell'80 per cento in pochi anni[7].

---

[4] S. ZAMBETTI, *Cinema e pubblico in Italia negli anni sessanta. Gli indirizzi produttivi, i generi, il film popolare*, in A. FERRERO (a cura di), *Storia del cinema*, vol. III, Marsilio, Venezia 1980, pp. 56-78.

[5] M. SALOTTI, *1957-1964: l'industria cinematografica italiana gonfia i muscoli*, in E. MAGRELLI (a cura di), *Sull'industria cinematografica italiana*, Marsilio, Venezia 1986.

[6] L. SOLAROLI, *72 milioni di spettatori perduti nel cinema in Italia in quattro anni*, in «Filmcritica», XI, n. 101, settembre 1960, pp. 616-19.

[7] Oltre ai saggi dedicati ai problemi di economia cinematografica del dopoguerra in *Storia del cinema mondiale*, vol. I cit., rinvio ai dati dei diversi saggi in LIVOLSI (a cura di), *Schermi ed ombre* cit.

Per far fronte alla situazione, la via della coproduzione appare ancora il sistema privilegiato di difesa, protezione e attacco, per tramutare elementi di debolezza in punti di forza[8].

Con l'approvazione della nuova legge del 1965, lo stato incrementa, con le tasse sugli incassi, tra le piú alte d'Europa, i suoi introiti, mentre i ristorni a favore dei produttori si riducono in percentuale, e per i ritardi nelle erogazioni perdono la loro effettiva funzione di sostegno e linfa vitale per la produzione. Ulteriore danno sembra venire dai privilegi che la legge Corona conferisce all'Istituto Luce, attribuendogli il ruolo di produttore di documentari e corto e lungometraggi finanziati dallo stato o da società a partecipazione statale. L'idea del legislatore è quella di portare un po' d'ordine e sottrarre alcuni tipi di produzione al monopolio «di fatto» di case protette da alcuni esponenti di governo: in parte se ne possono condividere le intenzioni, cosí come risultano meritevoli sulla carta le intenzioni di favorire, con un cospicuo sostegno, gli esordi registici e i film di qualità. La nuova realtà però si rivela presto esiziale per tante piccole imprese specializzate costrette a chiudere e – salvo alcune eccezioni – ben al di sotto delle attese e degli investimenti. Mentre i criteri d'assegnazione dei contributi, in base all'art. 28, con il tempo non sempre privilegeranno la qualità e l'originalità dei soggetti. Anche se, grazie a questa voce, si produce un ricambio generazionale e lo stato diventa il primo vero produttore[9].

Nei primi dieci anni di vita dell'art. 28, sono sovvenzionati 5 film l'anno mentre, nel decennio successivo, la media si aggira sui 25. Una cifra modesta, insufficiente a dar fiato e fiducia agli aspiranti registi e molto inferiore a quella dei francesi[10]. In uno degli articoli della nuova legge – il 55 – è effettuato un primo tentativo di regolamentare i rapporti con la televisione: si tratta di una delle voci che, in modo piú po-

---

[8] Vedi anche A. BERNARDINI, *Le collaborazioni internazionali nel cinema europeo*, in *Storia del cinema mondiale*, vol. I cit.

[9] A. FAGO e A. PIRO (a cura di), *La carica dei 28. Storie italiane di leggi, di soldi e di film invisibili*, Procom, Roma 1986.

[10] Vedi C. ZANCHI, *La lenta eutanasia di un articolo*, in M. SESTI, *La scuola italiana*, Marsilio, Venezia 1996, pp. 219-37, che contiene i titoli dei film che hanno ottenuto la sovvenzione dal 1967 al 1996.

sitivo, contribuiranno, ancora per una decina d'anni, a rallentare la crisi del consumo cinematografico.

Il numero dei biglietti venduti alla fine degli anni sessanta supera di poco i 500 milioni. Di conseguenza, gli esercizi cominciano a chiudere a centinaia. La televisione, con la proliferazione dei canali privati, inizia a raccogliere i frutti di un diverso tipo di coltivazione dell'immaginario collettivo. È la televisione a condizionare e formare il nuovo gusto cinematografico dello spettatore italiano e a imporre nuove forme di lessico visivo e comunicativo e nuove mitologie. I sistemi divistici del cinema non sembrano avere piú lo stesso *appeal* di quelli di nuovi protagonisti della scena televisiva: sportivi, cantanti, politici, presentatori, ecc.[11].

Per non parlare della progressiva opera di vampirismo nei confronti del cinema da parte delle televisioni pubbliche e private. E del processo di globalizzazione dei mercati, che vede la produzione nazionale incapace d'organizzarsi e predisporre collegamenti e alleanze per rispondere, in modo adeguato e tempestivo, all'attacco sferrato dai gruppi multimediali americani. Negli anni settanta, mentre aumenta il consumo di cinema grazie alle televisioni private e alla diffusione delle videocassette e videoregistratori, diminuisce il suo ruolo per l'immaginario collettivo. Il tempo del cinema, che nel dopoguerra si apriva e poteva aiutare nella costruzione di mondi possibili e nuovi orizzonti d'attese e si sintonizzava con i ritmi e la volontà di ricostruzione del paese, sembra ora restringersi a imbuto e dà l'impressione di essere un «tempo morente».

A parte i primi anni settanta, il ventennio successivo è contrassegnato da un processo drammatico, quasi irreversibile, di perdita d'importanza del mercato italiano, poco alla volta ridotto al ruolo di semplice consumatore di prodotti cinematografici e televisivi made in Usa.

Dalla fine degli anni sessanta, tutto quel fermento di ricerca espressiva, tutte le tensioni per inventare nuove forme ed esplorare nuovi orizzonti narrativi e stilistici s'arrestano quasi di colpo. Dagli inizi del decennio, inizia, in parallelo

---

[11] GRASSO, *Storia della televisione italiana* cit.; F. ANANIA, *Davanti allo schermo. Storia del pubblico televisivo*, La Nuova Italia, Firenze 1997.

alla moria delle sale, anche quella dei produttori. Il fallimento della Titanus, a metà degli anni sessanta, non è dovuto certo alla produzione dei film di Olmi o Pasolini, quanto agli esiti negativi di alcune coproduzioni, come il faraonico *Sodoma e Gomorra* di Aldrich e Leone, e *Il gattopardo* di Visconti[12].

L'era di Eitel Monaco alla guida dell'Anica si è estesa dal 1949 al 1971 abbracciando il periodo di espansione di tutti i settori, con alcune fasi importanti di crisi ma, nel complesso, con uno sviluppo ininterrotto e con affermazioni e risultati innegabili che non è esagerato definire, in alcuni momenti, trionfali. Il nuovo presidente, Carmine Cianfarani, quando inizia il suo mandato non può piú servirsi dei sistemi di riferimento socioeconomici e culturali del predecessore che, tutto sommato, sono rimasti stabili per piú d'un ventennio. La sua presidenza, che si protrae fino alla metà degli anni novanta, è segnata dal succedersi da profondi mutamenti dell'industria, da continue scosse di terremoto che producono danni sempre piú vistosi e drammatici su tutto il sistema.

Nella profonda trasformazione dell'industria culturale[13], la sala cinematografica non è piú il luogo per eccellenza del rito laico piú importante, né un bene di prima necessità: anno dopo anno, decine di milioni di spettatori cominciano a disertarla e a dirigere altrove consumi e tempo libero[14].

2. *Gli anni sessanta: memorabili annate e prodigiosi raccolti.*

Memorabili gli anni sessanta, per qualità e quantità, sperimentazione e innovazione, rinnovamento dei quadri e continuità e senso di potente espansione della cinematografia italiana nei mercati mondiali. I primi quattro titoli della classifica degli incassi del 1960 sono *La dolce vita*, *Rocco e i suoi fratelli*, *La ciociara* e *Tutti a casa*. Il pubblico accoglie maestri

[12] *Modi di produzione del cinema italiano. La Titanus*, Di Giacomo, Roma 1986.
[13] F. COLOMBO, *La cultura sottile*, Bompiani, Milano 1998, pp. 241-60.
[14] Vedi il mio *Il giardino delle delizie e il deserto*, in LIVOLSI (a cura di), *Schermi ed ombre* cit., pp. 60-91.

e autori finora confinati nei Cineclub o Cineforum e si ha l'impressione che la qualità della domanda condizioni e faccia migliorare quella dell'offerta.

Il 1960 resta un'annata eccezionale in cui gli stessi produttori sembrano pensare che il film buono cacci quello cattivo. Il cinema italiano, per alcuni anni, sembra attraversato da un'energia creativa inesauribile e da una capacità di far nascere addirittura a gruppi nuovi talenti, senza mettere da parte i maestri e gli autori delle generazioni precedenti. Senza che ancora la critica sia in grado di prenderne atto (del resto i critici piú autorevoli di quotidiani e riviste sembrano in stato di shock di fronte alle opere di Fellini e Antonioni, ne continuano a registrare l'incompletezza, la frammentarietà, senza capire il mutamento profondo apportato ai modelli narrativi e iconografici), il cinema di genere fa emergere il talento di una serie di artigiani che già la critica straniera promuove al rango di autori con l'A maiuscola. Negli anni sessanta, lavorano quattro generazioni di registi in una condizione di libertà creativa ed espressiva, di possibilità economiche e comunione con il pubblico che non ha eguali in passato. I produttori investono come non hanno mai fatto e maestri ed esordienti difendono la propria opera d'autore tenendo anche conto dello spettacolo, o trovando in ogni caso un pubblico.

La bottega artigiana di Cinecittà raggiunge il punto di creatività piú alta della sua storia. Livelli diversi, finora indipendenti tra loro, sembrano darsi la mano e muoversi alla conquista del pubblico internazionale. Per piú di una decina d'anni si registrano le performances d'un cinema onnivoro, attraversato da sindromi d'onnipotenza e da uno spirito d'avventura, e sostenuto da un pubblico che ha raggiunto livelli d'alfabetizzazione molto alti che lo spinge a esplorare i territori piú difformi, a concedere l'occasione di esprimersi con la macchina da presa a un attore teatrale come Carmelo Bene, che nel giro d'alcuni anni realizzerà ben cinque lungometraggi[15], o a pittori come Mario Schifano, Alberto Grifi, Gianfranco Baruchello, o a cineasti indipendenti

---

[15] Rinvio al documentato e appassionato A. APRÀ, *Carmelo Bene oltre lo schermo*, in AA.VV., *Per Carmelo Bene*, Linea d'ombra, Milano 1995.

come Piero Bargellini, o Silvano Agosti che ha studiato il montaggio all'Istituto di Cinema di Mosca, o Gian Vittorio Baldi che alterna la sua attività di regista a quella di produttore e docente, o Gianni Da Campo che esordisce con successo nel 1966 ma poi si dedica all'insegnamento, o a documentaristi come Vittorio De Seta o Ermanno Olmi, o a vari scrittori, come Pier Paolo Pasolini, Alberto Bevilacqua, Enzo Siciliano, nonché a giovani critici come Maurizio Ponzi. C'è posto per tutti e, sul finire del decennio, grazie anche a Rossellini che ha avuto il ruolo d'apripista, la televisione comincia a produrre – in via sperimentale – opere d'esordienti.

Se gli anni del dopoguerra si possono considerare di forte risemantizzazione del lessico visivo, a partire dalle forme piú elementari, gli anni sessanta sono quelli di maggiore sperimentazione, libertà e ricchezza linguistica ed espressiva. Non tutto è oro nel calderone, ma il livello qualitativo medio è il piú alto mai raggiunto. I modelli narrativi e le forme del racconto, il lessico, il montaggio, le tecniche recitative e di ripresa fotografica, l'esplorazione di nuove possibilità d'uso delle musiche e suoni, i trucchi, la cura nelle ricostruzioni storiche, tutto subisce modificazioni profonde. Gli effetti della ricerca si possono rintracciare a tutti i livelli del sistema, dalle opere d'esordio piú o meno riuscite di Tinto Brass, Silvano Agosti, Bernardo Bertolucci, Brunello Rondi, Gianfranco De Bosio o Gian Vittorio Baldi, ai film di genere, dove in molti casi si può riscontrare una ricerca sul piano della fotografia, della colonna sonora, del montaggio, della sintassi, dei ritmi temporali... Un laboratorio straordinario.

Nella folla d'esordienti, che si contano a centinaia, si possono ricordare Olmi e Pasolini, Bertolucci e Ferreri, i fratelli Taviani e Petri, Damiani, Scola, la Wertmüller, De Seta, Agosti, Orsini, Caprioli, Salce, Bellocchio, Mingozzi, Vancini, Gregoretti, Montaldo, Bene, Baldi, Nelo Risi, Brass, Leone, la Cavani, Brusati, Corbucci, Magni, Enrico Maria Salerno...[16]. E poco dopo, a cavallo degli anni sessanta-settanta, si registrano decine d'altri esordi: Amelio, Greco, Citti, Facci-

---

[16] Fondamentali le interviste in A. TASSONE (a cura di), *Parla il cinema italiano*, 2 voll., Il formichiere, Milano 1979-80.

ni, Avati, Ponzi, Del Monte, Argento, Di Carlo, Ferrara, Giannarelli, Giraldi, Bevilacqua, Battiato, Marco Tullio Giordana, Brenta, Bertolucci, Moretti... È impossibile, nel poco spazio a disposizione, dar ragione di tutti. Per questo rinvio ai miei lavori anteriori e ai saggi di Micciché e al catalogo curato da Adriano Aprà e Stefania Parigi che disegnano quadri piú dettagliati o comprensivi[17], ma invito soprattutto le nuove generazioni a ristudiare anche questi periodi che oggi sembrano interessare gli studiosi meno dell'era del muto.

È bene però tener conto di questa forza che unisce, come forse non è mai avvenuto, tutti i livelli del sistema, di questa circolazione di tecnici, sceneggiatori, scenografi, costumisti, autori di musiche, attori, caratteristi, operatori, perché questi insiemi creativi restano ancora da studiare nelle loro caratteristiche specifiche e per ciò che hanno donato al cinema italiano e internazionale. Inoltre, è da studiare, perché snobbata dalla critica contemporanea e mai riconsiderata dalle cinefilie vecchie e nuove, la produzione media, gli autori che cercano di costruire un prodotto ben fatto, con ambizioni culturali, civili o politiche, cercando di metabolizzare le nuove forme e tradurli in modelli narrativi di piú immediata comprensione.

Per lo piú – rispetto alle generazioni dei padri – gli esordienti credono nel film come opera d'autore. E cercano di realizzare il primo film in condizioni di massima libertà e controllo del processo creativo. Autori come Olmi non solo immaginano la storia, la scrivono, la dirigono, ma anche sono in grado di fare gli operatori e i montatori. Per la prima volta – grazie alla lezione zavattiniana e all'esempio dei registi della Nouvelle Vague – l'opera è concepita senza preoccuparsi dei condizionamenti produttivi e del destinatario.

I modelli narrativi, anche a opera della spinta prodotta dall'«Ecole du regard» e da Gruppo '63, si moltiplicano e il racconto non presenta piú il suo tradizionale svolgimento. Al-

---

[17] L. MICCICHÉ, *Cinema italiano degli anni sessanta*, Marsilio, Venezia 1965 (piú volte ristampato e aggiornato); vedi i saggi di sintesi in ID., *I «meravigliosi» anni Sessanta del cinema italiano*, in ID., (a cura di), *Cinema & Film*, Curcio, Roma 1988, vol. V, pp. 1376-418, e ID., *Il sogno interrotto del cinema italiano*, ibid., vol. VI, pp. 1703-728; A. APRÀ e S. PARIGI, *Viaggio in Italia. Gli anni 60 al cinema*, Carte Segrete, Roma 1991.

la costruzione del racconto s'oppone la sua de-costruzione, allo sviluppo lineare dell'azione la sua ripetitività esasperata e la frammentazione narrativa, che affida al lettore-spettatore il compito d'una libera ricostruzione e interpretazione del testo. Il personaggio-uomo, cosí com'era avvenuto nel romanzo, entra in crisi, senza uscire del tutto di scena, o essere soppiantato dai nuovi procedimenti[18]. Sintassi, prosodia, regole e modi del montaggio classico, iconografia e iconologia, vengono messi in discussione e rimescolati in modo libero: il sistema narrativo ne riceve forti scosse ma non collassa, né viene distrutto. Il «cinema di poesia» – nel senso datogli da Pasolini – trova il suo pubblico, quello «di prosa» raggiunge il massimo di destinatari anche con temi alti e difficili, il cinema sperimentale trova i suoi esegeti e cantori nella critica.

La maggior parte degli autori si serve del cinema per interpretare, sul piano dei significanti, le indicazioni poetiche e teoriche o le forme del pensiero e delle manifestazioni artistiche europee piú avanzate degli ultimi decenni, ma anche è attenta ai significati e vuole riaffermare la fecondità e vitalità della tradizione che riconosce al cinema una funzione politica e sociale. Sul piano europeo, la «nuova ondata» registica italiana è anche la meno affetta da complessi edipici e non teorizza né pratica rotture con il cinema dei padri[19]. Il concetto stesso di «autore» si dilata e sono promossi ad autori – spesso con tanto di riconoscimenti internazionali – registi di genere: le carte della critica sono rimescolate del tutto e i giochi si fanno piú aperti, piú complessi, ma anche piú confusi. Certo le bussole ideologiche che hanno guidato il lavoro critico lungo il quindicennio precedente appaiono come smagnetizzate e si registra di colpo una perdita di potere d'orientamento di alcune riviste. Si può continuare con le stroncature a pioggia, ma i modelli di riferimento appaiono di colpo inservibili, e l'autorità e il carisma non sono piú riconosciuti, quando non vengono addirittura irrisi, come farà Fellini in *Otto e 1/2* (1963).

[18] G. DEBENEDETTI, *Commemorazione provvisoria del personaggio uomo*, in «Cinema Nuovo», XIV (settembre-ottobre 1965), n. 177, pp. 326-34.
[19] Per un quadro del nuovo cinema europeo, vedi A. APRÀ, *Le nouvelles vagues*, in *Storia del cinema mondiale*, vol. I cit.

3. *Storia come monumento e memoria rivisitata.*

Grazie alle nuove condizioni storiche e politiche, nazionali e internazionali, sempre piú forte e diffusa si rivela l'esigenza di rivisitare la storia appena passata e ripensare ai caratteri, alle maschere e agli stereotipi dell'italiano nel suo viaggio lungo la storia italiana degli ultimi cent'anni. Lo sguardo di colpo s'allarga fino ad abbracciare la storia dell'Italia unita, ponendosi dal punto di vista di personaggi che di questa storia sono stati sempre considerati non protagonisti, ma vittime, semplici spettatori o parte del paesaggio. Rientrano inoltre in scena personaggi e temi considerati tabu: il fascismo, la Resistenza, la realtà delle fabbriche, il ruolo dei fascisti nelle rappresaglie e nelle stragi degli ultimi due anni di guerra, il comportamento dell'Italia nei mesi della Repubblica di Salò[20]. L'eredità del neorealismo si rivela vitale ma, al tempo stesso, si avverte l'esigenza di sintonizzarsi con il presente e aprirsi a nuove forme e suggestioni culturali. In pratica, gli esordi contribuiscono a rinnovare l'intero paesaggio registico, senza che, peraltro, siano rescissi i cordoni ombelicali con la tradizione del dopoguerra e che i registi delle generazioni precedenti siano ridotti al silenzio. Grazie all'avvento del centrosinistra, al rallentamento del cordone sanitario anticomunista, alla caduta di molti tabu tematici, si rivisita la storia senza piú limitazioni, né complessi, né eccesso di reverenza nei confronti dei padri. E grazie a una serie di fattori favorevoli concomitanti, nazionali e internazionali, si assiste a un processo di laicizzazione e apertura della stampa cattolica e di quella comunista. Dal 1960, sullo schermo tornano a crepitare i mitragliatori tedeschi in decine di film che riaprono pagine rimosse della storia recente, ma si punta anche l'attenzione sui fascisti al loro fianco, non nascondendone le responsabilità e il ruolo attivo nella fase della guerra civile. Perché, se è ancora presto perché gli storici usino il termine a proposito della guerra in Italia negli anni di Salò (il volume di Claudio Pavone,

---

[20] Vedi *La cinepresa e la storia*, Mondadori, Milano 1985, e *Cinema storia resistenza*, Franco Angeli, Milano 1987.

Una guerra civile è del 1992), il cinema comincia a mostrare e a porre il dito proprio su questa piaga. Tornano a riaprirsi ferite mai rimarginate e pagine dolorose della storia sono rilette con intenti piú riflessivi, problematici e articolati. Basti pensare ai titoli che ambientano le loro storie nei paraggi dell'8 settembre 1943, che cercano di raccontare le difficoltà delle scelte individuali e le ragioni dei «ragazzi di Salò». La novità è anche data dall'accettazione della complessità del reale, dalle prime esplorazioni rispettose delle ragioni degli sconfitti, o di chi ha scelto di continuare la guerra a fianco dei nazisti. *Tiro al piccione* (1961), dal romanzo di Giose Rimanelli, è il film piú anticonformista in questo senso e Giuliano Montaldo il primo regista che abbia tentato di raccontare la storia dalla parte di un giovane che ha aderito a Salò. Montaldo, con *Sacco e Vanzetti* (1970), raggiunge il punto piú alto della sua carriera che unisce passione civile, forte coinvolgimento ideologico ed emotivo e qualità della ricostruzione e della scrittura visiva. Ma anche *Il terrorista* (De Bosio, 1963) stupisce ancora oggi per la cura, l'equilibrio e la verosimiglianza nella ricostruzione storica e l'attenzione e il rispetto dell'azione delle varie forze politiche operanti a Venezia nei mesi di Salò[21].

Molti registi, attratti dai temi politici, storici o civili, da Florestano Vancini (*La lunga notte del '43*, 1960) a Lizzani (*Il gobbo*, 1960) a Pontecorvo (*Kapò*, 1960, *La battaglia di Algeri*, 1966), tentano in forma drammatica o in commedia, come Comencini, Monicelli, Risi, Salce, di lanciare sonde nella memoria d'un passato che non passa, o di fare del cinema il transfert di attese rivoluzionarie tradite o mancate. Gianni Puccini e Nanni Loy abbandonano la commedia per girare l'uno *Il carro armato dell'8 settembre* (1960), l'altro *Un giorno da leoni* (1961) e *Le quattro giornate di Napoli* (1960), in cui si gioca la carta del racconto corale che cerca di riproporre il tema della lotta di Liberazione in chiave nazional-popolare.

La memoria rimossa della lotta di Liberazione e della guerra torna, dunque, dal 1960 con prepotenza. Anche Totò è

---

[21] La sceneggiatura è in G. DE BOSIO e L. SQUARZINA, *Il terrorista*, Neri Pozza, Vicenza 1963, introduzione di Ferruccio Parri, con una antologia della critica.

arruolato in questa fase (*I due marescialli*, Corbucci, 1961; *I due colonnelli*, Steno, 1962). I film che raccontano la guerra ci paiono di particolare interesse sia per il tentativo di rileggere la storia piú recente in chiave epica, che per il tentativo di sintonizzarsi con il nuovo dibattito storiografico e la capacità di sentire i nuovi tempi[22].

Quanto alla lettura del presente, bisogna osservare che il cinema italiano entra nella modernità *obtorto collo*, preferendo ingrossare le file degli «apocalittici» piuttosto che quelle degli «integrati». Lo fa, in ogni caso, mobilitando i suoi sceneggiatori lungo tutti i generi. Lo spettacolo dell'Italia che cambia diventa la fonte privilegiata d'osservazione, ma anche la fonte d'una serie di paure e di trasformazioni negative. In ogni caso, è da notare che la modernità è intesa come crisi, o vista sempre dal basso, e che mentre la realtà contadina è osservata nel suo progressivo distaccarsi dalla corsa del paese verso l'industrializzazione, la fabbrica, territorio tabu fino agli anni sessanta, entra sempre piú nel raggio dello sguardo di alcuni registi[23]. Con *Rocco e i suoi fratelli* il mondo operaio è oggetto d'un racconto che si sviluppa in forma di tragedia, con Olmi si osserva piú da vicino, anzi dall'interno – in base all'esperienza dello stesso regista e in sintonia con i romanzi dello stesso periodo di Paolo Volponi e di Ottiero Ottieri –, il mutamento antropologico in atto con l'industrializzazione del Nord e il traumatico passaggio e adattamento del mondo contadino a quello industriale. Di colpo, in decine di film – da *Esterina* (Lizzani, 1959) a *Il tempo si è fermato* (Olmi, 1960) a *Omicron* (Gregoretti, 1963) a *I compagni* (Monicelli, 1963) – proletari e operai acquistano visibilità e ruoli sociali sempre piú significativi. Si varcano i cancelli della fabbrica e la fabbrica stessa fagocita la città, la rimodella a sua immagine[24]. Non è molto ma è già qualcosa.

---

[22] P. D'AGOSTINI, *Romanzo popolare: il cinema di Age e Scarpelli*, Napoli, 1991.

[23] G. GRIGNAFFINI, *Gli indifferenti. Cinema e industria italiana*, in V. CASTRONOVO e N. TRANFAGLIA (a cura di), *Cento anni di industria*, Electa, Milano 1988, pp. 278-85.

[24] P. BERTETTO, *Torino nel cinema: l'identità imperfetta*, in L. MAZZA e C. OLMO (a cura di), *Architettura e urbanistica a Torino 1945-1990*, Allemandi, Torino 1991, p. 170.

Per un cinema che ha sempre raccontato le avventure della piccola borghesia con uno sguardo privilegiato alla realtà romana, il mondo operaio del Nord appare una realtà sconosciuta, da scoprire con la curiosità dell'antropologo e da connotare in vario modo, rappresentandone ora i sentimenti, ora la presa di coscienza ideologica, ora le difficoltà di adattamento ai nuovi ambienti. Ma già a un decennio di distanza, film come *La classe operaia va in Paradiso* (Petri, 1971), *Mimí metallurgico ferito nell'onore* (Wertmüller, 1972), *Trevico-Torino* (Scola, 1973), *Delitto d'amore* (Comencini, 1974), *Romanzo popolare* (Monicelli, 1974) ci pongono a contatto con operai-massa sempre piú anomali e psicologicamente disturbati, costretti a fare i conti con i sentimenti, prima che con i salari e non piú controllabili dalle forze sindacali... La commedia non registra solo il presente, ma presente i mutamenti di superficie e profondi, ha uno sguardo lungo che finora non è stato mai abbastanza analizzato.

Nei primi anni settanta, in ogni caso, l'operaio dello schermo non è già piú rappresentativo dello sviluppo dell'economia del paese[25]. Anziché celebrarne le lotte, si cerca di mostrarne la dissociazione della personalità, la lacerazione d'un tessuto ideologico che ha resistito per trent'anni, la scoperta dei sentimenti privati, della rabbia e le diverse forme di protesta organizzata e non... Negli anni di piombo, e di ristrutturazione del lavoro nelle fabbriche, il cinema è difensore e testimone della scomparsa di una specie sociale che in passato era rimasta comunque sempre ai margini della scena.

I primi anni settanta sono anche anni di disgregazione immaginaria e reale dell'idea di Stato. Padre assente nel dopoguerra – perché era comunque rischioso tentare qualsiasi tipo di rappresentazione delle istituzioni – ora si è trasformato in un luogo dominato da forze oscure, che tramano contro gli stessi cittadini (*Indagine su un cittadino al di sopra di ogni sospetto*, 1970, e *Todo modo*, Petri, 1975; *Il giorno della civetta*, 1968, *Confessione di un commissario di polizia al procuratore della repubblica*, 1971, e *Perché si uccide un magistra-*

---

[25] G. P. BRUNETTA, *Lo schermo grigionero*, in I. GIANELLI (a cura di), *Un'avventura internazionale. Torino e le arti, 1950-1970*, Charta, Torino 1993, pp. 100-12.

to, Damiano Damiani, 1975; *Cadaveri eccellenti*, 1976, e *Tre fratelli*, Rosi, 1981).

La quantità di film che nel corso del quindicennio affrontano il tema della πολισ, della sua buona o cattiva amministrazione, è tale che la critica parla di genere e ne fa un oggetto privilegiato di attacchi spesso molto violenti[26]. Sono anni di perdita delle bussole critiche e ideologiche, di corsa al continuo superamento a sinistra tra la critica e gli uomini di cinema e di fuoco ad alzo zero su tutto il cosiddetto «cinema politico» d'autore. Questo cinema, rappresentato da Rosi, Petri, Orsini, Vancini, Pontecorvo, Damiani, i fratelli Taviani, Bellocchio, Montaldo, Maselli, ecc., torna oggi a rappresentare una fonte di primaria importanza per la comprensione del periodo, che va dalla morte di Giovanni XXIII e di Palmiro Togliatti all'uccisione di Aldo Moro.

In questi anni, di disgregazione delle certezze, di perdita di rappresentatività dei partiti e dei modelli di riferimento, di pulsioni rivoluzionarie e ribellioni edipiche, questo cinema da una parte strizza l'occhio alle spinte eversive, non nasconde le sue simpatie terzomondiste e per tutte le forme di lotta che si verifichino altrove, ma ha anche il merito di far circolare dubbi, di porre interrogativi inquietanti, di riflettere sull'esigenza di decifrare un presente sfuggente e soprattutto di denunciare l'incertezza delle scelte, il riconoscimento degli errori e la caduta progressiva della fede nelle forze politiche organizzate. Un cinema, che si è sentito di nuovo parte integrante d'un progetto politico teso a modificare in senso progressista la realtà, si trova di colpo in terra di nessuno, non sa piú da dove giungano gli attacchi, chi siano i nemici e gli alleati. È costretto a nascondersi nei film di genere, o a far sentire, in modo piú o meno esplicito, la propria solidarietà per le forme di rovesciamento violento dei rapporti di potere politico.

Uno slogan che circola in quegli anni, in una parte della sinistra che non si riconosce piú nei partiti storici, è «né con lo Stato né con le Brigate Rosse»: molto cinema politico, senza sposare la causa del terrorismo, assume un aperto atteggiamento antistatale, costruendo figure di rappresentanti del-

---

[26] Per tutti, vedi G. FOFI, *Cinema italiano servi e padroni*, Feltrinelli, Milano 1977, e P. BERTETTO, *Il piú brutto del mondo*, Bompiani, Milano 1982.

lo stato come concentrato di tutti i mali. L'importanza di questo insieme è accresciuta dal fatto che film realizzati tra il 1966 e il 1976 (come *La battaglia di Algeri*, 1966, e *Queimada*, 1969, di Pontecorvo; *La Cina è vicina*, 1967, di Bellocchio; *San Michele aveva un gallo*, 1971, e *Allonsanfàn*, 1974, dei fratelli Taviani; *Sacco e Vanzetti* e *Giordano Bruno*, 1973, di Montaldo; *La città del sole*, 1973, di Amelio; *Lettera aperta a un giornale della sera*, 1970, di Maselli; *I dannati della terra*, 1968, di Orsini; *Sierra Maestra*, 1969, di Ansano Giannarelli; *Todo Modo*, 1975, di Petri; *Cadaveri eccellenti*, 1976, di Rosi, e decine di altri titoli ambientati al presente o al passato), racchiudono la percezione del profondo mutamento in atto nei paradigmi, nei sistemi ideologici di riferimento, nel senso di appartenenza ideologica e nelle chiavi per interpretare la storia da parte di una consistente serie di registi legati alle sinistre.

Lo spirito del '68 tocca anche registi e sceneggiatori con un discreto curriculum alle spalle, che cercano di sintonizzarsi con lo spirito dei tempi nei modi piú diversi, immettendo i loro messaggi forti e non equivoci anche nei film in costume[27]. Se ben si guarda e si cerca di cogliere lo spirito comune a decine di film di questo decennio – spirito presente come si è detto anche nei film di genere –, si può vedere come al cinema sia affidato il compito di tener accesa la fiamma rivoluzionaria, di rimanere un punto di riferimento ideale e ideologico forte, ma anche il transfert di pulsioni che non possono realizzarsi nella società.

Anche nei western (come *Quien Sabe?*, o *Requiescant*, o *Se sei vivo spara*) si possono scorgere queste spinte rivoluzionarie alimentate dalla repressione, che spingono alla lotta e a sposare la causa degli indios anche le forze religiose. Nella prima fase della contestazione, lo sforzo maggiore di registi e sceneggiatori è stato quello di stabilire legami di continuità fra istituzioni, rivolta giovanile e aspirazioni rivoluzionarie che li hanno preceduti (*Indagine su un cittadino al di sopra di ogni sospetto*). Oltre ai transfert verbali, di cui i film citati e

---

[27] Per un quadro piú generale, vedi P. ORTOLEVA, *I movimento del '68 in Europa e in America*, Editori Riuniti, Roma 1998, e ID., *Naturalmente cinefili. Il '68 del cinema*, in *Storia del cinema mondiale*, vol. I cit. pp. 935-52

molti altri (compresi *Cuore di mamma*, Samperi, 1969, *La vita in gioco*, Mingozzi, 1972) abbondano, quelle che abbiamo chiamato pulsioni rivoluzionarie che si manifestano attraverso simboli e colori. Il rosso delle bandiere, che s'accende nel finale di *Uccellacci e uccellini* (1966) in occasione dei funerali di Togliatti, unisce – come un leitmotiv ideologico, iconologico e ideale – un gruppo di film che affrontano soggetti storici distribuiti nell'arco di tutta la storia dell'Italia unita. Si vedono bandiere rosse agitate dai garibaldini nelle scene di battaglia del *Gattopardo* e bandiere rosse fanno comunque squillare il loro colore, quasi per sinestesia, nel film in bianco e nero di Rosi *Salvatore Giuliano*, in particolare nella sequenza di Portella della Ginestra, ma bandiere rosse sono presenti in *Chi lavora è perduto*, *La Cina è vicina*, *Amore e rabbia* (1969), *Lettera aperta a un giornale della sera*, *Allonsanfàn*, *Romanzo popolare*, *Libera, amore mio!*, e nella seconda parte di *Novecento* (Bertolucci, 1976), dove la Resistenza celebra la sua apoteosi attraverso la piú ampia bandiera rossa mai apparsa sullo schermo. Da un certo momento in poi, le bandiere rosse che appaiono nei cortei non consentono di riconoscere in modo certo l'area politica d'appartenenza. Ad agitarle sono comunque sempre meno gli operai e i contadini. Si ha l'impressione che il sogno rivoluzionario, nell'immaginazione cinematografica della seconda metà degli anni settanta, assuma caratteristiche letterarie, avvicinandosi piú al «sogno di una cosa» pasoliniano che ai testi del marxismo-leninismo. Una sorta di presbiopia impedisce di guardare il vicino, districarne le forze e capirne le dinamiche ideologiche (è quello che accade ai film di Pontecorvo – fino a *Ogro*, 1978 – che pure si prefiggono di servirsi di esempi esterni o lontani per sviluppare una meditazione sul presente).

Il regista che meglio interpreta la storia economica, politica e istituzionale dell'Italia del dopoguerra, da un punto di vista riformista e senza mai inseguire le pulsioni rivoluzionarie, è certo Rosi. Il suo cinema racconta soprattutto la vocazione del Sud a scandire e condizionare il tempo del paese, riuscendo ad assoggettarlo e a piegarlo alle proprie esigenze[28].

---

[28] J. A. GILI, *Francesco Rosi. Cinéma et pouvoir*, Editions du Cerf, Paris 1976, e S. GESÙ (a cura di), *Francesco Rosi*, Incontri con il cinema, Acicatena 1991.

Francesco Rosi ha illustrato la volontà di capire la realtà attraverso il cinema e lo ha fatto attraverso il rigore e l'immediatezza di una scrittura visiva che se, da una parte, ha come proprio nume Visconti, dall'altra tiene conto del cinema americano, dall'altra ancora si modella su nuove forme di comunicazione, come l'inchiesta giornalistica o giudiziaria.

Con *Salvatore Giuliano* (1960) – costruito con una tecnica del *narratage* che richiama *Quarto potere* (Welles, 1941) – si mostra già come non vi sia opposizione tra potere politico e potere mafioso e come i volti di entrambi si confondano. Sicilia e Meridione diventano laboratori dove saperi antichi, riti, miti, modelli di società ben organizzate, appaiono in grado di assimilare a loro immagine sistemi politici diversi e antagonisti. I film di Rosi sono destinati sempre piú a costituire fonti storiche, non meno significative dei rapporti delle commissioni antimafia. In futuro serviranno a capire le tappe e le tecniche dell'irresistibile ascesa del potere mafioso e delle sue collusioni nazionali e internazionali[29], anche se rispetto ad altre opere di denuncia sociale o politica questi film continueranno a parlare, a mantenere la loro carica d'attualità per la forte qualità della scrittura visiva, per il senso del ritmo, la capacità di valorizzare le doti attoriali e la perfetta miscela di etica, passione civile e dominio del mezzo cinematografico.

4. *Epopea eroicomica del boom...*

Tutte le strade – vecchie e nuove – del cinema italiano dal 1960 passano per la commedia: lo studio di questo vasto insieme consente di illuminare gli elementi caratterizzanti e le dinamiche mediane di un macrosistema produttivo, economico, narratologico, divistico, linguistico, ecc., nel quale si depositano, nella maniera piú rappresentativa, i segni, lo stato euforico e le paure dell'Italia che cambia. La commedia diventa il vero «luogo comune», la bottega creativa in cui meglio si valorizzano, per una quindicina d'anni, saperi e for-

[29] T. KEZICH e S. GESÙ, *Salvatore Giuliano*, Incontri con il cinema, Acicatena 1991.

me di racconto colpite con regolarità da giudizi quasi sempre negativi. Per questo ci sembra opportuno collocarla in posizione forte, riconoscendone il valore di crocevia della creatività e dell'invenzione e delle spinte produttive di quegli anni. Con il tempo, la commedia sarà anche il genere destinato a crescere maggiormente, a mostrare impreviste profondità e ricchezza di senso, ad alimentare il divismo la cui luce comincia ad appannarsi sullo schermo e a essere utilizzato da vari tipi di studiosi, rispetto ad altri tipi di film, come il cosiddetto film politico, che la perdita di memoria storica da parte delle ultime generazioni condanna di piú all'obsolescenza. La commedia, con i personaggi che si muovono e agiscono senza farsi portatori del punto di vista dell'autore o degli sceneggiatori, è in pratica un testo unico e tuttora aperto a piú tipi di letture, mentre nel film politico il senso è guidato e si consuma in modo piú facile nel momento in cui il destinatario non è piú in grado di capirne i riferimenti e di condividerne i messaggi piú evidenti. Come si è già detto, con *La grande guerra* la commedia entra in terreni riservati alla produzione alta[30], partecipa delle tensioni e dello sviluppo linguistico ed espressivo e va a costituire una linea mediana forte del sistema. Si tratta di una promozione che fa d'un genere confinato nei piani bassi della produzione una sorta di supergenere, verso il quale confluiscono investimenti significativi, si sperimentano nuovi modelli narrativi, si esplorano a tutto campo le possibilità linguistiche, si costruisce, per la prima volta, un firmamento divistico illuminato quasi del tutto al maschile. La lezione zavattiniana di pedinamento dell'uomo comune viene reinterpretata da una schiera di sceneggiatori – tra cui emergono in modo netto le figure di Age, Scarpelli, Sonego, Scola, Maccari, Benvenuti, De Bernardi e Zapponi –, nel senso di allargare lo sguardo dal presente al passato prossimo per spingersi fino alla storia ottocentesca e ci si comincia a servire di lenti deformate che mettano in luce aspetti inediti del ritratto dell'italiano, che ne accentuino i vizi vecchi e nuovi, dal trasformi-

---

[30] J. A. GILI, *Arrivano i mostri*, Cappelli, Bologna 1980; M. D'AMICO, *La commedia all'italiana*, Mondadori, Milano 1985; M. MONICELLI, *L'arte della commedia*, a cura di Lorenzo Codelli, Dedalo, Bari 1986.

smo al vittimismo, dal qualunquismo all'individualismo alla mancanza di senso dello stato, di senso civico e di rispetto nelle leggi e, al momento giusto, non ne celino le poche virtú che sopravvivono e che grazie a queste poche doti positive creano un rapporto di affettività nei confronti di questi «mostri» cosí familiari. Il nuovo protagonista della commedia non è piú il travet umiliato e offeso, il vaso di coccio travolto nel vortice di una storia piú grande di lui, quanto piuttosto un piccolo uomo che inizia con tutti i mezzi la sua scalata sociale ed è pronto a vendersi l'anima pur di migliorare il suo status sociale ed economico[31].

Gli eroi della commedia degli anni sessanta appaiono rivestiti di nuove maschere e, anche se indossano le vecchie, impongono alle loro scelte in diversi casi un carattere d'indicazione etica che sembra avere un valore esemplare anche nei confronti del pubblico[32]. La commedia non registra solo la trasformazione profonda in senso negativo e di perdita dei valori nei modi d'essere degli italiani, ma nei film piú ambiziosi i protagonisti ritrovano dentro se stessi il senso profondo di un'etica che sembrava perduta.

Le miserie e gli stracci sono lontani: i protagonisti popolari dell'Italia alle soglie del boom si muovono entro nuovi scenari, hanno capacità e competenze linguistiche piú ampie, passando dal dialetto all'italiano e si adattano presto alla nuova condizione economica. C'è una deriva dei contatti umani che porta all'indifferenza progressiva per le condizioni degli altri e a una cecità nei confronti di ogni realtà culturale che è ben sintetizzata da due battute come queste: «Ma è un monumento nazionale, qui? Ma cosa aspettate a buttarlo giú che non è neanche bello? Vi fate su un bel palazzo come gli altri qui in giro...» (*La bella di Lodi*, Mario Missiroli, 1963, da Alberto Arbasino) o «Io darei in cambio la Cappella Sistina per 'na cucina elettrica» (*Via Margutta*, Mario Camerini, 1960). La commedia è la via piú rapida e meno sofisticata per raccontare l'ingresso in una condizione

---

[31] Vedi A. ACCARDO, *Age & Scarpelli. La storia si fa commedia*, Ancci, Roma 2001.

[32] Vedi i diversi contributi in S. BERNARDI (a cura di), *Si fa per ridere... ma è una cosa seria*, La casa Usher, Firenze 1985.

di benessere inimmaginabile solo qualche anno prima; è l'accresciuta mobilità che incrementa la mescolanza dei dialetti, destituisce il romanesco del suo ruolo di dialetto guida e favorisce la nascita di una lingua franca, un italiano informale, figlio della televisione (che Pasolini nel 1965 ha battezzato come «neo-italiano»), delle canzoni, di foto e cineromanzi e del cinema[33]. L'egemonia del romanesco degli anni cinquanta viene incrinata da un film come *I soliti ignoti*, vero e proprio crogiuolo dialettale: appaiono con maggior frequenza i dialetti settentrionali e proliferano le tipologie degli industriali, che si sono fatti dal nulla e parlano in un approssimativo italiano regionale. Sono loro che consentono uno spostamento della geografia del cinema italiano, per la prima volta verso il Nord. La loro scoperta è in perfetta controparte rispetto a quella dell'operaio, anche se per lo piú si tratta di figure appena schizzate a puntasecca in modo molto grossolano. La commedia – e non solo –, senza rescindere il cordone ombelicale con il Sud, cerca di mostrarne sempre piú il carattere primitivo, arcaico, violento, arretrato e sottosviluppato. Con *Divorzio all'italiana* (1961), *Sedotta e abbandonata* (1963) di Germi, *Il mafioso* (1962) di Lattuada, ma anche con *Salvatore Giuliano* o *Le mani sulla città* (1963) di Rosi, tra il 1960 e il 1963 s'imprime una svolta netta alla rappresentazione del Meridione. Anche il riso assume un risvolto tragico e si comincia a sottolineare con forza la separatezza della storia siciliana dalla storia italiana.

Il genere cresce dunque grazie all'intelligenza degli sceneggiatori e alle straordinarie doti degli interpreti, e dei produttori che cominciano a investirvi capitali sempre piú consistenti.

La commedia rivendica il diritto a essere considerata prodotto d'autore. E nell'aureo quindicennio 1960-75, Comencini, Monicelli, Risi, Scola, Wertmüller, Loy, Salce, Pasquale Festa Campanile, Luigi Magni, Pietrangeli, Zampa e Germi trovano una sorta di spazio comune nel quale inventare storie nella piú completa libertà creativa, senza censure né ristrettezze produttive. In questo periodo, la lezione dei mae-

---

[33] Vedi S. RAFFAELLI, *Il dialetto nel cinema*, in *La lingua filmata*, Le Lettere, Firenze 1981.

stri trova il terreno piú fecondo. È al loro lavoro di bottega, piú che alle singole personalità, che s'intende qui rendere omaggio. Alla gioia, al piacere del lavoro in comune, al senso d'amicizia e al divertimento, all'emulazione e al senso di partecipazione creativa da parte di tutti. Credo che il clima respirato sui set della commedia per quasi un ventennio comunicasse bene il senso d'ottimistica espansione e solidarietà che univa questa enorme bottega/famiglia.

Sono anni di euforia e ottimalizzazione di tutte le funzioni... Soggetti e sceneggiature sono costruiti, come si è detto, da Age e Scarpelli, Maccari, Benvenuti e De Bernardi, Scola, Sonego, Zapponi, Zavattini, e poi, dalla metà degli anni settanta, da Vincenzo Cerami – che giunge in Italia dopo un periodo di apprendistato americano – e da altri, su misura dei quattro mattatori, e la commedia allarga, poco alla volta, il suo sguardo anche sull'italiano di ieri, cercando di seguirne il viaggio picaresco attraverso i momenti piú significativi del secolo. Mediante soggetti che parlano delle lotte operaie di fine Ottocento, della prima guerra mondiale o del ventennio fascista, o che osservano da vicino i mutamenti antropologici, culturali e sociali dell'italiano, si riesce a far rivivere una memoria storica rimossa e a riflettere su profitti e perdite del mutamento quasi in tempo reale. Si ride per i comportamenti dei personaggi in costume o in divisa, come per l'invenzione linguistica, ma la vera forza del meccanismo del comico risiede nel fatto che viene sollecitato il riconoscimento del presente nel passato e che tutto viene confezionato rispettando uno standard che punta alla «qualità totale». Circola in tutta la produzione l'esigenza d'una nuova moralità: alcuni personaggi (come Silvio Magnozzi: *Una vita difficile*, Risi, 1961) sono posti di fronte alla necessità di liberarsi delle maschere o da comportamenti accettati da una vita per pigrizia, viltà, opportunismo, per compiere scelte irreversibili e nella maggior parte dei casi lo fanno, sia pure in extremis.

Significativo è anche uno spirito laico che unisce storie di autori molto diversi e, in alcuni casi (i film di Luigi Magni), un forte spirito anticlericale o antipapalino, che sembra ereditato dalla popolazione romana che per secoli ne ha subito il potere temporale.

Senza celebrare il boom, registi e sceneggiatori ne osservano al microscopio le trasformazioni prodotte nel territorio e nei comportamenti. Di colpo ci si accorge che il ritratto dell'italiano povero o l'idillio rurale sono contaminati e che la specie «italiani brava gente» si è trasformata in quella dei «mostri» individualisti, arrampicatori sociali, eterodiretti dalla trionfante civiltà dei consumi. *I mostri* (Risi, 1963) è il primo di una lunga serie di film che riuniscono una galleria straordinaria di ritratti di italiani in corso di rapida trasformazione. Contribuiranno in modo decisivo alla fissazione di questa galleria i film a episodi, vero e proprio genere del genere in cui alcuni registi hanno firmato dei piccoli capolavori.

Sia nei film d'autore che nei generi corre un atteggiamento comune di presa di distanza moralistica e di sottolineatura degli aspetti negativi prodotti dal boom: la divaricazione della forbice economica, i danni prodotti dalla crescita, l'irriconoscibilità del paesaggio, l'aumento del malessere comunicativo, lo svilupparsi d'una competitività cannibalesca... In *Pane e cioccolata* (1973), il risultato piú alto della filmografia di Franco Brusati, lo sguardo s'allarga oltre confine per usare la commedia come mezzo d'indignazione e accusa contro il razzismo quotidiano della civile Svizzera, di cui è vittima una figura di emigrato, giullaresca e tragica, al quale viene negata non solo la cittadinanza ma il diritto a un luogo di appartenenza e addirittura la condizione di essere umano.

Sottoposto a nuovi stimoli, l'italiano sviluppa assieme al desiderio di cambiare tutto un'aggressività inedita in qualsiasi realtà si trovi (vedi *Il sorpasso*, Risi, 1962, *Il boom*, De Sica, 1963, *Il gaucho*, 1964, e *Il tigre*, 1967, Risi). I rapporti sociali e civili in questi film regrediscono a forme di sopraffazione tribale e lotta per la sopravvivenza. Tutto è cambiato troppo in fretta perché se ne possa prevedere le conseguenze. I soldi circolano e diventano un leitmotiv ossessivo che accompagna gli orizzonti dei desideri di ricchi e poveri, proletari, piccolo-borghesi e industriali negli anni di massima esplosione del miracolo economico (*Il disordine*, Brusati, 1963, *La cuccagna*, Salce, 1962, *Colpo gobbo all'italiana*, Fulci, 1962, *Il maestro di Vigevano*, Petri, 1963). La ricchezza, ottenuta in modo facile e senza troppo preoccuparsi del rispetto delle leggi, è una delle cause del rapido mutamento dei costumi e dei modelli di riferimento morali e sociali (*Anima nera*, Rossellini, 1962, *Le bambole*, Risi, Comencini, Bolognini e Franco Rossi, 1965). In questa fase di trasformazione accelerata sarà la donna a pagare i costi piú alti (*La ragazza con la valigia*, Zurlini, 1962, *La parmigiana*, 1963, e *Io la conoscevo bene*, 1965, Pietrangeli, *La ragazza con la pistola*, Monicelli, 1968), anche se molte delle protagoniste trovano la forza di reagire e non farsi travolgere.

La memoria della fame, dell'ignoranza, del sottosviluppo, dell'arretratezza civile, della durezza del lavoro della civiltà agricola che si è lasciata alle spalle vengono cancellati. Si vuole diventare ricchi a ogni costo («Lei venderebbe un occhio... Mica le ho detto che *deve* vendere un occhio, per l'amor di Dio. Lei è libero, non siamo mica ai tempi degli schiavi» (*Il boom*), i nuovi ricchi ostentano i simboli di benessere in feste, banchetti, ricevimenti, incontri («L'altro giorno non era nessuno e oggi col visone va anche al cesso», *Il magnifico cornuto*, Pietrangeli, 1964), e sempre piú assumono il posto d'onore nella scena personaggi promossi dal nulla ai massimi traguardi economici e politici.

Importante diventa – piú di tutto – il consumare: il cinema degli anni sessanta racconta la messa in scena di un'opulenza illusoria, costruita sulle sabbie mobili. L'italiano popolare, il piccolo e medio-borghese, mimetizza sempre piú le proprie povere origini ed entra a testa bassa nella civiltà dei consumi. Inizia a viaggiare, a confrontarsi con nuove mentalità, nuove forme di organizzazione sociale, differenti costumi sessuali. È ignorante e curioso: di buono conserva una discreta dose di tolleranza per il diverso... Tra tutti gli sceneggiatori è Sonego il piú sensibile a questo tipo di problemi[34]: saranno soprattutto Gian Luigi Polidoro – *Le svedesi* (1960), *Il diavolo* (1962), *Una moglie americana* (1964), *Una moglie giapponese?* (1968) – Alberto Sordi attore, ma soprattutto regista – *Fumo di Londra* (1966), *Un italiano in America* (1967), *Finché c'è guerra c'è speranza* (1974), *Un tassinaro a New York* (1987) – a raccontare la nuova epopea del-

---

[34] T. SANGUINETI (a cura di), *Il cinema secondo Sonego*, Cineteca di Bologna, Bologna 2000.

l'italiano, non piú povero e con le valigie di cartone legate con lo spago, alla conquista del Nord Europa, e degli altri continenti. Il nuovo status non gli impedisce di accorgersi che la rapidità del mutamento è stata eccessiva, il cammino alle sue spalle è disseminato di rovine sentimentali e il benessere economico è raggiunto a prezzo del deserto affettivo e della rinuncia di non pochi ideali e valori.

Un altro importante motivo sviluppato dalla commedia è la rapidità dei mutamenti dei costumi sessuali, la crisi dei ruoli e delle identità sessuali e l'apertura verso orizzonti sempre piú ampi del comune senso del pudore. Ultima e non minore, l'attenzione o la registrazione dello scempio ambientale, il mutamento del paesaggio delle coste adriatiche, amalfitane o sarde, a opera d'una selvaggia speculazione edilizia, nonché il degrado del paesaggio, la cementificazione e la sostituzione di dune di immondizie alle dune di sabbia.

Poi, all'improvviso, qualcosa si rompe: i film non vogliono e non sanno piú far ridere, creano sgomento per lo stato di abbandono e di degrado umano e ambientale, mostrano maschere sempre piú tristi e cupe (basterà citare solo alcuni titoli che comunque costituiscono dei gioielli registici e recitativi, da *Venga a prendere il caffè... da noi*, Lattuada, 1970, a *Lo scopone scientifico*, Comencini, 1972, a *Un borghese piccolo piccolo*, Monicelli, 1976, dal romanzo di Cerami, che ne costituisce l'epicedio), incapaci di sostenere i ritmi e di tenere il passo di una società che sta confondendo i linguaggi e capovolgendo metri di giudizio e misure di scala ideologiche e morali.

È vero che la commedia degli anni settanta perde, via via, il proprio splendore e il piacere di sferzare o punzecchiare una società che comunque conserva valori positivi forti, ma è anche vero che pur mostrando la perdita del piacere di raccontare, l'invecchiamento triste dei «mostri» (vedi la serie *Amici miei*), questa commedia fotografa, forse nel modo piú drammatico, lo scollamento nel tessuto sociale, il riflusso economico e le sue conseguenze sulle classi piú deboli ed emarginate, il crollo dei tradizionali rapporti familiari, l'avvento di nuove forme di religione laica e, prima di tutto, di quella sessuale, i disastri ecologici, la perdita totale del senso dello stato e degli orientamenti politici, la regressione a condizioni subumane di ampi strati sociali, la depressione, l'impoverimento materiale e sentimentale della società, il dilagare di forme di incomunicabilità, di insicurezza e di paura... Molte commedie sembrano sempre piú contaminate dai film dell'orrore. Pur rimpiangendo l'euforia del decennio precedente, dall'insieme della commedia d'autore di questi anni emerge ancora, almeno fino alla metà degli anni sessanta, un quadro che potrebbe essere sottoscritto dalle relazioni annuali degli osservatori statistici e sociologici dei mutamenti della società italiana.

Anche se la critica dei quotidiani e delle riviste specializzate fatica a riconoscere nei nuovi prodotti della commedia la firma autoriale, aumenta qualche voto in pagella: non piú bocciature ma, in molti casi, attenuazione del giudizio negativo, qualche riserva... Nella maggior parte si preferisce rimandare a settembre, ma comincia a serpeggiare una diversa attenzione, grazie anche a qualche articolo entusiastico che appare nelle riviste francesi. La commedia, fra tutti i generi degli anni sessanta, se riscuote un importante successo nel mercato interno, supera a fatica i confini nazionali.

5. *I mostri: padri e figli.*

Di tutti i padri della commedia Monicelli, che per primo ha alzato il tiro, dichiarato ambizioni drammaturgiche e spettacolari inedite e si è confrontato con la storia monumentale, la storia profonda, fonda una propria casa di produzione nei primi anni sessanta per realizzare nella piú completa libertà i propri film e mantenere nella loro fattura quel carattere di prodotto artigianale che, di fatto, caratterizzerà il genere[35]. La realizzazione di *La grande guerra* lo ha portato a contatto con la storia collettiva. Negli anni successivi cercherà di proseguire su questa strada con *I compagni* (1963), sulle prime lotte operaie nella Torino dell'Ottocento, opera in cui appare piú coinvolto sia dal punto di vista emotivo che ideale e ideologico, un affresco accurato e palpitante di emozioni e di coinvolgimento per lo sforzo di mostrare la difficile gesta-

---

[35] MONICELLI, *L'arte della commedia* cit.

zione dello spirito socialista in Italia e coglierne in modo verosimile i primi vagiti. Con *L'armata Brancaleone* (1963) libera invece il massimo delle proprie capacità affabulatorie e del proprio piacere di dar vita a una storia che, dietro alle maschere e al linguaggio goliardico-maccheronico-fumettistico, parla del presente e della corsa degli italiani verso i paradisi di Cuccagna, d'un miracolo economico alla portata di tutti. Prendendo a prestito i modelli dei poemi eroicomici e mescolandoli con il ricordo delle strofette in ottonari del «Corriere dei Piccoli», del teatro dei pupi, del Don Chisciotte, Monicelli segue le avventure picaresche dello sgangherato micro-esercito capitanato da Brancaleone da Norcia, che va alla conquista della Terrasanta. Quattro anni dopo gira *Brancaleone alle crociate* (1970), meno felice dal punto di vista narrativo ma assai piú accurato nella costruzione dell'immagine, nell'invenzione scenografica e dei costumi (di Mario Garbuglia e Ugo Pericoli). Monicelli si rivela – tra i registi della commedia – il piú dotato di capacità di osservazione antropologica del gruppo, soprattutto nei confronti di quella specie umana dei «perdenti nati» che, nonostante tutto, ha la forza di andare avanti. Nell'anno della contestazione torna all'attualità con *La ragazza con la pistola* (1968), in cui tenta di raccontare il difficile cammino d'una ragazza siciliana nel compiere il salto dai costumi e condizionamenti medievali della sua terra alla libertà del mondo anglosassone. Pur avvertendo la crisi, Monicelli appare come il piú prolifico fra tutti gli autori che hanno contribuito a rinnovare e nobilitare la commedia: dal 1975 a oggi, ha girato quasi venticinque film, esplorando varie direzioni tematiche e virando la sua visione al nero. Fra i titoli, ricordo *Il frigorifero*, episodio di *Le coppie* (1970), *Vogliamo i colonnelli* (1974), ispirato al tentativo di colpo di stato di Junio Valerio Borghese – oggi appare significativo documento del clima e dell'avventurismo politico dell'epoca –, *Romanzo popolare* (1974), *Amici miei* (1975), *Viaggio con Anita* (1978), *Temporale Rosy* (1979), *Speriamo che sia femmina* (1986). E, piú di tutto, *Un borghese piccolo piccolo* (1976), una sorta di resa e di presa d'atto da parte di un maestro della commedia, in nome di tutti, della fine di un'epoca, della irrapresentabilità degli italiani per perdita irreversibile di tutti i caratteri positivi.

Luigi Comencini, con *Tutti a casa* (1960) si affianca a Monicelli raccontando l'antieroico viaggio di ritorno d'un gruppo di soldati sbandati all'indomani dell'8 settembre del 1943, e insieme viaggio di risalita morale. La memorabile interpretazione di Sordi del sottotenente Innocenzi ci consegna il ritratto d'un italiano lasciato in balia di se stesso dall'armistizio firmato da Badoglio, che, nel ritrovare la strada di casa, trova anche la forza d'una legge morale che lo spinge a effettuare una precisa scelta di campo. Tra i padri della commedia, Comencini appare come il piú insofferente nei confronti dei vincoli e dei confini territoriali e non a caso negli anni successivi esplora – con *A cavallo della tigre* e *Il commissario* – strade ulteriori, per poi cimentarsi in un'impegnativa trascrizione del best-seller di Carlo Cassola, *La ragazza di Bube*. Dagli anni sessanta e settanta, grazie a titoli come *Incompreso, Infanzia, vocazioni, prime esperienze di Giacomo Casanova, veneziano, Le avventure di Pinocchio, Lo scopone scientifico, Mio Dio, come sono caduta in basso!, L'ingorgo, Voltati Eugenio, Cuore*, Comencini, oltre a ottenere sul piano internazionale i primi importanti riconoscimenti per il suo magistero ed essere il primo autore della commedia a venir inserito nel Pantheon dei maestri del dopoguerra (grazie al lavoro di Jean Gili in particolare)[36], dispiega tutte le proprie capacità narrative e fa emergere i temi del suo mondo e della sua poetica. Che soprattutto lo portano a tentare di esplorare con amore il mondo lontano, misterioso e carico di dolore e di paure dei bambini.

Simile, ma tutt'altro che identico a Monicelli e Comencini – come nel mistero trinitario –, Dino Risi è l'autore meno preoccupato a costruire il *conte morale* con la sua favola e piú interessato a cogliere e registrare a caldo, con uno sguardo disincantato, i fenomeni che stanno trasformando il paesaggio antropico, urbanistico e geografico dell'Italia e degli italiani[37]. *Una vita difficile*, primo film d'una specie di quadrilogia (che comprende *Il sorpasso, La marcia su Roma* e *I mostri*), è l'esemplare storia di vita d'un italiano, dalla Liberazione agli anni del boom, della caduta progressiva delle sue

---

[36] J. A. GILI, *Luigi Comencini*, Edilig, Paris 1981.
[37] V. CAPRARA, *Dino Risi*, Gremese, Roma 1993.

speranze e dell'accettazione di compromessi d'ogni tipo. Anche nel costruire il racconto di piú ampio respiro, Risi sembra mantenere il piacere di sbozzare, con i tratti del caricaturista, le sue macchiette o i suoi personaggi, che nell'insieme costruiscono una galleria compatta di figure dall'apparenza forte e in realtà fragili, piene di progetti per il futuro e con una serie di disastri e rovine sentimentali e professionali alle spalle. Risi sembra a suo agio con il racconto breve, in cui l'osservazione fulminea capta insieme, con pochi e rapidi tocchi, una situazione sentimentale, psicologica, professionale, sociale. L'attore che meglio riuscirà a esaltare le caratteristiche del cinema di Risi sarà Gassman, con cui si creerà un sodalizio per quasi venti film.

Nei film ambientati al presente – *I mostri*, *L'ombrellone*, *Il giovedí* e *Il Gaucho* – Risi, quasi precorrendo le scomposizioni visive dei videoclip, imprime un nuovo ritmo di montaggio ai suoi film, adattandoli ora ai tempi del rock e delle canzoni di Mina, Gino Paoli e Celentano, riuscendo cosí ad anticipare nuove forme di racconto per immagini in cui la musica determina il racconto e la sua sintassi visiva, e a catturare l'atmosfera dell'epoca. Rispetto agli altri compagni di strada, possiede un termometro piú sensibile alle minime temperature e variazioni di comportamenti, gesti, linguaggi, tic, riti di gruppo dei giovani e dei non piú giovani. È piú distaccato e meno portato ad aggiungere il messaggio pedagogizzante. Nei primi anni settanta, però, si può registrare una svolta importante nella sua filmografia: *In nome del popolo italiano* (1972) e *Mordi e fuggi* (1973), grazie anche all'apporto di Zapponi, sono film con dichiarate intenzioni ideologiche, e *Profumo di donna* (1974) racconta un personaggio di cui per la prima volta si evidenziano la fragilità emotiva e sentimentale assieme a dimensioni psicologiche piú profonde che l'aggressività e il gioco delle maschere finora è riuscito a dissimulare. Dalla metà degli anni settanta, il tocco e lo sguardo di Risi si cominciano a velare di nostalgia e, per la prima volta, s'avvicina ai suoi personaggi tradendo un senso di affettività e comprensione inedita per i loro drammi, per il loro desiderio di innamorarsi in età avanzata, senza temere il ridicolo o l'umiliazione (*La stanza del vescovo*, dal romanzo omonimo di Piero Chiara, e *Primo amore*, 1978).

Con *I nuovi mostri* (1977), assieme a Monicelli e Scola, Risi compie un'operazione quasi dumasiana a vent'anni di distanza su una serie di personaggi che erano emersi dal paesaggio dell'Italia del boom. Gli esiti, per lui come per gli altri compagni di viaggio, sono disastrosi: i nuovi mostri sono repellenti sia in senso fisico che morale e al nuovo sguardo che si posa sull'Italia ormai priva di qualsiasi tessuto connettivo non resta che ritrarsi inorridito.

L'ultima fase registica di Risi appare meno sostenuta dalla leggerezza del tocco, dalla simpatia per dei bricconi in fondo ancora salvabili, dall'acutezza d'uno sguardo capace di spingersi oltre il presente. Come per altri compagni di strada, anche per Risi gli anni di piombo significano perdita di qualsiasi fiducia nella leggibilità del presente.

Piú giovane d'una generazione, Ettore Scola, come gli apprendisti pittori medievali che per almeno sette anni avevano il compito di mescolare i colori, ha compiuto un lungo apprendistato scrivendo barzellette per i giornali umoristici, andando a bottega da Age e Scarpelli, lavorando come «negro», ideatore di scenette e in decine di film come soggettista e sceneggiatore, prima di compiere il grande salto[38].

Scola, che scrive con Maccari il soggetto e la sceneggiatura de *Il sorpasso*, è presente in tutta la produzione significativa della commedia dai primi anni cinquanta ai primi sessanta. L'esordio è del 1964, con *Se permettete parliamo di donne*, in cui delinea nove ritratti femminili, rifacendosi al modello dei film di Pietrangeli. Nel secondo film, *La congiuntura* (1964), riprende i motivi del *Sorpasso*, con intenzioni piú forti di denuncia del fenomeno di trasferimento illegale di capitali all'estero.

Riusciranno i nostri eroi a ritrovare l'amico misteriosamente scomparso in Africa? (1977) rivisita *Cuore di tenebra* di Conrad in chiave trasteverina mettendo a contatto e confronto due modelli di civiltà. Sempre spinto da curiosità esotiche, va a girare un film nel Veneto, una regione sconosciuta e da poco scoperta grazie a Germi e a Brass: nella provincia di Vi-

---

[38] Scola gode d'una discreta serie di saggi e studi: il piú ricco e articolato è l'omaggio tributatogli dal Festival di Pesaro in occasione dei suoi settant'anni: V. ZAGARRIO (a cura di), *Trevico-Cinecittà. L'avventuroso viaggio di Ettore Scola*, Marsilio, Venezia 2002.

cenza ambienta *Il commissario Pepe* (1969), rivelando nuove doti d'esploratore del sociale che lo portano a mettere a nudo una realtà di perversioni, corruzione, vizi, ben dissimulati sotto l'aspetto bonario del perbenismo, del potere cattolico e delle tonache ecclesiastiche. Ma è dai primi film che Scola mette in luce la sua ricerca di qualità totale e di ottimalizzazione di tutte le forze che lavorano con lui: al suo fianco avrà operatori come Carlo Di Palma, Pasqualino De Santis, Luciano Tovoli, montatori come Ruggero Mastroianni, Kim Arcalli, Raimondo Crociani, scenografi come Luciano Ricceri, autori delle musiche come Morricone, Bacalov, Armando Trovaioli, costumisti come Gabriella Pescucci... insomma, alcune tra le migliori energie creative della bottega cinematografica nazionale.

Nei primi anni settanta, a Torino, gira un film quasi sperimentale, sulle difficoltà di integrazione d'un ragazzo meridionale nella capitale dell'automobile: *Trevico-Torino (Viaggio nel Fiat-Nam)*. Pur recependo le suggestioni di alcuni film militanti di quegli anni, in particolare quelli di Godard, è interessato a seguire da vicino le deambulazioni del suo personaggio in una realtà che per lui ha ora l'aspetto d'una jungla, ora d'un labirinto, ora d'una fortezza che lo respinge, e vederne le difficoltà nel risolvere, di volta in volta, i piccoli problemi di semplice comunicazione, comprensione di codici di comportamento che gli sono estranei.

Nel 1974, mentre la commedia in generale entra nella zona d'ombra e di declino, Scola realizza il suo film della piena maturità registica, *C'eravamo tanto amati*, un viaggio attraverso i sogni e le speranze, i compromessi, le delusioni di quattro amici, dalla lotta armata nella Resistenza al presente. Con questo film è come se Scola di colpo innestasse una marcia in più al suo cinema e accogliesse l'eredità dei suoi maestri per continuare a esplorare insieme la storia e i sentimenti privati.

È quello che gli riuscirà con *Una giornata particolare* (1977): nel giorno della visita di Hitler in Italia, in un gigantesco casamento popolare svuotato dai suoi abitanti (ricreato da Luciano Ricceri e fotografato da Pasqualino De Santis), una casalinga, provata dai troppi parti, che ha quasi perso il rapporto con il proprio corpo, e un omosessuale tenuto sotto controllo dalla polizia fascista e destinato al confino, s'incontrano per caso e per un attimo riescono a mettere da parte le rispettive solitudini e a riscoprire un momento di vera intimità, di colloquio e contatto emotivo e fisico con l'altro.

Da questo momento il suo cinema, che vuole metabolizzare la lezione dello straniamento brechtiano e utilizzare le unità di luogo, tempo o azione, punta a misurarsi con la storia. Cosí si servirà dell'appartamento d'una casa popolare, come nel film appena citato, o d'un appartamento borghese per raccontare la vita di alcune generazioni d'una famiglia lungo quasi tutto il secolo (*La famiglia*, 1987), o d'una terrazza in cui si incontra e mescola discorsi fatici o velleitari un gruppo di intellettuali incapaci di capire il presente (*La terrazza*, 1980). Ma anche di luoghi pubblici che gli consentono di allargare lo sguardo a tipologie piú eterogenee: una sala da ballo (*Ballando, ballando*, 1983), una sala cinematografica (*Splendor*, 1988), un ristorante (*La cena*, 1998), due negozi contigui, di cui uno gestito da una famiglia ebrea nell'anno delle leggi razziali (è il film piú recente, *Concorrenza sleale*, 2001) Questa unità strutturale consente a Scola di accostarsi in maniera originale ai segni della storia, facendoli fluire in maniera diretta o indiretta, ora in forma sonora ora sotto forma di gesti, di abiti che mutano, di forme lessicali, di piccoli oggetti... Attraverso un'accurata ricostruzione della storia evenemenziale, egli riesce a toccare nei momenti piú felici la storia profonda, le ragioni che hanno condotto a mutamenti traumatici negli ultimi cinquant'anni di storia, dal fascismo alla Repubblica. Negli anni ottanta e novanta – con l'eccezione de *Il viaggio di Capitan Fracassa*, che fa quasi da pendant a *E la nave va* nel descrivere in modo metaforico il difficile viaggio del cinema italiano verso la morte – Scola sceglie la strada del racconto minimalista, dell'osservazione d'una cellula molto rappresentativa (vedi *Che ora è?*, 1989, *Mario, Maria e Mario*, 1993). Forti rischi vengono anche assunti da *Il mondo nuovo* (1982), in cui riprende i motivi del viaggio picaresco, rendendo un esplicito omaggio a Sergio Amidei, e cercando di stabilire una concordanza tra la fuga di Luigi XVI e quella, ingloriosa, di Vittorio Emanuele III da Roma, dopo aver destituito Mussolini alla fine di luglio 1943.

Nanni Loy è, tra tutti i registi che contribuiscono a nobilitare il genere, quello che piú si situa subito in una linea di confine tra il territorio della commedia e quello con piú nette ambizioni e intenzioni drammatiche. Aiuto di Zampa, ne assimila il modo di guardare la realtà e di suo rivela presto una notevole capacità di direzione d'attori: dopo un paio di coregie con Puccini (*Parola di ladro*, 1957, e *Il marito*, 1958) passa da un buon tentativo di bissare il successo dei *Soliti ignoti* (*L'audace colpo dei soliti ignoti*, 1959) a due film di ricostruzione storica ambiziosi e con intenzioni spettacolari ed epicizzanti: *Un giorno da leoni* e *Le quattro giornate di Napoli*. Nel 1967 sceglie invece di lavorare sulle dimensioni piú intimistiche della commedia con *Il padre di famiglia*, riprendendo – dal punto di vista femminile – la storia di *Una vita difficile*. L'umorismo di Loy è forse quello piú venato di spirito anglosassone, o almeno quello in cui lo spirito e i caratteri piú esteriori e superficiali del riso della commedia lasciano il passo all'amarezza dell'ironia, allo scetticismo, alla riflessione sul male di vivere e sulle difficoltà quotidiane della lotta dell'uomo comune per la semplice sopravvivenza (*Rosolino Paternò, soldato*, 1970, *Café Express*, 1980) o contro le assurdità burocratiche e legislative (*Detenuto in attesa di giudizio*, 1971), si tratti di burocrazia italiana o americana.

Nel gruppo degli autori della commedia, va ancora inserito, con un ruolo di tutto rispetto, anche Luigi Magni per il gusto della ricostruzione storica, la carica sanguigna e popolaresca con cui fa muovere i suoi personaggi in base a potenti passioni politiche e sentimentali. Nel suo cinema, che si muove con naturalezza lungo tutto l'arco della storia romana, dalle guerre puniche a quelle risorgimentali (*Nell'anno del Signore*, 1969, *Scipione detto anche l'Africano*, 1971, *In nome del papa re*, 1977, *Arrivano i bersaglieri*, 1980, *La carbonara*, 2000) sembra rivivere il gusto e l'iconografia delle stampe di Bartolomeo Pinelli e l'anima di Pascarella e Trilussa, assieme allo spirito del cantafavole popolare.

Cosí come merita di essere ristudiato Pasquale Festa Campanile, regista e scrittore tra i piú prolifici: la sua filmografia, che all'inizio vede al suo fianco nella regia Massimo Franciosa, tra sceneggiature e film realizzati supera la cinquantina di titoli. Si tratta d'un autore capace di percorrere con successo la strada della commedia soft-erotica e di osservare i mutamenti nei costumi sessuali degli italiani, senza varcare i limiti di un elegante voyeurismo. Da un certo momento in poi, fra tutti i registi partiti con obiettivi alti, è quello che sembra di piú imboccare strade facili sia in direzione della volgarità verbale che nell'uso dell'erotismo. Tra i titoli piú notevoli, o di maggior successo, che scandiscono comunque una carriera che merita una riconsiderazione d'insieme, se non altro per il suo fungere da cinghia di trasmissione tra i vari livelli del genere: *La costanza della ragione* (1965), *Il merlo maschio* (1972), *Rugantino* (1973), *Cara sposa* (1977), *Il corpo della ragazza* (dal romanzo di Gianni Brera, 1979), *Il ladrone* (dal suo romanzo omonimo, 1980), *Nessuno è perfetto* (1981), *Bingo Bongo* e *La ragazza di Trieste* (1982).

Infine, va tenuta presente la cospicua filmografia di Luciano Salce (anche ironico ed elegante interprete e sceneggiatore), che oltre a *Il federale* e a *La voglia matta* (1961), verrà ricordato soprattutto per aver diretto i primi film della saga di Fantozzi, verso la metà degli anni settanta. È questo tipo di umorismo, intelligente e spesso sofisticato, ma non alieno dall'accogliere i modi e le forme piú facili e corrive dell'avanspettacolo, del varietà, di utilizzare modi comici piú grossolani e facili, che aprirà la strada alla commedia degli anni settanta.

6. *Dalle stelle alle lucciole*.

Dopo quasi un decennio di dominio del divismo delle maggiorate, di assunzione di alcune dive italiane nell'Olimpo del divismo internazionale, negli anni sessanta, nel periodo di esaltazione del corpo e di nuovi canoni di bellezza femminile, si assiste a un improvviso passaggio di poteri al sesso maschile. Il fenomeno divistico da questo momento non si potrà comunque piú studiare servendosi delle medesime categorie del passato. L'esplosione della cometa divistica produce il formarsi di tanti frammenti luminosi di grandezza decrescente, fino a divenire minima. Il fenomeno dipende anche dal fatto che il desiderio collettivo comincia a spostarsi poco alla volta dallo schermo verso altri oggetti. Il nuovo punto d'irradiazione, incrocio e confluenza dei fenomeni, diventa la televisione, che promuove ben presto a dive le presentatrici dei programmi o i conduttori e i partecipanti ai concorsi a quiz. Edy Campagnoli, la valletta di Mike Bongiorno, contenderà a cavallo degli anni sessanta le pagine dei settimanali illustrati a Sophia Loren e alle dive emergenti del nuovo cinema. Ma anche i cantanti, che già avevano riscosso un forte successo negli anni cinquanta con Luciano Tajoli e Claudio Villa, danno vita, a partire da Domenico Modugno, Mina, Celentano, Gianni Morandi, Al Bano, a film costruiti sulle loro canzoni e il loro diventa un successo che percorre l'universo dei media. Mutano anche gli elementi che formano gli attributi divistici. La bellezza e la giovinezza non sono piú canoni assoluti.

In questa nuova condizione e trasformazione mediatica del fenomeno, un piccolo gruppo di attori riesce a monopolizzare la scena per almeno un quindicennio rivestendo tutti i ruoli possibili e riuscendo ad acquisire l'aura e lo status divistico grazie alle proprie doti attoriali. Marcello Mastroianni, grazie alle sue interpretazioni nei film di Visconti, Monicelli, Fellini, Bolognini, De Sica, Antonioni, Germi, Petri, e poi via via, Risi, Zurlini, Scola, i fratelli Taviani, fino a Tornatore, Archibugi, per non parlare di tutte le sue interpretazioni con registi stranieri, incarna la nuova icona divistica dell'*italian lover*, viene salutato dalla stampa di tutto il mondo come la reincarnazione di Rodolfo Valentino. Fra tutti gli attori di questo periodo è quello che indossa con maggior senso di understatement gli abiti divistici, dimostrandosi sempre stupito del successo che s'è abbattuto su di lui: è il piú duttile e malleabile, quello che sembra entrare con piú naturalezza e leggerezza nei suoi personaggi e quello capace di azionare un intero spettro di emozioni e sentimenti servendosi di mezzi minimi, lavorando sulle sfumature e su toni quasi impercettibili[39].

Insieme, i quattro mostri della commedia – Gassman, Sordi, Tognazzi e Manfredi – hanno assunto il ruolo d'un esercito vero e proprio di figure che, accanto agli ideali di bellez-

---

[39] Vedi M. HOCHKOFLER, *Marcello Mastroianni*, Gremese, Roma 1993; C. COSTANTINI, *Marcello Mastroianni*, Editori Riuniti, Roma 1996, e l'intervista di E. BIAGI, *La bella vita*, Eri-Rizzoli, Milano 1996.

za e virilità, hanno incarnato quelli dell'ambiguità sessuale, della crisi di identità, e hanno indossato con eguale nonchalance gli abiti proletari o piccolo-borghesi, la tonaca da prete e i costumi settecenteschi, hanno dato vita a figure di violinisti zoppi e di registi in crisi, di muratori in preda a crisi di gelosia folli...

A Vittorio Gassman, dei quattro moschettieri spetta il ruolo di D'Artagnan per l'impeto guascone con cui irrompe sulla scena della commedia dopo una decina d'anni, e una ventina di interpretazioni in Italia e a Hollywood che passano abbastanza inavvertite (anche se la sua interpretazione e regia di *Kean*, 1956, è importante perché il mattatore della scena inglese rappresenta per lui il massimo ideale recitativo)[40]. Di colpo sa rinunciare alla carriera di interprete e regista drammatico di teatro e indossa gli abiti della commedia, contribuendo in modo sostanziale a sua volta al suo decollo, interpretando nello stesso anno il ruolo di Peppe, il pugile suonato dei *Soliti ignoti*, e di Busacca in *La grande guerra*.

Dei quattro, però, spetta ad Alberto Sordi il primato di ruoli rivestiti, di varietà e rappresentatività delle figure interpretate. In *Storia di un italiano* (1979) ha raccolto per la televisione le sue interpretazioni piú significative; un'antologia che mostrava come i suoi personaggi raccontassero una storia molto rappresentativa della storia nazionale.

Sordi è l'erede legittimo di Petrolini, l'attore che per alcuni anni ha promosso il romanesco a lingua franca del cinema italiano e identificato i personaggi dei bulletti di periferia romani, o le figure impiegatizie e burocratiche, con le figure piú significative degli italiani furbi, mammisti, affetti dalla sindrome di Peter Pan, opportunisti, maestri nell'arte di arrangiarsi, un po' disonesti, ma in fondo simpatici, che si possono incontrare ovunque nel dopoguerra. In effetti, ha saputo assorbire con le capacità di una spugna, e riprodurre con forte senso di affettività e partecipazione, alcune delle caratteristiche costitutive e metabolizzare, quasi in tempo reale, le trasformazioni rapide dello status sociale, della mentalità dei comportamenti sociali, sessuali, dell'ideologia politica. Come per i film di Totò, anche quelli di Sordi (e in partico-

---

[40] F. DERIU (a cura di), *Vittorio Gassman*, Marsilio, Venezia 1999.

lare quelli sceneggiati da Sonego o diretti da Sordi stesso), raccontano, come un diario quotidiano, i mutamenti e le persistenze, i molti vizi, i tic e le poche virtú – tra tutte quella di riuscire a sopportare i colpi piú duri della sorte senza mai arrendersi – nei caratteri e nella storia e vita degli italiani: ora protagonisti, ora carnefici, ora vittime, ora colti da sindromi eroiche, ora paralizzati dalla viltà, ora capaci di sacrificare tutto in nome del denaro, ora capaci di atti di sublime altruismo e generosità, dal primo Novecento a fine secolo.

Ugo Tognazzi viene arruolato nella squadra di serie A dei comici dopo una lunga gavetta nella rivista, nell'avanspettacolo e dopo aver raccolto, assieme a Raimondo Vianello, un gran successo televisivo nella tramissione *Un due tre* (1958-59) in cui, parodizzando le prime inchieste socio-antropologiche, costruisce una memorabile serie di caricature maschili e femminili che esercitano ancora mestieri in via di sparizione e colgono con perfetto tempismo l'Italia che sta cambiando[41]. La coppia si scioglie grazie a Luciano Salce, che affida a Tognazzi il ruolo di protagonista ne *Il federale*, accanto a una figura mitica del Théâtre Nationale Français come Georges Wilson, e poi quello piú attuale d'un maturo professionista quarantenne che perde la testa per una sedicenne (*La voglia matta*). Due interpretazioni che lo promuovono sul campo ai ruoli comico-drammatici e lo portano a fianco di Gassman in *La marcia su Roma* e *I mostri*.

Mentre Gassman cerca di alleggerire la sua recitazione dal peso delle interpretazioni tragiche, Tognazzi procede in direzione opposta e accetta di rivestire ruoli sempre piú impegnativi e drammatici. Cosí, interpreta una serie di ruoli per Marco Ferreri (è protagonista negli episodi *Il professore* e *L'uomo dei cinque palloni*, in *L'ape regina*, *La donna scimmia*, *Marcia nuziale*) per poi lavorare con molti registi: da Germi a Pasolini, dai fratelli Taviani a Scola, da Monicelli a Lattuada a Bertolucci. Tognazzi non ha mai esitato a interpretare personaggi ripugnanti sotto ogni punto di vista. Non c'è nelle sue interpretazioni quella simpatia, quel senso di assoluzione finale, che lega invece soprattutto Sordi ai suoi personaggi.

[41] A. BERNARDINI e C. G. FAVA, *Ugo Tognazzi*, Gremese, Roma 1978.

Ultimo arrivato sulla scena della commedia, Nino Manfredi conquista il suo ruolo da protagonista in modo discreto, educato, quasi scusandosi di continuo per la propria involontaria invadenza. La sua recitazione straniata lo rende il piú brechtiano dei nostri attori del dopoguerra. Del gruppo, è quello piú capace di rappresentare la debolezza e la fragilità in ogni suo aspetto ma anche l'educazione, il senso del rispetto civico e civile, di far vibrare le corde interiori, di offrire una recitazione in cui all'urlo e agli schiaffi e pugni di Gassman oppone il silenzio, l'accettazione passiva degli eventi, la richiesta o l'autopresentazione appena sussurrata. Dopo essersi fatto notare a fianco di Sordi nel ruolo d'un improbabile gondoliere veneziano innamorato di Marisa Allasio, la prima vera occasione gli viene da un film spagnolo, *El Verdugo* (Luis Berlanga, 1963), che gli consente di mettere in luce la componente piú grottesca e amara della sua maschera di perdente nato. Della vastissima galleria di personaggi, sono da ricordare la figura del soldatino nell'episodio muto dell'*Avventura di un soldato*, nell'*Amore difficile* e quelle di *Il padre di famiglia*, dell'emigrato in *Pane e cioccolata*, e di Ruzante in *La betía* (De Bosio), e dell'abusivo in *Café Express*, oltre a una serie di camei memorabili (tra tutti, il Geppetto nel *Pinocchio* di Comencini). Con il tempo, la sua recitazione si affina e lo porta sempre piú ad assomigliare all'ultimo Eduardo.

Monica Vitti, dopo essere stata per alcuni anni la musa del cinema di Antonioni, viene associata al gruppo dei comici e libera una serie di energie finora tenute a freno, tra cui una straordinaria capacità di mimesi linguistica, di doti mimiche che le consentono di giocare con il proprio corpo, ora attraverso un uso disarticolato e marionettistico ora caricandolo come una bomba erotica. Tra i suoi esiti piú alti nel territorio della commedia: *La ragazza con la pistola*, *Dramma della gelosia, tutti i particolari in cronaca*, *La supertestimone* e *Polvere di stelle*...

L'Oscar per l'interpretazione di *La ciociara* vale a Sophia Loren, a soli ventisei anni, la definitiva assunzione nel firmamento divistico mondiale[42]. Di fatto, sarà l'ultima vera

---

[42] Vedi il profilo di P. CARRANO, in *Le Dive*, Laterza, Bari 1985, pp. 167-95.

diva espressa dal cinema italiano, dotata di aura e di tutti i classici attributi di glamour e bellezza richiesti finora a una diva, e grazie al sodalizio con Mastroianni e De Sica (memorabile la sua interpretazione di Filumena Marturano nella trascrizione di De Sica del dramma di Eduardo De Filippo, *Matrimonio all'italiana*) vivrà la sua lunga stagione senza avvertire la concorrenza delle attrici piú giovani. Ancora oggi riesce ad amministrare il suo patrimonio divistico forte d'una bellezza che sfida il tempo e le consente di assumere ruoli impegnativi (l'ultima interpretazione è in *Cuori estranei*, 2002, diretto dal figlio Edoardo), ma anche apparizioni pubblicitarie piú o meno felici, ora come testimonial d'un marchio di prosciutto prodotto in Emilia-Romagna, ora a favore dell'«ultima buona azione della lira». In declino, invece, l'astro della Lollobrigida che, pur bellissima agli inizi degli anni sessanta, non sembra piú corrispondere ai nuovi canoni e non trova registi e storie capaci di valorizzarla nella nuova fase piú matura.

Anche se ha fatto di tutto per uscire di scena e occuparsi soltanto della famiglia, Silvana Mangano (a cavallo degli anni sessanta va ricordata almeno per le interpretazioni in *La grande guerra* e *Jovanka e le altre*) mantiene invece intatto il suo fascino misterioso quando si ripresenta nei film di Pasolini e Visconti.

Negli anni sessanta, oltre a Claudia Cardinale, Stefania Sandrelli e Monica Vitti, faranno la loro apparizione e cercheranno di avviarsi lungo il sentiero divistico Virna Lisi, Catherine Spaak, Sandra Milo e Ornella Muti, tutte attrici che sapranno unire bellezza e talento ma che sembreranno meno dotate di potere «numinoso».

Gian Maria Volonté, assieme a Giancarlo Giannini e, in anni piú recenti, a Michele Placido e Sergio Castellitto, è l'interprete che piú sembra un prodotto dell'Actor's Studio e non del vivaio italiano, che negli anni cinquanta trova i suoi nuovi interpreti tra i giovani diplomati all'Accademia d'arte drammatica. Straordinario per la capacità mimetica e l'abilità di entrare nei panni di un'autentica figura storica, si tratti d'un sindacalista siciliano come Salvatore Carnevale, d'una figura della Resistenza veneziana nel film di De Bosio, di Enrico Mattei, Nicola Sacco, Lucky Luciano, Carlo

Levi, Enrico Berlinguer, Aldo Moro o Eugenio Scalfari[43]. Imitazioni quasi sempre memorabili, anche se non sono da dimenticare le parti del cattivo dei primi western di Leone. Quanto piú la recitazione di Mastroianni è costruita sulla sottrazione, tanto piú quella di Volonté è costruita per aggiunta di elementi, deformazione o tentativi di riproduzione assoluta. Volonté, come anche Giannini, lavora molto alla preparazione dei personaggi. Giannini però preferisce non confrontarsi con figure già esistite: meglio creare da zero personaggi di mafiosi siciliani, o di proletari o di proletari in lotta, di camionisti e di marinai di imbarcazioni da diporto, figure che raccontano fin dalla prima apparizione il senso della loro storia e che chiedono di assistere senza compassione alla loro lotta per la sopravvivenza.

Negli anni settanta, costituiscono un caso divistico particolare Bud Spencer e Terence Hill che, grazie ai western, danno vita a una coppia che fa rivivere le gesta comiche di Stan Laurel e Oliver Hardy, mescolando lo spirito della *slapstick comedy* con i film d'azione.

Oggi il cinema italiano offre un piú che discreto numero di attori con una ormai collaudata carriera alle spalle e di attori giovani ma che già hanno ben manifestato le loro doti, da Claudio Amendola a Stefano Accorsi, da Francesca Neri a Margherita Buy, da Sabrina Ferilli a Nancy Brilli a Chiara Caselli, da Raul Bova a Sergio Rubini a Laura Morante, Kim Rossi Stuart, Alessandro Gassman, Luca Zingaretti, Valerio Mastandrea... Il fatto è che, se si eccettua il caso di Benigni, e di Monica Bellucci, Valeria Golino e Anna Galiena (che grazie alla forte personalità sono riuscite a recitare con registi stranieri con semplicità), si ha l'impressione che il divismo non sia piú di casa nel cinema italiano e che i fenomeni divistici si possano riscontrare in molti altri luoghi – dalla televisione alla politica, dal calcio al motociclismo, dalla musica leggera all'automobilismo, dal melodramma alla moda, ma non nel cinema.

Il numero di personalità amate dal pubblico e già premiate per le loro qualità non sono comunque poche: al piccolo elenco precedente si possono aggiungere anche Diego Abatan-

---

[43] F. DERIU, *Gian Maria Volonté. Il lavoro dell'attore*, Bulzoni, Roma 1997.

tuono, che esordisce nel cinema nei primi anni ottanta, Massimo Boldi, Luca Barbareschi, Fabrizio Bentivoglio, Valeria Bruni Tedeschi, Roberto Citran, Maria Grazia Cucinotta, Licia Maglietta, Isabella Ferrari, Lucrezia Lante della Rovere, Amanda Sandrelli... Nel caso di Abatantuono si può riconoscergli alcuni tratti divistici ma, qualsiasi censimento s'intenda fare, i dati non portano in direzione divistica quanto piuttosto alla constatazione dell'esistenza d'una buona scuola di giovani attori, spesso sottoutilizzati dal cinema.

Nei primi anni ottanta, va registrato il «fenomeno» Adriano Celentano, che si muove con disinvoltura tra diversi mezzi, e il fatto che si crea una nuova ondata di attori comici che hanno ottenuto il loro primo successo in televisione, da Carlo Verdone a Francesco Nuti, da Massimo Troisi a Roberto Benigni, da Massimo Boldi a Teo Teocoli, Christian De Sica ecc. In pratica, se si vuole studiare il divismo italiano oggi, lo si deve considerare come un fenomeno meno localizzato e piú trasversale e ibridato in cui il cinema non occupa piú il ruolo del centroavanti ma si trova ai bordi del campo, spesso addirittura è costretto ad assistere in panchina. Una delle ragioni forti, come si è detto, è dovuta al fatto che la macchina mitopoietica si è trasferita sul piccolo schermo e che nel cinema italiano, che pure è divenuto piccolo, ha assunto sempre piú un ruolo da protagonista il regista. E, a dire la verità, sono ben pochi gli autori delle nuove generazioni capaci di valorizzare le doti attoriali, di porsi al servizio dell'attore per esaltarne le qualità, senza rinunciare alla propria presenza. Questo spiega anche perché alcuni attori di successo desiderino al piú presto passare alla regia nel pieno rispetto delle leggi sull'incompetenza progressiva.

I fenomeni divistici appaiono come sempre piú instabili e di modesta capacità di radianza autogena. Il confronto con i divi del passato non è piú proponibile: oggi, le occasioni di esibirsi sotto le luci dei riflettori e davanti alle telecamere si sono moltiplicate in maniera ipertrofica e il successo del nuovo piccolo divismo televisivo delle «veline», delle «letterine», si fonda sulla loro incompetenza a tutti i livelli. Il divismo di un tempo – se guardiamo all'esempio Loren per tutti – si è monumentalizzato, mentre quello attuale si potrebbe dire che si è macdonaldizzato. C'è posto per tutti sotto gli occhi dei milioni di telecamere digitali. Si ha quasi l'impressione che il sogno di Zavattini si sia verificato, sia pure dando vita a trasmissioni televisive come *Il grande fratello*, *Operazione Trionfo*, *Saranno famosi*...

7. *Horror, western, film politico, eros...: le grandi stagioni dei generi*.

A differenza dei paesi anglosassoni, in Italia è sempre mancata una vera cultura del fantastico. Di tutto il primo trentennio del cinema sonoro si potrebbe citare forse *Il caso Haller* (Blasetti, 1933) che riecheggia i casi del Dr Jekyll e Mr Hyde. Poi, all'improvviso, nel mitico 1960, nell'affollata foto di gruppo, si può notare come occupino un posto di secondo e terzo piano anche cinque film dell'orrore, *La maschera del demonio* di Mario Bava, *Il mulino delle donne di pietra* di Ferroni, *L'amante del vampiro* di Renato Polselli (primo film italiano che rappresenti dei veri vampiri), *L'ultima preda del vampiro* di Pietro Regnoli, *Seddok l'erede di Satana* di Anton Giulio Majano. Titoli che vale la pena di prendere in considerazione perché indicano una nuova strada al cinema popolare, facendovi confluire elementi sparsi e in declino nei generi degli anni cinquanta. *Dracula il vampiro* (Terence Fisher) è del 1957: il cinema italiano, in piena espansione, effettua un ragionamento solo merceologico pensando di poter realizzare perfette imitazioni di quel tipo di prodotto, cosí perfette da risultare indistinguibili e per certi aspetti superiori agli originali. Di fatto, il genere passa abbastanza inosservato proprio per la sua mancanza di tradizione e di identità[44].

È un peccato che fra tutti i generi popolari questo, in particolare, abbia goduto di attenzioni o di intelligenza critica inferiore rispetto agli altri. Eppure è proprio il genere che piú inventa nuove regole, trasgredisce quelle esistenti, va all'attacco della censura e piú si avventura nelle zone oscure e irrazionali che continuano ad abitare la modernità e la civiltà avanzata.

---

[44] G. M. CONTRO, *Il mercato del terrore. Mostri e maestri dell'Horror*, Feltrinelli, Milano 1998.

Dalla fine degli anni sessanta l'horror, come del resto il western, si colora di venature ideologiche non politicizzate ma molto legate alla rappresentazione della contestazione giovanile nei confronti del potere, che non sono mai state ben messe in luce dalla critica. In ogni caso, ne saranno maestri ben presto riconosciuti, anche sul piano internazionale, Riccardo Freda, Antonio Margheriti, Mario Bava e, dopo di loro, nei primi anni sessanta si possono ricordare anche Renato Polselli, Camillo Mastrocinque, regista tuttofare, Mario Caiano, e poi Lucio Fulci, Massimo Pupillo... Bava e Freda intendono confrontarsi, senza alcun complesso di inferiorità e valorizzando comunque le loro capacità di bricolage creativo con mezzi minimi, con i prodotti coevi della casa inglese Hammer. Da subito apparirà evidente la cura nella costruzione visiva, nell'uso del materiale sonoro e musicale, nell'accentuazione degli elementi di rappresentazione simbolica di un vasto campionario di psico-patologie sessuali che, nel giro di poco tempo, trovano nel genere la possibilità di comporsi in un catalogo molto articolato. In un ricordo di Barbara Steele, cosí vengono puntualizzate le caratteristiche salienti del genere:

> Fu il cinema che seppe esprimere tutti i nostri desideri repressi e le nostre recesse ossessioni, dall'incesto alla necrofilia, affermando il legame tra sesso e morte...[45].

Le pulsioni sessuali, gli accenni sempre piú espliciti a tematiche di un erotismo perverso e deviato, apriranno la strada – grazie agli allentamenti progressivi dei freni censori – all'horror del decennio successivo che con Argento, Fulci, Alberto De Martino, Luigi Cozzi e Joe D'Amato non sembrerà avere piú limiti.

Il genere si divide presto in due filoni: da una parte c'è chi intende rimanere nelle atmosfere classiche, ricorrendo a immagini molto accurate, ad ambientazioni in castelli gotichieggianti isolati in paesaggi inghiottiti dalle nebbie e chi sposta invece subito l'attenzione verso realtà italiane, cercando di ideare atmosfere morbose legate piuttosto alle psicopatologie del presente. Accanto a un accurato lavoro di ri-

---

[45] In S. MAROCCHI e R. PISELLI, *Bisarre Sinema! Horror all'italiana*, Glittering images, Firenze 1996, p. 5.

costruzione scenografica e fotografica, assume un ruolo sempre piú importante la musica, affidata a maestri come Roman Vlad, Carlo Rustichelli, Riz Ortolani, Giorgio Gaslini, Pino Donaggio, Manuel De Sica, Franco Mannino o Ennio Morricone. Montatore di molti film degli anni sessanta è Mario Serandrei. Tra gli sceneggiatori, troviamo Ennio De Concini e Bernardino Zapponi. Per gli effetti speciali, Carlo Rambaldi lavorerà per Bava, Ferroni e Fulci, e tra i direttori della fotografia troviamo Vittorio Storaro, Luciano Tovoli e Luigi Kuveiller. Molto importante sarà proprio la ricerca fotografica sulle possibilità della gamma del bianco e nero e sul colore. Anche in questo ambito verranno sperimentate delle soluzioni che poi troveranno la loro piena legittimazione nel cinema d'autore. L'horror si rivela come uno dei generi in cui tutti i mestieri del cinema sono maggiormente valorizzati. I temi del primo horror all'italiana mescoleranno il desiderio dell'immortalità con la sete del sangue, il mito dell'eterna bellezza con la passione e una sessualità sfrenata, spesso unita a sindromi di onnipotenza che puntano a realizzare le piú oscure pulsioni.

Il primo film gotico italiano si può considerare *I vampiri* (Freda, 1957), girato in dodici giorni nei teatri di posa di Cinecittà; è una storia di pseudovampirismo: una vecchia nobildonna ha scoperto l'elisir della giovinezza nel sangue di ragazze che rapisce e poi sgozza[46]. Freda è convinto che l'orrore e il terrore non vadano cercati nelle storie in costume e in un altrove di cartapesta ma vadano individuate nelle nostre dimensioni quotidiane[47]. Nella sua filmografia, realizza la propria idea di puro orrore con due titoli molto significativi per tutto il genere: *L'orribile segreto del dr. Hichcoch* (1962) e *Lo spettro* (1963). Freda vuole trasgredire tutte le regole, spingere le rappresentazioni della mostruosità («Un assassino deve essere un assassino mostruoso»), della violenza, dell'odio o di temi come la necrofilia, fino a punti quasi insostenibili[48].

---

[46] R. FREDA, *Divoratori di celluloide*, Il Formichiere, Milano 1981.
[47] S. DELLA CASA, *Riccardo Freda, un homme seul*, Yellow Now, Crisnée 1993.
[48] E. MARTINI e S. DELLA CASA, *Riccardo Freda*, Bergamo Film Meeting, Bergamo 1993.

Rispetto a Freda, che ha sempre dichiarato di credere in ciò che faceva («I vampiri esistono e si agitano vicino a noi in ogni momento [...] Essere un vampiro significa vivere accanto a qualcuno piú giovane di noi e succhiarne senza che lui se ne accorga il meglio, intelligenza, spirito vitale e soprattutto freschezza, freschezza di idee, di sentimenti, di reazioni»)[49], Mario Bava, che è piú interessato al fantastico, ha cercato di spruzzare ironia all'interno dei suoi film, anche se alcune delle sequenze de *La maschera del demonio* hanno una valenza macabra del tutto inedita per lo schermo italiano[50]. Tipico del genere, e di Bava in particolare – come del resto vedremo nel western e abbiamo visto nel film mitologico –, è dunque un uso diffuso dell'ironia, che tempera le atmosfere di paura, almeno nei primi anni e marchia il prodotto con caratteristiche autoctone, senza che la qualità abbia comunque a soffrirne. Lorenzo Codelli, nel suo rapporto annuale per *Film Guide* del 1988, inserisce *I tre volti della paura* di Bava tra i dieci migliori titoli realizzati fra il 1963 e il 1968, e su «Variety» è scritto, quasi in forma di lapide: «Se Mario Bava non merita una pietra miliare nella storia del cinema, gli spetta almeno una nicchia».

Nel 1962 gira *La ragazza che sapeva troppo* – ambientato in una Roma inedita, da incubo, con un delitto commesso di notte nel luogo turistico piú celebrato in quegli anni, la scalinata di Trinità dei Monti – aprendo, senza saperlo, la strada al successivo cinema di Argento. L'anno successivo gira *La frusta e il corpo*, un film in cui si affronta di petto il tema del sadomasochismo. Bava ha la capacità di far muovere la macchina da presa con movimenti complessi, che compongono veri e propri piani sequenza e hanno il potere di trascinare lo spettatore nella storia e di facilitare l'accesso alla dimensione del fantastico.

I primi film dell'orrore – salvo qualche eccezione – peccano per lo piú di sceneggiature approssimative, mal costruite e di trucchi realizzati con mezzi poveri, che spesso suscita-

---

[49] In L. PALMERINI e G. MISTRETTA, *Spaghetti Nightmares. Il cinema italiano della paura e del fantastico visto attraverso gli occhi dei suoi protagonisti*, M&P Edizioni, Roma 1996, p. 5.
[50] A. PEZZOTTA, *Mario Bava*, Il Castoro, Firenze 1987.

no il riso, come del resto è sempre accaduto per il cinema popolare. Nel 1963 esordisce nel genere, firmando *Danza macabra* con il nome di Anthony Dawson, il terzo padre dell'horror all'italiana, Antonio Margheriti. Qui, lo spettatore è subito spinto a identificarsi nel protagonista, che assiste impotente a una serie di delitti sempre piú orribili e morbosi. Il film, pur tagliato dalla censura (in particolare nelle scene di lesbismo che costituiscono un *primum* assoluto per il cinema italiano), mantiene un'atmosfera malsana e morbosa dalla prima all'ultima sequenza. Poco dopo, Margheriti gira in poche settimane *La vergine di Norimberga*, in cui collega l'orrore alla storia piú recente, e in particolare al nazismo.

Negli anni successivi, una serie nutrita di titoli apre in modo sempre piú netto e visibile la via italiana all'horror; tra quelli che vale oggi la pena di ricordare: *I lunghi capelli della morte* (Margheriti, 1964), *Terrore nello spazio* (1965), *Operazione paura* (1966), *Diabolik* (1968), *Il rosso segno della follia* e *Quante volte... quella notte* (1969), *Cinque bambole per una luna d'agosto* (Bava, 1970) e *Contronatura* (Margheriti, 1969), oltre a titoli di altri registi come Mario Caiano (*Amanti d'oltretomba*, 1965), Massimo Pupillo (*Cinque tombe per un medium*, 1965), ecc. Un crescendo inarrestabile di rappresentazioni della follia, della violenza, del sadomasochismo e di tutte le possibili perversioni sessuali.

Poi, nel 1970, esordirà anche Dario Argento, con *L'uccello dalle piume di cristallo*, senza riscuotere un particolare interesse da parte della critica[51]. La donna, per lui come per gli autori che lo hanno preceduto, sarà l'oggetto del desiderio, la protagonista e la vittima per eccellenza. Argento è paragonato, nei primi film, ad Alfred Hitchcock: l'accostamento è utile ma fuorviante. Come Leone, di cui è stato co-sceneggiatore di *C'era una volta il West*, assieme a Bernardo Bertolucci, Argento concepirà i suoi film come perfette macchine narrative in cui lo spettatore è coinvolto fin dalle prime immagini e chiamato ad assumere, assieme al punto di vista della macchina da presa, anche quello dell'assassino, a entrare nel suo corpo, a sintonizzarsi con il suo respiro affannoso mentre pedina sempre piú da vicino le sue vittime...

---

[51] R. PUGLIESE, *Dario Argento*, Il Castoro, Firenze 1987.

Per la quantità ipertrofica di sangue versato, l'efferatezza dei delitti – quasi sempre effettuati servendosi di armi da taglio –, Argento anticipa la fortuna dello *splatter* cinematografico e dei fumetti, che in Italia troveranno l'eroe nella figura di Dylan Dog e nei racconti di Tiziano Sclavi, un genere che avanzerà come un'onda crescente dalla metà degli anni ottanta.

I suoi film (da *Quattro mosche di velluto grigio*, 1971, a *Profondo rosso*, 1975), inoltre, anticipano quel cinema d'azione che porterà un'intera generazione di registi americani, da Brian De Palma a David Lynch a David Cronenberg, a imporsi con immagini forti e violente sugli schermi di tutto il mondo[52]. Dalla fine degli anni settanta (*Suspiria*, 1976, *Inferno*, 1980, *Tenebre*, 1982), si spingerà a indagare i mondi della magia nera, della parapsicologia, a esplorare i fenomeni extrasensoriali, a muoversi in quelle zone di confine tra la vita e la morte. Poi, dagli anni novanta, sembrerà voler tornare a racconti piú classici, con *La sindrome di Stendhal* (1995) e *Il fantasma dell'Opera* (1999).

Grazie a lui il genere sembra ricevere – se è concesso usare questo tipo di metafora – una sorta di potente fleboclisi: si realizzano decine e decine di titoli, per lo piú ambientati nelle realtà presenti, con assassinî verosimili, presi dalla cronaca nera, ma anche con materializzazioni di forze demoniache, apparizioni di zombies..., la violenza e il sangue crescono in progressione geometrica, non sembrano piú esserci limiti alla rappresentazione dell'orrore e delle paure, che trovano sempre piú il loro luogo di massima manifestazione in famiglia, nei pressi del focolare domestico. La donna in genere è vittima, ma anche soggetto abitato da pulsioni inconfessabili e forze demoniache e mostruose. Appaiono, accanto ai maestri, ancora molto attivi, nuovi autori e i racconti prendono molti rivoli: tra questi quello sessuale poco per volta acquisterà d'importanza, mentre perde di fascino il senso di mistero legato in precedenza all'orrore. Nulla viene piú nascosto alla vista dello spettatore inerme: ninfomania, incesti, pedofilia, zoofilia, stupri, coprofagia, orge sadomasochiste...

---

[52] I soggetti dei primi film di Argento sono raccolti in *Profondo Thrilling*, Sonzogno, Milano 1975.

e alla fine del percorso il definitivo ingresso nell'hardcore. Fra i titoli che disegnano le nuove mappe dell'orrore: *La morte ha fatto l'uovo* (Giulio Questi, 1968), una variante fanta-sociologica antonioniana con ampie spruzzature bunueliane, all'orrore legato alla disumanizzazione del lavoro, alle manipolazioni genetiche, alla scomparsa della classe operaia; *Lo strano vizio della signora Wardh* (Sergio Martino, 1970), *Giornata nera per l'ariete* (Luigi Bazzoni, 1971), *Mio caro assassino* (Tonino Valerii, 1971), *Tutti i colori del buio* (Martino, 1971), *La corta notte delle bambole di vetro* (1971) e *Chi l'ha vista morire?* (Aldo Lado, 1972), *Non si sevizia un paperino* (Fulci, 1972), *Un bianco vestito per Marialé* (Romano Scavolini, 1973), *L'anticristo* (Alberto De Martino, 1974), *E tanta paura* (Paolo Cavara, 1976), soggetto di Bernardino Zapponi, musiche di Ennio Morricone e un cast con Corinne Cléry, Michele Placido e Eli Wallach. Vale la pena di ricordare anche un piccolo gioiello di Pupi Avati, *La casa dalle finestre che ridono* (1976): Avati, che ha già diretto una serie di film gotico-padani, in cui il terrore è esorcizzato da atmosfere ridanciane e il sangue non di rado evoca i ricordi del lambrusco e della salama da sugo – penso a *Balsamus, l'uomo di Satana* (1968), *Thomas - Gli indemoniati* (1969), *La mazurka del barone, della santa e del fico fiorone* (1974), e *Bordella* (1976) –, troverà poi una diversa vena, muovendosi con continuità tra memoria, generi, film d'azione e ricostruzione storica, accentuando il gusto per l'attenzione ravvicinata al racconto minimalista. E, ancora da ricordare, *Sette note in nero* (Fulci, 1977), *Holocaust 2000* (De Martino, 1977), *La bimba di Satana* (1982), *Per sempre* (Lamberto Bava, 1988), *La casa delle anime erranti* (Umberto Lenzi, 1989), *La dolce casa degli orrori* (Fulci, 1989).

Si moltiplicano i trucchi, gli effetti speciali, l'horror si mescola e si confonde con il thriller e varca in piú occasioni la soglia del porno ma, poco per volta, quel tipo di produzione artigianale, fatta realizzando ogni volta (con quattro soldi) il miracolo della moltiplicazione della carne e degli arti tagliati, interessa di meno un pubblico che volge lo sguardo agli effetti speciali del cinema americano. A ogni modo, Hannibal the Cannibal ha non poche parentele con i serial killer che animano l'orrore italiano degli anni settanta. Dopo questi anni avviene come un travaso di energie dal cinema italiano a quello americano, anche nel campo dell'horror, del thriller, dello splatter. Registi come George Romero o Brian De Palma, o piú di recente Quentin Tarantino, non lesineranno le lodi nei confronti di questo cinema e in piú occasioni dichiareranno di essersi ispirati ai film di Bava, Margheriti o Freda, ma anche Umberto Lenzi o Fernando di Leo. Da un certo momento ritroveremo alcuni maghi delle luci, degli effetti speciali e delle musiche al lavoro a Hollywood e in quel momento sarà come se qualcuno, con una punta di legno ben acuminata, avesse inferto il definitivo colpo al cuore del cinema dell'orrore italiano.

Assieme alla commedia (studiata con brillanti risultati soprattutto in Francia), il genere popolare che ha riscosso maggior interesse critico all'estero negli ultimi anni – dopo aver sostituito per anni il genere americano, in declino sugli schermi di tutto il mondo – è stato il western: le monografie d'insieme sono ben documentate e gli studi su Sergio Leone hanno raggiunto in certi casi, per capacità di inquadramento e intelligenza critica, risultati superiori a quelli italiani. Usata all'inizio non senza una punta di razzismo e di disprezzo, la definizione «spaghetti western» è poi adottata con le opportune varianti per definire ogni western non americano: cosí si parla di «paella western» per i film di genere realizzati in Andalusia e di «Chop Suey Western» per i prodotti made in Hong Kong.

Lorenzo Codelli, in un saggio sui rapporti tra western europeo e americano, indica nella *Vampira indiana* (Roberto Roberti, 1913) il proto-spaghetti western[53]. E Roberto Roberti è il padre del capofila e della personalità piú carismatica e piú capace di portare autentiche modificazioni strutturali al genere, Sergio Leone. Assieme a lui vanno tenuti presenti Duccio Tessari e Sergio Corbucci, che contribuiscono a declinare il genere sul versante dell'ironia, o a esasperarne le caratteristiche in direzione della violenza e a suggerirne tutte le possibili strade negli anni successivi che porteranno

---

[53] L. CODELLI, *Il West in Europa l'Europa nel West*, in *Storia del cinema mondiale*, vol. I cit., pp. 921-33.

alla realizzazione di quasi cinquecento titoli in poco piú di un decennio.

In Europa, sarà nella seconda metà degli anni cinquanta che si tenteranno in Germania e in Spagna delle produzioni western. Il successo di alcuni western tedeschi agli inizi degli anni sessanta contribuirà in parte a far uscire l'industria germanica dalla lunga crisi in cui si trovava. Un giovane produttore italiano, Alberto Grimaldi, acquisterà prima i diritti e poi inizierà nel 1963 a produrre i film di Joaquin Romero Marchent (*El sabor de la venganza*, *I tre spietati* e *Antes llega la muerte*, *I sette del Texas*), con i proventi dei quali finanzierà alcuni capolavori di Pasolini, Pontecorvo, Fellini, Bertolucci... Saranno proprio i western ad aprire un nuovo importante capitolo nelle coproduzioni tra Italia e Spagna, a consentire al cinema italiano la conquista dei mercati sudamericani. L'ambientazione prevalente sarà immaginata in zone ai confini del Messico: cosí fioriranno set anche molto importanti nel Sud della Spagna in Almeria, o a Daganzo nei pressi di Madrid, o a Manzanares, o nei pressi di Granada, mentre in Italia si ambienteranno i western in Ciociaria o in certi casi in Sardegna a San Salvatore di Sinis nei pressi di Oristano...

Farà da traino a quest'immenso insieme *Per un pugno di dollari* (1964), film a basso costo, firmato da Sergio Leone con lo pseudonimo di Bob Robertson e interpretato da un attore di serial televisivi, dalla maschera facciale neutra che sembrava giunto alla fine della carriera, Clint Eastwood[54]. Fin troppo ispirato da un film del 1961 di Akira Kurosawa, e condannato per plagio proprio per questo, il film si rivela uno dei maggiori successi internazionali del cinema italiano di tutti i tempi. Leone è interessato e affascinato – grazie anche all'esperienza già fatta dirigendo *Il colosso di Rodi* (1959) – dalle forme e dalla persistenza e potenza dei miti e dalla loro perfetta permeabilità in qualsiasi tipo di racconto. In realtà a lui in un primo tempo interessa scomporre il mito dell'eroe e della sua impresa per lasciar spazio al suo piacere

---

[54] Vedi O. DE FORNARI, *Tutti i film di Sergio Leone*, Ubulibri, Milano 1984, e la monografia C. FRAYLING, *Sergio Leone. Danzando con la morte*, Il Castoro cinema, Milano 2002.

di raccontare e smontare e rimontare un meccanismo narrativo. Poi, film dopo film, andrà alla ricerca delle motivazioni profonde dei suoi protagonisti, creerà personaggi che saranno sempre piú mossi da forti motivazioni ideali, che si riveleranno capaci di immaginare e fondare città o inseguire sogni di modificazione del mondo o di mantenere ben saldi i legami di amicizia...

Ciò che viene modificata da subito è la prosodia e la sintassi narrativa e insieme le strutture temporali rispetto al western classico americano, ma anche la moralità di fondo. In tutti i film di Leone convivono piú dimensioni temporali: l'azione ora si distende e l'unità minima temporale viene scomposta, quasi a farne percepire e misurare la durata insieme ai protagonisti, ora viene accelerata dal rapido crepitare delle pallottole e dallo svuotarsi dei caricatori. L'eroe dei primi western parla a monosillabi, comunica soprattutto con la pistola, non è spinto da apparenti motivazioni ideali, agisce come una figura angelica che ristabilisce un differente equilibrio con il suo passaggio in una situazione dominata dalla violenza e dalla legge del piú forte. I duelli a cui si assiste nei western, che si succederanno lungo gli anni sessanta e i primi anni settanta, raggiungono cifre iperboliche e, fin dalle prime sequenze, si assiste a vere e proprie ecatombi con uno spargimento di sangue che il western classico preferiva lasciare fuori scena in omaggio ai canoni della tragedia. Lo spettatore che aveva amato il western classico – di John Ford o Anthony Mann o Budd Boetticher – e aveva atteso lungo tutto il film la prova glorificante del duello finale, si trova spaesato ma anche si adatterà molto presto ai nuovi ritmi imposti dalle pistole o da qualsiasi altro tipo di armi di Clint Eastwood, Gian Maria Volonté, Giuliano Gemma, Thomas Milian per finire ai pugni e schiaffi di Bud Spencer e Terence Hill.

Grazie al successo imprevisto di *Per un pugno di dollari* e di *Per qualche dollaro in piú*, cui seguirà il piú ambizioso e complesso *Il buono, il brutto, il cattivo*, Leone decide di andare a sfidare il cinema americano sul suo stesso terreno e realizza negli anni successivi i suoi film piú ambiziosi che danno il senso delle sue capacità di narratore e di regista capace di far vibrare le corde dell'epica: *C'era una volta il West*,

Giú la testa e l'epopea gangsteristica di *C'era una volta in America*. Da *C'era una volta il West* il potere dello sguardo e dell'affabulazione visiva di Leone si dilata fino a fargli sentire l'entusiasmante sensazione di essere in grado di potersi misurare con John Ford – anche se è bene farne sentire le differenze –, di avvertire come lui i rapporti tra le figure umane e lo spazio e la possibilità di far correre lo sguardo fino a quei punti lontanissimi dell'orizzonte in cui cielo e terra s'incontrano.

Il fatto che attori come Henry Fonda, che hanno contribuito a elevare il genere ai livelli piú alti, a fissarne alcuni modelli di comportamento, accettino di recitare per lui – e che altre icone divistiche americane, da Jason Robards a Lee Van Cleef, James Coburn, Rod Steiger, Charles Bronson e poi Robert De Niro, offrano nei suoi film performances memorabili –, fa del suo cinema una delle ultime importanti avventure di coproduzione internazionale negli anni in cui i registi italiani godono ancora di significativi crediti presso i produttori americani.

L'ultimo film di Leone, *C'era una volta in America*, è insieme una sorta di summa delle sue concezioni, dei suoi amori cinematografici che risultano dichiarati, da Griffith a Hawks a Coppola, e della sua visione della vita. Ha scritto di questo film Oreste De Fornari: «Difficilmente vedremo ancora tante mitologie insieme, mai piú con questa emozione»[55].

Il successo di *Per un pugno di dollari* produce una sorta di effetto immediato, di passaggio in massa di produttori e registi dai *peplum* ai western: Mario Caiano (*Le pistole non discutono*, 1964), Bava (*La strada per Fort Alamo*, 1964), Michele Lupo (*Per un pugno nell'occhio*, 1964), Corbucci (*Minnesota Clay*, 1965, *Navajo Joe*, 1966, *Il grande silenzio* e *Il mercenario*, 1968, concepito da Giorgio Arlorio e Franco Solinas per Pontecorvo, *Vamos a matar compañeros*, 1970, e *Che c'entriamo noi con la rivoluzione?*, 1972), Mario Amendola e Duilio Coletti, Lucio Fulci (*Le colt cantarono la morte e fu... tempo di massacro*, 1966), e Tonino Valerii (*Per il gusto di uccidere*, 1966, *I giorni dell'ira*, 1967, *Il prezzo del potere*, 1969, *Il mio nome è nessuno*, 1973) ma anche Damiani

---

[55] DE FORNARI, *Tutti i film di Sergio Leone* cit.

(*Quien sabe?*, 1966), Florestano Vancini (*I lunghi giorni della vendetta*, 1967), Carlo Lizzani (*Requiescant*, 1966), Sergio Sollima (*Faccia a faccia*, 1967), Giulio Questi (*Se sei vivo spara*, 1967), Franco Giraldi (*Sette donne per i Mac Gregor*, 1967) e Tinto Brass (*Yankee*, 1966), si accostano al genere e cercano di utilizzarlo anche in senso simbolico e metaforico, raggiungendo risultati molto soddisfacenti. Ma soprattutto riuscendo a conferire alle loro opere dei forti umori dell'epoca, in una misura pressoché simile a quella del cosiddetto film politico.

Nella costruzione complessiva di queste storie, i protagonisti non si muovono piú – come nel western classico – per andare a sfidare la morte al culmine di tutto il loro percorso. La morte li accompagna piuttosto in ogni momento. In *Keoma* (Enzo G. Castellari, 1976), opera che costituisce una sorta di canto del cigno del genere, la morte viene impersonata da una vecchia donna cenciosa che nei tratti del volto mostra un senso di totale spossatezza e male di vivere. Gli antieroi del western italiano possono anche giocare a lungo prima di affrontare la prova, ma nel corso d'un film le prove saranno molte e non sempre a superarle varrà la *virtus* e l'abilità. In molti casi sarà il protagonista a non trovare in sé le ragioni del vivere.

Il western italiano fa un uso improprio dei luoghi di culto, delle bare, dei cimiteri, dei morti. I cadaveri vengono accumulati dai bounty killers per riscuotere le taglie, le chiese sono profanate, le bare racchiudono denaro, oro, armi, munizioni, possono servire da casa o nascondiglio, di rado contengono cadaveri, i cimiteri nascondono tesori o diventano ideali teatri per un duello. Emerge l'intenzione di servirsi di storie di pistoleri solitari, che sempre piú sembrano farsi portatori di ragioni sociali, della protesta e della ribellione dei contadini messicani, o per raccontare il sogno d'una rivoluzione impossibile al presente, servendosi di generi popolari che finora erano invece stati il veicolo di ideali e ideologie conservatrici.

Per qualche tempo il western sembra volersi porre sullo stesso piano del film politico e condividere e far proprie le motivazioni della guerriglia e protesta studentesca e divenire quasi un modello per la guerriglia di massa.

La storia contemporanea è presente – osserva il critico Enzo Natta. – Chiaro è in questi film il risveglio dei popoli del Terzo Mondo, la ribellione dei diseredati e dei ghetti negri, la guerriglia, la violenta reazione al colonialismo, il Congo, l'Angola e l'America Latina[56].

Esplorando con attenzione l'iconografia, i rituali di morte, i massacri, le impiccagioni con i condannati appesi con la testa rivolta verso il basso, le torture, lo spirito di rivolta, non possono non tornare alla mente (in film come *Se sei vivo spara* o in *Tepepa*, Giulio Petroni, 1968), le scene di tortura o le rappresaglie naziste durante la seconda guerra mondiale. Da una parte si disegnano scenari metaforici per la storia del presente, dall'altra l'altrove accende la memoria di eventi d'un passato prossimo che non si vuole cancellare.

Tra i film di Leone e di Tessari e quelli del decennio successivo, il genere sembra divenire una sorta di legione straniera verso cui si dirigono mercenari d'ogni tipo, registi diseredati dal neorealismo e registi apolidi assieme a mestieranti in grado di fare qualsiasi cosa[57]. Tutti insieme sembrano però convinti della potenza simbolica di questo genere, della sua capacità di raccontare il presente. In pieno '68, con un perfetto tempismo, un regista non memorabile per la sua carriera, Gian Andrea Rocco, rende omaggio al femminismo girando, in Sardegna, *Giarrettiera Colt*, con Nicoletta Machiavelli.

Come per gli altri generi, vi lavorano, raggiungendo risultati spesso importanti, musicisti come Morricone, Riz Ortolani, Luis Enrique Bacalov, Carlo Rustichelli, Bruno Nicolai.

Morricone (ha realizzato nel corso della sua quarantennale attività centinaia di colonne sonore) forse, nel sodalizio con Leone, per cui la musica è fondamentale rispetto al dialogo, raggiunge i risultati piú alti, rendendola protagonista, inventando una musica che diventa dialogo dei personaggi, linguaggio caratterizzante. I suoni, che prendono il posto

---

[56] E. NATTA, *Dalla colt al mitra*, in «La Rivista del Cinematografo», dicembre 1968.

[57] Osservava a questo proposito, subito e con intelligenza, T. RANIERI, *Il western casalingo*, in «Teatro e Cinema», n. 1, gennaio-marzo 1967: «Non sarebbe veritiero sostenere la separazione del western italiano dalla violenza di altri generi made in Italy».

delle parole e anticipano l'azione, divengono motivi guida e ridisegnano tutto lo spazio sonoro del western, cancellandone tutti gli usi convenzionali delle ballate popolari: il fischio, la frusta, il suono delle campane o dello scacciapensieri si mescolano al violino, al nitrito d'un cavallo, alle note di un'armonica a bocca, creando ritmi che non hanno piú nulla d'evocativo ma servono a dilatare il tempo, a tendere le emozioni, a osservare la scomposizione dell'azione moltiplicando i centri d'attenzione fino ai dettagli minimi, ma soprattutto entrando nel profondo dei personaggi fino a marcarne i ritmi vitali[58].

Tra gli operatori, possiamo trovare Tonino Delli Colli, Carlo Di Palma, Giuseppe Ruzzolini. Anche in questo genere troviamo, sia pure di passaggio, Ennio Flaiano e Suso Cecchi d'Amico, Luciano Vincenzoni e Age e Scarpelli, Ennio De Concini, Franco (Kim) Arcalli, accanto ai nomi piú presenti di Adriano Bolzoni, Franco Solinas, Fernando di Leo.

Oltre ai nomi dei registi citati, possiamo ricordare anche Lina Wertmüller, Freda, Margheriti, Mastrocinque, Squitieri... Da una parte si procede verso un'accentuazione iperbolica e ipertrofica dei motivi delle stragi, delle carneficine e del piacere di celebrare i riti di morte, dall'altra si cercherà di battere strade incruente in cui gli eroi si faranno giustizia a suon di schiaffi e pugni, e i western in cui trionferà la coppia Bud Spencer e Terence Hill della serie di Trinità, inaugurata da *Lo chiamavano Trinità...* (E. B. Clucher, 1970), renderanno omaggio piú alle comiche di Mack Sennett che ai western degli anni quaranta e cinquanta. L'ultima stagione del western eredita dai poemi eroicomici il gusto di parodiare un'impresa eroica senza mai ricorrere a motivi cruenti, all'ecatombe sostituisce epiche scazzottate, rabelaisiane mangiate e gioiosi *showdown* a suon di sberle e calci nel sedere, riuscendo cosí ad attirare i pubblici giovanili che, all'inizio degli anni settanta, disertavano la commedia e voltavano le spalle al cinema dei maestri.

Negli anni in cui i registi che piú hanno creduto nella forza del film politico s'arrestano di colpo di fronte al terrori-

---

[58] S. MICHELI, *Morricone. La musica e il cinema*, Ricordi, Modena 1994.

smo, agli attentati, agli omicidi compiuti dalle Brigate Rosse contro giudici, sindacalisti, rappresentanti delle istituzioni, nasce un filone popolare, proprio dalla costola di alcuni film di Petri e Damiani, che si sviluppa con buon successo ma con intenzioni ideologiche opposte, cercando di prendere come modelli *Il giustiziere della notte* (Michael Winner, 1974) o i film di Don Siegel sull'ispettore Callaghan: film che raccontano la disgregazione del tessuto urbano, l'insicurezza del cittadino a casa propria, il dilagare della droga e della delinquenza, l'excalation della violenza criminale, la nascita di nuovi poteri paralleli che controllano i territori dalla Sicilia a Milano, rendendo le città del Sud e del Nord assai simili alle metropoli americane[59]. In questi film, che spesso sfruttano episodi di cronaca, utilizzandoli come esempi di realtà che possono degenerare, prevale l'azione e quella violenza che il western o l'horror avevano creato in dimensioni fantastiche o metaforiche è raccontata come possibile e molto vicina per chiunque. Entra nel genere anche un regista come Lizzani, con alcuni titoli che in qualche misura fanno da battistrada e cercano di esplorare con interpretazioni politiche e sociologiche il fatto di cronaca ricostruito: *Banditi a Milano* (1968), *Barbagia* (1969), *Roma bene* (1971), *Torino nera* (1972), *San Babila ore 20: un delitto inutile* (1975). In ogni caso questi film raccontano una società che, anno dopo anno, forse grazie al benessere e all'industrializzazione, vede crescere al suo interno zone in cui gli individui regrediscono alle leggi dell'occhio per occhio e dente per dente, ma in cui nessuna legge statale è piú efficace. Alcuni registi, come Fernando di Leo, autore nel 1968 d'un forte e scandaloso film sulla crisi del matrimonio (*Brucia ragazzo, brucia*), girano opere in cui la violenza è rappresentata in tutte le sue forme (*I ragazzi del massacro*, 1969, dal romanzo di Giorgio Scerbanenco; *Il boss*, *La mala ordina*, 1972, *Il poliziotto è marcio*, 1973, *La città sconvolta: caccia spietata ai rapitori*, 1975, *I padroni della città*, 1976), opere che, a qualche anno di distanza, autori come Tarantino riconosceranno come fonda-

---

[59] La prima analisi del filone «poliziottesco» è in G. BUTTAFAVA, *Procedure sveltite*, in «Patalogo 2. Annuario del 1980», ora in L. PELLIZZARI (a cura di), *Gli occhi del sogno*, Biblioteca di Bianco e Nero, Roma 2000.

mentali per la loro formazione. Altri, come Stelvio Massi, raccontano storie con protagonisti poliziotti che – come nei film di Siegel e Eastwood – non hanno comportamenti dissimili da quelli dei delinquenti a cui danno la caccia (*Mark il poliziotto* e *Mark il poliziotto spara per primo*, 1975, *La legge violenta della squadra anticrimine*, 1976, *Poliziotto senza paura*, 1977, *Sbirro, la tua legge è lenta... la mia no!*, 1979, *Poliziotto, solitudine e rabbia*, 1980). I titoli sono molti e al genere passano gli autori di western e horror, da Mario Caiano a Umberto Lenzi, da Enzo Castellari a Giuliano Carnimeo...

Fra tutti i film a basso costo, il filone erotico, che si svilupperà con successo crescente lungo gli anni sessanta e settanta, invadendo tutti i generi prima di entrare nell'ultimo stadio del film pornografico, garantisce sicuri profitti perché va alla conquista d'un pubblico potenziale tutto da conquistare di fronte a minimi rischi calcolati di censura o limitazione della visione.

I filoni erotico prima e pornografico poi appariranno ai produttori ed esercenti come un'ultima frontiera prima della chiusura definitiva di migliaia di esercizi. Il genere è inaugurato da Alessandro Blasetti con gli spogliarelli di *Europa di notte* (1959), per poi essere sviluppato da una serie di film inchiesta sugli spettacoli notturni in tutte le capitali del mondo e via via da film che esplorano i diversi comportamenti sessuali nelle civiltà primitive e in quelle piú evolute. Mescolando finti intenti didattici e pseudocaratteri documentari, molti di questi film, poco alla volta, cercano di spostare i confini del comune senso del pudore e di violare molti tabu visivi, anche se le riprese promesse nei piú esclusivi locali delle capitali asiatiche o sudamericane poi in realtà sembrano effettuate con mezzi minimi in qualche localino dell'hinterland milanese, o delle spiagge dell'Adriatico. Vi riusciranno molto di piú e con maggiore efficacia i film dell'orrore ma, per alcuni anni, documentari realizzati con mezzi modestissimi – come *Mondo caldo di notte* (Renzo Russo, 1962), *Nudi per vivere* (Elio Montesti, 1964) – prometteranno di mostrare immagini proibite e offrire porzioni sempre piú scoperte dei corpi femminili.

Dopo *Mondo sexy di notte* e *Sexy al neon*, esplode nel 1963 una serie di titoli che contengono il termine «sexy»: *Sexy follie* (Roberto Bianchi), *Sexy magico* (Mino Loy), *Sexy nel mondo* (Bianchi), *Sexy proibito* (Osvaldo Civirani), *Sexy proibitissimo* (Marcello Martini), *Sexy ad alta tensione* (Pasquale Oscar De Fina...) Il corpo femminile diventa un paesaggio da esplorare come se fosse un continente sconosciuto e per qualche anno si assumerà questo compito il documentario, ottenendo però subito un effetto a tutti i livelli della finzione. Un enorme successo è ottenuto dalle pseudo-inchieste di Gualtiero Jacopetti, che si spinge a cogliere tutte le forme di sopravvivenze primitive nella civiltà moderna, accentuando ora i caratteri sadomasochisti, ora mostrando le sopravvivenze del cannibalismo, ora suscitando l'orrore riprendendo usanze gastronomiche particolari...

L'eros dilaga dalla fine degli anni sessanta e assume un ruolo totalizzante dell'habitat. In un clima di maggior permissivismo e caduta progressiva di molti tabu, non ci si mette solo il cinema a giocare con i posteriori femminili come esche erotiche: la memorabile pubblicità dei jeans Jesus, con il perentorio e tutt'altro che misticheggiante richiamo «Chi mi ama mi segua», ideato da Olivero Toscani, è certo una delle icone piú forti e trasgressive del periodo. L'erosfera si estende a tutti i tipi di messaggi e dilaga dai libri ai settimanali illustrati fino a contaminare quotidiani seri e ancora paludati, come «Il corriere della sera». L'overdose di immagini erotiche produce alcuni piccoli mutamenti ma non produce le profonde modificazioni nella mentalità collettiva immaginate da Pasolini nei proclami che accompagnano i suoi film, dal *Decameron* in poi. Dai primi anni settanta, grazie soprattutto al successo del *Decameron* di Pasolini che incassa piú di 4 miliardi di lire, il film erotico cerca delle forme di nobilitazione culturale attraverso una ricca esibizione di costumi (che peraltro spariscono molto presto) e il ricorso a testi letterari prestigiosi.

Il successo di Pasolini apre la strada a una miriade di novellieri erotici, in cui Sade e von Masoch sono utilizzati come numi tutelari ma i veri padri sono le canzoni e lo spirito goliardico o da caserma, le nostalgie degli amori mercenari.

A breve distanza Samperi, con *Malizia*, dopo la fase contestativa in cui sulla scia di Bellocchio attaccava l'istituzione familiare alto-borghese, con *Grazie zia* crea il prototipo dei film soft-erotici che esplorano i vizi di famiglia e il problema dell'iniziazione sessuale d'un adolescente. Una volta profanati alcuni tabù nei film di Bellocchio e Ferreri, casa e famiglia diventano i luoghi dell'orrore, i contenitori di tutte le perversioni e psicopatologie sessuali contemplate nei manuali. La saturazione progressiva del mercato avviene nel corso di quattro o cinque anni e, dopo aver dato fondo a tutte le esplorazioni della novellistica medievale e rinascimentale, si torna a guardarsi intorno e a riproporre con successo la visione dal buco della serratura di domestiche, infermiere e giovani insegnanti e supplenti, nonché matrigne, giovani vedove ma anche donne in carriera e addirittura con la divisa. Di questo parleremo nei paragrafi successivi.

Poi, verso la fine degli anni settanta, s'accende una sala a luci rosse e poi dieci, cento... Purtroppo, per ognuna di queste luci rosse che s'accendono, si spengono in parallelo almeno dieci luci di sale di seconda e terza visione nei paesi e nelle periferie delle città. Poi, all'inizio degli anni ottanta, sarà la volta delle sale di prima visione.

8. *Padri, figli, nipoti*.

L'ultimo periodo in cui si può tentare una foto della famiglia cinematografica italiana è quello che va dagli anni sessanta alla metà dei settanta: il gruppo è molto folto e vede riuniti registi di almeno quattro generazioni, ma ciò che colpisce è la possibilità di cogliere affinità e parentele, filiazioni e discendenze, legami dichiarati e invisibili, innovazione e rispetto della tradizione, e di vedere lo sforzo di partecipazione comune alla crescita del sistema e all'affermazione di una coscienza autoriale.

Rocco e i suoi fratelli (1960), tragedia in cinque atti sulla colpa dello sradicamento e della perdita d'identità, è l'ultimo film che conduce Visconti a contatto con il mondo popolare[60]. Visconti decide di portare il suo contributo al di-

---

[60] Visconti è uno degli autori su cui piú si è scritto; segnalo D. BRUNI e V. PRAVADELLI, *Studi viscontiani*, Marsilio, Venezia 1997; V. PRAVADELLI (a cu-

battito sul gigantesco fenomeno dell'emigrazione interna dal Sud al Nord e lo fa da par suo, partendo da un racconto di Giovanni Testori che gli offre lo spunto per sviluppare un potente affresco melodrammatico in cui una famiglia meridionale, guidata da una figura materna che funge da padre e madre e composta da cinque figli, sfida il destino, abbandona la terra e va a cercare fortuna nelle fabbriche milanesi. Lo spirito verdiano e pucciniano, piú che quello gramsciano abbandonato alla deriva, aleggiano in questo film di cui si ammira l'equilibrio tra le parti, la commistione di elementi naturalistici e simbolici nella rappresentazione e recitazione, la capacità di dirigere gli interpreti mantenendo gesti e discorsi sempre al di sopra delle righe, la maestria nel far sentire la storia presente e futura dei personaggi già scritta nei loro volti e negli ambienti in cui si muovono. Un film straordinario e contraddittorio, perché sceglie una forma di racconto classica per cercare di rappresentare un fenomeno su cui i sociologi e gli economisti non si sono ancora esercitati. Dal punto di vista formale e stilistico, il cinema di Visconti appare come il piú refrattario a cogliere le spinte e le suggestioni che giungono dal cinema d'oltralpe, dalla letteratura contemporanea, ecc., ma tutta la sua opera appare come un insieme dotato di un'eccezionale coerenza e coesione interna, anche quando i soggetti passano dal mondo popolare a quello aristocratico. E a un'analisi filologica accurata non possono sfuggire le influenze, da quelle piú ovvie di Renoir a quelle di Ophüls e Stroheim, Cocteau, Duvivier... Dopo questo film inizierà il ciclo lungo del suo ricongiungimento con il romanzo ottocentesco e con il mondo di appartenza. Dal perfetto cammeo de *Il lavoro*, episodio di *Boccaccio '70* (1962), in cui parodizza Antonioni e l'alienazione, Visconti passa subito al grandioso affresco de *Il gattopardo* (1963), in cui regista, produzione, attori e maestranze danno una prova di potenza spettacolare, di stile e di capacità narrativa tra le piú rappresentative della storia del cinema italiano. Fra tutti i personaggi, quello del principe Salina è forse il piú autentico alter-ego, ma è il romanzo stesso che lo stimola, sia

ra di), *Il cinema di Luchino Visconti*, Biblioteca di Bianco e Nero, Roma 2000, che raccolgono dei saggi in occasione d'un convegno e d'una retrospettiva.

sul piano della struttura che del senso che delle atmosfere. In Visconti, l'immagine dispiega in pieno – quasi a voler confutare Proust – i propri poteri sinestetici e la propria capacità di arricchire i poteri della parola. Per lui, alcuni testi letterari, quello di Tomasi di Lampedusa come alcuni melodrammi, sono mondi perfetti da cui la versione cinematografica potrà estrarre suoni, sensazioni tattili, emozioni visive, rumori, profumi, per riuscire a ricreare, attraverso tutti questi elementi, il profumo di un'epoca, far risentire il soffio di una storia passata[61].

Il confronto fra il testo di riferimento originale, la mediazione letteraria della sceneggiatura e le scelte finali mette in luce come la conversione dei segni verbali in segni visivi tende a eliminare ogni imprevisto, facendo in modo di conservare e valorizzare, nel processo di visualizzazione finale, tutti i segni già individuati nella sceneggiatura. Con in più, in questo caso, l'eccezionale processo di identificazione tra il soggetto della narrazione e quello dell'azione. Più ancora che in *Senso*, Visconti rende omaggio, con questo film, a un mondo che scompare ma anche a un mondo nuovo che avanza, interpretato da Angelica (Claudia Cardinale) e Tancredi (Alain Delon), di cui il regista celebra la bellezza e la giovinezza come valori assoluti. *Il gattopardo* è un film monumento, la manifestazione più alta della cultura viscontiana e della sua visione del mondo, un'opera a cui decenni dopo il cinema internazionale continuerà a ispirarsi (si pensi a *L'età dell'innocenza*, Martin Scorsese, 1993) e che dal punto di vista produttivo non avrà molto seguito nel cinema italiano, dal momento che contribuisce al fallimento della Titanus. Da *Vaghe stelle dell'Orsa* (1965)[62] a *Lo straniero* (1967) a *La caduta degli dei* (1969), *Morte a Venezia* (1971), *Ludwig* (1973), *Gruppo di famiglia in un interno* (1974) fino a *L'innocente* (1976), Visconti insegue un ideale di rigore formale, capacità di orchestrazione di temi della grande storia, narrazione d'ampio respiro che si confronta con gli autori a cui

---

[61] A. COSTA, *Visconti. Il Gattopardo e la scena storica*, in *Immagine di un'immagine*, Utet, Torino 1993, pp. 109-27.

[62] V. PRAVADELLI (a cura di), *Visconti a Volterra. La genesi di Vaghe stelle dell'Orsa*, Lindau, Torino 2000.

attinge, o con cui dialoga, da Mann a Proust a D'Annunzio. Ma in alcuni dei suoi film, in particolare *La caduta degli dei*, *Morte a Venezia* e *Ludwig*, Visconti dispiega anche i suoi punti di riferimento cinematografico e i suoi modelli e maestri – da Renoir a Ophüls a Sternberg a Duvivier. Una cultura sempre piú impregnata di forme e segni che confluiscono da tutte le arti. Si allentano invece, film dopo film, i rapporti con gli autori e registi del cinema contemporaneo. In piú interviste Visconti manifesta un atteggiamento sprezzante nei confronti degli autori degli anni sessanta. In effetti, sembra voler percorrere l'ultima fase della sua ricerca in solitudine, muovendosi controcorrente, avvertendo sempre maggior difficoltà a capire e rappresentare il presente e inviando ai registi delle future generazioni il suo messaggio e la sua lezione di cinema classico in cui nulla è lasciato al caso e il racconto è ben strutturato in tutte le sue parti.

Se Bernardo Bertolucci ricorda l'esordio cinematografico di Pasolini come l'invenzione da zero del cinema, in Francesco Rosi la storia del cinema è conosciuta, citata e assimilata nel lessico, nella morfologia, nella sintassi e considerata in senso positivo a tutti i livelli. Rosi ha assimilato molto dal cinema di Visconti, ma subito ha cercato una propria strada e ha guardato con attenzione ai generi americani e al cinema popolare. Dal suo primo film, *La sfida* (1958), aveva dichiarato di voler mostrare il mondo napoletano nei suoi elementi costitutivi di tragedia culturale, sollevare il drappo del pittoresco «per vedere che cosa ci sia sotto». In effetti dimostra di possedere una qualità di sguardo che gli permette di tradurre il senso di precarietà dell'esistere individuale, il valore simbolico dei gesti, degli sguardi, dei silenzi, i sistemi di relazioni tra individui e paesaggio. La sua intelligenza del sistema di rapporti sta nel non voler mai costruire il racconto con elementi a incastro perfetto, e nel saper rendere significativo ogni gesto. Come aveva appreso dalla lezione di Visconti, ma tenendo anche ben vivo l'insegnamento di Ernesto De Martino, Rosi tenta di far sentire, in tutta la sua forza, la presenza del mito nei gesti quotidiani e nel paesaggio, ma anche nella favola, se teniamo presente l'ingiustamente considerato minore *C'era una volta* (1967), tratto dal *Pentameron ovvero Lo cunto de li cunti* di Giambattista Basile. Il mito e la sua potenza irrazionale, i riti, le pratiche misteriche, se nella terra italiana occupano quasi solo le zone oscure del vissuto sociale, o si manifestano come varianti impazzite e prive del tutto di aura sacrale, in altri luoghi (nella Spagna del *Momento della verità* o di *Carmen*, nel Sud America di *Cronaca di una morte annunciata*) mantengono il senso della festa, della sacralità ritrovata, della comunità che assiste, è iniziata e celebra il rito muovendosi tra le polarità estreme del terrore e della felicità, del buio e della luce. Mito e storia possono parlargli attraverso i testi letterari di Carlo Levi (*Cristo si è fermato a Eboli*) o di Primo Levi (*La tregua*) ed essere rivisitati soprattutto per il messaggio che ancora comunicano di vitalità e voglia di lottare per affermare la dignità del vivere. Il mito, nella realtà italiana, durante il viaggio perde di radianza e assume sempre piú i colori del nero. E, per una sorta di metamorfosi naturale, si converte nell'esplorazione delle reincarnazioni misteriche nella società a cavallo fra arretratezza e sviluppo: misteri politici, misteri giudiziari, misteri amministrativi, misteri militari, misteri economici... Misteri destinati a rimanere per sempre tali.

Da *Salvatore Giuliano* a *Lucky Luciano*, da *Il caso Mattei* a *Tre fratelli* a *Dimenticare Palermo*, si assiste alla ramificazione della rete di potere e controllo della società italiana da parte della cupola mafiosa, dagli intrecci di economia e politica all'uso dell'esercito mafioso in vari momenti della lotta politica. Per un costante gioco di intergamie e intersezioni e passaggi, il potere malavitoso – e per estensione qualsiasi tipo di potere – per garantire al massimo la sua sopravvivenza coopta forze insospettabili e onnipresenti. Un occhio onnisciente e onnipotente pare regolare il mondo controllato dal potere mafioso.

Anche se è difficile immaginare quanto e fino a che punto lo riconoscesse come discepolo cinematografico (piú ovvia potrebbe essere la filiazione come regista dell'opera lirica), da una costola di Visconti discende Franco Zeffirelli che, come lui, sviluppa una doppia carriera di regista lirico e cinematografico di successo, cercando di portare sullo schermo classici del teatro shakesperiano o melodrammi, o trascrizioni di opere letterarie, con messe in scena sontuose, accurate, interpreti di ottimo livello e uno sguardo al pubblico internazionale. Come Visconti, Zeffirelli attraversa quest'ultimo quarantennio di storia del cinema quasi senza sembrare toccato dalle trasformazioni in atto, approfondendo un'idea classica di *mise en scène* e di direzione d'attori che riesce a mettere a frutto anche per lo schermo la lezione del palcoscenico, ottimizzando tutti gli elementi scenografici, di costumi, illuminazione, costruzione visiva della scena (i film che lo consacrano regista cinematografico di statura internazionale sono una *Bisbetica domata*, con Richard Burton e Liz Taylor, 1967, e un *Romeo e Giulietta*, 1968) e soddisfando le esigenze dei produttori americani. Da un certo momento inizia anche a raccontare storie slegate dai testi teatrali o letterari e alla fine degli anni novanta riesce a realizzare forse il suo film piú riuscito, *Un thé con Mussolini* (1999), in cui ricostruisce un momento della propria vita nella Firenze degli anni trenta riuscendo a trovare l'esatta misura tra la cura della ricostruzione, il coinvolgimento affettivo, il senso dell'ironia e il piacere di dirigere delle signore della scena teatrale e cinematografica. Autobiografico e carico di memorie e passione anche l'ultimo film, *Callas Forever* (2002), che racconta l'ultimo anno di vita di Maria Callas.

Erede della lezione viscontiana, riutilizzata usando un lessico visivo e una forma stilistica piú duttile e adattabile a modelli narrativi difformi, è anche Mauro Bolognini che, negli anni sessanta, raggiunge il punto piú alto della sua carriera realizzando un gruppo di film; osservati l'uno di seguito all'altro, si fanno ammirare per la qualità e varietà delle soluzioni figurative, la direzione degli attori e l'assimilazione della cultura figurativa, melodrammatica e letteraria, per il dominio di tutti i mezzi e la capacità di raccontare la storia dell'Italia unita attraverso eroi di diversa estrazione sociale, ora aristocratica, ora piccolo-borghese, ora proletaria: *Il bell'Antonio* e *La viaccia* (1960), *Senilità* (1961), *Agostino* (1962), *Metello* (1969), *Libera, amore mio!* (1975).

Bolognini non è un regista affetto da sindromi imperiali o pontificali: ha sempre piuttosto assunto nei confronti dei testi letterari, che sono stati anche per lui una fonte privilegiata d'ispirazione, un atteggiamento umile, distaccato e spesso di servizio. Anche nei suoi confronti, piú che l'analisi delle singole opere, le caratteristiche e i risultati del suo lavoro si colgono osservando la coesione e la continuità dell'insieme. L'insieme delle opere letterarie che lo hanno ispirato lo ha condotto a raccontare, quasi senza soluzione di continuità, dai primi anni sessanta, cent'anni di storia dell'Italia unita, servendosi di scrittori come Chelli, Pratesi, Svevo, Pratolini, Brancati, Moravia, Parise, Pasolini. Una storia che lo ha portato, il piú delle volte, a tentare di compiere eleganti trascrizioni cinematografiche del testo letterario. A questo, di suo ha aggiunto la valorizzazione di tutte le forze operanti nel film secondo la lezione delle botteghe rinascimentali cui il suo lavoro si ispira, e una capacità di raccontare alcune delle maggiori città italiane – da Trieste a Venezia, da Bologna a Firenze, da Roma a Catania – con una sensibilità e un'attenzione all'anima stessa della città che nessun altro regista ha mostrato[63]. Bolognini lavora con sceneggiatori come Giuseppe Berto, Pasolini, Goffredo Parise, Testori, Pratolini e Moravia, scenografi come Garbuglia, Mario Chiari, Polidori, Luigi Schiaccianoce, costumisti come Danilo Donati, Piero Tosi, Gabriella Pescucci, musicisti come Piccioni, Trovaioli, Morricone, operatori come Rotunno, Nannuzzi, Tonti, Martelli... Dunque, il meglio delle forze creative e professionali operanti in quegli anni. Se, per molti aspetti, la lezione figurativa era la stessa che guidava Visconti, in lui c'è sempre stato uno spostamento di sguardo dalle classi dominanti a quelle emergenti che andavano cannibalizzando la società, oppure lottavano per uscire dall'anonimato in cui la storia li aveva oppressi per secoli. Soprattutto, lo hanno affascinato le donne – sorelle e figlie delle eroine dei melodrammi pucciniani – che, con coraggio, iniziavano la loro ascesa sociale, spesso andando contro la storia, spesso risultandone travolte ma sempre riuscendo ad affermare qualcosa in piú rispetto agli uomini.

Bolognini, se vogliamo adattare a lui il titolo d'un libro di Ferdinando Camon[64], è «l'uomo dei fili» tra cinema, storia e letteratura italiana otto-novecentesca, l'autore che in modo piú sistematico e coerente ha cercato di raccordare i vari

---

[63] Vedi A. FRINTINO e P. M. DE SANTI (a cura di), *Mauro Bolognini. Cinema tra letteratura, pittura e musica*, Brigata del Leoncino, Pistoia 1997.

[64] F. CAMON, *La donna dei fili*, Garzanti, Milano 1986.

sistemi all'interno d'un disegno che ha prodotto un affresco delle dimensioni d'un gigantesco panorama, che rappresenta e racchiude con uno sviluppo continuo e circolare la storia e la geografia dell'Italia postunitaria.

Vittorio De Sica, oltre a essere uno dei padri del cinema del dopoguerra con Zavattini, Blasetti (di cui ricordo almeno *Io, io, io e gli altri...*, 1964) e Camerini, forma il gruppo dei padri nobili della commedia ancora nel pieno delle forze e ben integrati nella fucina creativa[65]. Dopo anni di frenetico attivismo attoriale e di alterni esiti registici, ritrova il piacere e la forza di raccontare, prima con *La ciociara* (1960; dal romanzo di Moravia), poi con una serie di film ed episodi fatti su misura per Sophia Loren, *La riffa* (episodio di *Boccaccio '70*, 1962), *Ieri, oggi, domani* (1963), *Matrimonio all'italiana* (1964). Nel 1961 gira *Il giudizio universale*, che sembra riprendere, con maggiore cinismo, cattiveria e disincanto, proprio alle soglie del miracolo economico, lo spirito di *Miracolo a Milano*. I film in cui dirige Sophia Loren – da sola o in coppia con Mastroianni – esaltano di nuovo le sue doti registiche, la facilità con cui pone la macchina da presa al servizio dell'azione e degli attori, senza mai far sentire la propria presenza, il piacere di raccontare facendo muovere gli attori nello spazio, comprimendone o liberandone la potenza drammatica e l'energia fisica e la carica sessuale. In questo decennio, il carisma e le capacità affabulative di De Sica producono ancora effetti visibili sull'intero territorio della commedia e sui suoi sviluppi stilistici e narrativi. Dopo questa fase di ritrovata vena e felicità narrativa, De Sica, che rispetto ad altri maestri ha dissipato maggiormente la sua energia e il suo talento, con il piacere artigiano di mettersi sempre al servizio del cinema degli altri e a sua volta non modifica il proprio stile adattandolo ai nuovi modelli narrativi, avverte di trovarsi in una sorta di stallo creativo, di star perdendo quelle qualità che lo avevano guidato fin dall'esordio. Grava con molta probabilità su questa crisi il distacco progressivo da Zavattini.

De Sica lascia molti eredi: in primo luogo, tutti i registi

---

[65] O. CALDIRON, *Il gioco del doppio*, in MICCICHÉ (a cura di), *De Sica* cit.

della stagione della commedia che – senza il suo cinema, senza la sua capacità di affabulazione capace di muoversi con estrema leggerezza dai toni della commedia a quelli tragici, senza la sua capacità di leggere la storia nei gesti piú comuni dei suoi personaggi – non avrebbero forse preso coscienza delle loro possibilità e non avrebbero alzato il tiro delle loro ambizioni. Ma anche gli autori che hanno avvertito la sua forte capacità di rileggere la storia attraverso un testo letterario (come *La ciociara* di Moravia) e di privilegiare in primo luogo il fattore umano su quello ideologico in anni in cui si andava caricando sempre piú il film di funzioni politiche.

Dei registi che hanno esordito negli anni quaranta o poco dopo, sono gli allievi di Blasetti – della generazione formatasi al Centro Sperimentale, da De Santis a Puccini a Pietrangeli a Lizzani – ad avere una vita piú difficile, che li costringe a realizzare prodotti dignitosi, per lo piú accettati solo per ragioni alimentari. La morale di Puccini, «continuare a fare film onesti per un pubblico onesto», si può applicare a molti. Chi non accetterà le nuove regole produttive sarà costretto a passare alla pubblicità (è il caso di Emmer dopo il massacro censorio di *La ragazza in vetrina*, 1960), alla televisione (come Renato Castellani, che grazie al nuovo mezzo vedrà aprirsi una nuova stagione feconda) o al piccolo cabotaggio di pura sopravvivenza. Alcuni, come l'*enfant prodige* Francesco Maselli, entrano presto in una zona d'ombra (nonostante i buoni risultati di *I delfini*, 1960, e *Gli indifferenti*, 1961), forse per eccesso di intelligenza e difficoltà a tradurre le anime poetica e politica in un cinema di prosa.

Tre film in vent'anni – anche se vi è compreso *Italiani, brava gente* (1964), opera di considerevole impegno produttivo e spettacolare – sono un bilancio drammatico per una personalità ancora nel pieno delle forze come Giuseppe De Santis, che non intende rinunciare ai temi in cui crede, uno dei pochi autori vittima della censura congiunta della politica e del mercato. Se la storia del cinema è fatta di soggetti condotti a termine, ma anche di progetti non realizzati, De Santis è senz'altro uno degli autori a cui va riservato per questo motivo un posto di primo piano. Ma gli anni sessanta non aggiungono nulla di significativo al suo profilo registico già definito nel decennio precedente.

Piú fortunato, capace di affermare «una vera e propria vocazione al film medio»[66] ma anche di inventare generi, Carlo Lizzani realizza una serie di film di ricostruzione storica dell'ultima fase del fascismo (*Il gobbo*, 1960, *L'oro di Roma*, 1961, *Il processo di Verona*, 1963, *Mussolini ultimo atto*, 1974), un'ottima versione cinematografica della *Vita agra* di Luciano Bianciardi (1964) e riesce a drammatizzare la cronaca (*Svegliati e uccidi*, 1967, *Banditi a Milano*, 1968). La sua attività continuerà anche negli anni ottanta e novanta in modo regolare.

Grazie a De Sica, esordisce nel 1969 Pasquale Squitieri con *Io e Dio*, un forte film di denuncia civile, cui seguiranno due western firmati William Redford. Squitieri afferma la propria personalità d'autore con *Camorra* (1972), in cui mostra qualità di regista d'azione, capace di disegnare con sicurezza l'habitat in cui fiorisce la delinquenza organizzata del Sud. Come Rosi, vuole raccontare di preferenza il mondo che conosce e in cui si manifestano con evidenza forme di degenerazione del tessuto sociale e politico. Affronta cosí temi impegnativi, come la lotta alla mafia del prefetto Cesare Mori negli anni del fascismo, o legati alla droga, al terrorismo, alle forme piú recenti di organizzazione criminale (*I guappi*, 1973, *L'arma* e *Il prefetto di ferro*, 1977, *Il pentito*, 1985, *Il colore dell'odio*, 1989, e il recentissimo *Li chiamarono... briganti*, 1999, sul brigantaggio al Sud negli anni postunitari). Fa eccezione la ricostruzione della figura di Claretta Petacci, in cui rilegge in chiave di passione e dedizione totale la storia d'amore della donna che ha seguito Mussolini fino a condividerne il momento della morte (*Claretta*, 1984). Squitieri è riuscito a divulgare la lezione di Visconti e Rosi, cercando di ideare un tipo di spettacolo rivolto soprattutto al pubblico popolare, ad affrontare temi difficili e forti, senza forse raggiungere l'opera in grado di dare la piena misura delle sue capacità ma anche senza mai cedere a soluzioni corrive.

Luigi Zampa, che per primo, negli anni cinquanta, ha cominciato a costruire in chiave di commedia ritratti degli italiani trascinati dalle correnti della storia, è ancora sorretto

---

[66] MICCICHÉ, *Cinema italiano degli anni sessanta* cit., p. 65.

dal mestiere – anche se in fase d'appannamento creativo – e realizza opere di successo popolare, graffianti e con sceneggiature intinte nel vetriolo, e con memorabili interpretazioni di Alberto Sordi, come il *Vigile* (1960), *Il medico della mutua* (1968), *La contestazione generale* (1970). Assieme a Germi, non rinuncia allo spettacolo, possiede un senso del ritmo, un gusto dell'umorismo che tende al grottesco e una visione dell'Italia che non sembra lasciare speranze, e come Germi punta alla realizzazione di commedie «morali» che colgano e denuncino privilegi, arretratezza e senso della perdita dei valori, degrado umano e ambientale, opportunismi, qualunquismo e assurdità burocratiche e legislative. Se Germi è andato alla scoperta della sconosciuta provincia veneta, Zampa si spinge alla scoperta dell'ancor piú lontana ed estranea Sardegna con *Una questione d'onore*, 1966. Vale la pena ricordare la presentazione dell'isola da parte della voce fuori campo ad apertura di film: «La Sardegna è una terra di 24 084 kmq, 967 000 abitanti, 4 milioni e mezzo di pecore, e 8200 pugili e 36 250 carabinieri». Zampa rimane il piú gogoliano dei registi italiani che si sono serviti della commedia per raccontare stasi e dinamiche, frizioni e anomalie della società che non vuole cambiare.

Rispetto a lui, che non sembra riuscire negli anni sessanta a frenare il senso di declino della sua parabola creativa, Germi entra proprio agli inizi degli stessi anni nella fase di massimo splendore[67]. Il dittico siciliano di *Divorzio all'italiana* (1961), premiato con un Oscar, *Sedotta e abbandonata* (1963), e il successivo spostamento nel Veneto cattolico per raccontare vizi e peccati della carne della provincia trevigiana, tollerati e assolti dalle istituzioni ecclesiastiche, *Signore e signori* (1965), colgono il sottosviluppo al Sud e nel profondo Nord, la persistenza di comportamenti tribali e primitivi, l'uso disinvolto della morale religiosa, contribuendo alla fissazione rapida di stereotipi regionali destinati a durare a lungo. Se si cercherà di rintracciare nel cinema italiano del

---

[67] La monografia piú completa su Germi è M. SESTI, *Tutto il cinema di Pietro Germi*, Baldini & Castoldi, Milano 1997. Ricordo inoltre V. ATTOLINI, *Il cinema di Pietro Germi*, Elle edizioni, Lecce 1986, e A. APRÀ, M. ARMENZONI e P. PISTAGNESI (a cura di), *Pietro Germi. Ritratto di un regista all'antica*, Pratiche, Parma 1989.

dopoguerra la presenza di uno spirito laico, per la verità molto ben dissimulato, si dovranno riconoscere alcune opere di Zampa e Germi che cercano di raccontare, a loro modo, i fenomeni della laicizzazione del sacro e la difficoltà di praticare la religiosità in una società che sta perdendo tutti i valori di riferimento. L'ultima fase – *Serafino* (1968), *Le castagne sono buone* (1970), *Alfredo Alfredo* (1973), *Amici miei* (1975) – lo vede imboccare una pista anti-ideologica in cui uno spirito ancora beffardo, ma sempre piú malinconico, si mescola al vagheggiamento di uno stato di natura incontaminato, a un ritorno allo stato del «buon selvaggio».

A fine anni sessanta, il critico cinematografico de «il manifesto» in modo provocatorio scrive che «Pietrangeli è il regista italiano piú sottovalutato negli anni in cui Antonioni è il piú sopravvalutato». In effetti, anche se il meritevole lavoro del Centro Cinema Città di Cesena, che ne conserva gli archivi, ha portato a una pubblicazione dei suoi scritti e a una riconsiderazione accurata della sua opera, è giusto che il titolo di una monografia sia *Un'invisibile presenza*[68]. Negli anni sessanta realizza un gruppo di opere che gli consentono di mettere a fuoco temi legati alla lotta della donna per l'emancipazione e l'acquisizione d'un ruolo diverso nella società. *Adua e le compagne* (1960), *Fantasmi a Roma* (1961), *La parmigiana* (1963), *La visita* e *Il magnifico cornuto* (1964), *Io la conoscevo bene* (1965) e il film uscito postumo, *Come, quando, perché* (1969), consentono di apprezzarne la capacità di costruire i personaggi femminili e osservarli nello sforzo per adeguarsi alle nuove realtà sociali ed economiche. Di tutti i personaggi, quello che è rimasto come un'icona degli anni sessanta è l'Adriana interpretata da Stefania Sandrelli in *Io la conoscevo bene*, spinta, di gradino in gradino, verso un gesto tragico e disperato perché nessuna delle persone con cui viene a contatto decide di aiutarla e non di considerarla solo come un oggetto sessuale da abbandonare dopo l'uso.

Negli anni sessanta, Alberto Lattuada realizza undici film, con un nuovo spirito, quasi da esordiente, passando dall'a-

---

[68] G. MORELLI, G. MARTINI e G. ZAPPOLI, *Un'invisibile presenza. Il cinema di Antonio Pietrangeli*, CSC - Il Castoro, Milano 1998. Sulla pubblicazione degli archivi di Pietrangeli, vedi cap. III, nota 87.

nalisi dei primi turbamenti sessuali dell'adolescenza alla trascrizione di opere letterarie contemporanee o cinquecentesche[69]. Poi la filmografia si dirada, mantenendo però sempre il piacere di raccontare e di realizzare un cinema colto, elegante dal punto di vista visivo, anche quando non nasconde il piacere voyeuristico di scoprire la bellezza del corpo femminile. Un cinema che mantiene forti legami con la letteratura europea e italiana (tra i titoli piú significativi, *Lettere di una novizia*, da Guido Piovene, *La steppa*, *La tempesta*, *La mandragola*, dalla commedia di Nicolò Machiavelli, *Cuore di cane*, e il suo capolavoro grottesco, *Venga a prendere il caffè... da noi*, dal romanzo di Chiara), con la storia (*Fraülein Doktor*, ambientato nella prima guerra mondiale), e che rimane in pari tempo attento ai mutamenti di costume, ai turbamenti adolescenziali, alla scoperta della sessualità (*I dolci inganni*), a fenomeni non ancora acclarati ma pronti a manifestarsi (*Il mafioso*, *Sono stato io*, *Le farò da padre*). Lattuada oscilla tra racconti concepiti con scopi educativi o a carattere esemplare (*Oh, Serafina!*), o che toccano problemi ecologici, morali o d'influenze mediatiche o meglio ne colgono i sintomi. Tra gli autori della generazione dei «calligrafici», è quello che piú ha saputo esplorare nuove strade ed elaborare prototipi di qualità, sia per la commedia di costume che per il cinema erotico che per quello spettacolare. A questo proposito va ricordata la sua colossale biografia televisiva, *Cristoforo Colombo* (1984), che vince un Emmy.

La carriera di Renato Castellani, giunta nei primi anni sessanta a un punto morto, riprende quota grazie al passaggio alla televisione e alla realizzazione di due memorabili biografie (*Vita di Leonardo*, 1971, e *Giuseppe Verdi*, 1982) che presentano meno preoccupazioni pedagogiche di quelle di Rossellini e spingono invece l'acceleratore sul grande spettacolo e sul riconoscimento che un certo tipo di opera cinematografica ha come naturale destinatario il pubblico televisivo. Grazie a Rossellini e a Castellani, inizierà il fenome-

---

[69] È ancora insuperato A. ZANELLATO, *L'uomo (cattiva sorte): il cinema di Lattuada*, Liviana, Padova 1972; il lavoro piú aggiornato e significativo è *Il cappotto*, a cura di Lino Micciché, Lindau, Torino 1995, che accompagna il restauro del film.

no di emigrazione mediatica che ha contribuito a far sparire i generi dalla sala, ma anche le trascrizioni dei capolavori letterari e, da ultimo, i film di impegno civile

9. *La famiglia rosselliniana*.

Tra i maestri del dopoguerra, Rossellini è il meno assimilabile agli autori della sua generazione: è il piú capace di conservare la curiosità e il piacere del rischio e della novità dell'esordiente, quello che accentua nell'ultimo quindicennio della sua attività il gusto per la sperimentazione, quello piú portato in apparenza ai compromessi e spinto da un'inquietudine interiore che lo porta a rimettersi di continuo in gioco. Abbandona poco a poco le storie per il cinema per esplorare – con la televisione – le possibilità di costruire modi nuovi di rappresentazione della storia, nuove misure e forme di racconto per immagini. Storia è per lui tentativo di reimmersione in un ambiente del passato in un'idea di «storia totale», sull'esempio delle «Annales» francesi, per ritrovarvi quotidianità, memoria e possibilità di comprensione del contributo del passato alla storia presente. Da un certo momento in poi, Rossellini avverte una sorta di nuova vocazione, sente di doversi liberare di tutti i suoi saperi anteriori, per affrontare da zero una nuova avventura. Rimane, fra tutti i registi della sua generazione, il piú inquieto, il piú desideroso di ricominciare da capo, di esplorare nuove possibilità narrative e comunicative, anche quando i film sono realizzati su commissione.

Dopo *Era notte a Roma* (1961), che respira la nuova atmosfera della distensione nazionale e internazionale, gira *Viva l'Italia* (1961), film su commissione per il centenario dell'Unità, e in quest'opera fissa la cellula della sua produzione storica successiva per la televisione, che ha come momento di massimo splendore *La prise de pouvoir par Louis XIV* (1966), per poi snodarsi come vero e proprio viaggio lungo la storia dell'umanità con *Gli atti degli apostoli* (1969), *Socrate* (1970), *Pascal* (1971), *Cartesius* (1974)... prima di tornare al cinema con una spenta rievocazione della nascita della Repubblica, *Anno Uno* (1974). Rispetto a Visconti, che rimane in pratica sempre eguale a se stesso, Rossellini entra dagli anni sessanta in una fase nuova e attua un passaggio di campo che segna l'inizio d'una nuova era per gli autori del cinema italiano, riconfermando il suo ruolo di padre spirituale anche per una nuova generazione di registi che si sta affacciando sulla scena in quegli anni.

Alla famiglia rosselliniana possono essere assimilati molti degli autori di cui parliamo nelle pagine che seguono.

Ermanno Olmi esordisce con *Il tempo si è fermato* (1960) dopo quasi un decennio di attività documentaristica per la Edison Volta: è un autodidatta che sembra aver appreso da Rossellini la lezione dello sguardo sul mondo. Di suo ci mette una maggiore affettività, la capacità di avvicinarsi ai suoi personaggi per esplorarne e coglierne la storia decifrandone i segni dal volto. Questo film, *Il posto* (1961) e *I fidanzati* (1963), sottopongono a uno sguardo ravvicinato, carico di partecipazione emotiva, il processo e gli effetti della rapida trasformazione nell'Italia del boom del mondo contadino a opera dell'industrializzazione. Olmi osserva gesti e volti dei suoi protagonisti quasi con una lente d'ingrandimento, facendoci sentire il senso della perdita, dello sradicamento, della difficoltà di adattamento a nuove regole. Il suo sguardo sa vedere, capire e comunicare con forza e precisione i rapporti tra individuo e ambiente. Dopo aver realizzato una biografia non agiografica di papa Giovanni XXIII (*E venne un uomo*, 1965) e alcuni film per la televisione, tra cui *I recuperanti* (1974), da un soggetto di Mario Rigoni Stern, gira *L'albero degli zoccoli* (1978), opera in cui memoria autobiografica e collettiva, storia evenemenziale e storia profonda contribuiscono alla realizzazione del piú ispirato monumento alla civiltà contadina del cinema del dopoguerra.

Vale la pena di ricordare che se, da una parte – grazie alla Palma d'oro al Festival di Cannes –, il film diventa uno dei maggiori successi intenazionali del cinema italiano di tutti i tempi, dall'altra è oggetto di violente stroncature, soprattutto nell'ambito d'una critica di sinistra che non accetta la morale sottomessa e passiva del proprio destino che emerge dal racconto. Negli anni piú caldi del terrorismo, questo film sembra provenire da un altro pianeta, lavora su una memoria che la critica non vuole accogliere in quella forma.

Anche Vittorio De Seta è stato documentarista negli anni cinquanta prima di esordire con *Banditi a Orgosolo* (1961). Forse basterebbe questo film a illustrarne la carriera scandita da pochi titoli: *Un uomo a metà* (1966), *L'invitata* (1970), e il televisivo *Diario di un maestro* (1972). *Banditi a Orgosolo* è un'opera degna di entrare nel Pantheon del documentarismo cinematografico, accanto alle opere di Flaherty, Ivens, Grierson...[70]. Il racconto è tutto visivo, i protagonisti sono seguiti nei gesti e comportamenti che seguono leggi secolari e non si adeguano alle leggi dello stato italiano. Fin dai primissimi piani della sequenza iniziale, che mostrano una zona del Sopramonte a Orgosolo, siamo immessi in una vicenda in cui la legge appare subito violata. Questi pastori, che riprendono i riti e i modi di un'economia millenaria, dalla civiltà moderna hanno saputo prendere solo il fucile. Che serve loro per cacciare ma anche per passare con estrema facilità al di fuori della legge.

Dopo una lunga attività documentaristica, i fratelli Paolo e Vittorio Taviani esordiscono con Valentino Orsini in *Un uomo da bruciare* (1962), ricostruzione della biografia del sindacalista siciliano Salvatore Carnevale. L'anno successivo, in uno scritto pubblicato su «Cinema Nuovo», espongono il loro progetto di cinema, chiariscono quali sono i punti forti del loro orizzonte culturale e soprattutto fanno sentire la tensione che li spinge verso strade incerte in una fase storica in cui le certezze ideologiche si stanno disgregando. Anche nel cinema dei Taviani si innestano cultura letteraria e modelli cinematografici basati sulla lezione brechtiana dello straniamento, ma anche sull'idea di montaggio intellettuale di Ejzenštejn, nonché una concezione dell'ideologia come passione totalizzante e scelta di vita. *I sovversivi* (1967), *Sotto il segno dello scorpione* (1969), *San Michele aveva un gallo* (1971), *Allonsanfàn* (1974), *Padre padrone* (1977), vincitore a Cannes in una giuria presieduta da Rossellini, mostrano insieme la tensione stilistica e la fede nell'utopia, nel sogno d'un cambiamento e nell'avvento di nuove età di maggior eguaglianza sociale. *Sotto il segno dello scorpione* ha un andamento polifonico, rende la massa protagonista e mostra la

---

[70] Vedi *Il cinema di Vittorio De Seta*, Maimone, Catania 1995.

difficoltà della parola nel sovvertire la realtà. *San Michele aveva un gallo*, invece, è un film monodico centrato su un solo personaggio il cui racconto è dislocato in quattro luoghi diversi. Giulio Manieri immagina di poter condurre a termine una lotta sovversiva in pratica alla guida di se stesso, fondando la sua fede nel potere rivoluzionario dell'immaginazione. Il loro cinema, illuminato dal primo neorealismo – in cui lievitano e circolano, oltre a Rossellini, la lezione di Chaplin e di Bresson, di Mann, Goethe e di Brecht, di Musil e di Pollock... –, raccoglie molte suggestioni cinematografiche ma anche culturali ad ampio spettro, che vanno dalla psicanalisi all'astrattismo, dalla filosofia esistenzialista all'adozione della pluralità di stili, all'uso dell'ironia come mezzo di straniamento. In *Padre padrone* lo stile è ancora una volta differente e oscilla tra una sorta di andamento cronachistico e documentario e una dimensione lirica altamente immaginifica. La struttura – parzialmente rispettosa del romanzo di Gavino Ledda – è concepita come una specie di percorso a tappe che porta alla liberazione dell'individuo da uno stato di semischiavitú in una società patriarcale attraverso l'apprendimento del linguaggio. Il loro modo di lavorare, la felicità nella scelta dei collaboratori, la qualità e l'importanza del processo creativo, costituiscono un esemplare oggetto di studio. I Taviani appaiono tra le personalità piú dotate di tenacia, di fiducia nei propri mezzi e di difesa della qualità totale del proprio lavoro. Negli anni ottanta e novanta realizzano i loro capolavori: da *La notte di San Lorenzo* (1982) a *Kaos* (1984), *Good Morning Babilonia* (1986), *Fiorile* (1992), *Le affinità elettive* (1996), *Tu ridi* (1998), fino alla trascrizione televisiva di *Anna Karenina* (2000). Rispetto ai film del decennio precedente, il loro cinema assume un carattere piú narrativo e un andamento piú epicizzante, la componente ideologica è sempre meno dominante rispetto a quella lirica ed epica e il fatto di assumere il punto di vista d'una bambina – nella cui memoria e nel cui sguardo si depositano immagini che sembrano avere radici addirittura nell'epica omerica, in un film come *San Michele aveva un gallo* – è un elemento determinante per la svolta stilistico-narrativa degli ultimi decenni. Nei loro film ritorna il motivo della missione da compiere, della fedeltà a un'idea, della disciplina, dell'utopia, dei modi per liberarsi degli ingombranti fardelli terreni e praticare l'ascesi. Sul piano visivo, affabulatorio, dei ritmi, il loro sguardo ora si dilata tentando di abbracciare il massimo spazio (come nei film di Ford) ora si concentra (come in quelli di Bresson). Per natura, praticano l'arte del togliere che guidava Michelangelo nella scultura. Anche se sembrano far propria la lezione di Tolstoj e di accoglierne il senso di religiosità terrena, non si precludono la percezione dei piaceri che ogni momento della vita può offrire.

Valentino Orsini, dopo aver codiretto i primi film dei Taviani stabilendo una sorta di eccezionale rapporto trinitario, firma nell'anno della contestazione *I dannati della terra*, sulla crisi d'un intellettuale di fronte ai problemi del Terzo Mondo. Orsini, rispetto ai Taviani, non è un regista rosselliniano: forse è piú assimilabile alla lezione viscontiana o desantisiana: è piú interessato ai problemi di costruzione di un forte e inequivoco messaggio che a quelli dello stile in quanto, come molti autori della sua generazione, crede ancora che il cinema possa contribuire a modificare la realtà. *Corbari* (1970) e *Uomini e no* (1979, tratto dal romanzo di Vittorini), nel reinterrogarsi sulla Resistenza, sulle sue ombre e su uno spirito rivoluzionario di breve durata, ne mettono in luce i riverberi che continuano a brillare nel presente. L'ultima sua opera è anche il film piú «privato», *Figlio mio, infinitamente caro...* (1984), in cui attraversando quasi vent'anni di storia si esplorano i drammi che producono la disgregazione della famiglia e in particolare la droga.

Dopo un esordio importante, per la scelta tematica anticonformista di affrontare – come si è già detto – una vicenda della seconda guerra mondiale legata alle scelte dei repubblichini di Salò (*Tiro al piccione*), Giuliano Montaldo, come gli autori della sua generazione spinti da una forte motivazione civile e politica, nel 1970 realizza una delle sue opere piú memorabili per tensione morale e qualità dell'esito drammaturgico, a cui contribuiscono le interpretazioni di Gian Maria Volonté e Riccardo Cucciolla. Montaldo ha capacità di narratore che gli consentono di passare con eguale successo dalla piccola alla grande storia (la trascrizione dell'*Agnese va a morire* dal romanzo di Renata Viganò), di affrontare l'affresco in costume (*Giordano Bruno* e il colossale *Mar-*

co Polo, uno dei primi eventi spettacolari destinati ai pubblici internazionali prodotti dalla televisione italiana). Negli anni ottanta gira *Gli occhiali d'oro*, tratto dal romanzo di Bassani, e *Tempo di uccidere* da Flaiano, riuscendo ad accostarsi, con inedita sensibilità, alle ragioni del privato.

Rosi, Petri, Montaldo, Damiani, sono i registi contro cui si esercita, con una violenza non paragonabile a quella degli anni piú bui della guerra fredda, la critica che cerca di collocarsi sempre piú a sinistra della sinistra. Quella che trova la sua sede nella rivista torinese «Ombre rosse» e che avrà la sua guida ideale nella figura di Goffredo Fofi. Giuseppe Ferrara è uno dei registi che ha sviluppato con piú coerenza un tipo di cinema che cerca di muoversi lungo la storia italiana del dopoguerra e una serie di misteri in cui vi siano intrecci tuttora non spiegati tra organizzazioni mafiose, forze oscure della religione, politica italiana e internazionale. Laureato in lettere con una tesi di storia del cinema negli anni cinquanta, dopo una lunga attività di documentarista esordisce con *Il sasso in bocca* (1970), prima d'una serie di opere in cui ora raccoglie documenti su eventi e figure che hanno segnato la storia nazionale, ora li ricrea e reinterpreta in maniera coraggiosa, senza paura di spingere lo sguardo ai massimi livelli politici, giudiziari, diplomatici e religiosi. Tra i suoi film piú importanti, *Faccia di spia* (1975), *Panagulis Zei* (1979), *Cento giorni a Palermo* (1983), *Il caso Moro* (1986), *Giovanni Falcone* (1993), *Segreto di stato* (1994) e *Il caso Calvi* (2001).

Liliana Cavani, diplomata al Centro Sperimentale, è uno degli autori piú inquieti sia dal punto di vista tematico che stilistico e piú colti della sua generazione[71]. Dopo aver realizzato importanti documentari, esordisce nel lungometraggio affrontando la figura di Francesco d'Assisi in una chiave nuova, facendone un protocontestatore, un po' depresso, e un lucido e folle sostenitore d'una «fratellanza armata» e mettendo la sua figura quasi a ideale protezione del '68. Le figure storiche di cui si occuperà in seguito, Galileo e Milarepa, la interessano per l'attualità del loro insegnamento, per-

---

[71] La piú documentata e appassionata monografia sulla Cavani è G. MARRONE PUGLIA, *The Gaze and the Labirinth*, Princeton University Press, Princeton 2000.

ché offrono modelli non violenti di contestazione degli ordini esistenti. Nella sua filmografia successiva affronterà storie in cui la follia è protagonista (*Oltre la porta*, *Al di là del bene e del male*). Il film piú forte e piú influenzato dalla lezione viscontiana è *Il portiere di notte*, storia di violenza sadomasochista, interpretata da Dirk Bogarde e Charlotte Rampling, in cui la memoria del nazismo è raccontata mescolando attrazione e repulsione con una fisicità del tutto inedita nel suo cinema e al tempo stesso con una capacità di variazione di toni e sguardi assai ben caratterizzata in anni in cui, sulla scia di Visconti e Pasolini, il nazismo e il fascismo diventano territori che consentono di violare molti interdetti. Da ricordare anche la sua versione della *Pelle* (1981) di Malaparte, il successo internazionale di *Interno berlinese* (1985) e il ritorno, a vent'anni di distanza, sulla figura di Francesco d'Assisi.

Ha meno ambizioni e preoccupazioni culturali della Cavani Lina Wertmüller, ma un piú libero e gioioso senso dello spettacolo, una capacità di dominare gli stili e passare dalla commedia al dramma sempre con la medesima energia e carica passionale. Pochi autori della sua generazione riescono a far passare nelle immagini e storie raccontate un'identica carica creativa, che si avverte anche nelle opere mal o meno riuscite, quando pesa sul risultato finale soprattutto la fretta nell'elaborare le sceneggiature. Oltre al film d'esordio, *I basilischi* (1963), che sembra situarsi tra Germi e Olmi, e ai tentativi di realizzare dei veri musicals all'italiana con Rita Pavone, allora idolo del rock nazionale assieme a Celentano, la Wertmüller lascia una traccia importante di sé nel cinema degli anni settanta, soprattutto grazie a una serie di film interpretati da Giannini: *Mimí metallurgico ferito nell'onore* (1972), *Film d'amore e d'anarchia* (1973), *Travolti da un insolito destino in un azzurro mare d'agosto* (1974), *Pasqualino Settebellezze* (1975)... Meno felici i titoli degli anni ottanta e novanta. Da ricordare, per la misurata interpretazione di Paolo Villaggio, *Io speriamo che me la cavo* (1992), dal romanzo-diario del maestro D'Orta.

Dopo un inizio assai promettente (*La califfa*, 1970), Alberto Bevilacqua non riesce a restituire sullo schermo quella sua capacità letteraria di ricreare atmosfere in cui storie individuali e storia collettiva, memoria, fascinazione, passioni e mistero si mescolano in uno stile diretto, e che riesce a rendere subito comunicabile la rete di suggestioni e influenze che lo guidano. Di film in film, quasi volesse porsi sulle stesse orme felliniane, Bevilacqua tenta di varcare le dimensioni oniriche con *Questa specie d'amore* (1971), *Attenti al buffone* (1975), *Bosco d'amore* (1981), e *La donna delle meraviglie* (1985), senza però riuscire mai a convincere di aver effettuato creativamente, come Pasolini, un vero passaggio di campo dalla letteratura al cinema.

Damiano Damiani, classe 1922, dopo un quindicennio d'attività di documentarista e sceneggiatore, fa il suo esordio nella regia con un poliziesco, *Il rossetto* (1960), che sembra ispirarsi al modello di *Un maledetto imbroglio* (Germi, 1959). Damiani è un perfetto esempio di regista medio, capace di realizzare opere di successo e attento al pubblico a cui intende rivolgersi, un autore dotato di spiccata capacità di raccontare in forma drammatica e spettacolare momenti ed episodi significativi della realtà sociopolitica italiana. Potrebbe situarsi tra Rosi e Lizzani: dal primo sembra prendere, negli anni sessanta, lo spunto per storie di mafia e di corruzione, dal secondo deriva l'interesse per la spettacolarizzazione della cronaca. Tra gli anni sessanta e settanta gira in media un film all'anno, mentre, nel ventennio successivo, alterna opere per il cinema a film per la televisione, tra cui il primo capitolo della fortunata saga della *Piovra* (1983), che costituisce un modello di prodotto televisivo da esportazione. È un regista dotato di linguaggio asciutto, che si mette al servizio della storia; sembra privilegiare l'azione drammatica, la denuncia della corruzione e del male nelle istituzioni politiche e civili rispetto alle atmosfere e ai risvolti psicologici, e soprattutto ama aprire nuove strade ricodificando un genere, o esplorando nuove possibilità all'interno di modelli narrativi collaudati. Ha tratto film da Elsa Morante, *L'isola di Arturo* (1961), Moravia, *La noia* (1962), e Sciascia, *Il giorno della civetta* (1968). Ha lavorato sugli stereotipi siciliani e praticato tutti i generi, dal western all'horror, riuscendo sempre a realizzare un prodotto capace di trovare la giusta misura tra la ricerca d'un successo popolare e temi che lo coinvolgessero dal punto di vista emotivo, spettacolare e drammatico. Da un certo momento in poi ha cercato di costruire storie attorno a figure di poliziotti, magistrati, figure che tentano, nel bene o nel male, di difendere la propria identità e le proprie convinzioni a ogni costo. Ma la continuità nella carriera e i risultati commerciali positivi fino a un certo momento sono presto pagati in termini di perdita della propria identità autoriale. Tra i suoi film che oggi meritano una attenta riconsiderazione, *La rimpatriata* (1962) opera che registra assieme ad altri autori le prime ombre e i primi segni di crisi nell'atmosfera ottimistica del boom, *La moglie piú bella* (1969), film d'esordio di Ornella Muti, *Confessione di un commissario di polizia al procuratore della repubblica* (1971), *Girolimoni* (1972), *Un genio, due compari, un pollo* (1975).

Assai meno prolifica la carriera di Franco Brusati che, dopo un esordio nel calderone della nouvelle vague italiana con *Il disordine* (1963), gira, nel ventennio successivo, un gruppo di film non riconducibili a forti e immediati comuni denominatori stilistici e tematici. Cosí, se le sue opere piú ambiziose e innovative dal punto di vista stilistico, *Tenderly* o *I tulipani di Harlem*, sono dei fallimenti al botteghino, una vera fortuna in Italia e in tutto il mondo l'avrà *Pane e cioccolata*, grottesca, surreale e kafkiana ballata sulle forme di razzismo della «civile» Svizzera e sulla atopia d'un povero emigrato italiano al quale viene negata la possibilità non tanto di appartenere quanto di vivere in un luogo.

Se anche non fosse poi divenuto il piú colto rappresentante del cinema erotico italiano dagli anni settanta, Tinto Brass andrebbe ricordato per i primi film: *Chi lavora è perduto* (1963), variante vernacola veneziana sul tema dell'alienazione (il leitmotiv del protagonista, che deambula per le calli di Venezia parlando ogni tanto con Dio, è «Che stufo che so'»), e *Il disco volante* (1964), che racconta il difficile ingresso del Nord-est veneto nella modernità. I film successivi mettono in luce la cultura cinematografica, figurativa e mediologica di Brass, la sua capacità di creare un cinema pop (*Col cuore in gola*, 1967, *L'urlo*, 1968, *Nerosubianco*, 1968, *Dropout*, 1970, *La vacanza*, 1971). Dopo due film negli anni settanta, in cui le storie ambientate nel mondo romano o negli anni della dittatura nazista gli servono da pretesto per far emergere la propria vena di narratore erotico, realizza *La chiave* (1982), opera che inaugura la sua lunga stagione di prodotti che si situano al confine con la pornografia e celebrano nello stesso tempo la bellezza del corpo femminile e i piaceri voyeuristici (*Miranda*, 1985, *Capriccio*, 1987, *Paprika*, 1990, *Monella*, 1998). La sua concezione del sesso, maschilista in modo aperto, è comunque una delle piú laiche e gioiose e meno vissute all'ombra dei confessionali del cinema italiano del dopoguerra. Varrà la pena di osservare nell'ultimo film, *Senso '45* (2001), il ritorno di ambizioni registiche che vengono esibite soprattutto nell'irriverente e quasi blasfemo confronto con Rossellini, Visconti, Kubrick e Fellini, ma anche la cura nella ricostruzione d'ambiente veneziano negli ultimi mesi di Salò, nella definizione visiva del contesto in cui ambienta la rivisitazione della novella di Boito, reintegrandola, rispetto a Visconti che l'aveva depurata della forte componente erotica.

Quattro titoli in trent'anni costituiscono la filmografia dell'autore piú invisibile degli ultimi quarant'anni, Augusto Tretti. I primi film (*La legge della tromba*, 1960, e *Il potere*, 1962), realizzati con mezzi minimi ma che tentano di applicare al cinema la lezione di Brecht, trovano entusiastici sostenitori in Zavattini, Fellini, Antonioni, Fortini. Goffredo Lombardo tenta anche di distribuire, con risultati disastrosi, il primo lungometraggio. Tretti – per la capacità inventiva e la fede che lo spinge – potrebbe anche essere definito l'Ed Wood italiano.

Gli anni sessanta rappresentano per Fellini la stagione della massima espansione creativa: raggiunta la capacità di dominare il film in ogni minima parte e concepirlo quasi come un'emanazione del proprio corpo, in compagnia di Flaiano, Guerra, Zapponi, realizza una serie di opere che danno vita a fantasmi ricorrenti e ossessivi che in un primo tempo, con *Otto e 1/2* (1963) si librano verso l'alto e poi assumono, poco a poco, funzioni infere e sembrano trasmettere messaggi sempre piú minacciosi di morte.

Da *La dolce vita* in poi, Fellini difenderà la propria integrità creativa e del proprio mondo con tutti i mezzi, pur passando attraverso crisi, momenti di appannamento e di perdita di energie creative. Non verrà mai meno l'assoluta coerenza e corrispondenza tra la sua poetica d'autore e gli obiettivi che si è posto. Opera aperta, opera nell'opera, *Otto e 1/2* cerca di registrare, dall'interno del flusso creativo, complessità, mistero, crisi, impotenza e potenza del fare artistico nel segno di molti angeli custodi culturali e artistici. Tutta la componente del pensiero esistenzialista che guidava i suoi film negli anni cinquanta sembra lasciare il posto ad altre suggestioni e influenze, ma questa volta, fin dal titolo, il soggetto della narrazione diventa soggetto dell'azione: tutto si svolge in prima persona..."[72]. Fellini entra nelle sue opere, non muove i suoi personaggi dall'esterno come fa Visconti: in ogni film sembra che una parte stessa delle sue energie vitali si travasi sullo schermo. Quanto piú il disegno narrativo e figurativo è ampio e complesso, tanto piú va oltre i modelli di coerenza e costruzione narrativa ordinata. Fellini ama sempre piú perdersi nel labirinto di sogni, ricordi, epifanie che si accendono nella sua immaginazione e si collegano in modo imprevedibile, casuale, rifiutando qualsiasi facile decodificazione.

Con *Otto e 1/2* – che la critica italiana riceve in uno stato di diffuso «sbalordimento» (è il termine che usa Fernaldo Di Giammatteo su «L'Europa Letteraria») e confusione, non riuscendo ad applicare i propri tradizionali strumenti di lettura – Fellini assume in servizio permanente del proprio immaginario i fantasmi dell'inconscio, ereditando e fondendo, in un magico calderone immaginativo, oltre alle suggestioni di Pirandello, Dante, di Thomas S. Eliot e Jung, quelle di una vastissima ed eterogenea iconografia popolare[73]. Varcato l'orizzonte del reale, tutto un mondo immaginativo è convocato in scena insieme per essere sistemato in un affresco grandioso, che rompe tutti gli argini dei modelli codificati di racconto, lasciandoli di colpo alla deriva, dietro di sé. Se, negli anni cinquanta, Fellini aveva travasato le forme di spettacolo popolare rendendole soggetti della narrazione,

---

[72] M. GIERI, *Contemporary Italian Filmmaking*, Toronto University Press, Toronto 1996.

[73] Vedi i saggi nell'importante antologia di P. BONDANELLA (a cura di), *Federico Fellini. Essays in Criticism*, Oxford University Press, Oxford 1988.

dagli anni sessanta il suo racconto diventa un enorme contenitore in cui si mescolano insieme forme alte e basse della cultura di massa, che via via si incamminano verso una sorta di destinazione finale televisiva. Non c'è piú racconto, le immagini fluiscono in modo tumultuoso, si accavallano, costruiscono il loro senso per accumulazione mantenendo tutta la loro ambiguità e il loro senso epifanico e misterico. Se Dino Buzzati, di fronte alla complessità e difficile traducibilità in un discorso legato alla realtà, parlerà («Arts», 20-26 febbraio 1963) della «masturbazione di un genio», Alberto Arbasino («Il giorno», 6 marzo 1963) scriverà:

> Questo film è una tappa avanzata nella storia della forma romanzesca (...) *Otto e 1/2* non solo si lascia dietro di un mucchio d'anni quasi tutto il cinema che si fa in genere, casca per di piú sopra la nostra narrativa nel momento piú sensibile della frizione tra convenzione e avanguardia e le può dare una bella botta in direzione dello sperimentalismo.

Anche rispetto a *La dolce vita* emerge, in modo definitivo, da questo film il primato assoluto dell'immagine nel mondo felliniano e il suo costituirsi e aggregarsi ad altre immagini provenienti da suggestioni diverse, dai fumetti come dalla pubblicità, dai fotoromanzi, dal varietà e dall'avanspettacolo, non seguendo mai regole prefissate. La parola è un elemento aggiunto e la decodificazione dei significati viene lasciata alla libertà piú completa dello spettatore. Fellini non ha piú – se mai li aveva avuti – messaggi chiari da trasmettere, né visioni del mondo precise, né indica con le sue opere strade da percorrere o obiettivi politici o morali da raggiungere – anche se una luce di speranza accende molte delle scene finali dei suoi film. Benché la critica continui a rimanere divisa, pur riconoscendo la novità dei significanti, la maestria della fotografia di Rotunno e delle musiche di Rota, l'ipertrofica varietà e ricchezza delle scenografie di Gherardi, il film agli occhi della critica e dei pubblici internazionali è colto come un'opera innovatrice (tanto da ricevere il massimo riconoscimento, tra molte polemiche al Festival di Mosca) e colloca Fellini nell'empireo dei massimi registi visionari, con Welles, Buñuel, Kurosawa, Bergman... Lo sdoppiamento di personalità viene ripreso in *Giulietta degli spiriti* (1965) in cui, grazie al colore, Fellini libera una quantità ulteriore di istinti visionari e figure provenienti dal proprio inconscio e dall'immaginazione collettiva. L'assunzione di un punto di vista femminile e la suggestione sempre piú forte per il mondo dell'irrazionale e della parapsicologia non vengono certo accettate in modo pacifico dalla critica che continua ad assegnargli voti negativi («Fellini otto meno» è il titolo della recensione di Mino Argentieri su «Rinascita»). La sensazione è che questo immaginario sia troppo circoscritto a un mondo piccolo-borghese, che la poetica dell'autore sia limitata, che Fellini sia tenuto in ostaggio dai suoi fantasmi e dai ricordi del suo mondo infantile e che questo ne limiti la sua ulteriore crescita registica. Tanto che un articolo di Raymond Borde («Arts», 26 ottobre 1965) suona fin dal titolo: *Bisogna che Fellini si sbarazzi dei suoi mostri*. *Satyricon* (1969), *I clowns* (1970), *Roma* (1971) e *Amarcord* (1973) costituiscono un blocco di invenzione figurativa e narrativa che riunisce e celebra, nel modo piú fastoso, forme e figure simili e nuove dell'immaginario felliniano e compone un insieme di eccezionale creatività, già sfiorato dalle ombre della malattia e dalle prime paure ctonie, tuttora non valutato come merita per quanto di nuovo apporta alla ricerca visiva ed espressiva di Fellini. Con *Amarcord*, Fellini ha insegnato a riaccostare senza paura anche le presenze inquietanti della storia collettiva nazionale, a esplorarle proprio in quanto patrimonio comune da non lasciar andare alla deriva. Personalità come quella di Georges Simenon rimarranno folgorate dalla sua geniale visionarietà, dalla molteplicità di possibili legami con la pittura anteriore e in varie occasioni non mancheranno di tributargli il massimo degli onori e riconoscimenti pubblici. In effetti, nessun altro regista del dopoguerra è stato in grado di creare una serie cosí articolata e coerente di Opere Mondo, di essere cosí coeso e di presentarsi con delle fasi «eguali e distinte». Agli occhi della critica italiana del tempo, che non ha mai del tutto sposato, né a destra né a sinistra, la causa felliniana, egli appare giunto nella seconda metà degli anni sessanta a un punto morto di pura ripetitività. Ed è lo stesso Fellini, fin da *Toby Dammit* (1967), e poi nelle opere successive e in particolare con *Casanova* (1976), a convincersi e cominciare a vedersi come «un ragioniere, un contabile, un *playboy* di provincia che crede di aver vissuto, ma non è nemmeno nato, che ha girato il mondo senza mai esistere, che ha attraversato la vita come un fantasma errante»[74]: la scena per lui comincia a ricoprirsi sempre piú di un velo funebre. Sembra d'assistere a una serie ripetuta e variata della cerimonia degli addii, da tutta una serie di mondi destinati alla scomparsa. Da *Prova d'orchestra* (1979) l'immaginazione dell'ultimo Fellini – senza nulla perdere della sua creatività – procede di catastrofe in catastrofe verso orizzonti sempre piú apocalittici. In realtà si era già avuta l'impressione, con alcune sequenze di *Roma*, che Fellini cominciasse a immaginare film di fantascienza e disegnare scenari futuri dominati da uno sviluppo caotico e da un senso di distruzione diffusa, minacciosa e irreversibile.

Rispetto al gruppo neorealista, Antonioni è stato un po' l'esploratore di nuove dimensioni narrative e rappresentative, l'autore che si è buttato con piú coraggio verso terreni sconosciuti e ha modificato le coordinate spaziali, i rapporti tra le figure e lo spazio, la percezione dei vuoti e dei pieni come rappresentazione del dramma dei personaggi. Grazie al suo spirito di pioniere, alla sua curiosità – alla ricchezza delle sue letture e frequentazioni letterarie e pittoriche –, l'intera storia della cultura italiana del dopoguerra ne è risultata modificata e arricchita. Antonioni si è mosso cercando di rimettere in circolazione sullo schermo un patrimonio visivo e culturale che gli proveniva dalle direzioni piú varie ed eccentriche rispetto ai punti di riferimento e alle parole d'ordine circolanti in quegli anni[75].

Da *L'avventura* in poi ha cercato di sostituire agli spazi reali topologie che aiutassero a misurare le distanze interiori[76]. Con lui, la percezione dello spazio è sconvolta: non solo il punto di vista e la visione sono determinati dalle cose, ma egli cerca di captare, come forse solo Robert Bresson aveva tentato, anche le radiazioni mentali dei suoi personaggi in fuga dal quotidiano. La sua immagine si situa sulla fron-

---

[74] Da una conversazione con Georges Simenon in occasione dell'uscita di *Casanova* in Francia, in *Carissimo Simenon. Mon cher Fellini*, Adelphi, Milano 1997, p. 126.

[75] G. TINAZZI (a cura di), *Michelangelo Antonioni. Identificazione di un autore*, Pratiche, Parma 1985.

[76] S. CHATMAN e G. FINK, *L'avventura*, Rutgers, New Brunswick 1989.

tiera piú avanzata della ricerca visiva cinematografica del dopoguerra. Anche la comunicazione diventa sempre piú precaria, perché si perdono le ragioni del comunicare, il senso delle parole, il valore dei sentimenti, la percezione delle cose: «Ci sono giorni in cui non ho niente da dirti» afferma Lea Massari in una delle prime scene de *L'avventura*: questa condizione è destinata a cronicizzarsi. Il suo cinema diventa il rappresentante d'una condizione umana di progressivo sradicamento dell'individuo dall'ambiente e di perdita del sé che viene definita alienazione.

In *L'avventura* e nei successivi film, da *La notte* (1961) a *L'eclisse* (1962) a *Deserto rosso* (1964), lo spazio, come nella pittura di Mondrian, è ridotto alle sue strutture elementari per aprirsi poco alla volta a ulteriori dimensioni (*Blow-Up*, 1966) come nella pittura metafisica[77]. Il passaggio al colore dilata le possibilità formali ed espressive di Antonioni. Ora le figure sembrano dissolversi nel paesaggio, diventare macchie di colore:

> Tutto è colore. Il verde e l'argento delle cisterne, il nero delle ciminiere (...) il giallo e il rosso minio delle strutture, il bianco latte, il giallo-oro, il grigio, il nero dei soffioni del gas (...) La natura è distrutta, violentata, umiliata (...) Sono cambiati anche i nostri sentimenti, condizionati da questo ambiente, da questo paesaggio, dal colore di questo fondo. Che colore hanno i nostri sentimenti?[78].

Il cinema è sempre piú apparso ad Antonioni un modo per sintetizzare e riformulare poetiche, teoriche e procedimenti della pittura, della musica e dell'estetica contemporanea. In *Blow-Up* ha trasferito questi elementi al centro della scena, rendendoli oggetto della storia. Una volta giunto a dissolvere il soggetto all'interno della realtà, ha sentito il bisogno di verificare la sua poetica su scala piú vasta andando in Inghilterra, Stati Uniti e Spagna, a girare *Blow-Up* (1966), *Zabriskie Point* (1970) e *Professione: reporter* (1975) alla ricerca d'un luogo ideale in cui l'individuo possa ricomporre l'identità frantumata e sottrattagli dalla società. Quest'ultimo film sembra raccogliere i temi dell'errare di *Il grido* e del-

---

[77] L. CUCCU, *Antonioni. Il discorso dello sguardo*, Ets, Pisa 1990.
[78] C. DI CARLO, *Il colore dei sentimenti*, in M. ANTONIONI, *Deserto rosso*, Cappelli, Bologna 1964, p. 17.

l'annullamento dell'identità e dell'assenza assieme al gioco con la morte.

Antonioniano è anche lo stile d'esordio di Elio Petri (*L'assassino*, 1961, *I giorni contati*, 1962). Definito da Jean Gili regista «mal aimé» (perché scelto dalla critica come capro espiatorio delle colpe del cinema politico), è uno dei registi che ha saputo evolvere e trovare una propria dimensione stilistica passando da un'intelligente messa a frutto iniziale dell'eredità del neorealismo alla sempre piú libera manifestazione di una capacità narrativa visionaria e barocca, in cui mescola, in una regia di tipo espressionista, gli insegnamenti brechtiani e le risorse del grottesco, «confonde le piste servendosi di Marx e Gramsci, ma anche di Freud e Reich, si affaccia nei territori dell'onirismo e si inoltra, con tuffi kafkiani, nei meandri della scissione dell'essere e della schizofrenia»[79].

Nel suo film d'esordio, *L'assassino*, ha un cast di collaboratori di grandissimo livello: dall'interprete, Mastroianni, reduce dal successo felliniano di *La dolce vita*, all'aiuto regia di Montaldo, al montaggio di Ruggero Mastroianni, che cerca di ispirarsi al ritmo di *A bout de souffle* (Godard, 1959), agli sceneggiatori Guerra, Massimo Franciosa e Pasquale Festa Campanile (quest'ultimo aveva appena collaborato alla sceneggiatura di *Rocco e i suoi fratelli*), alla fotografia di Carlo Di Palma, alla collaborazione del pittore Renzo Vespignani. Un film poliziesco con una struttura con frequenti flash-back e un lavoro accurato sull'immagine come mezzo per accostare le psicologie.

Dal 1967 inizia la collaborazione con Ugo Pirro[80] che lo condurrà a realizzare la trilogia piú significativa della sua carriera: *Indagine su un cittadino al di sopra di ogni sospetto* (1970), *La classe operaia va in Paradiso* (1971), *La proprietà non è piú un furto* (1973). *La classe operaia* viene attaccato dalla critica che in quegli anni gioca a chi si pone piú a sinistra della sinistra. Sui «Quaderni piacentini» (ottobre 1971) esce una

---

[79] JEAN A. GILI, *Elio Petri et le cinéma italien*, Rencontres d'Annecy, 1996, p. 8, rielaborato poi in *Elio Petri*, Cinecittà Holding, Roma 2001.

[80] Vedi l'appassionata e ricchissima ricostruzione della propria esperienza di sceneggiatore, in U. PIRRO, *Soltanto un nome nei titoli di testa*, Einaudi, Torino 1998, e ID., *Il cinema della nostra vita*, Lindau, Torino 2001.

violenta recensione firmata da Fofi che non salva nulla del film in un gioco al massacro simile ai western di Django. L'alibi dei temi politici rivoluzionari non salvava l'anima di mediocri film di certo, cosí come non si salvano molti documenti critici di quegli anni su riviste come «Ombre rosse» e non solo. Un'operazione, quella del film politico, che in quegli anni inquieti sembrava troppo riformista e compromessa con il potere. Il clima nella sinistra diventa cosí ostile a Petri che, in una infuocata proiezione al Festival Porretta nel 1971, Jean-Marie Straub dichiara che *La classe operaia* dovrebbe essere bruciato. In realtà, questi film – con l'aiuto di Brecht e del teatro di Artaud, e alle doti di attore di Gian Maria Volonté –, pur adottando toni sempre sopra le righe e affrontando di petto aspetti della società che oggi non sono comparabili con il presente, fanno sfilare tutti i soggetti piú significativi dei mestieri della politica e della società italiana a cavallo della fine degli anni sessanta. L'ultimo film di Petri, *Todo modo* (girato alla vigilia delle elezioni del 1975), anticipa in modo profetico la vicenda del rapimento e uccisione di Aldo Moro, interpretandola come un fenomeno di autocannibalismo per esorcizzare la crisi da parte della Democrazia cristiana.

Anche Florestano Vancini esordisce nella regia con *La lunga notte del '43* (1960), tratto dal racconto di Giorgio Bassani, dopo una decina d'anni di attività documentaristica: un film coraggioso che pone con forza l'attenzione sulle responsabilità dei fascisti nelle rappresaglie e nella guerra civile negli anni di Salò, sulla continuità di molte forme di potere nel passaggio dal fascismo alla democrazia, e soprattutto sulle responsabilità di chi ha fatto parte della cosiddetta «zona grigia», che è stata a guardare lo svolgersi delle vicende senza mai avere la forza di assumersi delle responsabilità.

Dopo questo film la carriera di Vancini si snoda con dei buoni risultati (*La banda Casaroli*, 1962, *La calda vita*, 1964, *Le stagioni del nostro amore*, 1966) e con delle opere che non aggiungono molto al suo profilo. Da ricordare, per la cura e il rigore filologico nella documentazione, la qualità dell'impianto drammaturgico e la capacità di raccontare la storia dalla parte dei vinti, per l'epoca abbastanza nuova, *Bronte -*

Cronaca di un massacro[81], e *Il delitto Matteotti*, per il carattere di rivisitazione del fascismo in chiave divulgativa.

Influenzato da Fellini (di cui è stato aiuto regista per *La dolce vita*) e da Antonioni, dopo aver realizzato una serie di importanti documentari, Gianfranco Mingozzi esordisce con *Trio* (1967), in cui dimostra un'ottima capacità di mescolare vari livelli stilistici, da una ripresa con la macchina a mano, semidocumentaristica, ai primissimi piani e dettagli di corpi e volti che risentono dell'influenza del Godard di *Une femme mariée* e di Antonioni, per poi esplorare strade diverse (*Sequestro di persona*, 1968, in cui tenta di dare un'interpretazione dei sequestri in Sardegna legata alla speculazione edilizia, *La vita in gioco*, 1972, *Flavia la monaca musulmana*, 1974), senza abbandonare l'attività documentaristica[82]. Per questa attività a scelto, per guide e mentori, personalità come Danilo Dolci, Ernesto De Martino, Leonardo Sciascia, Salvatore Quasimodo, Zavattini, Luciano Berio, affrontando di petto temi come la sopravvivenza dei riti magici nel Salento (*La Taranta*) o l'abbandono del proprio habitat da parte d'una comunità indiana in Canada (*Il sole che muore*), passando poi dall'emigrazione alla mafia (il suo capolavoro è *Con il cuore fermo, Sicilia!*, 1968-69), a vari racconti di cinema sul cinema (*L'ultima diva*, 1981, su Francesca Bertini, *Bellissimo*, 1985, *Storia di cinema e di emigranti*, 1986). Nei film ha cercato di esplorare svariati decenni della storia nazionale, dal fascismo agli anni del terrorismo, assumendo spesso il punto di vista dei suoi protagonisti piú giovani. Tra gli altri film piú significativi: *La vela incantata* (1982), *L'appassionata* (1988), *Il frullo del passero* (1988), e il piú recente *Tobia al caffè* (2000).

Mingozzi è andato alla scoperta di piú mondi, reali e immaginari, del vicino e del lontano, delle culture diverse e affini, cercando di trovare un punto d'incontro tra se stesso e l'altro, non rinunciando a far sentire la propria presenza, la propria carica affettiva e il mescolarsi indissolu-

---

[81] In P. IACCIO (a cura di), *Bronte*, Liguori, Napoli 2002, vedi il suo saggio, che accompagna la sceneggiatura del film edita in occasione del restauro.

[82] C. LANDRICINA (a cura di), *Gianfranco Mingozzi. I documentari*, Roma 1988; M. GRAFFEO (a cura di), *Gianfranco Mingozzi. I film*, Fusconi, Bologna 1994.

bile della razionalità e delle ragioni del cuore, e di un'alta moralità civile.

Anche Ansano Giannarelli, che si dedica in prevalenza ai documentari – di cui ricordiamo almeno *Resistenza: una nazione che risorge* (1976) e *Roma occupata* (1980) – tenta la via del lungometraggio con *Sierra Maestra* (1968-69), uno dei film piú rappresentativi delle tensioni e transfert rivoluzionari che guidano il lavoro di molti registi nel periodo, in cui però la vera intenzione è quella di richiamare le somiglianze tra l'America Latina e alcune regioni sottosviluppate dell'Italia (la Sardegna in primis, dove vengono effettuate diverse riprese). Al giornalista protagonista del film (che richiama la vicenda di Régis Debray, arrestato perché considerato complice della guerriglia venezuelana), si pone il dilemma: continuare a credere nella battaglia delle idee o passare in modo piú diretto alla lotta armata. Realizzato in piena indipendenza, servendosi dell'operatore Marcello Gatti che aveva curato la fotografia di *La battaglia di Algeri*, e senza alcun compromesso con la produzione, anche questo film viene attaccato dalla critica militante, che continua le sue fucilazioni di massa, ma anche da riviste come «Cinema Nuovo» o «Filmcritica» per le sue debolezze cinematografiche. Nel 1987 gira *Remake*, ambientato durante il festival di Locarno, l'opera in cui mette in luce le sue qualità di osservatore e narratore e il senso dell'importanza del cinema per la comprensione della vita.

Valerio Zurlini, che aveva esordito verso la fine degli anni cinquanta, già al suo secondo film, *La ragazza con la valigia*, pur servendosi d'una storia melodrammatica, ben riempita di tutti gli stereotipi vacanzieri dell'Italia del boom, riesce anche a fissare le caratteristiche del suo mondo poetico e figurativo[83] che ama tratteggiare, e cogliere i sentimenti allo stato nascente, le tinte sfumate, le atmosfere soffuse, l'introspezione e la forma del racconto che punta alla perfezione per riduzione di elementi, per sottrazione degli elementi stessi dal contesto storico e spaziale, quasi agisse su di lui la lezione figurativa dell'amata pittura di Morandi. Come ha

---

[83] A. ACHILLI e G. CASADIO, *Elogio della malinconia. Il cinema di Valerio Zurlini*, Edizioni del girasole, Ravenna 2001.

saputo cogliere con acutezza Jean Gili, Zurlini è uno dei piú significativi registi di paesaggi: «Paesaggi italiani e paesaggi d'anime». Ma è anche uno dei registi meno assimilabili al gruppo di famiglia che vogliamo tentare di fotografare in un'unica istantanea. Meno felici, nel suo percorso successivo, *Le soldatesse*, da un romanzo di Ugo Pirro dedicato alle imprese non solo militari dell'esercito italiano sul fronte greco nella seconda guerra mondiale, e *Seduto alla sua destra*, opera in un certo senso pasoliniana, che pur parlando dell'uccisione di Lumumba (il leader africano ucciso mentre cerca di guidare la riscossa del suo popolo), parla soprattutto del dramma della solitudine che lo circonda, cosí come circonda tutti i personaggi, veri o immaginari di cui racconta le storie. Dei suoi otto lungometraggi, nell'arco d'un quarto di secolo, vale la pena di ricordare *La prima notte di quiete* e il capolavoro, *Il deserto dei tartari*, dal romanzo di Buzzati, film in cui raggiunge la cifra piú perfetta della sua ricerca compositiva e del suo senso di narrazione fatto di vuoti, piú che di pieni.

Su tutta la generazione degli anni sessanta, svetta la figura di Pier Paolo Pasolini, uomo-orchestra unico nel panorama del dopoguerra, capace di trasformare in materia aurea i materiali pittorici, poetici, narrativi e cinematografici a cui ha messo mano e anche di fare della sua vita e della sua morte un'opera d'arte[84]. È passato, in maniera naturale, dall'attività di pittore a quella di sceneggiatore. Grazie alla collaborazione con Fellini e Bolognini, il suo sguardo s'accosta alla macchina da presa: sia in *Accattone* (1961) che in *Mamma Roma* (1962) Pasolini scopre l'immagine, le sue coordinate, tentando un percorso figurativo capace di creare perfetti equivalenti con la pittura di Piero della Francesca, Masaccio e Masolino. La lezione del suo maestro di storia dell'arte, Roberto Longhi, agisce guidandolo alla scoperta e

---

[84] Per questo tema, vedi G. ZIGAINA, *Hostia. Trilogia della morte di Pier-Paolo Pasolini*, Marsilio, Venezia 1995, che raccoglie una serie di monografie dopo una ricerca ventennale; inoltre, G. ZIGAINA e C. STEINLE, *Pier Paolo Pasolini. Organizzare il trasumanar*, Marsilio, Venezia 1995. La letteratura su Pasolini è enorme: consiglio almeno la biografia di B. D. SCHWARTZ, *Requiem*, Marsilio, Venezia 1995, e H. JOUBERT-LAURENCIN, *Pasolini, portrait du poète en cinéaste*, Editions Cahiers du Cinéma, Paris 1995.

costruzione della propria iconosfera cinematografica[85]. I primi film tentano di trasferire dalla pagina allo schermo il mondo dei suoi ragazzi di vita.

Il cinema esalta al massimo la sua cultura figurativa pulsante di umori e di energia e pronta a esplodere in piú direzioni. Da un certo momento, la parola non riesce piú a dargli lo stesso senso di contatto completo con l'oggetto rispetto alla potenza folgorante d'immagini capaci d'esprimere, nel primo piano d'un volto, la realtà materiale di un'idea, l'incarnarsi e il manifestarsi del mito. Quando si pone dietro alla macchina da presa ignora in pratica tutto del linguaggio cinematografico, ma ha sulle spalle una cultura figurativa forte ed è come se ne inventasse le regole elementari, il lessico, la scoperta dello spazio bidimensionale e se credesse nella traducibilità totale delle parole in immagini. Si sente quasi un pittore giottesco (e cosí si rappresenterà nel *Decameron*) che crea lo spazio e insieme le figure simboliche che lo abitano. Il cinema gli consente di realizzare e di esaltare la sua naturale vocazione alla contaminazione delle forme e degli stili. Con l'uso del colore, le possibilità espressive s'allargano e si giunge, nell'episodio di *La ricotta* (1963), a un gioco di dissonanze e contrappunti cromatici e sonori, di citazioni cinematografiche e pittoriche, di sacralità e desacralizzazione, che segna uno dei momenti piú alti dell'invenzione figurativa del dopoguerra. È a partire da *La ricotta* che si rende conto che il suo cammino di intellettuale non ha alcun punto di contatto con quello del mondo sottoproletario con cui ha tentato per anni di identificarsi e di assumerne il punto di vista o rubarne la vitalità. Certo, nel borgataro e nel povero Stracci morto di fame di *La ricotta* è possibile riconoscere la figura dell'*alter Christus*, ma è lui, che si riconosce nella figura del regista interpretata da Orson Welles, che capisce di non poter del tutto diventare i suoi personaggi. Può certo ancora esercitare il suo ruolo di grillo parlante e di corvo, ma la sua storia non è piú assimilabile a quella dei suoi personaggi popolari. Tutto il suo viaggio successivo avviene

---

[85] G. P. BRUNETTA, *Longhi e l'officina cinematografica*, in GIOVANNI PREVITALI (a cura di), *L'arte di scrivere sull'arte*, Editori Riuniti, Roma 1982, pp. 47-56.

nel segno dei classici, con Dante e i Vangeli come guida costante. I classici gli servono da habitat culturale in cui deambulare tra storia e mito[86]. Letteratura e pittura sono una forma di ricerca ossessiva del paradiso perduto e punto d'osservazione attraverso cui traguardare presente e futuro. Se il suo nomadismo culturale lo porta a praticare un consumo di testi tra i piú diversi, nel suo bagaglio restano come libri fissi, oltre alla *Commedia* dantesca, i racconti evangelici (*Il Vangelo secondo Matteo*, 1964, *Uccellacci e uccellini*, 1966). Nel 1965 scrive la poesia *Alí dagli occhi azzurri*, in cui profetizza un futuro in cui milioni di giovani del Terzo Mondo sbarcheranno sulle coste italiane e saliranno, guidati da insegne religiose e rivoluzionarie, alla conquista del vecchio continente.

Nell'ultima fase della vita assume una specie di ruolo di Nostradamus. Con l'emergere progressivo del bisogno di parlare di sé, la tragedia e la novella medievale sono i successivi sistemi d'orientamento capaci di dare una direzione e un senso alle sue peripezie, al bisogno di interpretare il presente in chiave allegorica e figurale (*Edipo re*, 1967, *Teorema*, 1968, *Medea*, 1969, *Decameron*, 1970, *I racconti di Canterbury* e *Il fiore delle Mille e una notte*, 1972, *Salò o Le 120 giornate di Sodoma*, 1975)[87].

Pasolini sa che, entrando in prima persona nel mito, ne sta profanando lo spazio sacro, ma riesce ad aggirare il problema inserendo continui elementi di ironia che gli danno l'impressione di salvarsi e di peccare di meno. È straordinario che chi come lui non dominava il linguaggio cinematografico sia riuscito a raccontare storie che sembrano dar vita ad altre storie e a trasmettere tanto a lungo, in questi trent'anni, i segni e i temi del suo corpo cinematografico a registi come Sergio Citti, Luigi Faccini, Nico D'Alessandria e Aurelio Grimaldi, Mario Martone e Marco Risi, Ciprí e Maresco e Pappi Corsicato. Il suo nomadismo culturale, la sua capa-

---

[86] M. FUSILLO, *La Grecia secondo Pasolini*, La Nuova Italia, Firenze 1996.
[87] Vedi i miei *Itinerario di Pier Paolo Pasolini verso il mito di Edipo*, in B. GENTILI e R. PRETAGOSTINI (a cura di), *Edipo. Il teatro greco e la cultura moderna*, Edizioni dell'Ateneo, Roma 1982, pp. 388-93, e *Il viaggio di Pasolini dentro i classici*, nel n. speciale di «Galleria», XXXV, n. 1-4, gennaio-agosto 1985, a cura di Rosita Tordi, pp. 67-75.

cità di mescolare e ibridare tutti i linguaggi, la sua asistematicità e la sua capacità di auscultare e captare l'anima delle minoranze e delle identità regionali, fanno sí che l'opera intera di questo poeta e il suo cinema in particolare continuino a parlarci, per la sua lucida capacità di vedere lontano e prevedere le trasformazioni profonde, nonché le forme di degrado e di perdita di luce del mondo in cui viviamo.

Sergio Citti, che ha giocato un ruolo determinante di guida di Pasolini nel mondo delle borgate, con *Ostia* (1970) tenta di trasferire sullo schermo le proprie doti affabulatorie e il proprio mondo: lo si può classificare come rappresentante di una corrente dei registi «naïfs» che ha avuto il suo primo esponente in Augusto Tretti ed è destinata a produrre in seguito ondate di «buoni selvaggi cinematografici» di successo[88]. Nel 1973 gira *Storie scellerate*, nel 1977 *Casotto* e, fra i titoli della sua filmografia successiva, è da citare *I magi randagi* (1986) per la presenza di Roberto Benigni e la felicità creativa che accompagna le deambulazioni dei tre protagonisti, e il recentissimo *Vipera* (2000), al cui soggetto e sceneggiatura ha collaborato Vincenzo Cerami.

Aiuto regista di Pasolini, Bernardo Bertolucci esordisce a poco piú di vent'anni con un film pasoliniano, *La commare secca* (1962)[89]. Il primo vero film d'autore è *Prima della rivoluzione* (1964) realizzato, come lui stesso ha dichiarato, «per chiudere i conti» con la città di suo padre e sua, ma soprattutto è il primo di una serie di opere dominate dal tema della contemporanea ricerca del sé e del padre. Bertolucci non ha paura di realizzare un cinema colto, pieno di echi e suggestioni musicali, letterarie e cinematografiche. Anche *Partner* (1968), molto Godard-dipendente e molto poco bertolucciano, è un film che racconta le difficoltà e il senso di dissociazione ideologica e culturale della generazione protagonista del '68. Forse è per compensare quel senso di perdita del sé che Bertolucci è tornato oggi a tentare di raccontare il '68 partendo dei sentimenti dei giovani aspiranti rivoluzionari.

---

[88] S. TOFFETTI (a cura di), *La terra vista dalla luna. Il cinema di Sergio Citti*, Lindau, Torino 1993.

[89] Vedi R. CAMPARI e T. SCHIARETTI, *In viaggio con Bernardo*, Marsilio, Venezia 1994.

La strategia del ragno (1972) e *Il conformista* (1970) segnano un punto di svolta e dilatano il repertorio di riferimenti e d'assimilazione di lezioni iconografiche e letterarie plurime, che vanno da Borges a Magritte, da Edward Hopper a De Chirico, alla pittura dei naïfs emiliani. Grazie al sodalizio con Vittorio Storaro, luce e colore assumono un ruolo significante decisivo e, nei tempi lunghi, la riflessione di Storaro sulla luce è destinata ad agire come elemento di modificazione della visione e rappresentazione nel cinema internazionale. Ma è con Bertolucci che si crea il primo vero laboratorio di studio della luce e del suo ruolo nel racconto. *Ultimo tango a Parigi* (1972) è un'opera che attira subito l'attenzione della censura e viene in pratica condannata al rogo in Italia per il carattere troppo esplicito delle scene di sesso. La nudità dell'appartamento dovrebbe contribuire alla messa a nudo del nucleo profondo dei protagonisti (Marlon Brando e la giovanissima Maria Schneider), ma il pubblico, che decreta il successo del film, guarda alla superficie dei corpi piú che alle perlustrazioni delle anime. Con *Novecento* (1976) affronta invece la «grande storia», cercando di tradurre, da una parte, la lezione poetica del padre, in una sorta di corrispettivo cinematografico, e dall'altro di mostrare di adattare le lezioni di John Ford e Kurosawa, per raccontare una storia della Padania servendosi dell'epopea, del melodramma verdiano e della tradizione dei cantastorie.

A poco piú di trent'anni, Bertolucci è consacrato – grazie a questo film d'un respiro epico che nessun altro regista, anche delle generazioni precedenti, sembra piú in grado di affrontare – tra i massimi maestri del cinema internazionale. È uno dei pochissimi autori che partecipa allo sviluppo del cinema mondiale negli ultimi trent'anni e, anzi, contribuisce al suo orientamento. Per questo ci sembra utile riprendere l'analisi del suo percorso nel paragrafo successivo.

Regista non molto prolifico, molto lento e meticoloso nella preparazione d'ogni film, Gillo Pontecorvo, sei anni dopo *Kapò* (1960), in *La battaglia di Algeri* (1966) racconta le tappe della lotta di Liberazione che ha portato all'indipendenza il popolo algerino. Il film si fonda su una documentazione rigorosa e su una spettacolarizzazione degli attentati che, per il modo in cui sono girati, produrrà forti effetti di coinvolgimento e partecipazione nei pubblici che in quegli anni coltivano nuovi sogni rivoluzionari. Come molti registi e sceneggiatori della sua generazione – Valentino Orsini, Giuliano Montaldo, Franco Solinas – delusi dalla politica del dopoguerra, Pontecorvo è attirato dalle figure romantiche dei rivoluzionari, dei sovversivi e affronta tra i primi la rappresentazione del terrorismo, immettendo nei suoi film (penso anche a *Queimada*, 1969) una carica emotiva e ideologica che diventeranno un modello anche per tanto cinema sudamericano. Ma la sua presenza, in particolare nell'ultimo trentennio, si nota proprio per la sua assenza, per la sua incapacità di realizzare nuove opere all'altezza dei crediti acquisiti con *La battaglia di Algeri*. Purtroppo il tempo non gioca a favore di alcune delle sue opere.

Mentre l'universo utopico dei Taviani è in costante espansione, quello di Marco Ferreri sembra chiudersi a imbuto, prospettando scenari sempre poveri di energia desiderante e di energia vitale. Ferreri è il piú ossessionato dall'incombere di temporalità distruttive, dal possibile profilarsi nel nostro orizzonte prossimo venturo di tante piccole catastrofi e apocalissi. È il regista che piú s'interroga sul senso della presenza della specie umana sulla superficie terrestre. C'è in lui un senso di autodistruttività e di mancanza progressiva delle ragioni del vivere che corre lungo tutta l'opera e che procede per accumulazione e chiusura dell'orizzonte. Fondamentale per Ferreri è – dopo il battesimo zavattiniano – il soggiorno in Spagna, e l'immersione nelle acque tardo-surrealiste con i suoi film d'esordio, *El Pisito* (1959) e *El Cochecito* (1960). Nei suoi film italiani, da *L'ape regina* a *La donna scimmia* (1963) a *L'uomo dei cinque palloni* (1965), viene raccontata, in forma grottesca e pseudopedagogizzante, quasi la lotta per la sopravvivenza della specie. Il regista sembra voler applicare le teorie evoluzionistiche cercando di giungere alle condizioni post-umane. È uno dei registi piú attenti alla mescolanza e interferenza dei linguaggi, ai disturbi comunicativi e a quella che si potrebbe chiamare un'ecologia della visione e della comunicazione. In questo senso, *Dillinger è morto* (1968) è una specie di manifesto di denuncia dei disturbi comunicativi alla fine degli anni sessanta: è anche uno dei pochi film che si conclude con una fuga in un altrove che prefigura la rinascita. Con *Il seme dell'uomo* (1969) si spinge fino alle soglie della catastrofe.

Nel registrare le difficoltà del presente, Ferreri vede le catastrofi che attendono l'individuo e la vita di coppia nell'immediato futuro. Da *La cagna* (1972), a *L'ultima donna* (1976), a *Ciao maschio* (1978), a *Storie di ordinaria follia* (1981), Ferreri sviluppa una storia post-darwiniana di lotta per la sopravvivenza della specie. Nello sviluppo della sua attività, l'immagine perde via via gli elementi che l'affastellavano all'inizio e l'attenzione si concentra sul dramma dei personaggi, sulle ossessioni e fobie nell'immaginazione del futuro. *La casa del sorriso*, *La carne*, entrambi del 1991, *Diario di un vizio* (1993), e *Nitrato d'argento* (1995) chiudono con toni malinconici e intimisti la sua carriera. Dopo Tornatore e Scola, Ferreri con il suo ultimo film dà l'addio a una civiltà dello spettacolo in via di sparizione e lo fa con mezzi minimi e sgangherati, ma con un'affettività che lascia trasparire come abbia anche voluto affidare a questo film il senso sincero della propria cerimonia degli addii.

Al suo esordio, nel 1965, con *I pugni in tasca*, Marco Bellocchio viene accolto con un entusiasmo non dissimile da quello che aveva accompagnato il primo film di Visconti. Influenzato da Buñuel, *I pugni in tasca*, oltre a rivelare un talento registico già padrone della capacità di raccontare, di dirigere gli attori, mostra anche un autore in grado di presentire i tempi della protesta. Con *La Cina è vicina* sceglie la militanza politica con la macchina da presa e cerca di registrare i comportamenti e sintonizzarsi con le spinte rivoluzionarie e l'attività dei movimenti studenteschi. Anche se un'intera generazione lo elegge a regista - stella polare, il tempo non gioca a favore di questa fase iniziale della sua attività, ricca di fermenti e pulsioni ma confusa, quasi frutto di una dissociazione tra un superego registico e uno ideologico che spingono l'autore in direzioni opposte. Eppure, poche opere in tutto il cinema europeo presentono – come *I pugni in tasca* – la carica montante della protesta giovanile, la divaricazione del percorso delle nuove generazioni dalle strade mostrate dalla politica, l'apertura imminente di una nuova fase storica nella vita della società italiana in cui si perde l'orientamento della politica, i nuovi punti di riferimento ideali si trovano in Cina o in Sud America e il rosso e nero delle bandiere perde il suo valore simbolico. Il secondo film, *La Cina è vicina*, molto politicizzato, vuole anche dichiarare in modo esplicito la sua cultura cinematografica. Ma con questo film Bellocchio si situa già al di fuori dell'orizzonte d'attese dei suoi ammiratori, proprio per lo scarto stilistico che è ancora molto forte. Negli anni settanta continua a sviluppare i suoi temi antistituzionali, sia con film di finzione (*Nel nome del padre*, 1971) che con documentari (*Matti da slegare*, 1974), facendosi guidare dalle teorie psicanalitiche e lasciando in apparenza da parte le preoccupazioni stilistiche. Negli anni settanta, a partire dalla trascrizione televisiva de *Il gabbiano* di Čechov, Bellocchio capisce che «non si può restare arrabbiati tutta la vita» e cerca di stabilire rapporti piú articolati con la realtà, la storia, il mondo interiore dei suoi personaggi. Al cinema gridato della prima fase subentra, negli anni ottanta, un cinema che esplora il male psichico legato sempre ai danni provocati dal vivere in famiglia, ma che punta a riaffermare la priorità dello stile per il regista (*Gli occhi, la bocca*, 1982, *Enrico IV*, 1983, *Diavolo in corpo*, 1986, *La visione del sabba*, 1987). In questi anni è molto forte su di lui l'influenza dello psicanalista romano Massimo Fagioli. Tutta la fase degli anni novanta è caratterizzata dalla riappropriazione delle capacità affabulatorie, della competenza registica e narrativa, messa al servizio della trascrizione di testi letterari, come *Il principe di Homburg* (1996) e *La balia* (1999), senza rinunciare ad approfondire la propria visione del mondo, il proprio rapporto con gli attori, con i personaggi e con le loro scelte di vita. Nulla è mai facile nel cinema di Bellocchio dell'ultimo ventennio: un cinema della penombra, come ha notato Sandro Bernardi[90], un cinema mai riconciliato e sempre piú appartato, alla ricerca del perfezionamento dello stile, della capacità di cogliere momenti di verità interiore utili a capire il male di vivere quotidiano, l'impossibilità di accettare leggi, convenzioni, regole di ogni tipo che spengono l'autenticità dell'individuo e lo tengono in balia degli altri.

Assimilato a Bellocchio – almeno nelle strutture di su-

[90] S. BERNARDI, *Marco Bellocchio*, Il Castoro, Milano 1998.

perficie del racconto e per la superficiale critica della borghesia contro cui si scaglia comunque con un eguale furore edipico –, Salvatore Samperi, dopo *Grazie zia* (1968), film tra i piú sopravvalutati del periodo, fa emergere le proprie caratteristiche piú autentiche e riesce a dare subito il meglio e il peggio di sé nell'esplorazione dei vizi di famiglia, nel raccontare lo stato nascente della scoperta della sessualità in una società cattolica e veneta, repressa da non pochi tabu religiosi. Samperi, con altri registi di quegli anni, Pasolini compreso, ha un ruolo di punta nell'indirizzare il cinema italiano verso una dimensione di pansessualismo che tocca tutti i generi, e contribuisce a deviare le pulsioni rivoluzionarie dalla piazza e dalle barricate per farle confluire, attraverso il buco della serratura (da *Malizia*, 1973, discendono i film di Pierino con Alvaro Vitali), nel letto a due o piú piazze dei vizi di famiglia o nei piaceri solitari e voyeuristici.

10. *La perdita del presente.*

La crisi del '68, unita al sopraggiungere degli «anni di piombo», l'azione martellante di fucilazioni alle spalle, da parte d'una critica che gioca allo scavalcamento a sinistra, nei confronti del cinema che tenta di raggiungere il pubblico di massa con film d'argomento politico, sono solo alcune delle cause d'una dispersione progressiva di forze e di perdita del policentrismo creativo e di piani comuni di riferimento, oltre che della spinta alla ricerca e alla sperimentazione che avevano caratterizzato gli anni sessanta. La concorrenza televisiva si fa di anno in anno piú forte, mentre viene meno la fiducia e l'interesse nella politica nelle nuove generazioni. Inoltre, dal punto di vista di un'elementare antropologia visuale del cinema italiano, è evidente che quando ha cessato di provare interesse per la storia dell'italiano medio e popolare (di fatto, il mondo operaio, il cinema italiano non è mai stato capace di raccontarlo) quando si è avuta l'impressione d'una mutazione genetica e i cari mostri della commedia all'italiana hanno cominciato a presentarsi sempre piú in una condizione post-umana, si è verificata una sorta di gigantesca esplosione all'interno di questa storia unitaria, che ha portato, poco alla volta, alla dispersione di gran parte dei patrimoni e caratteri fin qui individuati, alla nascita di esseri ibridi ancora legati al passato da fili ombelicali e tuttavia privi di spazi, di piani, di legami, di forti sensi di appartenenza comuni.

Partito agli inizi del secolo alla ricostruzione di un'Italia di cartapesta, il cinema degli anni settanta sembra voler abbandonare sempre piú il presente per muoversi anche alla scoperta della storia e della memoria nazionale degli ultimi cent'anni. La maggior parte dei registi delle generazioni che abbiamo finora studiato ha preferito volgere lo sguardo al passato preoccupandosi di non perdere la memoria della storia di ieri piuttosto che sciogliere o decifrare gli enigmi dell'oggi. Anzi, si può dire che, tanto piú lo sguardo sul presente appare confuso, tanto piú appare lucido e netto in prospettiva temporale rovesciata: basti pensare alla grandiosità del quadro di *Novecento*, ad *Amarcord* e alla *Trilogia della vita* di Pasolini, all'*Albero degli Zoccoli* di Olmi, a *C'eravamo tanto amati* di Scola (1974).

Nel passato, registi di piú generazioni sembrano voler quasi trovare la chiave di interpretazione e accesso a un presente caotico e poco decifrabile. A molti riesce piú facile guardare alla storia passata, cercando di recuperare un patrimonio di valori scomparsi, o l'idea d'un mondo vagheggiato e perduto, piuttosto che stabilire un rapporto diretto con l'oggi. Il presente appare come sempre piú distante, confuso, difficile da decifrare, enigmatico. Inoltre, si è perso il senso di appartenenza: non si sa piú per chi si scrive o si filma. Quella nettezza di sguardo che, nel dopoguerra, aveva consentito agli autori grandi e piccoli di mettere a fuoco ogni elemento minimo del paesaggio, promuovendolo a soggetto di storia, per una miopia diffusa e quasi patologica sembra perduta in modo irreparabile assieme al progressivo senso di perdita del paese e delle passioni e tensioni verso il futuro della popolazione che vi abita.

Capitolo quinto
Dagli anni settanta a oggi

1. *Metamorfosi del paesaggio*.

Nella stagione cinematografica 1972-73 sono stati prodotti in Italia 334 titoli, che conquistano una quota di mercato interno del 62 per cento. Non ci sarebbero ragioni di preoccupazione se, analizzando e scomponendo i dati, non ci si accorgesse subito che è in atto una forte divaricazione della forbice tra film che ripagano l'investimento (pochi) e film i cui bilanci sono in rosso[1]. Per un *Ultimo tango a Parigi* di Bertolucci, censurato e «condannato al rogo» in Italia dalla magistratura, che occupa il sesto posto negli incassi del cinema mondiale, vi sono centinaia di titoli che rimangono al di sotto degli investimenti. E case di produzione che vivono a malapena la vita effimera di un film. Il successo dei film erotici e l'ultima ondata dei western trascinano contemporaneamente, in maniera tumultuosa e rovinosa, un coacervo di titoli realizzati in fretta, mal girati, recitati peggio, che faticano a rastrellare incassi sufficienti a coprire le spese nelle sale di seconda e terza visione. La moria di spettatori negli anni settanta si fa evidente e acquista un ritmo drammatico: si chiudono centinaia di sale e il numero di biglietti venduti scende al ritmo di una cinquantina di milioni l'anno[2]. Intanto, il governo americano decide di praticare consistenti sgravi fiscali ai produttori che impegnino i capitali in prodotti casalinghi, il che favorisce il decollo d'una nuova strategia produttiva che si proietterà sul cinema mondiale con effetti devastanti per le produzioni degli altri paesi. I produttori americani riti-

[1] Vedi CORSI, *Con qualche dollaro in meno* cit., cap. *La sala brucia*, pp. 103-23.
[2] B. TORRI, *Italia: la crisi dell'industria e l'industria della crisi*, in L. MICCICHÉ (a cura di), *Film '81*, Feltrinelli, Milano 1981, pp. 85-98.

rano i capitali dal mercato italiano dove avevano contribuito alla ripresa e al potenziamento di Cinecittà dagli anni cinquanta e quelli italiani non sono piú in grado di varare progetti in cui appaiano divi americani, aiutanti magici spesso necessari per la penetrazione nel mercato statunitense o in altri mercati internazionali. La legge del 1965 incoraggia gli esordi ma indebolisce le strutture industriali piú solide e la fiducia nel mercato, e rafforza l'idea che lo stato debba essere il produttore che si accolla il piú possibile le perdite e i rischi. L'intervento nelle coproduzioni da parte dello stato passa da una percentuale inavvertibile del 2 per cento alla fine degli anni settanta al 38 per cento a metà degli anni novanta. Intanto, il numero di film coprodotti con un paese vicino come la Francia scende da 35 del 1970 a 2 della fine del decennio[3].

Dal 1972, con *Il Padrino* (Francis Ford Coppola), la produzione americana inaugura la politica del *saturation selling*, che vede un aumento vertiginoso delle copie distribuite dei film di maggior impegno produttivo (e un'immediata scomparsa dei prodotti piú deboli) e punta al recupero rapido dei capitali, condannando a morte rapida le sale di seconda e terza visione (cfr. tab. 8).

Nel nuovo processo di globalizzazione dei mercati, la produzione nazionale sembra sempre piú incapace di organizzarsi e predisporre collegamenti e alleanze per rispondere, in modo adeguato e tempestivo, all'attacco sferrato dai grandi gruppi multimediali americani[4]. Se, nei primi anni settanta, la politica di potenza del cinema italiano ed europeo consentiva ancora di contrastare la concorrenza americana, nei decenni successivi le misure di scala e i sistemi di rapporti e poteri sono variati in modo profondo: non vi sono piú sicurezze e punti di forza e riferimento interni, e sul piano internazionale si ha sempre piú l'impressione che pochi grandi gruppi – sul modello delle «sette sorelle» del petrolio – puntino a condizionare e controllare il mercato

---

[3] I dati sono in A. BERNARDINI, *Il cinema sonoro, 1970-1990*, Anica, Roma 1993.

[4] U. ROSSI, *Il pubblico del cinema*, in L. MICCICHÉ (a cura di), *Il cinema del riflusso*, Marsilio, Venezia 1997, pp. 26-44.

mondiale dell'audiovisivo e a inserire i prodotti cinematografici ben al centro di una rete integrata di servizi della comunicazione[5].

Mai come in quest'ultimo trentennio lo studio delle trasformazioni produttive ed economiche deve assumere un punto di vista comparato e sovranazionale[6].

Il gioco è mutato e ha mutato tutte le sue regole. E, dal punto di vista del mercato, la storia del cinema italiano dell'ultimo quarto di secolo è una storia di progressiva marginalizzazione, perdita di contatti con il processo di espansione dei gruppi integrati che controllano il nuovo universo mediatico, perdita di visibilità e di quell'aura che nei decenni precedenti il cinema del neorealismo e di Fellini, Antonioni, Pasolini, Bertolucci ecc., aveva garantito. L'amore per il cinema italiano continuerà a rimanere intatto all'estero, ma andrà distribuito in maniera disomogenea, indirizzandosi ancora verso il cinema del passato e premiando, di tanto in tanto, singoli titoli nel corso degli ultimi decenni di Bertolucci, Olmi, Tornatore, Amelio, Salvatores, Troisi, Moretti, Benigni...

Cambieranno, oltre che le regole del gioco, gli interlocutori, le categorie di riferimento, gli apparati, gli scenari, i poteri delle varie forze in campo, i canali di circolazione del prodotto cinematografico. Agli inizi del 2002, la trasmissione in contemporanea in una cinquantina di sale americane di *Star Wars: Episode I* (George Lucas) apre una nuova era nella storia dell'evoluzione tecnologica e della distribuzione rafforzando il potere delle nuove Majors e delle loro strategie di copertura massima delle sale con singoli titoli.

Nel corso degli anni settanta e ottanta, mentre aumenta sensibilmente il consumo di cinema, grazie alle televisioni private e alla diffusione delle videocassette e dei videoregistratori, diminuisce in parallelo il suo ruolo per l'immaginario collettivo italiano[7]. E, nello stesso periodo, è avviata

---

[5] Vedi M. BAGELLA, *L'economia latitante. Il cinema italiano e la globalizzazione*, in V. ZAGARRIO (a cura di), *Il cinema della transizione*, Marsilio, Venezia 2000, pp. 249-63.

[6] C. WAGSTAFF, *Il nuovo mercato del cinema*, in *Storia del cinema mondiale*, vol. I cit., pp. 847-903.

[7] F. CONTALDO e F. FANELLI, *L'affare cinema*, Feltrinelli, Milano 1979.

una riflessione su ruolo e potenzialità della televisione per quanto riguarda la produzione del cinema, dal momento che sul piccolo schermo il prodotto cinematografico sembra destinato naturalmente ad arrivare anche quando non raggiunge la sala. A parte i primi anni settanta, quando ancora l'industria cinematografica italiana detiene una posizione preminente sul piano mondiale, il ventennio successivo è contrassegnato da un processo drammatico e quasi irreversibile di terzomondizzazione del mercato italiano. Un mercato poco alla volta ridotto al ruolo di semplice consumatore di prodotti cinematografici e televisivi made in Usa. La sala non è piú il luogo per eccellenza del rito laico piú importante: anno dopo anno, decine di milioni di spettatori continuano a disertarla. Prima vengono colpite le sale di terza visione, poi quelle di seconda[8]. Agli inizi degli anni novanta il numero di biglietti venduti annualmente si aggira sui 90 milioni; nel '92 saranno poco piú di 80 e la ripresa registrata nel '93 non autorizza a vedere un'inversione di tendenza che, in ogni caso, non tocca il cinema italiano, penalizzato e disertato dal pubblico come non mai (cfr. tab. 9). Si assiste a un fenomeno di disaffezione collettiva nei confronti dei prodotti nazionali da parte delle nuove generazioni, che piú o meno consapevolmente li rifiutano in quanto li assimilano a prodotti televisivi. Nel giro di venticinque anni sono spariti oltre settecento milioni di spettatori e le sale funzionanti tutto l'anno si aggirano sul migliaio. Il numero di film è caduto a picco negli ultimi anni, ma soprattutto è minimo il numero di titoli che riescono a entrare nelle classifiche dei maggiori incassi. Anche i produttori capaci di pensare in grande, di rischiare e farsi carico di prodotti in grado di competere sul piano internazionale, si sono ridotti: il terreno appare sempre piú instabile e privo di soggetti dotati della forza propulsiva indispensabile a trainare il sistema. Il consumo cala drasticamente in sala, ma nell'insieme si distribuisce in modo diverso, inizia a diffondersi a pioggia nella miriade di canali televisivi privati che proliferano in modo selvaggio dalla

---

[8] Vedi M. BAGELLA, L. BECCHETTI e A. SIMONCINI, *La performance in sala dei film prodotti in Italia nel periodo 1985-96*, in «L'industria», n. 3, 1999.

metà degli anni settanta. Alle generazioni di cinedipendenti, di cinefili, subentra quella dei teledipendenti, ben piú diffusa e appetibile, soprattutto da parte dell'industria pubblicitaria. Che, nel giro di poco tempo, diventerà la forza capace di condizionare e orientare, in modo decisivo, la produzione d'immagini nel mondo. Il passaggio di poteri è progressivo e ben visibile. Lo stesso cinema italiano, per tentare di far fronte alla crisi della fine degli anni settanta, cerca di rinnovare il suo sistema divistico, andando a pescarlo tra i divi e i personaggi emergenti del piccolo schermo.

Inoltre, la defezione da parte di milioni di spettatori nei confronti dello spettacolo cinematografico è dovuta, nei primi anni settanta, a piú fattori esterni: la crisi petrolifera ed economica mondiale, il senso di paura e insicurezza collettiva causato dal protrarsi lungo tutto il decennio del terrorismo, la differente distribuzione dei consumi. La crescita tumultuosa e incontrollata delle televisioni private segna l'inizio del recupero e saccheggio indiscriminato del giacimento aureo della memoria del cinema sonoro. Il patrimonio cinematografico di tutto il mondo, che sembrava destinato a uscire dalla memoria, ridiventa accessibile e riprende a circolare in maniera caotica e tumultuosa a tutte le ore e in tutti i canali, senza che vi sia alcun tentativo di regolamentazione e controllo. Grazie alla preferenza accordata dagli spettatori ai film, rispetto a qualsiasi altro tipo di programma, il cinema dilaga nei palinsesti televisivi in modo ipertrofico, tanto che, alla fine degli anni settanta, si calcola già che ogni giorno passino quasi un migliaio di titoli cinematografici nei canali delle innumerevoli antenne televisive private. Lo spazio e il paesaggio produttivo del cinema nazionale e internazionale mutano in maniera profonda, il cinema americano esce da un ciclo di crisi lunga e inizia una riscossa che lo porterà a riconquistare un dominio pressoché assoluto sul mercato mondiale. D'altra parte, in Italia spariscono, o emigrano o cedono le armi, salvo poche eccezioni, i grandi produttori, come Ponti o De Laurentiis, lasciando sempre piú spazio alle televisioni come uniche vere produttrici di cinema e a piccoli coraggiosi imprenditori che, a ogni film, si giocano tutto, contando in parte nel sostegno statale, consapevoli fin dall'inizio di doversi accontentare di nicchie di mercato, di apparizioni fuggevoli in una o due sale d'essai, e di un passaggio notturno, a orari impossibili, in una rete televisiva pubblica o privata.

Chi sono i produttori operanti nell'ultimo ventennio? Anzitutto vanno ricordati i nomi di quelli che riescono a reggere il timone delle loro imprese anche nelle situazioni piú burrascose del decennio precedente: accanto a Mario Cecchi Gori comincia a lavorare il figlio Vittorio, proseguendo nella linea di finanziamento di commedie di successo di Castellano e Pipolo, o di Neri Parenti o Carlo Verdone, e assieme a loro Goffredo Lombardo, Alfredo Bini, Franco Cristaldi, sulle cui orme proseguirà anche il figlio Massimo, o Alberto Grimaldi, tutti produttori che hanno raggiunto il massimo successo a cavallo degli anni sessanta e settanta[9]. Poi avranno, e hanno tuttora un ruolo significativo sia come produttori che come distributori, prima che entrino in campo le corazzate televisive, Roberto Cicutto con la Mikado, Luigi e Aurelio De Laurentiis, Mario Gallo, Fulvio Lucisano, Andrea Occhipinti, Antonio Avati, Domenico Procacci, Mauro Berardi, Giovanni Minervini, Tonino Cervi, Silvio Clementelli, Giuseppe Colombo, Giovanni Di Clemente, Pio Angeletti, Luciano Martino, Franco Committeri, Francesco Adriano de Micheli, Angelo Bassi, Giovanni Bertolucci, Claudio Bonivento, Gianfranco Piccioli, Mario Orfini, Leo Pescarolo, Enzo Porcelli, Marina Piperno, Angelo Barbagallo e Nanni Moretti, Maurizio Tedesco, Stefano Agosti, Conchita Airoldi, Monica Venturini, Sandro Parenzo, Italo Zingarelli... Molto rapidamente, la maggior parte di questi produttori dovrà affrontare un mercato sempre piú sfuggente e allergico al film d'autore e dovranno tener conto, oltre che dei mutamenti del pubblico e delle improvvise sclerosi del mercato, anche della naturale destinazione di molti titoli al pubblico televisivo[10]. Ci sono poi i produttori dell'ultima generazione, quelli a cui va il merito d'aver creduto di poter rimettere

---

[9] Vedi *Le botteghe dell'immaginario*, Anica, Roma 1986.
[10] E. MARTINI, *Il futuro nascosto in una selva di sigle produttive*, in «Cineforum», n. 262, 1987, pp. 22-23.

in moto la macchina che si era quasi bloccata: Domenico Procacci, Gianni Romoli, Tilde Corsi, Gianluca Arcopinto, Maurizio Tini, Lionello Cerri e molti altri, che stanno cercando di restituire al produttore almeno alcune delle caratteristiche che si erano perdute.

Comunque, i veri «grandi produttori» degli ultimi venti anni sono la Rai e la Fininvest: la Rai ha coprodotto dal 1976 film di Bellocchio, Olmi, fratelli Taviani, Fellini, Rosi, Giordana, Avati, Lizzani, Antonioni, Amelio, Moretti, Del Monte, Carlo Verdone, Squitieri, Loy, Monicelli, Comencini, Troisi, Tornatore, Marco Risi, Scola, Maselli, Montaldo, Wertmüller... La Fininvest, entrata in campo dal 1984 come Reteitalia o Penta, ha prodotto film di Moretti, Piscicelli, Tornatore, Dino Risi, Ferreri, Salvatores, Rosi, Luchetti, Argento, Olmi, Mazzacurati, fratelli Taviani, Maselli[11]. Come si vede, anche senza ricordare i singoli titoli, si tratta di scelte editoriali importanti, di sostegno ad autori che garantivano opere di qualità. Poco a poco è parso evidente che la presenza di questi due colossi produttivi diventava necessaria sia per la realizzazione di prodotti pensati per i mercati europei sia per il sostegno degli esordienti che per la possibilità offerta agli autori consolidati di lavorare in condizioni ottimali.

È giunto il momento di invitare a studiare a fondo i film immaginati e realizzati per la televisione e restituire loro l'identità di prodotto cinematografico: non sono pochi i maestri del cinema che hanno esordito negli anni sessanta, da Olmi ai Taviani ma anche i piú giovani, da Zaccaro a Carlei, da Alberto Sironi (la serie di film sul commissario Montalbano) ad Alberto Negrin (penso a *Perlasca*, 2002), che realizzano dei film per la televisione senza rinunciare al linguaggio cinematografico. Rai e Mediaset hanno prodotto o coprodotto negli ultimi anni opere importanti, spesso colossali per investimenti e concezione spettacolare, che, pur destinate solo al piccolo schermo, fanno parte a pieno titolo del patrimonio cinematografico.

Quanto alla fiction televisiva, nelle ultime stagioni ha

---

[11] F. PETROCCHI, *Il cinema della televisione italiana. La produzione cinematografica di Rai e Fininvest (1976/1994)*, Rai-Eri, Torino 1996.

avuto un significativo incremento e, in alcuni casi (*Il maresciallo Rocca*, *Commesse*, *Linda e il brigadiere*, *Ultimo*, *La vita che verrà*), è stata premiata da un consistente successo di pubblico anche perché, comunque, ha attinto alla tradizione del cinema del dopoguerra e della commedia e alla loro capacità di raccontare maschere e sogni dell'italiano popolare, facendoli passare attraverso il filtro di una quotidianità in cui tutti si riconoscevano. Un elemento non secondario del successo è stata la familiarizzazione con l'ambiente domestico dei protagonisti, con un'immediata violazione della privacy e un uso pubblico delle vicende private.

Valutando nell'insieme i prodotti degli ultimi anni, si può dire che le storie ambientate nel presente hanno avuto piú successo dell'operazione nostalgia di rivisitazione degli anni cinquanta e sessanta e di tutte le mitologie a essi connesse. La tendenza di alcune delle trasmissioni di maggior successo sembra quella di ridar vita, a quasi cinquant'anni di distanza, a una rappresentazione di piccole storie di persone comuni e senza storia, *à la manière* di Luciano Emmer di *Una domenica d'agosto* o di *Le ragazze di Piazza di Spagna*, o di tanti film appartenenti al filone del cosiddetto neorealismo rosa.

Vale la pena – a questo punto – aprire una parentesi sul ruolo che progressivamente ha acquisito l'Istituto Luce sul piano della produzione, della distribuzione e dell'esercizio[12].

Nel 1962, l'Istituto diventa una società per azioni e, grazie al successo internazionale del documentario di Marcellini, *La grande Olimpiade* (1961), avvia la produzione di lungometraggi e film d'autore. Dal 1965 è l'unico vero produttore di film per ragazzi: fra i titoli, da ricordare *Pagine chiuse* (Gianni Da Campo, 1966), *Un amico* (Ernesto Guida, 1967), *Il cavaliere inesistente* (Pino Zac, 1968), *La torta in cielo* (Lino Del Fra, 1970), *Turi e i paladini* (Angelo D'Alessandro, 1977), *Noi tre* (Pupi Avati, 1983), *Zoo* (Cristina Comencini, 1986). Dal 1982, all'attività di produzione si affianca anche quella di distribuzione ed esercizio mediante l'Italnoleggio. Dalla fine degli anni sessanta, il Luce

[12] LAURA, *Le stagioni dell'aquila* cit.

produce opere di autori ormai consacrati ma investe anche su esordienti e giovani, divenendo uno dei punti di riferimento fondamentali per la sperimentazione e la ricerca di nuovi modi narrativi ed espressivi: tra i nomi da ricordare Lizzani, Pino Zac, Avati, Mingozzi, Paolo Benvenuti, Orsini, Giuseppe Bertolucci, Bellocchio, Baldi, Pasquale Misuraca, Squitieri, Gianni Amelio, Beppe Cino, Monicelli, Wilma Labate, Giovanna Gagliardo, Luca Verdone, Sandro Cecca, Francesco Ranieri Martinotti, Vito Zagarrio, Fabio Carpi, Mario Brenta, Michele Placido, Scola, Peter Del Monte, Francesca Archibugi. Dalla fine degli anni ottanta si entra in una fase ulteriore di distribuzione e coproduzione internazionale e gli autori sono Claude Chabrol, Otar Iosseliani, Theo Anghelopoulos.

Nel 1994 viene affidata a Folco Quilici la regia di una grande serie di ben ottanta documentari dedicati a *La storia d'Italia del XX secolo*, che si avvale della consulenza degli storici Renzo De Felice, Valerio Castronovo e Pietro Scoppola. Contestualmente, viene inaugurata una fase di ricatalogazione informatica, di valorizzazione sistematica e pubblica di tutto il materiale d'archivio. Struttura pubblica, indipendente da Cinecittà, l'Istituto può guardare con ottimismo al futuro, per l'aspetto produttivo, distributivo e di riuso del patrimonio.

In un periodo di nuova potente espansione di tutti i consumi, di crescita generalizzata degli standard di vita, il cinema sembra dunque aver perso definitivamente il suo carattere di rito e bene di prima necessità e da parte dei produttori viene poco alla volta a mancare la fiducia nella sua redditività. I capitali di rischio non gli riconoscono piú, già dalla fine degli anni settanta, le condizioni minimali che lo rendano un settore d'investimento remunerativo. Non a caso proliferano le piccole avventure di chi ricorre alle sovvenzioni statali dell'art. 28 per produrre film, qualche volta meritevoli ma anche spesso anemici, asfittici o privi di interesse tematico[13]. Da incoraggiare e proteggere, ma non certo da inserire in strategie innovative che tengano conto del *global marketing*. Il confronto tra la generazione degli

---

[13] FAGO e PIRO (a cura di), *La carica dei 28* cit.

Spielberg, Lucas e Scorsese con quella dei coetanei esordienti del cinema italiano degli anni settanta non è possibile in quanto si tratta di entità non comparabili e sarebbe sleale sotto tutti i punti di vista. Viene a mancare quel legame forte che aveva unito produttori e autori delle generazioni precedenti, manca sempre piú il senso d'appartenenza e tensione comune e la fede nelle capacità e possibilità del mezzo cinematografico. Manca la ricerca e la percezione di un pubblico nel buio della sala.

In ogni caso, l'art. 28, dopo aver negli anni sessanta e inizi settanta aiutato gli esordi di Silvano Agosti, Gianfranco Mingozzi, Fabio Carpi, Emidio Greco, Maurizio Ponzi, Giuseppe Ferrara, Ansano Giannarelli, Toni De Gregorio, e sostenuto le opere seconde o terze dei fratelli Taviani e Carmelo Bene, contribuerà agli esordi di Luigi Faccini, Peter Del Monte, Nanni Moretti, Franco Piavoli, Salvatore Maira, Nino Bizzarri, Nico D'Alessandria, Francesca Archibugi, Fulvio Wetzl, Davide Ferrario, Paolo Benvenuti, Nico Cirasola, Silvio Soldini, Sergio Rubini, Michele Sordillo, Antonio Capuano, Guido Chiesa, Pasquale Pozzessere, Aurelio Grimaldi, Lucio Gaudino, Vito Zagarrio, Pappi Corsicato, Wilma Labate, Stefano Incerti, Vanna Paoli, Fulvio Ottaviano... Un bilancio tutt'altro che negativo e di basso profilo dal punto di vista dell'investimento statale e una foto parziale di gruppo che comunque presenta notevoli luci ed elementi distintivi al suo interno[14].

Inoltre, va tenuto conto che, nell'ultimo ventennio, esordiscono ogni anno almeno una ventina di autori (negli anni ottanta esordiscono quasi trecento registi), il che crea un insieme rilevante all'interno del quale, anche se non viene raggiunto un minimo successo di pubblico e per questo si è costretti ad arrestarsi all'opera prima, si segnalano personalità ben caratterizzate e opere degne di maggiore attenzione e incoraggiamento. Che spesso non è giunto né dalla critica né dal pubblico. Solo guardando alle registe si possono ricordare i nomi di Vanna Paoli, Anna Negri, An-

---

[14] M. CONFORTI, *Un bilancio degli ultimi anni dell'art. 28*, in «Gulliver», n. 7-8, 1992, pp. 9-13.

tonietta De Lillo, Stefania Casini, Roberta Torre, Isabel la Sandri, Angiola Janigro, Nina di Majo, Wilma Labate. Carla Apuzzo, Elisabetta Lodoli, Giovanna Gagliardo, Simona Izzo, Cecilia Calvi, Cristina Comencini, Anna Di Francisca, Laura Belli...

Sempre piú i registi esordienti sono anche produttori del loro film: la maggior parte di loro, negli anni ottanta, anche se ha avuto la fortuna di ottenere qualche consenso di stima in un festival, non riesce a far uscire in sala il proprio film. Mentre, nei decenni precedenti, ogni tipo di prodotto cinematografico riusciva a raggiungere la sala – anche se poi gli incassi raggiungevano a malapena le poche decine di milioni, come era accaduto a *Nostra Signora dei Turchi*, distribuito nei circuiti d'essai –, da un certo momento questa possibilità comincia a essere negata al cinema italiano non distribuito dai grandi produttori. Un solo esempio: *Prima la musica poi le parole* di Fulvio Wetzl, prodotto nel 2000, viene presentato in oltre sessanta festival internazionali prima di trovare qualche piccola uscita in Italia.

Il giovane cinema italiano degli ultimi quindici anni è «di fatto» un cinema invisibile (se si controllano gli incassi di alcuni titoli si vede che a malapena decine di film raggiungono i 20 milioni di vecchie lire), un cinema fantasma, privo di habitat comune e di interconnessioni ideali, stilistiche, culturali, un cinema che avrebbe forse meritato non solo il sostegno statale ma anche una maggiore attenzione, e qualche iniezione benefica di fiducia che non c'è mai stata e che ha determinato questa sorta di condizione cronica di autismo creativo in una condizione sempre piú desertificata di pubblico. È come se, poco a poco, sia mancata quella fiducia nei propri mezzi che era stata uno dei punti di forza del nostro cinema anche nei momenti piú difficili. Ma, anche, è venuta meno la fiducia nei gestori delle sale d'essai e la modestia dei sostegni statali nei loro confronti li ha spinti ad accogliere in modo sempre piú massiccio i *blockbusters*.

La figura classica del produttore è stata sostituita da figure assimilabili ai mediatori o ai procacciatori d'affari. A rischiare sono rimasti in pochi e alcuni risultati catastrofici hanno scoraggiato anche i piú coraggiosi. In ogni caso, si raggiunge a cavallo degli anni ottanta e in seguito un livello di frammentazione produttiva ipertrofico: nella stagione 1980-81 per 87 film italiani vi sono 67 sigle produttive; due anni dopo 112 titoli sono prodotti da 84 sigle differenti. Agli inizi degli anni novanta il numero di case di produzione giunge quasi a coincidere con il numero di titoli prodotti (90 per 97 film). Dal canto loro, le televisioni non incoraggiano le piccole produzioni indipendenti né, nella maggior parte dei casi, offrono alcuna ciambella di salvataggio alle opere prime. Per tutti gli anni ottanta, la sensazione dominante è quella di progressivo affondamento d'un sistema, che, salvo eccezioni, vuole ridurre i propri margini di rischio, perde il senso delle ragioni del proprio essere e non riesce a ricomporre un tessuto sufficientemente forte e in grado di stabilire rapporti con i mercati contigui. L'unico investimento in cui i produttori di un certo calibro ancora operanti sul mercato credono sembra concentrarsi sulla commedia e sui nuovi comici, mentre spariscono i generi che avevano costituito l'*humus* e il *plancton* per i pubblici popolari e d'altra parte non riescono piú a trovare un loro pubblico maestri come Fellini, Antonioni, i fratelli Taviani, Olmi, Ferreri, Scola e, negli ultimi tempi, anche le opere di un regista come Carlo Verdone registrano risultati ben al di sotto delle aspettative. Ma film come *Ladri di futuro* (Enzo Decaro) o *Dicembre* (Antonio Monda) raggiungono appena i 6-7 milioni di vecchie lire d'incasso.

Dalla metà degli anni ottanta si assiste comunque all'irresistibile ascesa e al dominio pressoché incontrastato del mercato interno da parte dei Cecchi Gori che, da un certo momento in poi, creeranno un sodalizio con la Berlusconi Communications. Nel breve periodo, questa alleanza, in apparenza promettente, non darà i frutti sperati, né per quanto riguarda il mercato nazionale e soprattutto per quanto riguarderà il tentativo di andare a sfidare l'avversario sul suo stesso territorio aprendo, nei primi anni novanta, a Los Angeles una casa di produzione dotata d'una propria autonomia, la Pentamerica.

Ultima arrivata sulla scena produttiva è Reteitalia, il ramo della produzione cinematografica della Fininvest: si tratta d'una struttura dotata di una liquidità finanziaria sconosciuta ai produttori cinematografici tradizionali, capace d'investire, fin dal primo anno, capitali corrispondenti al 40 per cento della cifra globale investita per la produzione nazionale. Questi capitali freschi sono accolti con entusiasmo: presto ci si accorge che diventano il vero elemento di modificazione del mercato, e un fattore d'integrazione verticale che si svilupperà nelle stagioni successive. Dato che i costi sono da subito coperti dalle prevendite televisive i produttori associati non s'impegnano a migliorare la qualità dei prodotti, tutt'altro. Cosí, l'ingresso della televisione privata – Reteitalia all'inizio occupa il vuoto lasciato dall'improvvisa uscita dal mercato di Gaumont Italia, alla quale erano affidate molte speranze del cinema italiano giovane e d'autore – come grande produttore di riferimento, per qualche tempo e nonostante la benefica immissione di liquidità, non è un elemento di rafforzamento, quanto piuttosto d'indebolimento dei fattori creativi e apre la strada alla trasformazione del prodotto cinematografico in un prodotto con spiccate caratteristiche televisive. All'inizio, Reteitalia produce film di Dino Risi (*Il commissario Lo Gatto*, 1986), Lamberto Bava (*Morirai a mezzanotte*, 1986, *Le foto di Gioia*, 1987), Biagio Proietti (*Puro cashmere*, 1986), Corbucci (*Rimini Rimini*, 1987), che puntano ad accelerare il passaggio di registi e film di genere dal grande al piccolo schermo, senza troppo preoccuparsi del successo in sala. Anche se *Superfantozzi* (Neri Parenti, 1987) cerca evidentemente in prima battuta il pubblico cinematografico. La svolta si verificherà a partire dal 1988, quando si comincerà a investire in film d'autore oltre che in opere prime.

Le televisioni pubbliche, e private, cominciano a rendersi conto che, comunque, è sempre piú redditizio acquistare programmi e filmati prodotti all'estero, i cui costi siano già stati ammortizzati, piuttosto che produrne in proprio con il rischio di non venderli poi all'estero. Solo a fine anni novanta la legge 122, che incoraggia la produzione di fiction nazionale, produrrà una significativa inversione di tendenza e un altrettanto significativo arruolamento di autori, attori e tecnici sotto le bandiere televisive. Anziché moltiplicare le opportunità produttive e incoraggiare un incremento di prodotti nazionali – destinati sia al mercato cinematografico che televisivo –, già dai primi anni ottanta si opta per una dipendenza crescente dalla produzione statunitense, dai telefilm oltre che dai film, riuscendo a realizzare enormi guadagni netti grazie agli investimenti pubblicitari sempre piú massicci nel settore televisivo.

In ogni caso il peso delle televisioni cresce di anno in anno e anche il loro ruolo di modificatore del linguaggio dei registi, in quanto automaticamente il pubblico ideale a cui i film sembrano rivolgersi è quello della televisione.

Allargando lo sguardo dal cinema a tutto il sistema audiovisivo ci si accorge, con discreto tempismo, che sono in corso guerre stellari per il controllo, la trasmissione e produzione di immagini con investimenti, mezzi e supporti inimmaginabili fino a qualche anno prima. Il livello di sfida internazionale si è venuto facendo molto piú alto, la ricerca tecnologica prospetta scenari per il nuovo millennio con la creazione di reti interattive fra i sistemi informatici e quelli televisivi, diffusione della realtà virtuale, globalizzazione dell'informazione... Tutti processi destinati a produrre ulteriori mutamenti profondi nell'immaginario e a modificare interamente l'iconosfera, i nostri poteri d'accesso ai nuovi mondi delle immagini e i nostri poteri creativi nei loro confronti. Nella maggior parte delle analisi e delle previsioni dell'Anica, il cinema diventa una pedina sempre meno importante in un gioco la cui posta finale è il controllo mondiale dell'informazione e di tutti i sistemi di trasmissione delle immagini. Intanto anche l'esercizio ha mutato volto: il numero di schermi, grazie alla nascita delle multisale e dei multiplex, è tornato a crescere ma ciò non ha fatto crescere in egual proporzione il numero dei biglietti venduti[15].

In questi anni, di rapido mutamento e di evidente fine dell'era del cinema in pellicola, sarebbe stato vitale prevedere per tempo il passaggio verso il nuovo territorio dei sistemi digitali. La corsa è già iniziata da almeno un decennio e solo da poco si sta pensando a Cinecittà all'adeguamento alle nuove tecnologie. Ricerca e innovazione costi-

---

[15] M. REPETTO e C. TAGLIABUE (a cura di), *La vita è bella?*, Il Castoro, Milano 2000.

tuiranno la formula vincente per esercitare ancora un ruolo attivo e competitivo sul mercato internazionale. In un quadro sempre piú dominato dai colossi americani, resta da chiedersi quale possa essere il ruolo dell'Italia. Lo scenario, all'inizio del nuovo millennio, sembra lasciare margini minimi di speranza se si continua a ragionare solo in termini nazionali, se non si incoraggiano gli autori nuovi.

Il ritardo tecnologico, la disparità delle risorse finanziarie rispetto agli Stati Uniti certo penalizzano la nostra produzione ma la battaglia non appare ancora perduta per sempre. Bisogna ancora credere e far leva sul patrimonio di idee e creatività che ha costituito la materia prima del cinema italiano e bisogna trovare i modi di valorizzarlo di nuovo, bisogna riprendere a tessere i fili della collaborazione internazionale, recuperare la capacità di pensare in grande, anche in presenza di risorse finanziarie modeste, bisogna abbandonare il proprio orticello produttivo e fare in modo di trasformare in forza unitaria le molteplici debolezze individuali e riprendere a pensare a nuove forme distributive, a nuovi canali di trasmissione che a questo punto includono anche il web e ridisegnano tutto il territorio[16].

Ma i tempi e i dati del mercato, dopo una primavera del 2001 che aveva riempito di grandi speranze[17], all'inizio del nuovo millennio non incoraggiano ma ciò che comunque fa ben sperare è il nuovo fervore che circola tra i cineasti di nuova generazione, il decentramento e la politopia produttiva, la presenza di una volontà di comunicare e di esprimersi con le immagini superiore a qualsiasi momento del passato.

2. *Sotto i segni della perdita e della speranza.*

«Mamma, mi si è ristretto il cinema italiano!»: piú o meno questa potrebbe essere la prima osservazione d'uno spet-

---

[16] Vedi T. PARIS (a cura di), *Quelle diversité face à Hollywood*, in «CinémAction», n. fuori serie, 2002, che affronta i problemi della produzione e distribuzione europea ipotizzando nuovi scenari possibili.
[17] Vedi l'importante fascicolo monografico *La svolta del cinema italiano. Fu vera gloria?*, in «Cinecittà», n. 5, luglio-settembre 2001, a cura di Paolo D'Agostini, che raccoglie ben 70 interviste a registi, attori e produttori italiani.

tatore cinematografico medio, risvegliatosi oggi, dopo trent'anni di letargo: anche solo a scorrere i titoli dei film italiani proiettati nelle multisale, o i dati sul numero di spettatori o sul numero di film prodotti o sui loro incassi, il quadro sarebbe quasi sempre negativo. Per non parlare della caduta nella ricerca e sperimentazione stilistica ed espressiva, della vera e propria invisibilità in patria di film che pure hanno riscosso un buon successo nei festival internazionali.

A uno sguardo d'insieme, che tenga conto anche della storia anteriore l'ultimo trentennio, tutto sembrerebbe svolgersi all'insegna del segno meno e dell'arretramento inarrestabile di tutte le forze dalle posizioni conquistate negli anni sessanta[18]. È bene però tener presente che, anche nei momenti piú difficili, negli anni in cui le cose vanno peggio, sia dal punto di vista del mercato che dell'invenzione, è possibile avvertire o riconoscere sforzi, tentativi, o registrare risultati, che giustificano comunque il mantenimento d'una dose di ottimismo e speranza.

Grazie ad autori come Bertolucci, Fellini, Antonioni, i fratelli Taviani, Scola, Olmi, Rosi, Ferreri, Salvatores, Tornatore, Amelio, Benigni, a personalità come Danilo Donati, Nicola Piovani, Milena Canonero, Dante Ferretti, Vittorio Storaro, Dante Spinotti, Carlo Rambaldi, ecc., il cinema italiano ottiene ancora i massimi riconoscimenti internazionali, vincendo Oscar, premi a Cannes, Venezia, Berlino e conservando un prestigio che viene dalla storia anteriore, ma anche dalla qualità delle opere realizzate e dalla capacità di parlare sempre ai pubblici internazionali.

Bertolucci, con ogni probabilità, è l'ultimo grande regista ad assumere un riconosciuto ruolo di protagonista nel cinema internazionale, a immaginare un cinema capace di sposare la classicità della lezione dei grandi maestri e lo sguardo alla modernità, ed è anche grazie a lui – ma anche a Dino De Laurentiis – che personalità come Storaro, Rambaldi, Ferretti, Spinotti, Pescucci, iniziano a lavorare regolarmente nella produzione americana o internazionale.

---

[18] Vedi il profilo degli anni sessanta-settanta tracciato da L. MICCICHÉ, *Linee e tendenze del cinema italiano*, in ID. (a cura di), *Film '81* cit., pp. 5-84.

L'amore per il cinema italiano all'estero, di fatto, grazie a quell'eredità d'amore nei suoi confronti che viene dal neorealismo e dal successo del cinema degli anni sessanta, non è comunque venuto mai meno, soprattutto nei pubblici colti e frequentatori del cinema; e, per certi versi, la conoscenza della tradizione del cinema del dopoguerra o l'attenzione per i registi degli ultimi decenni appare superiore a quella degli stessi spettatori italiani, come risulta con evidenza dalle belle ricerche condotte da Monica Repetto e Carlo Tagliabue[19].

In ogni caso, in un quadro di progressiva perdita di capacità di raccontare storie che vadano al di là delle vicende personali dell'autore, è più facile che un ciclo di film restaurati sulle Dive del muto compia negli Stati Uniti una trionfale tournée piuttosto che un gruppo di film prodotti negli ultimi anni trovi un varco anche minimo per raggiungere il pubblico dei vari paesi europei o extraeuropei.

Più ci si avvicina all'oggi più il lavoro storico è difficile e possono prevalere nel giudizio e nell'interpretazione visioni parziali e i diversi elementi individuali risultano difficilmente raggruppabili e comparabili. La semplificazione degli elementi e dei discorsi è, in un certo senso, imposta dalla situazione.

Tra il 1975 e il 1985 si perdono quasi quattrocento milioni di spettatori e negli anni novanta si passa sotto i cento milioni di biglietti venduti l'anno. Negli stessi dieci anni, il numero degli schermi attivi tutto l'anno passa da 6500 a 3400 per scendere di altre mille unità nel quinquennio successivo. Quanto al numero di film prodotti, si passa, sempre nello stesso decennio, da 230 a 80[20].

Nello stesso periodo, certo, s'assiste a un ricambio generazionale ma le personalità che emergono – salvo poche eccezioni – non suscitano le stesse contrastanti passioni che hanno prodotto i padri nei decenni precedenti (basti pen-

---

[19] REPETTO e TAGLIABUE (a cura di), *La vita è bella?* cit.; ID., *Vecchio cinema paradiso*, Il Castoro, Milano 2001.

[20] M. D'ARCANGELO e G. M. ROSSI, *Gli anni maledetti del cinema italiano (1975/1985)*, Mediateca regionale Toscana, Firenze 1986.

sare, dal punto di vista mediatico, nazionale e internazionale, al caso Fellini). Troveranno piuttosto, periodicamente, sostegni o overdosi di entusiasmo da parte di qualche critico o gruppo di critici, che non saranno però sufficienti a mutare di segno gli indici di gradimento del pubblico. I registi – nonostante prolliferi lo spirito della produzione indipendente – forse non sono mai stati e non si sono sentiti mai cosí soli e privi di punti di riferimento come in questi decenni.

Nel mio lavoro precedente (del 1991) sul cinema italiano, per descrivere una situazione di moltiplicazione dei punti nello spazio privi d'un piano comune su cui poggiare, ho usato la figura matematica delle «polveri di Cantor»[21].

Quella rivolta contro i padri, che non c'era stata nei primi anni sessanta e di fatto neppure nel 1968, quando buona parte di registi era corsa alle armi (simboliche) dei western, esplode all'improvviso e in maniera imprevedibile a opera d'un solo regista, Nanni Moretti, che esordisce nel 1976 con un film in Super8, *Io sono un autarchico*. Senza che l'uccisione simbolica sia programmata, l'effetto sul cinema di quegli anni è tale che Moretti sembra d'un colpo solo sbarazzarsi, come d'una zavorra, del patrimonio e delle lezioni dei maestri delle generazioni precedenti. Il giovane esordiente non spara a zero contro «il cinema di papà», come avevano fatto i futuri registi della Nouvelle Vague dalle pagine dei «Cahiers du cinéma» alla fine degli anni cinquanta: possiede piuttosto un cosí forte senso di sé e volontà di fare cinema da dare l'impressione di voler rifondare le regole del fare registico. È una sorta di fuoco e fideismo religioso quello che lo guida e gli fa pretendere il massimo da se stesso e poco a poco superare i confini dell'Io per tentare di scoprire e stimolare altri talenti.

Per quanto sia giusto ricollocare Moretti in un contesto piú ampio di spinte e tensioni al nuovo, questo venticinquennio è molto segnato dal suo carisma, dalla sua capacità di interpretare, già all'atto del primo film, gli umori e lo spirito d'una generazione di giovani che non si riconosce nei furori sessantottini, è insoddisfatta del presente ed è

---

[21] G. P. BRUNETTA, *Cent'anni di cinema italiano*, Laterza, Bari 1991.

alla ricerca di un'identità che la differenzi in maniera netta da chi l'aveva preceduta[22]. Anche se Michele Apicella, il giovane regista di successo di *Sogni d'oro* (1981), alter ego di Moretti, consapevole del peso di questa responsabilità, si affretta a dichiarare: «Non rappresento i giovani. A malapena rappresento me stesso».

Sarebbe ingiusto e limitativo concentrare l'attenzione sul cinema di Moretti, però è bene dire subito, nel tracciare alcuni tratti del quadro generale, che proprio il suo fortissimo individualismo, la sua scoperta e tutto sommato non violenta uccisione dei padri, il suo rigore e l'autodisciplina, la sua insofferenza per ogni forma di idea ricevuta, di luogo comune ideologico o di comportamento eterodiretto, costituiranno per molti un punto di riferimento forte e indispensabile nel rafforzare la convinzione di poter affermare – anche nelle piú difficili condizioni – la propria poetica e la propria autorialità a dispetto di tutte le forze avverse. E la sua orgogliosa solitudine, che nasce dal narcisismo e dal forte senso di autostima, raccoglie naturalmente consensi e fedeli nel breve, medio e lungo periodo e ha la capacità di attivare altre forze, di comunicare nuova fede nel lavoro cinematografico.

Come abbiamo detto il paesaggio è segnato dalle perdite ma non dalla sparizione della «volontà di fare cinema». Anzi, questa volontà si è moltiplicata a mano a mano che le videocamere – sempre piú accessibili – apparivano come l'inevitabile sostituto della macchina da presa e, grazie alla maneggevolezza e alla qualità delle riprese, sembravano realizzare finalmente il sogno di Alexander Astruc della *caméra stylo*, o di Zavattini, della possibilità per chiunque di usare la videocamera come una penna o una macchina da scrivere.

Nella sua *Lettera aperta ai giovani Film-maker* del 1985, pubblicata su «Rinascita», Goffredo Fofi si rivolgeva al suo ideale destinatario con queste parole:

Oggi non è difficile fare cinema (o video, che sempre «cinema» è) con costi relativamente bassi. Si offre a una generazione

---

[22] U. PAOLA e A. FLORIS, *Facciamoci del male. Il cinema di Nanni Moretti*, Cuec, Cagliari 1990.

quella possibilità che *i cinéphiles* delle precedenti neppure osavano sognare. È un privilegio e, come dovrebb'essere di ogni privilegio, tutto sta nel saperne usare decentemente, riconoscendo i doveri che ne conseguono[23].

Le nuove figure che s'affacciano sulla scena non sono poche, sono centinaia e molte hanno attraversato lo spazio con la rapidità d'una stella cadente, o sono rimaste invisibili, altre meritano una piú attenta considerazione. In ogni caso, si rinvia per censimenti e piú ampie perlustrazioni a testi che in quest'ultimo decennio hanno cercato di dar ordine a un sistema caotico, sempre piú policentrico e nuovo per la maggior parte degli aspetti[24].

3. *Due pontefici: Fellini e Bertolucci.*

Nel considerare invece le figure che continuano a funzionare da punti di riferimento indispensabili e che contribuiscono a mantenere negli ultimi decenni un ponte tra il cinema italiano del passato e i pubblici di tutto il mondo, dobbiamo ora fermare l'attenzione su Fellini e Bertolucci.

Il viaggio felliniano dell'ultimo quindicennio porta i protagonisti a prendere atto del vuoto, del senso di dispersione e dei tentativi surrogatori di riempire questo vuoto con maschere di finta gioia e finta comunicazione con gli altri. Dai primi anni settanta, lo sguardo di Fellini si dilata ma si dilatano anche le figure nello spazio: prevale sempre piú in lui una sorta di gigantismo, la messa in scena d'un enorme museo vivente, un album di figure dalle proporzioni smisurate e «mostruose». Di film in film, Fellini costruisce un ipertrofico parco delle meraviglie e la sua macchina da pre-

---

[23] Ora in G. FOFI, *Dieci anni difficili. Capire con il cinema, 1975-1985*, La casa Usher, Firenze 1985, pp. 262-64.

[24] Vedi, in particolare, MICCICHÉ (a cura di), *Il cinema del riflusso* cit.; L. MICCICHÉ, *Schermi opachi. Il cinema italiano degli anni ottanta*, Marsilio, Venezia 1988; F. MONTINI, *I novissimi. Gli esordienti del cinema italiano degli anni ottanta*, Eri, Torino 1988; ID. (a cura di), *Una generazione in cinema. Esordi ed esordienti italiani (1975-1988)*, Marsilio, Venezia 1988; M. SESTI (a cura di), *Strutture e immaginario di un altro cinema (1988-1996)*, Marsilio, Venezia 1996.

sa fa muovere i personaggi come sulle montagne russe, dando sensazioni di esaltazione e di vuoto improvviso. Qualcuno ha voluto vedere in *Prova d'orchestra* (1979), *La città delle donne* (1979), *E la nave va* (1983), *Ginger e Fred* (1985), *La voce della luna* (1990) delle variazioni metaforiche sulla situazione politica dell'Italia, sul senso d'imminente collasso del sistema, sulla perdita di capacità comunicative, sul trionfo del rumore. Il velo funebre che progressivamente si stende sulla scena felliniana nasce anche dal procedere sincronico, di catastrofe in catastrofe, verso dimensioni apocalittiche. *E la nave va*, ad esempio, prospetta l'approssimarsi dell'incubo nucleare e suggerisce, con due soli elementi sopravvissuti – l'uomo e il rinoceronte – la versione minimale dell'arca di Noé. La fine del mondo, ha scritto Italo Calvino,

> È un tema che torna spesso in Fellini (...) Tra i suoi film *E la nave va* è forse il piú esplicito in questo senso, ma anche quello che vuole imporci meno questo tipo di pathos. Come se tutti avessimo capito che la fine del mondo è il nostro habitat naturale, e non potessimo piú immaginarci un modo di vivere diverso[25].

Anche se veste, per piú d'un decennio, l'abito della Cassandra mediatica, Fellini ha anche la capacità di continuare a sperare nel futuro del cinema e di riuscire a trovare comunque un punto di fuga e salvezza, un'isola in cui approdare e continuare a far vivere i fantasmi della propria immaginazione.

Mentre l'opera di Fellini, dai primi anni settanta, sembra accompagnarne, film dopo film, il senso dell'accostamento progressivo e della percezione e ineluttabilità della morte, pur assumendo sempre piú il ruolo di stella polare del cinema della modernità, in Bertolucci avviene qualcosa di molto diverso[26].

Nel varare il progetto del colossale *Novecento* (1976), il regista trova finalmente, e nel modo piú pieno, la possibilità di realizzare la sua natura di narratore epico che sa do-

---

[25] I. CALVINO, *Processo a Fellini. La parola alla difesa*, in «la Repubblica», 24 novembre 1983, p. 16.

[26] R. CAMPARI e M. SCHIARETTI (a cura di), *In viaggio con Bernardo*, Marsilio, Venezia 1994.

minare tutti i registri del racconto e tutte le strutture drammaturgiche, e orchestrare piú storie e temi all'interno di un grande flusso di eventi in cui grande storia e microstoria si fondono. Il paesaggio diventa protagonista della storia, la sua bellezza viene violata in vari momenti, mentre nell'insieme ci si accosta alla campagna padana e al fluire delle stagioni con un senso di partecipazione affettiva che subirà delle trasformazioni, ma manterrà la stessa disponibilità all'incanto visivo di fronte a mondi e paesaggi sconosciuti. Il film, soprattutto nella prima parte, non solo pone a contatto con modi e forme della cultura materiale contadina di cui aveva già dato uno splendido esempio in *Strategia del ragno*, ma riesce, quasi sinesteticamente, a far sentire odori, profumi, suoni e rumori di quel mondo in cui si immette cercando di coglierne le strutture profonde, di riportarne alla luce una tradizione iconografica e dei rimandi alle forme della pittura otto e novecentesca e contemporanea[27].

La luna (1979) punta su motivi privati piuttosto che su quelli corali e ripropone il tema dell'incesto già affrontato in *Prima della rivoluzione*. Anche *La luna*, come *La tragedia di un uomo ridicolo* (1981), è un film di riappaesamento culturale e in entrambi viene approfondita la ricerca visiva spostando l'attenzione dal paesaggio agli ambienti. A ottimizzare il percorso contribuiranno, in questi anni, la ricerca sulla luce di Storaro e il lavoro sul montaggio di Kim Arcalli e Gabriella Cristiani. Nel secondo film, oltre al tema del terrorismo è affrontato quello della trasformazione economica e industriale del mondo contadino.

In questo periodo Bertolucci è uno dei pochi registi italiani in grado di pensare a prodotti competitivi sul piano internazionale, problema centrale per la comprensione della crisi dei decenni successivi perché, dagli anni ottanta, si conteranno sulle dita d'una mano gli autori che sapranno pensare a storie non municipali.

Dopo queste due opere, Bertolucci spinge lo sguardo oltre gli spazi conosciuti e a confrontarsi con la grande Storia. Con *L'ultimo imperatore* (1987) affronta la storia della Cina servendosi della vicenda del suo ultimo imperato-

---

[27] CAMPARI, *Il fantasma del bello* cit.

re, prende il punto di vista del protagonista e ne segue le diverse fasi della vita. Il primo contatto tra il piccolo Pu Yi, nominato imperatore a tre anni, e il suo sterminato esercito schierato davanti a lui, ha il potere di restituire al cinema tutto lo splendore e il senso di magia e di creazione visiva del mondo. Con *L'ultimo imperatore* Bertolucci ottiene l'Oscar e si afferma in maniera definitiva come uno dei maestri del cinema mondiale. *Il tè nel deserto* (1990), tratto da un romanzo di Paul Bowles, è ancora una volta la storia d'un viaggio alla scoperta del sé, attraverso la fuga dal presente e la cancellazione della propria identità anagrafica. In questo film, le cui parti non sono perfettamente equilibrate, Storaro, «autore della fotografia», raggiunge risultati di dominio della luce tra i piú alti della sua carriera e del cinema degli ultimi decenni. Con *Piccolo Buddha* (1993) viene raccontata ancora una volta una storia di iniziazione, ma piú di tutto viene riempita di riflessione sul bisogno di religiosità, che mancava nel film precedente, la tematica dell'incontro tra due mondi e due civiltà. Bertolucci sembra sempre piú voler ricoprire questo ruolo di pontefice tra mondi e culture diverse, tra cinematografie europee e americana. La sua è una riflessione alta, accompagnata da una ricerca visiva e narrativa che si situa ai massimi livelli per la profondità di echi, risonanze culturali e iconografiche che le sue immagini racchiudono.

Nel film *Io ballo da sola* (1996) torna a raccontare storie ambientate nel paesaggio di casa, anche se le colline toscane sono abitate da comunità di americani. Bertolucci assume, in questi ultimi due film, un tipo di sguardo nuovo, meno distaccato e contemplativo. Meno «fordiano». Uno sguardo piú ravvicinato: l'occhio della macchina da presa assume una funzione vampirica nei confronti non tanto e non solo del corpo ma dell'anima della giovane protagonista, del miracolo della sua giovinezza e innocenza. *L'assedio* (1998), girato per la televisione e tratto da un racconto di James Lasdun, si può definire un «film da camera» in cui sembra riprendere, a quasi trent'anni di distanza, ma a un livello piú ricco di implicazioni culturali e antropologiche, il tema dell'incontro tra un uomo e una donna, questa volta provenienti da mondi diversi. In tutto il film, in pratica, Mister Kinsky rivolge due sole parole alla giovane Shanduray: «Ti amo... Sono perdutamente innamorato di te» (e la ragazza, alla fine del film e dell'«assedio», gli scriverà in un bigliettino, dopo aver dormito con lui: «I love you»). Bertolucci sembra voler rivivere, nella capacità di donazione totale di Mister Kinsky, lo spirito dei trovadori e della letteratura cortese. E nel suo spogliarsi di tutti i beni fino al sacrificio finale del pianoforte Steinway, senza nulla chiedere in cambio, pare di ritrovare echi del racconto *Federigo degli Alberighi* di Boccaccio, e del sacrificio per amore da parte del gentiluomo, dopo aver dato fondo a tutti gli averi per conquistare la donna, del compagno di vita piú amato, il suo falcone.

4. *La perdita del Centro (Sperimentale)*.

Proprio verso la metà degli anni settanta, una serie di lutti sembra lasciare improvvisamente alcune generazioni di registi orfane dei padri: muoiono De Sica, Visconti, Rossellini, Germi, Pasolini, Petri, Pietrangeli...[28].

Queste morti, forse, non sono le cause principali dell'impoverimento del sistema, che già ha avviato per conto suo un processo di restrizione delle proprie possibilità, di selezione delle specie, ma costituiscono comunque uno spartiacque decisivo e l'apertura d'una nuova fase. Mentre, di tutti questi autori, con il tempo diminuisce l'influsso, e il ricordo si fissa sempre piú nella dimensione monumentale, il pensiero e l'opera di Pasolini continuano ad avere effetti fecondanti nel cinema mondiale.

Nella confluenza di forze negative, sembra oggi opportuno riprendere in considerazione la gestione rosselliniana della scuola del Centro Sperimentale di Cinematografia: in nome di un'idea d'autorialità che nasce per misteriose combinazioni astrali e influssi divini. Rossellini distrugge, negli anni della sua presidenza, cavalcando le spinte sessan-

[28] Un sintetico e molto ben definito quadro delle dinamiche registiche nell'ultimo trentennio è tracciato in P. D'AGOSTINI, *Il cinema italiano da Moretti a oggi*, in *Storia del cinema mondiale*, vol. III.1 cit., pp. 1076-112.

tottine ma anche assecondando le proprie convinzioni, quegli elementi forti che avevano fatto della scuola romana un punto di riferimento e formazione avanzata del cinema internazionale. Di fatto, non crede nella necessità della trasmissione delle conoscenze e nel cursus formativo[29]. Gli aspiranti registi e professionisti accolti dalla scuola devono trovare dentro di sé la luce e il senso del proprio futuro lavoro. La svalutazione – all'interno d'una struttura istituzionale come il Centro, che aveva invece sempre creduto nella trasmissibilità di tutti i saperi del cinema – del momento della formazione basata sull'apprendimento è una delle cause non secondarie del vuoto che si viene a creare per qualche anno, o nella modestia degli esiti professionali. È certo vero che il talento può affiorare quando e dove meno te lo aspetti, ma la forza complessiva di una cinematografia è data dagli alti livelli di competenze offerte nei luoghi di formazione, nei confronti di tutti i suoi settori professionali e dalla continua capacità di aggiornarsi e accogliere le sfide artistiche e quelle tecnologiche.

Se guardiamo ad alcuni dei diplomati dagli anni settanta, da Rosalia Polizzi a Gianni Zanasi, da Vito Zagarrio a Francesco Bruni, da Roberto Petrocchi a Massimo Martella, da Laura Belli a Isabella Sandri, da Gianfranco Isernia a Gianfranco Pannone, ci accorgiamo che solo a pochi è stato concesso di acquisire una vera visibilità e qualche continuità (Francesca Archibugi, e piú di recente Gabriele Muccino). Altri hanno studiato in alcune scuole straniere, come Edoardo Winspeare, diplomato presso la Scuola di cinema di Monaco, seguito corsi a Los Angeles o a New York, come Silvio Soldini, Giovanni Robbiano o Emanuele Crialese... O in Germania, come Fabio Segatori, o in Inghilterra all'International Film School, come Anna Negri. Per capire fin dove si può o potrà spingere in futuro, quali potranno essere i nuovi caratteri del cinema italiano, è necessario sapere dove si formano i nuovi autori, da cosa sono stati alimentati e identificare bene i loro codici genetici.

---

[29] F. DI GIAMMATTEO, *Gli anni della contestazione*, in *Vivere il cinema. Sessant'anni del Centro Sperimentale di Cinematografia*, 1995 cit.

Nel cercare di interpretare cosa ha funzionato e non ha funzionato nel cinema degli ultimi decenni del secolo andrà fatta comunque, prima o poi, una riflessione seria su cosa e come si è insegnato al Centro Sperimentale dall'era di Rossellini ai giorni nostri, sui modelli registici e professionali proposti, sui mezzi tecnici a disposizione degli allievi, sullo standard professionale proposto, sull'investimento statale nei confronti di questa struttura, sul suo tenere il passo con lo sviluppo tecnologico, ecc. Da un certo momento in poi è stato indispensabile destituire Roma dei suoi poteri di capitale e invocare un decentramento che immettesse nuova linfa creativa in un corpo sempre piú inerte. Nascono, nei primi anni ottanta, scuole che, nel loro piccolo, cercano di riempire i vuoti lasciati dal Centro Sperimentale. E prende corpo l'idea che si può benissimo far cinema senza apprendistato scolastico. Moretti è, in questo senso, un modello che molti tenteranno di imitare e che apre la fase piú recente del cinema italiano.

Forse per la convinzione di dover espiare le colpe paterne, o perché aveva comunque ereditato dal padre la fiducia nella possibilità di creare, in forme meno istituzionali, una fucina di giovani talenti italiani, dalla fine degli anni ottanta Renzo Rossellini, che dirigeva la Gaumont Italia, crea una scuola all'interno della Gaumont stessa, che avrà una vita brevissima ma consentirà, a registi come Daniele Luchetti, Giuseppe Piccioni e Carlo Carlei, di prendere coscienza delle proprie aspirazioni e capacità.

Nei primi anni ottanta, per iniziativa di Paolo Valmarana, dirigente Rai, e di Ermanno Olmi, a Bassano nasce Ipotesi Cinema, una scuola che sembra voler ereditare e far rivivere (giustamente, in quanto non ha alcun carattere istituzionale) lo spirito rosselliniano e intende trasmettere non conoscenze quanto piuttosto un'etica e un modo di accostare l'occhio alla macchina da presa in cui sia garantita l'originalità dell'idea e difesa la libertà di espressione e narrazione[30]. La «scuola» di Olmi, tra i molti meriti, ha quello di mostrare come modi e forme del racconto e della testi-

---

[30] E. ALLEGRETTI e G. GIRAUD (a cura di), *Ermanno Olmi. L'esperienza di Ipotesi Cinema*, Le Mani, Genova 2002.

monianza cinematografica stiano cambiando e la stessa autorialità debba trovare nuove forme di manifestazione, riconoscimento e legittimazione. Nel corso d'un decennio, passano per Bassano Francesca Archibugi, Augusto Tretti, Mario Brenta – che assieme a Toni De Gregorio avrà un ruolo didattico e organizzativo importante – e realizzano le prime prove autori come Maurizio Zaccaro, Giacomo Campiotti, Marcello Siena, Piergiorgio Gay, Stefano Masi, Francesco Alberti. Piú che una fucina di talenti, Ipotesi Cinema si rivela come il piú fecondo laboratorio di idee e ricerca di una nuova etica comune degli anni ottanta e fornisce, assieme a quello offerto da Moretti, un modello forte per gli aspiranti registi. Sono questi modelli – assieme ad alcuni altri che indicheremo tra poco – che alimentano la fiducia nel potersi esprimere con i mezzi cinematografici anche nei periodi piú difficili degli anni novanta.

Paradossalmente, il '68, che avrebbe dovuto costituire il momento della palingenesi, dell'affermazione di una nuova libertà creativa, di fatto sembra invece costituire quasi un limite, una frontiera rispetto alla quale nei decenni successivi ci si collocherà in posizioni piú arretrate. Dagli anni settanta non c'è piú ricerca, non c'è piú spinta verso nuovi orizzonti, non c'è piú rischio nelle scelte linguistiche ed espressive, non c'è piú contaminazione di forme, di stili, non c'è piú polisemia nei messaggi visivi, verbali o sonori. I casi di registi che tentano di affermare la propria autorialità attraverso trasgressioni dei codici esistenti sono pochi, ma il loro esempio ha avuto un valore forte e ad alcuni di loro, senza che si piegassero a compromessi, ha arriso il successo economico e la possibilità di raggiungere un proprio vero pubblico in sala: Luigi Faccini, Mario Brenta, Gian Vittorio Baldi (importante anche per la storia della produzione degli ultimi decenni: ha prodotto film di Jean-Marie Straub, Mingozzi, Pasolini, Nelo Risi, Robert Bresson), Silvano Agosti (ha prodotto il primo film di Piavoli), Giuseppe Bertolucci, Fabio Carpi, Sergio Citti, Emidio Greco, Gabriele Salvatores, Gianni Amelio, Franco Piavoli, Tonino De Bernardi, Silvio Soldini, Ciprí e Maresco, Yervant Gianikian e Angela Ricci Lucchi, Corso Salani, Alberto Rondalli... Ciò che invece si registra è la moltiplicazione della ricerca di nuovi canali distributivi alternativi, di forme di racconto piú povere ma interamente controllabili dall'autore, di luoghi e occasioni in cui sia possibile rendere visibili prodotti che scelgono volontariamente di non sottostare alle leggi del mercato. Il sogno della libertà e autonomia assolute è inseguito e perseguito da molti, ma non tutti riescono a rimanere fedeli a lungo al proprio mondo poetico.

Nascono al Nord alcune cooperative di filmmaker indipendenti, come I Cammelli o Studio Azzurro, grazie ai quali potranno esordire, nei primi anni ottanta, Soldini, Salvatores, Giancarlo Soldi, Segre, Chiesa, Gabriella Rosaleva, Paolo Rosa, Bruno Bigoni[31]. La nascita di festival come il Cinema Giovani di Torino nel 1982, e poi, dall'anno successivo, di Anteprima, il festival del cinema indipendente di Bellaria, avrà la funzione di costituire i punti di riferimento e di visibilità fondamentali per la nuova generazione di autori indipendenti italiani.

5. *Dagli anni di piombo agli anni della fuga.*

Nei giorni delle elezioni del 1975, a pochi mesi dalla morte, Pasolini scrive un'*Abiura della Trilogia della vita* in cui afferma che il valore effettivo di una vittoria elettorale della sinistra, di fatto, è il segno della spoliticizzazione dell'Italia, del suo non vivere «altro che un processo di adattamento alla propria degradazione».

Questo processo raggiungerà il suo climax negli anni ottanta quando, proprio nel cinema, comico e non, sembreranno essere rappresentate tutte le forme possibili di perdita di senso dello stato, di trionfo del privato contro il pubblico, di celebrazione di consumi del superfluo, di derisione di ogni forma di partecipazione politica a favore del dilagare, nel mondo dei giovani – come racconteranno con successo i film dei fratelli Vanzina – di modi di omologa-

---

[31] Il piú completo censimento e sguardo generale sul fenomeno è in G. CAPIZZI, A. FORNUTO e G. VOLPI (a cura di), *Isole - Cinema indipendente italiano*, Aiace, Torino 1992.

zione dei comportamenti fondati su un individualismo esasperato e sulla piú completa perdita del valore di appartenenza a una società civile.

Dalla seconda metà degli anni settanta il discorso politico, di fatto, perde forza e senso anche per gli autori che vi hanno dedicato il maggiore investimento creativo. La scalata del terrorismo – che sembra per anni inarrestabile e non interpretabile con i tradizionali strumenti ideologici – costituisce uno spartiacque nei rapporti ideali, ideologici e intellettuali, favorendo la rapida espulsione dallo schermo di qualsiasi discorso a sfondo politico o civile. Molti registi si trovano privi di punti di riferimento. Gli autori che affrontano il tema del terrorismo nell'ultimo ventennio – da Gianfranco Mingozzi, che per primo sfiora questo tema con *La vita in gioco* (1972), a Marco Tullio Giordana con *Maledetti vi amerò* (1980), a Bernardo Bertolucci con *La tragedia di un uomo ridicolo* (1981), a Gianni Amelio con *Colpire al cuore* (1983), a Giuseppe Bertolucci con *Segreti segreti* (1984) – lo fanno con difficoltà e circospezione, cercando di esplorare i rapporti tra un io politico che si è dissolto e una disperata ricerca di un io individuale incapace di trovare una propria dimensione... Diventa difficile per gli sceneggiatori – anche quelli piú giovani – tentare di restituire il senso di un clima politico e sociale, come invece è riuscita a fare in Germania Margarethe von Trotta con *Anni di piombo* (1981), assumere il punto di vista e scandagliare a fondo le ragioni psicologiche dei terroristi, tanto queste ragioni apparivano difficili da decifrare, cosí come apparivano complesse le forze che muovevano e progettavano il terrorismo. Se nei western all'italiana sembrava funzionare il gioco del rinvio in trasparenza a una rivoluzione mancata, è molto arduo capire quali ideali muovano e in nome di chi agiscano i terroristi, quali forze oscure li manovrino. Nel film di Amelio, che pure è uno dei piú significativi, il terrorismo rimane sullo sfondo perché il vero punto focale dell'interesse di Vincenzo Cerami, autore della sceneggiatura insieme al regista, è il tema del confronto generazionale e dell'apertura di un solco incolmabile tra un padre – che ancora ha un senso di partecipazione politica ed è in qualche modo connivente con il terrorismo – e un figlio del tutto estraneo a ciò che sta accadendo attorno a lui, ma che non esiterà a denunciare il padre.

L'orizzonte ideale – in ogni caso – si impoverisce a vista d'occhio e la maggior parte dei registi, vecchi e nuovi, per qualche anno ripiega verso il passato, o il privato. Il problema per molti è come riuscire a fuggire dagli anni di piombo, liberandosi anche da qualsiasi peso politico o civile. Bisognerà aspettare la fine del decennio successivo perché – grazie soprattutto a un gruppo di giovani sceneggiatori – vi sia una sensibile ripresa di quello che possiamo chiamare piú cinema civile che politico e di temi legati alla storia passata e presente.

6. *Il cinema di Moretti come diario generazionale.*

Il riflusso colpisce anche le nuove generazioni, le priva sempre piú di memoria, di rapporti con i miti dei padri che hanno costruito una loro storia. La generazione post-sessantottina e post-rivoluzionaria, che trova il suo eroe eponimo in Michele Apicella, alter ego del regista Moretti (da *Io sono un autarchico* a *La messa è finita*), si trova in uno stato di confusione crescente perché vede crollare i grandi sistemi di valori e non riesce a comunicare con i testi del passato («Ma qui non sto capendo niente, forse ho sbagliato ideologia»), né riesce a sostituirli. Attraverso Michele Apicella passano tutte le mitologie, le parole d'ordine, le frustrazioni, i simboli di prestigio, i «luoghi comuni», le dissociazioni, le convergenze di chi aveva scelto le forme di protesta piú radicali, di cui si è nutrita una generazione di piccoloborghesi negli anni del movimento e del riflusso post-sessantottino. Nanni Moretti, con eccezionale tempismo, ne capta il percorso terminale, vede il modificarsi e il progressivo e irreversibile cadere delle speranze di costruire una cultura alternativa («Tanti anni fa avevamo un progetto comune, un sogno comune. Ma c'eravamo sbagliati!...», *La messa è finita*, 1985). In *Palombella rossa* (1989) il protagonista è colpito, prima della partita di pallanuoto, da un profondo stato amnesico, sa di essere comunista ma ha una memoria frammentaria del proprio passato. La sua confusione, la ricerca di un'identità all'interno di uno spazio in cui la partita di pallanuoto diventa luogo di luoghi, appare oggi come perfettamente congruente e assai rappresentativo del difficile momento di trapasso del Partito comunista negli anni della segreteria di Achille Occhetto, in cui si decide di aprire una nuova pagina mutando simboli, progetti, parole d'ordine, volgendo le spalle senza rimpianti all'Unione Sovietica e ai paesi dell'Est e guardando verso le socialdemocrazie europee. Moretti stabilisce – per doti naturali – una sorta di patto autobiografico forte con il suo pubblico e diventa il cantore di un modo di essere e pensare, il rappresentante di un tentativo di riportare ordine nei comportamenti confusi e contradditori dei rappresentanti della sua generazione[32].

Come si è detto, il suo film d'esordio, mostrato per la prima volta a Roma nel mitico Filmstudio diretto da Adriano Aprà nel 1976, diventa uno degli eventi piú significativi del decennio. Di fatto, il modo di girare di Moretti è approssimativo in quanto è autodidatta, «autarchico» e cosí ipernarcisista che sembra quasi affetto da una sorta di autismo. I suoi primi film non sembrano lasciar trasparire riconoscimenti di filiazioni o di familiarità con registi italiani o stranieri. Non cerca mai di spingersi oltre l'osservazione della quotidianità e dei luoghi e simboli piú familiari alla vita piccolo-borghese, dagli oratori ai salotti buoni alle scuole di massa con le aule sovraffollate, ma lo fa con precisione e naturalezza, senso di ironia e capacità di deformazione e soprattutto capacità di risolvere in maniera semplice elementi complessi, cosí da sembrare del tutto diverso da qualsiasi regista di quegli anni. La forza e il presupposto del cinema morettiano è che egli accetta la propria condizione piccolo-borghese e non solo riesce a raccontarla ma, anche, a portare a livello di miti e oggetti di culto, con perfetta mistura di ironia e affettività, la Nutella e la Sacher torte, le camicie a scacchi e la Vespa... Il suo eroe diventa una sorta di conduttore di aspettative, passioni, parole d'ordine, tic, frustrazioni e delusioni della generazione che ha vissuto negli anni di piombo senza provare

[32] J. A. GILI, *Nanni Moretti*, Gremese, Paris 2001.

quel fuoco rivoluzionario che aveva infiammato le attese dei fratelli maggiori. Moretti registra quasi l'arrivo al capolinea delle speranze di questa generazione. «Moretti – ha scritto Vito Zagarrio – è quello che vorremmo essere (...) è la nostra coscienza infelice. *La messa è finita* e *Palombella rossa* sono i veri manifesti politici e culturali di una generazione che aspetta invano i nuovi piccoli messia»[33].

Se comunque cerchiamo di trovare in lui affinità o parentele con il passato, è in buona parte condivisibile quanto osserva Roberto De Gaetano: «Il cinema di Moretti appartiene propriamente alla tradizione grottesca della nostra commedia (...) vicina alla restituzione grottesca di una società slabbrata e sfilacciata, attraversata dal dolore e dalla morte»[34]. Di suo, Moretti mette un richiamo alto al senso di rispetto delle regole e dei comportamenti civili, pubblici e privati. Il suo radicalismo non va confuso con quello dei predicatori delle rivoluzioni permanenti: non vuole distruggere la società che gli sta intorno, vuole riformarla e migliorarla.

In ogni caso, è negli anni novanta che il suo sguardo sembra acquisire progressivamente nuove profondità e una diversa e più matura conoscenza delle cose e apertura agli altri: alla politica, al funzionamento o disfunzione del sistema sanitario... C'è in lui – a partire da *Caro Diario* – come un diverso modo di guardare e rapportarsi agli altri, di percepire lo spazio, di far propri i segni delle cose e di condividerne o cercare di testimoniarne le trasformazioni in atto. *Caro Diario* (1993), *Aprile* (1998) e *La stanza del figlio* (2001) segnano tre momenti di liberazione di Moretti dal se stesso più autoreferenziale e incapace di crescere. La malattia, il figlio, la riflessione laica sul destino e sul caso ci consegnano un diverso uomo e regista che, senza rinunciare a rimanere al centro della scena, ha finalmente imparato a vedere gli altri.

Comunque, Moretti – quasi a contraddire le osservazioni sul suo narcisismo – ha anche saputo mettersi alla testa di

---

[33] V. ZAGARRIO, *Il gioco dello stivale*, in «Vivilcinema», n. 37, dicembre 1991, p. 8.

[34] R. DE GAETANO, *La sincope dell'identità*, Lindau, Torino 2002, p. 88.

una *factory* ideale per tentare di costruire le basi per il decollo di nuovi autori del cinema italiano. L'«autarchico» Moretti è una delle pochissime figure che si è adoperata a favore della nascita e crescita di nuovi autori e che ha cercato tutte le occasioni per immettere dosi di fiducia nelle proprie possibilità in giovani che muovevano i primi passi realizzando cortometraggi in cui fosse possibile riconoscere il «fuoco» autoriale.

Con la maturità, Moretti sembra aver acquisito la capacità di togliere, di eliminare ogni elemento superfluo, per quanto minimo, di rendere ancora piú naturale il suo modo di filmare cosí pensato e costruito, per cercare di arrivare direttamente a cogliere, nei momenti chiave, nuclei profondi di senso, e aiutarsi a entrare nel cuore delle cose mostrando eventi che possono accadere a chiunque, in qualsiasi momento. La semplicità con cui affronta e risolve situazioni sempre piú complesse e drammatiche è la cifra alta del suo stile. Nel suo ultimo film ha scelto la corsa a piedi, il jogging, del protagonista per introdurci al sereno fluire della vita di una persona normale, nel pieno delle sue forze, professionalmente appagata, equilibrata, attenta, partecipe e curiosa. Una vita dedicata ad ascoltare gli altri per decifrarne i segni e i sintomi del male di vivere, a guardare le persone che stanno attorno per provare stupore infantile ma anche meraviglia (come gli accade di fronte alla danza d'un gruppo di seguaci di Hari Krishna), una vita che deve la sua pienezza e realizzazione al piacere di vivere esperienze condivise con la moglie e i figli. Esperienze minimali, come quella dell'amore e dell'intesa fisica ancora piena con la moglie, come quella del rito della colazione la mattina, della partecipazione alle attività agonistiche dei figli, dello spiarne le prime scaramucce sentimentali, del tenerli sotto il raggio di uno sguardo protettivo con la soddisfazione interiore di sapere che sono individui autonomi e già pienamente liberi.

C'è un tangibile senso di libertà, rispetto e accettazione di regole comuni nella famiglia di Giovanni. Il mestiere dei genitori è vissuto da entrambi con impegno pieno ed è la piú evidente manifestazione della loro testimonianza civile e politica. È assente invece ogni riferimento alla vita politica e istituzionale ma è presente, in maniera forte, a guidare anche i gesti piú quotidiani, un forte senso di etica, l'esigenza di piena lealtà e trasparenza nei comportamenti. Per questo il figlio vive drammaticamente la vicenda dello scherzo al professore e della menzogna al padre: sa di aver tradito alcuni principî che regolano i rapporti interni, ma non sa come liberarsi di questo peso. Per questo il padre viene travolto dal senso di colpa d'aver scelto una strada rispetto a un'altra, e di essere involontariamente una delle cause della morte del figlio. Giovanni non riesce piú a trovare un senso al suo vivere e al suo fare. Arianna si chiama l'amica del figlio; Arianna svolge proprio la funzione legata al mito: aiuta Giovanni e la sua famiglia a uscire dal tunnel infernale, li porta fino alla soglia della rinascita: tutto, dal momento in cui si separa dal gruppo, dipenderà dalla loro forza e volontà di ricominciare a vivere...

7. *Autori degli anni settanta*.

Per quanto diversi da Moretti, i registi che esordiscono negli stessi suoi anni fanno parte della prima generazione di autori che si distinguono per il segno della separazione e dell'isolamento piú che dell'appartenenza a un identico spazio topologico. Come vedremo, saranno poi alcuni sceneggiatori ad avere il merito di cercare di ricomporre dei legami tra i vari soggetti del cinema. In ogni caso, tutti gli autori di questa generazione, cosí come quelli della successiva, sono autori colti, che si sono formati in uno dei periodi piú vitali della cultura nazionale del secolo e che hanno saputo metabolizzare forme e modelli provenienti dalla letteratura, dalle arti figurative e ovviamente dal cinema.

Di particolare interesse risulta la personalità registica di Roberto Faenza, che appare quasi divisa in due: da una parte c'è il Faenza uno, neodiplomato del Centro Sperimentale, che esordisce alla fine degli anni sessanta e, per alcuni anni, cerca la sua strada cavalcando, *à la manière* di Bellocchio e altri, prima la contestazione del '68 (*Escalation*, 1968) e filmando nello stesso anno con rabbia la deriva della società dei consumi (*H2S*), e in seguito usando materiali di repertorio per raccontare fasti e nefasti della gestione politica dell'Italia da parte delle forze di governo del dopoguerra (*Forza Italia!*, 1977) o tentando con modesto successo la via dei generi. Poi c'è un Faenza due, che dopo una cesura di quasi un decennio, prende possesso della propria capacità e identità di narratore e di autore capace d'affrontare, nel pieno rispetto delle regole del racconto, grandi temi culturali e politici del Novecento. È questo un autore nuovo che esordisce in pratica alla fine degli anni ottanta, realizza negli anni novanta e all'inizio del nuovo millennio alcune opere di alta qualità e maturità stilistica, ideologica e culturale, che partono da testi letterari importanti di Arthur Schnitzler (*Mio caro dottor Gräsler*, 1989), di Jona Oberski (*Jona che visse nella balena*, 1993), di Antonio Tabucchi (*Sostiene Pereira*, 1995), di Dacia Maraini (*Marianna Ucria*, 1997) o ancora di Abraham Yehoshua (*L'amante perduto*, 1999), per giungere fino al recente racconto della biografia di Sabina Spielrein, ebrea russa, paziente di Freud e Jung (*Prendimi l'anima*, 2002), riuscendo sempre a raggiungere un risultato autonomo di riscrittura e reinterpretazione.

Pupi Avati, rispetto a Moretti, fa ancora parte d'una generazione che è stata alimentata a cinema americano e musica jazz e, pur avendo registrato il suo esordio verso la fine degli anni sessanta, è un regista che fa emergere in pieno la sua personalità dalla seconda metà degli anni settanta. In pratica da *Jazz band* (1978). Fra tutti gli autori delle ultime generazioni, Avati è – assieme a Bertolucci – il piú interessato a lavorare sulla memoria, a ricomporre, come in un gigantesco puzzle, una sinopia della storia collettiva italiana, dei gesti quotidiani, dei riti, delle mitologie del mondo contadino, proletario e piccolo-borghese lungo il Novecento, delle microtrasformazioni nel corso del tempo. La maggior parte dei suoi personaggi insegue i propri sogni e vive buttando il cuore oltre l'Oceano, nella terra del jazz e del cinema, cercando di crearsi un habitat ideale in cui vivere il piú a lungo possibile. Se si eccettuano alcuni titoli, che pure hanno un ruolo determinante nella sua filmografia (come *Noi tre*, 1984, dedicato a Mozart, o *Bix*, 1991, girato negli Stati Uniti), le sue opere dagli anni settanta a oggi - da *Le strelle nel fosso* (1978) a *Aiutami a sognare* (1981) a *Dancing Paradise* (1982, per la televisione) e poi *Una gita scolastica* (1983), *Festa di laurea* (1985), *Regalo di Natale* (1986), *Sposi* (1987), *Storia di ragazzi e di ragazze* (1989), *Fratelli e sorelle* (1992), *Magnificat* (1993), *Festival* (1996) - compongono una specie di ininterrotto corrispettivo di racconto orale in cui si mescolano storie tristi, allegre, tragiche e melodrammatiche, di persone comuni in momenti in cui un evento casuale o imprevisto, un incontro, un viaggio, un pranzo di famiglia, una partita di calcio o di poker possono segnarne in modo decisivo il futuro. Avati non sembra amare le storie a tutto tondo eppure, dall'insieme della sua opera, si può ricavare una delle piú eccezionali miniere di ricostruzione accurata e documentata della cultura materiale, delle trasformazioni nella vita quotidiana e nei comportamenti collettivi, nei rituali sociali lungo il XX secolo. La sua capacità di affabulazione visiva sembra derivare dal racconto orale dei cantastorie, il suo realismo è come sempre filtrato dalla memoria e dal punto di vista dei suoi personaggi per cui si mantiene in una dimensione magica o fantastica. Le sue doti di narratore epico emergono per sommatoria delle diverse piccole storie: cosí sembra quasi naturale che negli ultimi tempi abbia deciso di cimentarsi con una vicenda cavalleresca (*I cavalieri che fecero l'impresa*, 2001) in cui ottimalizza e porta a livello piú alto, dal punto di vista della narrazione, del ritmo, della fotografia, della ricostruzione d'una cultura e d'un mondo lontano, tutte le sue non comuni doti affabulatorie.

Nel 1975 esordisce, con *Irene, Irene*, Peter Del Monte, dopo aver conseguito il diploma di regia al Centro Sperimentale. È un film che la critica accoglie con curiosità, riconoscendovi influenze bergmaniane. In effetti, nella cinematografia successiva Del Monte si rivelerà autore con il dono della leggerezza, che lavora sul valore comunicativo degli sguardi, dei silenzi, sulle atmosfere sospese, che riesce a raccontare una storia con una semplice carezza; autore che sviluppa con coerenza e in maniera appartata la sua poetica: i titoli della sua filmografia comprendono *Piso pisello* (1981), *Invito al viaggio* (1982), *Giulia & Giulia*

(1987; il suo film piú difficile, che cerca di esplorare la dissociazione di personalità), *Tracce di vita amorosa* (1990), *Compagna di viaggio* (1996), *La ballata del lavavetri* (1998), *Controvento* (2000).

Un film ogni dieci anni: questo è il periodo di gestazione di Mario Brenta, forse il piú francescano dei registi delle ultime generazioni e quello che ha cercato di metabolizzare al meglio la lezione di Olmi, Rossellini e Bresson. Dopo aver lavorato come aiuto regista di Eriprando Visconti (nella casa di produzione milanese di Olmi e Kezich – la 22 Dicembre Cinematografica – nei primi anni sessanta), ha diretto *Vermisàt* (1974), *Maicol* (1989), *Barnabo delle montagne* (1994), e *Robinson in laguna* (1985), un mediometraggio (prodotto nell'ambito di Ipotesi Cinema per la televisione francese, e mai uscito sul piccolo schermo) d'intensità, verità e, se è possibile dirlo, bellezza «straziante»; è una storia d'amore tra due ragazzi handicappati che culmina nel loro matrimonio. In Brenta, c'è una ricerca esasperata dell'essenzialità, del rigore; per lui, il cinema è una forma di artigianato alto in cui ogni immagine e segno deve avere una necessità assoluta. *Barnabo delle montagne*, tratto dal romanzo di Buzzati, è un grande viaggio a ritroso nella cultura veneta contadina e di montagna.

Sei film in quasi trent'anni sono invece il bilancio di Emidio Greco, dopo una lunga attività di regie di documentari e inchieste per la Rai. Il suo cinema non nasconde i modelli alti di riferimento, il perfetto dominio di tutti gli elementi della messa in scena, la maestria con cui sa regolare la recitazione degli attori, e lo sforzo di tradurre in maniera originale e cinematografica le scritture letterarie[35]. Regista che sembra avere piú rapporti con la cultura mitteleuropea che con quella italiana, racconta personaggi in fuga dalla realtà e da se stessi riuscendo a dare alle immagini una dimensione sospesa tra realtà e fantastico con pochi precedenti nella tradizione italiana. *L'invenzione di Morel* (il suo film d'esordio, 1974) è tratto da Bioy Casares, *Ehrengard* (1983) da Karen Blixen, *Un caso d'incoscienza*

---

[35] A. SCICCHITANO, *Emidio Greco. Lo splendore del nulla*, in «Garage», n. speciale, 1997.

(1984) è girato per la televisione, *Una storia semplice* (1991) e *Il consiglio d'Egitto* (2001) da Sciascia. *Milonga* (1999), pur nell'apparenza d'una vacanza artistica e di gioco con i meccanismi del noir, è una storia molto partecipata dal punto di vista narrativo e registico, quasi una sfida a misurarsi con il film di genere, con l'inchiesta poliziesca e lo sdipanarsi del filo del racconto secondo ritmi per lui del tutto inediti.

Nel 1972 (quasi a cinquant'anni) esordisce con *Corpo d'amore* Fabio Carpi, uno degli autori la cui opera è piú coesa e coerente, sia dal punto di vista tematico che stilistico: la sua filmografia comprende *L'età della pace* (1974), *Quartetto Basileus* (1983), *Barbablú Barbablú* (1989), *L'amore necessario* (1991), *La prossima volta il fuoco* (1993), *Nel profondo paese straniero* (1997) e *Nobel* (2000). Carpi è, forse, l'autore piú vicino a Eric Rohmer: il suo cinema cresce nel tempo, guadagna in leggerezza, nettezza e profondità nella visione: approfondisce, nel corso della sua filmografia, i temi del conflitto tra arte e vita, della contemplazione del momento dionisiaco della giovinezza, della meditazione sulla vecchiaia in rapporto alla giovinezza e alla bellezza, ma anche della vecchiaia come momento chiave dell'esistenza, in cui possono ancora bruciare i fuochi del desiderio e si possono trovare non solo nella memoria le ragioni del vivere.

Dalla seconda metà degli anni settanta, dopo un esordio televisivo nel 1971, si profila in modo netto e distinto la personalità di Luigi Faccini: da un certo momento, sembra voler raccogliere l'eredità di Pasolini nell'esplorare realtà altre e diverse e, nel fare cinema, sviluppa una delle riflessioni piú consapevoli e coerenti di questo trentennio nel rifiuto di compromessi e nella scelta degli obiettivi[36]. Nel 1976 realizza una buona trascrizione del *Garofano rosso* di Vittorini; nel 1985, con *Inganni*, è il primo a confrontarsi con la biografia di Dino Campana e, soprattutto, con il momento della reclusione psichiatrica. Successivamente gira tre importanti opere in cui approfondisce, in una sorta di

---

[36] M. MORANDINI e L. FACCINI, *Uno scorridore ligure di Levante*, L'Atelier, Firenze 1999.

orgogliosa solitudine e forte partecipazione morale e civile, il proprio modo di rapportarsi alla realtà dell'emarginazione, del dolore, della consapevolezza dei sentimenti: *Donna d'ombra* (1988; una delle riflessioni piú intense sul senso del vivere di questi ultimi anni, un film che parlando della morte riesce a comunicare l'amore soprattutto per la vita come esperienza di relazione), *Notte di stelle* (1995), e *Giamaica* (1997).

Carlo Di Carlo viene dalla critica cinematografica (è stato anche direttore della rivista «Film Selezione»). Dopo aver lavorato come aiuto regista di Pasolini e Antonioni (a quest'ultimo, alla conservazione e divulgazione della sua opera si dedicherà con ammirevole dedizione e generosità negli ultimi anni), come documentarista e dopo aver realizzato per la televisione tedesca sei lungometraggi a soggetto, dirige, nel 1978, il suo unico film italiano, *Per questa notte*, tratto da Juan Carlos Onetti. Nella sua attività registica ha scelto storie che mescolano realismo e dimensioni fantastiche e oniriche quasi fondendo le suggestioni di Kafka, Borges e Calvino.

Da «Filmcritica» (la stessa rivista su cui si è formato Faccini) proviene Maurizio Ponzi: carico di speranze e ambizioni, all'inizio presenta un cinema ascetico, d'ispirazione bressoniana, e una conversione improvvisa alla commedia (in cui ha la fortuna di scoprire e lanciare Francesco Nuti: *Io, Chiara e lo Scuro*, 1982, *Madonna che silenzio c'è stasera*, 1982, *Son contento*, 1983) e di assestamento su un dignitoso professionismo. Tra i vari titoli, firma *Volevo i pantaloni* (1989), dal best seller di Lara Cardella, e *Italiani* (1996).

Proviene dalla critica cinematografica e da una breve attività di documentarista anche Salvatore Piscicelli: sette i lungometraggi che ha diretto finora, a partire da *Immacolata e Concetta* (1979) e poi *Le occasioni di Rosa* (1981), *Blues metropolitano* (1985), *Regina* (1987), *Baby Gang* (1992) e *Il corpo dell'anima* (1998). Con molta probabilità – anche se non è stato finora fatto – è a lui che va riconosciuto il merito di aver funzionato da volano e primo motore per la nascita della nuova generazione di registi napoletani dell'ultimo decennio. Il suo è un cinema fisico, sensuale e distaccato allo stesso tempo, girato con la testa e con il cuore, profondamente calato nella cultura popolare napoletana, trova i propri modelli nel melodramma del cinema americano degli anni cinquanta o nel cinema di genere. I suoi personaggi fanno parte di un'umanità che sembra destinata al naufragio eppure lottano per la difesa dei propri amori e, nell'ultimo film, riescono a trovare finalmente un equilibrio tra desideri, passioni e serena accettazione dello scorrere inesorabile del tempo.

Giacomo Battiato è uno dei registi piú colti dal punto di vista letterario e visivo e duttili della sua generazione: ha realizzato programmi culturali e scritto, negli ultimi anni, romanzi in cui ha rivelato notevoli qualità di invenzione e di scrittura; ha sempre rivendicato con orgoglio la sua prima attività di regista televisivo, che gli ha consentito di accumulare esperienze molto diverse prima di approdare alla realizzazione de *I paladini* (1982), film epico-fantastico sulla scia di *Excalibur* (John Boorman, 1981). Battiato si muove nel film di genere con sicurezza, sfruttandone le possibilità tecnologiche e spettacolari e valorizzandone la componente di magia e meraviglia visiva se non quella mitica, riuscendo a far trovare al racconto una dimensione epica e rivelando in pari tempo capacità di ottenere, attraverso il racconto d'azione, convincenti ritratti psicologici dei suoi personaggi. Suoi sono due episodi (VIII e IX) della *Piovra* televisiva. Nella sua non ricca filmografia sono importanti *Stradivari* (1988) e *Cronaca di un amore violato* (1995).

La formazione di Marco Tullio Giordana è artistica, mentre le sue ascendenze cinematografiche sono riconoscibili soprattutto nel cinema italiano e vanno da Visconti a Rosi a Pasolini. Di Pasolini tenta di ricostruire, in una sorta di docu-film (*Pasolini, un delitto italiano*, 1995), le ultime ore di vita, accreditando la tesi – peraltro da sempre poco convincente – del complotto. Fa parte di quel gruppo di registi che sembrano muoversi in perfetto isolamento, e che mantengono un legame forte con la tradizione anteriore del cinema, del melodramma, della cultura letteraria e figurativa italiana. Esordisce come regista con *Maledetti vi amerò* (1980), premiato a Locarno, forse il primo film che affronti di petto il tema del terrorismo all'indomani dell'omicidio di Aldo Moro. Anche nel suo secondo film,

La caduta degli angeli ribelli (1981) riprende il tema del terrorismo. Giordana ama l'eccesso visivo, l'uso fortemente soggettivo e mobile della macchina da presa. È uno dei registi che, con maggiore passione e intensità, ha cercato di esplorare le zone oscure dei miti d'una generazione, il difficile cammino per giungere a comporre e ad affermare la propria identità. *Appuntamento a Liverpool* (1988) prende spunto dalla tragedia dello stadio dell'Heysel nel quale erano morti, durante la partita Juventus-Liverpool, decine di tifosi juventini e immagina una storia in cui una ragazza, il cui padre è morto, decida di recarsi in Inghilterra per vendicarsi.

8. *Dal trash al cult.*

Verso la fine dello scorso millennio, un ministro della Repubblica del governo presieduto da Massimo D'Alema, Oliviero Diliberto del Partito di rifondazione comunista, ha sostenuto la superiorità di Lino Banfi su Michelangelo Antonioni, andando a ingrossare una schiera di giovani critici che avrebbero, su varie riviste specializzate, da «Amarcord» a «Nocturno», tentato di riconsiderare quel grosso insieme di film *low budget* realizzati soprattutto negli anni settanta e di elevarli da prodotti genericamente definiti spazzatura, *trash*, a fenomeni di culto da contrapporre al cinema dei maestri.

Prima di collassare e sparire come il Titanic, riuscendo a salvarsi qua e là nella zattera televisiva, i generi cinematografici sembrano fondersi e confondersi, confondere i loro autori, attori, soggettisti e sceneggiatori.

Se, come si è detto per tutti i generi, l'ultima spiaggia sembra quella di convertirsi all'erotismo o al porno, piú o meno soft, il successo consistente della commedia erotica, nella quale confluiscono anche altri generi popolari, sembra ritardarne la fine. La commedia erotica è, prima di tutto, il collettore in cui finisce e riprende vita per qualche anno l'avanspettacolo riuscendo a dare maggiore visibilità nazionale a una compagnia di comici che avevano battuto per anni i palcoscenici prima dello spettacolo cinematografico

– i templi di questo tipo di spettacolo sono stati l'Ambra Jovinelli di Roma o il Salone Margherita di Napoli, dalla fine dell'Ottocento – facendo circolare barzellette grevi e battute di ogni tipo sulle diverse figure politiche al potere. Dopo che sulla scia del *Decameron* pasoliniano, nel corso d'un quinquennio, si è avuta l'impressione di dare fondo a tutta la letteratura erotica universale – da *Decameron proibitissimo* a *Boccaccio mio statti zitto* (Franco Martinelli, 1972) a *Le calde notti del Decameron* (Gian Paolo Callegari, 1972), dal *Canterbury proibito* (Italo Alfaro, 1972) a *Quel gran pezzo dell'Ubalda tutta nuda e tutta calda* (Mariano Laurenti, 1972) –, si decide di tornare a raccontare storie scollacciate in cui sono perlustrati, in una casistica abbastanza ampia e osservabile con simpatia e senso di identificazione, soprattutto i vizi di famiglia. In un calderone unico possiamo vedere mescolati insieme attori come Al Bano e Romina Power, Alvaro Vitali e Edwige Fenech, Lino Banfi, Renzo Montagnani e Gianni Nazzaro, Nino D'Angelo e Alberto Lupo, Silvia Dionisio e Gloria Guida, e i titoli piú diversi: da *Amarsi un po'* (Carlo Vanzina, 1984) a *Il ragazzo del Pony Express* (Franco Amurri, 1986), *Uno scugnizzo a New York* (Laurenti, 1984), *Rimini Rimini* (Corbucci, 1987), da *La professoressa di scienze naturali* (Michele Tarantini, 1976) a *L'infermiera* (Nello Rossati, 1978) a *La poliziotta fa carriera* (Tarantini, 1976), da *Il sommergibile piú pazzo del mondo* (Laurenti, 1983) a *Pierino la peste alla riscossa* (Umberto Lenzi, 1982) o *Pierino torna a scuola* (Laurenti, 1990), *Mia moglie torna a scuola* (Giuliano Carnimeo, 1981) a *Si ringrazia la regione Puglia per averci fornito i milanesi* (Laurenti, 1982).

La commedia, con questi film, cancella di colpo i vent'anni di sforzi per acquisire una legittimazione critica e culturale, ma è proprio il loro successo ad agire da laccio emostatico nei confronti dell'arresto dell'emorragia del pubblico popolare, che ritrova sullo schermo i corpi delle belle ragazze e le barzellette da caserma da qualche anno quasi uscite di circolazione per la sparizione dell'avanspettacolo.

Quali sono i buoni motivi per occuparsi oggi di film con sceneggiature che non sono altro che un semplice assemblaggio di barzellette goliardiche, di battute infarcite di doppi sensi (Edwige Fenech che, in *La poliziotta fa carriera*, 1976, riesce a salvare un pappagallino fuggito dalla gabbia: «So' a aiutà sto poveraccio che s'è perso l'uccello», «L'uccello lo prendo io»)? Film girati in fretta, ma tutt'altro che privi di mestiere, da Nando Cicero, Mariano Laurenti, Sergio Martino, che fanno regredire l'erotismo al livello di un voyerismo da sedicenni e creano grandiosi monumenti all'atto mancato, pur esibendo con generosità i corpi svestiti di belle fanciulle, che si occupano nel modo politicamente piú scorretto – ma congruente con la visione del mondo di quel pubblico – dell'omosessualità, come dei problemi razziali, religiosi e politici. È un mondo in cui i preti allungano normalmente le mani sotto le sottane delle parrocchiane, altri preti piú virtuosi vengono anche continuamente tentati da giovani che chiedono di allacciare loro il reggipetto e i fedeli invocano le grazie di santi con ruoli molto specifici, come Don Ciccio da Lambrate che protegge dalle bastonate o San Papocchio protettore del malocchio.

È da domandarsi se questo tipo di cinema abbia avuto veramente la forza benefica di smascherare la vuotezza del cinema pseudo-intellettuale, di mettere a nudo l'inconsistenza di quella critica superciliosa che è solita «pasteggiare con Antonioni e coricarsi con Bergman» – come sostengono i suoi difensori – o se comunque racconti la deriva culturale e sociale d'un paese la cui crescita economica non corrisponde alla crescita ed evoluzione ideologica, sociale, culturale, sessuale, religiosa ecc. Figlio del qualunquismo, del varietà e dell'avanspettacolo, il cinema «spazzatura» accomuna i politici di destra e di sinistra nella stessa visione, considerandoli naturalmente ladri, corrotti, incapaci e in genere deride istituzioni e leggi rafforzando la convinzione dell'indistinzione dei valori, e che «stupido e ignorante è bello».

Nessuno l'ha ancora detto, ma è forse in questa produzione che si potranno in futuro individuare le ragioni della crescita e dell'affermazione politica del leghismo veneto o lombardo degli anni novanta. Forse bisognerà riconoscere nelle caricature di provincia dell'Italia di fine anni settanta una significativa foto di famiglia di modi di vivere e pensare ampiamente diffusi e capaci di orientare in maniera significativa l'ago della politica nei decenni successivi. Molti onorevoli leghisti della prima generazione sembravano catapultati in Parlamento dagli schermi di film spazzatura degli anni settanta e ottanta, sembravano i portavoce o gli interpreti politici in carne e ossa di quella realtà in apparenza cosí ridicola.

Di fatto, la critica giovane non si riconosce nei modelli del cinema dei padri, rifiuta il cinema come «esperienza estetica privilegiata» come rifiuta ogni forma di cultura di difficile comprensione. C'è uno sberleffo continuo all'arte astratta in questo tipo di film, come alla musica dodecafonica, alla poesia ermetica, ma non vengono neppure risparmiati i padri della letteratura («Silvia rimembri, bella culona!» o «La donzelletta vien dalla campagna e la chiappa si bagna...»: *L'allenatore nel pallone*, 1984). C'è una continua e bonaria irrisione alle istituzioni: la scuola è il luogo che ne fa le spese in misura maggiore. Sfila un'iperbolica quantità di professori frustrati, incompetenti e ignoranti e dalle mani prensili, dallo sguardo libidinoso e vampirico che inseguono con lo sguardo le alunne fin negli spogliatoi e nelle docce.

Rientrano in circolazione battute di lunga data che usano i doppi sensi, gli equivoci verbali, la paronomasia, l'ignoranza di fronte a cose, cibi, bevande, comportamenti che provengono da altre realtà: «Quella è tua moglie?» «Sí, quella mia moglie giapponese: Urina Sumuri», «Urina su' muri? E ancora non le hanno fatto la multa?» (*Pierino la peste alla riscossa*, Lenzi, 1982); «È stato in Africa due anni a Diredawa» «E che cavolo è andato a fare in Africa a dire "Dawa", non lo poteva dire in Italia?» (*L'infermiera di notte*, Laurenti, 1979); «Toc toc...» «Entrez» «No in tre. Io sono sola»; «Mi porti del caviale, due fette» «Ma il caviale sono delle uova» «Allora mi faccia due uova di caviale» (*Kakkientruppen*, Martinelli, 1977). Sempre a proposito di caviale: «Sai che sembra?... Sembra cacca di pecora nana» (*Io sto con gli ippopotami*, Italo Zingarelli, 1979).

A partire dal *Decameron* pasoliniano e prima dell'avvento delle luci rosse, il nudo femminile conquista le platee popolari: da *Quel gran pezzo dell'Ubalda tutta nuda e tutta calda* del 1972 all'*Infermiera di notte* del 1979, si contempla una donna che usa con sempre maggiore generosità il suo corpo (in *Pierino la peste alla riscossa* la protagonista non sa se è rimasta incinta a opera della banda musicale o della squadra di calcio del paese), ma che rimane oggetto del desiderio e territorio della caccia maschile, che conferma le convinzioni antropologiche primonovecentesche («La donna ragiona coll'utero» dice Renato Pozzetto: *La casa stregata*, Bruno Corbucci, 1982) sul suo essere preda dei peggiori istinti e nel suo orgoglioso rivendicare la propria naturale vocazione ai facili costumi (come in *Pierino medico della S.A.U.B.*, Giuliano Carnimeo, 1981, in cui, all'insulto «Mignotta», risponde con orgoglio «È vero!»)

Il cinema trash raccoglie – quasi fosse un catalogo di vendita per corrispondenza – tutte le disfunzioni e gli elementi negativi dell'Italia del dopo-miracolo: un paese in cui quasi nulla funziona («Nord, Sud, Est, Ovest, ovunque ti giri oggi è sempre un unico grandissimo casino»: *L'Italia s'è rotta*, Steno, 1976), le differenze tra le varie regioni sembrano aumentarne la distanza ed esaltarne gli stereotipi, la corruzione dilaga, l'illegalità sembra essere iscritta nel codice genetico di tutti gli italiani, gli evasori vengono premiati, i contribuenti onesti tartassati, ma al tempo stesso, secondo la logica de *Il mondo piccolo* di Giovanni Guareschi in *Miracolo italiano* (Enrico Oldoini, 1994), il deputato comunista fa all'amore in treno con l'onorevole missina.

Non muore questo tipo di produzione ma, secondo il principio dei vasi comunicanti, passa dagli anni ottanta sul piccolo schermo, continuando a proporre le medesime battute e gli stessi doppi sensi anche nei due decenni successivi.

9. *Il ritorno della scrittura e del racconto*.

Nella seconda metà degli anni ottanta si registra un'improvvisa ripresa della fiducia nel lavoro della scrittura di storie[37].

---

[37] G. MUSCIO, *Un cinema di storie. Sceneggiatori e nuovo cinema italiano*, in «Script», n. 1; maggio 1992, pp. 23-27, e ID., *Sceneggiatori e nuovo cinema italiano*, in G. MARRONE PUGLIA (a cura di), *New Landscapes in Contemporary Italia Cinema*, in «Annali d'Italianistica», vol. XVII, 1999, pp. 185-94.

Dopo un decennio di convinzione che, per il successo d'un film, la competenza registica sia un optional, dopo anni in cui si è continuato a snobbare un patrimonio professionale che aveva costituito l'elemento portante e di congiunzione tra i vari livelli del cinema italiano, appare sulla scena una nuova generazione di giovani sceneggiatori. In breve si produce nel sistema un sensibile mutamento di rotta, si ottengono riconoscimenti internazionali e viene ridata spinta e fiducia al piacere dell'affabulazione e della narrazione. Il principio che il cinema, prima di tutto, si fa conoscendo il cinema, attingendo al suo linguaggio e metabolizzandone la lezione e i saperi, gioca un ruolo decisivo nel ridare spinta a un sistema che, nel giro di pochi anni, si è disgregato e appare privo di punti di riferimento e progettualità comuni. Anche la nascita del Premio Solinas favorisce la fioritura dei nuovi narratori e funziona da importante punto di scoperta di nuovi talenti.

Questa nuova generazione di sceneggiatori ama il cinema, punta a rivitalizzare la narrazione, crede di nuovo nelle possibilità di raccontare storie ben costruite e nel cinema come strumento di misurazione della realtà. Ha ripreso a pensare al cinema come a una macchina mitopoietica ed è riuscita a ristabilire i legami spezzati con la tradizione della scuola di Zavattini, Amidei, Flaiano, Pinelli, Guerra, ma anche tiene conto della lezione del cinema classico americano, ha metabolizzato le possibilità di narrazione aperta del *road movie* e del cinema di Wenders, Rohmer e Fassbinder.

Nel pieno delle forze, e in grado di continuare a costituire un punto di riferimento, sono in quel momento – anche se la produzione sembra averli messi da parte – Age e Scarpelli, Maccari, Guerra, Bernardino Zapponi, Ugo Pirro, Benvenuti e De Bernardi, Rodolfo Sonego, Ennio de Concini, Suso Cecchi d'Amico...: il loro magistero ha giocato un ruolo fondamentale nella formazione della nuova generazione di autori[38]. Chi ha esordito negli anni ottanta ha ripreso a pensare a storie per il cinema, a guardare alla storia del cinema come a un bene comune e a una fonte pri-

---

[38] Vedi *Scrittori per il cinema*, Ediars, Pescara 1998.

maria d'ispirazione, a rispecchiarsi in una tradizione e a voler lavorare all'interno d'una trama a un ordito narrativo che aveva dispiegato e fatto muovere le sue forme e i suoi moduli per svariati decenni. La formazione cinefila di molti di questi autori diventa una sorta di vaccino temporaneo contro le influenze televisive, oltre che una fortissima fonte d'ispirazione.

Di colpo, il lavoro di sceneggiatura riacquista la sua necessità e centralità, all'interno dei mestieri del cinema italiano. Forse è il mestiere che piú afferma orgogliosamente i legami con la tradizione e che contribuisce a ricucire i legami d'un tessuto che si è andato disgregando in maniera irreversibile. Si può riconoscere che il maggior contributo alla rinascita viene da autori come Stefano Rulli e Sandro Petraglia, Vincenzo Cerami, Carlo Mazzacurati, Enzo Monteleone, Graziano Diana, Franco Bernini, Angelo Pasquini, Davide Ferrario, Umberto Marino, Umberto Contarello, Aurelio Grimaldi, Francesca Marciano, Roberta Mazzoni, Simona Izzo, Francesca Archibugi... Molti tentano presto anche l'avventura registica (perché quello era l'obiettivo comune fin dall'inizio), altri, come i loro maestri, resistono alla tentazione del passaggio e rivendicano l'autonomia e la centralità del loro ruolo professionale. In questi anni, in cui alla scrittura viene restituito il suo ruolo portante, paradossalmente diventa quasi piú facile esordire nella regia che acquisire un riconoscimento per le qualità professionali raggiunte come sceneggiatore.

Anche se non è stato fatto ancora un vero lavoro in profondità per capire come e in che misura, dal punto di vista qualitativo e quantitativo, sia avvenuto, secondo le grandi regole della bottega rinascimentale, il passaggio dei saperi e dei canoni del mestiere dai maestri agli apprendisti, è evidente che, dalla generazione che ha contribuito al successo mondiale del cinema del dopoguerra, gli sceneggiatori degli anni ottanta hanno, prima di tutto, ricevuto una disciplina e un'etica del vedere e del narrare, e poi il piacere della costruzione artigianale del prodotto (Cerami ha piú volte sottolineato le somiglianze tra il suo lavoro e quello del falegname, mentre Amidei, trent'anni prima, si paragonava ai maestri della pittura rinascimentale), della capacità di osservare la realtà circostante e di vederla con gli occhi della mente ma anche con gli occhi di altri.

Proprio quando il cinema italiano sembra destinato ad affondare inesorabilmente, il lavoro di realizzazione di storie ben costruite gioca, per qualche anno, un ruolo determinante, anzitutto nel tamponamento delle falle e poi nel mantenere visibilità internazionale al nostro cinema, nonostante gli elementi contrari che hanno interagito a lungo.

Certo è apparso sempre piú chiaro che gli sceneggiatori lavoravano non piú per il cinema medio, quanto per valorizzare e rivitalizzare il cinema d'autore, a basso costo, per il cinema d'attore e per un prodotto che ha sempre piú come destinatario il pubblico televisivo.

Le fonti di ispirazione sono eterogenee: si va dall'invenzione pura alla cronaca, all'adattamento e rilettura di testi letterari, alla ricostruzione di momenti di storia passata, alla rivisitazione, in chiave post-moderna, del patrimonio narrativo della storia del cinema, all'osservazione minimalista della vita in un condominio, o in una scuola o in un appartamento di pochi metri quadrati, all'esigenza di unire al racconto il senso di partecipazione e denuncia civile e sociale, all'apertura progressiva delle storie con dimensioni topologiche che cominciano a spingersi oltre i confini nazionali, all'adattamento di romanzi di giovani scrittori contemporanei[39]. Anche in questo caso, il peso della lezione neorealista e del cinema dei decenni successivi è forte e riprende quota la volontà di costruire dei film «a tesi», film «politici», ossia dotati d'un forte senso della πολισ, di valori condivisi all'interno d'una comunità, e di film che cominciano a interrogarsi su come dare alle storie un respiro meno localistico.

Rispetto al dopoguerra, in cui l'unica figura veramente significativa era quella di Suso Cecchi d'Amico, è nuova e consistente la presenza d'una pattuglia di autrici, da Francesca Marciano, che lavora per Pupi Avati, Salvatores e Verdone, a Silvia Napolitano, che scrive copioni per Peter

---

[39] A. MENEGHELLI, *Il cinema italiano e le nuove leve letterarie*, in MARRONE PUGLIA (a cura di), *New Landscapes in Contemporary Italia Cinema* cit., pp. 203-16.

Del Monte, a Roberta Mazzoni e Francesca Archibugi, Roberta Colombo, Maura Nuccetelli, Lidia Ravera, Silvia Scola, Doriana Leondeff, Heidrun Schleef. Queste due ultime sceneggiatrici hanno contribuito a scrivere alcune delle piú belle storie dei film di Calopresti, Placido, Soldini, Moretti degli ultimi anni... Per merito loro si sviluppa una maggiore attenzione all'«altra metà del cielo», si riprende a rivendicare il ruolo dei sentimenti, si ripropongono i rapporti padri-figli, ci si riaccosta con rispetto al mondo dell'infanzia ma anche si osservano, da un punto di vista inedito, aspetti della realtà politica e sociale, ci si interroga sulla perdita del senso di responsabilità, si lavora sulla memoria femminile, sulla disgregazione della famiglia...

Un ulteriore dato risulta comune agli sceneggiatori che esordiscono negli anni ottanta: il gusto per una narrazione e affabulazione che attinga al cinema, alla realtà e all'immaginazione, la capacità di mettersi al servizio della storia, la mancanza del desiderio narcisistico di raccontare storie autobiografiche e di interesse limitato, l'esplorazione di dimensioni oscure, a partire dalla scoperta della notte come frontiera (in Davide Ferrario, Carlo Mazzacurati, Luciano Mannuzzi...), l'attenzione al paesaggio e al suo degrado sociale e antropologico, la capacità di far sentire la storia come parte integrante di quel paesaggio, i nuovi problemi che scaturiscono dall'incontro con gli altri, immigrati di colore, extracomunitari, personaggi portatori di altre storie. Questo interesse è molto forte in Mazzacurati che, dopo aver tentato, con *Il prete bello*, di ricostruire un Veneto sognato, è costretto ad andare all'Est, con *Il toro*, per ritrovare sentimenti e valori forti (che da noi si stanno perdendo), e lo è altrettanto in Amelio, Moretti, Salvatores, Tornatore, Mario Brenta, Giacomo Campiotti, Maurizio Zaccaro, Davide Ferrario, Marco Risi, Marco Tullio Giordana...

Salvo qualche eccezione, nelle sceneggiature degli ultimi anni si tende a puntare di piú l'attenzione sui personaggi, sui dialoghi e sugli elementi drammaturgici, restituendo al paesaggio quasi un ruolo di fondale neutro o indifferente e non di soggetto drammatico.

Se torniamo al lavoro degli sceneggiatori, va sottolineata la capacità e la volontà di dar vita a personaggi ben costruiti, spesso eroici per la loro capacità di difendere quotidianamente il proprio senso di moralità, lo spirito di servizio, anteponendo il bene collettivo all'interesse privato (è il caso dell'amministratore in *Condominio*, Farina). Ora si può ricorrere a figure reali (come i magistrati in *Il giudice ragazzino*, sul giudice Livatino, o l'avvocato Ambrosoli in *Un eroe borghese*, ispirato al libro di Stajano, o a Enzo Tortora in *Un uomo perbene*, a Peppino Impastato nei *Cento passi*, a *Placido Rizzotto*, alla giornalista Tina Merlin in *Vajont*), ora alle figure «miste» in cui realtà e invenzione si mescolano in modo felice: il maestro in *Mery per sempre* e *Io speriamo che me la cavo*, l'avvocato di *Notte italiana*, il giornalista di *Muro di gomma*, il medico del *Grande cocomero*, il carabiniere del *Ladro di bambini*... In controparte si stagliano alcune memorabili figure negative: dal ministro Botero, interpretato da Nanni Moretti nel *Portaborse*, a Diego in *Domani accadrà*. E, su un piano meno emblematico ma egualmente rappresentativo, vanno ricordate le figure di sbandati, falliti, affetti da nostalgie del passato e disturbi mentali di ogni tipo, balordi o marginali, in fuga da se stessi prima che dalla società: *Puerto Escondido* e *Marrakesh Express*, *L'aria serena dell'Ovest*, *Piccoli equivoci*, *Italia-Germania 4 a 3*.

Il lavoro di documentazione sulla storia recente, in molti casi, è imponente e i film non si limitano a ricostruire una figura di eroe tragico o di capro espiatorio, o l'eroismo quotidiano d'una persona normale che difende semplici valori civili e morali, o a sbozzare a tutto tondo un personaggio rappresentativo d'un momento chiave della vita italiana per offrire facili risposte, quanto piuttosto forniscono nuovi interrogativi, esplorano a fondo masse di documenti, si assumono in un certo senso un ruolo di giudici istruttori vicari. Grazie allo schermo, e alla combinazione felice del lavoro di sceneggiatura e della nuova passione civile di alcuni registi, si riscopre un nuovo uso pubblico delle fonti e dei documenti storici, si possono considerare riaperti in maniera problematica i fascicoli e le istruttorie di molti casi della storia italiana dalla Repubblica di Salò a oggi, si riannodano i fili con la tradizione del cinema del dopoguerra.

DAGLI ANNI SETTANTA A OGGI

Questa è una linea forte e ben visibile: per il resto, i percorsi dell'affabulazione seguono invece tracciati che privilegiano storie di giovani e che si possono raggruppare, per affinità tematiche o geografiche o di modelli di riferimento, nel cinema internazionale contemporaneo.

10. *La generazione degli anni ottanta.*

A partire dai primi anni ottanta, con la crisi che si fa di anno in anno piú evidente, inizia anche una sorta di attesa messianica, un rituale fatto di entusiasmi al di sopra delle righe per ogni successo stagionale alternati a epicedi periodici quando si tratta di redigere i bilanci di stagione.

Lo spirito autodenigrativo (quello che Gadda chiamava «la porca rogna italiana del denigramento di noi stessi»), autopunitivo e incapace di riconoscere le qualità altrui, è un elemento costitutivo del carattere italiano, ma a questo elemento costante si è aggiunto il disinteresse diffuso e crescente per il cinema italiano da parte delle ultime generazioni che ha contribuito ad accrescere i danni. Da un certo momento in poi, cinema italiano sembra voler dire prodotto televisivo, e cinema americano uguale prodotto cinematografico.

Pur riconoscendo l'importanza della trasformazione in atto, Fellini, con le sue doti da sensitivo, avverte il malessere diffuso, lo stato di catastrofe che caratterizza il paesaggio cinematografico agli inizi degli anni ottanta e la diversa possibilità di immaginare il futuro:

> Quando ho cominciato io, c'era un'aria disastrata, di macerie, ma nello stesso tempo c'era una gran voglia di fare, di ricostruire un avvenire tutto da inventare. Adesso, a volte, ci sembra che le macerie siano a perdita d'occhio, le ferite piú profonde. In ogni caso non c'è piú quella febbre di creare, quell'avidità, quell'ansia di ricominciare[40].

---

[40] F. FELLINI, *La parola all'imputato*, in «la Repubblica», 23 novembre 1983, p. 17.

Nelle pagine che seguono, senza alcuna intenzione di effettuare un censimento, dato il carattere di sintesi di questo lavoro e di invito a studiare il cinema italiano con strumenti ulteriori, vogliamo comunque offrire un quadro da cui emergano gli elementi positivi del nuovo, la varietà delle voci, assieme al riconoscimento della tenuta del cinema di molti maestri.

Non possiamo analizzare o tentare di fissare, sia pure in termini minimi, il profilo degli oltre trecento esordienti degli ultimi venticinque anni: rinviamo a quei meritevoli lavori – soprattutto condotti sistematicamente nell'ambito del Festival di Pesaro – che hanno cercato di isolare i vari decenni per tentare una sistemazione delle diverse figure operanti nel paesaggio. Purtroppo non è tradotto, ma ne è vivamente consigliata la lettura, *Les années Moretti*, il dizionario di Alain Bichon, scritto per il Festival del cinema italiano di Annecy, che offre un ritratto a rilievo di ottanta registi tra i piú significativi degli ultimi decenni[41]. Ci limiteremo pertanto a citare i nomi, e al massimo qualche titolo, dei registi che hanno mostrato una personalità interessante e definita, cercando di considerare i decenni come momenti utili per una prima periodizzazione.

Anzitutto è necessario ricordare che il decennio si inaugura con l'esordio registico di Cesare Zavattini, *La veritàaaa* (prodotto da Marina Piperno, una delle figure di produttori piú intelligenti e capaci di rischiare degli ultimi trent'anni): nei suoi progetti, questo avrebbe dovuto essere non tanto il punto d'arrivo d'un sogno inseguito per trent'anni quanto quello di partenza d'un nuovo ciclo creativo. Un film sorprendente, girato con lo spirito e le emozioni d'un esordiente, un paiuolo in cui tutto viene rimescolato e detto in modo gioioso, da uno Zavattini che sembra uscito dalle tavole di *Little Nemo* o del «Corriere dei piccoli», folletto che distilla gocce di verità sapienziale, al momento prive di senso all'apparenza ma destinate a viaggiare a lungo nello spazio e nel tempo e a porci di fronte alla crescita esponenziale, nel mondo d'oggi, delle difficoltà di comunicazio-

---

[41] A. BICHON, *Les années Moretti. Dictionnaire des cinéastes italiens, 1975-1999*, Annecy Cinema italien, Annecy 1999.

ne e dei continui shock e interruzioni nella comunicazione interpersonale.

Dopo Moretti, l'autore che fin dalle prime opere rivela una poetica e uno stile nettamente caratterizzati nel paesaggio è Gianni Amelio[42]. Non ha ancora due anni quando il padre decide di lasciare il piccolo paese calabro di cinquecento anime, San Pietro Magisano, per andare a cercare suo padre, il nonno emigrato in Argentina, che non dà piú notizie di sé. Ritornerà a casa quindici anni dopo e sarà un estraneo per il ragazzo cresciuto dalla nonna e dalla mamma. Il cuore del suo mondo poetico sta proprio nel racconto di questo strappo, di questo solco profondo nei rapporti tra padri e figli, tra adulti e ragazzi, tra fratelli di età diverse e nei modi possibili di tentare di ricomporlo[43]. Tullio Kezich ha per primo indicato gli echi della sensibilità dei film di Zurlini nelle sue prime opere. Amelio lavora come aiuto regista e poi, per piú d'una decina d'anni, come regista di programmi televisivi, realizzando tra l'altro, alla fine degli anni settanta, *Il piccolo Archimede* (da un racconto di Aldous Huxley), che ha la struttura d'un vero e proprio film e suscita nella critica dell'epoca giudizi entusiastici per il rigore della regia, l'ammirevole sicurezza nella direzione del bambino e la capacità di esplorare in profondità i rapporti adulto/bambino. Il suo primo film destinato alla sala cinematografica (*Colpire al cuore*, 1983), scritto con Cerami, è anche – come si è già detto – una delle prime opere che affrontano il tema del terrorismo, ma che piú di tutto cerca di mettere a fuoco le difficoltà di comunicazione interpersonale – in questo caso tra padre e figlio – in anni in cui tutti i valori e i punti di riferimento sono saltati. Per la televisione, Amelio girerà ancora un film sul gruppo di fisici romani guidati da Enrico Fermi (*I ragazzi di via Panisperna*, 1988), ma la sua piena maturità giunge verso la fine del decennio con una serie di quattro opere che ottengono i massimi riconoscimenti internazionali e che nel

---

[42] E. MARTINI (a cura di), *Gianni Amelio: le regole del gioco*, Lindau, Torino 1999, e R. DE GAETANO (a cura di), *Gianni Amelio*, Saveria Mannelli, Rubettino 1997.

[43] Tra i vari saggi sul regista, ricordo in particolare M. VORAUER e M. AICHMAYR, *Gianni Amelio. Festschrift*, Kinova, Wels 1999.

cinema italiano degli anni novanta hanno un ruolo di sostegno e riferimento fondamentale: *Porte aperte* (1989; tratto da Sciascia), *Il ladro di bambini* (1992), *Lamerica* (1994), *Cosí ridevano* (1998).

Anche *Porte aperte* è un film sulla difficoltà comunicativa, sulla percezione di altri modi di vivere e pensare e, pur ambientato nell'Italia fascista, appare come una singolare riflessione che precorre i tempi sulla corruzione politica in Italia alle soglie degli anni novanta e sulle difficoltà delle scelte giudiziarie. *Lamerica* è una storia cupa, sorta di viaggio infernale, in cui si mescolano dolore, sangue, speculazione, morte, ma anche speranza: Amelio compone i ricordi dell'emigrazione familiare assieme alla testimonianza diretta dei primi sbarchi di migliaia di clandestini albanesi sulle coste della Puglia agli inizi del 1990. Ma è con *Il ladro di bambini* che si registra il punto piú alto di questo straordinario decennio di creatività: il momento in cui lo stile è piú controllato e asciutto, i semitoni affettivi e drammatici colpiscono con esattezza, lo sguardo ravvicinato sui personaggi ne registra ogni micromutamento. La felice capacità di far assumere al giovane carabiniere – deve condurre due fratelli, un bambino e una ragazza, in un orfanotrofio del Sud – un ruolo vicario, insieme di padre e fratello maggiore, si unisce a un viaggio amaro lungo un'Italia degradata, svuotata di forze e di speranze, con un paesaggio naturale distrutto dalla speculazione e dall'assenza di senso civico. *Cosí ridevano*, che riprende esplicitamente il tema viscontiano dell'emigrazione dal Sud al Nord e dell'amore familiare, conduce lo spettatore alle soglie della tragedia: è il racconto di sei lunghe giornate nella vita di due fratelli in sei anni differenti. Storia d'un amore cosí intenso da apparire subito morboso, un eccessivo carico di responsabilità da parte del fratello maggiore e al tempo stesso una storia in cui il minore, in nome dell'amore e del sangue, viene sacrificato e spinto a espiare un delitto che non ha commesso. Forse non perfettamente riuscito, per l'eccesso di emozioni che ne caricano ogni scena, è comunque il film piú carico di sentimenti «implosi» del regista: Amelio racconta le leggi del «familismo amorale» della sua terra e il senso di difficile integrazione con una forte partecipazione, tentando al tempo stesso di mantenere un rapporto di equidistanza nei confronti dei suoi personaggi.

Anche se non ha ottenuto risultati e riconoscimenti eclatanti come Amelio, Giuseppe Bertolucci, sceneggiatore, documentarista, regista teatrale, è una delle figure che piú ha creduto nelle possibilità del cinema italiano nel periodo difficile della storia recente, e ha cooperato ai tentativi di ricerca d'una nuova identità e di nuove strade espressive. Bertolucci e Amelio hanno esplorato nuove strade, hanno avuto fiducia nei mezzi intellettuali prima che in quelli economici, hanno praticato con coerenza un percorso autoriale in piena indipendenza, hanno affrontato circa nello stesso periodo il tema quasi tabu del terrorismo. *Segreti segreti* (1984), scritto con Cerami, cerca di esplorare tra le possibili cause del terrorismo anche gli irregolari flussi comunicativi e affettivi all'interno della famiglia borghese. Bertolucci ha uno stile che cambia assieme alle storie e ai personaggi, s'adatta a loro e può passare da un uso pseudo-documentaristico della macchina da presa a un'esibizione a tutto campo di raffinati influssi cinematografici, dal cinema espressionista tedesco al musical di Minnelli. C'è un grande piacere nel fare registico di Bertolucci e una straordinaria umiltà che si uniscono al divertimento di poter semplicemente usare la macchina da presa, come una levatrice che contribuisce alla nascita d'un genio recitativo come Benigni, o come uno sguardo che sa cogliere ed esaltare le doti di attrici di generazioni diverse, da Alida Valli a Mariangela Melato, da Lea Massari a Lina Sastri fino a Sabina Guzzanti, Francesca Neri, Rosalinda Celentano. Nessun altro regista, negli ultimi vent'anni, si è dimostrato altrettanto capace di valorizzare il lavoro delle attrici ed è riuscito in alcuni casi a restituire loro una piccola aura divistica, cosí malamente calpestata da quasi tutti i registi delle nuove generazioni. Il primo film con Benigni *(Berlinguer ti voglio bene,* 1977) è anche il suo primo film. Per Benigni scriverà soggetti e sceneggiature di alcuni altri film, e dirigerà *Tuttobenigni dal vivo.* Della sua filmografia successiva si ricordano *I cammelli* (1988), *Amori in corso* (1989), *Il dolce rumore della vita* (1999), e il piú recente *L'amore probabilmente* (2001), in cui è passato alle tecnologie digitali.

L'esordio di Giuseppe Tornatore non richiama subito l'attenzione e il consenso della critica; con ogni probabilità, il suo è un cinema mai del tutto amato dalla critica in Italia e all'estero. Il regista siciliano costituisce uno dei casi piú emblematici di processo sommario e di giudizio di condanna emesso all'inizio della carriera e mai piú di fatto sottoposto a vera revisione. Come è successo ad altri (a Fellini piú di tutti), gli esami per Tornatore non finiscono mai. Eppure, in un cinema in cui sempre piú viene esaltata la sciatteria e l'incompetenza, la mancanza di un cursus professionalizzante, Tornatore esibisce con orgoglio la sua competenza professionale sia a livello fotografico che nell'uso della macchina da presa e del montaggio, la sua abilità nel dirigere gli attori e ricreare un'atmosfera d'epoca. E non nasconde la ricchezza della sua scrittura visiva e la vocazione al racconto d'ampio respiro, in cui si avverte la lezione di Visconti, Leone e Rosi[44]. Il suo film d'esordio, *Il camorrista* (1986), dispone già d'un budget importante di 5,5 miliardi di vecchie lire e mostra la sua capacità di muoversi con sicurezza nel racconto corale e d'aprire squarci sulla realtà camorristica attraverso la rivisitazione critica degli stereotipi del genere gangsteristico. Con *Nuovo cinema Paradiso* (1988) – che prima di approdare al successo mondiale ha avuto alterne vicissitudini, riscuotendo modestissimi consensi iniziali di critica e di pubblico – Tornatore, assieme a Mingozzi (*La vela incantata*, 1982), Scola (*Splendor*, 1989) e Luciano Odorisio (*Via Paradiso*, 1988), racconta la storia d'una piccola sala cinematografica siciliana come centrale immaginativa e di sogni, cattedrale del desiderio e centro ideale del mondo d'un pubblico popolare. Grazie all'intervento del produttore, che amputa in pratica tutta la seconda parte, il film nasce a nuova vita, vince l'Oscar come miglior film straniero e produce in tutto il mondo, a Salt Lake City come a Kyoto, fenomeni di identificazione del grande pubblico come da tempo non si vedevano. Dopo Bertolucci, Tornatore appare come il regista che sa e vuole raccontare storie capaci di uscire dalla dimensione municipale. Con *Stanno tutti bene* (1989), Tor-

---

[44] S. TOFFETTI (a cura di), *Giuseppe Tornatore*, Lindau, Torino 1995.

natore compie un viaggio di risalita dalla Sicilia a Torino, molto simile al viaggio lungo l'Italia de *Il cammino della speranza* (Germi, 1950). La differenza è che Matteo Scuro, il padre siciliano che va a visitare i figli che vivono in cinque differenti località italiane, di fatto rivisita i luoghi raccontati dal grande cinema del dopoguerra, da Visconti e Rossellini, da De Sica e Fellini, ma in ogni tappa la constatazione è quella d'una realtà inesorabilmente degradata, a cui è stata sottratta luce, magia ed energia. La sceneggiatura di questo film è scritta da Tonino Guerra. Pur muovendosi in un territorio in cui s'imbatte di continuo in macerie sentimentali e ambientali il protagonista non vuole rinunciare a guardare con ottimismo al futuro.

Una pura formalità (1993) è forse il film in cui Tornatore cerca di mettere in scena il proprio dramma d'autore continuamente attaccato e accusato senza aver la possibilità di difendersi. Il film per il rigore nella regia, la tensione drammaturgica, il dominio delle luci e la complessità e bravura dei due interpreti (Gérard Depardieu e Roman Polanski), oltre a far sentire l'ombra di Pirandello sul cinema contemporaneo sembra, a chi scrive, uno dei momenti piú esemplari e alti di regia cinematografica degli ultimi decenni del cinema italiano. Tornatore domina tutti gli elementi della scena, dalla macchina da presa agli attori, possiede un senso ritmico del montaggio come pochi altri: forse, il suo limite maggiore è dato dal fatto che ogni tanto viene travolto dalla materia narrativa, dalle sceneggiature troppo ricche di elementi.

Con *L'uomo delle stelle* riprende il tema del cinema come macchina di sogni, inseguendo le deambulazioni di un piccolo imbroglione che, agli inizi degli anni cinquanta, in Sicilia vende il sogno di diventare attore cinematografico alla povera gente nei piccoli paesi. Come per *Nuovo cinema Paradiso* anche questo film, magnificamente raccontato nella prima parte, sembra poi impantanarsi nella seconda, imprigionando il regista nella sua materia narrativa. *La leggenda del pianista sull'Oceano* (tratto da *Novecento*, monologo teatrale di Alessandro Baricco) e *Malèna* sono invece due prove narrative di virtuosismo e maestria registica, di dominio pressoché perfetto di tutte le parti. Se il cinema italiano è ancora in grado di raggiungere i grandi pubblici e pensare al cinema come a uno spettacolo per un pubblico internazionale, lo si deve anche a Tornatore.

Fra gli esordienti degli anni ottanta, Francesca Archibugi è quella che riceve piú attenzioni di critica e di pubblico per il suo primo film, *Mignon è partita* (1988), uscito in contemporanea con *Nuovo cinema Paradiso* e *Mery per sempre*[45]. Colpisce, in questa opera prima, la sicurezza nella direzione degli attori e la capacità della regista di annullare quasi la sua presenza, nel mettersi completamente al servizio dei personaggi, la dolcezza mista all'ironia, e la delicatezza con cui si accosta ai giovani protagonisti, la cultura cinematografica e il senso di perfetta assimilazione della lezione di Truffaut, Olmi e Scola, Comencini. Cronaca familiare, educazione sentimentale e anche sguardo attento a registrare tutte le novità e trasformazioni nei rapporti della vita quotidiana e del male di vivere nella famiglia. La macchina da presa accompagna i personaggi senza far sentire la sua presenza. Con *Verso sera* (1990), Archibugi conferma la sua capacità di spingersi a raccontare le difficoltà nella costruzione degli affetti tra diverse generazioni come se si trattasse di un vero e proprio viaggio in territori sconosciuti. Anche con *Il grande cocomero* (1993), racconto del tentativo d'un coraggioso psichiatra infantile – in cui è possibile riconoscere la figura di Marco Lombardo Radice –, cerca di esplorare le profondità del mondo infantile e le diverse forme di violenza che il mondo adulto può quotidianamente esercitare verso l'infanzia. *Con gli occhi chiusi* (1994), tratto abbastanza liberamente dal romanzo di Federico Tozzi (tanto da suscitare una feroce presa di posizione del critico e italianista Luigi Baldacci dalle pagine del «Corriere della sera»), è una storia d'amore impossibile in cui – forse per la prima volta – la regista si riprende in pieno quei poteri di narrazione distesa per immagini e di soggetto narrante a cui sembrava rinunciare nei film precedenti. In *L'albero delle pere* (1998) crea uno dei suoi personaggi piú riusciti e complessi, ma le troppe cose da dire e il rovesciamento netto dei rapporti fra adulti e

---

[45] C. PROTO (a cura di), *Francesca Archibugi*, Audino, Roma 1994.

adolescenti, in un mondo in cui gli adulti (sempre piú prigionieri della sindrome di Peter Pan) non sanno piú assumersi i ruoli di padri e madri, non riescono a fondersi in maniera del tutto convincente. La cifra stilistica sempre piú rilevante dell'Archibugi è quella di riuscire ad assumere, in modo naturale, il punto di vista dei giovani protagonisti, a far sentire la difficoltà a trovare la propria strada in un mondo di adulti sempre meno responsabile e sempre piú incerto sulla propria identità e sui propri ruoli.

Dopo un esordio considerato piú che promettente, in cui porta sullo schermo lo shakesperiano *Sogno di una notte d'estate* (1983), che ha già diretto con la compagnia milanese del teatro dell'Elfo, Gabriele Salvatores riesce a impadronirsi poco alla volta del mestiere e, grazie al sodalizio con Enzo Monteleone, gira due film, *Marrakesh Express* (1989) e *Turné* (1990), che gli consentono di venir subito riconosciuto e identificato come appartenente al gruppo di nuovi autori trentenni che già iniziano a fare i primi bilanci generazionali[46]. Salvatores cerca di raccontare in *Kamikazen - Ultima notte a Milano* (1987), o in *Marrakesh Express* o in *Turné*, quella zona dell'esistenza in cui cominciano a venir meno le illusioni e il contatto con le durezze della realtà cancella di colpo sogni e speranze. Rispetto a Moretti, racconta bene le storie di gruppo, il senso dei legami e delle delusioni dell'amicizia, ma anche fa sentire la sua regia, con un uso molto mobile della macchina da presa e un ritmo che varia a seconda delle esigenze drammaturgiche. *Mediterraneo* (1991), una storia ispirata ai racconti di Biasion e Ugo Pirro, Renzo Renzi e Mario Rigoni Stern sulla guerra in Grecia e Albania, riceve l'Oscar per la sua capacità di mantenere i legami con la tradizione del cinema italiano del dopoguerra, di lavorare sugli stereotipi mescolando liberamente epopea, miti e una comicità sempre carica di affettività. Salvatores riesce a raccontare, sullo sfondo della storia della guerra mondiale, un viaggio nella coscienza e un bisogno di trovare un personale punto di fuga, un'Arcadia in cui rifugiarsi da parte di otto soldati italiani che non si

---

[46] R. GRASSI, *Territori di fuga. Il cinema di Gabriele Salvatores*, Falsopiano, Alessandria 1997.

sentono affatto partecipi delle ragioni della guerra. Dopo *Puerto Escondido* e *Sud* sembra aprirsi una nuova fase nella carriera di Salvatores: in *Nirvana*, *Denti*, *Amnèsia* ci si trova a contatto con una ricerca linguistica, narratologica e stilistica che sembra volerlo avvicinare al cinema americano, portandoci ora nei territori del fantastico, della realtà virtuale, ora trascinandoci dentro racconti che sembrano scritti con la supervisione di Tarantino. Negli ultimi film la scrittura visiva si è fatta piú sincopata, il numero delle inquadrature che raccontano una sequenza si è moltiplicato, cosí i punti di vista e la costruzione dell'immagine e degli elementi nello spazio è molto piú accurata che in passato. Salvatores è il regista della sua generazione piú inquieto e aperto al mutamento e piú incuriosito dalla sperimentazione.

Anche Daniele Luchetti esordisce nella regia nel 1988 (grazie a Moretti) con *Domani accadrà*, storia ambientata nella Toscana del 1848, alla vigilia della prima guerra d'Indipendenza. I protagonisti sono due ladri di cavalli, inseguiti dagli austriaci per un furto non riuscito. Per quanto in costume, il film è una meditazione sul presente, sulla realtà e sui mondi possibili, e sulle responsabilità e sul ruolo di ognuno nel realizzarli. *La settimana della sfinge* (1989) sostituisce agli inseguimenti con fughe notturne e fucilate l'inseguimento d'un sogno da parte di una ragazza che cerca di braccare in tutti i modi un antennista dongiovanni che non vuole saperne di lei. Assieme a Piccioni e Mazzacurati, Luchetti mostra di saper raccontare in modo nuovo e originale la difficoltà dei giovani della sua generazione di maturare fino al pieno raggiungimento dell'identificazione del sé. Il suo stile si adatta alle storie e ai personaggi ma non sempre le cifre adottate lo premiano. Il suo film piú impegnativo, e piú legato alle vicende politiche italiane di quegli anni, è *Il portaborse* (1990). Anche qui, come nel primo film di Mazzacurati, un piccolo, innocente e ignaro personaggio di provincia viene preso a sua insaputa in un meccanismo di corruzione politica che rischia di travolgerlo, ma da cui riesce a liberarsi grazie al prevalere degli anticorpi e all'indignazione morale. Volendo, si può considerare *Il portaborse* quasi un manifesto (al quale possono essersi ispirati o essere stati illuminati i giudici milanesi che hanno avviato le prime inchieste sulla corruzione politica nel 1993). Proprio nel 1993 Luchetti gira il grottesco e surreale *Arriva la bufera*, che ha come protagonista un onesto magistrato inviato in un paesino del Sud per risolvere una contesa fra tre sorelle che si combattono per il controllo del locale inceneritore dei rifiuti. La metafora, forse, non è del tutto riuscita, ma bisogna riconoscerne il perfetto tempismo e la previsione profetica del collasso dei poteri pubblici e istituzionali nella prima repubblica.

Anche *La scuola* (1995), tratto dai romanzi di Domenico Starnone, adotta la cifra del grottesco per descrivere lo sfacelo in atto nel sistema scolastico. *I piccoli maestri* (1998), tratto dal romanzo di Luigi Meneghello, pur spinto dalla ricerca d'uno spirito unitario e da forze eguali e contrarie a quelle dei film precedenti, non riscuote consensi né da parte della critica né del pubblico: Luchetti non riesce a comunicare la sua lettura della storia e dell'esperienza resistenziale come semplice fase di formazione di un gruppo di giovani. La Resistenza è ancora una storia cosí monumentale che non sopporta un eccesso di *understatement* e d'ironia nei suoi confronti.

Regista appartato e anomalo, Franco Piavoli ha sviluppato una poetica e una capacità di raccontare per immagini non confrontabile con nessun'altra esperienza, non solo del cinema italiano, degli ultimi decenni. Esordisce nel lungometraggio a quasi cinquant'anni con *Il pianeta azzurro* (1982) e subito viene salutato come un maestro. Vent'anni prima aveva realizzato, quasi con il gusto dell'antropologo, alcuni documentari con cui osservava i comportamenti di gruppi di emigranti in arrivo alla stazione di Milano, o di tifosi allo stadio, o di giovani alla fine di una domenica. Piavoli è l'erede piú legittimo della lezione documentaristica di Robert Flaherty, Joris Ivens, Henri Stork, e di Olmi per quanto riguarda la paternità italiana. Possiede come pochi la capacità di realizzare, senza muoversi dai luoghi in cui abita (Pozzolengo è per lui il centro del mondo), viaggi straordinari nello spazio e nel tempo e di condensare in poche immagini il passaggio e le metamorfosi della vita nelle diverse ere sulla superficie terrestre. Il suo è un cinema metonimico di vasto respiro epico e lirico. Nel realizzare le sue piccole cosmogonie in uno stagno, o addirittura in una goccia d'acqua, Piavoli riesce a creare ellissi temporali, sintesi concettuali, passaggi fulminei dalla parte al tutto, ma anche metafore, e al tempo stesso a lasciare che la natura dispieghi in pieno il suo linguaggio. Il suo è un cinema carico di echi e risonanze dei grandi poemi della natura o dell'epica, da Lucrezio a Omero, e in ognuno dei suoi film (da *Nostos* a *Voci nel tempo* al piú recente *Al primo soffio di vento*, 2002) si sente in maniera potente l'afflato epico e lirico che attraversa e guida il suo lavoro. Sa far diventare protagonisti dei suoi film il vento, l'acqua, il cielo, le nuvole... Sa cogliere i sintomi e i segnali che vengono emessi dalla natura e, con doti di sciamano visivo, li sa organizzare in un racconto sinfonico in cui i rumori, i suoni, non sono meno importanti delle immagini.

A tutti gli effetti, si può considerare uno degli autori che è riuscito a mantenere la propria indipendenza e il controllo sulla propria opera anche Silvio Soldini, esordiente degli anni ottanta al quale da subito la critica riconosce le qualità d'autore. Trame molto esili e minimaliste per i suoi primi film, in cui l'influenza di Wenders è dichiarata, ma è evidente una ricerca che approdi a una cifra stilistica e tematica personale. I primi film, *Paesaggio con figure* (1983) e *Giulia in ottobre* (1985), segnalano il rigore visivo e la ricerca dell'essenzialità narrativa. Con i film dell'ultimo decennio, *Un'anima divisa in due* (1993), *Le acrobate* (1997), *Pane e tulipani* (1999; il primo vero successo di pubblico) e *Brucio nel vento* (2002), la narrazione si fa piú complessa e le storie, senza rinunciare al carattere minimalista, toccano temi centrali della vita contemporanea, dei rapporti interindividuali, della ricerca dell'autenticità. Soldini possiede in misura rilevante la qualità di definire i personaggi e il rapporto con l'ambiente con un minimo di elementi, renderli credibili e familiari nel loro battersi, o tentare di districarsi nelle difficoltà di relazione e di raggiungimento della consapevolezza dei propri desideri, ed effettuare mosse che possono modificare il proprio destino. Il suo cinema è realistico e immerso in un'atmosfera fantastica e irreale, tanto che ogni incontro tra i personaggi, ogni oggetto, ogni battuta può essere imprevedibile, inverosimile, caricarsi d'intenzioni simboliche, ma anche aiutare a risolvere magicamente, come in una favola, una storia che la realtà ha condannato a spegnersi nella routine. In questo senso, la misura piú felice e capace di comunicare anche al pubblico piú vasto, è raggiunta da *Pane e tulipani*, in cui sono ottimalizzate tutte le qualità registiche e narrative di Soldini.

La breve filmografia di Nino Bizzarri è all'insegna della cultura cinematografica, della formazione cinefila e della ricerca di una qualità alta di scrittura visiva. Alain Bichon l'ha definito come il piú francese dei registi cinematografici italiani. Due i titoli, che sembrano la variazione d'uno stesso sogno d'amore, diversamente marcato dall'illusione e dalla passione travolgente, *La seconda notte* (1985) e *Segno di fuoco* (1991).

Quattro film costituiscono la filmografia di Paolo Benvenuti, uno dei registi che piú ha cercato di ereditare la lezione dell'ultimo Rossellini e di proseguire nella propria ricerca visiva muovendosi in piena libertà, ma con assoluto rigore, all'interno della tradizione della pittura, riuscendo a metabolizzare la lezione della pittura manierista e il luminismo della pittura caravaggesca con la tensione verso l'astrazione. Il suo è un cinema che non ha mai tenuto conto delle ragioni del mercato. Dopo un quindicennio di attività documentaristica, esordisce nel 1988 con *Il bacio di Giuda*; seguono *Confortorio* (1992), *Tiburzi* (1996) e *Gostanza da Libbiano* (2000), opere in cui, prima dell'attenzione per la storia, c'è una ricerca esasperata della qualità visiva e della possibilità di ricostruire, grazie alla piena immersione nell'iconosfera pittorica, l'atmosfera di un'epoca.

Se Benvenuti, che alimenta la sua ispirazione con la pittura, rimane isolato nel paesaggio, Carlo Mazzacurati, che vuole fare il cinema perché ha assimilato la lezione dei maestri, sembra far parte d'un gruppo di autori spinti dalle stesse motivazioni e con una poetica simile. Fa parte d'una piccola colonia padovana costituita anche da Enzo Monteleone (a sua volta, regista negli anni novanta) e Umberto Contarello che emigra a Roma agli inizi degli anni ottanta per imparare dai grandi vecchi della sceneggiatura il mestiere dello scrivere per il cinema. Ben presto capisce (grazie a un *road movie* autoprodotto, *Vagabondi*, 1983) che la sua vera vocazione è il raccontare con la macchina da presa, cercando di unire insieme il patrimonio di conoscenze e immagini cinematografiche che ha ben metabolizzato e quello che gli viene da un profondo amore per la propria terra, di cui conserva una memoria che intende mettere a contatto con la realtà attuale. Mazzacurati sa raccontare bene una storia quando riesce a far sentire i legami tra i suoi personaggi e l'ambiente, o a farne scoprire dei nuovi e imprevisti. Il percorso dei personaggi nel racconto, o l'eventuale viaggio che compiono, è sempre un viaggio d'iniziazione, di scoperta dentro se stessi, di dimensioni impensabili e di altre dimensioni della realtà, di messa in luce di zone oscure, di ritrovamento di sentimenti forti, che nel degrado, sempre piú irreversibile dell'ambiente naturale e umano, vengono da lui riaffermati di continuo. È un regista che guarda alla realtà presente con occhio insieme attento al senso della perdita di valori – e alla possibilità di trovare comunque, nella catena negativa il punto di fuga, il momento di riappropriazione di questi valori, come, ad esempio, quello costantemente affermato e cercato dell'amicizia –, e insieme quello dell'amore. Il film d'esordio, *Notte italiana* (1987), è prodotto da Nanni Moretti; il secondo è una trascrizione, in chiave di riscoperta delle mitologie dell'infanzia, del *Prete bello* (1989) di Goffredo Parise. Nel 1992 gira *Un'altra vita*, reinterpretazione del *Sorpasso* a trent'anni di distanza, in cui si affronta, per la prima volta, il tema degli extracomunitari e dell'Italia del disagio, mostrando quanto sia sottile la linea di demarcazione tra il lato oscuro della società e quello della normale routine quotidiana. Nel 1994, con *Il toro*, porta i suoi personaggi verso i paesi dell'Est, alla riscoperta involontaria di valori perduti; nel 1996 realizza *Vesna va veloce*, sulla fragilità del sogno di fuga e della possibilità di trovare il Paradiso, in Italia o in paesi piú ricchi, per i giovani in fuga dall'Est. Nel 1998 è la volta d'un piccolo «romanzo di formazione» per la televisione, *L'estate di Davide*, e nel 2000 di *La lingua del santo*, in cui, per la prima volta, sceglie decisamente i toni piú leggeri della commedia per muoversi comunque dentro un Veneto, miracolato dalla ricchezza e praticamente irriconoscibile per la totale perdita di senso del sacro. Negli ultimi anni ha anche realizzato, insieme a Marco Paolini, tre splendidi ritratti di grandi scrittori veneti (Mario Rigoni Stern, Luigi Meneghello e Andrea Zanzotto), visti come depositari di saperi e conoscenze che la regione sta perdendo, e pontefici tra la realtà locale e la grande storia e le culture e letterature europee e internazionali. Nel suo ultimo film, *A cavallo della tigre* (2002), libero rifacimento dell'omonima commedia di Comencini del 1963, rilegge in chiave odierna un racconto degli anni sessanta: rispetto ai suoi precedenti film, si ha l'impressione che vi sia una progressiva perdita del rapporto con il paesaggio e la sua bellezza, proprio per la percezione d'un degrado ambientale che appare senza speranza. Anche qui Mazzacurati cerca di ritrovare dei sentimenti forti che leghino i personaggi al di là della durezza del vivere e delle vicende in cui sono coinvolti. Sembra che il regista si trovi in una fase di passaggio: ha ulteriormente affinato la sua capacità di narratore visivo, sa rintracciare la storia e le emozioni anteriori dei personaggi semplicemente esplorandone il primo piano, ed è in grado di imprimere diversi ritmi all'azione, ma ciò che continua a interessarlo è la capacità di far emergere sentimenti forti, il desiderio di sfidare la sorte avversa e di giocare per capovolgere un destino che sembra segnato. Forse, ancora non è riuscito a trovare la misura piú perfetta per la fusione dei nuovi elementi della commedia con quelli drammatici.

Davide Ferrario si collega idealmente a Faccini, Ponzi, Di Carlo, in quanto anche lui proviene dalla critica cinematografica: il suo film d'esordio, *La fine della notte* (1989), è ancora molto influenzato dal cinema di Wenders e racconta una lunga notte brava di due ragazzi che ha come epilogo un omicidio. Un secondo lungometraggio, un ottimo documentario sulla resistenza realizzato con Guido Chiesa (*Materiale resistente*, 1995) e tre film con caratteristiche differenti (*Tutti giú per terra*, 1997, dal romanzo di Giuseppe Culicchia, *I figli di Annibale*, 1998, e *Guardami*, 1999) confermano le sue buone capacità di muoversi ai margini dei generi e di raccontare, in maniera originale, il malessere del mondo giovanile. *Guardami* è un film in cui decide di muoversi lungo la sottile linea (oggi sempre piú invisibile) che separa il cinema a soggetto erotico dall'hard. Negli ultimi anni, piú d'un film realizzato nei paesi asiatici, o in Europa, o negli Stati Uniti, ha avuto come oggetto il mondo del cinema a luci rosse e i suoi eroi e ha esplorato le frontiere del sesso estremo. Ferrario racconta la storia d'una diva dei film a luci rosse e cerca di nobilitarne umanamente la figura. Nina, la protagonista, si ispira apertamente alla biografia di Moana Pozzi, forse la diva piú nota, anche internazionalmente, del cinema a luci rosse italiano. Il film non convince perché appare costruito lungo le tappe d'una vita che dà troppo esplicitamente l'impressione di proporsi come *exemplum* d'un personaggio capace di raggiungere un livello alto di autocoscienza e di riscattarsi dal degrado della professione attraverso il dolore e il contatto con la morte.

Volendo raggruppare alcuni registi che esordiscono alla fine degli anni ottanta per affinità tematiche, stilistiche o narratologiche, si potrebbero considerare coloro che scelgono – anche per ragioni di budget – di raccontare piccole storie in spazi ristretti, con pochi personaggi. Per molti il *road movie* è un passaggio obbligato.

Come si è detto, Giuseppe Piccioni esordisce nella regia del lungometraggio nel 1987 (dopo aver frequentato la scuola di cinema della Gaumont) con *Il grande Blek*, una vicenda scopertamente autobiografica, una sorta di romanzo di formazione di un gruppo di ragazzi nella provincia di Ascoli. Anche con il successivo, *Chiedi la luna* (1991), nato come prodotto televisivo, raggiunge la sala e conferma la capacità del regista di accostarsi in punta dei piedi ai personaggi e osservarli nel momento in cui un qualche evento, o incontro casuale, spezza i ritmi della loro routine, provocando una «catastrofe», una crisi profonda nel loro modo di vivere, nei rapporti costituiti. È ammirevole questo piccolo film per come – attraverso movimenti quasi impercettibili – riesce a raccontare l'avvicinamento progressivo dei due protagonisti fino all'ineluttabile ritrovarsi l'uno tra le braccia dell'altro. *Condannato a nozze* (1993) è una commedia grottesca e i due film piú recenti, *Fuori dal mondo* (1999) e *Luce dei miei occhi* (2001), proseguono lungo questa strada, confermando la buona capacità di Piccioni di toccare piú corde del racconto, di lavorare sul non detto, di far sentire l'evoluzione interiore dei personaggi.

Figli d'arte, Carlo e Luca Verdone, i fratelli Vanzina, le sorelle Comencini, i fratelli Risi, Manuel e Christian De Sica, Giovanni Soldati, sviluppano dei percorsi in cui nella maggior parte dei casi cercano di affermare al piú presto le proprie capacità di registi o attori e definire il proprio mondo.

Carlo Verdone, diplomato al Centro Sperimentale, guida idealmente – per maggior fortuna iniziale e competenza registica – un gruppo di comici lanciati dalla televisione (Benigni, Pozzetto, Troisi, Nuti) che contribuiscono a rinnovare, dagli anni ottanta, il paesaggio del cinema comico, ridando spessore alle storie e restituendo alla comicità quella gamma di toni e quelle corde che sembravano definitivamente abbandonati dal cinema spazzatura. Il Verdone attore degli esordi è in grado di rinnovare i fasti del fregolismo e si riconosce senz'altro nella comicità di Alberto Sordi, raccontando l'evoluzione della specie del bullo romano e del «coatto» erede di Nando Mericoni. Dopo un dittico agli inizi degli anni ottanta – *Un sacco bello* (1980) e *Bianco, rosso e Verdone* (1981) – in cui costruisce alcuni dei personaggi piú significativi della ricchissima galleria a cui ha finora dato vita, comincia a pensare a storie che gli consentano di far emergere le sue doti registiche e di toccare sempre piú delle note drammatiche. Di film in film, a partire dalla seconda metà degli anni ottanta, il tocco sembra farsi piú leggero e la comicità piú malinconica (di qui la definizione estesa anche ad altri autori di malin-comici), quasi fosse toccato – nei momenti piú felici – da una vena chapliniana. Nel corso di due decenni ha diretto quasi una ventina di film, che andranno analizzati anche per l'evoluzione registica, e di cui si ricorda *Compagni di scuola* (1988), *Maledetto il giorno che t'ho incontrato* (1992), *Al lupo, al lupo* (1992), *Viaggi di nozze* (1995), *Sono pazzo di Iris Blond* (1996).

Se Verdone discende direttamente dalla tradizione dei sovrani della scena comica italiana, Maurizio Nichetti, che esordisce con *Ratataplan* nel 1979, è invece figlio delle *slapstick comedy* di Mack Sennett, delle magie, della meraviglia e dei trucchi del primo cinema muto, dei *comics*, ma anche di Jacques Tati, Calvino e Georges Perec, nel giocare sulle molteplici possibilità di sviluppo del racconto e sull'indistinguibilità delle dimensioni del sogno e della realtà. La sua è forse la comicità piú ricca di echi culturali e nei momenti piú felici sa ottimalizzare, in modo originale, la lezione zavattiniana. Nelle opere successive – *Ho fatto splash* (1980), *Domani si balla* (1982), *Il Bi e il Ba* (1985), *Ladri di saponette* (1989), *Volere volare* (1991), *Stefano Quantestorie* (1993), *Luna e l'altra* (1996), *Honolulu Baby* (2000) – dimostra di saper lavorare in maniera molto originale sulla contaminazione dei codici, sulla mescolanza tra cinema d'animazione e realtà (grazie alla collaborazione con Guido Manuli, l'ibridazione della realtà con l'animazione in *Volere volare* regge perfettamente il confronto con *Chi ha incastrato Roger Rabbit?*, Robert Zemeckis, 1988) ma, soprattutto, di approfondire insieme le sue doti attoriali, quelle narrative e le sue doti di decostruzione e ricomposizione libera delle varie parti del meccanismo del racconto.

Quando si è spento all'improvviso, alla fine delle riprese di *Il postino*, Massimo Troisi si trovava in uno stato di grazia «piú virtuoso che mai nel gestire mimica e parole trasformate in elisir», come ha osservato Tullio Kezich. Con la stessa discrezione ed educazione con cui era apparso in televisione una quindicina d'anni prima, Troisi è uscito di scena in punta di piedi, con una leggerezza del tutto anomala rispetto alla volgarità e pesantezza cui ha abituato il cinema degli anni ottanta. Anche se, con un'intuizione geniale, Ettore Scola gli aveva offerto la possibilità di raggiungere uno dei risultati piú alti della sua carriera nella parte del comico che veste la maschera di Pulcinella (*Il viaggio di Capitan Fracassa*), Troisi, pur discendendo a pieno titolo dalla tradizione delle maschere napoletane, sembra anche il prodotto di una felice intergamia del Pulcinella con la maschera del Pierrot lunare che ha trionfato lungo il Novecento sulla scena artistica internazionale. Il sodalizio con Scola, se non ha portato effetti immediati nella sua ultima regia (*Pensavo fosse amore invece era un calesse*, 1991), ha contribuito ad affinarne la recitazione e a rendere il suo sguardo piú capace di far sentire il dolore, la sofferenza amorosa e non, a dargli un nuovo senso del tempo cinematografico. Massimo Troisi esordisce nel 1981 con *Ricomincio da tre*, portando in scena i personaggi d'uno spettacolo teatrale che aveva già avuto successo in televisione e a teatro. Non sono forse le doti registiche quelle che saranno ricordate dei suoi film (*Scusate il ritardo*, 1982; *Non ci resta che piangere*, 1984; *Le vie del Signore sono finite*, 1987), quanto la sua evoluzione e maturazione recitativa negli ultimi anni, nei film in cui viene diretto da Scola o nella sua ultima interpretazione, nel *Postino* (Michael Radford, 1994). Nell'ultimo film da regista, il protagonista attraversa tutto il territorio delle pene d'amore giungendo a enunciare un proprio credo provvisorio ma piú chiuso alla speranza che in passato («Ho capito che un uomo e una donna sono le persone meno adatte a sposarsi»). Poi, per fortuna, c'è stata l'interpretazione del *Postino*, in cui il suo Pierrot ha regalato l'inno piú struggente alla vita e all'amore di tutta la sua carriera.

Per anni, Roberto Benigni regista sembra voler esibire orgogliosamente, come titolo di merito, il fatto di *non* aver frequentato il Centro Sperimentale. In *Tu mi turbi* (1983), film d'esordio come regista, la macchina da presa è semplicemente al servizio della sua prova attoriale. E anche nei successivi, *Non ci resta che piangere*, codiretto con Troisi, *Il piccolo diavolo* (1988), *Johnny Stecchino* (1991) e *Il mostro* (1994), in cui è affiancato da Cerami nell'ideazione e costruzione di soggetti e sceneggiature, la regia non si sovrappone mai alla storia e alla recitazione. Questa scelta coerente e razionale, che unisce rigore e semplicità, esalta sia i meccanismi della storia che le sue eccezionali doti mimiche, gestuali e verbali. In effetti, rispetto agli altri comici, Benigni sembra appartenere a una specie diversa: un po' elfo, un po' coboldo, appare all'improvviso come un folletto emerso dai racconti dei contadini toscani e riempie la scena con l'irruenza fisica e verbale incontenibile d'un fiume in piena. Come Petrolini e Totò, Benigni è da considerare anzitutto come un dono che viene fatto allo spettacolo e che può diventare un bene e un patrimonio culturale. Se la fama di Petrolini e Totò non ha, di fatto, mai veramente varcato i confini nazionali, Benigni, grazie a *La vi-*

ta è bella e a *Pinocchio*, è diventato un bene culturale che i pubblici di tutto il mondo hanno fatto proprio. I due ultimi titoli sono anche due film in cui Benigni regista si è posto molti problemi stilistici inediti, ma soprattutto ci pongono di fronte a un attore che ha gettato la maschera e riesce a comunicare con il profondo dell'anima a far vibrare una gamma di sentimenti ed emozioni ad amplissimo spettro. Per la prima volta nella sua carriera, Benigni osserva il mondo con gli occhi dell'amore e ne rende visibile e credibile il potere. Il paragone con il Chaplin del *Monello* è legittimo e pertinente, e Benigni riesce a muovere i suoi personaggi all'interno d'una tragedia, come quella dell'Olocausto, facendone sentire tutto il peso ma incarnando in modo credibile la figura mitica dell'individuo capace di risolvere gli enigmi e di condurre in salvo il figlio e i compagni[47]. In *La vita è bella* Benigni riesce non solo a far vivere padre e figlio dentro un mondo perfetto, non toccato dalla realtà esterna, ma anche a far divenire padre e figlio una sola cosa, a fare in modo che la morte del padre non turbi la gioia della vita e della vittoria del figlio. Non c'è nulla di eroico nel gesto finale di Benigni, osservato dal piccolo Giosué mentre marcia davanti alle SS che lo fucileranno di lí a poco, solo la consapevolezza di essere riuscito a salvare il nucleo profondo del proprio figlio e a consegnargli un testamento spirituale di altissima moralità e amore per la vita.

Diplomato invece al Centro Sperimentale come Verdone, attore, aiuto regista di autori importanti, Ricky Tognazzi è, assieme a Marco Risi e Francesca Comencini, la personalità piú attenta e competente nei confronti dell'intero processo realizzativo. La sua è una regia che si mette al servizio della storia (importante è la presenza creativa al suo fianco della sceneggiatrice Simona Izzo), capace di affrontare con coraggio civile temi duri e scottanti, come la degenerazione violenta del tifo sportivo (*Ultrà*, 1991, Orso d'oro a Berlino), il razzismo, l'usura (*Vite strozzate*, 1996), la vita dei giudici e delle scorte e la potenza mafio-

---

[47] Vedi la brillante analisi di U. CURI, *Lo schermo del pensiero*, Raffaello Cortina, Milano 2000.

sa (*La scorta*, 1993, e *I giudici*, 2000, produzione Usa). C'è una prima fase in cui percorre ed esplora con forza questi temi, e una seconda inaugurata dal piú recente *Canone inverso* (2000), l'opera forse piú innovativa dal punto di vista stilistico e della sua complessità costruttiva e significante, densa di risonanze interne e di tentativi di far rivivere e viaggiare nel tempo memorie, emozioni, drammi individuali e storia, che regala il senso della piena maturità registica di Tognazzi e lo colloca di diritto in una piú giusta dimensione internazionale.

Delle sorelle Comencini la piú giovane, Francesca, sceglie la strada piú impervia di storie drammatiche, come *Pianoforte* o *La luce del lago*, mentre Cristina tra tutti i figli d'arte sembra quella che piú ha cercato di assimilare e far propria la lezione paterna, fin dall'opera d'esordio, *Zoo* (1988). Raggiunge il successo dirigendo una dignitosa versione cinematografica del best seller di Susanna Tamaro, *Va' dove ti porta il cuore* (1994), e successivamente realizza alcune commedie in cui racconta il mutamento della forma e dei vincoli all'interno della famiglia e la necessità di prendere atto d'una sorta di mutamento epocale nei ruoli, nella gestione dei sentimenti, nell'educazione dei figli (*Matrimoni*, 1998, *Liberate i pesci*, 2001, *Il piú bel giorno della mia vita*, 2002).

Marco Risi ha bisogno di farsi le ossa e la mano (tra la fine degli anni settanta e i primi anni ottanta) come aiuto regista dello zio Nelo, con alcune commedie senza gloria ma di discreto successo al botteghino, prima di richiamare l'attenzione della critica con *Soldati - 365 all'alba* (1987), una specie di versione italiana di *Streamers* (Robert Altman, 1983). Nei successivi, *Mery per sempre* (1989) e *Ragazzi fuori* (1989), su soggetto di Aurelio Grimaldi, e *Il muro di gomma* (1991; sulla tragedia di Ustica), sceneggiato da Andrea Purgatori, e *Il branco* (1994) e *L'ultimo capodanno* (1998), da un racconto di Nicolò Ammaniti, porta sullo schermo il gusto *splatter* e post-tarantiniano degli scrittori appartenenti alla «gioventú cannibale». Come il titolo di un bel film di Soldini (*Un'anima divisa in due*), Risi è un'anima cinematografica divisa: da una parte c'è un'autentica e naturale (i geni regressivi, direbbero i biologi) vocazione al film comico, dall'altra c'è una forte tensione al film di denuncia e di testimonianza civile. Questa dissociazione è forse alla base di alcuni risultati non perfettamente riusciti ma che testimoniano della ricchezza delle possibilità di questo autore. In ogni caso, ha contribuito in maniera importante al rinnovamento del cinema dell'ultimo decennio e al mantenimento dei legami con la tradizione. Non a caso, il suo tipo di cinema è stato definito del neo-neorealismo. Come Moretti, Marco Risi tenta anche di diventare produttore di esordienti dalla seconda metà degli anni novanta.

Se, nel paragrafo 8, *Dal trash al cult*, abbiamo cercato di raccogliere alcune considerazioni ed elementi per l'analisi del cinema spazzatura, bisogna a questo punto tener conto che accanto alle figure di comici e autori della commedia che hanno cercato il rinnovamento e la conservazione della continuità con la tradizione, c'è stato un gruppo di autori e attori che sono riusciti a richiamare periodicamente, lungo tutto il ventennio, i pubblici di spettatori normalmente refrattari al cinema italiano, che hanno riso per una comicità che richiamava i modelli anteriori (dagli anni trenta agli anni sessanta, ma anche del muto) del cinema italiano e americano, e hanno periodicamente contribuito a tamponare alcune falle nell'emorragia costante di pubblico. Su autori, come Carlo ed Enrico Vanzina, Neri Parenti o Enrico Oldoini, i produttori hanno regolarmente investito a occhi chiusi, venendo sempre ripagati da consistenti successi al botteghino. A questi registi va riconosciuto il merito di saper mescolare efficacemente ingredienti di sicura presa sul pubblico, di avere a disposizione giovani e belle attrici e buoni se non ottimi attori e caratteristi comici (da Massimo Boldi a Teo Teocoli, da Jerry Calà a Diego Abatantuono, da Christian De Sica a Renato Pozzetto a Paolo Villaggio), la cui comicità funziona perché legata al momento storico, o perché già ampiamente collaudata, dalla *slapstick* o dalla commedia sofisticata. L'idea vincente di questi film, che molte volte praticano la parodia o il remake di commedie importanti del passato, è quella di innestare l'ideologia «burina» nel corpo della commedia sofisticata. Negli anni ottanta, i Vanzina costruiscono una serie di film che, rivisti oggi, aiutano anche a capire le trasformazioni dell'Italia che vuole lasciarsi alle spalle gli anni di piombo e vive, per almeno una decina d'anni, in una situazione di euforia economica del tutto nuova, che vede un rinnovamento completo dei modi di arricchirsi e delle forme di consumo. Fra i titoli che hanno scandito le tappe del loro successo: *Una vacanza bestiale* (1980), *I fichissimi* (1981), *Eccezzziunale... veramente* e *Viuuulentemente...mia* (1982), *Sapore di mare* (1982), *Vacanze di Natale* (1983), *Vacanze in America* (1984), *Yuppies* (1985), *Via Montenapoleone* (1986), *Le finte bionde* (1988), *Miliardi* (1990), *Sognando la California* (1992), *A spasso nel tempo* (1997)... Accanto a loro, come s'è detto, vanno ricordati Neri Parenti, che inizia raccogliendo il testimone da Salce per i film della saga di Fantozzi (*Fantozzi contro tutti*, 1980) e contribuisce al successo di Villaggio per tutti gli anni ottanta, per poi prendere a modello soprattutto le comiche del muto (*Le comiche*, 1990, *Le nuove comiche*, 1994, *Vacanze di Natale '95*, 1995...) e Enrico Oldoini (*Yuppies 2*, 1986, *Vacanze di Natale '90*, 1990, *Anni '90*, 1993, *Miracolo italiano*, 1994). Concepiti secondo la logica industriale dei «fast-food», questi film, che hanno una vita in sala di poche settimane (in cui richiamano però milioni di spettatori nel corso delle feste natalizie), riescono a cogliere, con assoluto tempismo e uno stile tra l'iperrealistico e il tardo-*pop*, l'Italia dell'apparire, un'Italia artificiale creata dalla televisione, un'Italia griffata dal *prêt-à porter* degli inventori del *made in Italy*, un'Italia rampante e volgare, facilmente corrompibile, priva di senso politico e sociale e del tutto impermeabile alle leggi e ai piú elementari princípî morali e civili. Ma pronta a esibire in ogni momento i propri effimeri *status symbols* con tanto di cartellino del prezzo o del marchio ancora bene in vista. Per quanto paradossale, bisogna ammettere che le truppe guidate da Fantozzi e Abatantuono e dirette dai Vanzina & Co. costituiscono uno dei pochi argini dotati di qualche efficacia contro l'invasione americana negli anni ottanta, e offrono un documento degno d'attenzione per capire non solo lo spirito della cosiddetta «Milano da bere», ma anche dell'«Italia da bere», dell'Italia della Tangentopoli allegra che, agli inizi degli anni novanta, si ritrova improvvisamente inondata di avvisi di garanzia e mandati di comparizione e cattura, che decreteranno la fine delle vacanze per molti.

11. *Gli anni novanta: la crisi tra continuità della tradizione e rinnovamento.*

Gli anni novanta si aprono, e chiudono, con una serie di prestigiose affermazioni internazionali: nel 1990 Gianni Amelio riceve la nomination per *Porte aperte*, l'anno prima Tornatore vince l'Oscar con *Nuovo cinema Paradiso*, nel 1992 Salvatores lo rivince con *Mediterraneo*, mentre Fellini riceve l'Oscar alla carriera, e nel 1999 *La vita è bella* di Benigni è premiato con ben tre Oscar. A Cannes si vincono premi speciali della giuria con *Ladro di bambini*, *La vita è bella* e con *Caro diario* e *La stanza del figlio*. A Venezia, nel 1998 *Cosí ridevano* di Amelio ottiene il Leone d'oro. Il cinema italiano è ancora rappresentato sul piano internazionale da Bertolucci, e a lui si affiancano Tornatore, Benigni, Salvatores, tutti autori in grado di pensare non solo ai pubblici locali.

Facendo un bilancio del lavoro dei veterani e dei maestri del cinema italiano negli anni novanta, Callisto Cosulich ha notato che per molti di loro – a eccezione forse di Fellini – la vita professionale non si è bloccata. Anzi, in molti casi, è proseguita a ritmi tayloristici. Pupi Avati – la cui figura è sempre piú assimilabile a quella di Roger Corman, per intelligenza del sistema e capacità di creare prodotti di nicchia capaci di garantire guadagni e possibilità di reinvestimento degli utili – ha realizzato film alla media di uno all'anno in questi venticinque anni, film prodotti in proprio, e il ritmo non è scemato nell'ultimo decennio[48]. Monicelli ha girato sei film, come Tinto Brass, che, nel 2001, ha portato sullo schermo, come abbiamo già detto, una nuova versione di *Senso*. Anche Antonioni, pur colpito da ictus,

---

[48] È importante al riguardo L. CODELLI, *La Factory di Pupi Avati*, in MARRONE PUGLIA (a cura di), *New Landscapes in Contemporary Italia Cinema* cit., pp. 253-57

riesce a girare con Wenders *Al di là delle nuvole* (1994), cosí Olmi, dopo la malattia che lo ha bloccato a lungo negli anni ottanta, dopo *Lunga vita alla Signora!* (1987) e *La leggenda del santo bevitore* (1988), nonché alcuni splendidi documentari, realizza *Il segreto del bosco vecchio* (1993) e *Genesi. La creazione e il diluvio* (1994), il primo capitolo d'una *Bibbia* televisiva, e un'opera che (come vedremo) sembra segnare di nuovo una pietra miliare nella sua carriera e nel cinema italiano piú recente, *Il mestiere delle armi*.

Sull'attività di alcuni autori e maestri della commedia – come Dino Risi, Bolognini, Sordi – si può tranquillamente sorvolare, ma altri registi girano ancora negli anni novanta opere importanti, anche se meno riuscite di quelle della filmografia precedente: cosí vanno ricordati almeno *La tregua* (1997; da Primo Levi) di Rosi, o *Ferdinando e Carolina* (1999) di Lina Wertmüller (che all'inizio del decennio aveva diretto Sophia Loren in *Sabato, Domenica e Lunedí*, 1990).

Anche se non viene mai spezzato il legame con la tradizione del dopoguerra, è sempre piú evidente, dalla fine degli anni ottanta, che si allentano i vincoli generazionali e che i registi delle nuove generazioni, dopo l'esordio, non sono in grado di elaborare qualsiasi tipo di progetto sul medio e lungo termine. Nessuno si arrende ma, al tempo stesso, nessuno è in grado di prevedere se, portato a termine un film, sarà in grado di realizzarne un secondo. In ogni caso, gli anni novanta costituiscono la fase in cui avviene definitivamente il passaggio del testimone alle nuove generazioni. Gli autori che ancora possono costituire punti di riferimento importanti, e il cui magistero viene riconosciuto anche dagli autori delle nuove generazioni, sono Moretti, Tornatore, Salvatores, Archibugi, Mazzacurati.

Il fenomeno veramente nuovo è dato dal fatto che Roma ha perso, anno dopo anno, il ruolo egemone di capitale produttiva: nel corso del decennio si sono moltiplicate le avventure registiche e produttive lungo tutta la penisola, da Torino a Milano, dal Veneto a Bologna, dalla Toscana a Napoli alla Puglia alla Sicilia.

Ciò che colpisce positivamente in questo decennio è la volontà di esprimersi con il mezzo cinematografico con risorse a disposizione anche modestissime. In negativo c'è l'invisibilità e spesso la pochezza dell'invenzione e della scrittura dialogica.

Se consultiamo il primo censimento realizzato da Mario Sesti nel 1994[49], o il sintetico profilo del decennio tracciato da Vito Zagarrio[50], dobbiamo constatare che, anno dopo anno, si registra comunque nel territorio piú di un esordio degno d'attenzione. Si possono citare almeno i nomi e i titoli piú significativi di alcuni autori: Antonio Albanese (*Uomo d'acqua dolce*, 1997), Sandro Baldoni, Andrea Barzini, Giulio Base (*Crack*, 1991), Marco Bechis, Alessandro Benvenuti, Paolo Benvenuti, Bruno Bigoni, Claudio Caligari (*L'odore della notte*, 1998), Mimmo Calopresti, Eugenio Cappuccio, Massimo Gaudioso e Fabio Nunziata (*Il caricatore*, 1997), Antonio Capuano, Carlo Carlei (*La corsa dell'innocente*, 1992), Guido Chiesa (*Il caso Martello*, 1992; *Il partigiano Johnny*, 2000), Ugo Chiti (*Albergo Roma*, 1996; *La seconda moglie*, 1998), Ciprí e Maresco, Pappi Corsicato, Alessandro D'Alatri, Enzo D'Alò, Daniele Gaglianone (*I nostri anni*, 2000), Matteo Garrone, Giuseppe Gaudino, Lucio Gaudino, Aurelio Grimaldi (*La discesa di Aclà a Floristella*, 1992; *Le buttane*, 1994; *Nerolio*, 1998), Stefano Incerti (*Il verificatore*, 1995), Simona Izzo, Wilma Labate (*La mia generazione*, 1996), Luciano Ligabue (*Radiofreccia*, 1998; *Da zero a dieci*, 2001), Armando Manni, Luciano Mannuzzi, Massimo Martella (*Il tuffo*, 1992; *La prima volta*, 1997), Mario Martone, Enzo Monteleone (*La vera vita di Antonio H*, 1994; *Ormai è fatta*, 2000; *El Alamein*, 2002), Ferzan Özpetek, Vanna Paoli (*La casa rossa*, 1992; *Detective per caso*, 2000), Leonardo Pieraccioni, Leone Pompucci (*Le mille bolle blu*, 1993; *Camerieri*, 1995), Pasquale Pozzessere (*Verso Sud*, 1992; *Padre e figlio*, 1994; *Testimone a rischio*, 1997), Pino Quartullo (*Quando eravamo repressi*, 1992; *Le donne non ci vogliono piú*, 1993), Sergio Rubini, Pasquale Scimeca, Daniele Segre, Michele Sordillo (*La cattedra*, 1991; *Acquario*, 1997), Gianluca Tavarelli (*Portami*

---

[49] M. SESTI, *Nuovo cinema italiano. Gli autori, i film e le idee*, Theoria, Napoli 1994.

[50] ZAGARRIO (a cura di), *Il cinema della transizione* cit., pp. 1-31.

via, 1995; *Un amore*, 1999; *Qui non è il Paradiso*, 2000), Giacomo Campiotti, Ferdinando Vicentini Orgnani (*Mare largo*, 1998), Paolo Virzí, Fulvio Wetzl (*Mr. Rorret, ad altezza d'uomo*, 1988; *Quattro figli unici*, 1992; *Prima la musica poi le parole*, 2000), Edoardo Winspeare (*Pizzicata*, 1996; *Sangue vivo*, 1999), Maurizio Zaccaro, Vito Zagarrio (*La donna della luna*, 1998; *Bonus malus*, 1993), Gianni Zanasi (*Nella mischia*, 1995).

Alcuni di questi autori, come Zaccaro e Campiotti, hanno avuto un passaggio decisivo per la «scuola di Bassano» di Olmi che, se non altro, ha prodotto un'etica registica ben individuabile e comune a personalità molto diverse.

Dopo aver girato per Ipotesi Cinema il mediometraggio *Tre donne*, che già contiene i suoi geni stilistici e tematici, Giacomo Campiotti dirige *Corsa di primavera* (1989), *Come due coccodrilli* (1993) e *Il tempo dell'amore* (1999). Dal punto di vista tematico, è uno dei piú interessanti e convinti difensori dell'ecologia dei sentimenti in un mondo come quello degli ultimi decenni che sembra volersene liberare come di residui nocivi del passato; dal punto di vista stilistico, è un regista dallo sguardo discreto che accompagna i personaggi, dissimulando la propria presenza ma non facendo mancare il coinvolgimento affettivo. Il primo film, guidato da un forte spirito olmiano, è soprattutto un'affettuosa cronaca di vita nella provincia milanese, di drammi familiari, di bisogno di libertà e di scoperta del mondo attraverso lo sguardo di tre compagni di classe di otto anni. Il secondo film, attraverso un sofisticato gioco di incastri temporali fa riaffiorare alla memoria del protagonista i ricordi dell'infanzia infelice, piena di dolore e umiliazioni, di una paternità negata, di odi familiari che senza mai tradursi in manifestazioni violente hanno effetti devastanti.

Maurizio Zaccaro ha conseguito il diploma di regia nella Scuola di cinema di Milano e ha collaborato con Olmi come aiuto regista per *L'albero degli zoccoli* prima di frequentare la scuola di Bassano, dove realizza un mediometraggio alla fine degli anni ottanta. Ma è Pupi Avati che gli offre l'occasione di esordire nella regia con un thriller (*Dove comincia la notte*, 1981), girato interamente in America nello stesso periodo in cui Avati gira *Bix*. Olmi scrive con lui lo straordinario *La valle di pietra* (1992), adattamento di *Kalkstein*, un racconto del 1848 dell'austriaco Adalbert Stifter. Successivamente gira una serie di film che, all'apparenza, non hanno troppo elementi comuni: *L'articolo 2* (1993), *Cervellini fritti impanati* (1996), *Il carniere* (1997), dei film per la televisione (tra cui una rivisitazione di *Cuore* letta con gli occhi del 2000), e l'opera di maggior impegno, *Un uomo perbene* (1999). Di fatto, Zaccaro racconta storie di frontiera, mettendo il pubblico a contatto con le assurdità della legge, la mostruosità della guerra, la follia. Concepito nella forma di quello che gli americani chiamano «legal thriller», *Un uomo perbene* è apprezzabile per piú motivi: per la forte motivazione morale, la passione e la richiesta di giustizia postuma che lo anima e ha animato in questi anni il lavoro di riabilitazione del nome del padre da parte della figlia di Enzo Tortora, ma anche per la cura nella documentazione, la preoccupazione di tradurre la storia in termini cinematografici e drammaturgici alti e fortemente esemplari.

Sergio Rubini gira il suo primo film dopo esser stato per cinque anni uno degli attori piú richiesti dai giovani cineasti italiani e dopo aver lavorato anche con Valentino Orsini, Giuseppe Ferrara e Federico Fellini. Per il suo primo film sceglie un testo di Umberto Marino (*La stazione*, 1990), che ha già portato con successo sulle scene. In questo, come in tutti i suoi film successivi, racconta vicende di uomini la cui vita è sconvolta dall'irruzione improvvisa d'una donna. Mentre, nei primi film, il racconto risente del condizionamento del testo teatrale, con *Il viaggio della sposa* (1997) sceglie di raccontare una storia ambientata nel Seicento, e cerca di dare spessore anche visivo e culturale alla storia riempiendola di echi letterari e figurativi sofisticati. È forse questo il film in cui Rubini vuole anche rendere piú evidenti le sue qualità e ambizioni registiche, ed è anche quello che la critica accoglie con maggiore disattenzione.

Michele Placido decide di passare alla regia dopo una piú che ventennale attività di attore teatrale e cinematografica. Se negli ultimi anni il successo sembra arridere soltanto agli attori comici, Placido non solo non gira film comici ma affronta storie ad alto contenuto drammatico, cercando di mettere a frutto la lezione dei registi con cui ha lavorato, da Rosi a Damiani, da Lizzani a Bellocchio. Il suo cinema è piú vicino ai modi registici e narrativi dei maestri che a quello degli autori degli anni novanta. E questo, al di là delle nobili intenzioni che lo animano, è forse il suo limite. In ogni pellicola affronta storie forti, vicende reali (come quella di Giorgio Ambrosoli, tratta dal libro di Corrado Stajano, in *Un eroe borghese*, 1995). Nel suo primo film, *Pummarò*, racconta il viaggio di un giovane del Ghana alla ricerca del fratello, raccoglitore di pomodori. È con ogni probabilità il primo film che affronti il tema dello sfruttamento degli immigrati clandestini in Italia. Ne *Le amiche del cuore* racconta invece una storia d'incesto e violenza familiare e solitudine, e in *Del perduto amore* sceglie di raccontare la breve storia d'una giovane militante nel Partito comunista che in Calabria, negli anni cinquanta, decide di creare con i propri mezzi una scuola per aiutare le bambine che non intraprendono neppure la scuola dell'obbligo. Anche questo film sembra girato negli anni sessanta o settanta, ma in piú momenti ha un afflato narrativo che ricorda Kurosawa o John Ford. Nel suo ultimo film, *Un viaggio chiamato amore*, racconta la storia dell'*amour fou* tra l'ormai matura poetessa Sibilla Aleramo e il giovane Dino Campana.

Sandro Baldoni (*Strane storie*, 1994, e *Consigli per gli acquisti*, 1997) appare come un felice erede dello spirito zavattiniano e del surrealismo magrittiano, disciolto in piccole storie quotidiane. Il suo primo film si sviluppa da un cortometraggio, come hanno fatto, anche, Corso Salani, il piú straordinario esponente d'un cinema capace di farsi comunque, anche nella quasi completa assenza di mezzi (*Voci d'Europa*, 1989; *Gli ultimi giorni*, 1992; *Gli occhi stanchi*, 1995; *Occidente*, 2000), Antonietta de Lillo (*Matilda*, 1989, vincitore d'un premio a Annecy), Gianni Zanasi (*Nella mischia*, 1995), e Matteo Garrone (*Terra di mezzo*, 1996), una delle personalità piú interessanti emerse negli ultimi anni.

Dopo aver lavorato per quasi un decennio all'Archivio nazionale della resistenza di Torino, realizzando una serie di importanti documentari, Mimmo Calopresti esordisce nella regia con *La seconda volta* (1994), prodotto e interpretato da Nanni Moretti. Un'opera che non solo segnala con forza la nascita d'un autore ma ripropone la fiducia nella capacità del cinema di essere mezzo di conoscenza e testimonianza civile. Il film racconta il tentativo di stabilire un dialogo tra un professore che ha subito un attentato con la terrorista che gli ha sparato, e di capire le ragioni del gesto politico. Il tentativo fallisce ma il film pone allo spettatore, con forza e senza ambiguità, il problema di come chiudere i conti con la stagione del terrorismo e della impossibilità di concedere il perdono. Il secondo film, *La parola amore esiste* (1998), sceglie la strada dell'osservazione piú ravvicinata dei sentimenti e delle patologie nevrotiche; il terzo, *Preferisco il rumore del mare* (2000), combina il racconto della difficoltà nella costruzione dei sentimenti e degli affetti con uno sguardo piú allargato all'ambiente e ai differenti modi di rapportarsi agli altri dei personaggi. Calopresti è uno degli autori di cui si avverte sempre il rigore e la moralità che presiede ogni sua scelta, ogni movimento di macchina, ogni suono e ogni battuta. L'essenzialità del suo stile e la forza significante di ogni sua inquadratura ne fanno una delle figure di maggior spicco e in cui piú credere per il futuro.

Andrea Barzini, grazie all'incontro con il commediografo Umberto Marino, realizza almeno due film che restituiscono lo spirito degli anni settanta e costituiscono significativi equivalenti cinematografici del romanzo di formazione di una generazione che non sembra toccata dagli anni di piombo: *Italia Germania 4 a 3* (1990) e *Volevamo essere gli U2* (1992).

In qualche modo ispirato da motivi analoghi, di ricostruzione di un momento della storia italiana degli anni sessanta, è *L'estate di Bobby Charlton* (1995), terzo film di Massimo Guglielmi, che aveva esordito nel 1988 con *Rebus*, tratto da un racconto di Antonio Tabucchi.

Proveniente dal teatro d'avanguardia (ha fondato a Napoli il gruppo Falso Movimento), Mario Martone esordisce nel 1992 nella regia cinematografica con *Morte di un matematico napoletano*, in cui ricostruisce la fase finale del grande matematico Renato Cacioppoli, morto suicida nel

1959. Il film vince il premio della giuria del Festival di Venezia, probabilmente per l'interpretazione dell'attore teatrale Carlo Cecchi, per la prima volta sullo schermo. Ma la figura di Martone ha un ruolo fondamentale di spinta e aggregazione per tutti i registi di quella che si può chiamare la «scuola napoletana degli anni novanta»[51]. L'esito piú convincente della sua filmografia successiva (costituita da un mediometraggio, un episodio eccessivamente pasoliniano in *I vesuviani*, la traduzione per lo schermo di una sua opera teatrale, *Teatro di guerra*), si può riconoscere in *L'amore molesto*. In una Napoli che di colpo non presenta piú alcuno dei suoi stereotipi visivi, la protagonista avvia un doloroso viaggio all'indietro nel proprio inconscio che la conduce a ritrovare una verità dolorosa e a reincontrarsi con l'immagine perduta della madre. Piú che un vero e proprio film, la sua ultima opera è un *work in progress*, una sorta di *backstage* per un'opera da fare che raggiunge momenti di straordinaria verità nel rappresentare speranze e miserie del teatro che sopravvive ai margini delle istituzioni ufficiali.

Degli autori napoletani dell'ultimo decennio, Pappi Corsicato, pur con pochi titoli, appare il piú imprevedibile, il piú influenzato dal cinema di Almodóvar (di cui in effetti è stato aiuto regista) ma anche di Pasolini, che pure serve da guida agli altri autori napoletani contemporanei: tre i suoi film (piú la partecipazione a un episodio dei *Vesuviani*): *Libera* (1993), *I buchi neri* (1995) e *Chimera* (2000). Un'opera di notevole felicità e solarità visiva e narrativa, un'opera immersa nelle simbologie mediterranee, che vuole comunicare sensualità e vitalità a dispetto del degrado dell'ambiente e delle vicende che vi si svolgono.

Della scuola napoletana, Antonio Capuano è l'autore piú ai margini, meno privo di condizionamenti e controlli, un autore colto che non si preoccupa di dar corso a una pesante volgarità e ad immagini deliranti, e al tempo stesso di esibire la lezione di Bertolt Brecht. È l'autore che sceglie i temi e modi di rappresentazione piú difficili e «politicamente scorretti»: la delinquenza giovanile in *Vito e gli altri* (1990),

---

[51] *Loro di Napoli: il nuovo cinema napoletano 1986-1997*, Edizioni della battaglia, Palermo 1997.

o il tema della pedofilia di un prete che osa sfidare la camorra in *Pianese Nunzio, 14 anni a maggio* (1996), l'immaginazione erotica che si scatena in un attore di soap opera argentine a contatto, assieme alla sua compagna, con gli affreschi delle ville pompeiane in *Polvere di Napoli* (1998).

Roberta Torre con *Tano da morire* (1998),il suo primo film, si è subito rivelata per la novità nel modo di raccontare, il senso del ritmo, la felice capacità di servirsi delle musiche (fondamentale l'apporto di Nino D'Angelo), di sviluppare il suo racconto, come uno dei talenti piú originali degli anni novanta. Un talento registico ancora non del tutto controllato ma capace di muoversi con assoluta libertà all'interno degli stereotipi narrativi e visivi sulla mafia e sul Sud, e di farli esplodere grazie a uno spirito irridente che sembra quasi agire sulle fondamenta del potere mafioso stesso. *Sud Side Story* è forse meno felice e dà meno il senso della novità ma conferma l'impressione che Roberta Torre sia un'autentica promessa del cinema italiano del nuovo millennio. Nel 2002 ha portato a termine il suo terzo lungometraggio, *Angela*, in cui segue con la curiosità e il distacco di un'antropologa la normalità del vivere al di fuori della legge di una giovane donna, moglie di un capo mafioso siciliano che controlla il commercio della droga.

Piú estremo e marginale il cinema di Ciprí e Maresco, che esordiscono nella regia con *Lo zio di Brooklyn* (1995) travasando quella sorta di subumanità disperata e rivoltante che aveva animato i loro corti per *Cinico Tv* di Enrico Ghezzi. È come se il mondo sottoproletario di Pasolini, sopravvissuto a un bombardamento, o a una guerra nucleare, emettesse – da una dimensione di dopo o fuori – storia e civiltà, segnali di vita angosciosi, disperati e disperanti a cui nessuna religione, nessuna organizzazione sociale, sembra piú in grado di rispondere. Il secondo film, *Totò che visse due volte* (1998), risulta ancora piú estremo e disperato, e la violenza di certe scene lo ha fatto sequestrare con l'accusa di vilipendio alla religione.

L'esordio di Alessandro D'Alatri, con *L'americano rosso* (1991), avviene dopo una lunga attività di regia pubblicitaria. Il film colpisce per il senso del ritmo e l'accurata ricostruzione di atmosfere dell'Italia degli anni trenta. Ma è a partire dal secondo titolo, *Senza pelle* (1994), che il regista offre una piú precisa misura delle sue capacità e decide di affrontare la sfida di storie piú ambiziose e difficili. Il film racconta la vicenda dell'innamoramento di un giovane, affetto da gravi disturbi psichici, per una piú matura impiegata alle poste. Nel terzo film, *I giardini dell'Eden* (1998), D'Alatri cerca di raccontare in maniera non agiografica la vita di Cristo negli anni di cui i Vangeli non si sono mai occupati. Sorprendente per felicità dell'invenzione narrativa, senso del ritmo, uso di dialoghi sincopati e fortemente mimetici, *Casomai* (2002), racconta la storia di una giovane coppia che cerca in tutti i modi di rimanere unita e viene distrutta da amici e parenti per eccesso di partecipazione alla loro vita.

Giustamente, nell'incipit della scheda su Renzo Martinelli, Alain Bichon osserva che c'è da temere che questo regista sia vittima dello stesso ostracismo di Tornatore. Di fatto, negli amori e disamori della critica negli ultimi decenni entrano una serie di nuovi fattori. Per registi che vengono dalla pubblicità, quasi sempre il giudizio è negativo. Forse, nei suoi confronti, c'è anche da dire che dopo un film destinato ai ragazzi – *Sarahsarà...* (1994) – ha affrontato con coraggio una vicenda simile a quella narrata da Ken Loach in *Terra e libertà* (1995), in cui si vedevano i gruppi di anarchici uccisi dai comunisti durante la guerra di Spagna: in *Porzûs* Martinelli racconta un piccolo episodio di lotta fratricida all'interno delle forze comuniste, al confine con la Jugoslavia nell'ultima fase della resistenza (in cui, tra l'altro, ha trovato la morte il fratello di Pier Paolo Pasolini). Dopo questo film, con l'aiuto di Furio Scarpelli, Martinelli tenta senza successo di mettere in piedi la produzione d'una storia ancora ambientata negli anni di Salò, prendendo lo spunto da un libro di Carlo Mazzantini. Realizza invece una rigorosa e per molti aspetti esemplare ricostruzione della tragedia del Vajont (*Vajont*, 2000) in cui, da una parte, ricompone tutta la vicenda basandosi su una documentazione accuratissima e, dall'altra, utilizza le nuove tecnologie per ottenere un effetto molto realistico del crollo del monte Toc e sull'onda che si abbatte sui paesini di Erto, Casso e Longarone distruggendoli e uccidendo piú di duemila persone.

Di nazionalità turca, Ferzan Özpetek ha compiuto un lungo percorso di formazione da aiuto regista (di Ponzi, Veronesi, Nuti, Ricky Tognazzi e Marco Risi) prima di approdare alla regia con *Il bagno turco* (1997). Nei suoi film (*Harem Suare*, 1999, *Le fate ignoranti*, 2001) vengono affrontati i temi dell'identità sessuale e della perdita di certezze, dell'apertura e comprensione e accettazione di realtà altre, di tipo culturale, religioso e sessuale. Per la cura nella ricostruzione d'ambiente e il forte coinvolgimento alle vicende raccontate, Özpetek sembra riuscire a far rivivere felicemente la lezione di Visconti, Bolognini e Pasolini riuscendo a calarla in situazioni dell'oggi.

Della piccola colonia di attori e registi toscani, che acquisterà un ruolo centrale nella seconda metà degli anni novanta, Paolo Virzí è il primo a esordire come regista dopo aver scritto alcune sceneggiature per Salvatores, Montaldo, Felice Farina... Con *La bella vita* (1994) cerca di raccontare una storia d'amore – nel mondo operaio delle industrie siderurgiche di Piombino in crisi d'identità, quasi consapevole d'essere destinato all'estinzione – che potrebbe lontanamente ricordare quella di *Jules e Jim*. Virzí è un regista che ama muoversi all'interno di storie minimaliste, alternando e mescolando toni realistici a una leggera deformazione ironica, carica di simpatia e affettività. *Ferie d'agosto* (1996), *Ovosodo* (1997) e *Baci e abbracci* (1999) sanno toccare, con eguale felicità, le corde della commedia e quelle della descrizione d'ambiente.

Fuochi d'artificio (1997) è il terzo film di Leonardo Pieraccioni: senza ottenere i clamorosi risultati del *Ciclone* (1996), che per qualche anno guida la classifica dei maggiori incassi del cinema di tutti i tempi, incassa comunque – quasi riprendendo gli scarti e le frattaglie del film precedente – una cinquantina di miliardi di lire, grazie a una distribuzione di seicento copie in prima battuta. Pieraccioni non ha cercato il successo a ogni costo, ma *Il ciclone* è stato baciato dalla fortuna per una serie di elementi congiuntisi in modo felice e inatteso. Se l'affabulazione di Virzí vira verso una colorazione di tipo sociologico e politico e in lui sembra quasi reincarnarsi la lezione di Emmer, Pieraccioni si libera come di una zavorra di queste intenzioni e, volgendo al maschile la favola di Cenerentola, mescola e frulla insieme ingredienti che sembrano presi dai fumetti (Pieraccioni incarna e adatta alla realtà toscana una sorta di fratello di Paperino), dalle comiche del cinema muto, dal primo cinema sonoro di Camerini e dal neorealismo rosa degli anni cinquanta. In primo luogo, la scelta d'un personaggio assolutamente qualunque, senza storia e senza grandi aspettative per la vita futura a cui un evento casuale – l'arrivo di una compagnia di splendide ballerine spagnole nella casa immersa nella campagna toscana – produce l'effetto di rovesciarne come un guanto tutti i ritmi, le aspettative, i progetti di vita. Caso e caos apparente guidano sempre le storie di Pieraccioni lungo un plot collaudato, fino all'atteso lieto fine che gli consente di coronare il sogno d'amore con la bellissima principessa che viene dall'altrove. La sua comicità, rispetto alla schiera di comici che lo hanno preceduto, nasce da un'osservazione affettuosa della vita minuta e quotidiana, dalla ripetitività dei riti della vita di provincia e dalla tolleranza per la varietà dei modi di vivere, dal fatto che l'attore si identifica perfettamente nel personaggio, non lo deforma, ma lo sottopone di continuo a stress dovuti a situazioni per lui inedite, che ne evidenziano, in maniera simpatica, l'inadeguatezza ma anche la curiosità e la voglia di accettare qualsiasi sfida. L'eroe di tutti i film è un individuo che vive alla giornata, è decentemente imbranato in qualsiasi situazione di tipo sentimentale ma conserva nel fondo le caratteristiche di un eroe tardoromantico che il destino saprà premiare come merita, regalandogli l'amore della vita. Con *Il ciclone* l'attore/regista conquista il grande pubblico delle famiglie, mette d'accordo per la prima volta dopo decenni spettatori di piú generazioni.

Grazie al successo di Pieraccioni, di Benigni e Nuti che lo hanno preceduto, e a quello di Paolo Virzí e di Giorgio Panariello, vincerà per un sia pure breve periodo l'idea che la comicità «alla toscana» sia un nuovo genere cinematografico, un filone da sottoporre a immediato sfruttamento intensivo. Il trionfale successo del *Ciclone* avrà un discreto effetto trainante sui comici toscani, che si porranno sulla sua scia e che, nel caso di Giorgio Panariello (*Bagnoma-*

ria, 1999; *Al momento giusto*, 2000) e Massimo Ceccherini (*Lucignolo*, 2000; *Faccia da Picasso*, 2001), riusciranno a portare sullo schermo le loro macchiette piú collaudate, a teatro e in televisione, sia pure puntando a una comicità allo stato brado dal punto di vista cinematografico, piú sgangherata nella costruzione delle storie e tendente decisamente verso il basso.

In parallelo al successo di Pieraccioni, negli anni in cui si fa piú evidente la crisi di pubblico, ottengono una straordinaria consacrazione in sala Aldo, Giovanni & Giacomo, tre comici che hanno acquisito notorietà grazie alla trasmissione televisiva *Mai dire goal* e che, nel film d'esordio, *Tre uomini e una gamba* (1997), non fanno altro che ricucire situazioni già collaudate del loro repertorio e che comunque, grazie a eccezionali doti mimiche, sembrano raccogliere l'eredità e far rivivere lo spirito dei grandi clown del cinema muto americano.

Film dopo film, si registra però la loro crescita autoriale e lo svilupparsi di piú alte ambizioni recitative, narrative e drammatiche. Con *Cosí è la vita* (1998) e *Chiedimi se sono felice* (2000) emerge una piú precisa attenzione al meccanismo del racconto che, nel secondo, ha una struttura complessa, si fonda su una riflessione non banale sulla finzione e sull'attività recitativa che, in certi momenti, fa sentire che è giunta fino a loro l'ombra lunga di Pirandello.

L'ultimo bacio (Gabriele Muccino, 2001), opera che, grazie al grande successo di pubblico, è stata subito riconosciuta e consacrata a emblema di una generazione che non vuole crescere, attira le luci dei riflettori (oltre che l'interesse della produzione internazionale) su un autore che ha già all'attivo altri due titoli (*Ecco fatto*, 1998; *Come te nessuno mai*, 1999) in cui rivela buone capacità nel dirigere attori non professionisti, nel raccontare i sentimenti allo stato nascente e tutti i piccoli e grandi traumi delle fasi di passaggio nella vita adolescenziale, nell'usare la macchina da presa con ottime scelte di tempo e di ritmo narrativo. Tutto in Muccino è apprezzabile dal punto di vista delle competenze e delle conoscenze degli aspetti della regia, anche se per il momento le storie che ha raccontato sono molto fragili. Paradossalmente, la piú matura dal punto di vista della scrittura è *Soap story* (1998), una sceneggiatura non realizzata, in cui si avvertivano gli influssi di Tarantino. Muccino ha studiato al Centro Sperimentale e, nel suo caso, la lezione è stata messa a frutto bene: in qualche modo, alla lontana, i suoi trentenni in crisi sono figli dei vitelloni felliniani, che in piú momenti richiamano per mancato senso di responsabilità, sogni di fuga, rituali di comparaggio ripetuti.

Se una delle caratteristiche forti della generazione degli anni ottanta era il riconoscimento dei legami con la storia dei padri, oggi – salvo eccezioni – perdurano forme di citazionismo cinematografico piú sporadiche e meno necessarie che in passato. Il cinema non è piú vissuto come mondo e realtà culturale dominante e assoluta dentro cui vivere e con cui identificarsi. In mancanza di altri punti di riferimento culturale, vale ancora la citazione ma piú spesso si tratta d'un richiamo molto esplicitato, e non invece metabolizzato e fatto proprio in modo da risultare quasi invisibile.

A quasi trent'anni dalla morte, Pasolini è ancora uno dei pochi numi tutelari, la figura capace di indicare modi di muoversi entro le nuove realtà delle piccole patrie e delle culture subalterne, dell'emarginazione sociale, della miseria e della prostituzione, delle contraddizioni tra la società consumistica e la difficoltà a raggiungere il livello di sopravvivenza... A ben guardare il cinema di Pasolini è l'unico corpus di un autore del dopoguerra (ma gli affiancherei, anche, Zavattini e Fellini) capace di rivivere sotto varie nuove forme e continuare a offrirsi in una costante e diffusa comunione con gli autori di piú generazioni.

Qualcosa sembra essersi spezzato tra cinema e pubblico delle sale negli ultimi anni: il cinema italiano non è piú amato dal suo pubblico naturale e nessun segno d'inversione si è manifestato in questi ultimi tempi. Anzi, tenendo conto dei dati degli incassi, si può dire che, nella prima parte del 2002, ci sia stato nelle sale italiane un vero e proprio crollo alla borsa valori cinematografici (cfr. tab. 11). Già nel 2001 Salvatores, osservando le ragioni di crisi, aveva avuto modo di dichiarare a Cannes: «Raccontiamo storie minuscole, poco riconoscibili all'estero». Di fatto, prima ancora di affrontare il grande pubblico straniero, negli ultimi anni e sempre piú drammaticamente il cinema italiano ha avuto il problema di risultare straniero, invisibile e sconosciuto in casa propria. Gli ultimi dati sembrano confermarlo. In pratica, gli incassi sono dimezzati nel corso del primo anno del nuovo millennio. Una crisi, quella del cinema, per molti aspetti simile a quella di un'industria ben piú solida, con cui però ha condiviso analogo percorso lungo la storia del xx secolo: quella dell'automobile. A voler stabilire delle concordanze, ci si accorge che il pubblico ha voltato le spalle al cinema come alle automobili italiane perché ha trovato altrove i prodotti corrispondenti ai nuovi desideri o alle proiezioni delle nuove aspettative.

Il distacco è stato progressivo ma si è accelerato nell'ultimo triennio: nel 1999, ad esempio, *Prima del tramonto* (Stefano Incerti) ha raccolto nelle sale 86 milioni di lire, *Branchie* (Ranieri Martinotti), tratto da un romanzo di Ammaniti, ne ha incassati 33, *Besame mucho* (Maurizio Ponzi) 15. Mentre i film che hanno superato il miliardo non hanno raggiunto la ventina. Da qualche anno il pubblico – soprattutto quello giovanile – sembra aver deciso che il luogo piú giusto e appropriato per la visione di un prodotto italiano sia la televisione. E molti registi, piuttosto che vivere in un limbo per anni, hanno effettuato il passaggio al piccolo schermo, realizzando una serie di titoli ora dignitosi, ora importanti, che sempre piú ci obbligano a pensare di studiare in maniera piú sistematica il cinema per la televisione.

Se, da una parte, il campione d'incassi del 2001 è stato *Merry Christmas* di Neri Parenti, e discreti successi li hanno ottenuti *Il nostro matrimonio è in crisi* di Antonio Albanese e *Da zero a dieci* di Luciano Ligabue, *Brucio nel vento* di Soldini, *Amnèsia* di Salvatores e, forse piú di tutti pur non concedendo nulla allo spettatore, *L'ora di religione* di Bellocchio, molto al di sotto delle attese è stato *Il principe e il pirata* di Pieraccioni, in realtà ormai incapace di immettere nuovo sangue nella sua formula ben spremuta.

Ma vediamo di estrarre – come ho sempre cercato di fare nelle conclusioni delle mie opere precedenti, quando la situazione di crisi non era certo comparabile a quella attuale – gli elementi e i motivi che ci invitano comunque a conservare qualche dose, per quanto piccola, di ottimismo. Due film molto diversi contribuiscono, agli inizi del nuovo millennio, dopo anni bui e disperanti, a ridare buone e forti ragioni a chi crede nel cinema italiano e alla sua possibilità di riprendere, in tempi relativamente brevi, il ruolo che gli compete all'interno del cinema europeo e internazionale. Si tratta di *La stanza del figlio* di Nanni Moretti e *Il mestiere delle armi* di Ermanno Olmi. In due modi non comparabili, gli autori giocano le loro carte essenzialmente su un racconto visivo, spingono a guardare le immagini e a imparare e ragionare su ogni punto delle immagini stesse. Uomo orchestra e regista capace di dominare tutti gli elementi del set, Olmi svolge un ruolo pontificale rispetto ai maestri del cinema del passato, includendo autori che sembravano lontani dal suo mondo, da Ejzenštejn a Welles, da Kurosawa a Bergman, da Bresson a Fellini, e dispiega – come non aveva mai fatto – la propria capacità di creare una cosmogonia non solo nel racconto degli ultimi sei giorni di vita di un condottiero cinquecentesco, ma quasi in ogni sequenza, in ogni inquadratura. Di tutta la sua filmografia, questa è l'opera piú carica di riferimenti e di legami e anche meno appesantita da intenzioni pedagogizzanti o moraleggianti.

Olmi e Moretti, per strade diverse, invitano a continuare a credere che il cinema sia anche conoscenza, testimonianza, differente modo di accostarsi e vedere (con gli occhi e con la mente) realtà nuove e realtà che ci circondano. La scrittura visiva, in entrambi, sia pure in modo diverso, molto ricercata, è al servizio di una poetica in cui avvertiamo che una parte della vita dell'autore, delle sue convinzioni profonde, è entrata nel racconto e vi si è mescolata in maniera indissolubile.

Tra il maggio 2001 e lo stesso periodo del 2002, hanno esordito in Italia una quarantina di nuovi autori, tra cui vanno ricordati almeno il sorprendente *Tornando a casa* di Vincenzo Marra, *L'uomo in piú* di Paolo Sorrentino, *L'ultima lezione* di Fabio Rosi, che tenta di ricostruire come possa essere avvenuta la scomparsa di Federico Caffè negli anni ottanta, *Velocità massima* di Daniele Vicari, *I gior-*

ni dell'amore e dell'odio (sulla strage di cinquemila soldati italiani nella seconda guerra mondiale, a Cefalonia) di Claver Salizzato. Anche se non proprio esordienti, spiccano in questo paesaggio recente *Respiro* di Emanuele Crialese, per la sicurezza nel dominare tutti gli elementi narrativi, recitativi, fotografici, e per la capacità di conferire al racconto una dimensione mitica per molti versi inedita nel cinema italiano degli ultimi anni, e *L'imbalsamatore* di Matteo Garrone.

Mai come in quest'ultimo decennio è possibile parlare di prepotente sviluppo cinematografico del Sud, da Napoli fino alla Sicilia. Si assiste sempre piú a storie che non vogliono vivere di sola mafia e camorra, che intendono piuttosto fare del Sud il luogo privilegiato della memoria storica per capire il senso del mutamento dell'Italia negli ultimi cinquant'anni. Il Sud vuol dire, insieme, tentativo di portare alla luce storie dimenticate di lotta per l'affermazione dei piú elementari diritti da parte di uomini e donne, ma anche fucina di sperimentazione linguistica ed espressiva, compresenza di temi legati alla storia e al mito, crocevia di influenze che possono provenire da tutto il territorio delle arti. E tentativo di ripensare agli stereotipi narrativi, tematici e visivi: in questo senso sono significativi i lavori estremi di Ciprí e Maresco e quelli di Roberta Torre, che gioca con gli stereotipi della mafia in modo irriverente e corrosivo, lavorando entrambi, ma in forma del tutto antitetica, sulle scritture visive, sul colore, sulle forme sonore, sui rumori, sui ritmi di montaggio.

Assieme alla perdita della centralità produttiva di Cinecittà (ma Roma resta sempre un set privilegiato) e al decentramento realizzativo in tutte le regioni italiane, molti autori di diverse generazioni, da Olmi all'esordiente Valeria Bruni Tedeschi, sono andati a girare in diversi continenti o paesi europei: Olmi ha scelto il Montenegro come set per il suo ultimo film (ha come protagonista una donna piratessa nei mari della Cina nell'Ottocento), Aldo, Giovanni & Giacomo hanno scelto invece New York come teatro dell'azione del loro *La leggenda di Al, John e Jack*, Bernardo Bertolucci è tornato a Parigi per girare un film sul '68, e a Parigi anche Valeria Bruni Tedeschi ambienta il suo primo film da regista. Daniele Luchetti ha girato in Grecia il suo ultimo film ed Enzo Monteleone è andato in Africa per ricostruire la battaglia di El Alamein, e rendere omaggio – nel piú riuscito film di guerra italiano degli ultimi quarant'anni dopo *La grande guerra* di Monicelli – all'eroismo dei fanti italiani, mandati al macello con mezzi del tutto inadeguati e tuttavia capaci di resistere a lungo, anche senza viveri e munizioni, alla superiorità numerica e degli armamenti delle truppe di Montgomery. Un omaggio al grande cinema di guerra americano, ma anche a uno scrittore come Mario Rigoni Stern, che ci ha consegnato la memoria piú antieroica e vicina, comunque, alla dolente e tragica epopea dei nostri soldati nei vari fronti della seconda guerra mondiale.

Mi piace pensare che il cinema italiano possa muoversi e respirare le atmosfere non solo di casa e possa soprattutto andare, con curiosità e rispetto, all'incontro con altri spazi, altri mondi, altre culture, ecc., riuscendo ad acquisire una nuova cittadinanza cinematografica. «Je suis un citoyen du cinématographe» diceva Jean Renoir, e l'augurio forte che si può fare è che oggi, prima di tutto, i giovani autori del cinema italiano sappiano guadagnarsi questa nuova cittadinanza cinematografica, riprendendo ad andare al cinema, immergendosi nella sua grande storia, presente e passata, riuscendo a metabolizzarla, assimilandone i geni da piú fonti creative sparse nei vari continenti, cercando di continuare a pensare al loro lavoro in termini di cinema, anche se in molti saranno sempre piú costretti a concepire lavori destinati unicamente alla televisione.

Le strade che si possono aprire al presente sono molte e possono muoversi dentro una forbice che tiene presente, da una parte, film come *Medley*, del vicentino Gionata Zarantonello, prodotto con una ventina di milioni di vecchie lire, pensato per la circolazione in Internet, o i primi film di Matteo Garrone, *Terra di mezzo* (1996) o *Ospiti* (1998), realizzati con troupes minimali, o tutta l'opera di Corso Salani, un vero miracolo produttivo e realizzativo con mezzi pressoché inesistenti, e, dall'altra, deve tener presente l'esperienza di Benigni, il suo gesto di fiducia e atto d'amore per il cinema italiano e tutta la sua storia passata, la sua creatività e capacità d'essere ancora, tra le tante cose, un luogo della meraviglia e dell'immaginazione.

Nell'anno del centenario di Zavattini, Benigni realizza *Pinocchio* ed è cosí entusiasta e cosí pieno d'amore per la sua storia e per il suo personaggio che pensa di proiettarlo sulle nuvole, proprio come aveva immaginato Zavattini nell'immediato dopoguerra cercando di guardare con ottimismo al di là delle macerie e della distruzione.

Pinocchio è, prima di tutto, il piú sincero omaggio che sia mai stato fatto alla lezione e allo spirito felliniano: la farfalla, che si posa sulle dita della fata Turchina all'inizio del film per dar l'avvio alla storia, potrebbe essere lo spirito del regista riminese che si reincarna per guidarci, con estrema leggerezza, in un mondo perfetto, fantastico, piú vero del vero, creato dalla pura immaginazione. Ma felliniano è anche lo spirito con cui tutti i collaboratori di Benigni si accostano alle diverse peripezie del burattino e ai suoi riti di iniziazione e di passaggio, cercando di far emergere il nucleo forte e profondo del senso (il nocciolo, o appunto il «pinocchio», secondo una forma lessicale toscana). Pur nello straordinario rispetto del testo collodiano, Benigni, se ovviamente rende il burattino soggetto dell'azione, si pone dal punto di vista della fata Turchina, privilegiando il sentimento d'amore come fulcro e motore del racconto e dell'universo. Inoltre, nella sua rivisitazione del testo, se da una parte Benigni, grazie alle scenografie di Danilo Donati, fa rivivere la tradizione dei grandi illustratori di Pinocchio, a partire da Attilio Mussino, dall'altra, di suo, mette in rilievo piú di tutto il senso di libertà, il desiderio d'avventura, il valore dell'amicizia, la fiducia negli altri, il bisogno di conservare per sempre la curiosità, la disposizione alla meraviglia.

Il *Pinocchio* di Benigni è costato piú di quaranta milioni di euro: una cifra record per il cinema italiano, per un film che ha le caratteristiche di un prodotto d'essai e che ha cercato di servirsi dei canali distributivi e delle forme di lancio dei blockbusters. Nel realizzare questo film, sembrano prevalere sulle ragioni economiche quelle del cuore, il profondo coinvolgimento e l'amore di Benigni per il burattino e per il senso profondo di fame e sete di libertà che emana dal suo frenetico muoversi e dal suo parlare meccanico e a scatti.

Il quadro, rispetto soltanto a pochi anni prima, è in effetti assai piú incoraggiante e promettente, anche se le diagnosi restano ancora, diciamo, riservate. Cosí, se da una parte è sempre piú difficile per un esordiente trovare la via della sala, dall'altra, se si accetta il dato che ormai non è piú solo la sala il luogo «sacro» della visione cinematografica e che i piccoli film possono trovare dei percorsi e raggiungere dei pubblici consistenti, alla fine del viaggio, attraverso i festival, i circuiti d'essai, le televisioni pubbliche e private, i canali satellitari, le videocassette, i dvd, internet..., se si riprende a pensare a dei prodotti che nascano in un quadro di forze produttive europee e siano pensati per pubblici piú vasti di quelli nazionali, ci si accorge che la vita d'un piccolo film potrà continuare a essere poco gratificante al botteghino nell'immediato ma, alla fine, potrà ripagare autori e produttori e consentire di pensare a nuove avventure. E, d'altra parte, al di là dei se... se... se... minimalisti, è indispensabile tornare a pensare in grande anche se si è piccoli, senza rinunciare a portarsi dietro l'eredità e il patrimonio dei saperi artigianali che permangono in tutti i settori, e riuscire a investire in ricerca visiva, sonora, narrativa, muovendosi verso le nuove frontiere tecnologiche e le nuove possibilità immaginative che queste frontiere dischiudono a un numero di soggetti infinitamente superiore che in passato.

Se vuole acquisire nuovamente visibilità, il cinema italiano deve tornare a pensare di volare, e muoversi nel cinema internazionale con la leggerezza d'una farfalla e l'orgogliosa consapevolezza della propria identità e storia: anche se il suo stato di forma e di salute non è dei migliori, non ci si può permettere di ignorare o rinviare troppo a lungo la sfida del mercato globale.

Il cinema italiano in cifre
a cura di Barbara Corsi

Tabella 1.

Spesa totale per tutti gli spettacoli a pagamento (cinema, teatro, concerti, spettacoli ambulanti) sostenutta complessivamente dagli spettatori, 1924-37 (in milioni di lire dell'epoca).

Fonte: SIAE, *La vita dello spettacolo in Italia nel decennio 1924-1933*, Roma 1934, e ID., *La vita dello spettacolo in Italia. 1937*, Roma 1938 (Annuario della Siae che inizia adesso la pubblicazione).

	per tutti gli spettacoli	per il cinema	% cinema
1924	380	150	39,4
1925	413	200	48,4
1926	571	280	49
1927	622	350	56,2
1928	635	370	58,2
1929	596	365	61,2
1930	630	390	61,9
1931	552	340	61,5
1932	497	316	63,5
1933	512	329	64,2
1937	748	525	70,1

Tabella 2.

Film muti prodotti in Italia, 1911-29.

Fonte: il numero totale dei corti e lungometraggi è tratto da A. BERNARDINI (a cura di), *Il cinema muto 1905-1931*, Anica, Roma 1991. Il numero dei lungometraggi (di lunghezza superiore ai 1000 m) è ricavato da G. P. BRUNETTA e B. CORSI (a cura di), *Cronologia del cinema italiano*, in *La città del cinema. I primi cento anni del cinema italiano*, Skira, Milano 1995.

	totale corti e lungometraggi	lungometraggi %	lungometraggi sul totale
1911	1029	4	0,3
1914	1027	90	8,7
1920	415	371	89,3
1924	76	66	86,8
1925	40	25	62,5
1929	23	20	86,9

Tabella 3.

Numero di film di lunghezza superiore a 1000 m passati in censura (quindi, *presumibilmente*, film nuovi usciti sul mercato) «prodotti» in Italia, 1930-44.

Fonte: SIAE, *La vita dello spettacolo in Italia* cit. (fino al 1948 per la Siae i film «prodotti» sono quelli che hanno ottenuto il visto di censura; dopo, quelli effettivamente usciti in sala).

	italiani	stranieri	totale	% italiani	% quota mercato it.[a]
1930	18	374	392	4,5	
1931	27	262	286	9,4	
1932	31	229	260	11,9	
1933	36	260	296	12,1	
1934	31	267	298	10,4	
1935	39	202	241	16,1	
1936	43	187	230	18,6	
1937	33	290	323	10,2	15,9
1938	45	230	275	16,3	13,7
1939	77	168	245	31,4	35,1
1940	86	183	269	31,9	45
1941	71	153	224	31,6	45,8
1942	96	127	223	43	56,5
1943	66	103	169	39	–
1944	37	53	90	41,1	–

[a] La Siae comincia a calcolare le quote di mercato dal 1937.

Tabella 4.
Numero delle sale e degli spettatori in Italia, 1936-44.
Fonte: SIAE, *La vita dello spettacolo in Italia* cit.

	spettatori in milioni	sale	spettatori × sala	abitanti × sala
1936	260	4049	n.d.	n.d.
1937	310	4156	n.d.	n.d.
1938	344	4013	86 866,90	10 815
1939	354	n.d.	n.d.	n.d.
1940	364	4822	76 655,50	9 221,60
1941	417	n.d.	n.d.	n.d.
1942	470	5236	91 125,70	8 638,70
1943	n.d.	n.d.	n.d.	n.d.
1944	n.d.	n.d.	n.d.	n.d.

Tabella 5.
Numero dei film e quote di mercato (nuove uscite), 1945-59.
Fonte: SIAE, *La vita dello spettacolo in Italia* cit.

	Italia	%	Usa	%	Francia	%	UK	%	altri	%	Totale
1945[a]	48	–									167
1946[a]	62	–									295
1947[a]	60	10,7									527
1948	54	–	344	–	23	–	29	–	14	–	464
1949	71	17,3	369	73,3	17	0,7	29	4,8	32	3,9	518
1950	92	29,2	277	63,7	31	3,1	20	2,7	45	1,3	465
1951	104	30,1	268	63	49	2,3	29	2,4	37	2,2	487
1952	132	36,8	258	56,7	45	2,7	17	2,7	34	1,1	486
1953	146	38,2	287	54,1	56	3	31	3	52	1,7	572
1954	190	39	314	53,3	54	1,6	40	3,4	56	2,7	654
1955	126	23,1	232	69,2	14	0,5	27	4,4	43	2,8	442
1956	91	19,7	184	66,9	30	4,6	38	5,9	40	2,9	383
1957	137	27,4	254	59,5	28	3,4	41	6,9	62	2,8	522
1958	141	30,9	233	53,1	41	3,5	46	8	44	4,5	505
1959	164	40,2	235	47,1	33	2,9	37	4,7	58	5,1	527
Totale	1618		3255		421		384		517		7014

[a] La Siae non rileva ancora i film stranieri a seconda della nazionalità; comincia dal 1948.

Tabella 6.

Numero dei film e quote di mercato (tutti i film): pellicole circolanti secondo il *gross box office*, 1950-59.

Fonte: M. GYORY e G. GLAS, *Statistics of the Film Industry*, The Europoean Centre for Research and Informatio on Film and Television, Bruxelles 1992, che usa fonti Siae.

	Italia	%	Usa	%	Francia	%	UK	%	altri	%	Totale
1950	958	24	2 310	67,3	221	1,7	226	4,2	834	18,3	4 549
1951	1 013	28,1	2 417	63	417	3	238	3,2	612	13	4 697
1952	1 090	33,1	2 603	58,1	405	3,1	249	3,2	651	13	4 998
1953	1 193	35	2 906	57,3	412	2,6	229	3,1	628	11,6	5 368
1954	1 354	36,2	3 024	56	416	2,2	263	3,2	611	10,7	5 668
1955	1 463	34,8	3 045	58	389	1,7	258	3,5	584	10,1	5 739
1956	1 515	28,4	3 058	62,9	395	2,3	284	4,2	598	10,2	5 850
1957	1 629	30	3 079	58,9	406	3	317	5,4	637	10,4	6 068
1958	1 704	32,6	3 140	55,2	407	2,8	339	5,8	625	10	6 215
1959	1 810	36	3 163	50,7	438	3,1	363	5,6	632	9,8	6 406
Totale	13 729		28 745		3906		2766		6412		55 558

Tabella 7.

Produzione ed esportazione di film italiani, 1945-59.

Fonti: per la produzione, SIAE, *La vita dello spettacolo in Italia*, Roma; per l'esportazione, ANICA, *L'industria cinematografica*, dati riportati in *La città del cinema*, Napoleone, Roma 1979.

	film prodotti	permessi di esportazioni
1945	48	–
1946	62	121
1947	60	354
1948	54	827
1949	71	644
1950	92	848
1951	104	948
1952	132	1042
1953	146	1716
1954	190	2139
1955	126	2239
1956	91	2032
1957	137	1871
1958	141	2297
1959	164	2752

Tabella 8.

L'esercizio cinematografico, 1948-2001.

Fonte: SIAE, *La vita dello spettacolo in Italia*, Roma.

	spettatori in milioni	sale	frequenza media
1948	579,5	6 551	12,4
1950	661,5	7 946	13,9
1952	748	8 953	15,6
1955	819,4	10 570	16,7
1957	758,3	10 547	15,2
1960	744,7	10 393	14,8
1962	728,5	10 508	14,3
1965	663	10 517	12,7
1967	568,9	12 975	10,8
1970	525	11 560	9,8
1972	553,6	11 223	10,2
1975	513,6	10 895	9,3
1977	373,8	10 587	6,7
1980	241,8	8 453	4,3
1982	195,3	7 014	3,5
1985	123,1	4 885	2,2
1987	108,8	4 143	1,9
1990	90,6	3 293	1,6
1992	83,5	3 522	1,4
1994	98,2	3 617	1,7
1996	96,5	4 004	1,6
1998	118,5	4 603	2
2000[a]	100,9		
2001[a]	109,9		

[a] Dal 2000 la Siae ha cambiato metodo statistico; non è piú uscita la rivista «Lo spettacolo in Italia» ma solo un quaderno molto sintetico senza le classiche tabelle dettagliate per argomento. Il solo dato reperibile è quello relativo al numero degli spettatori.

Tabella 9.

L'esercizio cinematografico, 1990-2001. Con la nascita delle multisale e dei multiplex, la nozione di sala si distingue da quella di schermo.

Fonte: MEDIA SALLES, *European Cinema Yearbook*. *Annuario statistico europeo*, Milano 2002. I dati Media Salles sono piú veritieri di quelli Siae perché prendono in considerazione gli schermi attivi per piú di 60 giorni l'anno.

	spettatori in milioni	schermi	frequenza media
1990	87	2276	1,5
1991	84,8	2241	1,5
1992	80,1	2175	1,4
1993	88,7	2154	1,5
1994	94,5	2209	1,6
1995	86,5	2281	1,5
1996	92,3	2326	1,6
1997	98,1	2456	1,7
1998	112,9	2619	1,9
1999	98,7	2839	1,7
2000	97,8	2948	1,7
2001	105,5	3198	1,8

Tabella 10.

Le coproduzioni (comprese nel totale dei film italiani prodotti), 1960-90.

Fonte: GYORY e GLAS, *Statistics of the Film Industry* cit.

	n. film prodotti e coprod.	quota di mercato di tutti i film italiani (nuove uscite) in %	n. coprod. italiane	quota di mercato delle coprod. italiane in %
1960	160	50,6	66	24,5
1962	245	52,2	106	24,8
1964	290	50,4	155	34,3
1966	232	58,9	143	36,2
1968	246	55,6	116	25,9
1970	231	60,3	99	27,8
1972	280	64,8	111	32
1974	231	62	55	21
1976	237	60,8	34	15,5
1978	143	42,8	24	11,8
1980	160	48,1	32	10,4
1982	128	51,2	14	2,8
1984	108	34,2	12	4,3
1986	109	33,1	16	8
1988	150	23,7	16	1,8
1990	115	18,9	17	4,1

Tabella 11.

Quote occupate sul mercato italiano dai film nazionali (piú coproduzioni), europei e americani, 1990-2001.

Fonte: MEDIA SALLES, *European Cinema Yearbook* cit.

	film it. prodotti	% quota di mercato		
		film italiani	film europei	film Usa
1990	113	21	8,4	70
1992	126	24,4	14,2	59,4
1994	110	22	11	65
1996	90	23,9	12,5	60,8
1998	97	23,6	10,8	65,2
1999	108	24	21,4	53,6
2000	103	17,5	11,5	69,5
2001	103	19,3	17,1	59,9

Guida bibliografica

Nelle pagine che seguono intendo offrire una mappa di luoghi, archivi, fonti e saggi che mi sembrano costituire punti notevoli o utili per avviare ulteriori ricerche partendo dalle opere che hanno contribuito a fissare la base della letteratura sul cinema italiano. Una mappa con molte lacune ma che, insieme alle note, vuole costituire una guida affidabile per un primo orientamento.

Devo necessariamente ricordare i lavori che hanno segnato le tappe piú importanti delle mie ricerche sul cinema italiano e che mi hanno impegnato quasi ogni giorno da quando ho iniziato a lavorare alla tesi sulla teoria cinematografica tra le due guerre, verso la metà degli anni sessanta: i primi saggi, *Umberto Barbaro e l'idea di neorealismo*, Liviana, Padova 1979, e *Intellettuali cinema e propaganda tra le due guerre*, Patron, Bologna 1972, nati dalla tesi, e una serie di ricerche ad ampio spettro, legate ai miei corsi universitari, confluite nella *Storia del cinema italiano*, uscita in prima edizione in due volumi dagli Editori Riuniti di Roma tra il 1979 e il 1982, poi ripubblicata in edizione ampliata in quattro volumi nel 1993, e *Cent'anni di cinema italiano*, edito da Laterza, Bari, in prima edizione nel 1991 e successivamente aggiornato. Con il primo progetto ho pensato a un'opera che si presentasse come una prima «storia totale» in cui eguale attenzione fosse dedicata alla storia economica, alla storia delle istituzioni, alla censura, alla critica, alle forme di associazionismo, oltre che alla storia degli autori, dei generi e dei film. *Cent'anni di cinema italiano* voleva invece concentrarsi piuttosto sui rapporti tra la storia del cinema e la storia italiana del Novecento. Intendevo indicare delle possibilità di studio del cinema come fonte privilegiata della storia nazionale. In questo senso ho coordinato in seguito una ricerca per la Fondazione Agnelli, *Identità italiana e identità europea nel cinema italiano del dopoguerra (1945-65)*.

Grazie alla continuità e varietà delle mie ricerche, non scissa dal piacere delle scoperte e delle immersioni in territori spesso poco battuti e sconosciuti, ho avuto la fortuna di vivere una buona parte della mia vita da abitante e cittadino del cinema italiano. Il presente lavoro vuole accogliere la sfida della nuova università ed è concepito come un invito allo studio e a un primo contatto complessivo per gli studenti dei corsi di Laurea in discipline dello Spettacolo che si accostano al cinema italiano senza possederne alcuna memoria o conoscenza, ma desiderano acquisire una visione generale documentata e ad ampio spettro. Mi piacerebbe riuscire a trasmettere, accanto ai dati, al senso di continuità e alle mie interpretazioni, anche il valore aggiunto della passione che ha accompagnato questo mio lungo viaggio in compagnia di un cinema che, in molti momenti del secolo passato, ha costituito una sorta di stella polare, un patrimonio comune per l'immaginazione di pubblici di tutto il mondo.

I. I LUOGHI DELLA MEMORIA: LE CINETECHE.

Le cineteche italiane riconosciute dalla Fiaf, la Federazione internazionale degli archivi del film, sono cinque (a Roma, Milano, Torino, Bologna e Gemona), ma è la Cineteca Nazionale di Roma ad avere come compito istituzionale la conservazione del patrimonio cinematografico italiano di cui dovrebbe, per legge, conservare una copia di ogni film prodotto dal 1948. Di recente è uscito un Quaderno della Scuola Nazionale di Cinema, *La memoria del cinema*, Roma 2001, dedicato ai restauri e alle ristampe del patrimonio italiano negli anni 1998-2001.

La Cineteca Italiana di Milano ha un considerevole patrimonio di film del cinema muto italiano (soprattutto degli anni venti), ma non ha mai avuto sovvenzioni adeguate per poterlo salvare e rimettere in circolazione. Da qualche anno pubblica i Quaderni della cineteca, che danno ragione dei fondi e dei restauri in atto. Tra i titoli da segnalare, soprattutto, *Luigi Veronesi e Cioni Carpi alla Cineteca italiana*, a cura di Luciano Caramel e Angela Molesani, Il Castoro, Milano 2002.

Il Museo del Cinema di Torino, creatura di Maria Adriana Prolo, oggi ospitato nella Mole Antonelliana, oltre a possedere la piú ricca e straordinaria collezione di macchine del precinema al mondo, conserva un piccolo insieme di film muti donati da Giovanni Pastrone, tra cui spicca la copia di *Cabiria* sottoposta a un'operazione di restauro in progress che tuttora non ha visto la fine.

Alla Cineteca del Friuli di Gemona, nata da una costola della genovese Cineteca Griffith di Angelo H. Homouda – che gode anche di una ricchissima biblioteca, aggiornata sul piano internazionale – sono conservati molti film comici muti italiani e un consistente insieme di film di genere degli anni sessanta e settanta.

La Cineteca del Comune di Bologna – grazie anche al laboratorio di restauro, alla sua fornitissima biblioteca e agli archivi, cartacei, fotografici e filmici che ha acquisito negli ultimi anni (l'archivio di Mino Doletti, la fototeca di Giuseppe Galliadi, quella di Callisto Cosulich, la collezione di film americani di Piero Tortolina...) – è oggi un punto di riferimento fondamentale e piú facilmente accessibile per gli studenti e gli studiosi di cinema italiano.

L'Istituto Luce, che fa parte di Cinecittà, ha catalogato e messo in rete tutto il suo patrimonio di cinegiornali di prima e dopo la guerra. Vi sono poi altri archivi, pubblici e privati, che vale la pena di segnalare. All'estero, tutte le grandi cineteche possiedono film italiani: dalla Cineteca francese di Bois d'Arcy alla Cineteca di Amsterdam a quelle di Mosca o di Praga o di Helsinki. Negli Stati Uniti, a Washington, alla Library of Congress, è conservato sia l'archivio dei film distribuiti da George Kleine (una cinquantina circa di lungo e mediometraggi realizzati prima e a cavallo della prima guerra mondiale) che quello cartaceo, che consta in un centinaio di casse di documenti.

Ancora negli Stati Uniti, le cineteche della Eastman House di Rochester e del Pacific Film Archive di Berkeley possiedono interessanti titoli di film degli anni dieci. Molti film muti, e in particolare quelli delle grandi dive, si possono trovare nelle cineteche di Città del Messico, di Montevideo, di Buenos Aires, Rio de Janeiro...

Una lista di oltre cinquecento film salvati dalle cineteche è nel volume a cura di Catherine Surowiec per conto del Progetto Lumière, *The Lumière Project, The European Film Archive at the Crossroad*, Projecto Lumière, Lisboa 1996.

Nell'ambito del Progetto Lumière, Vittorio Martinelli e Gian Luca Farinelli redigono un inventario di film presenti in molte cineteche del mondo e un elenco di 450 film ricercati in quanto opere indispensabili per la comprensione di un momento della storia di una determinata cinematografia. Per una piú dettagliata descrizione dei tesori di molti archivi italiani e internazionali, rinvio al mio *Avventure nei mari del cinema*, Bulzoni, Roma 2001.

Tra le altre istituzioni pubbliche e private italiane è importante ricordare l'Archivio audiovisivo del movimento operaio di Roma, che raccoglie una vastissima documentazione sul lavoro, sulle lotte e sulle sue trasformazioni del lavoro nel corso del Novecento. La sua storia è raccontata nel secondo dei suoi *Annali: Vent'anni*, Roma 1999. L'Archivio della Resistenza di Torino, fondato da Paolo Gobetti, raccoglie invece soprattutto una vasta documentazione e ricostruzione cinematografica di storia orale della Resistenza e pubblica la rivista «Il nuovo Spettatore», n.s., e utilissime raccolte di articoli che accompagnano le rassegne di cinema e storia dedicate ai diversi anni della storia del cinema italiano dal fascismo al dopoguerra.

La memoria cartacea.

Gli Archivi di Stato sono stati per lo piú esplorati negli ultimi decenni allo scopo di ricostruire capitoli di storia locale, mentre solo in parte sono stati utilizzati per affrontare ricerche piú ampie, per tentare ad esempio un recupero piú a largo raggio dell'iconografia dei manifesti del primo cinema, o per studiare l'economia del cinema italiano dal punto di vista dell'esercizio.

Utile strumento di base per orientarsi nel mare delle riviste di cinema fino alla seconda guerra mondiale e sulla loro reperibilità è il volume a cura di Riccardo Redi, *Cinema scritto. Il catalogo delle riviste italiane dei cinema. 1907-1944*, Associazione italiana per le ricerche di storia del cinema, Roma 1992.

Alcuni anni fa, l'Archivio audiovisivo del movimento operaio ha avviato il primo censimento dei luoghi italiani pubblici e privati di conservazione della memoria. *La guida agli archivi audiovisivi in Italia*, a cura di Laura Arduini, Roma 1995, con le sue 214 schede dedicate ad altrettanti archivi audiovisivi, si offre come strumento indispensabile a chi intenda servirsi delle fonti audiovisive per qualsiasi tipo di studio. Accanto ai luoghi istituzionali piú noti, come le Cineteche di cui si è detto, si possono trovare archivi audiovisivi specializzati, da quello della Presidenza del Consiglio dei ministri a quelli della memoria industriale (Olivetti, Fiat, Falck), a quelli dell'Association Valdôtaine o della Documentazione audiovisiva per il Tirolo, agli archivi e mediateche dei centri audiovisivi regionali, o provinciali (per tutti, il Centro audiovisivi della provincia di Varese), agli archivi dei produttori cinematografici (come quello della Corona film di Roma), a quelli universitari, a quelli dei benemeriti collezionisti privati (cito solo il nome di Carlo Montanaro di Venezia, che tra i suoi 1100 titoli possiede la piú ampia raccolta di film dell'avanguardia storica, e una vasta collezione di cartoni animati). Da ricordare, tra gli organismi cinetecari regionali, per lo piú di modesto interesse, quello della Cineteca regionale Toscana, che è stato uno dei primi esempi di cineteca e videoteca di servizio pubblico. All'Archivio di Stato di Roma è stato acquisito di recente un importante fondo di documentari di propaganda del dopoguerra, legati in particolare al Piano Marshall.

All'Asac, l'Archivio della Biennale di Venezia, sono conservati – in maniera tutt'altro che esemplare – film e documenti relativi alla storia della mostra veneziana dal 1932. Il patrimonio filmico è stato trasferito di recente per la conservazione e le eventuali riproduzioni e restauri a Milano presso la Cineteca Italiana. Per quanto riguarda la storia economica del cinema italiano, ancora da studiare sono gli archivi di Cinecittà e solo in parte chi scrive ha esplorato i pur modesti archivi dell'Anica. Sempre a Venezia è da segnalare la Videoteca Pasinetti, che raccoglie tutti i materiali filmici – documentari e di finzione – d'argomento veneziano e veneto. Presso l'archivio della Fondazione Cini di Venezia sono conservati un consistente fondo di Nino Rota e in parte l'archivio di Eleonora Duse.

Il Museo del Cinema di Torino ha reso pubbliche le sue collezioni di documenti e tra tutti spicca il materiale della Pittaluga Film (Carla Ceresa e Donata Pesenti Compagnoni, *Nero su bianco. I fondi archivistici del Museo nazionale del Cinema*, Lindau, Torino 1997).

A Genova, la Cineteca Griffith, nata nel 1974 per iniziativa di Angelo Houmouda, conserva solo una piccola parte del patrimonio iniziale, che è andato, come si è detto, a costituire il nucleo centrale della Cineteca del Friuli.

A Pavia è stata donata, dai primi anni ottanta, la collezione di libri e riviste internazionali e fotografie di Davide Turconi, una delle piú ricche del mondo. Sempre a Pavia, presso il fondo manoscritti creato da Maria Corti, si possono trovare sceneggiature di Lucio D'Ambra, di Flaiano, ... A Parma sono conservati, nell'Archivio delle Arti contemporanee, ideato da Carlo Quintavalle, bozzetti di grandi creatori di manifesti (come Anselmo Ballester), di scenografi, costumisti e negativi originali di fotografi di scena o grandi fotografi del cinema italiano, come Chiara Samugheo. A Brescia, la Fondazione Micheletti ha avuto due cospicui lasciti di pellicole e materiali vari dagli stabilimenti di sviluppo e stampa Milanesi Donato e da Roberto Gavioli, che ha donato un importante blocco della sua casa di produzione cinematografica e televisiva Gamma Film. A Trento, al Museo della guerra, è raccolto un consistente fondo di materiali video provenienti da diversi archivi europei, sulla prima guerra mondiale. Sempre a Trento, il Festival della montagna ha un archivio specializzato sul cinema di montagna. A Treviso, al Museo Bailo, è conservata la piú ricca collezione di manifesti italiani, tra cui si segnala l'insieme di 300 manifesti di cinema. A Cesena, al Centro cinema Città di Cesena, è depositato l'archivio Pietrangeli e sono stati donati molti archivi di fotografi di scena. A Rimini è nata da pochi anni la Fondazione Fellini, che raccoglie i materiali lasciati dal regista e si propone di mantenerne viva la memoria con vari tipi di iniziative. A Roma, José Pantieri ha fondato ormai da una ventina d'anni un Museo del cinema che raccoglie materiali e memorabilia dal cinema muto in poi e promuove pubblicazioni e retrospettive. Sempre a Roma è nata una Fondazione Zavattini presso cui sono conservati i manoscritti, l'epistolario e molti altri tipi di documenti, e operano da tempo un Archivio Visconti, un Fondo Pasolini (in parte donato al Gabinetto Vieusseux di Firenze), una Fondazione Rossellini e un'Associazione degli amici di De Sica. A Pescara, da una costola dell'Associazione Flaiano, che promuove i Premi Flaiano, è nato un piccolo Museo del cinema che espone vari tipi di cimeli. A Padova, è sorto nel 1998 il Museo delle magiche visioni, che raccoglie la raccolta di lanterne magiche (e non solo) di Laura Minici Zotti (Carlo Alberto Zotti Minici, *Magiche visioni prima del cinema*, Il Poligrafo, Padova 2001). A Siracusa c'è un Museo del cinema, nato dalla collezione del regista Remo Romeo, che raccoglie migliaia di copie di film, manifesti, macchine da proiezione, libri e riviste, mentre a Potenza è in via di realizzazione un Museo-Cineteca che raccoglie la collezione di Gaetano Martino, una delle piú ricche e importanti collezioni private italiane.

II. GLI STRUMENTI FILMOGRAFICI.

Il lavoro filmografico, condotto con spirito certosino da alcuni benemeriti studiosi, ha contribuito a creare mappe attendibili e strumenti indispensabili. Fino agli anni settanta, l'unica fonte filmografica esistente e organica era fornita dal Centro Cattolico Cinematografico che, dal 1934, scheda e sottopone a giudizio morale, con le *Segnalazioni cinematografiche*, tutti i film distribuiti in Italia. Nel 1967 esce, a cura di Gianni Rondolino, un *Catalogo del cinema italiano*, Bolaffi, Torino 1967, che avvia una prima mappatura del ventennio successivo al 1945. Il primo lavoro filmografico veramente innovativo e pionieristico, condotto in moviola sui titoli di testa e con voci bibliografiche per ogni film, è quello dedicato al cinema sonoro dal 1930 al 1943 di Francesco Savio, *Ma l'amore no...*, Sonzogno, Milano 1975. Poi verrà il lavoro di Vittorio Martinelli sul cinema degli anni venti, pubblicato in una serie di numeri di «Bianco e Nero», nel 1980-81, completato in seguito assieme a Aldo Bernardini per la parte relativa agli anni 1905-17, e da ultimo, e sicuramente destinato a divenire un modello per le filmografie internazionali, *L'archivio del cinema italiano*, 4 voll., Roma 1992-96, di Aldo Bernardini per l'Anica, immenso lavoro in progress cui si aggiungono, già editi per la collana I Documenti, i volumi su *La nazionalità*, *La legge del 1965* e *Le imprese di produzione*. Vedi inoltre i volumi curati da Roberto Chiti e Roberto Poppi, Enrico Lancia e Mario Pecorari, del grande *Dizionario del cinema italiano*, 9 voll., Gremese, Napoli 1930-2000, e il piú sintetico *Dizionario del cinema italiano* di Fernaldo Di Giammatteo e Cristina Bragaglia, Editori Riuniti, Roma 1995, oltre l'accuratissimo lavoro di Roberto Poppi, *Dizionario del cinema italiano. I registi*, Grèmese, Roma 2002.

Strumenti ancora utili due eccezionali imprese degli anni cinquanta e sessanta: *L'Enciclopedia dello spettacolo*, Le Maschere, Roma 1954-1968, e *Il Filmlexicon*, Bianco e Nero, Roma 1958. Per la rapida consultazione di schede sui film del cinema sonoro, vedi il *Dizionario dei film* di Paolo Mereghetti, Baldini & Castoldi, Milano, aggiornato ogni anno, e *Il Morandini*, di Morando, Laura e Luisa Morandini, Zanichelli, Bologna, egualmente aggiornato ogni anno.

Molto utili ancora per la cura nella documentazione le Schede dello *Schedario cinematografico* diretto da Nazzareno Taddei negli anni sessanta e pubblicati dal Centro San Fedele di Milano, e i piú recenti volumi annuali di *Film discussi insieme* che ne costituiscono una continuazione, sempre editi dal Centro San Fedele.

III. LE STORIE DEL CINEMA ITALIANO.

Nei primi mesi del 2002 è stato pubblicato il primo di una quindicina di volumi di una grande *Storia del cinema italiano* promossa dalla Scuola Nazionale di Cinema, ideata da Lino Miccichè, cui hanno lavorato e lavoreranno nei prossimi anni docenti e studiosi italiani di varie generazioni. È il piú vasto e ambizioso progetto collettivo finora mai tentato. Molto ricco di materiali e documenti. L'unico tentativo anteriore di affrontare nell'insieme il cinema italiano era stato fatto da Carlo Lizzani con un saggio, *Il cinema italiano*, Parenti, Firenze 1953, poi piú volte ripubblicato e ampliato. Un lavoro di critica militante piú che di storia, un documento importante, carico di passione civile, ma limitato nella documentazione e privo di lavoro di ricerca d'archivio. Per gli anni ottanta suggerisco di consultare *Bianconero rosso e verde*, catalogo a cura di Davide Turconi e Antonio Sacchi, La Casa Usher, Firenze 1983, e Jean Gili e Aldo Bernardini, *Le cinéma italien 1905-1945. De la prise de Rome à Rome ville ouverte*, Centre Pompidou, Paris 1985. Negli anni novanta, il catalogo della mostra di Cinecittà per il centenario, *La città del cinema*, Skira, Milano 1995, e *Un secolo di cinema italiano*, Il Castoro, Milano 2000.

Il primo saggio sul cinema muto è del 1941, di Eugenio Ferdinando Palmieri, *Vecchio cinema italiano*, Zanetti, Venezia, recentemente ripubblicato da Neri Pozza di Vicenza, ma bisogna arrivare al lavoro incompiuto di Maria Adriana Prolo, *Storia del cinema muto italiano*, Il Poligono, Milano 1951, per trovarci di fronte a un progetto storiografico frutto di ricerche di prima mano su materiali d'archivio e sia pure sui pochi (e per lo piú in pessime condizioni) materiali filmici allora disponibili. Negli anni sessanta, Giovanni Calendoli raccoglie alcuni saggi che hanno il merito di indicare strade molto feconde da percorrere: *Materiali per una storia del cinema italiano*, Maccari, Parma 1967. Poi è Aldo Bernardini, con i suoi tre volumi sul cinema delle origini, a segnare un'importante tappa e nuovo punto di partenza: *Cinema muto italiano*, Laterza, Roma-Bari 1980-82.

Dagli anni settanta, grazie al Festival del Nuovo cinema di Pesaro, viene varato un grande progetto, continuamente in progress, di analisi a tutto campo del cinema italiano, dapprima sonoro e poi, in attesa del centenario, anche muto. I volumi, per lo piú collettivi, con saggi su commissione e scritti a tamburo battente, costituiscono il primo tentativo italiano di promuovere una riflessione aperta a critici e studiosi di piú generazioni e innovativa sùl piano degli strumenti e delle forme di dialogo, sulla storia del cinema italiano. I titoli editi nel corso di un trentennio sono moltissimi e, salvo qualche eccezione, tutti pubblicati da Marsilio.

Per quanto riguarda il cinema del fascismo: segnalo il mio *Cinema italiano tra le due guerre*, Mursia, Milano 1975; Philip. V. Cannistraro, *La fabbrica del consenso*, Laterza, Bari 1975; Mino Argentieri, *L'occhio del regime*, Vallecchi, Firenze 1979; Adriano Aprà e Patrizia Pistagnesi, *I favolosi anni trenta*, Electa, Milano 1979; Massimo Cardillo, *Il duce in moviola*, Dedalo, Bari 1983; i saggi di Gili citati in seguito; Ernesto G. Laura, *L'immagine bugiarda*, ANCCI, Roma 1986; Riccardo Redi, *Ti parlerò... d'amor. Cinema italiano tra muto e sonoro*, Eri, Torino 1986; Renzo Renzi, *Il cinema dei dittatori*, Cappelli, Bologna 1993; Mino Argentieri, *Il cinema in guerra*, Editori Riuniti, Roma 1998; Ernesto G. Laura, *Le stagioni dell'aquila*, Ente dello Spettacolo, Roma 1999; Ruth Ben-Ghiat, *La cultura fascista*, Il Mulino, Bologna 2000; Valentina Ruffin e Patrizia D'Agostino, *Dialoghi di regime*, Bulzoni, Roma 2000.

Per il neorealismo e il dopoguerra: Lino Micciché, *Il cinema neorealista italiano*, Marsilio, Venezia 1975; Massimo Mida e Lorenzo Quaglietti, *Dai telefoni bianchi al neorealismo*, Laterza, Bari 1980; Alberto Farassino, *Neorealismo, Cinema italiano 1945-49*, Edt, Torino 1989; Sergio Trasatti (a cura di), *I cattolici e il neorealismo*, Ente dello Spettacolo, Roma 1989; per una sintesi di un cinquantennio: Mino Argentieri, *Il cinema italiano dal dopoguerra ad oggi*, Editori Riuniti, Roma 1998; Giulia Fanara, *Pensare il neorealismo*, Lithos, Roma 2000; Renzo Renzi, *La bella stagione*, Bulzoni, Roma 2000.

Una ricerca a piú largo raggio sul primo ventennio del dopoguerra è in Gian Piero Brunetta (a cura di), *Identità italiana e identità europea nel cinema italiano del dopoguerra*, Fondazione Agnelli, Torino 1996.

Per gli anni cinquanta: G. Tinazzi (a cura di), *Il cinema italiano degli anni cinquanta*, Marsilio, Venezia 1978; Marino Livolsi, *Schermi e ombre*, La Nuova Italia, Firenze 1988; Gian Piero Brunetta e David Ellwood, *Hollywood in Europa*, La Casa Usher, Firenze 1991; Maria Adelaide Frabotta, *Il governo filma l'Italia*, Bulzoni, Roma 2002.

Per gli anni sessanta: Guido Aristarco, *Cinema italiano 1960*, Il Saggiatore, Milano 1961; Bruno Torri, *Il cinema italiano dalla realtà alle metafore*, Palumbo, Palermo 1973; Lino Micciché, *Cinema italiano degli anni settanta*, Marsilio, Venezia 1980; Claver Salizzato (a cura di), *Prima della rivoluzione. Schermi italiani 1960-69*, Marsilio, Venezia 1989.

Per il decennio successivo e gli anni ottanta: Lino Micciché (a cura di), *Il cinema del riflusso. Film e cineasti italiani degli anni '70*, Marsilio, Venezia 1997; Franco Montini, *I Novissimi*, Nuova Eri, Torino 1988; Vincenzo Camerino (a cura di), *Il cinema degli anni ottanta...*

ed emozioni registiche, Manni, Lecce 1992; Franco Montini, *Una generazione al cinema: esordi ed esordienti italiani 1975-1988*, Marsilio, Venezia 1988; Mario Sesti, *Nuovo cinema italiano*, Theoria, Roma 1994; Bruno di Marino, *Cinema italiano anni ottanta*, Graffiti, Roma 1998.

Per gli anni novanta: Mario Sesti, *La «scuola» italiana. Storia, strutture e immaginario di un altro cinema (1988-1996)*, Marsilio, Venezia 1996; Vito Zagarrio, *«Senza pelle». Cronache dal nuovo cinema italiano*, Cooperativa libraria Iulm, Milano 1997; Vito Zagarrio, *Cinema italiano degli anni novanta*, Marsilio, Venezia 1998; Adriano Aprà, *Per non morire hollywoodiani. Notizie dal cinema di fine millennio*, Reset, Milano 1999; Gaetana Marrone Puglia, *New Landscapes in Contemporary Italia Cinema*, in «Annali d'Italianistica», vol. XVII, 1999; Vito Zagarrio, *Il cinema della transizione. Scenari italiani degli anni novanta*, Marsilio, Venezia 2000, con un'utile bibliografia; Gian Piero Brunetta, *Identikit del cinema italiano oggi. 453 storie*, Marsilio, Venezia 2000.

Dalla metà degli anni ottanta ritengo ottimi e frutto di un'attenzione in cui l'affettività si unisce alla competenza e all'intelligenza critica, i bilanci annuali del catalogo del Festival del cinema italiano di Annecy. Dal 1995, Paolo D'Agostini cura, per alcuni anni da solo e poi assieme a Stefano Della Casa, un ricchissimo *Annuario sul cinema italiano*, Il Castoro, Milano.

IV. LE MICROSTORIE.

Meritevoli e utili a gettare luce su aspetti minimi e sostanzialmente omogenei, i lavori di microstorie si sono sviluppati in Italia dagli inizi degli anni ottanta e hanno dato vita a una serie di saggi ospitati da «Immagine», rivista dell'Associazione per le ricerche di storia del cinema, e a un nutrito gruppo di saggi monografici. Nella maggior parte di queste ricerche si assiste a un accumulo di dati, a una pesca a strascico che fa riemergere una quantità enorme di microelementi senza che spesso vi sia una vera capacità di discernere e selezionare ciò che è veramente utile e ciò che non lo è. O di interrogare i dati, di porsi dei problemi di relazione con altri fenomeni circostanti. Queste ricerche disegnano un quadro metodologico di tipo tardo-positivistico che se, per certi aspetti, è utile ad accrescere la quantità di informazioni, non aiuta alla comprensione piú generale dei fenomeni. Di molti saggi si è fatto già cenno nel I capitolo. Fanno eccezione per intelligenza dei problemi e maturità storiografica i due lavori di Livio Fantina, *Tempo e passatempo*, Il Poligrafo, Padova 1988, e *Le trincee dell'immaginario*, Cierre, Sommacampagna 1998; Nino Genovese e Sebastiano Gesú, *E venne il cinematografo. Le origini del cine-*

ma in Sicilia, Maimone, Catania 1995; Luciano Morbiato, *Cinema ordinario*, Il Poligrafo, Padova 1998; Mario Bonetto e Paolo Caneppele, *Inizi lo spettacolo!*, Museo storico di Trento, Trento 2001.

V. LA STORIA ECONOMICA.

Non esiste una vera storia economica del cinema italiano. Esistono saggi di maggiore o minore competenza specifica. Nella non ricchissima bibliografia, l'opera piú recente, Barbara Corsi, *Per qualche dollaro in meno. Storia economica del cinema italiano*, Editori Riuniti, Roma 2001, si segnala per la capacità di sintetizzare tutti i problemi e i dati fondamentali.

Ben scaglionati nel tempo i testi di riferimento sono: Libero Bizzari e Libero Solaroli, *L'industria cinematografica italiana*, Sansoni, Firenze 1958; F. Contaldo e F. Fanelli, *L'affare cinema*, Feltrinelli, Milano 1979; Lorenzo Quaglietti, *Storia economico-politica del cinema italiano, 1945-1980*, Editori Riuniti, Roma 1980; per la Mostra di Pesaro escono, dalla metà degli anni ottanta, *Cinecittà 1: Industria e mercato nel cinema italiano tra le due guerre*, a cura di Riccardo Redi e Claudio Camerini, Marsilio, Venezia 1985; *Cinecittà 2: Sull'industria cinematografica italiana*, Marsilio, Venezia 1986; *Cinecittà 3: Dietro lo schermo*, a cura di Vito Zagarrio, Marsilio, Venezia 1988; Christopher Wagstaff, *Il cinema italiano nel mercato internazionale*, in *Identità italiana e identità europea nel cinema italiano del dopoguerra*, a cura di G. P. Brunetta, Fondazione Agnelli, Torino 1996; Gian Piero Brunetta, *I cinquant'anni dell'Anica*, in «Cinema d'oggi», n. 18-19, 20 ottobre 1994; Jean A. Gili e Aldo Tassone (a cura di), *Parigi-Roma. Cinquant'anni di coproduzioni italo-francesi*, Il Castoro, Milano 1995; Christopher Wagstaff, *Il nuovo mercato del cinema*; Aldo Bernardini, *Le collaborazioni internazionali*, e Barbara Corsi, *L'utopia dell'Unione cinematografica europea*, tutti in *Storia del cinema mondiale Einaudi*, I. *L'Europa*, Torino 1999.

VI. LA STORIA ORALE.

Si deve ancora a Francesco Savio il merito di aver indicato un modello: *Cinecittà anni trenta*, 3 voll., Bulzoni, Roma 1979, Fra i titoli che raccolgono importanti interviste, Jean Gili, *Le cinéma italien*, Ed. 10/18, Paris 1978; *Arrivano i mostri*, Cappelli, Bologna 1980; Aldo Tassone, *Parla il cinema italiano*, Il Formichiere, Milano 1980; Goffredo Fofi e Franca Faldini, *L'avventurosa storia del cinema italiano*, 2 voll., Feltrinelli, Milano 1980, costituiscono un originale affresco del cinema del dopoguerra grazie a un lavoro di taglia e cuci di materiali sparsi in vari luoghi. Inoltre, un ottimo lavoro di raccolta di testimonianze di 37 registi italiani sul tema della rappresentazione cinematografica della resistenza è *Memoria, mito, storia. Il sole sorge ancora. 50 anni di resistenza nel cinema italiano*, Archivio nazionale cinematografico della Resistenza, Torino 1994.

VII. LE BIOGRAFIE.

In Italia non c'è tradizione biografica: il primo saggio che abbia tentato una ricostruzione dell'ambiente culturale del cinema muto legato a una delle prime grandi dive è di Pietro Bianchi, *La Bertini e le dive del cinema muto*, Utet, Torino 1969, lavoro in cui la brillante capacità di legare i fenomeni cinematografici a quelli storici e culturali non è sorretto da un'adeguata conoscenza delle fonti filmiche d'epoca. Le altre biografie piú importanti e recenti sono: Gianni Rondolino, *Visconti*, Utet, Torino 1981, e Id., *Rossellini*, Utet, Torino 1989; Laurent Schifano, *Visconti, les feux de la passion*, Flammarion, Paris 1987 (trad. it. *I fuochi della passione. La vita di Luchino Visconti*, Longanesi, Milano 1988); Tullio Kezich, *Fellini*, Camunia, Milano 1987; Tullio Kezich e Alessandra Levantesi, *Dino* [De Laurentiis], Rizzoli, Milano 2001; Patrizia Carrano, *Anna Magnani*, Rizzoli, Milano 1986; Matilde Hokhofler, *Comico per amore* (biografia di Massimo Troisi), Marsilio, Venezia 1995, Lorenzo Pellizzari e Claudio M. Valentinetti, *Il romanzo di Alida Valli*, Garzanti, Milano 1995; Barth David Schwartz, *Pasolini Requiem*, Marsilio, Venezia 1995; Christopher Frayling, *Sergio Leone. Danzando con la morte*, Il Castoro cinema, Milano 2002. Da molti anni Callisto Cosulich e Tullio Kezich lavorano a una biografia di Vittorio De Sica.

VIII. GLI STUDI MONOGRAFICI.

La collana piú longeva e nella quale si trova il maggior numero di studi monografici dedicati ad autori italiani è quella del Castoro cinema, pubblicata dalla Nuova Italia nel 1974, ideata e diretta per un ventennio da Fernaldo Di Giammatteo e poi continuata dalle Edizioni del Castoro.

Negli anni novanta, Cinecittà ha pubblicato una serie di quaderni su registi italiani che accompagnavano le retrospettive da mandare all'estero. Una serie di agili monografie sono state pubblicate da Dino Audino editore.

Monografie su registi e attori italiani si trovano da Gremese, Marsilio, Lindau, Le Mani, ecc. La rivista «Cinecritica» ha curato ottimi saggi critici sui registi dell'ultimo ventennio e la rivista «Garage» ha curato alcune monografie di registi italiani.

IX. LA TEORIA.

Il primo tentativo di riunire entro un unico sguardo le grandi teorie del cinema è di Guido Aristarco, *Storia delle teoriche del film*, Einaudi, Torino 1951 (1963²). Aristarco in precedenza (1950) pubblica da Bompiani un'antologia di saggi teorici, *L'arte del film*. Oggi questo lavoro ha un interesse di tipo prevalentemente storico per la limitatezza dello sguardo e delle ottiche, la conoscenza indiretta delle fonti straniere e i molti vuoti. Per un quadro d'insieme piú recente in cui il contributo italiano merita però un maggiore approfondimento, vedi Francesco Casetti, *Teorie del cinema 1945-1990*, Bompiani, Milano 1993. I testi storici di teoria utili sono quelli di Luigi Chiarini, *Cinque capitoli sul film*, e *Il film nei problemi dell'arte*, Ateneo, Roma 1949; *Arte e tecnica del film*, Laterza, Bari 1962; Umberto Barbaro, *Il film e il risarcimento marxista dell'arte*, Editori Riuniti, Roma 1960; Carlo Ludovico Ragghianti, *Cinema arte figurativa oggi*, in *Arti della visione*, Einaudi, Torino 1975; Cesare Zavattini, *Neorealismo ecc.*, a cura di Mino Argentieri, Bompiani, Milano 1979; Gianfranco Bettetini, *Cinema lingua e scrittura*, Bompiani, Milano 1968, e *L'indice del realismo*, Bompiani, Milano 1971; Francesco Casetti, *Dentro lo sguardo. Il film e il suo spettatore*, Bompiani, Milano 1986.

X. LE SCENEGGIATURE.

La prima collana di sceneggiature concepita come progetto organico è quella curata da Renzo Renzi per Cappelli di Bologna. Da alcuni anni, per merito della Philip Morris e con la direzione scientifica di Lino Micciché, sono stati restaurati una serie di film del dopoguerra di De Sica, Visconti, Lattuada, Vancini, Maselli, Bolognini... e all'azione di restauro è stato sempre accompagnato un lavoro di trascrizione alla moviola della sceneggiatura e una nuova messa a punto critica dell'opera e dell'autore. Nel corso del tempo, e senza un vero programma organico, vari editori hanno pubblicato testi di sceneggiature: Garzanti ha pubblicato quelle di Pasolini e Fellini, Feltrinelli i testi di film di Amelio, Luchetti, ma anche Ubulibri, le edizioni e/o, Leonardo... Da Einaudi si possono trovare raccolte di sceneggiature di Antonioni e Fellini, o i testi di singoli film di Bertolucci, Cavani, Amelio, Benigni... Da Bompiani sono uscite sceneggiature di Argento, Bertolucci, Martone, Ciprí e Maresco. Altri soggetti e sceneggiature sono pubblicati da Gremese, Marsilio, Il Castoro, Baldini & Castoldi. La piú recente e importante collana di sceneggiature è quella diretta da Alberto Cattini, ed è pubblicata dalla fine degli anni ottanta dalla Casa del Montagna di Mantova, con il contributo della Provincia: vi si possono trovare decine di titoli di film di Scola, Monicelli, Piavoli, Maselli.

XI. LE TRACCE DEL LAVORO CRITICO.

È questa una galassia solo parzialmente esplorata e di fondamentale importanza. Il critico cinematografico – specie in occasione dei festival – deve avere lo scatto del centometrista. Nella sua velocità di reazione intervengono fattori culturali, intelligenza, ma anche pregiudizi ideologici, rifiuti aprioristici, ottusità visive... Rilette oggi, le critiche mantengono comunque l'odore delle polveri dello scontro politico e i sentori dell'epoca. Il critico, nel corso del tempo, ha esercitato sul pubblico un'influenza sempre piú modesta ma il suo giudizio può aver creato nel regista ferite difficili da cicatrizzare. Poche sono le raccolte di recensioni rispetto alla quantità di critici che hanno esercitato un ruolo piú o meno prestigioso dagli anni trenta. Fra tutte le raccolte, quella che piú a mio parere racchiude lo spirito di un'epoca e fotografa il cinema italiano assieme ai suoi protagonisti, alle opere, allo sviluppo caotico e tumultuoso del paese, è *Primavera a Cinecittà* di Tullio Kezich, Bulzoni, Roma 1999, che raccoglie tre anni di articoli e interviste per «Settimo Giorno». Suggerisco di consultare, almeno, Giuseppe Marotta, *Questo buffo cinema*, Bompiani, Milano 1956, e le raccolte successive; Mario Gromo, *Film visti*, Centro Sperimentale di Cinematografia, Roma 1957; Umberto Barbaro, *Servitú e grandezza del cinema*, Editori Riuniti, Roma 1962; Goffredo Fofi, *Capire con il cinema*, Feltrinelli, Milano 1975; Id., *Dieci anni difficili*, La Casa Usher, Firenze 1985; Tullio Kezich, *Il Mille film*, 2 voll., Il Formichiere, Milano 1977, seguito da *Il cento film*, Il Formichiere, Milano 1978; Pietro Bianchi, *L'occhio di vetro*, 2 voll., Il Formichiere, Milano 1978 (sono raccolte recensioni dal 1940 al 1950); Giovanni Grazzini, *Gli anni sessanta in cento film*, Laterza, Roma-Bari 1977, e poi le raccolte annuali delle sue critiche nei vent'anni successivi; e alcune raccolte di scritti apparsi su settimanali, come quelli di Oreste Del Buono, *Il comune spettatore*, Garzanti, Milano 1979; Glauco Viazzi, *Scritti di cinema 1940-1958*, Longanesi, Milano 1979; Francesco Bolzoni, *La barca dei comici*, Ente dello Spettacolo, Roma 1986; Arturo Lanocita, *Cinema '50*, Gremese, Roma 1991; Gian Luigi Rondi, *Un lungo viaggio. Cinquant'anni di cinema italiano raccontati da un testimone*, Le Monnier, Firenze 1998 (è importante per capire il percorso di un critico che ha iniziato la sua attività nel 1946, anche se non è una raccolta di recensioni); Roberto Escobar è Luigi Paini, *Riflessi nel grande schermo*, Il Sole 24 Ore, Milano 1999; Giovanni Buttafava, *Gli occhi del sogno*, Biblioteca di Bianco & Nero, Roma 2000. Lorenzo Pellizzari ha raccolto i suoi lavori in *Critica alla critica. Contributi a una storia della critica cinematografica italiana*, Bulzoni, Roma 1999, e segnalo Id., *La critica cinematografica in Italia 1929-59*, in *Storia del cinema mondiale Einaudi*, V. *Teorie, strumenti, memorie*, Torino 2001.

XII. IL CINEMA DI GENERE.

Dopo anni d'ostracismo e di sottovalutazioni, la commedia è il genere che gode di una sorta di overdose critica nell'ultimo ventennio. In generale, sul cinema popolare del dopoguerra, vedi Vittorio Spinazzola, *Cinema e pubblico*, Bompiani, Milano 1974; Adriano Aprà e Claudio Carabba, *Neorealismo d'appendice*, Guaraldi, Firenze 1976; Pellizzari Lorenzo, *Cinemaromanzo: il cinema italiano 1945-1953*, Longanesi, Milano 1978; Christopher Frayling, *Spaghetti Westerns*, Routledge and Kegan, London 1981; Teo Mora, *Storia del cinema dell'orrore*, 2 voll., Fanucci, Roma 1979; Giuseppe Turroni, *Viaggio nel corpo*. *La commedia erotica nel cinema italiano*, Moizzi, Milano 1979; Maurizio Grande, *Abiti nuziali e biglietti di banca*, Bulzoni, Roma 1986; Masolino D'Amico, *La commedia all'italiana*, Mondadori, Milano 1985; Riccardo Napolitano (a cura di), *La commedia all'italiana. Angolazioni, controcampi*, Gangemi, Roma 1986; Antonio Bruschini e Antonio Tentori, *Profonde tenebre: il cinema thrilling italiano 1962-1982*, Granata Press, Bologna 1992; Id., *Malizie perverse. Il cinema erotico italiano*, Granata Press, Bologna 1993; Id., *Operazione paura, Registi del gotico italiano*; Puntozero, Bologna 1997; Luca Beatrice, *Al cuore, Ramon, al cuore*, Edizioni Tarab, Firenze 1996; Daniela Catelli, *Ciak si trema*, Theoria, Roma 1997; Gianni Canova, *L'occhio che ride. Commedia e anticommedia nel cinema italiano contemporaneo*, Editoriale Modo, Milano 1999; Orio Caldiron e Stefano Della Casa, *Appassionatamente? Il mélo nel cinema italiano*, Lindau, Torino 1999; Enrico Giacovelli, *Non ci resta che ridere*, Lindau, Torino 1999; Marco Giusti, *Dizionario dei film italiani Stracult*, Sperling & Kupfer, Milano 1999; Aldo Viganò, *La commedia italiana in cento film*, Le Mani, Genova 1999; Stefano Della Casa, *Storia e storie del cinema popolare italiano*, La Stampa, Torino 2001.

XIII. I MESTIERI DEL CINEMA.

Giuliana Muscio, *Scrivere il cinema*, Savelli, Roma 1981; Stefano Masi, *Storie della Luce*, La Lanterna Magica, L'Aquila 1985; Id., *Nel buio della moviola: introduzione alla storia del montaggio*, La Lanterna Magica, L'Aquila 1985; Lorenzo Pellizzari, *Carlo Rambaldi e gli effetti speciali*, Aiep, San Marino 1987; Marie C. Questerberg, *Les scénaristes italiens*, Hatier, Paris 1988; Stefano Masi, *Scenografi e costumisti del cinema italiano*, 2 voll., La Lanterna Magica, L'Aquila 1989; un numero di «script» del 1992 (*Il mestiere di sceneggiatore*) con saggi di vari autori dedicato ai nuovi sceneggiatori italiani; Ermanno Comuzio, *Colonna sonora, Dizionario ragionato dei musicisti cinematografici*, Ente dello Spettacolo, Roma 1992; consiglio anche, per il quadro che offre del cinema italiano del dopoguerra, il racconto autobiografico di Franco Mannino, *Musica per film*, Marsilio, Venezia 2002; Giovanni Robbiano, *La sceneggiatura*, Carocci, Roma 1999; sempre nel 1999 esce in due volumi in edizione fuori commercio, ideato da Marcello Gatti e prodotto dall'associazione Italiana Cineoperatori, *I Cineoperatori*, Associazione italiana autori della fotografia, Roma 1999; Vittorio Storaro, *Scrivere con la luce*, La Lanterna Magica, L'Aquila 2001; i capitoli sui mestieri del cinema in *Storia del cinema mondiale Einaudi*, vol. V cit.; Alberto Castellani (a cura di), *Il doppiaggio*, Aidac, Roma 2002.

XIV. IL CINEMA ITALIANO ALL'ESTERO.

Jean Gili è l'autore che, con la sua attività critica di storico e di organizzatore del Festival di Annecy, ha piú e meglio contribuito a far conoscere e amare il cinema italiano in Francia nell'ultimo trentennio: tra i suoi lavori piú significativi, la cura del numero monografico di «Etudes cinématographiques», n. 82-83, 1970; quella pionieristica del n. 27 dei «Cahiers de la Cinémathèque», 1978, dedicato al cinema muto; il catalogo della grande retrospettiva realizzata per il Centre Pompidou nel 1985 con Aldo Bernardini, e le monografie, *Stato fascista e cinematografia*, Bulzoni, Roma 1981; *L'Italie de Mussolini et son cinéma*, Henry Veyrier, Paris 1985; *La comédie italienne*, Henry Veyrier, Paris 1985; *Le cinéma italien à l'ombre des faisceaux*, Institut Jean Vigo, Perpignan 1990, e *Le cinéma italien*, Editions de la Martinière, Paris 1996; accanto a lui, Pierre Sorlin, *Sociologia del cinema*, Garzanti, Milano 1979; *La storia nel film. Interpretazioni del passato*, La Casa Usher, Firenze 1984; *European Cinemas, European Societies, 1939-1990*, Routledge, London 1991; *Italian International Cinema*, Routledge, London - New York 1996; negli Stati Uniti, Peter Bondanella ha per primo tentato di tracciare un profilo storiografico d'insieme del cinema italiano in *Italian Cinema from Neorealism to the Present*, Ungar, New York 1983; sua è anche una delle piú intelligenti monografie critiche su Fellini, *The Cinema of Federico Fellini*, Princeton University Press, Princeton (N.J.) 1992 (trad. it. Guaraldi, Rimini, 1996); Mira Liehm, *Passion and Defiance: Film in Italy from 1942 to the Present*, University of California Press, Berkeley 1984; James Hay, *Popular Film Culture in Fascist Italy*, Indianapolis University Press, Indianapolis 1987; Angela Dalle Vacche, *The Body in the Mirror. Shapes of History in Italian Cinema*, Princeton University Press, Princeton (N.J.) 1992; Thomas Meder, *Von Sichtbarmache der Geschichte. Der Italianische «Neorealismus», Rossellinis Paisà und Klaus Mann*, Trickser, Munchen 1993; P. Adams Sitney, *Vital Crisis in Italian Cinema*, University of Texas, Austin 1995; Millicent Markus, *Italian Film in the Light of Neorealism*,

Princeton University Press, Princeton (N.J.) 1986; John Welle (a cura di), *Film and Literature*, in «Annali d'Italianistica», n. 6, 1988; Giuliana Bruno, *Streetwalking on a Ruined Map*, Princeton University Press, Princeton (N.J.) 1993 (trad. it. *Rovine con vista*, La Tartaruga, Milano 1993); Manuela Gieri, *Contemporary Italian Filmmaking*, University of Toronto Press, Toronto 1995; Laurence Schifano, *Le cinéma italien 1945-1995*, Nathan, Paris 1995; Markus Vorauer, *Die Imagination of Mafia im italianischen und US-americanischen Spiefil*, Nodus, Münster 1996; M. Wyke, *Projecting the Past, Ancient Rome, Cinema and History*, Routledge, New York 1997; Angel Quintana, *El cine italiano, 1942-61*, Paidos, Barcelona 1997; Tag Gallagher, *The Adventures of Roberto Rossellini*, Da Capo Press, New York 1998; Alain Bichon, *Les années Moretti. Dictionnaire des cinéastes italiens 1975-1999*, Acadra distribution, Annecy 1999; Vincent F. Rocchio, *Cinema of Anxiety. A Psichoanalysis of Italian Neorealism*, University of Texas, Austin 1999; Laurent Scotto D'Ardino, *La Revue Cinema et le néo-realisme italien*, Presses Universitaires de Vincennes, Vincennes 1999; Christel Taillebert, *L'Institut international du cinématographe éducatif*, L'Harmattan, Paris 1999; Tonia Caterina Riviello (a cura di), *Women in Italian Cinema*, Fabio Croce, Roma 1999; Gaetana Marrone Puglia, *The Gaze and the Labirinth. The Cinema of Liliana Cavani*, Princeton University Press, Princeton (N.J.) 2000; Marcia Landy, *Italian Film*, Cambridge University Press, Cambridge (Mass.) 2000; Jacqueline Reich e Piero Garofalo (a cura di), *Re-vieuwing Fascism. Italia Cinema, 1922-1943*, Indiana University Press, Bloomington 2002; Anna Maria Torriglia, *Broken Time, Fragmented Space*, Toronto University Press, Toronto 2002, monografia sulla cultura italiana del dopoguerra con un'ampia trattazione del cinema.

Cronologia

a cura di Gian Piero Brunetta, Barbara Corsi e Alessandro Faccioli

La cronologia è stata divisa per quinquenni, un ciclo breve ma significativo di mutamenti a tutti i livelli del sistema. Ogni quinquennio è diviso nei seguenti blocchi:

1) *Produzione e distribuzione*: nascita delle varie società, avvenimenti che le riguardano, iniziative della loro associazione, ecc.
2) *Esercizio*: apertura di sale, provvedimenti che lo riguardano, ecc.
3) *Istituzioni*: leggi, iniziative dello stato per il cinema, enti cinematografici statali e atti di censura.
4) *Associazioni* di categoria e loro iniziative, prime edizioni di *festival* e di *premi* importanti, nascita di *cineteche* o altre istituzioni private, *mostre* e iniziative culturali.
5) *Film* notevoli del quinquennio, per il loro valore artistico o per il loro significato (per esempio, i capostipiti dei filoni di successo), i debutti importanti, le *interpretazioni* piú notevoli. Quando i film importanti sono anche vincitori di premi, si è preferito non ripeterli due volte; si trovano quindi citati nel blocco dei premi.
   Trovano posto qui anche la lavorazione di film stranieri in Italia e le innovazioni tecniche (per esempio, il primo film a colori, ecc.).
6) *Premi*. I premi considerati sono: Oscar, Leone d'oro, Palma d'oro, Orso d'oro, Felix, relativi ai film e agli attori (italiani e stranieri) di film italiani. Non si sono considerati tutti gli altri (per esempio, i premi alla regia o i premi speciali della giuria) nonché gli Oscar agli sceneggiatori, agli operatori e costumisti ecc. *Riviste* e *opere* sulla storia e la teoria del cinema.
7) Dati quantitativi sugli *incassi* (che partono dal dopoguerra), le *sale*, i *costi* di produzione ecc.
   Le cifre degli incassi provengono da fonte Anica-Agis

(«Cinespettacolo»), sono da riferirsi alla cifra complessiva realizzata alla fine dello sfruttamento del film e non sono ragguagliate: ovvero sono gli incassi «reali» dell'epoca. Di alcuni film dello stesso quinquennio si è preferito mettere una cifra approssimativa di incasso per non falsare il confronto con gli altri film: a distanza di pochi anni, a parità di spettatori, l'incasso può risultare molto maggiore a causa del forte aumento del prezzo del biglietto.

Fanno eccezione a questo sistema i primi due quinquenni, dove, ovviamente, i ruoli professionali sono ancora confusi.

All'interno di ogni blocco si segue l'ordine cronologico. Le nascite e le morti sono nel blocco di appartenenza del personaggio in questione (per esempio, data di morte di un produttore, nel primo blocco).

1895-99

maggio 1895: il Kinetoscopio Edison viene presentato al pubblico in un locale di Torino.

11 novembre: Filoteo Alberini presenta, e il 21 dicembre ottiene, il brevetto per il suo Kinetografo – apparecchio di ripresa e proiezione – senza tuttavia poterne realizzare un'applicazione pratica.

1896: arrivano in Italia gli operatori Lumière: Albert Promio, Francis Doublier, Pierre Chapuis.

13 marzo: presso lo studio fotografico Le Lieure di Roma si tiene la prima proiezione cinematografica.

29 marzo: prima proiezione cinematografica a Milano organizzata da Vittorio Calcina, concessionario del cinematografo Lumière per il Nord Italia.

7 novembre: prima proiezione cinematografica a Torino. Insieme ai film Lumière viene presentato *Il bagno di Diana*, girato a Milano da Giuseppe Filippi.

28 gennaio 1897: i principi Vittorio Emanuele e Elena di Montenegro assistono a una proiezione organizzata da Calcina, in una sala di Palazzo Pitti a Firenze.

Dal 1896 si diffonde il cinema ambulante.

1898: Luigi Topi ed Ezio Cristofari aprono a Roma una sala cinematografica stabile.
A Napoli, apre la sala Recanati.

novembre 1899: Alberini apre a Firenze il Reale Cinematografo Lumière, sotto i portici di piazza Vittorio Emanuele, ora piazza della Repubblica.

1895: nasce Mario Camerini.

1898: Italo Pacchioni, unico operatore italiano indipendente dall'organizzazione Lumière, gira alcune scene con l'apparecchio di sua invenzione: sono i primi film interamente italiani.

1898: nascono Mario Mattoli e Totò.

1898-1900: Leopoldo Fregoli ottiene un grande successo nei teatri con il numero *Fregoligraph*: proiezione su grande schermo delle sue sorprendenti trasformazioni.

giugno 1895: su «Il progresso fotografico» Rodolfo Namias scrive un articolo sul Cinématographe Lumière dopo aver assistito a una dimostrazione negli stabilimenti di Lione.

1900-904

1900: a Roma la famiglia Cocanari inaugura la sala Iride.

giugno: a Firenze Rodolfo Remondini apre la sala Edison.

1901: a Napoli si apre la sala Iride di Menotti Cattaneo.

aprile 1901: Alberini trasforma la sala di Firenze in Cosmorama.

1904: a Milano apre l'Edison.

L'ambulante Almerico Roatto chiede al comune di Venezia di poter

presentare il suo Cinematografo Lumière e il suo «Museo artistico-plastico meccanico».
20 gennaio: a Roma, Alberini inaugura il Cinematografo Moderno in via Nazionale.

1903-904: con l'apertura di sale stabili in città e in provincia, nasce la figura del distributore.

1900: nasce Alessandro Blasetti.
1901: nasce Vittorio De Sica.
1902: nasce Cesare Zavattini.
1903: Rudolf Kanzler gira in una finta catacomba la *Deposizione del corpo di una martire*.

1901: nasce «L'Aurora», organo della Società internazionale tra proprietari di spettacoli viaggianti.
Padre Ferdinando Rodolfi, futuro vescovo di Vicenza, pubblica un lungo saggio dal titolo *Il cinematografo*.

1905-909

1905: Alberini fonda, insieme a Dante Santoni, la Manifattura di pellicole per cinematografi Alberini e Santoni.
1° aprile 1906: l'Alberini e Santoni viene rilevata da importanti investitori e si trasforma nella Cines Spa.
2 maggio: nasce a Torino la società Arturo Ambrosio e C.
1907: la Cines apre una propria agenzia di distribuzione a New York.
13 maggio: viene costituita a Torino la Carlo Rossi e C.
1908: a Roma nasce la società di noleggio e vendita Velf (Vendita e locazione films) del duca d'Acquara.
A Napoli, Gustavo Lombardo inizia la sua ascesa nel settore della distribuzione.
giugno: si costituisce a Milano la società Saffi-Comerio, poi trasformata in Milano Film.
settembre: Giovanni Pastrone fonda l'Itala Film, che utilizza gli stabilimenti della Carlo Rossi e C.
1909: a Napoli nasce la Film Dora di Elvira e Eduardo Notari.

1905: Alberini gestisce il primo circuito cinematografico.
Il teatro Il Ridotto diventa la prima sala stabile a Venezia, subito affiancato dall'Edison di Almerico e Luigi Roatto.
A Napoli viene aperto il Salon Parisien di Leonardo Ruggeri. Nella stessa città una trentina di sale offrono spettacoli cinematografici.
luglio 1908: i prefetti di Torino e Milano emanano dei Regolamenti per l'esercizio degli spettacoli cinematografici nelle rispettive province.
1909: prima crisi produttiva.

1909: viene costituita a Napoli la Federazione operatori cinematografici italiani (Foci).
ottobre: a Milano si tiene il I Concorso di cinematografia.

20 settembre 1905: proiezione pubblica a Roma, davanti a Porta Pia, del primo film a soggetto italiano, *La presa di Roma* dell'Alberini e Santoni, in sette quadri.
1906: *La scuola di cavalleria in Pinerolo* (Luigi Vitrotti), prod. Ambrosio, viene distribuito in 837 copie.
Nascono Roberto Rossellini, Luchino Visconti e Amedeo Nazzari.
1908: prima versione de *Gli ultimi giorni di Pompei* (Luigi Maggi), prod. Ambrosio.
Il professor Camillo Negro realizza per l'Ambrosio *La neuropatologia*.

1909: successo di *Beatrice Cenci* (Mario Caserini), prod. Cines, e di *Nerone* (Maggi), prod. Ambrosio.

L'Ambrosio inizia la «Serie d'oro». Per la prima volta viene divulgato il nome di un attore: la casa di produzione Pineschi dichiara che la protagonista del film *Saffo* si chiama Renata Morandi Gherardini.

André Deed viene ingaggiato dalla Itala Film e dà inizio alla serie di Cretinetti.

18 maggio 1907: Giovanni Papini scrive su «La Stampa» l'articolo *La filosofia del cinematografo*.

Gualtiero Fabbri pubblica la novella *Al cinematografo*, P. Tonini editore.

1908: nascono importanti riviste di cinema: «Lux» di Gustavo Lombardo, «La rivista fono-cinematografica», «La cinematografia italiana», «La cine-fono».

Ricciotto Canudo scrive i primi articoli teorici sul cinema.

1910-14

1910: Gustavo Lombardo costituisce a Napoli la casa di distribuzione Sigla (Società italiana Gustavo Lombardo anonima).

1912: viene costituita la Sapic, distributrice dei film Cines.

1914: Giuseppe Barattolo fonda la Caesar Film.

1911: Barattolo crea un proprio circuito di sale.

1911-13: con l'avvento del lungometraggio si aprono sale piú grandi e lussuose: a Genova l'Ettore Vernazza (1200 posti), a Firenze l'Excelsior (1000 posti).

26 marzo 1912: circolare del ministero di Agricoltura Industria e Commercio concernente la riserva del diritto d'autore delle opere cinematografiche.

25 giugno 1913: la legge Facta istituisce la censura cinematografica e fissa un'imposta sulle pellicole.

1914: riconosciuto il diritto d'autore nel cinema (legge 4 ottobre 1914, n. 1114).

14 dicembre: tassa sui biglietti.

1912: si costituiscono le prime organizzazioni di categoria: l'Associazione dei cinematografisti d'Italia a Milano e l'Unione italiana cinematografisti a Torino.

1910: l'operatore Giovanni Vitrotti va in Russia, per conto dell'Ambrosio, e contribuisce alla nascita della cinematografia russa.

1911: *Inferno* (Adolfo Padovan, Francesco Bertolini, Giuseppe De Liguoro; prod. Milano Film) è il primo lungometraggio italiano (1200 m).

Roberto Omegna gira *La vita delle farfalle*, con la collaborazione di Guido Gozzano (prod. Ambrosio).

1912: nasce Michelangelo Antonioni.

Primi esperimenti di pellicole Kinemacolor.

1913: *Quo Vadis?* (Enrico Guazzoni; prod. Cines) segna l'affermazione internazionale del lungometraggio italiano.

Ma l'amor mio non muore! (Caserini) consacra la diva Lyda Borelli e fissa i modelli del genere drammatico.

Il fenomeno divistico dilaga con i nomi di Francesca Bertini, Lyda Borelli, Pina Menichelli.

1914: esce *Sperduti nel buio* (Nino Martoglio), prod. Morgana Films, capostipite della corrente realistica del cinema italiano.

18 aprile: prima proiezione di *Cabiria* (Giovanni Pastrone), prod. Itala Film, con le didascalie di Gabriele D'Annunzio.

Nascono Alberto Lattuada, Pietro Germi, Suso Cecchi d'Amico, Mario Bava e Vittorio Cottafavi.

1910: nasce la rivista «La vita cinematografica».

1911: esce il saggio *Fotodinamica futurista* di Anton Giulio Bragaglia.
1914: nasce la rivista «Film».

1911: prodotti 4 lungometraggi.
1914: prodotti 90 lungometraggi. Massima espansione nell'esportazione di film italiani negli Stati Uniti.

1915-19

1915: Gustavo Lombardo crea la ditta di distribuzione Monopolio grandi films.
Con lo scoppio della guerra si perdono progressivamente i mercati stranieri, ma il livello della produzione rimane invariato.
1918: Francesca Bertini fonda la sua casa di produzione Bertini Film.
1919: Gustavo Lombardo debutta nella produzione con la Lombardo Film, Napoli.
9 gennaio: si costituisce l'Unione cinematografica italiana (Uci), a cui aderiscono tutte le principali case di produzione.
marzo: l'Uci costituisce la Cito Cinema (Compagnia italiana traffici per l'Oriente).
Nasce la Fert Film a Torino.
Luciano Albertini fonda l'Albertini Film per produrre la serie di Sansone.

1916: le autorità impongono a *Maciste alpino* numerosi tagli, con l'accusa di mettere in ridicolo i soldati austriaci.

1915: *Assunta Spina* (Gustavo Serena) è l'interpretazione piú importante di Francesca Bertini.
La Bertini diventa la diva piú pagata in Europa.
Pastrone gira *Il fuoco* e *Tigre reale*, con Pina Menichelli, per l'Itala Film.

Maciste di Vincent Dénizot e Romano Luigi Borgnetto dà il via al filone che ha per protagonista il personaggio del forzuto, peraltro già comparso in *Quo Vadis?* e *Cabiria*.
Nasce Mario Monicelli.
1916: Ginna, Settimelli e Corra realizzano *Vita futurista*, interpretato da tutti i futuristi.
Nasce Dino Risi.
1917: *Cenere* (Febo Mari), prod. Ambrosio, è l'unico film interpretato da Eleonora Duse.
Thaïs (Bragaglia), con scene di Prampolini, è l'unico film con caratteri futuristi rimasto.
Vittorio De Sica debutta come attore ne *Il processo Clémenceau* di Alfredo De Antoni.
Nasce Giuseppe De Santis.
1918: Guazzoni realizza *La Gerusalemme liberata*.
Sansone contro i Filistei (Domenico Gaido) è il primo film della serie interpretata da Luciano Albertini.
1919: nascono Dino De Laurentiis e Gillo Pontecorvo.

1915: Pirandello scrive il romanzo *Si gira...*, che nel 1925 sarà ripubblicato con il titolo *I quaderni di Serafino Gubbio operatore*: per la prima volta il cinema diventa oggetto di narrazione letteraria.
Il settimanale «Il Tirso al cinematografo» apre una nuova fase del giornalismo cinematografico.
1916: esce la rivista «Apollon».
11 settembre: *Manifesto del cinema futurista*, pubblicato su «Italia futurista».
1918: esce la rivista «In Penombra».
1919: Piero Antonio Gariazzo pubblica *Il teatro muto*.
Guglielmo Giannini dirige la rivista «Kines».
Tito Alacci pubblica *Le nostre attrici cinematografiche*.

1920-24

1920: l'esercente e distributore Stefano Pittaluga fonda a Torino la S.A. Stefano Pittaluga.

1921: Luciano Albertini si trasferisce in Germania.

26 dicembre: fallimento della Banca Italiana di Sconto, principale finanziatrice dell'Uci. Comincia una gravissima crisi per il cinema italiano.

1923: crisi dell'Uci, le cui azioni verranno rilevate qualche anno dopo dalla Fert di Pittaluga.

La United Artists apre la propria filiale in Italia; tutte le altre majors, tranne la Warner Bros., la seguono di lí a poco.

1924: la MGM gira *Ben Hur* nei teatri della Cines a Roma.

Stefano Pittaluga riscatta gli stabilimenti Fert di Torino e diventa produttore.

Si costituisce la società anonima L'Unione cinematografica educativa (Luce) per produrre documentari.

giugno: I congresso della Federazione nazionale commercianti film ed esercenti cinema. Si chiede la detassazione del cinema.

1920: prodotti 371 lungometraggi, il numero piú alto di tutto il periodo muto.

Nascono Federico Fellini, Goffredo Lombardo, Alberto Sordi, Mario Cecchi Gori e Giulietta Masina.

1921: l'Ambrosio produce *La nave* (Gabriellino D'Annunzio).

1922: escono *Messalina* (Guazzoni) e *Teodora* (Leopoldo Carlucci).

Nascono Francesco Rosi, Pier Paolo Pasolini, Carlo Lizzani e Vittorio Gassman.

1924: terza versione del *Quo Vadis?* (Gabriellino D'Annunzio e Georg Jacoby), con Emil Jannings, ultimo exploit dell'Uci.

Il numero di lungometraggi è sceso a 66.

Nasce Marcello Mastroianni.

1920: Comincia la massiccia emigrazione di attori e registi verso la Germania.

1920: Sebastiano Arturo Luciani pubblica *Verso una nuova arte, il cinematografo*.

1923: esce la rivista «L'eco del cinema».

1924: nasce «Il corriere cinematografico».

1925-29

25 giugno 1925: congresso della Federazione cinematografica italiana (Fci) presieduta da Stefano Pittaluga.

24 settembre: Pittaluga presenta ai ministri delle Finanze e dell'Economia un documento in cui si affrontano i problemi legati alla «rinascita» del cinema: la parola «rinascita» diventa onnipresente.

marzo 1926: la Fci si scioglie.

3 aprile: istituita la Federazione nazionale fascista industriali dello spettacolo (Fnfis).

ottobre: Pittaluga assorbe le sale Uci nella sua S.A. Stefano Pittaluga.

1927: l'Uci viene liquidata.

Nasce l'Adia (Autori direttori italiani associati) fondata da Camerini, De Benedetti, Gabriellino D'Annunzio, Genina e altri.

1928: Gustavo Lombardo fonda la Titanus a Roma.

1929: Pittaluga rileva gli stabilimenti Cines.

1927: Pittaluga gestisce importanti sale cinematografiche nelle principali città d'Italia, fra cui il Rossini a Venezia, il Gambrinus a Firenze, l'Olimpia a Genova, l'Excelsior a Napoli, il Ghersi a Torino.

8 aprile: inaugurazione del cinema Colosseo di Milano, «palazzo del cinema» da 2000 posti.

1927-29: si forma il circuito SZC (Suvini Zerboni Cinema).

5 novembre 1925: decreto che trasforma l'Istituto Luce in ente statale.

24 gennaio 1926: si rende obbligatoria per legge la proiezione dei cinegiornali Luce nelle sale cinematografiche.

gennaio 1927: il ministro per l'Economia Belluzzo insedia una commissione di studio sui problemi del cinema.

marzo: il Duce riceve Pittaluga.

16 giugno: legge n. 1121 sulla programmazione obbligatoria (legge Belluzzo).

10 novembre 1928: è costituito l'Enac (Ente nazionale per la cinematografia). Decadrà nel 1931.

1926: la S.A. Grandi Film produce *Gli ultimi giorni di Pompei* (Carmine Gallone e Amleto Palermi), kolossal da un milione di lire.

Nasce Valerio Zurlini.

1928: *Kiff Tebbi* è il primo film importante di Mario Camerini.

Nasce Marco Ferreri.

1929: prodotto con una formula cooperativa, esce *Sole*, primo film di Alessandro Blasetti.

Nascono Sergio Leone e Vittorio Taviani.

1925: Pirandello fa da consulente a *Il fu Mattia Pascal* (Marcel L'Herbier).

19 aprile 1929: al Supercinema di Roma viene proiettato *Il cantante di jazz*, primo film sonoro americano, importato da Pittaluga.

1926: il quotidiano «Il Tevere» indice un concorso per la rinascita del cinema italiano.

1927: nasce la rivista «Cinematografo», diretta da Blasetti.

1928: escono «La rivista del cinematografo» e «La rivista internazionale del cinema educatore».

21 dicembre 1929: enciclica di Pio XI *Divinis illius magistris*.

Sebastiano Arturo Luciani pubblica *L'antiteatro*.

Antonio Giulio Bragaglia pubblica *Il film sonoro*.

La rivista «Kines», diretta da Guglielmo Giannini, viene stampata in *rotogravure*.

1925: prodotti 25 lungometraggi.

1926: 3225 sale attive in Italia.

1927: gli incassi cinematografici superano il 50 per cento degli introiti complessivi di tutte le forme di spettacolo.

1929: prodotti solo 20 lungometraggi.

1930-34

1930: Mussolini riceve una delegazione di industriali cinematografici, capeggiata da Pittaluga.

23 maggio: inaugurazione dei nuovi teatri di posa Cines di Pittaluga, alla presenza del ministro Bottai.

1° dicembre: approvato il nuovo contratto tipo fra noleggiatori ed esercenti.

5 aprile 1931: muore prematuramente Stefano Pittaluga.

1932: Emilio Cecchi e Ludovico Toeplitz sono chiamati a dirigere la Cines.

Giuseppe Amato produce il suo primo film, *Cinque a zero* (Mario Bonnard).

La Titanus acquista i teatri di posa della Farnesina.

1934: Giovacchino Forzano fonda a Tirrenia gli studi cinematografici Pisorno.

Riccardo Gualino fonda la Lux Film, società di distribuzione e, dal 1935, anche di produzione.

L'editore Angelo Rizzoli diventa produttore cinematografico con la Novella Film: il primo film è *La signora di tutti* (Max Ophüls), con l'esordiente Isa Miranda.

22 ottobre 1930: il ministero dell'Interno vieta il nulla-osta ai film che contengano scene parlate in lingua straniera.

18 giugno 1931: legge n. 918 che introduce i premi alla produzione nazionale.

1932: inizia la pratica del doppiaggio dei film stranieri.

5 ottobre 1933: prima legge organica sul cinema. Introduzione della tassa di doppiaggio.

1933: la Cines viene rilevata dall'Iri.

Ragazzo (Ivo Perilli) viene osteggiato dal regime.

1934: istituiti il ministero della Cultura Popolare (ministro Ciano) e la Corporazione dello Spettacolo.

18 settembre: creata la Direzione generale della cinematografia, con a capo Luigi Freddi.

Accordo Ciano-Hays sull'importazione di film americani: viene posto il limite massimo di 250 film l'anno.

1930: viene riconosciuta nei quotidiani la figura professionale del critico cinematografico.

6-21 agosto 1932: prima edizione della Mostra internazionale d'arte cinematografica di Venezia nell'ambito della Biennale.

1934: nasce il Centro Cattolico Cinematografico (CCC).

Prima tesi di laurea sulla storia del cinema, discussa da Francesco Pasinetti all'Università di Padova (relatore lo storico dell'arte Giuseppe Fiocco).

1930: *Nerone* (Blasetti), prod. Cines, con Ettore Petrolini, ottiene un grande successo di pubblico.

Augusto Genina gira in Francia *Miss Europa*, con Louise Brooks.

Nascono Francesco Maselli e Silvana Mangano.

7 ottobre: al Supercinema di Roma viene presentato *La canzone dell'amore* (Gennaro Righelli), prod. Cines, primo film sonoro italiano, ispirato a una novella di Luigi Pirandello, *In silenzio*.

1931: *La segretaria privata* (Goffredo Alessandrini) è il capostipite delle «commedie ungheresi».

Gli uomini, che mascalzoni... (Camerini) lancia Vittorio De Sica.

Nascono Ermanno Olmi, Ettore Scola e Paolo Taviani.

1933: Pirandello scrive il soggetto di *Acciaio* (Walter Ruttmann).

Nascono Gian Maria Volonté e Tinto Brass.

1934: ne *La cieca di Sorrento* esordisce Anna Magnani.

Nasce Sofia Loren.

1930: è pubblicato *Il cinema e le arti meccaniche* di Eugenio Giovannetti.

1932: Ettore Margadonna pubblica *Cinema: ieri e oggi*.

Umberto Barbaro traduce *Il soggetto cinematografico* di Pudovkin.

1933: nasce «Cine-convegno», supplemento mensile della rivista «Il Convegno».

Carlo Ludovico Ragghianti pubblica *Cinematografo rigoroso* su «Cine-Convegno».

Esce un numero della rivista «L'Italiano» di Longanesi interamente dedicato al cinema.

1930: escono 14 film (8 muti e 6 sonori), il minor numero nella storia del cinema italiano.

1933: *Camicia nera* (Giovacchino Forzano), prod. Istituto Luce, costa la cifra iperbolica di 3 813 000 lire.

1935-39

1935: Eitel Monaco a capo della Fnfis. Istituzione dell'albo dei noleggiatori.

26 settembre: gli studi della Cines vanno a fuoco.

3 febbraio 1936: decreto che regola la concessione di nuove licenze d'esercizio.

1938: Salvatore e Michele Scalera comprano gli studi della Caesar Fim di Baratolo e danno vita alla Scalera Film.

Istituzione delle visioni collettive obbligatorie per gli esercenti, per combattere il noleggio «a scatola chiusa».

1939: dalla trasformazione della società Saive, nasce l'Eci (Esercizi cinematografici italiani).

13 giugno 1935: legge n. 1143 sugli anticipi alla produzione.

9 novembre: creazione dell'Enic (Ente nazionale industrie cinematografiche).

14 novembre: istituita la Sezione autonoma per il credito cinematografico presso la Bnl.

1935: aperto il Centro Sperimentale di Cinematografia (Csc). Il direttore è Luigi Chiarini.

Luigi Freddi tenta di censurare *Vecchia guardia* (Blasetti).

1936: L'Enic rileva dall'Iri le sale di Pittaluga.

21 aprile 1937: inaugurazione degli studi di Cinecittà.

1938: l'Enic acquista il circuito Leoni (30 sale).

16 giugno: legge n. 1061, detta legge Alfieri.

Istituito il Pubblico registro cinematografico presso la Siae.

4 settembre: viene istituito il monopolio per l'acquisto, l'importazione e la distribuzione di film esteri.

Le majors americane rifiutano le condizioni poste dalla nuova legge ed escono dal mercato italiano.

1° gennaio 1939: entra in vigore il monopolio per l'importazione di film esteri gestito dall'Enic.

30 novembre: istituzione della censura preventiva.

1935: Cesare Zavattini scrive il suo primo soggetto per il cinema. Il film è *Darò un milione* (Camerini).

Blasetti gira *Vecchia guardia*.

Il cappello a tre punte (Camerini) è il primo film interpretato da Eduardo e Peppino De Filippo.

1936: Alida Valli, con il nome di Alida Maria Altenburger, esordisce nei *Due sergenti* (Guazzoni).

1937: viene prodotto *Scipione l'Africano* (Gallone), il film più impegnativo e più costoso del periodo fascista: 12 600 000 lire di contributi statali quando il costo medio di un film è di un milione.

Totò esordisce nel cinema con *Fermo con le mani!* (Gero Zambuto).

1938: Amedeo Nazzari interpreta *Luciano Serra pilota* (Alessandrini).

In *L'amor mio non muore...* (Giuseppe Amato) la Valli ha per la prima volta il ruolo da protagonista.

Nascono Marco Bellocchio e Claudia Cardinale.

1939: per la prima volta si sperimenta la postsincronizzazione sonora ne *Il fornaretto di Venezia* (Duilio Coletti).

1935: Luigi Chiarini pubblica *Cinematografo*.

Il CCC comincia a pubblicare le *Segnalazioni cinematografiche*.

1936: *Vigilanti cura*, enciclica di Pio XI.

Nasce la rivista «Cinema», dal n. 56 diretta da Vittorio Mussolini.

1937: esce «Bianco e Nero», rivista del Csc.

1938: «Bianco e Nero» pubblica le antologie *L'Attore* e *Problemi del film*, a cura di Barbaro e Chiarini.

Nasce «Film», diretta da Mino Doletti.

1939: Francesco Pasinetti pubblica *Storia del cinema dalle origini a oggi*; Umberto Barbaro, *Film soggetto e sceneggiatura*.

1936: *Lo squadrone bianco* (Genina) vince la Coppa Mussolini a Venezia.

1938: *Luciano Serra pilota* vince la Coppa Mussolini a Venezia.

1938: il 73,6 per cento degli incassi cinematografici va al cinema americano e solo il 13,7 ai film italiani.

1940-44

1940: Dino De Laurentiis costituisce a Torino la Realcine.

Nasce la Excelsa Film.

maggio 1943: cominciano i lavori per costruire gli stabilimenti cinematografici Scalera a Venezia, alla Giudecca.

8 settembre: la Scalera Film trasferisce la produzione a Venezia.

1944: il CCC promuove la costituzione della casa di produzione Orbis.

10 luglio: a Roma si costituisce l'Anica (Associazione nazionale industrie cinematografiche ed affini).

4 aprile 1940: istituito l'Ente nazionale acquisti importazioni pellicole estere (Enaipe), per gestire il monopolio in sostituzione dell'Enic.

1941: Eitel Monaco è nominato direttore generale della cinematografia.

Freddi ricostituisce, per la terza volta, la Cines.

L'Enic acquista l'Eci in compartecipazione al 50 per cento con i fratelli Leoni.

22 gennaio 1942: legge che impone la restrizione dei premi statali alle società di carattere continuativo.

1943: il ministero della Cultura Polare stabilisce un massimo di 80 film l'anno per tutta la durata della guerra.

Trasferimento al Nord delle attrezzature cinematografiche statali dopo l'8 settembre. I tedeschi requisiscono e portano in Germania parte del materiale tecnico.

22 febbraio 1944: inaugurato, ai Giardini di Venezia, il «Cinevillaggio», centro di produzione cinematografica della Repubblica di Salò, il cui direttore generale dello Spettacolo è Giorgio Venturini.

Nella Roma liberata l'attività cinematografica è regolata dal Film Board dell'esercito alleato.

Cinecittà è trasformata in campo profughi.

1944: costituzione dell'ACCI (Associazione culturale cinematografica italiana), da cui prenderà vita il Circolo romano del cinema.

21 dicembre: viene costituito l'Ente dello Spettacolo.

1940: De Sica esordisce nella regia con *Rose scarlatte*.

Nasce Vittorio Storaro.

1941: Roberto Rossellini debutta nella regia con un film di propaganda, *La nave bianca*.

Blasetti gira il film visionario e pacifista *La corona di ferro*, con le scenografie di Virgilio Marchi.

Ne *La cena delle beffe* (Blasetti) Clara Calamai esibisce il primo seno nudo del cinema italiano.

Nasce Bernardo Bertolucci.

1942: *Avanti, c'è posto...* (Bonnard) è il primo film di Aldo Fabrizi.

1943: esce *Ossessione*, primo film di Luchino Visconti e punto di svolta per il cinema italiano.

1944: *I bambini ci guardano* segna l'inizio della collaborazione fra De Sica e Zavattini.

Il primo film entrato in lavorazione a Salò è *Aeroporto* (Piero Costa).

1940: Eugenio Ferdinando Palmieri pubblica *Vecchio cinema italiano*.

1941: Luchino Visconti pubblica su «Cinema» un articolo dal titolo *Cadaveri*.

1942: Chiarini pubblica *Cinque capitoli sul film*.

5 giugno 1943: Barbaro pubblica su «Film» l'articolo *Neorealismo*.

1944: nascono le riviste «Star» e «Film rivista».

A Salò si stampano le riviste «Primi piani» e «Film».

1940: 4822 sale complessive (industriali e parrocchiali).

1942: 470 milioni di spettatori, cifra record del periodo prebellico.

Prodotti 117 film. In mancanza di forti concorrenti, la produzione italiana copre il 56,5 per cento del mercato.

1945-49

7 dicembre 1945: si costituisce l'Agis (Associazione generale italiana dello spettacolo).

10 gennaio 1946: accordo Anica-Agis per la programmazione obbligatoria.

1947: si costituisce l'Anec (Associazione nazionale esercenti cinema), aderente all'Agis.

Franco Cristaldi fonda la Vides.

1948: Alfredo Guarini entra nella produzione con la Italia Produzione Film.

14 febbraio 1949: Renato Gualino consegna ai rappresentanti di governo un memoriale riservato, in cui denuncia la difficile situazione del cinema italiano.

18 maggio: si costituisce l'Acec (Associazione cattolica esercenti cinema).

1949: Eitel Monaco eletto presidente dell'Anica.

Stipulato con la Francia il primo accordo di coproduzione.

Gli stabilimenti di Pisorno vengono derequisiti.

Goffredo Lombardo si affianca al padre Gustavo nella gestione della Titanus.

1945: istituita la Commissione temporanea per la cinematografia.

5 ottobre: decreto luogotenenziale n. 678, che istituisce i primi aiuti al cinema del dopoguerra.

7 ottobre 1946: il sottosegretario Cappa invita i produttori a orientare le loro iniziative verso «temi e motivi piú nobili».

1947: Andreotti diventa sottosegretario alla Presidenza del Consiglio.

Cinecittà riapre gli studi e il Csc riprende le attività sotto la gestione commissariale di Umberto Barbaro.

16 maggio: legge n. 379 sulla programmazione obbligatoria, detta legge Cappa, che istituisce un Ufficio centrale per la cinematografia alle dipendenze della Presidenza del Consiglio.

1948: Nicola De Pirro è nominato direttore generale dello Spettacolo e presidente del Csc. Umberto Barbaro è cacciato dal Centro.

dicembre: primo intervento della censura su *Gioventú perduta* (Pietro Germi).

1949: Riprende l'attività della Cines (quarta Cines), direttamente controllata dallo stato.

Istituito l'obbligo, per le case di produzione, di depositare una copia di ogni film presso la Cineteca Nazionale.

26 luglio: legge n. 448 sulla tassa di doppiaggio.

29 dicembre: legge organica n. 958, detta legge Andreotti.

1946: prima edizione dei Nastri d'argento, premio istituito dal Sindacato nazionale giornalisti cinematografici.

27 aprile 1947: a Milano si costituisce la Cineteca Italiana.

Lucia Bosé vince la prima edizione di Miss Italia, cui partecipano Gina Lollobrigida, Gianna Canale, Eleonora Rossi Drago.

8 novembre: costituzione della Ficc (Federazione italiana circoli del cinema).

1948: inizia la serie dei cinegiornali *La settimana Incom*.

22 febbraio: *Manifesto* del Movimento per la difesa del cinema italiano.

20 febbraio 1949: manifestazione di Piazza del Popolo, a Roma, in difesa del cinema italiano.

1949: si costituisce la Fedic (Federazione italiana dei cineclub).

27 settembre 1945: prima proiezione pubblica di *Roma città aperta* (Roberto Rossellini), film simbolo del neorealismo insieme a *Paisà* (Rossellini, 1946), *Ladri di biciclette* (De Sica, 1948), *La terra trema* (Visconti, 1948).

1949: successo di *Catene* (Raffaello Matarazzo), con Amedeo Nazzari e Yvonne Sanson, e di *Riso amaro* (Giuseppe De Santis), con l'esordiente Silvana Mangano.

La MGM gira a Roma *Quo Vadis?*

1946: *Roma città aperta* vince a Cannes il Gran premio collettivo.

1947: Anna Magnani premiata a Venezia per *L'onorevole Angelina* (Luigi Zampa).

Oscar a *Sciuscià* (De Sica).

1949: Oscar per il miglior film straniero a *Ladri di biciclette* (De Sica).

1945: *Roma città aperta* è il film di maggiore incasso (162 milioni).

Vengono prodotti 25 film.

1946: con l'abolizione del monopolio si riversano in Italia circa 600 film americani.

1949: *Fabiola* (Blasetti) è campione di incasso (293 milioni).

La terra trema (35 milioni d'incasso per un costo di 120) è il primo insuccesso commerciale del neorealismo.

1945: escono le riviste «Film d'oggi» e «Hollywood».

La casa editrice Il Poligono inaugura una collana cinematografica, diretta da Glauco Viazzi, con *Umanità di Stroheim* di Casiraghi e *Ragionamenti sulla scenografia* di Bandini e Viazzi.

1947: «Bianco e Nero» riprende le pubblicazioni.

1948: Benedetto Croce scrive una lettera a «Bianco e Nero».

25 ottobre: «Cinema» riprende le pubblicazioni sotto la direzione di Adriano Baracco.

1949: Luigi Freddi pubblica *Il cinema*.

2 aprile: muore Francesco Pasinetti.

1950-54

1950: nasce l'Unitalia Film, per la diffusione del cinema italiano all'estero.

Carlo Ponti e Dino De Laurentiis costituiscono la Ponti - De Laurentiis.

Angelo Rizzoli fonda la Rizzoli e C., e poi nel 1952 la Rizzoli Film.

1951: accordo fra l'Anica e l'americana Mpaa. Costituzione dell'Italian Film Export (IFE).

15 marzo: muore Gustavo Lombardo.

1952: Fallimento della Scalera Film.

Lionello Santi fonda la Galatea Cinematografica.

1954: Ponti si separa da De Laurentiis.

Franco Cristaldi produce con la Vides il primo lungometraggio, *La pattuglia sperduta* (Piero Nelli).

28 aprile 1954: l'Anica istituisce una commissione di autocensura.

1950: *Il cammino della speranza* (Germi) non riceve il contributo statale per i valori artistici.

1952: è istituita da De Gasperi la Sezione fotocinematografica presso la Presidenza del Consiglio dei ministri.

28 febbraio: lettera aperta di Andreotti a De Sica sul caso *Umberto D.*

10 settembre 1953: Renzo Renzi e Guido Aristarco arrestati e condannati dal tribunale militare per la pubblicazione su «Cinema Nuovo» del soggetto del film mai realizzato *L'armata sagapò*.

31 dicembre 1954: scade la legge Andreotti. L'incertezza della situazione determina una grave crisi finanziaria.

29 ottobre 1951: scissione della Ficc. Il gruppo scissionista dà vita alla Uicc (Unione italiana circoli del cinema).

1953: nascono i Cineforum cattolici.

luglio: si costituisce a Torino il Museo Nazionale del Cinema, ideato da Maria Adriana Prolo nel 1941.

1950: Michelangelo Antonioni esordisce nel lungometraggio con *Cronaca di un amore*.

Nasce Carlo Verdone.

1951: primo film di Carlo Lizzani, *Achtung! Banditi!*

1952: *Totò a colori* (Steno) è il primo film a colori italiano.

Federico Fellini gira il suo primo lungometraggio da solo, *Lo sceicco bianco*.

Nasce Roberto Benigni.

1953: *Pane, amore e fantasia* (Comencini) lancia la diva Gina Lollobrigida.

Nascono Nanni Moretti e Massimo Troisi.

Introduzione del Cinemascope nelle sale.

1951: a Cannes, assegnato ex aequo il Gran Premio a *Miracolo a Milano* (De Sica) e a *Guardie e ladri* (Monicelli e Steno).

1952: *Due soldi di speranza* (Renato Castellani) vince il Gran Premio del Festival di Cannes. *Miracolo a Milano* è premiato a Berlino.

1954: Leone d'oro a *Giulietta e Romeo* (Castellani).

1950: Guido Aristarco pubblica *L'arte del film*.

Primo numero di «Filmcritica», diretta da Edoardo Bruno.

1951: esce *Storia del cinema muto italiano* di Maria Adriana Prolo.

Nasce la Piccola biblioteca di cinema dell'editore Guanda.

15 dicembre 1952: primo numero di «Cinema Nuovo», diretta da Aristarco; nello stesso anno escono anche «La rivista del cinema italiano» di Chiarini e «La rassegna del film» diretta da Di Giammatteo.

1953: Aristarco pubblica *Storia delle teoriche del film*.

Carlo Lizzani pubblica *Il cinema italiano*.

1954: esce il saggio *Il verosimile filmico* di Galvano Della Volpe.

Esce il I volume dell'*Enciclopedia dello spettacolo*, nata per iniziativa di Silvio D'Amico.

Il film nella battaglia delle idee di Chiarini inaugura una collana di cinema dell'editore Bocca.

1950: superati i 100 film nella produzione. La spesa del pubblico per il cinema costituisce il 68,5 per cento della spesa complessiva per gli spettacoli.

Campioni d'incasso: *Don Camillo*, *Pane amore e fantasia*, *Pane amore e gelosia*, tutti con oltre 1,4 miliardi.

Insuccessi: *La macchina ammazzacattivi* incassa 5,7 milioni; *Francesco giullare di Dio*, 26 milioni (costo circa 200 milioni), entrambi di Rossellini.

1955-59

novembre 1955: la presidenza della Lux è assunta da Renato Gualino.

1956: nasce la Dino De Laurentiis Cinematografica di Dino e Luigi De Laurentiis.

2 maggio: fallimento della Minerva Film. Falliscono anche l'Excelsa e la Diana Cinematografica.

28 giugno: nuovi criteri per l'apertura di sale cinematografiche.

16 ottobre: l'Anica interviene nel finanziamento alla produzione con la società ACI (Attività cinematografiche italiane).

1957: gli esercenti installano i televisori nei locali per permettere al pubblico di seguire *Lascia o raddoppia?*

1958: Carlo Ponti si trasferisce a Hollywood.

Mario Cecchi Gori fonda la sua prima società di produzione, la Fair Film.

Fulvio Lucisano fonda la Italian International Film (IIF).

1955: il sottosegretario Oscar Luigi Scalfaro dà un giro di vite alla censura.

Totò e Carolina (Monicelli) è respinto dalla commissione di censura.

31 luglio 1956: legge n. 897 di modifica e integrazione delle disposizioni precedenti.

1957: il manifesto pubblicitario di *Poveri ma belli* viene ritirato su segnalazione di Pio XII.

17 febbraio: liquidazione dell'Enic: le sale passano all'Eci, la distribuzione alla Euro International Film appena costituita.

marzo 1958: definitiva liquidazione della Cines.

7 maggio: istituzione dell'Ente autonomo di gestione per il cinema (Eagc).

31 luglio 1959: istituzione del ministero del Turismo e Spettacolo.

22 dicembre: proroga della legge n. 897 con alcune modifiche.

23 aprile 1955: *Manifesto* del Circolo romano del cinema, per la libertà d'espressione.

Anica e Agis istituiscono il premio David di Donatello.

30 ottobre 1956: si apre la Conferenza economica del cinema italiano, promossa dal Circolo italiano del cinema.

1959: prima edizione del Festival dei Popoli a Firenze.

1955: Francesco Maselli debutta nella regia con *Gli sbandati*.

1956: nasce Giuseppe Tornatore.

1957: successo di *Poveri ma belli* (Dino Risi).

1958: *I soliti ignoti* (Monicelli), in cui esordisce la giovane Claudia Cardinale, ottiene un grande successo.

Le fatiche di Ercole (Pietro Francisci) rilancia il genere mitologico e viene distribuito in tutto il mondo.

1959: Enrico Maria Salerno è il grande interprete di *Estate violenta* (Valerio Zurlini).

1956: Oscar per il miglior film straniero a *La strada* (Fellini).

Elsa Martinelli miglior attrice a Berlino per *Donatella* (Monicelli).

1957: Oscar per il miglior film straniero a *Le notti di Cabiria* (Fellini), Giulietta Masina è premiata a Cannes.

1959: Leone d'oro ex aequo a *Il generale Della Rovere* (Rossellini), con Vittorio De Sica, e *La grande guerra* (Monicelli), interpretato da Alberto Sordi e Vittorio Gassman.

1955: esce *Poesia del film* di Barbaro.

L'editore Cappelli affida a Renzo Renzi la direzione della collana *Dal soggetto al film*.

1957: esce *Il divismo* di Giulio Cesare Castello.

1958: esce *L'industria cinematografica italiana* di Bizzarri e Solaroli.

Per le edizioni di Bianco e Nero esce il *Filmlexicon degli autori e delle opere*.

Nasce «Cinemasud» diretta da Camillo Marino.

1959: muore Umberto Barbaro (19 marzo).

1955: record assoluto di spettatori cinematografici: 819 424 000 biglietti venduti.

Prodotti 1149 documentari, il numero piú alto del periodo in cui rimane in vigore la legge Andreotti.

1956: record nel numero di sale cinematografiche, complessivamente circa 10 500.

1959: per la prima volta il cinema americano scende sotto al 50 per cento degli incassi sul mercato italiano.

Campioni d'incasso: *La donna piú bella del mondo* (Robert Z. Leonard), *La tempesta* (Alberto Lattuada), *La grande guerra*, tutti sopra il miliardo. *Le fatiche di Ercole* costa 90 milioni e ne incassa 900.

1960-64

1960: nasce la Arco Film di Alfredo Bini.

1961: nasce la Ager Film di Gaetano De Negri.

13 aprile: costituita la Titanus-MGM.

1962: Alberto Grimaldi fonda la PEA (Produzioni Europee Associate).

15 gennaio: posta la prima pietra di Dinocittà di Dino De Laurentiis.

1963: nuovi accordi Anica-Mpaa.

marzo: la Titanus entra in crisi.

1964: Felice Colaiacomo e Franco Poccioni fondano la Medusa Distribuzione.

Muore Riccardo Gualino; la Lux produce l'ultimo film.

De Laurentiis produce il kolossal *La Bibbia* con capitali americani.

1960: la magistratura ordina il sequestro di *Rocco e i suoi fratelli*.

La dolce vita suscita scandalo e proteste, ma non viene ritirato.

13 giugno: lettera di Umberto Tupini all'Anica in cui si minaccia una maggior durezza censoria.

novembre: liquidazione del circuito Eci.

21 aprile 1962: nuova legge sulla censura.

1961: primo corso di Storia e critica del cinema, istituito all'Università di Pisa e tenuto da Chiarini.

1962: primo cinema d'essai: il Salone Margherita a Roma, di Sergio Andreotti e Enzo Fiorenza.

ottobre: nasce l'Aiace (Associazione italiana amici del cinema d'essai).

1964: prima edizione della Mostra del Nuovo Cinema di Pesaro.

1960: grande annata per il cinema italiano. Escono: *La ciociara* (De Sica), *La dolce vita* (Fellini), *La lunga notte del '43* (Vancini), *Rocco e i suoi fratelli* (Visconti), *Tutti a casa* (Comencini).

Ermanno Olmi esordisce con *Il tempo si è fermato*.

1961: Pier Paolo Pasolini esordisce nella regia con *Accattone*; De Seta con *Banditi a Orgosolo*.

Memorabile interpretazione di Alberto Sordi in *Una vita difficile* (Risi).

Francesco Rosi gira in Sicilia *Salvatore Giuliano*.

1962: Vittorio Gassman dà una grande prova d'attore ne *Il sorpasso* (Risi).

1964: con *Per un pugno di dollari* (Sergio Leone) esplode il fenomeno del western all'italiana.

1960: Palma d'oro a *La dolce vita*. Premio speciale della Giuria a *L'avventura* (Antonioni), fischiato dal pubblico. Premio speciale a Venezia a *Rocco e i suoi fratelli*.

1961: Orso d'oro a *La notte* (Antonioni). Sophia Loren vince l'Oscar e il premio per la miglior attrice a Cannes per *La ciociara* (De Sica).

1962: Leone d'oro ex aequo a *Cronaca familiare* (Zurlini).

1963: Leone d'oro a *Le mani sulla città* (Rosi). Orso d'oro a *Il diavolo* (Gian Luigi Polidoro). A Cannes, Palma d'oro ex aequo a *Il gattopardo* (Visconti); miglior attrice Marina Vlady per *L'ape regina* (Marco Ferreri). Oscar a *Otto e 1/2* (Fellini).

1964: Leone d'oro a *Deserto rosso* (Antonioni). Oscar per il miglior film straniero a *Ieri, oggi, domani* (De Sica). A Cannes, premio per la migliore interpretazione maschile a Saro Urzí per *Sedotta e abbandonata* (Germi).

1960: nasce la rivista «Cinemasessanta».

1961: primo numero di «Cineforum». Esce postumo *Il film e il risarcimento marxista dell'arte* di Barbaro.

1962: esce *Arte e tecnica del film* di Chiarini.

Inizia le pubblicazioni lo «Schedario cinematografico» del Centro San Fedele.

1960: i film d'autore (*La dolce vita*, *Rocco e i suoi fratelli* e *La ciociara*) sono ai vertici delle classifiche d'incasso.

1962: 2 075 573 giornate di programmazione su tutto il territorio nazionale, il numero piú alto.

1964: *Per un pugno di dollari* supera i 3 miliardi di incasso.

Record di film prodotti: 290.

3953 film esportati nel mondo, di cui 106 negli Usa.

1965-69

1965: Silvio Clementelli fonda la Clesi Cinematografica.

1966: la Rai entra nella produzione cinematografica con *Francesco d'Assisi* (Liliana Cavani).

5 dicembre: accordo Anica-Rai sulla programmazione di film in Tv.

1967: Franco Committeri fonda la Juppiter Generale Cinematografica.

8 aprile 1968: provvedimenti di sgravi fiscali per il piccolo esercizio.

4 novembre 1965: approvata la nuova legge sul cinema, n. 1213 (ministro Corona).

10 giugno 1966: costituzione dell'Italnoleggio da parte dell'Eagc e di Cinecittà. Presidente Mario Gallo.

1968: dimissioni di Mario Gallo dall'Italnoleggio e di Giorgio Moscon dall'Eagc. Dimissioni dei rappresentanti Anac da tutte le commissioni di legge.

18 febbraio 1969: i lavoratori occupano l'Istituto Luce.

3 marzo: l'Anac e l'Aaci occupano l'Eagc.

1965: prima edizione degli Incontri internazionali del cinema di Sorrento.

1967: a Roma nasce la sala Filmstudio, diretta da Adriano Aprà.

L'Arci costituisce l'Ucca (Unione circoli cinematografici).

marzo 1968: dalla scissione dell'Anac (Associazione nazionale autori cinematografici) nasce l'Aaci

(Associazione autori cinematografici italiani).
settembre: contestazione alla Mostra di Venezia. Dal 1969 al 1979 non verranno assegnati premi.
novembre: spaccatura della Federazione dei Cineforum.
1969: nasce a Milano il Club della critica, primo nucleo del Sindacato nazionale critici cinematografici italiani (Sncci).

1965: Marco Bellocchio esordisce nella regia con *I pugni in tasca*.
1966: Totò e Ninetto Davoli sono gli straordinari interpreti di *Uccellacci e uccellini* (Pasolini).
1967: i fratelli Taviani girano il loro primo film da soli, *I sovversivi*.
1968: *La ragazza con la pistola* (Monicelli), primo ruolo comico per Monica Vitti.
12 luglio: muore Antonio Pietrangeli.

1965: Leone d'oro a *Vaghe stelle dell'Orsa* (Visconti).
1966: Leone d'oro a *La battaglia di Algeri* (Gillo Pontecorvo).
A Cannes, Palma d'oro ex aequo a *Signore e signori* (Germi).
1967: Palma d'oro a *Blow-Up* (Antonioni).
1968: a Venezia, miglior attrice Laura Betti per *Teorema* (Pasolini).

1965: Aristarco pubblica *Il dissolvimento della ragione*.
1966: pubblicato *L'officina delle immagini* di Ricciotto Canudo.
Primo numero di «Cinema & Film».
1968: Gianfranco Bettetini pubblica *Cinema: lingua e scrittura*.

1965: i primi 5 maggiori incassi sono western all'italiana.
1966: record assoluto di coproduzioni, 145.
Comincia il calo degli spettatori.
1967-68: record di 45 miliardi investiti nella produzione nazionale.

1968: le sale scendono sotto le diecimila unità.
4875 permessi di esportazione per i film italiani, record assoluto.
1969: sono 122 979 i soci dei circoli cinematografici.
Campioni d'incasso: *Per qualche dollaro in più*, *Il buono, il brutto, il cattivo*, *La Bibbia* superano i 3 miliardi.

1970-74
1° aprile 1970: Agis, Anec e Acec costituiscono il Comitato nazionale di diffusione del film d'arte e di cultura (FAC).
24 settembre: muore Angelo Rizzoli.
1971: dimissioni di Monaco dalla presidenza dell'Anica. Gli succede Carmine Cianfarani.
1974: Dino De Laurentiis si trasferisce negli Stati Uniti.

25 gennaio 1971: decreto che attribuisce all'Italnoleggio il compito di curare la gestione di sale cinematografiche.
Legge 14 agosto 1971: nuovi crediti a favore del cinema. Ristrutturazione radicale dell'Eagc.
Il passivo del Luce e di Cinecittà supera i 15 miliardi.
25 settembre 1972: il ministro per le Partecipazioni Statali, Ferrari Aggradi, emana una direttiva sui criteri di conduzione dell'Eagc.
1973: progetto di intervento per la creazione del circuito Italnoleggio in 16 città capozona.
gennaio: Mario Gallo si dimette dell'Eagc per protesta contro le direttive del ministro.

26 luglio 1973: istituito l'Ente autonomo La Biennale di Venezia. Nel nuovo statuto è prevista la creazione della Cineteca.
1974: la Cineteca di Bologna, attiva dal 1967, diventa istituto comunale.

1970: escono *Lo chiamavano Trinità...* (E. B. Clucher) e *L'uccello dalle piume di cristallo*, primo film di Dario Argento.

1971: il *Decameron* (Pasolini) e *La Betía* (Gianfranco De Bosio) danno inizio al filone erotico.

1972: successo di *Mimí metallurgico ferito nell'ònore* (Lina Wertmüller), con Giancarlo Giannini e Mariangela Melato.

15 dicembre: prima proiezione di *Ultimo tango a Parigi* (Bernardo Bertolucci). Inizia una tormentata vicenda di sequestri.

1973: muore Anna Magnani (26 settembre).

1974: muoiono Gino Cervi (3 gennaio), Vittorio De Sica (13 novembre) e Pietro Germi (5 dicembre).

1970: Palma d'oro per la migliore interpretazione a Marcello Mastroianni per *Dramma della gelosia* (Ettore Scola), e a Ottavia Piccolo per *Metello* (Mauro Bolognini); Oscar a *Indagine su un cittadino al di sopra di ogni sospetto* (Elio Petri).

1971: Oscar e Orso d'oro a *Il giardino dei Finzi Contini* (De Sica). Palma d'oro per l'interpretazione a Riccardo Cucciolla per *Sacco e Vanzetti* (Giuliano Montaldo).

1972: Palma d'oro ex aequo a *Il caso Mattei* (Rosi) e *La classe operaia va in paradiso* (Petri).

Orso d'oro a *I racconti di Canterbury* (Pasolini); Orso d'oro per il miglior attore a Alberto Sordi per *Detenuto in attesa di giudizio* (Nanni Loy).

1973: Palma d'oro per la migliore interpretazione a Giancarlo Giannini per *Film d'amore e d'anarchia* (Wertmüller).

1974: Oscar a *Amarcord* (Fellini).

1971: esce *Il cinema italiano: servi e padroni* di Goffredo Fofi.

1972: esce *Empirismo eretico* di Pier Paolo Pasolini.

1974: *Cinema e pubblico* di Vittorio Spinazzola.

La Mostra del Nuovo cinema di Pesaro organizza un grande convegno sul neorealismo.

Primo numero di «Cinema & Cinema».

1970: la spesa per il cinema scende sotto il 50 per cento della spesa complessiva per gli spettacoli (41,8).

1971: il cinema italiano raggiunge una quota di mercato del 65,1 per cento (cinema Usa al 27,3), record assoluto nella sua storia.

1972: *Ultimo tango a Parigi* totalizza il maggior incasso nella storia del cinema italiano: 6 957 332 000 di lire (14 726 232 spettatori), seguito da *...Continuavano a chiamarlo Trinità* (6 087 656 000) e da *Decameron* (4 445 925 000).

1975-79

1975: Luigi e Aurelio De Laurentiis fondano la Auro Cinematografica.

1978: la Auro Cinematografica si trasforma in Filmauro.

1979: la Gaumont italiana, diretta da Renzo Rossellini, comincia a distribuire film di qualità.

1977: comparsa dei locali a luce rossa.

1979: aprono le sale d'essai Anteo a Milano e Alfieri a Firenze.

1975: il gruppo cinematografico pubblico attraversa una grave crisi.

Salò o le 120 giornate di Sodoma (Pasolini) viene sequestrato e il produttore Grimaldi condannato a due mesi di reclusione.

29 gennaio 1976: sentenza che ordina la distruzione totale delle copie di *Ultimo tango a Parigi* e la condanna di regista, produttore e interpreti a due mesi di reclusione.

1976: protesta del Sncci contro la pioggia di sequestri.

1977: Renato Nicolini organizza la prima edizione dell'Estate Romana alla basilica di Massenzio.

Comparsa delle televisioni private.

1978: prima edizione degli Incontri cinematografici di Salsomaggiore.

1979: a Roma si tiene la mostra «La città del cinema. Produzione e lavoro nel cinema italiano 1930-1970».

1975: successo di *Amici miei*, regia di Monicelli su soggetto di Germi.

L'insegnante (Nando Cicero) dà il via alla serie porno-scolastica.

1975: muoiono Pier Paolo Pasolini (2 novembre) e Luigi Chiarini (12 novembre).

1976: esce *Novecento* (Bertolucci).

17 marzo: muore Luchino Visconti.

1977: *Io sono un autarchico*, girato da Nanni Moretti in Super8, è proiettato per mesi al Filmstudio di Roma.

Roberto Benigni debutta in *Berlinguer ti voglio bene* (Giuseppe Bertolucci).

Mastroianni e Loren sono i grandi interpreti di *Una giornata particolare* (Scola).

3 giugno: muore Roberto Rossellini.

1979: muoiono Nino Rota (10 aprile) e Amedeo Nazzari (5 novembre).

1975: Vittorio Gassman premiato a Cannes per l'interpretazione di *Profumo di donna* (Risi).

1976: Oscar a Danilo Donati per i costumi di *Casanova* (Fellini).

1977: Palma d'oro a *Padre padrone* (Taviani).

1978: Palma d'oro a *L'albero degli zoccoli* (Olmi).

1979: a Berlino, premio per il miglior attore a Michele Placido per *Ernesto* (Salvatore Samperi).

1975: Lino Miccichè pubblica *Il cinema italiano degli anni sessanta*.

Esce *Ma l'amore no...* di Francesco Savio, prima ricognizione filmografica sul cinema degli anni trenta.

Goffredo Fofi pubblica *Totò*.

1979: Gian Piero Brunetta pubblica il I volume della *Storia del cinema italiano 1895-1945*.

Esce postumo *Cinecittà anni trenta*, tre volumi di interviste di Francesco Savio.

1977: le sale cinematografiche sono 6274.

1978: gli incassi del cinema italiano sul totale sono scesi al 42,8 per cento (41,5 al cinema americano). Gli spettatori sono 319 milioni.

I migliori incassi sono registrati da *Fantozzi*, *Amici miei*, *C'eravamo tanto amati*.

1980-84

1980: la Academy Pictures, nata nel 1975, comincia a distribuire film di qualità.

23 luglio: si costituisce presso l'Agis la Federazione italiana cinema d'essai (Fice).

1984: Reteitalia di Silvio Berlusconi entra nella produzione cinematografica con grossi capitali.

Nascono le case di distribuzione Mikado, di Roberto Cicutto, e Bim, di Valerio De Paolis.

13 febbraio 1983: 64 morti nell'incendio del cinema Statuto a Torino. Inizia una grave crisi per l'esercizio.

1984: l'Istituto Luce rileva l'Italnoleggio.

1980: Canale 5 programma in estate una retrospettiva di 70 film popolari italiani dal 1945 al 1960.

I radicali denunciano il magistrato che ha ordinato il sequestro de *Il Pap'occhio*, ultimo di una lunga serie di sequestri.

1982: nasce la cosiddetta Scuola di Bassano, di Ermanno Olmi e Paolo Valmarana.

Prima edizione del Festival internazionale cinema giovani di Torino e delle Giornate del cinema muto di Pordenone.

1981: Massimo Troisi debutta nella regia con *Ricomincio da tre*.

Gianfranco Mingozzi realizza *L'ultima diva*, programma Tv dedicato a Francesca Bertini.

1982: *Il pianeta azzurro* (Franco Piavoli) è il film rivelazione dell'anno.

Successo internazionale de *La notte di San Lorenzo* (Taviani).

1983: Roberto Benigni debutta nella regia con *Tu mi turbi*.

1980: a Cannes, Michel Piccoli e Anouk Aimée sono premiati per *Salto nel vuoto* (Bellocchio).

Muoiono Peppino De Filippo (27 gennaio), Erminio Macario (26 marzo) e Mario Mattoli.

1981: a Cannes, Ugo Tognazzi è premiato per *La tragedia di un uomo ridicolo* (Bertolucci).

Muoiono Mario Camerini (5 febbraio) e Sergio Amidei (14 aprile).

1982: muoiono Elio Petri (10 novembre) e Valerio Zurlini (26 ottobre).

1983: Carlo Delle Piane viene premiato a Venezia per *Una gita scolastica* (Pupi Avati).

31 ottobre 1984: muore Eduardo De Filippo.

1980: Lorenzo Quaglietti pubblica *Storia economico-politica del cinema italiano 1945-1980*.

Aldo Bernardini pubblica il I volume de *Il cinema muto italiano*.

Vittorio Martinelli pubblica, con «Bianco e Nero», *Il cinema muto italiano. I film del dopoguerra*, 4 voll.

1981: nasce la rivista «Segnocinema».

Nasce «Immagine», la rivista dell'Associazione per le ricerche italiane di storia del cinema.

Gianni Rondolino pubblica *Visconti*.

1982: Gian Piero Brunetta pubblica il II volume della *Storia del cinema italiano 1945-1980*.

1983: a cura di Fernaldo Di Giammatteo esce il I volume del *Dizionario universale del cinema*.

1980: importati 407 film.
1984: la Rai trasmette 830 film.
Le sale calano, dalle 8453 del 1980, a 5628.

Adriano Celentano domina le classifiche degli incassi: *Il bisbetico domato* e *Innamorato pazzo* realizzano circa 20 miliardi ognuno.

1985-89

1987: Mario Cecchi Gori costituisce la Cecchi Gori Group.

Nanni Moretti e Angelo Barbagallo fondano la Sacher Film.

1989: Silvio Berlusconi e Mario Cecchi Gori danno vita alla Penta distribuzione.

1985: si concedono crediti agevolati all'esercizio per la ristrutturazione delle sale.

1988: l'Odeon di Milano viene trasformato in multisala.

28 luglio: decreto per l'apertura di sale, che introduce per la prima volta il concetto di multisala.

30 aprile 1985: la legge n. 163 (legge Lagorio) istituisce il Fondo unico per lo spettacolo (FUS).

1987: il ministero del Turismo e Spettacolo decide la realizzazione, con l'Anica, dell'Archivio informatico del cinema italiano.

1986: la rivista «Ciak» istituisce il premio Ciak d'oro.
Prima edizione del premio Solinas.
1987: a Bologna, prima edizione de Il cinema ritrovato.

1986: successo di *Speriamo che sia femmina* (Monicelli).
1987: esce *La famiglia* (Scola).
2 febbraio: muore Blasetti.
1989: *Marrakesh Express* rivela Gabriele Salvatores; *Mery per sempre*, Marco Risi.
Muoiono Sergio Leone (30 aprile), Cesare Zavattini (13 ottobre), Silvana Mangano (16 dicembre).

1985: Federico Fellini riceve il Leone d'oro alla carriera.
1986: a Venezia, miglior attrice Valeria Golino per *Una storia d'amore* (Maselli); miglior attore Carlo Delle Piane per *Regalo di Natale* (Avati).
1987: *L'ultimo imperatore* (Bertolucci) vince 6 Oscar.
Leone d'oro alla carriera a Comencini.
A Cannes, premio a Mastroianni per *Oci Ciornie* (*Oči černye*, Nikita Michalkov).
A Berlino, Volonté miglior attore per *Il caso Moro* (Giuseppe Ferrara).
1988: Leone d'oro a *La leggenda del santo bevitore* (Olmi).
1989: Oscar a *Nuovo cinema Paradiso* (Giuseppe Tornatore).
A Venezia, premio per la migliore interpretazione a Mastroianni e Troisi per *Che ora è?* (Scola).

1986: Francesco Casetti pubblica *Dentro lo sguardo*.
1989: Gianni Rondolino pubblica *Roberto Rossellini*.
Gian Piero Brunetta pubblica *Buio in sala*.

1985: 89 film prodotti, il livello piú basso dal 1950.
1988: gli spettatori scendono per la prima a 93 milioni.
1989: Il film di Tornatore incassa negli Usa 11,3 milioni di dollari.
Il piccolo diavolo e *Il nome della rosa* realizzano i maggiori incassi, seguiti da *L'ultimo imperatore* (dai 27 ai 20 miliardi).

1990-95
1991: Rizzoli annuncia la nascita della DARC (Distribuzione Angelo Rizzoli Cinematografica).
1992: la Rcs esordisce nella distribuzione cinematografica.
Esplode il fenomeno della pirateria dell'home-video.
1° luglio: muore Franco Cristaldi. La Cristaldi Pictures passa alla direzione del figlio Massimo.
1993: il distributore Cimpanelli della Life debutta nella produzione con *La bella vita* (Paolo Virzí).
5 novembre: muore Mario Cecchi Gori. La società passa al figlio Vittorio.
aprile 1994: la Penta distribuzione viene sciolta.
1995: Berlusconi costituisce la Medusa distribuzione.
Cecchi Gori compra Videomusic e Telemontecarlo.

1991: a Roma, Nanni Moretti apre la sala Nuovo Sacher.
1993: fallimento della società Acquamarcia: il circuito Safin di Roma viene acquistato da Cecchi Gori.
1994: indagine dell'Antitrust sui circuiti Cinema 5 e Safin.
A Cantú si apre la multisala di tre schermi Lux 2000, inserita in un centro commerciale.
22 dicembre: inaugurazione del cinema Roma di Cecchi Gori, programmato da Carlo Verdone.

1991: nasce l'Associazione Philip Morris Progetto Cinema, attiva nel campo del restauro.

Nasce Telepiú.

1992: nasce il laboratorio di restauro L'Immagine Ritrovata, legato alla Cineteca del Comune di Bologna.

1993: nasce l'Associazione Maddalena '93.

18 aprile: abolito per referendum il ministero del Turismo e Spettacolo (81 per cento di sí).

23 febbraio 1994: nuova legge sul cinema.

1995: mostra sul centenario del cinema italiano a Cinecittà.

aprile: a Ferrara, inaugurato il Museo Antonioni.

10 maggio: trasformato in legge dopo dieci reiteri il decreto di riordino delle funzioni in materia di Turismo e Spettacolo.

1990: Paolo Villaggio e Roberto Benigni interpreti di *La voce della luna* (Fellini).

Il portaborse (Daniele Luchetti) anticipa di poco Tangentopoli.

Muoiono Aldo Fabrizi (2 aprile) e Ugo Tognazzi (27 ottobre).

1991: muoiono Luigi Zampa (15 agosto) e Walter Chiari (20 dicembre).

1992: Mario Martone esordisce nella regia con *Morte di un matematico napoletano*.

31 ottobre 1993: muore Federico Fellini.

21 marzo 1994: muore Giulietta Masina.

4 giugno: muore Troisi. L'ultimo film, *Il postino*, ha un grande successo in Italia e negli Usa.

8 luglio: Carlo Ludovico Bragaglia compie 100 anni.

6 dicembre: muore Gian Maria Volonté.

21 agosto 1995: muore Nanni Loy.

1990: Oscar alla carriera a Sophia Loren.

1991: Leone d'oro alla carriera a Volonté e Monicelli. Orso d'oro a *La casa del sorriso* (Ferreri).

1992: Oscar alla carriera a Federico Fellini. Oscar per il miglior film straniero a *Mediterraneo* (Salvatores). Leone d'oro alla carriera a Paolo Villaggio. Felix 1992 a *Il ladro di bambini* (Gianni Amelio).

1993: Leone d'oro alla carriera a Claudia Cardinale; Coppa Volpi a Fabrizio Bentivoglio per *Un'anima divisa in due* (Silvio Soldini).

1994: Oscar alla carriera a Michelangelo Antonioni. Leone d'oro alla carriera a Suso Cecchi d'Amico. Premio Felix a *Lamerica* (Amelio).

1995: Leone d'oro alla carriera ad Alberto Sordi e Monica Vitti.

1991: esce a cura di Aldo Bernardini, *Il cinema muto 1905-1931*, primo volume edito dall'Archivio informatico del cinema italiano. *Il cinema sonoro 1930-1990* è pubblicato nel 1994.

Esce *Cent'anni di cinema italiano* di Gian Piero Brunetta.

1990: 3293 sale complessive, di cui poco piú di un migliaio funzionanti tutto l'anno.

1992: 84 milioni di spettatori, la punta piú bassa nella storia del cinema italiano.

1993: gli incassi dei film italiani toccano il record negativo del 14,4 per cento del mercato.

1994: ristrutturati o rinnovati 31 esercizi cinematografici.

Rossini! Rossini!, costato 30 miliardi, nelle sale incassa 10 milioni.

Roberto Benigni incassa con *Johnny Stecchino* 28 miliardi, e 35 con *Il mostro*.

1996-2002

1996: nasce l'associazione di autori e produttori di cui fanno parte Gabriele Salvatores e Nanni Moretti. Questo presenta inoltre Tandem, società di distribuzione creata insieme a Angelo Barbagallo.

1998: l'Ente Cinema è trasformato in Cinecittà Holding SpA.

2000: muoiono il distributore Manfredi Traxler e il produttore Italo Zingarelli.

2001: muore il produttore Franco Committeri.

2002: muoiono i produttori Silvio Clementelli e Edmondo Amati.

1996-98: i biglietti venduti passano dai 96,5 ai 118,5 milioni.

2001: le strutture multiplex sono 35. Il numero degli schermi in Italia supera le 2000 unità.

1996: Walter Veltroni, nominato vice primo ministro con la delega per lo Spettacolo, si impegna per attuare la riforma del sistema di sostegni statali all'industria cinematografica italiana.

1998: la Commissione di censura è parzialmente riformata, cosí come la Biennale di Venezia, divenuta «società di cultura», che prevede ora la partecipazione economica di soggetti privati.

fine 1999: vengono definite le modalità di erogazione e le finalità del contributo ministeriale in favore dei produttori e degli autori.

gennaio 2000: si costituisce Italia Cinema, agenzia di promozione a livello internazionale del cinema e dell'audiovisivo italiano.

1996: nascono l'Istituzione Roberto Rossellini, per la salvaguardia e la diffusione dell'opera del maestro; e «Progetto 100 film da salvare», promosso dalla Vicepresidenza del Consiglio dei ministri.

1999: viene inaugurata a Padova la Collezione Minici Zotti, «Un museo di magiche visioni», dedicata al precinema.

2000: alla Mole Antonelliana riapre al pubblico, dopo lunga e difficile gestazione, il Museo Nazionale del Cinema di Torino.

1996: escono *Nirvana* (Salvatores), *Io ballo da sola* (Bertolucci), *Vesna va veloce* (Carlo Mazzacurati), *Voci nel tempo* (Piavoli).

maggio: muoiono Marco Ferreri e Giuseppe De Santis.

19 dicembre: muore Marcello Mastroianni.

1997: escono *Le acrobate* (Soldini), *Il bagno turco* (Ferzan Özpetek) e *Tre uomini e una gamba*, esordio alla regia dei comici Aldo, Giovanni & Giacomo.

1998: escono *L'assedio* (Bertolucci), *L'albero delle pere* (Francesca Archibugi), *La cena* (Scola), *L'estate di Davide* (Mazzacurati), *Gallo cedrone* (Carlo Verdone), *La leggenda del pianista sull'Oceano* (Tornatore), *Radiofreccia* (Luciano Ligabue), *Teatro di guerra* (Martone) e il campione stagionale d'incassi *Cosí è la vita* (Aldo, Giovanni & Giacomo).

Muoiono l'ultracentenario Carlo Ludovico Bragaglia (4 gennaio), Sandro Franchina (23 febbraio), Claudio Gora (13 marzo).

1999: escono *La balia* (Bellocchio), *Fuori dal mondo* (Giuseppe Piccioni), *Come te nessuno mai* (Gabriele Muccino), *Lacapagira* (Andrea Piva), *Il pesce innamorato* (Leonardo Pieraccioni) e *Pane e tulipani* (Soldini).

Muoiono Duilio Coletti (21 maggio) e, a novantatre anni, Mario Soldati (20 giugno).

2000: escono *Preferisco il rumore del mare* (Mimmo Calopresti), *Sud Side Stori* (Roberta Torre), *Medley* (Gionata Zarantonello), *Malèna*

(Tornatore), *Placido Rizzotto* (Pasquale Scimeca), *Il partigiano Johnny* (Guido Chiesa), *Garage Olimpo* (Marco Bechis), *Estate romana* (Matteo Garrone) e *La lingua del santo* (Mazzacurati).

Muoiono Rodolfo Sonego, Gian Luigi Polidoro, Franco Rossi, Otello Martelli, Bernardino Zapponi, Riccardo Freda.

2001: escono *L'ultimo bacio* (Muccino), *Concorrenza sleale* (Scola), *Alla rivoluzione sulla due cavalli* (Maurizio Sciarra), *L'amore probabilmente* (Giuseppe Bertolucci), *I cavalieri che fecero l'impresa* (Avati), *Le fate ignoranti* (Özpetek), *Luce dei miei occhi* (Piccioni) e *Il mestiere delle armi* (Olmi).

Muoiono Beni Montresor, Valentino Orsini, Gianni Grimaldi, Giacomo Gentilomo, Piero Natoli, Armando Nannuzzi, Turi Ferro, Alfonso Brescia.

2002: escono *Brucio nel vento* (Soldini), *L'ora di religione* (Bellocchio) e *Pinocchio* (Benigni).

Muoiono Roberto Villa, Cosetta Greco, Giuseppe Scotese, Tonino Cervi, Giustino Durano, Raf Vallone, il musicista e compositore Mario Nascimbene, lo scenografo e costumista Danilo Donati.

1996: il Leone d'oro alla carriera è consegnato a Vittorio Gassman.

1997: Alida Valli è premiata con il Leone d'oro alla carriera; l'anno seguente è la volta di Sophia Loren.

1998: *Cosí ridevano* vince il Leone d'oro.

1999: vengono assegnati tre premi Oscar a *La vita è bella*: miglior film straniero, miglior attore protagonista a Roberto Benigni, miglior colonna musicale a Nicola Piovani. L'European Film Award (ex Felix) per il miglior cortometraggio è vinto da Enrico Verra per *Benvenuto in San Salvario*. Ennio Morricone riceve il premio alla carriera.

2000: Vittorio Storaro migliore direttore della fotografia agli European Film Awards per *Goya*.

2001: Palma d'oro a *La stanza del figlio* (Moretti).

2002: Leone d'oro alla carriera a Dino Risi.

1996: muore Guido Aristarco.

Esce il I volume della *Storia del cinema mondiale*, a cura di Gian Piero Brunetta.

1999: muore Camillo Marino, fondatore di «Cinemasud» e del Festival Il Laceno d'oro di Avellino.

2001: muore Giovanni Grazzini.

2001: esce il I di quindici volumi della *Storia del cinema italiano* pubblicata dalla Scuola Nazionale di Cinematografia.

La vita è bella (Benigni, 1996) risulta il film di maggior incasso nella storia del cinema italiano per un film nazionale, con oltre 87 miliardi di lire. *Il ciclone* (1996) e *Fuochi d'artificio* (Pieraccioni, 1997) toccano invece quota 70 miliardi ciascuno.

I film prodotti e coprodotti annualmente in Italia dal 1996 al 1998 sono poco meno di un centinaio; nel 2000 sono 103.

Indice dei film

Abbasso la miseria! (G. Righelli, 1945), 131.
Abisso, L' (*Afgrunden*, U. Gad, 1910), 41.
Abito bianco di Robinet, L' (Ambrosio, 1911), 37.
A bout de souffle, vedi *Fino all'ultimo respiro*.
A cavallo della tigre (L. Comencini, 1961), 231.
A cavallo della tigre (C. Mazzacurati, 2002), 369.
Accattone (P. P. Pasolini, 1961), 294, 438.
Acciaio (W. Ruttmann, 1933), 90, 118, 431.
Accordo di colore (B. Corra e A. Ginna, 1911), 57.
Achtung! Banditi! (C. Lizzani, 1951), 194, 436.
Acquario (M. Sordillo, 1997), 380.
Acrobate, Le (S. Soldini, 1997), 366, 446.
Addio giovinezza! (A. Genina, 1918), 46.
Addio giovinezza! (A. Genina, 1927), 69.
Addio giovinezza! (F. M. Poggioli, 1940), 117.
Addio, Kira!, vedi *Noi vivi*.
Addio, mia bella Napoli! (M. Bonnard, 1946), 132.
Addio Mimí! (C. Gallone, 1947), 185.
Adua e le compagne (A. Pietrangeli, 1960), 273.
Aeroporto (P. Costa, 1944), 126 n, 433.
Affinità elettive, Le (P. e V. Taviani, 1996), 278.

Afgrunden, vedi *L'abisso*.
Age of Innocence, The, vedi *L'età dell'innocenza*.
Agnese va a morire, L' (G. Montaldo, 1976), 279.
Agostino (M. Bolognini, 1962), 267.
Aida (C. Fracassi, 1953), 185.
Aiutami a sognare (P. Avati, 1981), 340.
Albergo Roma (U. Chiti, 1996), 380.
Albero degli zoccoli, L' (E. Olmi, 1978), 276, 303, 381, 442.
Albero delle pere, L' (F. Archibugi, 1998), 362, 446.
Aldebaran (A. Blasetti, 1935), 93.
Al di là del bene e del male (L. Cavani, 1977), 281.
Al di là delle nuvole (M. Antonioni e W. Wenders, 1994), 379.
Alfredo Alfredo (P. Germi, 1973), 273.
Ali fasciste (doc., F. Cerchio, 1941), 86.
All'aria aperta (doc., G. Ferroni, 1942), 86.
Alla rivoluzione sulla due cavalli (M. Sciarra, 2001), 447.
Allenatore nel pallone, L' (S. Martino, 1984), 348.
Allonsanfàn (P. e V. Taviani, 1974), 219, 220, 277.
Al lupo, al lupo (C. Verdone, 1992), 371.
Al momento giusto (G. Panariello, 2000), 390.
Al primo soffio di vento (F. Piavoli, 2002), 366.
Altra vita, Un' (C. Mazzacurati, 1992), 368.

Altri tempi (film a episodi, A. Blasetti, 1952), 172.
Amante del vampiro, L' (R. Polselli, 1960), 245.
Amante perduto, L' (R. Faenza, 1999), 339.
Amante segreta, L' (C. Gallone, 1941), 114.
Amanti d'oltretomba (A. Grunewald, 1965), 249.
Amarcord (F. Fellini, 1973), 287, 303, 441.
Amarsi un po' (C. Vanzina, 1984), 346.
Americano rosso, L' (A. D'Alatri, 1991), 386.
Amiche, Le (M. Antonioni, 1955), 193.
Amiche del cuore, Le (M. Placido, 1992), 383.
Amici miei (M. Monicelli, 1975), 228, 230, 273, 442.
Amico, Un (E. Guida, 1967), 312.
Amleto (Cines, 1908), 23.
Amnèsia (G. Salvatores, 2002), 364, 392.
Amore, L' (film in 2 episodi, R. Rossellini, 1948), 137, 163.
Amore, Un (G. Tavarelli, 1999), 381.
Amore di Apache (Cines, 1912), 39.
Amore difficile (film a episodi, N. Manfredi, S. Sollima, L. Lucignani e A. Bonucci, 1962), 241.
Amore di madre (Ambrosio, 1912), 39.
Amore di sirena (Cines, 1912), 39.
Amore d'oltretomba (Itala, 1912), 39.
Amore e astuzia (Milano Films, 1912), 39.
Amore e guerra (Itala, 1911), 40.
Amore e libertà (M. Caserini, 1910), 40.
Amore e patria (L. Maggi, 1909), 40.
Amore e rabbia (film a episodi, C. Lizzani, B. Bertolucci, P. P. Pasolini, J.-L. Godard e M. Bellocchio, 1969), 220.
Amore e raggiro (Milano Films, 1913), 39.
Amore e sacrificio (Cines, 1909), 39.
Amore e strategia (Savoia Film, 1914), 39.

Amore in città (film a episodi, C. Lizzani, D. Risi, M. Antonioni, F. Fellini, F. Maselli, C. Zavattini e A. Lattuada, 1953), 167.
Amore molesto, L' (M. Martone, 1995), 385.
Amore necessario, L' (F. Carpi, 1991), 342.
Amore pedestre (M. Fabre, 1914), 57.
Amore probabilmente, L' (G. Bertolucci, 2001), 359, 447.
Amore... voluttà... morte... (Savoia Film, 1912), 39.
Amori in corso (G. Bertolucci, 1989), 359.
Amor mio non muore..., L' (G. Amato, 1938), 432.
Angela (R. Torre, 2002), 386.
Angelo del miracolo, L' (P. Ballerini, 1944-1945), 125.
Anima divisa in due, Un' (S. Soldini, 1993), 366, 375, 445.
Anima nera (R. Rossellini, 1962), 227.
Anime buie (E. Ghione, 1916), 50.
Anna Karenina (film Tv, P. e V. Taviani, 2000), 278.
Anni difficili (L. Zampa, 1949), 175.
Anni di piombo (*Die bleierne Zeit*, M. von Trotta, 1981), 333.
Anni '90 (E. Oldoini, 1993), 377.
Anno Uno (R. Rossellini, 1974), 275.
Antes llega la muerte (J. Romero Marchent, 1964), 253.
Anticristo, L' (A. De Martino, 1974), 251.
Ape regina - Una storia moderna, L' (M. Ferreri, 1963), 240, 299, 439.
Apparizione (J. de Limur, 1943), 113.
Appassionata, L' (G. Mingozzi, 1988), 292.
Appuntamento a Liverpool (M. T. Giordana, 1988), 345.
Aprile (N. Moretti, 1998), 336.
Aria del continente, L' (G. Righelli, 1935), 95.
Aria serena dell'Ovest, L' (S. Soldini, 1990), 354.
Arma, L' (P. Squitieri, 1978), 271.
Armata Brancaleone, L' (M. Monicelli, 1963), 230.

INDICE DEI FILM

Arriba España (doc., G. Ferroni, 1939), 107.
Arriva la bufera (D. Luchetti, 1993), 365.
Arrivano i bersaglieri (L. Magni, 1980), 236.
Arrivano i Titani (D. Tessari, 1962), 201.
Arte di arrangiarsi, L' (L. Zampa, 1953), 175.
Articolo 2, L' (M. Zaccaro, 1993), 382.
A spasso nel tempo (C. Vanzina, 1997), 377.
Assassino, L' (E. Petri, 1961), 290.
Assedio, L' (B. Bertolucci, 1998), 327, 446.
Assedio dell'Alcazar, L' (A. Genina, 1940), 107.
Assunta Spina (G. Serena, 1915), 43, 48, 51, 53, 54, 428.
Attenti al buffone (A. Bevilacqua, 1975), 282.
Atti degli apostoli, Gli (film Tv, R. Rossellini, 1969), 275.
Audace colpo dei soliti ignoti, L' (N. Loy, 1959), 236.
Avanti a lui tremava tutta Roma (C. Gallone, 1946), 132, 184.
Avanti c'è posto... (M. Bonnard, 1942), 103, 119, 433.
Avventura, L' (M. Antonioni, 1959), 288, 289, 438.
Avventura di Salvator Rosa, Un' (A. Blasetti, 1940), 93.
Avventura di un soldato, L', episodio di *Amore difficile*.
Avventure di Pinocchio, Le (film Tv, L. Comencini, 1972), 231, 241.
Avventure straordinarissime di Saturnino Farandola, Le (film in 4 episodi, M. Fabre, 1913), 38, 53.

Baby gang (S. Piscicelli, 1992), 343.
Baci e abbracci (P. Virzí, 1999), 388.
Bacio di Giuda, Il (P. Benvenuti, 1988), 367.
Bagnaia paese italiano (doc., F. Maselli, 1949), 157.
Bagno, Il (1897-1900 c.), 6.
Bagno di Diana, Il (*Le bain de Diane*, R. Filippini e A. e L. Lumière, 1896), 425.
Bagnomaria (G. Panariello, 1999), 389.
Bagno turco, Il (F. Özpetek, 1997), 388, 446.
Bain de Diane, Le, vedi *Il bagno di Diana*.
Balia, La (M. Bellocchio, 1999), 301, 446.
Ballando, ballando (E. Scola, 1983), 235.
Ballata del lavavetri, La (P. Del Monte, 1998), 341.
Balsamus, l'uomo di Satana (P. Avati, 1968), 251.
Bambini (doc., F. Maselli, 1951), 157.
Bambini ci guardano, I (V. De Sica, 1943), 97, 118, 119, 433.
Bambole, Le (film a episodi, D. Risi, L. Comencini, F. Rossi e M. Bolognini, 1965), 227.
Banda Casaroli, La (F. Vancini, 1962), 291.
Banda delle cifre, La (film in 3 episodi, E. Ghione, 1915), 50.
Banditi a Milano (C. Lizzani, 1968), 259, 271.
Banditi a Orgosolo (V. De Seta, 1961), 277, 438.
Bandito, Il (A. Lattuada, 1946), 142, 174.
Barbablú Barbablú (F. Carpi, 1989), 342.
Barbagia (C. Lizzani, 1969), 259.
Barbiere di Siviglia, Il (M. Costa, 1946), 132, 184.
Barboni (doc., D. Risi, 1946), 157.
Barnabo delle montagne (M. Brenta, 1994), 341.
Basilischi, I (L. Wertmüller, 1963), 281.
Bataille du rail, La, vedi *Operazione Apfelkern*.
Battaglia di Algeri, La (G. Pontecorvo, 1966), 215, 219, 293, 298, 299, 440.
Battaglia di Maratona, La (J. Tourneur e B. Vailati, 1959), 202.
Beatrice Cenci (M. Caserini, 1909), 426.
Bella addormentata, La (L. Chiarini, 1942), 116.

Bella di Lodi, La (M. Missiroli, 1963), 223.
Bella mugnaia, La (M. Camerini, 1955), 173.
Bell'Antonio, Il (M. Bolognini, 1960), 267.
Bella vita, La (P. Virzí, 1994), 388, 444.
Belle della notte, Le (*Les belles-de-nuit*, R. Clair, 1952), 181.
Bellissima (L. Visconti, 1951), 168, 178.
Bellissimo (doc., G. Mingozzi, 1985), 292.
Bengasi (A. Genina, 1942), 108.
Ben Hur (F. Niblo, 1924), 429.
Benvenuto in San Salvario (E. Verra, 1999), 447.
Benvenuto, Mister Marshall! (*Bienvenido, Mr. Marshall!*, L. G. Berlanga, 1952), 145.
Berlinguer ti voglio bene (G. Bertolucci, 1977), 359, 442.
Besame mucho (M. Ponzi, 1998), 392.
«Betía», ovvero «in amore per ogni gaudenza ci vuole sofferenza», La (G. De Bosio, 1971), 241, 440.
Bianco, rosso e Verdone (C. Verdone, 1981), 371.
Bianco vestito per Marialé, Un (R. Scavolini, 1973), 251.
Bibbia, La (J. Huston, 1966), 438, 440.
Bidone, Il (F. Fellini, 1955), 191.
Bi e il Ba, Il (M. Nichetti, 1985), 372.
Bienvenido, Mr. Marshall!, vedi *Benvenuto, Mister Marshall!*
Bimba di Satana, La (A. W. Cools, 1982), 251.
Bingo bongo (P. Festa Campanile, 1982), 237.
Biondina, La (A. Palermi, 1923), 62.
Biricchino di papà, Il (R. Matarazzo, 1943), 80.
Bisbetica domata, La (F. Zeffirelli, 1967), 267.
Bisbetico domato, Il (Castellano e Pipolo, 1980), 443.
Bix (P. Avati, 1991), 339, 381.
Bleierne Zeit, Die, vedi *Anni di piombo*.

Blow-Up (M. Antonioni, 1966), 289, 440.
Blues metropolitano (S. Piscicelli, 1985), 343.
Boccaccio mio statti zitto (F. Martinelli, 1972), 346.
Boccaccio '70 (film a episodi, M. Monicelli, F. Fellini, L. Visconti e V. De Sica, 1962), 263, 269.
Bonus malus (V. Zagarrio, 1993), 381.
Boom, Il (V. De Sica, 1963), 226, 227.
Bordella (P. Avati, 1976), 251.
Borghese piccolo piccolo, Un (M. Monicelli, 1976), 228, 230.
Bosco d'amore (A. Bevilacqua, 1981), 282.
Boss, Il (F. di Leo, 1972), 259.
Brancaleone alle crociate (M. Monicelli, 1970), 230.
Branchie (F. Ranieri Martinotti, 1999), 392.
Branco, Il (M. Risi, 1994), 375.
Brigante di Tacca del Lupo, Il (P. Germi, 1952), 177.
Bronte - Cronaca di un massacro che i libri di storia non hanno raccontato (F. Vancini, 1972), 291.
Brucia ragazzo, brucia (F. di Leo, 1968), 259.
Brucio nel vento (S. Soldini, 2002), 366, 392, 447.
Buchi neri, I (P. Corsicato, 1995), 385.
Büchse der Pandora, Die, vedi *Lulú - Il vaso di Pandora*.
Buio in sala (doc., D. Risi, 1949), 157.
Buona fortuna, La (F. Cerchio, 1944), 125.
Buono, il brutto, il cattivo, Il (S. Leone, 1966), 254, 440.
Burla di Fregoli, Una (L. Fregoli, 1898), 42.
Buttane, Le (A. Grimaldi, 1994), 380.

Cabiria (G. Pastrone, 1914), 28, 29, 31, 33, 34, 49, 427, 428.
Caccia tragica (G. De Santis, 1947), 170.

INDICE DEI FILM

Cadaveri eccellenti (F. Rosi, 1976), 218, 219.
Caduta degli angeli ribelli, La (M. T. Giordana, 1981), 345.
Caduta degli dei, La (L. Visconti, 1969), 264, 265.
Caduta di Troia, La (G. Pastrone e R. L. Borgnetto, 1911), 30-32.
Café Express (N. Loy, 1980), 236, 241.
Cagna, La (M. Ferreri, 1972), 300.
Cajus Julius Caesar (E. Guazzoni, 1914), 29.
Calda vita, La (F. Vancini, 1964), 291.
Calde notti del Decameron, Le (G. P. Callegari, 1972), 346.
Califfa, La (A. Bevilacqua, 1970), 281.
Callas Forever (F. Zeffirelli, 2002), 267.
Calvario di Polidor, Il (Pasquali & C., 1912), 37.
Camerieri (L. Pompucci, 1995), 380.
Camicia nera (G. Forzano, 1933), 65, 77, 86, 90, 106, 431.
Cammelli, I (G. Bertolucci, 1988), 359.
Cammino degli eroi, Il (doc., C. D'Errico, 1936), 86, 107.
Cammino della speranza, Il (P. Germi, 1950), 161, 177, 361, 436.
Camorra (P. Squitieri, 1972), 271.
Camorrista, Il (G. Tornatore, 1986), 360.
Campo de' Fiori (M. Bonnard, 1943), 103, 119.
Campo di maggio (G. Forzano, 1935), 80.
Canale degli angeli, Il (F. Pasinetti, 1934), 118.
Canone inverso (R. Tognazzi, 2000), 375.
Cantante di jazz, Il (*The Jazz Singer*, A. Crosland, 1927), 430.
Canterbury proibito (I. Alfaro, 1972), 346.
Canto di primavera (B. Corra e A. Ginna, 1911), 57.
Canto, ma sottovoce... (G. Brignone, 1945), 132.
Canzone dell'amore, La (G. Righelli, 1930), 89, 431.

Capitan Blanco (N. Martoglio e R. Danesi, 1914), 53.
Capitano di Venezia, Il (G. Puccini, 1952), 195.
Cappello a tre punte, Il (M. Camerini, 1935), 173, 432.
Cappello da prete, Il (F. M. Poggioli, 1943), 117.
Cappotto, Il (A. Lattuada, 1952), 174.
Capriccio (T. Brass, 1987), 284.
Cara sposa (P. Festa Campanile, 1977), 237.
Carbonara, La (L. Magni, 2000), 236.
Caricatore, Il (M. Gaudioso e F. Nunziata, 1997), 380.
Carmela è una bambola (G. Puccini, 1958), 195.
Carmen (G. Lo Savio, 1909), 24.
Carmen (F. Rosi, 1984), 266.
Carne, La (M. Ferreri, 1991), 300.
Carnevalesca (A. Palermi, 1917), 45.
Carniere, Il (M. Zaccaro, 1997), 382.
Caro diario (N. Moretti, 1993), 336, 378.
Carosello napoletano (E. Giannini, 1953), 185.
Carro armato dell'8 settembre, Il (G. Puccini, 1960), 215.
Cartesius (film Tv, R. Rossellini, 1974), 275.
Casa dalle finestre che ridono, La (P. Avati, 1976), 251.
Casa delle anime erranti, La (U. Lenzi, 1989), 251.
Casa del sorriso, La (M. Ferreri, 1991), 300, 445.
Casanova di Federico Fellini, Il (F. Fellini, 1976), 287, 288 n, 442.
Casa Ricordi (C. Gallone, 1954), 185.
Casa rossa, La (V. Paoli, 1992), 380.
Casa stregata, La (B. Corbucci, 1982), 349.
Caso Calvi, Il (G. Ferrara, 2001), 280.
Caso d'incoscienza, Un (film Tv, E. Greco, 1984), 341.
Caso Haller, Il (A. Blasetti, 1933), 245.
Casomai (A. D'Alatri, 2002), 387.
Caso Martello, Il (G. Chiesa, 1992), 380.
Caso Mattei, Il (F. Rosi, 1972), 266, 441.

Caso Moro, Il (G. Ferrara, 1986), 280, 444.
Casotto (S. Citti, 1977), 297.
Castagne sono buone, Le (P. Germi, 1970), 273.
Catene (R. Matarazzo, 1949), 137, 185, 186, 187, 188, 435.
Cattedra, La (M. Sordillo, 1991), 380.
Cavaliere del sogno - Donizetti, Il (C. Mastrocinque, 1946), 185.
Cavaliere inesistente, Il (P. Zac, 1968), 312.
Cavalieri che fecero l'impresa, I (P. Avati, 2001), 340, 447.
Cavalleria (G. Alessandrini, 1936), 108.
Cefalonia, vedi *I giorni dell'amore e dell'odio*.
Cena, La (E. Scola, 1998), 235, 446.
Cena delle beffe, La (A. Blasetti, 1941), 93, 433.
Cenere (F. Mari, 1917), 43, 46, 428.
Cento giorni a Palermo (G. Ferrara, 1983), 280.
Centomila dollari (M. Camerini, 1940), 112, 114.
Cento passi, I (M. T. Giordana, 2000), 354.
C'era una volta (F. Rosi, 1967), 265.
C'era una volta il West (S. Leone, 1968), 249, 254, 255.
C'era una volta in America (S. Leone, 1984), 255.
C'eravamo tanto amati (E. Scola, 1974), 234, 303, 442.
Cervellini fritti impanati (M. Zaccaro, 1996), 382.
Cesta duga godinu dana, vedi *La strada lunga un anno*.
Che c'entriamo noi con la rivoluzione? (S. Corbucci, 1972), 255.
Che ora è? (E. Scola, 1989), 235, 444.
Chiave, La (T. Brass, 1982), 284.
Chiedi la luna (G. Piccioni, 1991), 370.
Chiedimi se sono felice (Aldo, Giovanni & Giacomo, 2000), 390.
Chi ha incastrato Roger Rabbit? (*Who Framed Roger Rabbit?*, R. Zemeckis, 1988), 372.
Chi lavora è perduto (T. Brass, 1963), 220, 283.

Chi l'ha vista morire? (A. Lado, 1972), 251.
Chimera (P. Corsicato, 2000), 385.
Christus (G. Antamoro, 1916), 34.
Ciao maschio (M. Ferreri, 1978), 300.
Ciceruacchio (E. Ghione, 1915), 50.
Ciclone, Il (L. Pieraccioni, 1996), 388, 389, 447.
Cieca di Sorrento, La (N. Malasomma, 1934), 431.
Cieca di Sorrento, La (G. Gentilomo, 1952), 188.
Cielo sulla palude, Il (A. Genina, 1949), 194.
Cina è vicina, La (M. Bellocchio, 1967), 219, 220, 300, 301.
Cinque a zero (M. Bonnard, 1932), 430.
Cinque bambole per una luna d'agosto (M. Bava, 1970), 249.
Cinque tombe per un medium (M. Pupillo, 1965), 249.
Ciociara, La (V. De Sica, 1960), 167, 209, 241, 269, 270, 438, 439.
Citizen Kane, vedi *Quarto potere*.
Ci troviamo in galleria (M. Bolognini, 1953), 195.
Città bianca, La (doc., F. Pasinetti, 1942), 86.
Città delle donne, La (F. Fellini, 1979), 325.
Città del sole, La (G. Amelio, 1973), 219.
Città nuda, La (*The Naked City*, J. Dassin, 1948), 145.
Città sconvolta: caccia spietata ai rapitori, La (F. di Leo, 1975), 259.
Claretta (P. Squitieri, 1984), 271.
Classe operaia va in Paradiso, La (E. Petri, 1971), 217, 290, 291, 441.
Clowns, I (F. Fellini, 1970), 287.
Cochecito, El (M. Ferreri, 1960), 299.
Col cuore in gola (T. Brass, 1967), 283.
Colore dell'odio, Il (P. Squitieri, 1989), 271.
Colosso di Rodi, Il (S. Leone, 1959), 202, 253.
Colpire al cuore (G. Amelio, 1983), 333, 357.
Colpo di pistola, Un (R. Castellani, 1942), 80, 117.

Colpo gobbo all'italiana (L. Fulci, 1962), 226.
Colt cantarono la morte e fu... tempo di massacro, Le (L. Fulci, 1966), 255.
Come due coccodrilli (G. Campiotti, 1993), 381.
Come fu che l'ingordigia rovinò il Natale di Cretinetti (Itala, 1910), 37.
Come le foglie (M. Camerini, 1934), 95.
Come persi la guerra (C. Borghesio, 1947), 135.
Come, quando, perché (A. Pietrangeli, 1969), 273.
Come te nessuno mai (G. Muccino, 1999), 390, 446.
Comiche, Le (N. Parenti, 1990), 377.
Commare secca, La (B. Bertolucci, 1962), 297.
Commesse (film Tv, G. Capitani, 1999), 312.
Commissario, Il (L. Comencini, 1962), 231.
Commissario Lo Gatto, Il (D. Risi, 1986), 317.
Commissario Pepe, Il (E. Scola, 1969), 234.
Compagna di viaggio (P. Del Monte, 1996), 341.
Compagni, I (M. Monicelli, 1963), 216, 229.
Compagni di scuola (C. Verdone, 1988), 371.
Concorrenza sleale (E. Scola, 2001), 235, 447.
Condannato a nozze (G. Piccioni, 1993), 370.
Condominio (F. Farina, 1990), 354.
Condottieri (L. Trenker, 1937), 106.
Confessione di un commissario di polizia al procuratore della repubblica (D. Damiani, 1971), 217, 283.
Conformista, Il (B. Bertolucci, 1970), 298.
Confortorio (P. Benvenuti, 1992), 367.
Congiuntura, La (E. Scola, 1964), 233.
Con gli occhi chiusi (F. Archibugi, 1994), 362.

Con il cuore fermo, Sicilia! (doc., G. Mingozzi, 1968-69), 292.
Consiglio d'Egitto, Il (E. Greco, 2001), 342.
Consigli per gli acquisti (S. Baldoni, 1997), 383.
Contestazione generale, La (L. Zampa, 1970), 272.
...Continuavano a chiamarlo Trinità (E. B. Clucher, 1971), 441.
Contronatura (A. Dawson, 1969), 249.
Controsesso (film a episodi, F. Rossi, M. Ferreri e R. Castellani, 1964), 240.
Controvento (P. Del Monte, 2000), 341.
Coppie, Le (film a episodi, M. Monicelli, A. Sordi e V. De Sica, 1970), 230.
Corbari (V. Orsini, 1970), 279.
Corona di ferro, La (A. Blasetti, 1941), 80, 93, 433.
Corpo d'amore (F. Carpi, 1972), 342.
Corpo dell'anima, Il (S. Piscicelli, 1998), 343.
Corpo della ragassa, Il (P. Festa Campanile, 1979), 237.
Corsa dell'innocente, La (C. Carlei, 1992), 380.
Corsa di primavera (G. Campiotti, 1989), 381.
Corta notte delle bambole di vetro, La (A. Lado, 1971), 251.
Cortile (C. Campogalliani, 1931), 101.
Così è la vita (Aldo, Giovanni & Giacomo, 1998), 390, 446.
Così ridevano (G. Amelio, 1998), 358, 378, 447.
Costanza della ragione, La (P. Festa Campanile, 1965), 237.
Coucher d'Yvette, Le (1896-1900 c.), 7.
Crack (G. Base, 1991), 380.
Creazione e il diluvio, La, vedi *Genesi*.
Cretinetti al ballo (Itala, 1910), 37.
Cretinetti al cinematografo (Itala, 1911), 37.
Cretinetti cerca un duello (Itala, 1909), 37.
Cretinetti che bello! (Itala, 1909), 37.

Cretinetti ha rubato un tappeto (Itala, 1909), 37.
Cretinetti paga i debiti (Itala, 1909), 37.
Cretinetti piú del solito (Itala, 1911), 37.
Cristoforo Colombo (film Tv, A. Lattuada, 1984), 274.
Cristo proibito (C. Malaparte, 1950), 194.
Cristo si è fermato a Eboli (F. Rosi, 1978), 266.
Cronaca di un amore (M. Antonioni, 1950), 192, 436.
Cronaca di un amore violato (G. Battiato, 1995), 344.
Cronaca di una morte annunciata (F. Rosi, 1987), 266.
Cronaca familiare (V. Zurlini, 1962), 439.
Cronache di poveri amanti (C. Lizzani, 1954), 194.
Cuccagna, La (L. Salce, 1962), 226.
Cuore (L. Comencini, 1983), 231.
Cuore (film Tv, M. Zaccaro, 2000), 382.
Cuore di cane (A. Lattuada, 1976), 274.
Cuore di mamma (S. Samperi, 1969), 220.
Cuori estranei (E. Ponti, 2002), 242.
Cyrano de Bergerac (A. Genina, 1922), 69.

Dall'amore al disonore (U. Falena, 1912), 17.
Dama delle camelie, La, vedi *La signora dalle camelie*.
Dancing Paradise (film Tv, P. Avati, 1982), 340.
Dannati della terra, I (V. Orsini, 1968), 219, 279.
Danza dei milioni, La (C. Mastrocinque, 1940), 112.
Danza macabra (A. Dawson, 1963), 249.
Darò un milione (M. Camerini, 1935), 94, 432.
Da zero a dieci (L. Ligabue, 2001), 380, 392.
Decameron, Il (P. P. Pasolini, 1971), 261, 295, 296, 346, 348, 440, 441.

Decameron proibitissimo (F. Martinelli, 1972), 346.
Delfini, I (F. Maselli, 1960), 270.
Delitto d'amore (L. Comencini, 1974), 217.
Delitto di Giovanni Episcopo, Il (A. Lattuada, 1947), 174.
Delitto Matteotti, Il (F. Vancini, 1973), 292.
Del perduto amore (M. Placido, 1998), 383.
Delta padano (doc., F. Vancini, 1952), 157.
Denti (G. Salvatores, 2000), 364.
Deposizione del corpo di una martire (R. Kanzler, 1903), 426.
Deserto dei tartari, Il (V. Zurlini, 1976), 294.
Deserto rosso (M. Antonioni, 1964), 289, 439.
Destinazione Piovarolo (D. Paolella, 1955), 198.
Detective per caso (V. Paoli, 2000), 380.
Detenuto in attesa di giudizio (N. Loy, 1971), 236, 441.
Diable au corps, vedi *Il diavolo in corpo*.
Diabolik (M. Bava, 1968), 249.
Diario di una donna perduta, Il (*Das Tagebuch einer Verlorenen*, G. W. Pabst, 1929), 46.
Diario di un maestro (film Tv, V. De Seta, 1972), 277.
Diario di un vizio (M. Ferreri, 1993), 300.
Diavolo, Il (G. L. Polidoro, 1962), 227, 439.
Diavolo in corpo, Il (*Le Diable au corps*, C. Autant-Lara, 1947), 196.
Diavolo in corpo (M. Bellocchio, 1986), 301.
Dicembre (A. Monda, 1990), 316.
Diga sul ghiacciaio, La (doc., E. Olmi, 1953), 156.
Dillinger è morto (M. Ferreri, 1968), 299.
Dimenticare Palermo (F. Rosi, 1990), 266.
Discesa di Aclà a Floristella, La (A. Grimaldi, 1992), 380.
Disco volante, Il (T. Brass, 1964), 283.

Disordine, Il (F. Brusati, 1963), 226, 283.
Divorzio all'italiana (P. Germi, 1961), 224, 272.
Do Bigha Zamin, vedi *Due ettari di terra*.
Dolce casa degli orrori, La (L. Fulci, 1989), 251.
Dolce rumore della vita, Il (G. Bertolucci, 1999), 359.
Dolce vita, La (F. Fellini, 1960), 154, 191, 205, 209, 284, 286, 290, 292, 438, 439.
Dolci inganni, I (A. Lattuada, 1960), 174, 274.
Domani accadrà (D. Luchetti, 1988), 354, 364.
Domani si balla (M. Nichetti, 1982), 372.
Domenica d'agosto, Una (L. Emmer, 1950), 154, 312.
Donatella (M. Monicelli, 1956), 437.
Don Bosco (G. Alessandrini, 1935), 80.
Don Camillo (J. Duvivier, 1952), 436.
Donizetti, vedi *Il cavaliere del sogno*.
Donna della luna, La (V. Zagarrio, 1998), 381.
Donna della montagna, La (R. Castellani, 1943), 80.
Donna delle meraviglie, La (A. Bevilacqua, 1985), 282.
Donna d'ombra (L. Faccini, 1988), 343.
Donna ha ucciso, Una (V. Cottafavi, 1952), 186.
Donna nuda, La (C. Gallone, 1914), 43.
Donna piú bella del mondo, La (R. Z. Leonard, 1955), 438.
Donna scimmia, La (M. Ferreri, 1963), 240, 299.
Donna sposata, Una (*Une femme mariée*, J.-L. Godard, 1964), 292.
Donna sulla luna, La (*Die Frau im Mond*, F. Lang, 1929), 71.
Donne di servizio (doc., G. Questi, 1953), 158.
Donne non ci vogliono piú, Le (P. Quartullo, 1993), 380.
Dora Nelson (M. Soldati, 1939), 116.

Dove comincia la notte (M. Zaccaro, 1981), 381.
Dove si lavora per la grandezza d'Italia (doc., 1924), 66.
Dracula il vampiro (*Dracula*, T. Fisher, 1957), 245.
Dramma della gelosia, tutti i particolari in cronaca (E. Scola, 1969), 241, 441.
Dropout (T. Brass, 1970), 283.
Due colonnelli, I (Steno, 1962), 216.
Due ettari di terra (*Do Bigha Zamin*, B. Roy, 1953), 145.
Due lettere anonime (M. Camerini, 1946), 173.
Duello di Fricot, Il (Ambrosio, 1913), 37.
Due marescialli, I (S. Corbucci, 1961), 216.
Due milioni per un sorriso (C. Borghesio e M. Soldati, 1939), 112.
Due modelle, Le (1896-1900 c.), 7.
Due orfanelli, I (M. Mattoli, 1947), 138.
Due sergenti, I (E. Guazzoni, 1936), 432.
Due soldi di speranza (R. Castellani, 1951), 176, 436.

Ebbrezza del cielo, L' (G. Ferroni, 1939), 108.
Eccezzziunale... veramente (C. Vanzina, 1982), 377.
Ecco fatto (G. Muccino, 1998), 390.
Eclisse, L' (M. Antonioni, 1962), 289.
Edipo re (P. P. Pasolini, 1967), 296.
Effetti di luce (E. L. Morselli e U. Falena, 1916), 17.
Egoisti, Gli (*Muerte de un ciclista*, J. A. Bardem, 1955), 145.
Ehrengard (E. Greco, 1983), 341.
El Alamein (E. Monteleone, 2002), 380.
E la nave va (F. Fellini, 1983), 235, 325.
Elisir d'amore, L' (M. Costa, 1947), 185.
Enrico IV (M. Bellocchio, 1983), 301.
Entr'acte (R. Clair, 1924), 56.
È primavera (R. Castellani, 1950), 176.

Era notte a Roma (R. Rossellini, 1961), 275.
Ercole alla conquista di Atlantide (V. Cottafavi, 1961), 201.
Ercole e la regina di Lidia (P. Francisci, 1958), 200.
Ernesto (S. Samperi, 1979), 442.
Eroe borghese, Un (M. Placido, 1995), 354, 383.
Eroe della strada, L' (C. Borghesio, 1948), 135.
Escalation (R. Faenza, 1968), 338.
Escluso, L' (*The Quiet One*, S. Mayers, 1948), 145.
España Una, Grande, Libre! (doc., G. Ferroni, 1939), 107.
Estate di Bobby Charlton, L' (M. Guglielmi, 1995), 384.
Estate di Davide, L' (film Tv, C. Mazzacurati, 1998), 368, 446.
Estate romana (M. Garrone, 2000), 446.
Estate violenta (V. Zurlini, 1959), 196, 437.
Esterina (C. Lizzani, 1959), 194, 216.
Età della pace, L' (F. Carpi, 1974), 342.
Età dell'innocenza, L' (*The Age of Innocence*, M. Scorsese, 1993), 264.
E tanta paura (P. Cavara, 1976), 251.
Ettore Fieramosca (A. Blasetti, 1938), 93.
Europa '51 (R. Rossellini, 1951), 163.
Europa di notte (A. Blasetti, 1959), 173, 260.
E venne un uomo (E. Olmi, 1965), 276.
Excalibur (J. Boorman, 1981), 344.

Fabiola (A. Blasetti, 1949), 172, 435.
Faccia a faccia (S. Sollima, 1967), 256.
Faccia d'angelo, vedi *I lunghi giorni della vendetta*.
Faccia da Picasso (M. Ceccherini, 2001), 390.
Faccia di spia (G. Ferrara, 1975), 280.
Famiglia, La (E. Scola, 1987), 235, 443.
Fanfan la Tulipe (Christian-Jaque, 1951), 181.

Fantasia sottomarina (R. Rossellini, 1940), 86.
Fantasma dell'Opera, Il (D. Argento, 1999), 250.
Fantasmi a Roma (A. Pietrangeli, 1961), 273.
Fantomas (film in 5 episodi, L. Feuillade, 1913), 50.
Fantozzi (L. Salce, 1975), 442.
Fantozzi contro tutti (N. Parenti e P. Villaggio, 1980), 377.
Fari nella nebbia (G. Franciolini, 1942), 119.
Fate ignoranti, Le (F. Özpetek, 2001), 388, 447.
Fatiche di Ercole, Le (P. Francisci, 1958), 139, 199, 437, 438.
Fatto di cronaca, Un (P. Ballerini, 1944), 122, 125.
Fauno, Il (F. Mari, 1917), 43.
Federale, Il (L. Salce, 1961), 237, 240.
Fellini Satyricon (F. Fellini, 1969), 287.
Femme mariée, Une, vedi *Una donna sposata*.
Ferdinando e Carolina (L. Wertmüller, 1999), 379.
Ferie d'agosto (P. Virzí, 1996), 388.
Fermo con le mani! (G. Zambuto, 1937), 432.
Ferroviere, Il (P. Germi, 1955), 177.
Festa di laurea (P. Avati, 1985), 340.
Festival (P. Avati, 1996), 340.
Feu Mathias Pascal, vedi *Il Fu Mattia Pascal*.
Fichissimi, I (C. Vanzina, 1981), 377.
Fidanzate di carta, Le (doc., R. Renzi, 1951), 157.
Fidanzati, I (E. Olmi, 1963), 276.
Fifa e arena (M. Mattoli, 1948), 138.
Figli della laguna, I (F. De Robertis, 1945), 125.
Figli di Annibale, I (D. Ferrario, 1998), 369.
Figli di nessuno, I (R. Matarazzo, 1951), 137, 186.
Figlio mio, infinitamente caro... (V. Orsini, 1984), 279.
Film d'amore e d'anarchia ovvero: stamattina alle 10 in Via dei Fiori nella nota casa di tolleranza... (L. Wertmüller, 1973), 281, 441.

Finché c'è guerra c'è speranza (A. Sordi, 1974), 227.
Fine della notte, La (D. Ferrario, 1989), 369.
Fino all'ultimo respiro (A bout de souffle, J.-L. Godard, 1960), 290.
Finte bionde, Le (C. Vanzina, 1988), 377.
Fior di male (C. Gallone, 1915), 43, 45.
Fiore delle Mille e una notte, Il (P. P. Pasolini, 1972), 296.
Fiori d'arancio (D. Hobbes Cecchini, 1944-45), 125.
Fiorile (P. e V. Taviani, 1992), 278.
Flagrante delitto d'adulterio (Flagrant délit d'adultère, Pathé, 1907), 6.
Flavia la monaca musulmana (G. Mingozzi, 1974), 292.
Fleurs, Les (B. Corra e A. Ginna, 1911), 57.
Fornaretto di Venezia, Il (M. Caserini, 1907), 24.
Fornaretto di Venezia, Il (D. Coletti, 1939), 432.
Fortuna di essere donna, La (A. Blasetti, 1955), 173.
Forza, Italia! (R. Faenza, 1977), 339.
Fossa degli angeli, La (C. L. Bragaglia, 1937), 118.
Foto di Gioia, Le (L. Bava, 1987), 317.
Francesco (L. Cavani, 1989),
Francesco d'Assisi (L. Cavani, 1966), 439.
Francesco giullare di Dio (R. Rossellini, 1950), 163, 436.
Fratelli Dinamite, I (N. e T. Pagot, 1949), 159.
Fratelli e sorelle (P. Avati, 1992), 340.
Frate Sole (M. Corsi e U. Falena, 1918), 64.
Frau im Mond, Die, vedi *La donna sulla luna*.
Fraülein Doktor (A. Lattuada, 1969), 274.
Freccia azzurra, La (E. d'Alò, 1996), 160.
Freccia nel fianco, La (A. Lattuada, 1943), 117.
Fregoli al ristorante (L. Fregoli, 1898), 42.

Fregoli dietro le quinte (L. Fregoli, 1897), 42.
Freudlose Gasse, Die, vedi *La via senza gioia*.
Frigorifero, Il, episodio di *Le coppie*.
Frullo del passero, Il (G. Mingozzi, 1988), 292.
Frusta e il corpo, La (J. M. Old, 1963), 248.
Fu Mattia Pascal, Il (Feu Mathias Pascal, M. L'Herbier, 1925), 430.
Fumo di Londra (A. Sordi, 1966), 227.
Fuochi d'artificio (L. Pieraccioni, 1997), 388, 447.
Fuoco, Il (G. Pastrone, 1915), 43-46, 428.
Fuori dal mondo (G. Piccioni, 1999), 370, 446.

Gabbianella e il gatto, La (E. d'Alò, 1998), 160.
Gabbiano, Il (film Tv, M. Bellocchio, 1977), 301.
Gallo cedrone (C. Verdone, 1998), 446.
Garage Olimpo (M. Bechis, 2000), 446.
Garibaldi (M. Caserini, 1907), 22.
Garibaldi e i suoi tempi (S. Laurenti Rosa, 1926), 65.
Garibaldino al convento, Un (V. De Sica, 1942), 97.
Garofano rosso (L. Faccini, 1976), 342.
Gattopardo, Il (L. Visconti, 1963), 169, 209, 220, 263, 264, 439.
Gaucho, Il (D. Risi, 1964), 226, 232.
Generale della Rovere, Il (R. Rossellini, 1959), 164, 205, 437.
Genesi - La creazione e il diluvio (film Tv, E. Olmi, 1994), 379.
Genoveffa di Brabante (P. Zeglio, 1947), 188.
Gente dell'aria (E. Pratelli, 1942), 108.
Gente del Po (doc., M. Antonioni, 1943), 157, 191.
Germania anno zero (R. Rossellini, 1948), 154, 163.
Gerusalemme liberata, La (E. Guazzoni, 1918), 34, 428.

Giacomo l'idealista (A. Lattuada, 1942), 117.
Giallo (M. Camerini, 1933), 95.
Giamaica (L. Faccini, 1997), 343.
Giardini dell'Eden, I (A. D'Alatri, 1998), 387.
Giardino dei Finzi Contini, Il (V. De Sica, 1970), 441.
Giarrettiera Colt (G. Rocco, 1967), 257.
Gigante delle Dolomiti, Il (G. Brignone, 1926), 70.
Ginger e Fred (F. Fellini, 1985), 325.
Giordano Bruno (Itala, 1908), 23.
Giordano Bruno (G. Montaldo, 1973), 219, 279.
Giornata nera per l'ariete (L. Bazzoni, 1971), 251.
Giornata particolare, Una (E. Scola, 1977), 234, 442.
Giorni contati, I (E. Petri, 1962), 290.
Giorni d'amore (G. De Santis, 1955), 171.
Giorni dell'amore e dell'odio - Cefalonia, I (C. Salizzato, 2001), 393.
Giorni dell'ira, I (T. Valerii, 1967), 255.
Giorni di gloria (M. Serandrei e G. De Santis, 1945), 167.
Giorno da leoni, Un (N. Loy, 1961), 215, 236.
Giorno della civetta, Il (D. Damiani, 1968), 217, 282.
Giorno nella vita, Un (A. Blasetti, 1946), 172.
Giovanna (doc., G. Pontecorvo, 1954), 156.
Giovanni Falcone (G. Ferrara, 1993), 280.
Giovedí, Il (D. Risi, 1964), 232.
Gioventú perduta (P. Germi, 1947), 177, 434.
Girolimoni, il mostro di Roma (D. Damiani, 1972), 283.
Gita scolastica, Una (P. Avati, 1983), 340, 443.
Giudice ragazzino, Il (A. De Robilant, 1994), 354.
Giudici, I (R. Tognazzi, 2000), 375.
Giuditta e Oloferne (Cines, 1907), 23.
Giudizio universale, Il (V. De Sica, 1961), 167, 269.

Giú la testa (S. Leone, 1971), 255.
Giulia & Giulia (P. Del Monte, 1987), 340.
Giulia in ottobre (S. Soldini, 1985), 366.
Giulietta degli spiriti (F. Fellini, 1965), 286.
Giulietta e Romeo (R. Castellani, 1954), 176, 436.
Giulio Cesare (G. Pastrone, 1909), 31.
Giuseppe Verdi (film Tv, R. Castellani, 1982), 274.
Giuseppe Verdi (R. Matarazzo, 1953), 185.
Giustiziere della notte, Il (M. Winner, 1974), 259.
Gobbo, Il (C. Lizzani, 1960), 215, 271.
Godfather, The, vedi *Il padrino*.
Gondola, La (doc., F. Pasinetti, 1942), 86.
Good Morning Babilonia (P. e V. Taviani, 1986), 278.
Gostanza da Libbiano (P. Benvenuti, 2000), 367.
Goya (*Goya en Burdeos*, C. Saura, 1999), 447.
Granatiere Roland, Il (L. Maggi, 1911), 27.
Grande appello, Il (M. Camerini, 1935), 95, 107.
Grande Blek, Il (G. Piccioni, 1987), 370.
Grande cocomero, Il (F. Archibugi, 1993), 354, 362.
Grande guerra, La (M. Monicelli, 1959), 203, 205, 222, 229, 239, 242, 395, 437, 438.
Grande Olimpiade, La (doc., R. Marcellini, 1961), 312.
Grande silenzio, Il (S. Corbucci, 1968), 255.
Grande strada azzurra, La (G. Pontecorvo, 1959), 196.
Grandi magazzini (M. Camerini, 1939), 94.
Grano fra due battaglie (R. Marcellini, 1941), 86.
Grazie zia (S. Samperi, 1968), 262, 302.
Grido, Il (M. Antonioni, 1957), 193, 289.

Grido dell'aquila, Il (M. Volpe, 1923), 65.
Gruppo di famiglia in un interno (L. Visconti, 1974), 264.
Guappi, I (P. Squitieri, 1973), 271.
Guardami (D. Ferrario, 1999), 369.
Guardie e ladri (Steno e M. Monicelli, 1951), 198, 436.
Guendalina (A. Lattuada, 1957), 174.
Guerra di Troia, La (G. Ferroni, 1962), 202.
Guerre stellari, vedi *Star Wars*.

Harem Suare (F. Özpetek, 1999), 388.
H2S (R. Faenza, 1968), 338.
Ho fatto splash (M. Nichetti, 1980), 372.
Holocaust 2000 (A. De Martino, 1977), 251.
Honolulu Baby (M. Nichetti, 2000), 372.

Idolo infranto (E. Ghione, 1913), 50.
Ieri, oggi, domani (V. De Sica, 1963), 269, 439.
Imbalsamatore, L' (M. Garrone, 2002), 394.
Immacolata e Concetta (S. Piscicelli, 1979), 343.
Impiegato, L' (G. Puccini, 1959), 195.
Incompreso - Vita col figlio (L. Comencini, 1966), 231.
Indagine su un cittadino al di sopra di ogni sospetto (E. Petri, 1970), 217, 219, 290, 441.
Indifferenti, Gli (F. Maselli, 1961), 270.
Infanzia, vocazioni, prime esperienze di Giacomo Casanova, veneziano (L. Comencini, 1969), 231.
Infermiera, L' (N. Rossati, 1978), 346.
Infermiera di notte, L' (M. Laurenti, 1979), 348.
Inferno, L' (F. Bertolini, G. De Liguoro e A. Padovan, 1911), 18, 27, 30, 31, 427.
Inferno (D. Argento, 1980), 250.
Inganni (L. Faccini, 1985), 342.
Ingorgo - Una storia impossibile, L' (L. Comencini, 1979), 231.
In hoc signo vinces! (N. Oxilia, 1913), 29.

Innamorato pazzo (Castellano e Pipolo, 1981), 443.
Innocente, L' (L. Visconti, 1976), 264.
In nome della legge (P. Germi, 1949), 177.
In nome del papa re (L. Magni, 1977), 236.
In nome del popolo italiano (D. Risi, 1972), 232.
Insegnante, L' (N. Cicero, 1975), 442.
Interno berlinese (L. Cavani, 1985), 281.
Invenzione di Morel, L' (E. Greco, 1974), 341.
Invitata, L' (V. De Seta, 1970), 277.
Invito al viaggio (P. Del Monte, 1982), 340.
Io ballo da sola (Stealing Beauty, B. Bertolucci, 1996), 327, 446.
Io, Chiara e lo Scuro (M. Ponzi, 1982), 343.
Io e Dio (P. Squitieri, 1969), 271.
Io, io, io e gli altri... (A. Blasetti, 1964), 269.
Io la conoscevo bene (A. Pietrangeli, 1965), 227, 273.
Io sono un autarchico (N. Moretti, 1976), 322, 334, 442.
Io speriamo che me la cavo (L. Wertmüller, 1992), 281, 354.
Io sto con gli ippopotami (I. Zingarelli, 1979), 348.
Irene, Irene (P. Del Monte, 1975), 340.
Isola di Arturo, L' (D. Damiani, 1961), 282.
Isole di fuoco (doc., V. De Seta, 1955), 158.
Isole nella laguna (doc., L. Emmer ed E. Gras, 1949), 157.
Italia-Germania 4 a 3 (A. Barzini, 1990), 354, 384.
Italiani (M. Ponzi, 1996), 343.
Italiani, brava gente (G. De Santis, 1964), 270.
Italiano in America, Un (A. Sordi, 1967), 227.
Italia s'è desta, L' (doc. Luce, 1944), 123.
Italia s'è rotta, L' (Steno, 1976), 349.

Jazz band (P. Avati, 1978), 339.
Jazz Singer, The, vedi *Il cantante di jazz*.
Johnny Stecchino (R. Benigni, 1991), 373, 445.
Jona che visse nella balena (R. Faenza, 1993), 339.
Jovanka e le altre (M. Ritt, 1959), 242.
Judex (film in 12 episodi, L. Feuillade, 1917), 50.
Jules e Jim (*Jules et Jim*, F. Truffaut, 1961), 388.
Jungla nera (J.-P. Paulin, 1936), 96.

Kakkientruppen (F. Martinelli, 1977), 348.
Kamikazen - Ultima notte a Milano (G. Salvatores, 1987), 363.
Kaos (P. e V. Taviani, 1984), 278.
Kapò (G. Pontecorvo, 1960), 215, 298.
Kean (genio e sregolatezza) (V. Gassman, 1956), 239.
Keoma (E. G. Castellari, 1976), 256.
Kid, The, vedi *Il monello*.
Kiff Tebbi (M. Camerini, 1928), 65, 430.
Kri Kri detective (Cines, 1912), 37.
Kri Kri e la suocera (Cines, 1913), 37.
Kri Kri fuma l'oppio (Cines, 1913), 37.

Lacapagira (A. Piva, 1999), 446.
Ladri di biciclette (V. De Sica, 1948), 144, 165, 435.
Ladri di futuro (E. Decaro, 1991), 316.
Ladri di saponette (M. Nichetti, 1989), 372.
Ladro di bambini, Il (G. Amelio, 1992), 354, 358, 378, 445.
Ladrone, Il (P. Festa Campanile, 1980), 237.
Lamerica (G. Amelio, 1994), 358, 445.
Land and Freedom, vedi *Terra e libertà*.
Lavoro, Il, episodio di *Boccaccio '70*.
Lea e il gomitolo (Cines, 1913), 37.
Le farò da padre (A. Lattuada, 1974), 274.

Legge della tromba, La (A. Tretti, 1960), 284.
Leggenda del pianista sull'Oceano, La (G. Tornatore, 1998), 361, 446.
Leggenda del santo bevitore, La (E. Olmi, 1988), 379, 444.
Leggenda di Al, John e Jack, La (Aldo, Giovanni & Giacomo, 2002), 394.
Legge violenta della squadra anticrimine, La (S. Massi, 1976), 260.
Legioni di Cleopatra, Le (V. Cottafavi, 1959), 201.
Lettera aperta a un giornale della sera (F. Maselli, 1970), 219, 220.
Lettere al sottotenente (G. Alessandrini, 1943), 110.
Lettere di una novizia (A. Lattuada, 1960), 274.
Libera (P. Corsicato, 1993), 385.
Libera, amore mio! (M. Bolognini, 1975), 220, 267.
Liberate i pesci (C. Comencini, 2001), 375.
Li chiamarono... briganti (P. Squitieri, 1999), 271.
Linda e il brigadiere (film Tv, G. Lazotti e A. Simone, 1997), 312.
Lingua del santo, La (C. Mazzacurati, 2000), 368, 446.
Little Buddha, vedi *Piccolo Buddha*.
Little Fugitive, The, vedi *Il piccolo fuggitivo*.
Locandiera, La (L. Chiarini, 1943), 116.
Lo chiamavano Trinità... (E. B. Clucher, 1970), 258, 440.
Lorenzino De' Medici (L. Comerio, 1908), 23.
Lo sai che i papaveri... (V. Metz e M. Marchesi, 1952), 145.
Lo vedi come sei... lo vedi come sei?! (M. Mattoli, 1939), 114.
Luce dei miei occhi (G. Piccioni, 2001), 370, 447.
Luce del lago, La (*La lumière du lac*, F. Comencini, 1988), 375.
Lucia di Lammermoor (Itala, 1908), 23.
Luciano Serra pilota (G. Alessandrini, 1938), 108, 109, 432, 433.
Luci del varietà (A. Lattuada e F. Fellini, 1950), 174, 189.

INDICE DEI FILM

Lucignolo (M. Ceccherini, 2000), 390.
Lucky Luciano (F. Rosi, 1973), 266.
Ludwig (L. Visconti, 1973), 264, 265.
Lumière du lac, La, vedi *La luce del lago*.
Luna, La (B. Bertolucci, 1979), 326.
Luna e l'altra (M. Nichetti, 1996), 372.
Lunga calza verde, La (R. e G. Gavioli e P. Piffarerio, 1961), 159.
Lunga notte del '43, La (F. Vancini, 1960), 215, 291, 438.
Lunga vita alla Signora! (E. Olmi, 1987), 379.
Lunghi capelli della morte, I (A. Dawson, 1964), 249.
Lunghi giorni della vendetta - Faccia d'angelo, I (S. Vance, 1967), 256.
Lupa, La (A. Lattuada, 1953), 174.

Macchina ammazzacattivi, La (R. Rossellini, 1951), 436.
Maciste (V. Dénizot e R. L. Borgnetto, 1915), 428.
Maciste all'inferno (G. Brignone, 1926), 70.
Maciste all'inferno (R. Freda, 1962), 202.
Maciste alpino (L. Maggi e R. L. Borgnetto, 1916), 428.
Maciste contro il vampiro (G. Gentilomo, 1961), 201.
Maciste contro lo sceicco (M. Camerini, 1926), 70.
Maciste in vacanza (L. R. Borgnetto, 1921), 70.
Maciste nella gabbia dei leoni (G. Brignone, 1926), 70.
Maciste nella valle dei re (C. Campogalliani, 1960), 200.
Mädchen der Strasse, Das, vedi *Scampolo*.
Maddalena (A. Genina, 1954), 187.
Maddalena Férat (F. Mari, 1920), 43.
Maddalena... zero in condotta (V. De Sica, 1940), 97.
Madonna che silenzio c'è stasera (M. Ponzi, 1982), 343.
Madri francesi (*Mères françaises*, L. Mercanton e R. Hervil, 1916), 46.

Maestro di Vigevano, Il (E. Petri, 1963), 226.
Mafioso, Il (A. Lattuada, 1962), 224, 274.
Magi randagi, I (S. Citti, 1986), 297.
Magliari, I (F. Rosi, 1959), 196.
Magnificat (P. Avati, 1993), 340.
Magnifico cornuto, Il (A. Pietrangeli, 1964), 227, 273.
Maicol (M. Brenta, 1989), 341.
Ma l'amor mio non muore! (M. Caserini, 1913), 39, 42-45, 101, 427.
Mala ordina, La (F. di Leo, 1972), 259.
Maledetti vi amerò (M. T. Giordana, 1980), 333, 344.
Maledetto il giorno che t'ho incontrato (C. Verdone, 1992), 371.
Maledetto imbroglio, Un (P. Germi, 1959), 177, 282.
Malèna (G. Tornatore, 2000), 361, 446.
Malizia (S. Samperi, 1973), 261, 302.
Malombra (C. Gallone, 1917), 43, 48, 53.
Malombra (M. Soldati, 1942), 80, 116.
Maman Poupée (C. Gallone, 1919), 46.
Mamma Roma (P. P. Pasolini, 1962), 294.
Mandragola, La (A. Lattuada, 1965), 274.
Mani sulla città, Le (F. Rosi, 1963), 224, 439.
Ma non è una cosa seria (M. Camerini, 1936), 94.
Marcantonio e Cleopatra (E. Guazzoni, 1913), 29.
Marcia nuziale (M. Ferreri, 1965), 240.
Marcia su Roma, La (D. Risi, 1962), 231, 240.
Marco Polo (film Tv, G. Montaldo, 1982), 279.
Mare largo (F. Vicentini Orgnani, 1998), 381.
Maresciallo Rocca, Il (film Tv, G. Capitani e L. Gasparini, 1996), 312.
Marianna Ucrìa (R. Faenza, 1997), 339.
Marin Faliero, Doge di Venezia (G. De Liguoro, 1909), 27.

Mario, Maria e Mario (E. Scola, 1993), 235.
Marito, Il (G. Puccini e N. Loy, 1958), 195, 236.
Marito per Anna Zaccheo, Un (G. De Santis, 1953), 171.
Marito per il mese d'aprile, Un (G. C. Simonelli, 1941), 112.
Mark il poliziotto (S. Massi, 1975), 260.
Mark il poliziotto spara per primo (S. Massi, 1975), 260.
Marrakesh Express (G. Salvatores, 1989), 354, 363, 444.
Marty, vita di un timido (*Marty*, D. Mann, 1955), 145.
Maschera del demonio, La (M. Bava, 1960), 245, 248.
Maschera e il volto, La (A. Genina, 1919), 69.
Materiale resistente (doc., D. Ferrario e G. Chiesa, 1995), 369.
Matilda (A. de Lillo, 1989), 383.
Matrimoni (C. Comencini, 1998), 375.
Matrimonio all'italiana (V. De Sica, 1964), 242, 269.
Matti da slegare (doc., M. Bellocchio, 1974), 301.
Mazurka del barone, della santa e del fico fiorone, La (P. Avati, 1974), 251.
Medea (P. P. Pasolini, 1969), 296.
Medico della mutua, Il (L. Zampa, 1968), 272.
Medico per forza, Il (C. Campogalliani, 1931), 101.
Mediterraneo (G. Salvatores, 1991), 363, 378, 445.
Medley (G. Zarantonello, 2000), 395, 446.
Membro del comitato, Il (1897), 6.
Memoria dell'altro, La (A. Degli Abbati, 1914), 43.
Mercato delle facce (doc., V. Zurlini, 1952), 158.
Mercenario, Il (S. Corbucci, 1968), 255.
Mères françaises, vedi *Madri francesi*.
Merlo maschio, Il (P. Festa Campanile, 1972), 1972.
Merry Christmas (N. Parenti, 2001), 392.

Mery per sempre (M. Risi, 1989), 354, 362, 375, 444.
Messa è finita, La (N. Moretti, 1985), 334, 336.
Messalina (E. Guazzoni, 1922), 429.
Messalina, Venere imperatrice (V. Cottafavi, 1959), 201.
Mestiere delle armi, Il (E. Olmi, 2001), 379, 393, 447.
Metello (M. Bolognini, 1969), 267, 441.
Metro lungo cinque, Un (doc., E. Olmi, 1961), 156.
Metropolis (F. Lang, 1926), 46, 71.
Mia generazione, La (W. Labate, 1996), 380.
Mia moglie torna a scuola (G. Carnimeo, 1981), 346.
Michelino I B (doc., E. Olmi, 1956), 156.
Mignon è partita (F. Archibugi, 1988), 362.
Miliardi (C. Vanzina, 1990), 377.
Miliardi, che follia! (G. Brignone, 1942), 112.
Mille bolle blu, Le (L. Pompucci, 1993), 380.
Mille lire al mese (M. Neufeld, 1939), 113.
1860 (A. Blasetti, 1933), 92, 105.
Milonga (E. Greco, 1999), 342.
Mimì metallurgico ferito nell'onore (L. Wertmüller, 1972), 217, 281, 440.
Minnesota Clay (S. Corbucci, 1965), 255.
Mio caro assassino (T. Valerii, 1971), 251.
Mio caro dottor Gräsler (R. Faenza, 1989), 339.
Mio Dio, come sono caduta in basso! (L. Comencini, 1974), 231.
Mio figlio professore (R. Castellani, 1946), 176.
Mio fratello superuomo (B. Bozzetto, 1968), 159.
Mio nome è nessuno, Il (T. Valerii, 1973), 255.
Miracolo, Il (M. Caserini, 1920), 63.
Miracolo, Il, episodio di *L'amore*.
Miracolo a Milano (V. De Sica, 1951), 148, 166, 269, 436.

Miracolo italiano (E. Oldoini, 1994), 349, 377.
Miranda (T. Brass, 1985), 284.
Miserie del signor Travet, Le (M. Soldati, 1946), 175.
Miss Europa, vedi *Prix de beauté*.
Moglie americana, Una (G. L. Polidoro, 1964), 227.
Moglie giapponese?, Una (G. L. Polidoro, 1968), 227.
Moglie piú bella, La (D. Damiani, 1969), 283.
Momento della verità, Il (F. Rosi, 1965), 266.
Mondo baldoria (A. Molinari, 1914), 57.
Mondo caldo di notte (R. Russo, 1962), 260.
Mondo nuovo, Il (*La nuit de Varennes*, E. Scola, 1982), 235.
Mondo sexy di notte (M. Loy, 1962), 260.
Monella (T. Brass, 1998), 284.
Monello, Il (*The Kid*, C. Chaplin, 1921), 374.
Montevergine (C. Campogalliani, 1939), 118.
Mordi e fuggi (D. Risi, 1973), 232.
Morirai a mezzanotte (L. Bava, 1986), 317.
Morte a Venezia (L. Visconti, 1971), 264, 265.
Morte di un matematico napoletano (M. Martone, 1992), 384, 445.
Morte ha fatto l'uovo, La (G. Questi, 1968), 251.
Mostri, I (film a episodi, D. Risi, 1963), 226, 231, 232, 240.
Mostro, Il (R. Benigni, 1994), 373, 445.
Mr. Rorret, ad altezza d'uomo (F. Wetzl, 1988), 381.
Muerte de un ciclista, vedi *Gli egoisti*.
Mulino delle donne di pietra, Il (G. Ferroni, 1960), 245.
Mulino del Po, Il (A. Lattuada, 1949), 174.
Muro di gomma, Il (M. Risi, 1991), 354, 375.
Mussolini ultimo atto (C. Lizzani, 1974), 271.

Naked City, The, vedi *La città nuda*.
Napoleone I (Rossi & C., 1907), 23.
Napoli è una canzone (E. Perego, 1927), 68.
Napoli milionaria (E. De Filippo, 1950), 198.
Napule... e niente cchiú (E. Perego, 1928), 63, 68.
Nascita di Venere, La (1896-1900 c.), 7.
Navajo Joe (S. Corbucci, 1966), 255.
Nave, La (E. Bencivenga, 1912), 33.
Nave, La (G. D'Annunzio e M. Roncoroni, 1920-21), 64, 429.
Nave bianca, La (R. Rossellini, 1941), 109, 433.
Nella mischia (G. Zanasi, 1995), 381, 383.
Nell'anno del Signore (L. Magni, 1969), 236.
Nelly la gigolette ovvero La danzatrice della Taverna Nera (E. Ghione, 1914), 50.
Nel Mezzogiorno qualcosa è cambiato (doc., C. Lizzani, 1950), 157.
Nel nome del padre (M. Bellocchio, 1971), 301.
Nel profondo paese straniero (F. Carpi, 1997), 342.
Nerolio (A. Grimaldi, 1998), 380.
Nerone (A. Blasetti, 1930), 89, 101, 431.
Nerone (L. Maggi, 1909), 27-29, 426.
Nerone e Agrippina (M. Caserini, 1914), 29.
Nerosubianco (T. Brass, 1968), 283.
Nessuno è perfetto (P. Festa Campanile, 1981), 237.
Neuropatologia, La (C. Negro, 1908), 426.
Nirvana (G. Salvatores, 1996), 364, 446.
Nitrato d'argento (M. Ferreri, 1995), 300.
Nobel (F. Carpi, 2000), 342.
Noia, La (D. Damiani, 1962), 282.
Noi tre (P. Avati, 1983), 312, 339.
Noi vivi - Addio, Kira! (G. Alessandrini, 1942), 110.
Nome della rosa, Il (J.-J. Annaud, 1986), 444.
Non c'è pace tra gli ulivi (G. De Santis, 1957), 171.

Non ci resta che piangere (M. Troisi e R. Benigni, 1984), 373.
Non si sevizia un paperino (L. Fulci, 1972), 251.
Nostos, il ritorno (F. Piavoli, 1989), 366.
Nostra Signora dei Turchi (C. Bene, 1968), 315.
Nostri anni, I (D. Gaglianone, 2000), 380.
Nostro matrimonio è in crisi, Il (A. Albanese, 2002), 392.
Notte, La (M. Antonioni, 1961), 289, 439.
Notte brava, La (M. Bolognini, 1959), 195.
Notte di San Lorenzo, La (P. e V. Taviani, 1982), 278, 443.
Notte di stelle (L. Faccini, 1995), 343.
Notte italiana (C. Mazzacurati, 1987), 354, 368.
Notti bianche, Le (L. Visconti, 1957), 169.
Notti di Cabiria, Le (F. Fellini, 1957), 191, 437.
Novecento atto I (B. Bertolucci, 1976), 298, 303, 325, 442.
Novecento atto II (B. Bertolucci, 1976), 220, 303.
Novios de la muerte, Los (doc., R. Marcellini, 1937), 107.
Nozze d'oro (L. Maggi, 1911), 27.
N.U. (doc., M. Antonioni, 1948), 157.
Nudi per vivere (E. Montesti, 1964), 260.
Nuit de Varennes, La, vedi *Il mondo nuovo*.
Nuove comiche, Le (N. Parenti, 1994), 377.
Nuovi mostri, I (film a episodi, D. Risi, M. Monicelli e E. Scola, 1977), 233.
Nuovo cinema Paradiso (G. Tornatore, 1988), 360-62, 378, 444.

Oberdan (E. Ghione, 1915), 50.
Occasioni di Rosa, Le (S. Piscicelli, 1981), 343.
Occhiali d'oro, Gli (G. Montaldo, 1987), 280.
Occhi, la bocca, Gli (M. Bellocchio, 1982), 301.
Occhi stanchi, Gli (C. Salani, 1995), 383.
Occidente (C. Salani, 2000), 383.
Oci Ciornie (*Oči čërnye*, N. Michalkov, 1987), 444.
Odette (G. De Liguoro, 1916), 43, 45.
Odissea, L' (F. Bertolini e A. Padovan, 1911), 27, 30.
Odore della notte, L' (C. Caligari, 1998), 380.
Ogni giorno è Domenica (M. Baffico, 1944), 125.
Ogro (G. Pontecorvo, 1978), 220.
Oh, Serafina! (A. Lattuada, 1976), 274.
O la borsa o la vita (C. L. Bragaglia, 1933), 90.
Oltre la porta (L. Cavani, 1982), 281.
Ombrellone, L' (D. Risi, 1965), 232.
Omicron (U. Gregoretti, 1963), 216.
Onorevole Angelina, L' (L. Zampa, 1947), 175, 435.
Operazione Apfelkern (*La bataille du rail*, R. Clement, 1946), 145.
Operazione paura (M. Bava, 1966), 249.
Ora di religione, L' (M. Bellocchio, 2002), 392, 447.
Ore 9 lezione di chimica (M. Mattoli, 1941), 113.
Ormai è fatta (E. Monteleone, 2000), 380.
Oro di Napoli, L' (V. De Sica, 1954), 167.
Oro di Roma, L' (C. Lizzani, 1961), 271.
Orribile segreto del dr. Hichcock, L' (R. Hampton, 1962), 247.
O sole mio! (G. Gentilomo, 1946), 132, 184.
Ospiti (M. Garrone, 1998), 395.
Ossessione (L. Visconti, 1943), 119 e n, 120, 191, 433.
Ostia (S. Citti, 1970), 297.
Otello (M. Caserini, 1906), 23.
Otello (G. Lo Savio, 1909), 24.
Otello (E. Novelli, 1909), 27.
Otto e 1/2 (F. Fellini, 1963), 213, 284-86, 439.
Ovosodo (P. Virzí, 1997), 388.

INDICE DEI FILM

Padre di famiglia, Il (N. Loy, 1967), 236, 241.
Padre e figlio (P. Pozzessere, 1994), 380.
Padre padrone (P. e V. Taviani, 1977), 277, 278, 442.
Padrino, Il (*The Godfather*, F. F. Coppola, 1972), 306.
Padroni della città, I (F. di Leo, 1976), 259.
Paesaggio con figure (S. Soldini, 1983), 366.
Pagine chiuse (G. Da Campo, 1966), 312.
Pagliacci (L. Maggi, 1907), 23.
Paisà (R. Rossellini, 1946), 129, 141-143, 161-63, 435.
Paladini - Storia d'armi e d'amori, I (G. Battiato, 1982), 344.
Palombella rossa (N. Moretti, 1989), 334, 336.
Panagulis Zei (G. Ferrara, 1979), 280.
Pane, amore e fantasia (L. Comencini, 1953), 138, 202, 436.
Pane, amore e gelosia (L. Comencini, 1954), 181, 202, 436.
Pane e cioccolata (F. Brusati, 1973), 226, 241, 283.
Pane e tulipani (S. Soldini, 1999), 366, 367, 446.
Pap'occhio, Il (R. Arbore, 1980), 442.
Paprika (T. Brass, 1990), 284.
Parigi è sempre Parigi (L. Emmer, 1951), 154.
Parmigiana, La (A. Pietrangeli, 1963), 227, 273.
Parola amore esiste, La (M. Calopresti, 1998), 384.
Parola di ladro (G. Puccini e N. Loy, 1957), 195, 236.
Partigiano Johnny, Il (G. Chiesa, 2000), 380, 446.
Partner (B. Bertolucci, 1968), 297.
Pascal (film Tv, R. Rossellini, 1971), 275.
Pasolini, un delitto italiano (M. T. Giordana, 1995), 344.
Pasqualino settebellezze (L. Wertmüller, 1975), 281.
Passaporto rosso (G. Brignone, 1935), 107, 118.

Passo d'addio (doc., G. Ferroni, 1942), 86.
Pattuglia sperduta, La (P. Nelli, 1954), 435.
Paura - Non credo piú all'amore, La (R. Rossellini, 1954), 164.
Paura degli aeromobili nemici, La (A. Deed, 1915), 37, 38.
Peccato che sia una canaglia (A. Blasetti, 1954), 173.
Peccatori (F. Calzavara, 1944), 125.
Peccatrice, La (A. Palermi, 1940), 119.
Pelle, La (L. Cavani, 1981), 281.
Pensaci, Giacomino! (G. Righelli, 1936), 95.
Pensavo fosse amore invece era un calesse (M. Troisi, 1991), 372.
Pentito, Il (P. Squitieri, 1985), 271.
Perché si uccide un magistrato (D. Damiani, 1975), 217.
Perfido incanto (A. G. Bragaglia, 1918), 43.
Per il gusto di uccidere (T. Valerii, 1966), 255.
Perlasca (film Tv, A. Negrin, 2002), 311.
Per qualche dollaro in piú (S. Leone, 1965), 254, 440.
Per questa notte (C. Di Carlo, 1978), 343.
Per sempre (L. Bava, 1988), 251.
Per un pugno di dollari (S. Leone, 1964), 253-55, 438, 439.
Per un pugno nell'occhio (M. Lupo, 1964), 255.
Pesce innamorato, Il (L. Pieraccioni, 1999), 446.
Pia de' Tolomei (M. Caserini, 1908), 23.
Pian delle stelle (G. Ferroni, 1946), 172.
Pianese Nunzio, 14 anni a maggio (A. Capuano, 1996), 386.
Pianeta azzurro, Il (F. Piavoli, 1982), 365, 443.
Pianoforte (F. Comencini, 1984), 375.
Piccioni di Venezia, I (doc., F. Pasinetti, 1942), 86.
Piccoli equivoci (R. Tognazzi, 1988), 354.

Piccoli maestri, I (D. Luchetti, 1998), 365.
Piccolo Archimede, Il (film Tv, G. Amelio, 1979), 357.
Piccolo Buddha (*Little Buddha*, B. Bertolucci, 1993), 327.
Piccolo diavolo, Il (R. Benigni, 1988), 373, 444.
Piccolo fuggitivo, Il (*The Little Fugitive*, R. Ashley, M. Engel e R. Orkin, 1953), 145.
Piccolo garibaldino, Il (Cines, 1909), 22, 27.
Piccolo mondo antico (M. Soldati, 1941), 116.
Pierino la peste alla riscossa (U. Lenzi, 1982), 346, 348, 349.
Pierino medico della S.A.U.B. (G. Carnimeo, 1981), 349.
Pierino torna a scuola (M. Laurenti, 1990), 346.
Pierpin (D. Coletti, 1936), 112.
Pietro Micca (M. Caserini, 1908), 22, 24.
Pilota ritorna, Un (R. Rossellini, 1942), 109.
Pinocchio (G. Antamoro, 1911), 37, 38.
Pinocchio (R. Benigni, 2002), 374, 396, 447.
Pinocchio (L. Comencini), vedi *Le avventure di Pinocchio*.
Piovra I, La (film Tv, D. Damiani, 1983), 282.
Piovra VIII, La (film Tv, G. Battiato, 1997), 344.
Piovra IX, La (film Tv, G. Battiato, 1998), 344.
Pisito, El (M. Ferreri, 1959), 299.
Piso pisello (P. Del Monte, 1981), 340.
Pistole non discutono, Le (M. Caiano, 1964), 255.
Piú bel giorno della mia vita, Il (C. Comencini, 2002), 375.
Pizzicata (E. Winspeare, 1996), 381.
Placido Rizzotto (P. Scimeca, 2000), 354, 446.
Policarpo ufficiale di scrittura (M. Soldati, 1959), 175.
Polidor cambia sesso (Pasquali & C., 1912), 37.

Polidor ha rubato l'oca (Pasquali & C., 1912), 37.
Polidor statua (Pasquali & C., 1912), 37.
Poliziotta fa carriera, La (M. M. Tarantini, 1976), 346, 347.
Poliziotto è marcio, Il (F. di Leo, 1973), 259.
Poliziotto senza paura (S. Massi, 1977), 260.
Poliziotto, solitudine e rabbia (S. Massi, 1980), 260.
Polvere di Napoli (A. Capuano, 1998), 386.
Polvere di stelle (A. Sordi, 1973), 241.
Pompieri di Viggiú, I (M. Mattoli, 1949), 138.
Ponte dei sospiri, Il (film in 4 episodi, D. Gaido, 1921), 64.
Portaborse, Il (D. Luchetti, 1990), 354, 364, 445.
Portami via (G. Tavarelli, 1995), 381.
Porta Portese (doc., G. Pontecorvo, 1954), 158.
Porte aperte (G. Amelio, 1989), 358, 378.
Portiere di notte, Il (L. Cavani, 1974), 281.
Porto (A. Palermi, 1935), 118.
Porzûs (R. Martinelli, 1997), 387.
Postino, Il (M. Radford, 1994), 372, 373, 445.
Posto, Il (E. Olmi, 1961), 276.
Posto di blocco - Povera gente (F. Cerio, 1945), 125.
Potere, Il (A. Tretti, 1962), 284.
Povera gente, vedi *Posto di blocco*.
Poveri ma belli (D. Risi, 1956), 138, 181, 202, 437.
Pranzo di Polidor, Il (Pasquali & C., 1912), 37.
Preferisco il rumore del mare (M. Calopresti, 2000), 384, 446.
Prefetto di ferro, Il (P. Squitieri, 1977), 271.
Prendimi l'anima (R. Faenza, 2002), 339.
Presa del potere da parte di Luigi XIV, La (*La prise du pouvoir par Louis XIV*, R. Rossellini, 1966), 275.
Presa di Roma, La (F. Alberini e D. Santoni, 1905), 3, 426.

Prete bello, Il (C. Mazzacurati, 1989), 353, 368.
Prezzo del potere, Il (T. Valerii, 1969), 255.
Prima bicicletta di Robinet, La (Ambrosio, 1910), 37.
Prima comunione (A. Blasetti, 1950), 172.
Prima della rivoluzione (B. Bertolucci, 1964), 297, 326.
Prima del tramonto (S. Incerti, 1999), 392.
Prima la musica poi le parole (F. Wetzl, 2000), 315, 381.
Prima notte di quiete, La (V. Zurlini, 1972), 294.
Prima volta, La (M. Martella, 1997), 380.
Primo amore (D. Risi, 1978), 232.
Principe di Homburg, Il (M. Bellocchio, 1996), 301.
Principe e il pirata, Il (L. Pieraccioni, 2001), 392.
Prise du pouvoir par Louis XIV, La, vedi *La presa del potere da parte di Luigi XIV*.
Prix de beauté (Miss Europa, A. Genina, 1929-30), 69, 193, 431.
Processo Clémenceau, Il (A. De Antoni, 1917), 428.
Processo di Verona, Il (C. Lizzani, 1963), 271.
Professione: reporter (M. Antonioni, 1975), 289.
Professore, Il, episodio di *Controsesso*.
Professoressa di scienze naturali, La (M. M. Tarantini, 1976), 346.
Profondo rosso (D. Argento, 1975), 250.
Profumo di donna (D. Risi, 1974), 232, 442.
Promessi Sposi, I (Saffi, 1909), 24.
Promessi Sposi, I (M. Camerini, 1941), 80, 95.
Proprietà non è piú un furto, La (E. Petri, 1973), 290.
Prossima volta il fuoco, La (F. Carpi, 1993), 342.
Prova d'orchestra (F. Fellini, 1979), 288, 325.
Puerto Escondido (G. Salvatores, 1992), 354, 364.

Pugilatori (doc., V. Zurlini, 1951), 158.
Pugni in tasca, I (M. Bellocchio, 1965), 300, 440.
Pulce in camera da letto, La (1896-1900 c.), 6.
Pummarò (M. Placido, 1990), 383.
Pura formalità, Una (G. Tornatore, 1993), 361.
Puro cashmere (B. Proietti, 1986), 317.

Quando eravamo repressi (P. Quartullo, 1992), 380.
Quante volte... quella notte (M. Bava, 1969), 249.
Quartetto Basileus (F. Carpi, 1983), 342.
Quartieri alti (M. Soldati, 1943), 116.
Quarto potere (Citizen Kane, O. Welles, 1941), 221.
Quattro figli unici (F. Wetzl, 1992), 381.
Quattro giornate di Napoli, Le (N. Loy, 1960), 215, 236.
Quattro mosche di velluto grigio (D. Argento, 1971), 250.
Quattro passi tra le nuvole (A. Blasetti, 1942), 93, 119, 143.
Queimada (G. Pontecorvo, 1969), 219, 299.
Quel gran pezzo dell'Ubalda tutta nuda e tutta calda (M. Laurenti, 1972), 346, 348.
Quelli della montagna (A. Vergano, 1943), 80, 108.
Questa specie d'amore (A. Bevilacqua, 1971), 282.
Questione d'onore, Una (L. Zampa, 1966), 272.
Quien sabe? (D. Damiani, 1966), 219, 256.
Quiet One, The, vedi *L'escluso*.
Qui non è il Paradiso (G. Tavarelli, 2000), 381.
Quo Vadis? (E. Guazzoni, 1913), 18, 21, 29-33, 427, 428.
Quo Vadis? (G. Jacoby e G. D'Annunzio, 1924), 64, 429.
Quo Vadis? (M. LeRoy, 1951), 139, 435.

Racconti di Canterbury, I (P. P. Pasolini, 1972), 296, 441.
Radiofreccia (L. Ligabue, 1998), 380, 446.
Ragazza che sapeva troppo, La (M. Bava, 1962), 248.
Ragazza con la pistola, La (M. Monicelli, 1968), 227, 230, 241, 440.
Ragazza con la valigia, La (V. Zurlini, 1962), 227, 293.
Ragazza di Bube, La (L. Comencini, 1963), 231.
Ragazza di Trieste, La (P. Festa Campanile, 1982), 237.
Ragazza in vetrina, La (L. Emmer, 1960), 154, 270.
Ragazze di Piazza di Spagna, Le (L. Emmer, 1952), 154, 312.
Ragazze di San Frediano, Le (V. Zurlini, 1954), 196.
Ragazzi del massacro, I (F. di Leo, 1969), 259.
Ragazzi di via Panisperna, I (film Tv, G. Amelio, 1988), 357.
Ragazzi fuori (M. Risi, 1989), 375.
Ragazzo (I. Perilli, 1933), 118, 431.
Ragazzo del Pony Express, Il (F. Amurri, 1986), 346.
Raices (*Raíces*, B. Alazraki, 1953), 145.
Rapsodia satanica (N. Oxilia, 1917), 43-48.
Ratataplan (M. Nichetti, 1979), 371.
Ratto delle Sabine, Il (M. Bonnard, 1945), 198.
Rebus (M. Guglielmi, 1988), 384.
Recuperanti, I (film Tv, E. Olmi, 1974), 276.
Redenzione (M. Albani, 1942), 77, 110.
Regalo di Natale (P. Avati, 1986), 340, 444.
Regina (S. Piscicelli, 1987), 343.
Regina di Saba, La (P. Francisci, 1953), 199.
Remake (doc., A. Giannarelli, 1987), 293.
Requiescant (C. Lizzani, 1966), 219, 256.
Resistenza: una nazione che risorge (doc., A. Giannarelli, 1976), 293.
Respiro (E. Crialese, 2002), 394.

Resurrectio (A. Blasetti, 1931), 89, 91.
Ricomincio da tre (M. Troisi, 1981), 373, 443.
Ricotta, La, episodio di *Ro.Go.Pa.G.*
Riffa, La, episodio di *Boccaccio '70*.
Rigoletto (C. Gallone, 1946), 184, 185.
Rigoletto e la sua tragedia (F. Calzavara, 1956), 185.
Rimini Rimini (S. Corbucci, 1987), 317, 346.
Rimpatriata, La (D. Damiani, 1962), 283.
Riso amaro (G. De Santis, 1949), 136, 170, 180, 435.
Ritorno al Vittoriale (doc., F. Cerchio, 1942), 86.
Riusciranno i nostri eroi a ritrovare l'amico misteriosamente scomparso in Africa? (E. Scola, 1977), 233.
Rivolta dei gladiatori, La (V. Cottafavi, 1958), 201.
Robinet ama il ballo (Ambrosio, 1910), 37.
Robinet aviatore (Ambrosio, 1911), 37.
Robinet ha rubato cento lire (Ambrosio, 1911), 37.
Robinson in laguna (film Tv, M. Brenta, 1985), 341.
Rocco e i suoi fratelli (L. Visconti, 1960), 209, 216, 262, 290, 438, 439.
Ro.Go.Pa.G. - Laviamoci il cervello (film a episodi, R. Rossellini, J.-L. Godard, P. P. Pasolini e U. Gregoretti, 1963), 295.
Roma (F. Fellini, 1971), 287, 288.
Roma bene (C. Lizzani, 1971), 259.
Roma città aperta (R. Rossellini, 1945), 103, 110, 127, 128 n, 129, 141-44, 146, 151, 154, 160, 162, 435.
Romana, La (L. Zampa, 1954), 175.
Romantica avventura, Una (M. Camerini, 1940), 95.
Romanzo popolare (M. Monicelli, 1974), 217, 220, 230.
Roma occupata (doc., A. Giannarelli, 1980), 293.
Roma ore 11 (G. De Santis, 1952), 171.

Romeo e Giulietta (M. Caserini, 1908), 23.
Romeo e Giulietta (F. Zeffirelli, 1968), 267.
Rome ville ouverte, vedi *Roma città aperta*.
Rosa di Bagdad, La (A. G. Domeneghini, 1949), 159.
Rosalba (F. Cerio e M. Calandri, 1945), 125.
Rose scarlatte (V. De Sica, 1940), 97, 433.
Rosolino Paternò, soldato (N. Loy, 1970), 236.
Rossetto, Il (D. Damiani, 1960), 282.
Rossini! Rossini! (M. Monicelli, 1991), 445.
Rosso segno della follia, Il (M. Bava, 1969), 249.
Rotaie (M. Camerini, 1929-30), 71.
Roue, La (A. Gance, 1922), 56.
Rugantino (P. Festa Campanile, 1973), 237.

Sabato, Domenica e Lunedí (L. Wertmüller, 1990), 379.
Sabor de la venganza, El (J. Romero Marchent, 1962), 253.
Sacco bello, Un (C. Verdone, 1980), 371.
Sacco e Vanzetti (G. Montaldo, 1970), 215, 219, 441.
Saffo (O. Gherardini, 1909), 427.
Salambò (D. Gaido, 1914), 29.
Salò o Le 120 giornate di Sodoma (P. P. Pasolini, 1975), 296, 441.
Salto nel vuoto (M. Bellocchio, 1980), 443.
Salvatore Giuliano (F. Rosi, 1960), 220, 221, 224, 266, 438.
San Babila ore 20: un delitto inutile (C. Lizzani, 1975), 259.
Sangue vivo (E. Winspeare, 1999), 381.
San Michele aveva un gallo (P. e V. Taviani, 1971), 219, 277, 278.
San Miniato luglio '44 (doc., P. e V. Taviani e V. Orsini, 1954), 158.
Sansone contro i Filistei (D. Gaido, 1918), 428.
Sapore di mare (C. Vanzina, 1982), 377.

Sarahsarà... (R. Martinelli, 1994), 387.
Sasso in bocca, Il (G. Ferrara, 1970), 280.
Satyricon, vedi *Fellini Satyricon*.
Sbandati, Gli (F. Maselli, 1955), 195, 437.
Sbirro, la tua legge è lenta... la mia no! (S. Massi, 1979), 260.
Scampolo (*Das Mädchen der Strasse*, A. Genina, 1928), 46.
Scarpe al sole, Le (M. Elter, 1935), 118.
Sceicco bianco, Lo (F. Fellini, 1952), 169, 190, 436.
Scipione detto anche l'Africano (L. Magni, 1971), 236.
Scipione l'Africano (C. Gallone, 1937), 86, 106, 432.
Sciuscià (V. De Sica, 1946), 141, 143, 165 e n, 180, 435.
Scopone scientifico, Lo (L. Comencini, 1972), 228, 231.
Scorta, La (R. Tognazzi, 1993), 375.
Scugnizzo a New York, Uno (M. Laurenti, 1984), 346.
Scuola, La (D. Luchetti, 1995), 365.
Scuola del cinema, La (doc., F. Cerchio, 1942), 86.
Scuola di cavalleria in Pinerolo, La (L. Vitrotti, 1906), 426.
Scusate il ritardo (M. Troisi, 1982), 373.
Seconda moglie, La (U. Chiti, 1998), 380.
Seconda notte, La (N. Bizzarri, 1985), 367.
Seconda volta, La (M. Calopresti, 1994), 384.
Seddok l'erede di Satana (A. G. Majano, 1960), 245.
Sedotta e abbandonata (P. Germi, 1963), 224, 272, 439.
Seduto alla sua destra (V. Zurlini, 1967), 294.
Segno di fuoco (N. Bizzarri, 1991), 367.
Segretaria privata, La (G. Alessandrini, 1931), 103, 431.
Segreti segreti (G. Bertolucci, 1984), 333, 359.
Segreto del bosco vecchio, Il (E. Olmi, 1993), 379.

Segreto di stato (G. Ferrara, 1994), 280.
Seme dell'uomo, Il (M. Ferreri, 1969), 300.
Senilità (M. Bolognini, 1961), 267.
Senso (L. Visconti, 1954), 169, 181, 187, 264.
Senso '45 (T. Brass, 2001), 378.
Sentinelle di bronzo (R. Marcellini, 1937), 107.
Senza famiglia (film in 2 episodi, G. Ferroni, 1944-1945), 122, 125.
Senza pelle (A. D'Alatri, 1994), 387.
Se permettete parliamo di donne (film a episodi, E. Scola, 1964), 233.
Sepolta viva (L. Comerio, 1908), 24.
Sequestro di persona (G. Mingozzi, 1968), 292.
Serafino (P. Germi, 1968), 273.
Serpe, La (R. Roberti, 1919), 43, 44, 46.
Se sei vivo spara (G. Questi, 1967), 219, 256, 257.
Sesto continente (F. Quilici, 1954), 158.
Sette del Texas, I (J. Romero Marchent, 1964), 253.
Sette donne per i MacGregor (F. Giraldi, 1967), 256.
Sette note in nero (L. Fulci, 1977), 251.
Settimana della sfinge, La (D. Luchetti, 1989), 364.
Sexy ad alta tensione (P. O. De Fina, 1963), 261.
Sexy al neon (doc., E. Fecchi, 1962), 260.
Sexy follie (R. Bianchi Montero, 1963), 261.
Sexy magico (M. Loy e L. Scattini, 1963), 261.
Sexy nel mondo (R. Bianchi Montero, 1963), 261.
Sexy proibitissimo (M. Martinelli, 1963), 261.
Sexy proibito (O. Civirani, 1962), 261.
Sfida, La (F. Rosi, 1958), 196, 265.
Siamo donne (film a episodi, A. Guarini, G. Franciolini, R. Rossellini, L. Zampa e L. Visconti, 1953), 167.

Siamo uomini o caporali? (C. Mastrocinque, 1955), 198.
Sierra Maestra (A. Giannarelli, 1969), 219, 293.
Signora dalle camelie, La (U. Falena, 1909), 24.
Signora dalle camelie, La (G. Serena, 1915), 43.
Signora di tutti, La (M. Ophüls, 1934), 81, 431.
Signora senza camelie, La (M. Antonioni, 1953), 169, 192.
Signore e signori (P. Germi, 1965), 272, 440.
Signor Max, Il (M. Camerini, 1937), 94.
Sindrome di Stendhal, La (D. Argento, 1995), 250.
Si ringrazia la regione Puglia per averci fornito i milanesi (M. Laurenti, 1982), 346.
Socrate (film Tv, R. Rossellini, 1970), 275.
Sodoma e Gomorra (*Sodom and Gomorrah*, R. Aldrich, 1962), 209.
Sognando la California (C. Vanzina, 1992), 377.
Sogni d'oro (N. Moretti, 1981), 323.
Sogni nel cassetto, I (R. Castellani, 1956), 176.
Sogno di Fregoli, Il (L. Fregoli, 1898), 42.
Sogno di una notte d'estate (G. Salvatores, 1983), 363.
Soldatesse, Le (V. Zurlini, 1966), 294.
Soldati - 365 all'alba (M. Risi, 1987), 375.
Sole (A. Blasetti, 1929), 70, 71, 77, 430.
Sole che muore, Il (doc., G. Mingozzi, 1964), 292.
Sole negli occhi, Il (A. Pietrangeli, 1953), 195.
Sole sorge ancora, Il (A. Vergano, 1946), 172.
Soliti ignoti, I (M. Monicelli, 1958), 203, 224, 236, 239, 437.
Sommergibile piú pazzo del mondo, Il (M. Laurenti, 1983), 346.
Son contento (M. Ponzi, 1983), 343.
Sono pazzo di Iris Blond (C. Verdone, 1996), 371.

Sono stato io (A. Lattuada, 1973), 274.
Sorpasso, Il (D. Risi, 1962), 226, 231, 233, 368, 438.
Sostiene Pereira (R. Faenza, 1995), 339.
Sotto il segno dello scorpione (P. e V. Taviani, 1969), 277.
Sotto il sole di Roma (R. Castellani, 1948), 176.
Sovversivi, I (P. e V. Taviani, 1967), 277, 440.
Spartaco (G. E. Vidali, 1913), 29.
Sperduti nel buio (N. Martoglio e R. Danesi, 1914), 53, 427.
Speriamo che sia femmina (M. Monicelli, 1986), 230, 443.
Spettro, Lo (R. Hampton, 1963), 247.
Spiaggia, La (A. Lattuada, 1954), 174.
Splendor (E. Scola, 1988), 235, 360.
Sposi (P. Avati, 1987), 340.
Squadrone bianco, Lo (A. Genina, 1936), 107, 433.
Stagioni del nostro amore, Le (F. Vancini, 1966), 291.
Stanno tutti bene (G. Tornatore, 1989), 360.
Stanza del figlio, La (N. Moretti, 2001), 336, 378, 393, 447.
Stanza del vescovo, La (D. Risi, 1977), 232.
Star Wars - Episodio I - La minaccia fantasma (*Stars Wars - Episode I - The Phantom Menace*, G. Lucas, 1999), 307.
Stazione, La (S. Rubini, 1990), 382.
Stazione Termini (V. De Sica, 1953), 167.
Stealing Beauty, vedi *Io ballo da sola*.
Stefano Quantestorie (M. Nichetti, 1993), 372.
Steppa, La (A. Lattuada, 1962), 274.
Storia d'amore, Una (F. Maselli, 1986), 444.
Storia di cinema e di emigranti (doc., G. Mingozzi, 1986), 292.
Storia di ragazzi e di ragazze (P. Avati, 1989), 340.
Storia d'Italia del XX secolo (doc. in 80 episodi, F. Quilici, 1992-2000), 313.
Storia di una donna, La (E. Perego, 1919), 43, 45, 62.
Storia di un italiano (antologia Tv, A. Sordi, 1979), 239.
Storia moderna, Una, vedi *L'ape regina*.
Storia semplice, Una (E. Greco, 1991), 342.
Storie di ordinaria follia (M. Ferreri, 1981), 300.
Storie scellerate (S. Citti, 1973), 297.
Stormo atlantico, Lo (doc., M. Craveri, 1931), 85.
Strada, La (F. Fellini, 1954), 190, 191, 437.
Strada lunga un anno, La (*Cesta duga godinu dana*, G. De Santis, 1958), 171.
Strada per Fort Alamo, La (M. Bava, 1964), 255.
Stradivari (G. Battiato, 1988), 344.
Strane storie (S. Baldoni, 1994), 383.
Straniero, Lo (L. Visconti, 1967), 264.
Strano vizio della signora Wardh, Lo (S. Martino, 1970), 251.
Strategia del ragno, La (B. Bertolucci, 1972), 298, 326.
Streamers (R. Altman, 1983), 375.
Strelle nel fosso, Le (P. Avati, 1978), 340.
Stromboli (R. Rossellini, 1950), 163.
Studio di effetti tra quattro colori (B. Corra e A. Ginna, 1911), 57.
Sud (G. Salvatores, 1993), 364.
Sud Side Stori (R. Torre, 2000), 386, 446.
Sulle orme di Giacomo Leopardi (doc., F. Pasinetti, 1941), 86.
Superfantozzi (N. Parenti, 1987), 317.
Supertestimone, La (M. Giraldi, 1971), 241.
Suspiria (D. Argento, 1976), 250.
Svedesi, Le (G. L. Polidoro, 1960), 227.
Svegliati e uccidi (C. Lizzani, 1967), 271.
Svitato, Lo (C. Lizzani, 1956), 194.

Tagebuch einer Verlorenen, Das, vedi *Il diario di una donna perduta*.
T'amerò sempre (M. Camerini, 1933), 95.

T'amerò sempre (M. Camerini, 1943), 95.
Tano da morire (R. Torre, 1998), 386.
Taranta, La (doc., G. Mingozzi, 1963), 292.
Tassinaro a New York, Un (A. Sordi, 1987), 227.
Tavola dei poveri, La (A. Blasetti, 1932), 91.
Teatro di guerra (M. Martone, 1998), 385, 446.
Tempesta, La (A. Lattuada, 1958), 274, 438.
Tempi nostri (film a episodi, A. Blasetti, 1953), 172.
Tempo dell'amore, Il (G. Campiotti, 1999), 381.
Tempo di uccidere (G. Montaldo, 1989), 280.
Temporale Rosy (M. Monicelli, 1979), 230.
Tempo si è fermato, Il (E. Olmi, 1960), 216, 276, 438.
Tenderly (F. Brusati, 1968), 283.
Tenebre (D. Argento, 1982), 250.
Tè nel deserto, Il (B. Bertolucci, 1990), 327.
Teodora (L. Carlucci, 1922), 64, 429.
Teodora, imperatrice di Bisanzio (R. Freda, 1953), 199.
Teorema (P. P. Pasolini, 1967), 296, 440.
Tepepa (G. Petroni, 1968), 257.
Teresa Raquin (N. Martoglio, 1914), 53.
Teresa Venerdí (V. De Sica, 1941), 97.
Terra di mezzo (M. Garrone, 1996), 383, 395.
Terra di nessuno (M. Baffico, 1938), 77, 118.
Terra e libertà (*Land and Freedom*, K. Loach, 1995), 387.
Terra madre (A. Blasetti, 1931), 77, 89.
Terra trema, La (L. Visconti, 1948), 137, 161, 163, 168, 196, 435.
Terrazza, La (E. Scola, 1980), 235.
Terrore dei barbari, Il (C. Campogalliani, 1959), 202.
Terrore nello spazio (M. Bava, 1965), 249.
Terrorista, Il (G. De Bosio, 1963), 215.
Testimone, Il (P. Germi, 1945), 177.
Testimone a rischio (P. Pozzessere, 1997), 380.
Tetto, Il (V. De Sica, 1956), 167.
Thaïs (A. G. Bragaglia, 1917), 43, 58, 428.
Thé con Mussolini, Un (F. Zeffirelli, 1999), 267.
Thomas - Gli indemoniati (P. Avati, 1969), 251.
Three Musketeers, The, vedi *I tre moschettieri*.
Tiburzi (P. Benvenuti, 1996), 367.
Tigre, Il (D. Risi, 1967), 226.
Tigre reale (G. Pastrone, 1916), 43, 45, 46, 428.
Tiranno di Padova, Il (M. Neufeld, 1946), 185.
Tiro al piccione (G. Montaldo, 1961), 215, 279.
Tobia al caffé (G. Mingozzi, 2000), 292.
Toby Dammit, episodio di *Tre passi nel delirio*.
Todo modo (E. Petri, 1975), 217, 219, 291.
Tontolini ai bagni di mare (Cines, 1911), 37.
Tontolini cerca denaro (Cines, 1910), 37.
Topi grigi, I (film in 8 episodi, E. Ghione, 1918), 50, 51.
Torino nera (C. Lizzani, 1972), 259.
Tormento (R. Matarazzo, 1950), 186, 187.
Torna! (R. Matarazzo, 1954), 187.
Torna a Sorrento (C. L. Bragaglia, 1945), 184.
Tornando a casa (V. Marra, 2001), 393.
Toro, Il (C. Mazzacurati, 1994), 353, 368.
Torta in cielo, La (L. Del Fra, 1970), 312.
Tortura, La, episodio di *I topi grigi*.
Tosca (K. Koch, 1941), 96.
Totò a colori (Steno, 1952), 436.
Totò al giro d'Italia (M. Mattoli, 1948), 138.
Totò che visse due volte (D. Ciprí e F. Maresco, 1998), 386.
Totò e Carolina (M. Monicelli, 1955), 139, 437.

Totò e Cleopatra (F. Cerchio, 1963), 202.
Tracce di vita amorosa (P. Del Monte, 1990), 341.
Tragedia di un uomo ridicolo, La (B. Bertolucci, 1981), 326, 333, 443.
Tragica notte (M. Soldati, 1942), 116.
Traviata '53 (V. Cottafavi, 1953), 187.
Travolti da un insolito destino in un azzurro mare d'agosto (L. Wertmüller, 1974), 281.
Tre aquilotti, I (M. Mattoli, 1942), 108.
Tre canne un soldo (doc., F. Vancini, 1953), 158.
Trecento della settima, I (M. Baffico, 1943), 86, 108.
Tre donne (G. Campiotti, 1983), 381.
Tre fili fino a Milano (doc., E. Olmi, 1958), 156.
Tre fratelli (F. Rosi, 1981), 218, 266.
Tregua, La (F. Rosi, 1997), 266, 379.
Tre moschettieri, I (The Three Musketeers, F. Niblo, 1921), 61.
Treno popolare (R. Matarazzo, 1933), 118.
Trent'anni di servizio (M. Baffico, 1945), 125.
Tre passi nel delirio (film a episodi, R. Vadim, L. Malle e F. Fellini, 1967), 287.
Tre spietati, I (J. Romero Marchent, 1963), 253.
Tre uomini e una gamba (Aldo, Giovanni & Giacomo, 1997), 390, 446.
Trevico-Torino (Viaggio nel Fiat-Nam) (E. Scola, 1973), 217, 234.
Tre volti della paura, I (M. Bava, 1963), 248.
Trilogia della vita, vedi *Il Decameron, I racconti di Canterbury* e *Il fiore delle Mille e una notte*.
Trio (G. Mingozzi, 1967), 292.
Trionfo della volontà, Il (Der Triumph des Willens, L. Riefenstahl, 1935), 88.
Tuffo, Il (M. Martella, 1992), 380.
Tulipani di Harlem, I (F. Brusati, 1971), 283.
Tu mi turbi (R. Benigni, 1983), 373, 443.
Tu ridi (P. e V. Taviani, 1998), 278.

Turi e i paladini (A. D'Alessandro, 1977), 312.
Turné (G. Salvatores, 1990), 363.
Tutti a casa (L. Comencini, 1960), 209, 231, 438.
Tutti giú per terra (D. Ferrario, 1997), 369.
Tutti i colori del buio (S. Martino, 1971), 251.
Tuttobenigni dal vivo (G. Bertolucci, 1986), 359.

Uccellacci e uccellini (P. P. Pasolini, 1966), 220, 296, 440.
Uccello dalle piume di cristallo, L' (D. Argento, 1970), 249, 440.
Ulisse (M. Camerini, 1954), 173.
Ultima carrozzella, L' (M. Mattoli, 1943), 102, 103, 119.
Ultima diva, L' (doc., G. Mingozzi, 1981), 292, 443.
Ultima donna, L' (M. Ferreri, 1976), 300.
Ultima lezione, L' (F. Rosi, 2001), 393.
Ultima nemica, L' (U. Barbaro, 1938), 90.
Ultima preda del vampiro, L' (P. Regnoli, 1960), 245.
Ultimi giorni, Gli (C. Salani, 1992), 383.
Ultimi giorni di Pompei, Gli (L. Maggi, 1908), 31, 426.
Ultimi giorni di Pompei, Gli (E. Rodolfi, 1913), 18.
Ultimi giorni di Pompei - Jone, Gli (G. E. Vidali, 1913), 18.
Ultimi giorni di Pompei, Gli (C. Gallone e A. Palermi, 1926), 64, 430.
Ultimo (film Tv, S. Reali, 1998), 312.
Ultimo bacio, L' (G. Muccino, 2001), 390, 446.
Ultimo ballo, L' (C. Mastrocinque, 1945), 112.
Ultimo capodanno, L' (M. Risi, 1998), 375.
Ultimo imperatore, L' (B. Bertolucci, 1987), 326, 327, 444.
Ultimo tango a Parigi (B. Bertolucci, 1972), 298, 305, 441.
Ultrà (R. Tognazzi, 1991), 374.
Umberto D. (V. De Sica, 1952), 166, 436.

Un genio, due compari, un pollo (D. Damiani, 1975), 283.
Uomini che mascalzoni..., Gli (M. Camerini, 1932), 94, 103, 431.
Uomini e lupi (G. De Santis, 1957), 171.
Uomini e no (V. Orsini, 1979), 279.
Uomini sul fondo (F. De Robertis, 1941), 108.
Uomo a metà, Un (V. De Seta, 1966), 277.
Uomo da bruciare, Un (P. e V. Taviani e V. Orsini, 1962), 277.
Uomo d'acqua dolce (A. Albanese, 1997), 380.
Uomo dei cinque palloni - Break Up, L' (M. Ferreri, 1965), 240, 299.
Uomo della croce, L' (R. Rossellini, 1943), 109.
Uomo della legione, L' (R. Marcellini, 1940), 107.
Uomo delle stelle, L' (G. Tornatore, 1995), 361.
Uomo di paglia, L' (P. Germi, 1957), 177.
Uomo in più, L' (P. Sorrentino, 2001), 393.
Uomo meccanico, L' (A. Deed, 1921), 38.
Uomo perbene, Un (M. Zaccaro, 1999), 354, 382.
Urlo, L' (T. Brass, 1968), 283.
Usuraio e padre (Film d'Arte Italiana, 1914), 17.

Vacanza, La (T. Brass, 1971), 283.
Vacanza bestiale, Una (C. Vanzina, 1980), 377.
Vacanze di Natale (C. Vanzina, 1983), 377.
Vacanze di Natale '90 (E. Oldoini, 1990), 377.
Vacanze di Natale '95 (N. Parenti, 1995), 377.
Vacanze in America (C. Vanzina, 1984), 377.
Va' dove ti porta il cuore (C. Comencini, 1994), 375.
Vagabondi (C. Mazzacurati, 1983), 368.
Vaghe stelle dell'Orsa (L. Visconti, 1965), 264, 440.

Vajont (R. Martinelli, 2000), 354, 387.
Valle di pietra, La (M. Zaccaro, 1992), 382.
Vamos a matar compañeros (S. Corbucci, 1970), 255.
Vampira indiana (R. Roberti, 1913), 252.
Vampiri, I (R. Freda, 1957), 247.
Vangelo secondo Matteo, Il (P. P. Pasolini, 1964), 296.
Varieté (E. A. Dupont, 1925), 46.
Vecchia guardia (A. Blasetti, 1935), 65, 93, 105, 106, 432.
Vedi Napule e po' mori! (E. Perego, 1924), 63, 68.
Vela incantata, La (G. Mingozzi, 1982), 292, 360.
Velocità massima (D. Vicari, 2002), 393.
Vendetta di Ercole, La (V. Cottafavi, 1960), 200, 201.
Venga a prendere il caffè... da noi (A. Lattuada, 1970), 228, 274.
Vento di milioni (D. Falconi, 1940), 112.
Ventriloquo, Il (A. Frusta, 1909), 24.
Vera vita di Antonio H, La (E. Monteleone, 1994), 380.
Verdugo, El (L. Berlanga, 1963), 241.
Vergine di Norimberga, La (A. Dawson, 1963), 249.
Verificatore, Il (S. Incerti, 1995), 380.
Veritàaaa, La (C. Zavattini, 1982), 356.
Vermisàt (M. Brenta, 1974), 341.
Verso sera (F. Archibugi, 1990), 362.
Verso Sud (P. Pozzessere, 1992), 380.
Vertigine bianca (doc., G. Ferroni, 1941), 86.
Vesna va veloce (C. Mazzacurati, 1996), 368, 446.
Vesuviani, I (film a episodi, P. Corsicato, A. De Lillo, A. Capuano, S. Incerti e M. Martone, 1997), 385.
Viaccia, La (M. Bolognini, 1960), 267.
Via delle cinque lune (L. Chiarini, 1942), 116.
Viaggi di nozze (C. Verdone, 1995), 371.

Viaggio chiamato amore, Un (M. Placido, 2002), 383.
Viaggio con Anita (M. Monicelli, 1978), 230.
Viaggio dalla terra alla luna (*Le voyage dans la lune*, G. Méliès, 1902), 8.
Viaggio della sposa, Il (S. Rubini, 1997), 382.
Viaggio di Capitan Fracassa, Il (E. Scola, 1990), 235, 372.
Viaggio in Italia (R. Rossellini, 1952), 163.
Via Margutta (M. Camerini, 1960), 223.
Via Montenapoleone (C. Vanzina, 1986), 377.
Via Paradiso (L. Odorisio, 1988), 360.
Via senza gioia, La (*Die freudlose Gasse*, G. W. Pabst, 1925), 46.
Vie del Signore sono finite, Le (M. Troisi, 1987), 373.
Vigile, Il (L. Zampa, 1960), 272.
Vinti, I (film in 3 episodi, M. Antonioni, 1952), 192.
Vipera (S. Citti, 2000), 297.
Visione del sabba, La (M. Bellocchio, 1987), 301.
Visita, La (A. Pietrangeli, 1963), 273.
Visita dello zio nello studio di uno scultore (1896-1900 c.), *La*, 7.
Vita agra, La (C. Lizzani, 1964), 271.
Vita che verrà, La (film Tv, P. Pozzessere, 1999), 312.
Vita delle farfalle, La (R. Omegna, 1911), 427.
Vita difficile, Una (D. Risi, 1961), 225, 231, 236, 438.
Vita di Leonardo (film Tv, R. Castellani, 1971), 274.
Vita è bella, La (R. Benigni, 1997), 373, 374, 378, 447.
Vita futurista (A. Ginna, 1916), 56, 57, 59, 428.
Vita in gioco, La (G. Mingozzi, 1972), 220, 292, 333.
Vitelloni, I (F. Fellini, 1953), 180, 190.
Vite strozzate (R. Tognazzi, 1996), 374.
Vito e gli altri (A. Capuano, 1990), 385.

Viuuulentemente... mia (C. Vanzina, 1982), 377.
Viva l'Italia (R. Rossellini, 1961), 275.
Vivere in pace (L. Zampa, 1946), 175.
Voce della luna, La (F. Fellini, 1990), 325, 445.
Voce umana, La, episodio di *L'amore*.
Voci d'Europa (C. Salani, 1989), 383.
Voci nel tempo (F. Piavoli, 1996), 366, 446.
Voglia matta, La (L. Salce, 1961), 237, 240.
Vogliamo i colonnelli (M. Monicelli, 1974), 230.
Volere volare (M. Nichetti e G. Manuli, 1991), 372.
Volevamo essere gli U2 (A. Barzini, 1992), 384.
Volevo i pantaloni (M. Ponzi, 1989), 343.
Voltati Eugenio (L. Comencini, 1980), 231.
Voyage dans la lune, Le, vedi *Viaggio dalla terra alla luna*.

West and Soda (B. Bozzetto, 1965), 159.
Who Framed Roger Rabbit?, vedi *Chi ha incastrato Roger Rabbit?*

Yankee - L'americano (T. Brass, 1966), 256.
Yuppies - I giovani di successo (C. Vanzina, 1985), 377.
Yuppies 2 (E. Oldoini, 1986), 377.

Zabriskie Point (M. Antonioni, 1970), 289.
Zazà (R. Castellani, 1942), 80, 117.
Zio di Brooklyn, Lo (D. Ciprí e F. Maresco, 1995), 386.
Zoo (C. Comencini, 1988), 312, 375.

Indice dei nomi

Abatantuono, Diego, 243, 244, 376, 377.
Abba, Giuseppe Cesare, 92.
Abbati, Giuseppe, 92.
Accardo, A., 223 n.
Accorsi, Stefano, 243.
Achilli, Alberto, 293 n.
Aquara, duca d', 426.
Age (Agenore Incrocci), 194, 203, 222, 225, 233, 258, 350.
Agnelli, Giovanni, 15.
Agosti, Silvano, 156, 211, 314, 331.
Agosti, Stefano, 310.
Aichmayr, Michail, 357 n.
Aimée, Anouk, 443.
Airoldi, Conchita, 310.
Airoldi di Robbiate, Paolo, 18.
Alacci, Tito, 428.
Alazraki, Benito, 145.
Albanese, Antonio, 380, 392.
Albani, Marcello, 77, 110.
Al Bano (Carrisi), 238, 346.
Alberini, Filoteo, 3, 5, 13, 425, 426.
Alberti, Francesco, 331.
Albertini, Luciano, 69, 428, 429.
Aldini, Carlo, 69.
Aldo (Aldo Baglio), 390, 394, 446.
Aldrich, Robert, 209.
Aleramo, Sibilla, 383.
Alessandrini, Goffredo, 79, 80, 108, 110, 431, 432.
Alessandro, Luigi, 7.
Alfaro, Italo, 346.
Alicata, Mario, 99, 119.
Allasio, Marisa, 181, 241.
Allegretti, Elisa, 330 n.
Almodóvar, Pedro, 385.
Altman, Robert, 375.
Alvaro, Corrado, 79, 116.

Amati, Edmondo, 446.
Amato, Peppino, 140, 430, 432.
Ambrosio, Arturo, 18.
Ambrosoli, Giorgio, 354, 383.
Amelio, Gianni, 211, 219, 307, 311, 313, 320, 331, 333, 353, 357-59, 378, 445.
Amendola, Claudio, 243.
Amendola, Mario, 255.
Amidei, Sergio, 98, 149, 162, 194, 203, 235, 350, 351, 443.
Ammaniti, Nicolò, 375, 392.
Amoroso, Roberto, 140.
Amurri, Franco, 346.
Anania, Francesca, 208 n.
Andreotti, Giulio, 136, 166, 434, 436.
Andreotti, Sergio, 438.
Angeletti, Pio, 310.
Angelini, Valerio, 11 n.
Anghelopoulos, Theo (Thodoros), 313.
Antamoro, Giulio, 34, 37.
Antoine, André, 26.
Antona Traversi, Giannino, 26.
Antonelli, Alessandro, 30.
Antonio, Marco, 20.
Antonioni, Michelangelo, 131, 150, 155, 157, 169, 180, 187-89, 191 e n, 192 e n, 193, 201, 210, 238, 241, 263, 273, 284, 288, 289 e n, 292, 307, 311, 316, 320, 343, 345, 347, 378, 427, 436, 438-40, 445.
Apollinaire, Guillaume (Wilhelm Apollinaris de Kostrowizky), 26.
Aprà, Adriano, 15 n, 69 n, 70 n, 89 n, 142 n, 143 n, 184 n, 210 n, 212 e n, 213 n, 272 n, 335, 439.

INDICE DEI NOMI

Apuzzo, Carla, 315.
Aquilanti, Pacifico, 37.
Arata, Ubaldo, 116, 190.
Arbasino, Alberto, 223, 286.
Arcalli, Kim (Franco), 234, 258, 326.
Archibugi, Francesca, 238, 313, 314, 329, 331, 351, 353, 362, 363, 379, 446.
Arcopinto, Gianluca, 311.
Arena, Maurizio, 182.
Argentieri, Mino, 108 e n, 161 n, 287.
Argento, Dario, 212, 246, 248, 249, 250 e n, 311, 440.
Aristarco, Guido, 119 n, 169 e n, 436, 440, 447.
Arlorio, Giorgio, 255.
Armenzoni, Mario, 272 n.
Arnheim, Rudolf, 96.
Artaud, Antonin, 26, 291.
Ashley, Ray, 145.
Asor Rosa, Alberto, 147, 148 n.
Astruc, Alexander, 323.
Attanasio, Gennaro, 7.
Attolini, Vito, 272 n.
Auriol, Jean-Georges, 141 e n, 143, 144.
Autant-Lara, Claude (Claude Autant), 196.
Avati, Antonio, 310.
Avati, Pupi, 212, 251, 311-13, 339, 340, 352, 378, 381, 443, 444, 447.

Bacalov, Luis Enrique, 234, 257.
Bacchelli, Riccardo, 174.
Badoglio, Pietro, 231.
Baffico, Mario, 77, 86, 108, 118, 125.
Bagella, Michele, 307 n, 308 n.
Baker, Joséphine, 47.
Balbo, Italo, 85.
Baldacci, Luigi, 362.
Baldi, Gian Vittorio, 211, 313, 331.
Baldoni, Sandro, 380, 383.
Balistrieri, Virginia, 53.
Ballerini, Piero, 122, 125.
Balzac, Honoré de, 130.
Bandini, Baccio, 435.
Banfi, Lino, 345, 346.
Bara, Theda (Theodosia Goodman), 46.

Baracco, Adriano, 435.
Barattolo, Giuseppe, 63, 427, 432.
Barbagallo, Angelo, 310, 443, 445.
Barbara, Paola, 105.
Barbareschi, Luca, 244.
Barbaro, Umberto, 50 e n, 53 e n, 81, 90, 91, 116, 118, 119 e n, 141, 156, 195 n, 431-34, 43-39.
Barberi Squarotti, Giorgio, 116 n, 175 n.
Barbey d'Aurevilly, Jules-Amédée, 39.
Barboni, Enzo (E. B. Clucher), 258, 440.
Bardem, Juan Antonio, 145.
Bargellini, Piero, 211.
Baricco, Alessandro, 361.
Baroli, Teobaldo, 7.
Barovier, Ercole, 114.
Barthes, Roland, 111.
Bartolini, Carlo, 3.
Baruchello, Gianfranco, 210.
Barzini, Andrea, 380, 384.
Base, Giulio, 380.
Baseggio, Cesco, 100.
Basile, Giambattista, 266.
Bassani, Giorgio, 280, 291.
Bassi, Angelo, 310.
Battiato, Giacomo, 212, 344.
Battisti, Carlo, 166, 179.
Baudelaire, Charles, 31.
Bava, Lamberto, 251.
Bava, Mario, 245-49, 252, 255, 317, 427.
Bazin, André, 143 e n.
Bazzoni, Luigi, 251.
Beardsley, Aubrey, 45.
Beaumarchais, Pierre-Augustin Caron de, 203.
Becchetti, Leonardo, 308.
Bechi, Gino, 184.
Bechis, Marco, 380, 446.
Becker, Jacques, 145.
Belli, Laura, 315, 329.
Bellocchio, Marco, 211, 218, 219, 261, 262, 300, 301, 311, 313, 338, 383, 392, 432, 440, 443, 446, 447.
Bellucci, Monica, 243.
Belluzzo, Giuseppe, 430.
Benavente y Martínez, Jacinto, 26.
Bencivenni, Alessandro, 24.

INDICE DEI NOMI

Bendazzi, Giannalberto, 158 e n.
Bene, Carmelo, 210, 211, 314.
Ben-Ghiat, Ruth, 90 n.
Benigni, Roberto, 243, 244, 297, 307, 320, 359, 371, 373, 374, 378, 389, 395, 396, 436, 442, 443, 445, 447.
Bentivoglio, Fabrizio, 244, 445.
Benvenuti, Alessandro, 380.
Benvenuti, Leo, 194, 222, 225, 350.
Benvenuti, Paolo, 313, 314, 367, 380.
Berardi, Mauro, 310.
Bergman, Ingmar, 286, 393.
Bergman, Ingrid, 163, 164, 347.
Berio, Luciano, 292.
Berlanga, Luis Garcia, 145, 241.
Berlinguer, Enrico, 243.
Berlusconi, Silvio, 44-44.
Bernagozzi, Giampaolo, 157 n.
Bernardi, Sandro, 223 n, 301 e n.
Bernardini, Aldo, 4 n, 5 e n, 8 n, 10 e n, 11 n, 13 e n, 15 n, 16, 20, 63 n, 97 n, 139 n, 140 n, 165 n, 207 n, 240 n, 306 n, 443, 445.
Bernhardt, Sarah (Henriette-Rosine Bernard), 46.
Bernini, Franco, 351.
Bertellini, Giorgio, 19 n.
Bertetto, Paolo, 38 n, 116 n, 175 n, 216 n, 218 n.
Bertini, Francesca (Elena Seracini Vitiello), 43, 45, 46, 48 e n, 50, 53, 63, 292, 427, 428, 443.
Berto, Giuseppe, 268.
Bertolini, Francesco, 27, 427.
Bertolucci, Bernardo, 146, 211, 212, 220, 240, 249, 253, 265, 297, 298, 305, 307, 320, 324-28, 333, 339, 360, 378, 394, 433, 441-44, 446.
Bertolucci, Giovanni, 310.
Bertolucci, Giuseppe, 313, 331, 333, 359, 442, 447.
Bettetini, Gianfranco, 440.
Betti, Laura, 440.
Bevilacqua, Alberto, 211, 212, 281, 282.
Beynet, Michel, 79 n.
Biagi, Enzo, 238 n.
Bianchi, Roberto, 261.
Bianciardi, Luciano, 271.

Biarese, Cesare, 205 n.
Biasion, Renzo, 363.
Bichon, Alain, 356 e n, 367, 387.
Bigoni, Bruno, 332, 380.
Bilinskij, Boris, 97.
Bini, Alfredo, 310, 438.
Bizet, Georges, 46.
Bizzarri, Libero, 437.
Bizzarri, Nino, 314, 367.
Blasco Ibáñez, Vicente, 26.
Bläser, Johann, 7.
Blasetti, Alessandro, 65, 70 e n, 71, 74, 77 e n, 80, 89 e n, 90-95, 99, 101, 105, 106, 118, 119, 143, 150, 172, 173, 180, 197, 245, 260, 269, 270, 426, 430-33, 435, 443.
Blixen-Finecke, Karen, 341.
Boaro, Giuseppe, 8.
Boccaccio, Giovanni, 24, 328.
Boccioni, Umberto, 57.
Böcher, Karl, 7.
Böcklin, Arnold, 44.
Boetticher, Budd, 254.
Bogarde, Dirk (Derek Jules Gaspard Ulric Niven van den Bogaerde), 281.
Boito, Camillo, 284.
Boldi, Massimo, 244, 376.
Boldini, Giovanni, 45.
Bolognini, Mauro, 195, 198, 204, 227, 238, 267, 268, 294, 379, 388, 441.
Bolzoni, Adriano, 258.
Bolzoni, Francesco, 161 n.
Bondanella, Peter, 189 n, 285 n.
Bonetto, Marco, 12 n.
Bonfantini, Mario, 116.
Bongiorno, Mike, 238.
Boni, Carmen, 49.
Bonivento, Claudio, 310.
Bonnard, Mario, 101, 103, 112, 119, 132, 186, 430, 433.
Boorman, John, 344.
Borde, Raymond, 287.
Borelli, Lyda, 42-45, 47, 48, 63, 427.
Borges, Jorge Luis, 298, 343.
Borghese, Junio Valerio, 230.
Borghesio, Carlo, 112, 125, 135.
Borgnetto, Romano Luigi, 70, 428.
Borrani, Odoardo, 92.
Bosé, Lucia, 180, 181, 193, 435.
Bottai, Giuseppe, 74, 76 e n, 430.

Bova, Raoul, 243.
Bovani, Renato, 4 n, 12 n.
Bowles, Paul, 327.
Bozzetto, Bruno, 159.
Bracco, Davide, 15 n.
Bracco, Roberto, 26, 53.
Bragaglia, Anton Giulio, 57, 59 e n, 428, 430.
Bragaglia, Carlo Ludovico, 90, 98, 132, 184, 198, 445, 446.
Bragaglia, Cristina, 184 n.
Bragaglio, P., 16 n.
Brancati, Vitaliano, 116, 175, 176, 204, 268.
Brando, Marlon, 298.
Brass, Tinto (Giovanni), 211, 233, 256, 283, 378, 431.
Brazzi, Rossano, 105, 110, 111.
Brecht, Bertolt, 278, 284, 291, 385.
Brenta, Mario, 212, 313, 331, 341, 353.
Brera, Gianni, 237.
Brescia, Alfonso, 447.
Bresson, Robert, 278, 279, 288, 331, 341, 393.
Brignone, Guido, 68, 70, 112, 118, 132.
Brilli, Nancy, 243.
Bronson, Charles, 255.
Brooks, Louise, 193, 431.
Brunetta, Gian Piero, 5 n, 29 n, 55 n, 60 n, 61 n, 76 n - 78 n, 107 n, 129 n, 132 n, 144, 146 n, 195 n, 217 n, 295 n, 322 n, 442-45, 447.
Bruni, David, 262 n.
Bruni, Francesco, 329.
Bruni Tedeschi, Valeria, 244, 394.
Bruno, Edoardo, 436.
Bruno, Giuliana, 15 n.
Brusati, Franco, 211, 226, 283.
Buchovich, Alessandro, 7.
Buñuel, Luis, 59, 286, 300.
Burne-Jones, Edward Coley, 43.
Burton, Richard (Richard Walter Jenkins), 267.
Buti, Enrico, 26.
Buttafava, Giovanni, 259 n.
Buy, Margherita, 243.
Buzzati, Dino, 286, 294, 341.

Caccialupi, colonnello, 3.
Cacioppoli, Renato, 384.

Cacoyannis, Michael, 145.
Cadorna, Raffaele, 3.
Caffé, Federico, 393.
Caiano, Mario, 246, 249, 255, 260.
Calà, Jerry, 376.
Calamai, Clara, 105, 433.
Calcina, Vittorio, 425.
Caldiron, Orio, 98 n, 269 n.
Calendoli, Giovanni, 4, 68 n.
Caligari, Claudio, 380.
Callas, Maria (Maria Kalogeropoulos), 267.
Callegari, Gian Paolo, 346.
Calopresti, Mimmo, 353, 380, 383, 384, 446.
Calvesi, Maurizio, 57 n.
Calvi, Cecilia, 315.
Calvino, Italo, 148 e n, 325 e n, 343, 372.
Calzavara, Flavio, 125, 185.
Calzolari, Giuseppe, 11 n.
Cambellotti, Duilio, 59.
Camerini, Claudio, 118 n.
Camerini, Mario, 65, 68-71, 74, 80, 94-96, 98, 107, 112, 118, 150, 173, 223, 269, 389, 425, 429-32, 443.
Cammarano, Michele, 4.
Camon, Ferdinando, 268 e n.
Campagnoli, Edy, 238.
Campana, Dino, 342, 383.
Campanile, Achille, 102.
Campanini, Carlo, 138.
Campari, Roberto, 115 n, 297 n, 325 n, 326 n.
Campiotti, Giacomo, 331, 353, 381.
Campogalliani, Carlo, 101, 118, 200, 202.
Camus, Albert, 192.
Canale, Gianna, 435.
Caneppele, Paolo, 12 n.
Canonero, Milena, 320.
Canonica, Pietro, 43.
Canosa, Michele, 7 n.
Canudo, Ricciotto, 33, 427, 440.
Capece Minutolo di Bugnano, Alfredo, 18.
Capizzi, Giuseppe, 332.
Cappa, Paolo, 434.
Cappiello, Leonetto, 43.
Cappuccio, Eugenio, 380.
Capra, Frank R., 95.
Caprara, Valerio, 186, 231 n.

Caprioli, Vittorio, 211.
Capuana, Luigi, 26.
Capuano, Antonio, 314, 380, 385.
Caputi, Ilaria, 158 n.
Carchidio, generale, 3.
Cardella, Lara, 343.
Cardinale, Claudia, 242, 264, 432, 437, 445.
Carlei, Carlo, 311, 330, 380.
Carlucci, Leopoldo, 64, 429.
Carmi, Maria, 53.
Carné, Marcel, 116, 174.
Carnevale, Salvatore, 242, 277.
Carnimeo, Giuliano, 260, 346, 349.
Carpi, Fabio, 313, 314, 331, 342.
Carpitella, Diego, 156 n.
Carrano, Patrizia, 241 n.
Casadio, Gianfranco, 184 n, 293 n.
Casares, Bioy, 341.
Caselli, Chiara, 243.
Caserini, Mario, 42, 426, 427.
Casetti, Francesco, 444.
Casilio, Maria Pia, 179.
Casini, Stefania, 315.
Casiraghi, Ugo, 435.
Cassola, Carlo, 231.
Castellani, Bruto, 69.
Castellani, Renato, 80, 115, 117, 140, 151, 152, 176, 177, 270, 274, 436.
Castellano (Franco Castellano), 310.
Castellari, Enzo G., 256, 260.
Castellitto, Sergio, 242.
Castello, Giulio Cesare, 40, 145 e n, 437.
Castronovo, Valerio, 14 n, 216 n, 313.
Catania, Corrado, 29 n.
Cattaneo, Menotti, 425.
Caudana, Mino, 141.
Cavani, Liliana, 211, 280 e n, 281, 439.
Cavara, Paolo, 251.
Cavour, Camillo Benso, conte di, 5.
Cecca, Sandro, 313.
Ceccherini, Massimo, 390.
Cecchi, Carlo, 385.
Cecchi, Emilio, 79, 92, 116, 430.
Cecchi d'Amico, Suso, 149, 194, 195 n, 258, 350, 352, 427, 445.
Cecchi Gori, Mario, 310, 316, 429, 437, 443, 444.

Cecchi Gori, Vittorio, 310, 316, 444.
Čechov, Anton Pavlovič, 301.
Cegani, Elisa, 105.
Celentano, Adriano, 232, 238, 244, 281, 443.
Celentano, Rosalinda, 359.
Cerami, Vincenzo, 225, 228, 297, 333, 351, 357, 359, 373.
Cerchio, Fernando, 86, 125, 202.
Cerio, Ferruccio, 78, 125.
Cerri, Lionello, 311.
Cervi, Gino, 104, 105, 441.
Cervi, Tonino, 310, 447.
Cesare, Gaio Giulio, 20, 30.
Chabrol, Claude, 313.
Chagall, Marc, 166.
Chaplin, Charles Spencer, 35, 38, 278, 374.
Chapuis, Pierre, 425.
Chatman, Seymour, 192 n, 288 n.
Chauvet, Louis, 143.
Checchi, Andrea, 105.
Chelli, Gaetano Carlo, 268.
Chemotti, Saveria, 129 n.
Chenal, Pierre (Pierre Cohen), 96.
Cherchi Usai, Paolo, 32 n.
Chéret, Jules, 45.
Chiara, Piero, 232, 274.
Chiarelli, Luigi, 69.
Chiari, Mario, 268.
Chiari, Walter (Walter Annichiarico), 145, 445.
Chiarini, Luigi, 81, 115, 116, 432, 434, 436, 438, 439, 442.
Chiesa, Guido, 314, 332, 369, 380, 446.
Chiti, Ugo, 380.
Chomón, Segundo de, 33.
Choux, Jean, 96.
Christian-Jaque (Christian Maudet), 96, 181.
Christoff, Liuv, 97.
Cianfarani, Carmine, 209, 440.
Ciani, Ivos, 29 n.
Ciano, Galeazzo, 431.
Cicero, Nando, 347, 442.
Cicognani, Augusto, 4.
Cicutto, Roberto, 310, 442.
Cimpanelli, Roberto, 444.
Cincotti, Guido, 4 e n.
Cini, Antonio, 7.
Cini, Giovanni, 7.

Cino, Beppe, 313.
Ciprí, Daniele, 296, 331, 380, 386, 394.
Cirasola, Nico, 314.
Citran, Roberto, 244.
Citti, Sergio, 211, 296, 297, 331.
Civirani, Osvaldo, 261.
Clair, René, 59, 166, 181.
Clement, René, 145.
Clementelli, Silvio, 310, 439, 446.
Cléry, Corinne, 251.
Clucher, E. B., *vedi* Enzo Barboni.
Coburn, James, 255.
Cocanari, famiglia, 425.
Cocteau, Jean, 147, 148 e n, 163, 263.
Codelli, Lorenzo, 82 n, 222 n, 248, 252 e n, 378 n.
Colaiacomo, Felice, 438.
Colette, Sidonie-Gabrielle, 26, 45.
Coletti, Duilio, 255, 432, 446.
Colombo, Fausto, 25 e n, 209 n.
Colombo, Giuseppe, 310.
Colombo, Roberta, 353.
Colonna di Sonnino, Prospero, 18.
Comencini, Cristina, 312, 315, 371, 375.
Comencini, Francesca, 371, 374, 375.
Comencini, Luigi, 138, 141, 156, 157, 173, 202, 204, 215, 217, 224, 227, 228, 231, 241, 311, 362, 369, 436, 438, 444.
Comerio, Luca, 24, 42, 58.
Committeri, Franco, 310, 439, 446.
Conforti, Michele, 314.
Conrad, Joseph, 233.
Consiglio, Alberto, 162.
Contaldo, Francesco, 307 n.
Contarello, Umberto, 351, 367.
Contini, Ermanno, 141.
Contro, Gian Maria, 245 n.
Cooper, Gary (Frank James Cooper), 105.
Coppola, Francis Ford, 146, 255, 306.
Corbucci, Bruno, 349.
Corbucci, Sergio, 198, 211, 216, 252, 255, 317, 346.
Corman, Roger, 378.
Corra, Bruno (Bruno Ginanni Corradini), 57 e n, 428.

Corradi, Nelly, 184.
Corsi, Barbara, 128 n, 132 n, 305 n.
Corsi, Mario, 64.
Corsi, Tilde, 311.
Corsicato, Pappi, 296, 314, 380, 385.
Corti, Maria, 160 n.
Cossa, Pietro, 24, 29.
Costa, Antonio, 4 n, 38 n, 48 n, 52, 55 n, 70 n, 143 n, 156 n, 195 n, 264 n.
Costa, Mario, 132, 186.
Costa, Piero, 433.
Costantini, Costanzo, 238 n.
Cosulich, Callisto, 141 n, 378.
Cottafavi, Vittorio, 146, 187, 200, 201, 427.
Cozzi, Luigi, 246.
Craig, Edward Gordon, 102, 198.
Craveri, Mario, 85.
Crawford, Joan, 103.
Cremonini, Giorgio, 195 n.
Cretinetti, *vedi* André Deed.
Crialese, Emanuele, 329, 394.
Cristaldi, Franco, 310, 434, 435, 444.
Cristaldi, Massimo, 310, 444.
Cristiani, Gabriella, 326.
Cristofari, Ezio, 425.
Croce, Benedetto, 435.
Croce, Giuseppe, 122.
Crociani, Raimondo, 234.
Cronenberg, David, 250.
Cucciolla, Riccardo, 279, 441.
Cuccu, Lorenzo, 12 n, 80 n, 192 n, 289 n.
Cucinotta, Maria Grazia, 244.
Culicchia, Giuseppe, 369.
Curi, Umberto, 374 n.

Da Campo, Gianni, 211, 312.
D'Agostini, Paolo, 216 n, 319 n, 328 n.
D'Agostino, Patrizia, 113 n.
Dagover, Lil (Maria Antonia Siegliende Liletts), 46.
D'Alatri, Alessandro, 380, 386, 387.
D'Alema, Massimo, 345.
D'Alessandria, Nico, 296, 314.
D'Alessandro, Angelo, 312.
Dall'Asta, Monica, 60 n, 69 n.
Dalle Vacche, Angela, 163 n.
Dall'Ongaro, Francesco, 24.
D'Alò, Enzo, 160, 380.

INDICE DEI NOMI

D'Amato, Joe (Aristide Massaccesi), 246.
D'Ambra, Lucio (Renato Eduardo Manganella), 24, 26, 68 e n.
Damiani, Damiano, 211, 218, 255, 259, 280, 282, 383.
D'Amico, Masolino, 222 n.
D'Amico, Silvio, 436.
D'Ancora, Maurizio, 104.
Daney, Serge, 160.
D'Angelo, Nino, 346, 386.
D'Angelo, Salvo, 140.
D'Annunzio, Gabriele, 24, 29, 33, 39, 44, 87, 124, 174, 265, 427.
D'Annunzio, Gabriellino, 64, 429.
Dante Alighieri, 24, 285, 296.
Daquin, Louis, 145.
D'Aroma, Nino, 122.
Dassin, Jules, 145.
Daudet, Alphonse, 64.
Davoli, Ninetto, 440.
Dawson, Anthony, *vedi* Antonio Margheriti.
De Antoni, Alfredo, 428.
De Benedetti, Aldo, 68, 98, 429.
Debenedetti, Giacomo, 98, 116, 118, 186 e n, 213 n.
De Bernardi, Piero, 194, 222, 225, 350.
De Bernardi, Tonino, 331.
De Berti, Raffaele, 11 n.
De Bosio, Gianfranco, 211, 215 e n, 241, 242, 440.
Debray, Régis, 293.
Decaro, Enzo, 316.
De Cèspedes, Alba, 110.
De Chirico, Giorgio, 298.
De Concini, Ennio, 194, 199, 202, 247, 258, 350.
Deed, André (André de Chapais), 36-38, 44, 427.
De Felice, Renzo, 313.
De Feo, Luciano, 66, 73.
De Filippo, Eduardo, 98, 100, 138, 241, 242, 432, 443.
De Filippo, Peppino, 100, 138, 432, 443.
De Fina, Pasquale Oscar, 261.
De Fornari, Oreste, 253 n, 255 e n.
De Gaetano, Roberto, 336 e n, 357 n.
De Gasperi, Alcide, 436.
De Gourmont, Remy, 49.
De Gregorio, Toni, 314, 331.
De Laurentiis, Aurelio, 310, 441.
De Laurentiis, Dino, 140, 309, 310, 320, 428, 433, 435, 437, 438, 440.
De Laurentiis, Luigi, 437, 441.
Del Drago, Urbano, 18.
Deledda, Grazia, 26.
Del Fabbro, Beniamino, 185.
Del Fra, Lino, 312.
De Liguoro, Giuseppe, 18, 27, 427.
De Lillo, Antonietta, 315, 383.
De Limur, Jean, 113.
Della Casa, Stefano, 15 n, 183 n, 247 n.
Dell'Acqua, Arnaldo, 8.
Della Croce, Simonetta, 80 n.
Della Volpe, Galvano, 436.
Delle Piane, Carlo, 443, 444.
Delli Colli, Tonino, 258.
Delluc, Louis, 47, 59.
Del Monte, Peter, 212, 311, 313, 314, 340, 352.
Delon, Alain, 264.
Del Porro Bovani, Rosalia, 4 n, 12 n.
De Lucis, Flavia, 4, 11 n.
De Marchi, Emilio, 115.
De Maria, Luciano, 55 n.
De Martino, Alberto, 246, 251.
De Martino, Ernesto, 156, 265, 292.
De Micheli, Francesco Adriano, 310.
DeMille, Cecil Blount, 69.
De Montépin, Xavier, 24.
De Negri, Gaetano, 438.
De Niro, Robert, 255.
Denis, Maria, 105, 111.
De Nittis, Giuseppe, 45.
Dénizot, Vincent, 428.
De Palma, Brian, 250, 252.
De Paolis, Valerio, 442.
Depardieu, Gérard, 361.
De Pirro, Nicola, 434.
De Putti, Lya, 46.
Deriu, Fabrizio, 239 n, 243 n.
De Robertis, Francesco, 108, 125, 132.
De Roberto, Federico, 26.
D'Errico, Corrado, 86, 107, 112.
De Sanctis, Filippo Maria, 82 n.

De Santi, Pier Marco, 113 e n, 268 n.
De Santis, Giuseppe, 99, 100, 119, 136, 140, 143, 146, 152, 170, 171, 196, 270, 428, 435, 446.
De Santis, Pasqualino, 234.
De Seta, Vittorio, 155-58, 211, 277, 438.
De Sica, Christian, 244, 371, 376.
De Sica, Manuel, 247, 371.
De Sica, Vittorio, 94-98, 103, 104, 130, 131, 134, 136, 138, 143, 144, 146, 148, 152, 164, 165 e n, 166, 167, 174, 176, 178, 179, 197, 226, 238, 242, 269, 271, 328, 361, 426, 428, 431, 433, 435-39, 441.
De Stefani, Alessandro, 98, 125.
Desternes, Jean, 142 e n.
De Vincenti, Giorgio, 29 n.
Diana, Graziano, 351.
Di Carlo, Carlo, 156, 191 n, 192 n, 212, 289 n, 343, 369.
Di Clemente, Giovanni, 310.
Di Costanzo, Giuseppe, 141 n.
Di Francisca, Anna, 315.
Di Giacomo, Salvatore, 26.
Di Giammatteo, Fernaldo, 184 n, 195 n, 200, 285, 329 n, 436, 443.
Di Gianni, Luigi, 156.
Di Leo, Fernando, 252, 258, 259.
Dilian, Irasema, 104.
Diliberto, Oliviero, 345.
Di Majo, Nina, 315.
Di Nolfo, Ennio, 129 n.
Dionisio, Silvia, 346.
Di Palma, Carlo, 234, 258, 290.
Disney, Walter E., 160.
Dolci, Danilo, 292.
Doletti, Mino, 125, 433.
Domeneghini, Anton Gino, 159.
Donaggio, Pino, 247.
Donati, Danilo, 268, 320, 396, 442, 447.
Donizetti, Gaetano, 185.
Donn, Mario, 19.
Doré, Gustave, 30.
D'Orta, Marcello, 281.
Dos Passos, John, 144.
Dostoevskij, Fëdor Michajlovič, 169.
Doublier, François, 425.
Dreyer, Carl Theodor, 96.

Dudovich, Marcello, 43.
Dulac, Germaine (Germaine Saisset-Schneider), 59.
Dumas, Alexandre, 24, 44, 61.
Duncan, Isadora, 47.
Durano, Giustino, 447.
Duranti, Doris (Dora Durante), 105, 125.
Durbin, Deanna, 105.
Duse, Eleonora, 43, 44, 46, 428.
Duvivier, Julien, 116, 180, 198, 263, 265.

Eastwood, Clint, 253, 254, 260.
Edison, Thomas Alva, 11.
Eggeling, Viking, 59.
Eggerth, Martha, 96.
Ejzenštejn, Sergej Michajlovič, 71, 78, 144, 277, 393.
Ekberg, Anita, 191.
Elena di Montenegro, regina d'Italia, 425.
Eliot, Thomas Stearns, 285.
Ellwood, David W., 129, 132 n.
Elter, Marco, 118.
Emmer, Luciano, 154-57, 180, 270, 312, 388.
Engel, Morris, 145.
Epstein, Jean, 96.
Errigo, Rosario, 121.
Escobar, Roberto, 197 e n.
Eusebio, Padre, 124.

Fabbri, Gualtiero, 3 e n, 427.
Fabre, Marcel, 37, 38, 57.
Fabrizi, Aldo, 100, 102, 103, 105, 138, 184, 198, 433, 445.
Faccini, Luigi, 211, 296, 314, 331, 342 e n, 343, 369.
Faenza, Roberto, 338, 339.
Fagioli, Massimo, 301.
Fagiolo Dall'Arco, Maurizio, 57 n.
Fago, Amedeo, 207 n, 313 n.
Fairbanks, Douglas (Douglas Elton Ulman), 61, 103.
Falconi, Armando, 100.
Falconi, Dino, 112.
Falena, Ugo, 17, 64.
Fanelli, Franco, 307 n.
Fantina, Livio, 7 n, 11 n.
Farassino, Alberto, 60 n, 69 n, 80 n, 94 n, 113 e n, 153 n, 161 n, 171 n.

INDICE DEI NOMI

Farina, Felice, 354, 388.
Farinacci, Roberto, 110.
Farinelli, Gian Luca, 41 n.
Fasolo, O., 9.
Fassbinder, Rainer Werner, 350.
Fassini, Alberto, 18.
Fattori, Giuseppe, 92.
Fattorossi, Tommaso, 134.
Faulkner, William, 144.
Fava, Claudio G., 240 n.
Fellini, Federico, 102, 103, 131, 140, 149, 150, 160, 162, 163, 169, 174, 177, 180, 188, 189 e n, 190-92, 197, 201, 210, 213, 238, 253, 284-88, 292, 294, 307, 311, 316, 320, 322, 324, 325, 355 e n, 360, 361, 378, 382, 391, 393, 429, 436-39, 441, 442, 444, 445.
Fenech, Edwige, 346, 347.
Ferida, Luisa (Luigia Manfrini Farné), 105, 111, 125.
Ferilli, Sabrina, 243.
Fermi, Enrico, 357.
Ferrara, Giuseppe, 156, 212, 280, 314, 382, 444.
Ferrari, Isabella, 244.
Ferrari Aggradi, Mario, 440.
Ferrario, Davide, 314, 351, 353, 369, 370.
Ferreri, Marco, 211, 240, 262, 299, 300, 311, 316, 320, 430, 439, 445, 446.
Ferrero, Adelio, 206 n.
Ferretti, Dante, 320.
Ferro, Turi, 447.
Ferroni, Giorgio, 86, 107, 108, 122, 125, 132, 172, 202, 245, 247.
Festa Campanile, Pasquale, 224, 236, 290.
Feuillère, Edwige, 96.
Féval, Paul, 48 n.
Feyder, Jacques, 116.
Filippi, Giuseppe, 425.
Filippini, Rino, 123.
Fink, Guido, 288 n.
Fiocco, Giuseppe, 431.
Fiorelli, Nada, 125.
Fiorenza, Enzo, 438.
Fiorini, Guido, 112.
Fisher, Terence, 245.
Flaherty, Robert, 156, 161, 277, 365.

Flaiano, Ennio, 116, 149, 150, 194, 258, 280, 284, 350.
Floris, Antioco, 323 n.
Fo, Dario, 195 n.
Fofi, Goffredo, 218 n, 280, 291, 323, 324 n, 441, 442.
Fogazzaro, Antonio, 44, 48, 115.
Fonda, Henry, 255.
Ford, John, 177, 254, 255, 279, 298, 383.
Forest, Mark (Lou Segni), 182.
Fornuto, Aurora, 332.
Fortini, Franco, 284.
Fortuny, Mariano, 44.
Forzano, Giovacchino, 65, 77, 80, 86, 106, 430, 431.
Fosco, Piero, *vedi* Giovanni Pastrone.
Frabotta, Maria Adelaide, 157 n.
Fracassi, Clemente, 185.
Fracchia, Umberto, 26.
Francesco d'Assisi, santo, 280, 281.
Franchina, Basilio, 86.
Franchina, Sandro, 446.
Franciolini, Gianni, 119.
Franciosa, Massimo, 236, 290.
Francisci, Pietro, 86, 139, 146, 199, 200, 437.
Frayling, Christopher, 253 n.
Freda, Riccardo, 184, 199, 202, 246, 247 e n, 248, 252, 258, 446.
Freddi, Luigi, 76, 79, 81 e n, 82, 85, 93 n, 96, 106 e n, 107 e n, 120, 122, 126 n, 431-33, 435.
Fregoli, Leopoldo, 36, 42, 425.
Freud, Sigmund, 40, 290, 339.
Fricot, *vedi* Ernesto Vaser.
Friedemann, Alberto, 19 n, 20 e n.
Frintino, Antonio, 268.
Frusta, Arrigo, 24, 27.
Fulci, Lucio, 226, 246, 247, 251, 255.
Fuller, Loie, 47.
Fuminello, 4.
Fureghin, ambulante al Ponte della Piavola, 7.
Fury, Ed, 182.
Fusillo, Massimo, 296 n.

Gaberscek, Carlo, 12 n.
Gadda, Carlo Emilio, 177, 355.
Gaglianone, Daniele, 380.

Gagliardo, Giovanna, 313, 315.
Gaido, Domenico, 64, 428.
Galiena, Anna (Maria), 243.
Galileo Galilei, 280.
Gallagher, Tag, 109 n, 162 n.
Galli, Dina, 100.
Gallo, Mario, 310, 439, 440.
Gallone, Carmine, 53, 64, 68, 86, 106, 112, 132, 184, 185, 430, 432.
Gallone, Soava, 45, 46.
Gambardella, Giuseppe, 37.
Gambino, Domenico, 69.
Gance, Abel (Eugène-Alexandre Péréthon), 32, 96.
Gandin, Michele, 156, 157.
Garbo, Greta (Greta Lovisa Gustavsson), 48, 105.
Garbuglia, Mario, 230, 268.
Gariazzo, Pier Antonio, 428.
Garibaldi, Giuseppe, 5, 143.
Garrone, Matteo, 380, 383, 394, 395, 446.
Gaslini, Giorgio, 247.
Gassman, Alessandro, 243.
Gassman, Vittorio, 181, 182, 232, 238-41, 429, 437, 438, 442, 447.
Gatti, Marcello, 293.
Gaudino, Giuseppe, 380.
Gaudino, Lucio, 314, 380.
Gaudioso, Massimo, 380.
Gaudreault, André, 7 e n,.
Gavioli, fratelli, 159.
Gay, Piergiorgio, 331.
Gemma, Giuliano, 254.
Genina, Augusto, 68-70, 107, 108, 186, 187, 193, 194, 429, 431, 433.
Genovese, Nino, 67 n.
Gentile, Giovanni, 114.
Gentili, Bruno, 296 n.
Gentili, Giovanni, 8.
Gentilomo, Giacomo, 132, 183, 184, 186, 201, 447.
Germani, Sergio Grmek, 69 n.
Germi, Pietro, 100, 140, 146, 150, 152, 176, 177, 224, 233, 238, 240, 272 e n, 273, 281, 282, 328, 361, 427, 434, 436, 439-42.
Gesú, Sebastiano, 220 n, 221 n.
Gesualdi, Antonio, 16 n.
Ghenzi, Sandro, 140.
Gherardi, Piero, 286.
Ghezzi, Enrico, 386.

Ghione, Emilio, 44, 49-52.
Giachetti, Fosco, 104, 111.
Giacomo (Giacomo Poretti), 390, 394, 446.
Gianelli, Ida, 217 n.
Gianikian, Yervant, 331.
Giannarelli, Ansano, 212, 219, 293, 314.
Giannini, Ettore, 185.
Giannini, Giancarlo, 242, 243, 281, 440, 441.
Giannini, Guglielmo, 428, 430.
Gieri, Manuela, 285 n.
Gigli, Beniamino, 184.
Gilbert, John, 103.
Gili, Jean A., 74 n, 98 n, 107 n, 135 n, 165 n, 202 n, 220 n, 222 n, 231 e n, 290 e n, 294, 335 n.
Ginanni Corradini, Arnaldo vedi Arnaldo Ginna.
Ginanni Corradini, Bruno vedi Bruno Corra.
Ginna, Arnaldo (Arnaldo Ginanni Corradini), 57, 428.
Giordana, Marco Tullio, 212, 311, 333, 344, 345, 353.
Giovagnoli, Raffaello, 24.
Giovannetti, Eugenio, 431.
Giovanni (Giovanni Storti), 390, 394, 446.
Giovanni dalle Bande Nere, 106.
Giovanni XXIII (Angelo Giuseppe Roncalli), papa, 218, 276.
Giraldi, Franco, 212, 256.
Giraud, Giancarlo, 330 n.
Girolami, Marino, vedi Franco Martinelli.
Girotti, Massimo, 105, 111.
Giuliani, Reginaldo, 109.
Giunchi, Lea, 37.
Giusti, Marco, 159 n.
Gloria, Leda, 105.
Gobbi, Tito, 132, 184.
Godard, Jean-Luc, 141 e n, 146, 234, 292, 297.
Goethe, Wolfgang, 278.
Goldoni, Carlo, 203.
Golino, Valeria, 243, 444.
Golisano, Francesco, 179.
Goodward, John William, 45.
Gora, Claudio, 446.
Gori, Gianfranco Miro, 77 n.

Gorkij, Maksim (Aleksej Maksimovič Peškov), 130.
Govi, Gilberto, 100, 101.
Gozzano, Guido, 26, 427.
Graffeo, Marcantonio, 292 n.
Gramatica, Emma, 125.
Gramsci, Antonio, 47, 140, 183, 290.
Gras, Enrico, 157.
Grassi, Raffaella, 363 n.
Grasso, Aldo, 139 n, 208 n.
Grasso, Giovanni, 44, 53.
Gravelli, Asvero, 109, 126.
Grazzini, Giovanni, 447.
Greco, Cosetta, 447.
Greco, Emidio, 211, 314, 331, 341.
Gregoretti, Ugo, 211, 216.
Grierson, John, 277.
Griffith, David Wark (Llewelyn Ward Griffith), 32, 65, 255.
Grifi, Alberto, 210.
Grignaffini, Giovanna, 170 n, 178, 216 n.
Grimaldi, Alberto, 253, 310, 438, 441.
Grimaldi, Aurelio, 296, 314, 351, 375, 380.
Grimaldi, Gianni, 447.
Gromo, Mario, 142 e n.
Grosz, Georges, 166.
Grunewald, Allan, *vedi* Mario Caiano.
Gualino, Renato, 434, 437.
Gualino, Riccardo, 80, 81, 128, 140, 430, 438.
Guareschi, Giovanni, 102, 198, 349.
Guarini, Alfredo, 434.
Guarini, Ruggero, 140.
Guazzoni, Enrico, 18, 26, 27, 32, 34, 427-29, 432.
Gubitosi, Giuseppe, 104 n.
Guerra, Tonino, 284, 290, 350, 361.
Guglielmi, Massimo, 384.
Guglielminetti, Marziano, 116 n, 175 n.
Guida, Ernesto, 312.
Guida, Gloria, 346.
Guillaume, Ferdinand, 38.
Guimard, Hector, 45.
Gundle, Stephen, 178 n.
Guttuso, Renato, 100, 161.
Guzzanti, Sabrina, 359.

Gys, Leda (Giselda Lombardi), 43, 49, 62, 68.

Hacker, Arthur, 43.
Hampton, Robert, *vedi* Riccardo Freda.
Hardy, Oliver (Oliver Norwell Hardy), 243.
Hargitay, Mickey, 182.
Harris, Brad, 182.
Harrison, Harriet, 21 n.
Hawks, Howard, 255.
Hay, James, 79 n, 111 n.
Hays, Will, 431.
Hesperia (Olga Mambelli), 43.
Hill, Sarah, 92 n.
Hill, Terence (Mario Girotti), 243, 254, 258.
Hinrich, Hans, 96.
Hitchcock, Alfred, 181, 249.
Hitler, Adolf, 106, 234.
Hobbes Cecchini, Dino, 125.
Hockhofler, Matilde, 238 n.
Hoffmann, Joseph, 45.
Hofmannsthal, Hugo von, 26, 44.
Höhn, Carola, 96.
Hopper, Edward, 298.
Horta, Victor, 45.
Horwitz, Rita, 21 n.
Huxley, Aldous, 357.

Iaccio, Pasquale, 77 n, 161 n, 292 n.
Ibsen, Henrik, 39, 64.
Impastato, Peppino, 354.
Ince, Thomas H., 32.
Incerti, Stefano, 314, 380, 392.
Innocenti, Camillo, 59.
Interlenghi, Franco, 179.
Iosseliani, Otar, 313.
Isernia, Gianfranco, 329.
Ishaghpour, Youssef, 168 n.
Isnenghi, Mario, 77 n.
Ivaldi, Nedo, 142 n.
Ivens, Joris, 156, 161, 277, 365.
Izzo, Simona, 315, 351, 374, 380.

Jacob, Livio, 12 n.
Jacobini, Maria, 45, 49.
Jacoby, Georg, 64, 429.
Jacopetti, Gualtiero, 261.
Janigro, Angiola, 315.
Jannings, Emil, 429.

Jones, Wesley, 132.
Joubert-Laurencin, Hervé, 294 n.
Joyce, James, 144.
Jung, Carl, 285, 339.

Kafka, Franz, 343.
Kanzler, Ermanno, 3.
Kanzler, Rudolf, 426.
Karenne, Diana, 49.
Kaufman, Hank, 140 n.
Käutner, Helmut, 145.
Kazarinskj, Edoardo, 145.
Kezich, Tullio, 156, 189 n, 221 n, 341, 357, 372.
Khnopff, Fernand, 45.
Kleine, George, 16, 21 e n, 31, 33, 61 e n.
Klimt, Gustav, 45.
Kozanovič, Dejan, 11 n.
Kraus, Karl, 26.
Kubrick, Stanley, 200, 284.
Kühlmann, Taddeo, 8.
Kurosawa, Akira, 253, 286, 298, 383, 393.
Kuveiller, Luigi, 247.

Labate, Wilma, 313-15, 380.
Lado, Aldo, 251.
Lagny, Michèle, 107 n, 169 n.
Lalique, René, 45.
Lancia, Enrico, 105 n.
Landricina, Cesare, 292 n.
Landy, Marcia, 75 n.
Lang, Fritz, 71, 93.
Lante della Rovere, Lucrezia, 244.
Lasdun, James, 327.
Lattuada, Alberto, 115, 117, 140, 143, 146, 152, 173-77, 189, 224, 228, 240, 273, 274, 427, 438.
Laura, Ernesto G., 66, 76, 82 n, 84 n, 126 e n, 312 n.
Laurel, Stan (Arthur Stanley Jefferson), 243.
Laurenti, Mariano, 346-48.
Laurenti Rosa, Silvio, 65 n.
Le Chanois, Jean-Paul (Jean-Paul Dreyfus), 145.
Ledda, Gavino, 278.
Le Lieure, Henri, 10.
Lenzi, Umberto, 251, 252, 260, 346, 348.
Leonard, Robert Z., 438.

Leondeff, Doriana, 353.
Leone, Sergio, 159, 202, 209, 211, 243, 249, 252-55, 257, 360, 430, 438, 444.
Leone, Vincenzo, 68, 252.
Leoni, fratelli, 433.
Lerner, Gene, 140 n.
LeRoy, Mervyn, 139.
Levi, Carlo, 100, 243, 266.
Levi, Primo, 266, 379.
L'Herbier, Marcel, 96, 430.
Liberti, M., 16 n.
Libonati, Franco, 121.
Liffran, Françoise, 82 n.
Ligabue, Luciano, 380, 392, 446.
Lisi, Virna, 182, 242.
Lista, Giovanni, 55 e n.
Livatino, Rosario, 354.
Livolsi, Marino, 135 n, 206 n, 209 n.
Lizzani, Carlo, 130 e n, 142 e n, 156, 157, 170 n, 194, 195 n, 215, 216, 256, 259, 270, 271, 282, 311, 313, 383, 429, 436.
Loach, Ken, 387.
Lodoli, Elisabetta, 315.
Lollobrigida, Gina, 180, 181, 203, 242, 435, 436.
Lombardo, famiglia, 140.
Lombardo, Goffredo, 140, 284, 310, 429, 434.
Lombardo, Gustavo, 63, 64, 79, 140, 426-29, 434, 435.
Lombardo Radice, Marco, 362.
Lombroso, Cesare, 40, 48, 49.
Longanesi, Leo, 116, 117 e n, 431.
Longhi, Roberto, 151, 156, 294.
Loren, Sophia (Sofia Scicolone), 167, 180, 181, 203, 238, 241, 244, 269, 379, 431, 439, 442, 445, 447.
Loy, Mino, 261.
Loy, Nanni, 195, 215, 224, 235, 236, 311, 441, 445.
Lubitsch, Ernst, 69, 95.
Lucas, George, 146, 307, 314.
Luchetti, Daniele, 311, 330, 364, 365, 395, 445.
Luciani, Sebastiano Arturo, 429, 430.
Luciano, Lucky, 242.
Lucisano, Fulvio, 310, 437.
Lucrezio Caro, Tito, 366.
Luigi XVI, re di Francia, 235.

INDICE DEI NOMI

Lumière, Auguste, 3, 5, 6, 10, 11, 14, 42.
Lumière, Louis, 3, 5, 6, 10, 11, 14, 42.
Lumumba, 294.
Lupi, Roldano, 104.
Lupo, Alberto, 346.
Lupo, Michele, 255.
Luzzatti, Luigi, 10.
Lynch, David, 250.

Macario, Erminio, 90, 100, 101, 135, 138, 443.
Maccari, Mino, 99.
Maccari, Ruggero, 149, 194, 203, 222, 225, 233, 350.
Machaty, Gustav, 96.
Machiavelli, Nicoletta, 257.
Machiavelli, Nicolò, 274.
Maeterlinck, Maurice, 44.
Maggi, Luigi, 27, 426.
Maggiorani, Lamberto, 179.
Maglietta, Licia, 244.
Magnani, Anna, 48, 100, 102, 105, 142, 146, 168, 180, 181, 184, 431, 435, 441.
Magni, Luigi, 211, 224, 225, 236.
Magrelli, Enrico, 206 n.
Magritte, René, 298.
Maira, Salvatore, 314.
Majakovskij, Vladimir Vladimirovič, 26.
Majani, Augusto, 44.
Majano, Anton Giulio, 245.
Makowska, Elena, 46.
Malaparte, Curzio, 52, 194, 281.
Mancini, Elaine, 75 n.
Manenti, Giulio, 81.
Manera, Paolo, 15 n.
Manfredi, Nino, 182, 238, 241.
Mangano, Silvana, 136, 170, 180, 242, 431, 435, 444.
Mann, Anthony, 200, 254.
Mann, Delbert, 145.
Mann, Klaus, 162.
Mann, Thomas, 265, 278.
Manni, Armando, 380.
Mannino, Franco, 247.
Mannuzzi, Luciano, 353, 380.
Manuli, Guido, 372.
Manzoni, Carlo, 102.
Maraini, Dacia, 339.

Maraldi, Antonio, 195 n.
Marcellini, Romolo, 86, 107, 312.
Marchelli, Massimo, 184 n.
Marchesi, Marcello, 98, 101.
Marchi, Virgilio, 93, 112, 116, 433.
Marciano, Francesca, 351, 352.
Marcus, Millicent, 193 n.
Maresco, Franco, 296, 331, 380, 386, 394.
Margadonna, Ettore Maria, 116, 149, 194, 431.
Margheriti, Antonio (Anthony Dawson), 246, 249, 252, 258.
Mari, Febo, 67 e n, 428.
Marinetti, Filippo Tommaso, 55 n, 56 e n, 57, 58.
Marino, Camillo, 438, 447.
Marino, Umberto, 351, 382, 384.
Marischka, Ernst, 96.
Marocchi, Stefano, 246 n.
Màrquez, Gabriel García, 145.
Marra, Vincenzo, 393.
Marrone Puglia, Gaetana, 280 n, 349 n, 352 n, 378 n.
Martella, Massimo, 329, 380.
Martelli, Otello, 268, 446.
Martelli, Sebastiano, 161 n.
Martinelli, Elsa, 437.
Martinelli, Franco (Marino Girolami), 346, 348.
Martinelli, Renzo, 387.
Martinelli, Vittorio, 15 n, 20 n, 60 e n, 63 n, 64 n, 69 n, 140 n, 443.
Martini, Alberto, 44.
Martini, Andrea, 115 n.
Martini, Emanuela, 247 n, 310, 357 n.
Martini, Fausto Maria, 44.
Martini, Giulio, 273.
Martini, Marcello, 261.
Martino, Daniele, 49 n.
Martino, Luciano, 310.
Martino, Sergio, 251, 347.
Martinuzzi, Napoleone, 114.
Martoglio, Nino, 26, 53, 427.
Martone, Mario, 296, 380, 384, 385, 445, 446.
Marx, Heinrich Karl, 290.
Masaccio, Tommaso di ser Giovanni Cassai *detto*, 294.
Mascagni, Pietro, 80.
Maselli, Francesco, 155, 157, 195,

196, 218, 219, 270, 311, 431, 437, 444.
Masi, Stefano, 90 n, 105 n, 331.
Masina, Giulietta, 181, 429, 437, 445.
Masoch, *vedi* Leopold von Sacher-Masoch.
Masolino da Panicale, Tommaso di Cristoforo Fini *detto*, 294.
Massari, Lea (Anna Maria Massatani), 289, 359.
Massi, Stelvio, 260.
Mastandrea, Valerio, 243.
Mastriani, Francesco, 24.
Mastrocinque, Camillo, 96, 112, 184, 185, 198, 246, 258.
Mastroianni, Marcello, 182, 191, 238, 242, 243, 269, 290, 429, 441, 442, 444.
Mastroianni, Ruggero, 234, 290.
Matarazzo, Raffaello, 80, 118, 137, 140, 154, 182, 184-88, 435.
Mattei, Enrico, 242.
Mattoli, Mario, 96, 102, 108, 112-114, 119, 138, 183, 198, 425, 443.
Mayers, Sidney, 145.
Mayet Giaume, Joelle, 192 n.
Mazza, Luigi, 216 n.
Mazzacurati, Carlo, 311, 351, 353, 364-69, 379, 446.
Mazzantini, Carlo, 387.
Mazzei, Luca, 69 n.
Mazzini, Giuseppe, 5.
Mazzoni, Roberta, 351, 353.
Meccoli, Domenico, 4.
Mecheri, Giuseppe, 63.
Meder, Thomas, 162 n.
Medici, Antonio, 157 n.
Melato, Mariangela, 359, 440.
Meneghelli, Andrea, 352 n.
Meneghello, Luigi, 365, 369.
Menichelli, Pina, 43, 45, 46, 62, 427, 428.
Menna, Filiberto, 57 n.
Menon, Gianni, 184 n.
Mercader, Maria, 105.
Mérimée, Prosper, 46.
Merlin, Tina, 354.
Merlini, Elsa, 103.
Metz, Vittorio, 98, 101.
Mezzasoma, Fernando, 121, 122.

Micciché, Lino, 97 n, 157 n, 165 n, 168 n, 174 e n, 212 e n, 269 n, 271 n, 274 n, 305 n, 306 n, 320 n, 324 n, 442.
Micheli, Sergio, 258.
Michalkov, Nikita, 444.
Michelangelo Buonarroti, 279.
Mida, Massimo (Massimo Puccini), 119, 157.
Milarepa, 280.
Milian, Thomas, 254.
Millais, John Everett, 45, 49.
Milo, Sandra (Elena Greco), 242.
Mina (Anna Maria Mazzini), 232, 238.
Minervini, Giovanni, 310.
Minghetti, Patrizia, 80 n.
Mingozzi, Gianfranco, 155, 211, 220, 292, 292, 313, 314, 331, 333, 360, 443.
Miniscalchi Erizzo, Mario, 18.
Minnelli, Vincente, 200, 359.
Miranda, Isa (Ines Isabella Sampietro), 81, 104, 431.
Misiano, Fortunato, 140.
Missiroli, Mario, 223.
Mistinguett (Jeanne-Marie Bourgeois), 47.
Mistretta, Gaetano, 248 n.
Misuraca, Pasquale, 313.
Mitchell, Gordon, 182.
Modugno, Domenico, 238.
Moebius, Paul, 62.
Molinari, Aldo, 57.
Monaco, Eitel, 205 n, 209, 432-34, 440.
Monda, Antonio, 316.
Mondrian, Piet, 289.
Monelli, Paolo, 118.
Monicelli, Mario, 198, 203, 204, 215-17, 224, 227-31, 233, 238, 240, 311, 313, 378, 395, 428, 436, 437, 440, 442, 443, 445.
Monicelli, Mino, 222 n.
Montagnani, Renzo, 346.
Montaldo, Giuliano, 211, 215, 218, 219, 279, 280, 290, 299, 311, 388, 441.
Montanelli, Indro, 141.
Monteleone, Enzo, 351, 363, 367, 380, 395.
Montesti, Elio, 260.

INDICE DEI NOMI

Montgomery, Bernard Law, 395.
Monti, Raffaele, 116 n.
Montillo, Natale, 140.
Montini, Franco, 324 n.
Montresor, Beni, 447.
Montuori, Carlo, 116.
Morandi, Gianni, 238.
Morandi, Giorgio, 293.
Morandi Gherardini, Renata, 427.
Morandini, Morando, 342 n.
Morante, Elsa, 282.
Morante, Laura, 243.
Moravia, Alberto, 141, 176, 268, 269, 270, 282.
Morbiato, Luciano, 12 n.
Moreau, Gustave, 44.
Morelli, Alamanno, 42.
Morelli, Guglielmina, 273.
Moretti, Nanni, 212, 307, 310, 311, 314, 322, 323, 330, 331, 334-39, 353, 354, 357, 363, 364, 368, 376, 379, 384, 393, 436, 442-45, 447.
Mori, Cesare, 271.
Morin, Edgar, 40.
Morlay, Gaby (Blanche-François Fumereau o Fumoleau), 96.
Morlion, Felix, 163.
Moro, Aldo, 218, 243, 291, 344.
Morricone, Ennio, 234, 247, 251, 257, 268, 447.
Morselli, Ercole Luigi, 17.
Moscon, Giorgio, 439.
Moullet, Luc, 200 n.
Mourlet, Michel, 200.
Mozart, Wolfgang Amadeus, 339.
Muccino, Gabriele, 329, 390, 391, 446.
Mucha, Alphonse, 43, 44, 45.
Munari, Bruno, 157.
Munch, Edvard, 39.
Mursino, Tito Silvio, *vedi* Vittorio Mussolini.
Muscio, Giuliana, 349 n.
Musco, Angelo, 100.
Musidora (Jeanne Roques), 46.
Musil, Robert, 6 e n, 278.
Musser, Charles, 77 n.
Mussino, Attilio, 396.
Mussolini, Benito, 29, 65-67, 73, 80, 85, 87, 88, 94, 96, 103, 106, 108-10, 122, 124, 125, 126 n, 143, 235, 271, 430, 432.

Mussolini, Vittorio, 79.
Muti, Ornella (Francesca Romana Rivelli), 242, 283.

Namias, Rodolfo, 425.
Nannuzzi, Armando, 268, 447.
Napoleone I Bonaparte, imperatore dei francesi, 30.
Napolitano, Gian Gaspare, 107.
Napolitano, Silvia, 352.
Nascimbene, Mario, 447.
Natoli, Piero, 447.
Natta, Enzo, 257 e n.
Navantieri, Alessia, 17 n.
Nazzari, Amedeo (Salvatore Amedeo Buffa), 104 e n, 111, 174, 181, 185, 426, 432, 435, 442.
Nazzaro, Gianni, 346.
Negri, Anna, 314, 329.
Negri, Pola, 46.
Negrin, Alberto, 311.
Negro, Camillo, 426.
Nelli, Piero, 435.
Neri, Francesca, 243, 359.
Neufeld, Max, 96, 98, 112, 113, 185.
Neville, Edgar, 96.
Nichetti, Maurizio, 371.
Nicolai, Bruno, 257.
Nicolini, Renato, 441.
Nielsen, Asta, 41.
Nietzsche, Friedrich Wilhelm, 43, 48.
Nordau, Max, 48.
Noris, Assia (Anastasija Noris von Gerzfeld), 94, 104, 111.
Nostradamus (Michel de Nostredame), 112, 296.
Notari, Eduardo, 426.
Notari, Elvira, 426.
Novelli, Enrico (Yambo), 26, 27.
Novelli, Ermete, 44.
Nuccetelli, Maura, 353.
Nunziata, Fabio, 380.
Nuti, Francesco, 244, 343, 371, 388, 389.

Oberski, Jona, 339.
Occhetto, Achille, 335.
Occhipinti, Andrea, 310.
Odin, Roger, 155 n.
Odorisio, Luciano, 360.

Old, John M., *vedi* Mario Bava.
Oldoini, Enrico, 349, 376, 377.
Olmi, Ermanno, 155-57, 209, 211, 212, 216, 276, 281, 303, 307, 311, 316, 320, 330, 341, 362, 365, 379, 381, 393, 394, 431, 438, 442, 444, 447.
Olmo, Carlo, 216 n.
Omegna, Roberto, 86, 427.
Omero, 24, 366.
Oms, Marcel, 172 n.
Onetti, Juan Carlos, 343.
Ophüls (Ophuls), Max (Maximilian Oppenheimer), 81, 96, 175, 263, 265, 431.
Orkin, Ruth, 145.
Orfini, Mario, 310.
Orsini, Valentino, 158, 211, 218, 219, 277, 279, 299, 313, 382, 447.
Ortolani, Riz, 247, 257.
Ortoleva, Peppino, 219 n.
Ottaviano, Fulvio, 314.
Ottieri, Ottiero, 216.
Oxilia, Nino (Angelo Oxilia), 26.
Özpetek, Ferzan, 380, 388, 446, 447.

Pabst, George Wilhelm, 46.
Pacchioni, Italo, 425.
Pacelli, Ernesto, 18.
Padovan, Adolfo, 27, 427.
Pagano, Bartolomeo, 44, 49, 69.
Pagot, Nino, 159.
Pagot, Toni, 159.
Paladini, Vinicio, 112.
Palermi, Amleto (Amleto Palermo), 62, 67, 68, 118, 119, 430.
Palmerini, Luca, 248 n.
Palmieri, Eugenio Ferdinando, 434.
Pampanini, Silvana, 145, 180, 181.
Panariello, Giorgio, 389.
Pannone, Gianfranco, 329.
Paola, Ugo, 323 n.
Paolella, Domenico, 200 e n.
Paoli, Gino, 232.
Paoli, Vanna, 314, 380.
Paolini, Marco, 360.
Papini, Giovanni, 427.
Parenti, Neri, 310, 317, 376, 377, 392.
Parenzo, Sandro, 310.
Parigi, Stefania, 212 e n.
Paris, Robert, 144.

Paris, Thomas, 319 n.
Parise, Goffredo, 268, 368.
Parri, Ferruccio, 215.
Pascarella, Cesare, 236.
Pasinetti, Francesco, 86, 116, 118, 125, 126 e n, 155, 431, 433, 435.
Pasolini, Pier Paolo, 156, 160 e n, 179, 195 e n, 198, 209, 211, 213, 224, 240, 242, 253, 261, 265, 268, 281, 282, 294, 296, 297, 302, 303, 307, 328, 331, 332, 342-44, 385-88, 391, 429, 438, 440-42.
Pasquali, Ernesto Mario, 18.
Pasquini, Angelo, 351.
Passek, Jean-Loup, 41 n.
Pastrone, Giovanni, 32-34, 36, 426-428.
Paulaire, Paulette, 47.
Paulin, Jean-Paul, 96.
Pavese, Cesare, 15, 99, 193.
Pavolini, Alessandro, 124.
Pavolini, Corrado, 125.
Pavone, Claudio, 120 n, 214 n.
Pavone, Rita, 281.
Pedrazzini, Guido, 61.
Pellegrini, Glauco, 126 e n.
Pellizza da Volpedo, Giuseppe, 30.
Pellizzari, Lorenzo, 259 n.
Perec, Georges, 372.
Perego, Eugenio, 62, 68.
Pereira Dos Santos, Nelson, 146.
Pericoli, Ugo, 230.
Perilli, Ivo, 98, 118, 149, 431.
Pescarolo, Leo, 310.
Pescucci, Gabriella, 234, 268, 320.
Petacci, Claretta, 271.
Petraglia, Sandro, 351.
Petri, Elio, 157, 211, 217-19, 226, 238, 259, 280, 290, 291, 328, 441, 443.
Petrocchi, Fania, 311 n.
Petrocchi, Roberto, 329.
Petrolini, Ettore, 52, 89, 91, 100, 101, 239, 373, 431.
Petroni, Giulio, 257.
Pezzana, Giacinta, 44, 53.
Pezzotta, Alberto, 248 n.
Philipe, Gérard, 181.
Piavoli, Franco, 155, 314, 331, 365, 366, 443, 446.
Piccioli, Gianfranco, 310.

INDICE DEI NOMI

Piccioni, Giuseppe, 330, 364, 370, 446, 447.
Piccioni, Piero, 268.
Piccoli, Michel, 443.
Piccolo, Ottavia, 441.
Pieraccioni, Leonardo, 380, 388-90, 392, 446, 447.
Piero della Francesca, 294.
Pietrangeli, Antonio, 99, 119, 141, 143, 194, 195 e n, 204, 224, 227, 233, 270, 273 n, 328, 440.
Pinelli, Bartolomeo, 29, 101, 236.
Pinelli, Tullio, 150, 177, 194, 195 n, 350.
Pio IX (Giovanni Mastai Ferretti), papa, 3.
Pio XI (Achille Ratti), papa, 430, 432.
Pio XII (Eugenio Pacelli), papa, 437.
Piovani, Nicola, 320, 447.
Piovene, Guido, 274.
Piperno, Marina, 310, 356.
Pipolo (Giuseppe Moccia), 310.
Pirandello, Luigi, 26, 47, 64, 79, 89, 118, 150, 285, 361, 390, 428, 430, 431.
Piro, Aldo, 207 n, 313.
Pirro, Ugo, 195 n, 290 e n, 350, 363.
Piscicelli, Salvatore, 311, 343.
Piselli, Riccardo, 246 n.
Pistagnesi, Patrizia, 184 n, 272 n.
Pittaluga, Stefano, 13 e n, 64, 69, 74, 79, 89, 429, 430, 432.
Piva, Andrea, 446.
Placido, Michele, 242, 251, 313, 353, 382, 442.
Poccioni, Franco, 438.
Poggioli, Ferdinando Maria, 115, 117.
Pola, Isa, 104.
Polanski, Roman, 361.
Polidor, *vedi* Ferdinand Guillaume.
Polidori, Gianni, 268.
Polidoro, Gian Luigi, 227, 439, 446.
Polizzi, Rosalia, 329.
Pollock, Jackson, 278.
Polselli, Renato, 245, 246.
Pompucci, Leone, 380.
Poncino, P.T., 16 n.
Ponson du Terrail, Pierre Alexis, 64.
Pontecorvo, Gillo (Gilberto), 156-158, 196, 215, 218-20, 253, 255, 298, 299, 428, 440.
Ponti, Carlo, 140, 309, 435, 437.
Ponti, Edoardo, 242.
Ponti, Gio, 113.
Ponzi, Maurizio, 211, 212, 314, 343, 369, 388, 392.
Porcelli, Enzo, 310.
Porro, Carlo, 18.
Porten, Henny, 46.
Pouchain, Adolfo, 15.
Pound, Ezra, 78.
Powell, William, 105.
Power, Romina, 346.
Pozzessere, Pasquale, 314, 380.
Pozzetto, Renato, 349, 371, 376.
Pozzi, Moana, 370.
Pozzi Bellini, Giacomo, 86.
Praga, Marco, 26, 62.
Prampolini, Enrico, 59, 428.
Pratelli, Esodo, 108.
Pratesi, Mario, 268.
Pratolini, Vasco, 196, 268.
Pravadelli, Veronica, 262 n, 264 n.
Prencipe, Fabio, 108 n.
Pretagostini, Roberto, 296 n.
Previtali, Giovanni, 295 n.
Prezzolini, Giuseppe, 30.
Procacci, Domenico, 310, 311.
Proia, Alfredo, 128.
Proietti, Biagio, 317.
Proietti, Luigi, 101.
Prolo, Maria Adriana, 436, 436.
Promio, Albert, 425.
Prono, Franco, 15 n.
Proto, Carola, 362.
Protti, Gino, 7.
Proust, Marcel, 264, 265.
Prunas, Pasquale, 141.
Pucci, Fiorangelo, 11 n.
Puccini, Giacomo, 39, 49 n, 80.
Puccini, Gianni, 103, 119, 194, 195, 204, 215, 236, 270.
Pudovkin, Vsevolod I., 71, 78, 118, 144, 431.
Pugliese, Roberto, 249 n.
Puig, Manuel, 145.
Pupillo, Massimo, 246, 249.
Purgatori, Andrea, 375.
Pu Yi, imperatore, 327.

Quaglietti, Lorenzo, 79 n, 132 n, 205 n, 443.
Quaresima, Leonardo, 6 n.
Quargnolo, Mario, 11 n.

Quartullo, Pino, 380.
Quasimodo, Salvatore, 292.
Questi, Giulio, 156-58, 251, 256.
Quilici, Folco, 157, 158, 313.

Radford, Michael, 373.
Raffaelli, Sergio, 3 n, 7 e n, 8, 224 n.
Ragghianti, Carlo Ludovico, 156, 431.
Raicevich, Giovanni, 69.
Rainero, Roman H., 129 n.
Rambaldi, Carlo, 201, 247, 320.
Rampling, Charlotte, 281.
Rand, Ayn, 110.
Ranieri, Tino, 257 n.
Ranieri Martinotti, Francesco, 313, 392.
Rascel, Renato, 174.
Rathonÿ, Akos, 96.
Ravera, Lidia, 353.
Ray, Man, 59.
Ray, Nicholas, 200.
Redford, William, *vedi* Pasquale Squitieri.
Redi, Riccardo, 15 n, 60 n, 70 n, 89 n.
Reeves, Steve, 182.
Regnoli, Pietro, 245.
Reich, Wilhelm, 290.
Remondini, Rodolfo, 425.
Renoir, Jean, 96, 116, 119, 120, 174, 263, 265, 395.
Renzi, Renzo, 80 n, 156, 157, 172 n, 187 e n, 363, 436, 437.
Repetto, Monica, 318 n, 321 e n.
Ricceri, Luciano, 234.
Ricci Lucchi, Angela, 331.
Richter, Hans, 59.
Riefenstahl, Leni (Helene Bertha Amalia Riefenstahl), 88.
Righelli, Gennaro, 68, 89, 95, 96, 131, 431.
Rigoni Stern, Mario, 276, 363, 369, 395.
Rimanelli, Giose, 215.
Risi, Dino, 138, 156, 157, 181, 182, 202, 204, 215, 224-27, 231-33, 238, 311, 317, 379, 428, 437, 438, 442, 447.
Risi, Marco, 296, 311, 353, 371, 374-76, 388, 444.
Risi, Nelo, 211, 331, 371, 375.
Rizzoli, Angelo, 81, 140, 431, 435, 440, 444.

Roatto, Almerico, 7, 425, 426.
Roatto, Domenico, 7.
Roatto, Luigi, 426.
Robards, Jason, 255.
Robbiano, Giovanni, 329.
Roberti, Roberto, *vedi* Vincenzo Leone.
Robertson, Bob, *vedi* Sergio Leone.
Robida, Albert, 38.
Robinet, *vedi* Marcel Fabre.
Rocco, Gian Andrea, 257.
Rocha, Glauber, 146.
Rodin, François-Auguste-René, 44.
Rodolfi, Ferdinando, Padre, 426.
Rohmer, Eric (Jean-Marie-Maurice Schérer), 342, 350.
Romero, George A., 252.
Romero Marchent, Joaquin, 253.
Romoli, Gianni, 311.
Roncoroni, Carlo, 81, 82.
Rondalli, Alberto, 331.
Rondi, Brunello, 211.
Rondi, Gian Luigi, 129 e n.
Rondolino, Gianni, 11 n, 15 n, 38 n, 57 n, 128 n, 158 e n, 168 n, 201 n, 443, 444.
Ropars, Marie-Claire, 107 n.
Rosa, Paolo, 332.
Rosaleva, Gabriella, 332.
Rosi, Fabio, 393.
Rosi, Francesco, 196, 197, 218-21, 224, 265, 271, 280, 282, 311, 320, 344, 360, 379, 383, 429, 438, 439, 441.
Rossati, Nello, 346.
Rossellini, Renzo, 330, 441.
Rossellini, Roberto, 86, 103, 109 e n, 110, 130, 131, 134, 137, 138, 141-144, 146, 148, 150-52, 154, 157, 160, 162-65, 167, 168, 171, 172 n, 178, 179, 189, 190, 197, 211, 227, 274-78, 284, 328, 330, 341, 361, 367, 426, 433, 435-37, 442.
Rossetti, Dante Gabriel, 45.
Rossi, Fabio, 198 n.
Rossi, Franco, 227, 446.
Rossi, Giovanni M., 321 n.
Rossi, Umberto, 306 n.
Rossi Drago, Eleonora, 180, 435.
Rossini, Gioacchino, 184.
Rossi Stuart, Kim, 243.
Rosso di San Secondo, Pier Maria, 68.

Rota, Nino, 190, 286, 442.
Rotunno, Giuseppe (Peppino), 268, 286.
Rovere, Luigi, 140.
Roy, Bimal, 145.
Rubini, Sergio, 243, 314, 380, 382.
Ruffin, Valentina, 113 e n.
Ruffini, Sandro, 105.
Ruggeri, Leonardo, 426.
Rulli, Stefano, 351.
Russo, Renzo, 260.
Rustichelli, Carlo, 247, 257.
Rutelli, Mario, 43.
Ruttmann, Walter, 78, 90, 91, 96, 118, 431.
Ruzante o Ruzzante (Angelo Beolco), 203, 241.
Ruzzolini, Giuseppe, 258.

Sabel, Virgilio, 156.
Sacchi, Antonio, 184 n.
Sacco, Nicola, 242.
Sacher-Masoch, Leopold von, 261.
Sade, Donatien-Alphonse-François de, 261.
Sadoul, Georges, 142.
Sala, Michele, 9.
Salani, Corso, 331, 383, 395.
Salce, Luciano, 211, 215, 224, 226, 237, 240, 377.
Salerno, Enrico Maria, 211, 437.
Salgari, Emilio, 64.
Salizzato, Claver, 93 n, 394.
Salotti, Marco, 206 n.
Salvagnini, S., 11 n.
Salvatores, Gabriele, 307, 311, 320, 331, 332, 352, 353, 363, 364, 378, 379, 388, 391, 392, 444-46.
Salvatori, Renato, 182.
Salvemini, Gaetano, 140.
Sambucini, Kally, 50.
Samperi, Salvatore, 220, 261, 302, 442.
Sandrelli, Amanda, 244.
Sandrelli, Stefania, 242, 273.
Sandri, Isabella, 315, 329.
Sanguineti, Tatti, 13 n, 60 n, 69 n, 74 n, 80 n, 139 n, 174 n, 227 n.
Sanson, Yvonne, 180, 182, 435.
Sansot, Pierre, 149 e n.
Santi, Lionello, 435.
Santoli, Rosa, 8.

Santoni, Dante, 426.
Sardini, Giovanni, 7.
Sartorio, Aristide, 59.
Sastri, Lina, 359.
Savio, Francesco, 75 n, 442.
Scalera, Michele, 81, 432.
Scalera, Salvatore, 81, 432.
Scalfari, Eugenio, 243.
Scalfaro, Oscar Luigi, 437.
Scandolara, Sandro, 12 n.
Scarpa, Carlo, 114.
Scarpelli, Furio, 194, 203, 222, 225, 233, 258, 350, 387.
Scavolini, Romano, 251.
Scerbanenco, Giorgio (Vladimir Giorgio Scerbanenko), 259.
Schiaccianoce, Luigi, 268.
Schiaretti, Maurizio, 325 n.
Schiaretti, Tommaso, 297 n.
Schifano, Mario, 210.
Schleef, Heidrun, 353.
Schneider, Maria, 298.
Schnitzler, Arthur, 26, 339.
Schwartz, Barth David, 294 n.
Sciamengo, Carlo, 19.
Sciarra, Maurizio, 447.
Sciascia, Leonardo, 282, 292, 342, 358.
Scicchitano, Altiero, 341.
Scimeca, Pasquale, 380, 446.
Sclavi, Tiziano, 250.
Scola, Ettore, 194, 203, 211, 217, 222, 224, 225, 233 e n, 234, 235, 238, 240, 300, 303, 311, 313, 316, 320, 362, 372, 373, 431, 441-43, 446, 447.
Scola, Silvia, 353.
Scoppola, Pietro, 313.
Scorsese, Martin, 145, 146, 264, 314.
Scotese, Giuseppe, 447.
Scott, Gordon, 182.
Scotto D'Ardino, L., 118 n.
Scremin, Paola, 156 n.
Segatori, Fabio, 329.
Segre, Daniele, 332, 380.
Seguso, Archimede, 114.
Seknadje-Askenazi, Enrique, 109 n.
Selznick, David Oliver, 167.
Sennett, Mack, 258, 371.
Sensani, Gino, 112, 116.
Sepulveda, Luis, 160.
Serandrei, Mario, 167, 247.

Serao, Matilde, 26.
Serceau, Michel, 202 n.
Serena, Gustavo, 48, 428.
Sernesi, Raffaello, 92.
Sesti, Mario, 153 n, 176 n, 207 n, 272 n, 324 n, 380 e n.
Settimelli, Emilio, 56 e n, 57, 428.
Shakespeare, William, 24.
Shearer, Norma, 103.
Shindo, Kaneto, 145.
Siciliano, Enzo, 211.
Sidney, Aurèle, 69.
Siegel, Don, 259, 260.
Siena, Marcello, 331.
Silvi, Lilia, 104, 111.
Simenon, Georges, 287, 288 n.
Simoncini, Alessio, 308 n.
Sinimberghi, Gino, 184.
Sironi, Alberto, 311.
Sironi, Mario, 91.
Sitney, Adams P., 160 n.
Sklar, Robert, 77 n.
Smordoni, Rinaldo, 179.
Soffici, Ardengo, 99.
Solaroli, Libero, 206 n.
Solbelli, Olga, 125.
Soldati, Giovanni, 371.
Soldati, Mario, 80, 112, 115, 116, 140, 151, 175-77, 446.
Soldi, Giancarlo, 332.
Soldini, Silvio, 314, 329, 331, 332, 353, 366, 367, 375, 392, 44-47.
Solinas, Franco, 196, 255, 258, 299.
Sollima, Sergio, 256.
Sonego, Rodolfo, 149, 194, 203, 222, 225, 227, 240, 350, 446.
Sordi, Alberto, 101, 182, 227, 231, 238-41, 272, 371, 379, 429, 438, 441, 445.
Sordillo, Michele, 314, 380.
Sorlin, Pierre, 107 n.
Sorrentino, Paolo, 393.
Spaak, Catherine, 242.
Sparti, Pepa, 156 n.
Spencer, Bud (Carlo Pedersoli), 243, 254, 258.
Spielberg, Steven, 314.
Spielrein, Sabina, 339.
Spina, Salvatore, 7.
Spinazzola, Vittorio, 199 e n, 201, 441.
Spinotti, Dante, 320.

Spontini, Gaspare, 187.
Squarzina, Luigi, 215.
Squitieri, Pasquale, 258, 271, 311, 313.
Stajano, Corrado, 354, 383.
Stajola, Enzo, 179.
Starnone, Domenico, 365.
Steele, Barbara, 246.
Steiger, Rod, 255.
Steinle, Christa, 294.
Steno (Stefano Vanzina), 102, 198, 204, 216, 349, 436.
Sternberg, Joseph von (Joe Stern), 265.
Stifter, Adalbert, 382.
Stone, Ellery W., 131.
Storaro, Vittorio, 247, 298, 320, 327, 433, 447.
Stork, Henri, 365.
Straub, Jean-Marie, 291, 331.
Strindberg, August, 39.
Striževskij, Wladimir, 96.
Stroheim, Erich von (Erich Oswald Stroheim), 263.
Sturzo, Luigi, 140.
Sue, Eugène, 24, 64.
Svevo, Italo (Ettore Schmitz), 268.

Tabody, Clara, 96.
Tabucchi, Antonio, 339, 384.
Tagliabue, Carlo, 318 n, 321 e n.
Tagliavini, Ferruccio, 184.
Taillebert, Christel, 73.
Tajoli, Luciano, 238.
Tamaro, Susanna, 375.
Tarantini, Michele Massimo, 346.
Tarantino, Quentin, 252, 259, 364, 391.
Taranto, Nino, 138.
Tassone, Aldo, 135 n, 211 n.
Tati, Jacques, 372.
Tavarelli, Gianluca, 380.
Taviani, Paolo, 146, 155, 158, 211, 218, 219, 238, 240, 277-79, 299, 311, 314, 316, 320, 431, 440, 442, 443.
Taviani, Vittorio, 146, 155, 158, 211, 218, 219, 238, 240, 277-79, 299, 311, 314, 316, 320, 430, 440, 442, 443.
Taylor, Elizabeth, 267.
Tedesco, Maurizio, 310.

Tellini, Piero, 149.
Temple, Shirley (Shirley Temple Black), 105.
Tempo, Giuseppe, 19.
Teocoli, Teo, 244, 376.
Terttula, Eugen, 144.
Tery, Simon, 143.
Terzano, Massimo, 116.
Tessari, Duccio, 182, 201, 252, 257.
Testori, Giovanni, 263, 268.
Tiffany, Louis Comfort, 45.
Tinazzi, Giorgio, 192 n, 288 n.
Tini, Maurizio, 311.
Toeplitz, Ludovico, 79 e n, 430.
Tofano, Sergio, 101.
Toffetti, Sergio, 170 n, 171 n, 297 n, 360 n.
Togliatti, Palmiro, 218, 220.
Tognazzi, Ricky, 374, 375, 388.
Tognazzi, Ugo, 182, 238, 240, 443, 445.
Tolstoj, Lev Nikolaevič, 64, 130, 279.
Tomasi di Lampedusa, Giuseppe, 264.
Tonti, Aldo, 268.
Topi, Luigi, 425.
Tordi, Rosita, 296 n.
Tornatore, Giuseppe, 238, 300, 307, 311, 320, 353, 360-62, 378, 379, 387, 437, 444, 446.
Torre, Roberta, 315, 386, 394, 446.
Torri, Bruno, 305 n.
Tortora, Enzo, 354, 382.
Toscani, Oliviero, 261.
Tosi, Piero, 268.
Tosi, Virgilio, 157.
Totò (Antonio De Curtis), 90, 100-2, 138, 154, 182, 197, 198, 215, 239, 373, 425, 432, 440.
Tourneur, Jacques, 202.
Tovoli, Luciano, 234, 247.
Tozzi, Federico, 362.
Tranfaglia, Nicola, 216 n.
Traxler, Manfredi, 445.
Trenker, Luis, 96, 106.
Trentin, Giorgio, 156.
Tretti, Augusto, 284, 297.
Trevisan, Albano, 16 n.
Trilussa (Carlo Alberto Salustri), 236.
Trinch, A., 16 n.
Troisi, Massimo, 244, 307, 311, 371-73, 436, 443-45.

Trotta, Margarethe von, 333.
Trovaioli, Armando, 234, 268.
Truffaut, François, 146, 362.
Tumiati, Domenico, 26.
Tupini, Umberto, 438.
Turconi, Davide, 60 n, 184 n.

Uhlig, Anneliese, 96.
Urzí, Saro, 439.

Vailati, Bruno, 202.
Vajda, Ladislao (Lasló Vaida Weisz), 96.
Valente, Antonio, 112, 116.
Valenti, Osvaldo, 125.
Valentino, Rodolfo (Rodolfo Guglielmi), 238.
Valeri, Franca, 181.
Valerii, Tonino, 251, 255.
Valli, Alida (Alida Maria Altenburger), 105, 110, 111, 114, 181, 359, 432, 447.
Vallone, Raf, 447.
Valmarana, Paolo, 330, 442.
Vancini, Florestano (Stan Vance), 155, 157, 158, 211, 215, 218, 256, 291, 438.
Van Cleef, Lee, 255.
Vanzina, Carlo, 332, 346, 371, 376, 377.
Vanzina, Enrico, 332, 371, 376, 377.
Vanzina, Stefano, vedi Steno.
Vardannes, Emile, 37.
Vaser, Ernesto, 37, 38.
Vasile, Turi, 140.
Vaudagna, Maurizio, 78 n.
Vecchietti, Alberto, 141.
Veltroni, Walter, 446.
Venino, Pier Carlo, 18.
Venturelli, Renato, 184 n.
Venturini, Giorgio, 122 e n, 125, 126 e n, 433.
Venturini, Monica, 122 n, 310.
Venturini, Simone, 139 n.
Verdi, Giuseppe, 185, 187.
Verdone, Carlo, 101, 244, 310, 311, 316, 352, 371, 436, 444, 446.
Verdone, Luca, 313, 371.
Verdone, Mario, 29 n, 55 n.
Verga, Giovanni, 26, 46, 99, 119, 161.
Vergani, Vera, 49.

Vergano, Aldo, 80, 98, 108, 143, 172.
Veronesi, Giovanni, 388.
Verra, Enrico, 447.
Vertov, Dziga, 59, 71.
Vespignani, Renzo, 290.
Vianello, Raimondo, 240.
Viatte, Germaine, 55 n.
Viazzi, Glauco, 435.
Vicari, Daniele, 393.
Vicentini Orgnani, Ferdinando, 381.
Viganò, Renata, 279.
Vigezzi, Brunello, 129 n.
Villa, Claudio, 238.
Villa, Roberto, 447.
Villaggio, Paolo, 281, 376, 377, 445.
Vincenzoni, Luciano, 258.
Virilio, Paul, 58 e n.
Virzí, Paolo, 381, 388, 389, 444.
Visconti, Cesare, 3.
Visconti, Eriprando, 341.
Visconti, Luchino, 96, 99, 100, 119, 120, 137, 146, 150-52, 157, 161, 167-69, 179, 187, 189, 191, 196, 209, 221, 238, 242, 262-68, 271, 275, 281, 284, 285, 300, 328, 344, 360, 361, 388, 426, 433-35, 438-40, 442.
Visconti di Modrone, Giovanni, 18.
Vitali, Alvaro, 302, 346.
Vitrotti, Giovanni, 427.
Vitrotti, Luigi,.
Vitti, Monica, 241, 242, 440, 445.
Vittorini, Elio, 99, 130, 279, 342.
Vittorio Emanuele II, re d'Italia, 5, 425.
Vittorio Emanuele III, re d'Italia, 235.
Viviani, Raffaele, 91.
Vlad, Roman, 247.
Vlady, Marina, 439.
Voleri, Jole, 112.
Volonté, Gian Maria, 242, 243, 254, 279, 291, 431, 444, 445.
Volpe, Gioacchino, 65, 85.
Volpe, Mario, 65.
Volpi, Gianni, 332.
Volponi, Paolo, 216.
Vorauer, Markus, 357.

Wagner, Richard, 43, 48.
Wagstaff, Chris, 307 n.
Wajda, Andrzej, 146.
Wallach, Eli, 251.

Wedekind, Frank, 39, 46.
Welles, George Orson, 181, 221, 286, 295, 393.
Wenders, Wim, 146, 350, 366, 369, 379.
Wertmüller, Lina (Arcangela Wertmüller von Ellg Spanol von Braueich), 211, 217, 224, 258, 281, 311, 379, 440, 441.
West, Rebecca, 92 n.
Wetzl, Fulvio, 314, 315, 381.
Whistler, James Abbott McNeill, 44.
Wilson, Georges, 240.
Winner, Michael, 259.
Winner, Percy, 132.
Winspeare, Edoardo, 329, 381.
Wölfflin, Heinrich, 25.
Wood, Ed (Edward D. Wood jr.), 284.
Wyke, Maria, 29 n.

Yambo, *vedi* Enrico Novelli.
Yehoshua, Abraham, 339.

Zac, Pino (Giuseppe Zaccaria), 312, 313.
Zaccaro, Maurizio, 311, 331, 353, 381, 382.
Zacconi, Ermete, 44.
Zagarrio, Vito, 77 n, 93 n, 140 n, 233 n, 307 n, 313, 314, 329, 336 e n, 380 e n, 380.
Zambetti, Sandro, 206 n.
Zambuto, Gero, 432.
Zampa, Luigi, 115, 140, 146, 151, 175-77, 198, 204, 224, 236, 271-73, 435, 445.
Zamperla, Giovanni, 7, 8.
Zanasi, Gianni, 329, 381, 383.
Zanchi, Claudio, 207 n.
Zane, Marcello, 159 n.
Zanellato, Angelo, 274 n.
Zangrando, Fiorello, 159 n.
Zanotto, Piero, 159 n.
Zanzotto, Andrea, 369.
Zappoli, Giancarlo, 273.
Zapponi, Bernardino, 222, 225, 232, 247, 251, 284, 350, 446.
Zappulla, Enzo, 53.
Zappulla Muscarà, Sarah, 53.
Zarantonello, Gionata, 395, 446.
Zareschi, Elena, 125.

Zavattini, Cesare, 91, 93, 97 e n, 98,
101, 130, 146, 149, 150, 152,
159, 161 e n, 164-67, 172, 178,
179, 194, 225, 245, 269, 284,
292, 323, 350, 356, 391, 396,
426, 432, 433, 444.
Zeffirelli, Franco, 266, 267.
Zemeckis, Robert, 372.
Zena, Annetta, 8.
Zeri, Federico, 120, 141 n.
Zévaco, Michèle, 24.
Zigaina, Giuseppe, 294 n.
Zilio, Carlo, 16 n.
Zingarelli, Italo, 310, 348, 445.
Zingaretti, Luca, 243.
Zola, Emile, 39, 46.
Zurlini, Valerio, 155, 157, 158, 196,
227, 238, 293, 294, 357, 430,
437, 439, 443.

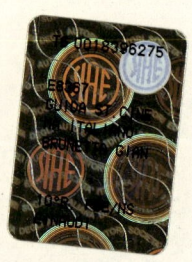

*Stampato per conto della Casa editrice Einaudi
presso Mondadori Printing S.p.a., Stabilimento N. S. M., Cles (Trento)*

C.L. 16485

Ristampa   Anno

10 11 12 13 14 15   2012 2013 2014 2015